A. N. Habermann

Entwurf von Betriebssystemen

Eine Einführung

Übersetzt aus dem Englischen
von K.-P. Löhr

Mit 87 Abbildungen

Springer-Verlag
Berlin Heidelberg New York 1981

A. N. Habermann
Carnegie-Mellon University, Department of Computer Science
Schenley Park
Pittsburgh, PA 12513/USA

Übersetzer:

K.-P. Löhr
Fachbereich mathematische Informatik
Universität Bremen
Postfach 33 04 40
2800 Bremen 33

Titel der englischen Ausgabe:
A. N. Habermann, Introduction to Operating System Design

ISBN 0-574-21075-X

Published Pursuant to Agreement with Science Research Associates, Inc., Chicago, Illinois, USA

ISBN-13: 978-3-540-10510-7 e-ISBN-13: 978-3-642-67930-8
DOI: 10.1007/978-3-642-67930-8

CIP-Kurztitelaufnahme der Deutschen Bibliothek
Habermann, Arie, N.:
Entwurf von Betriebssystemen / A. N. Habermann. Übers. aus d. Engl. von K.-P. Löhr. - Berlin; Heidelberg; New York: Springer, 1981.
Einheitssacht.: Introduction to operating system design <dt.>

2145/3140-543210

Vorwort

Die Einführung von Mehrprogrammbetrieb und Teilnehmerbetrieb veränderte das Gesicht des elektronischen Rechners und leitete die Entwicklung des Gebiets "Betriebssysteme" zu einem eigenständigen Fachgebiet der Informatik ein. Ohne Mehrprogrammbetrieb kann jeweils nur eine Person den Rechner benutzen. Im Mehrprogrammbetrieb dagegen, und besser noch im Teilnehmerbetrieb, kann ein Rechner mehrere Benutzer zur gleichen Zeit bedienen, und mehrere Programme können gleichzeitig ablaufen.

Es ist interessant und wichtig, Betriebssysteme systematisch zu studieren, weil die gleichzeitige Benutzung des Rechners durch mehrere Personen ganz spezifische Probleme mit sich bringt. Es gibt Wechselwirkungen zwischen den verschiedenen Aktivitäten der Benutzer, Betriebsmittel müssen bereitgestellt und wieder zurückgefordert werden, der Zugriff auf private Daten von Benutzern oder auf gemeinsame Datenbestände mehrerer Benutzer muß überwacht werden.

Dieses Buch behandelt Themenbereiche, die von grundlegender Bedeutung für den Entwurf von Betriebssystemen sind. Es ist hauptsächlich für Studenten der Informatik, die am Anfang oder in der Mitte des Hauptstudiums stehen, gedacht. Die Studenten sollten zuvor an Lehrveranstaltungen über Programmierung, Programmiersprachen, Datenstrukturen, Softwareentwurf und Compiler teilgenommen haben. Wichtiger als Detailkenntnisse aus diesen Gebieten ist allerdings Programmiererfahrung. Der Leser wird die Programme in diesem Buch leichter verstehen, wenn er konkrete Erfahrungen in der Entwicklung größerer Programmsysteme hat.

Das Buch ist weder auf ein bestimmtes Betriebssystem noch auf eine bestimmte Maschine zugeschnitten. Es behandelt grundlegende Prinzipien, die für eine Vielzahl konkreter Systeme gelten. Der Autor ist der Überzeugung, daß die Auseinandersetzung mit Prinzipien wichtiger ist als das Studium eines kompletten Systems. Zwei Gründe sprechen gegen die Beschäftigung mit einem bestimmten System. Erstens läuft man Gefahr, systemspezifischen Lösungen zu viel Aufmerksamkeit zu schenken und dadurch andere Möglichkeiten zu übersehen. Zweitens erfährt man zwar, wie ein System arbeitet, nicht aber, warum das System gerade so entworfen wurde.

Beim Schreiben dieses Buches wurde versucht, für die Darstellung der Programme einen jeweils angemessenen Detailliertheitsgrad zu finden. Es ist äußerst wichtig, die grundlegenden Ideen von den Implementierungsdetails zu trennen. Nicht zuletzt aus diesem Grund sind die Programme nicht in einer der üblichen Programmiersprachen geschrieben. Eine solche Sprache bindet einerseits zu stark und ist andererseits nicht hinreichend flexibel. Sie verpflichtet uns zur Beachtung vieler irrelevanter Details, z. B. Vereinbarung und Typfestlegung von Variablen, Interpunktion, bestimmte Sonderzeichen etc. Derlei kann nicht nur lästig werden, es lenkt auch von den entscheidenden Fragen ab. Die mangelnde Flexibilität gängiger Programmiersprachen betrifft vor allem die einfache Darstellung beliebiger Objekte. Wenn wir den Begriff "Keller" benutzen, denken wir sofort an die Operationen "einkellern" und "auskellern", die für ein derartiges Objekt in Frage kommen. In den meisten Programmiersprachen kann das nicht nachvollzogen werden, d. h. der Programmierer ist gezwungen, sein Objekt als Feld, als verkettete Liste o. ä. zu repräsentieren und die zugehörigen Operationen als Prozeduren innerhalb des Programms zu formulieren. Die ideale Programmiersprache für dieses Buch müßte alle Datenstrukturen, die wir brauchen, als primitive Typen (wie integer und real) zur Verfügung stellen. Eine solche Programmiersprache gibt es nicht.

Man könnte einwenden, daß das Formulieren der Programme in einer gängigen Programmiersprache den Vorteil hätte, daß die Programme sofort lauffähig wären. Folgt man dieser Argumentation, so muß man die Programme in FORTRAN schreiben, da FORTRAN die einzige Sprache ist, die allgemein verfügbar ist. Jede andere Sprache ist entweder nicht besser als FORTRAN oder würde eine umfangreiche Erläuterung erfordern, die einen beträchtlichen Teil dieses Buches ausmachen würde. Gewichtige Gründe sprechen gegen die Verwendung von FORTRAN oder einer ähnlichen Sprache. Zunächst ist FORTRAN einfach nicht dazu geeignet, Programmstrukturen deutlich zu machen. Entscheidend ist jedoch folgendes: es ist wesentlich einfacher, einen sorgfältig konzipierten Entwurf in einer Programmiersprache eigener Wahl auszuformulieren, als bei einem vorgegebenen Programm den zugrundeliegenden Entwurf zu erkennen. Da wir uns mit Entwurfsprinzipien für Betriebssysteme befassen, wären wir schlecht beraten, wenn wir uns auf eine gängige Programmiersprache festlegen wollten.

Das Buch ist auf drei Gruppen von Lesern zugeschnitten. Wer die Grundprinzipien von Betriebssystemen und die wichtigsten Systemtypen kennenlernen will, sollte die Kapi tel 1 und 2 (ohne die dazugehörigen Ubungsaufgaben) lesen. Wer einen Einblick in den inneren Aufbau von Betriebssystemen und in typische Lösungen für Betriebssystemprobleme gewinnen will, sollte zusätzlich die Kapitel 3, 7, 8, 9 lesen. Das Buch ist jedoch hauptsächlich für solche Leser gedacht, die nicht einfach lesen oder zuhören, sondern sich aktiv mit der Materie auseinandersetzen. Die Übungsaufgaben am Ende eines jeden Abschnitts sollen zu dieser Auseinandersetzung anregen. Die Aufgaben beschränken sich nicht auf das Abfragen von zuvor erläuterten Sachverhalten oder auf das Einüben von Fertigkeiten, sie stellen eine Erweiterung und Vertiefung des regulären Textes dar. Da im Text nicht alle Varianten einer Idee (bzw. die möglichen Abweichungen) angesprochen werden können, bieten die Übungsaufgaben eine gute Gelegenheit, Alternativen und Spezialfälle zu behandeln. Man sollte daher die Übungsaufgaben wenn nicht lösen, so doch mindestens lesen.

Der Schwierigkeitsgrad der Aufgaben ist sehr unterschiedlich. Es gibt Aufgaben, die einfache Variationen des Textes beinhalten und mit weniger als einer Stunde Programmierarbeit zu lösen sind. Es gibt aber auch größere, projektähnliche Aufgaben, die einen beträchtlichen Arbeitsaufwand erfordern. Der Dozent, der Aufgaben für seine Studenten auswählt, sollte die Aufgabentexte nicht unkommentiert lassen. In den Aufgabentexten werden die zu lösenden Probleme lediglich skizziert, nicht detailliert erläutert, der Dozent muß also den durch einen Aufgabentext gesteckten Rahmen geeignet ausfüllen.

Derjenige Leser, der sich breit informieren, dabei aber nicht zu sehr in die Tiefe gehen will, sollte auf jeden Fall die Abschnitte lesen, die im Inhaltsverzeichnis mit einem Stern versehen sind. Die übrigen Abschnitte sollten überflogen, nicht aber ignoriert werden. Sie behandeln eine Vielzahl wichtiger Begriffe und liefern auch Hintergrundinformationen für die anderen Abschnitte.

Am Ende eines jeden Kapitels findet man eine kurze Literaturliste. Die meisten Bücher bzw. Veröffentlichungen werden nur einmal aufgeführt, manche beziehen sich jedoch auf die Themenkreise mehrerer Kapitel. Die Literaturlisten erheben keinerlei Anspruch auf Vollständigkeit. Die angegebenen Titel stehen entweder direkt mit dem Text in Zusammenhang, oder sie geben andere Sichtweisen wieder oder enthalten Beispiele oder Übersichtsartikel. Man findet in diesen Arbeiten eine Fülle weiterer Literaturhinweise.

In diesem Buch wird nicht der Versuch gemacht, eine Projektbeschreibung für ein Betriebssystem, das die Studenten selbst realisieren können, zu entwickeln. Meine Erfahrungen mit solchen Projekten sind eher negativ. Allein die Entwicklung aller möglichen Hilfsprogramme kostet die Studenten viel Zeit. Außerdem ist es für die parallele Abwicklung von Programmen meist unumgänglich, bis zum Unterbrechungssystem der Maschine herunterzugehen. Sinnvoll ist es, sorgfältig abgegrenzte Aufgaben zu stellen, deren Bewältigung nicht von der Verfügbarkeit von Hilfsprogrammen abhängt.

Dieses Buch befaßt sich mit dem Entwurf von Betriebssystemen, zugleich soll es aber auch zu einer Beschäftigung mit mehr theoretischen Gebieten wie Entwurfsmethoden, Systemvalidierung, Warteschlangentheorie anregen. In diesen Gebieten werden abstrakte Modelle entwickelt und untersucht, die vielfach auf Fragestellungen, wie sie sich bei Betriebssystemen ergeben, angewandt werden können. Das Buch kann nicht mehr als eine Einführung in das weite Feld der Betriebssysteme sein. Ich hoffe, daß es viele Studenten ermutigt, tiefer in diesen anregenden Bereich der Informatik einzudringen und dort interessante Arbeit zu leisten.

Viele Freunde und Studenten haben bei der Korrektur des Textes und der Übungsaufgaben mitgeholfen. Mein besonderer Dank gilt Anita Jones, Forest Baskett und Jim Eve für die sorgfältige Durchsicht des Manuskripts, meiner Frau Marta für die Vorbereitung der Abbildungen und Dorothy Josephson für ihre hervorragende Arbeit beim Schreiben des Manuskripts. Dank schulde ich auch den Entwicklern des XGP-Drucksystems. Ihre Arbeit ermöglichte mir die rechnergestützte Herstellung des Manuskripts und erlaubte die Erzeugung von qualitativ hochwertigen Ausdrucken zu jedem gewünschten Zeitpunkt, was die Korrekturarbeiten vereinfachte.

Pittsburgh
März 1976

A. N. Habermann

Vorwort des Übersetzers

Für die Übersetzung wurden die im Originaltext enthaltenen Programme völlig überarbeitet und unter Verwendung deutscher Bezeichner neu formuliert.

Die Übersetzung der Fachausdrücke bereitete gelegentlich Schwierigkeiten (Beispiele: Paging, Thrashing, Swapping). Für viele englische Begriffe im Betriebssystembereich gibt es im Deutschen noch keine allgemein akzeptierten Äquivalente. Ich habe mich bemüht, die in der deutschsprachigen Fachliteratur am häufigsten verwendeten Begriffe zu benutzen, und bin von diesem Prinzip nur dort abgewichen, wo mir die Wortwahl sachlich nicht vertretbar erschien. Die unveränderte Übernahme englischer Begriffe bleibt auf ganz wenige Ausnahmen beschränkt (Beispiel: Capability).

Für das sorgfältige Korrekturlesen bin ich Frau Doris Altenkrüger zu Dank verpflichtet. Besonderer Dank gebührt Frau Pat Maack für ihre schnelle und zuverlässige Arbeit bei der Erstellung des Schreibsatzes.

Bremen
August 1980

K.-P. Löhr

Inhaltsverzeichnis

1. Einführung

1.1 Die Formulierung von Programmen

1.1.1 Ein Betriebssystem besteht aus zahlreichen Programmen sehr unterschiedlicher Größe. Nicht selten bewegt sich der Umfang eines Betriebssystems zwischen 100 K und 500 K Bytes. Ein mittelgroßer Übersetzer für eine Programmiersprache umfaßt dagegen nur 30 - 50 K Bytes. (K ist eine Abkürzung für "Kilo", d. h. "Tausend". In der Informatik bedeutet K stets $1024=2^{10}$.)

In diesem Buch studieren wir Betriebssysteme aus der Sicht des Systementwicklers. Das bedeutet, daß wir die verschiedenen Aufgaben eines Betriebssystems analysieren sowie Programme entwickeln, die diese Aufgaben erfüllen. Dabei wird aber weniger die Analyse als vielmehr die Synthese im Vordergrund stehen: wir erörtern, wie die Komponenten eines Betriebssystems unter vorgegebenen Bedingungen realisiert werden können. Dabei kann das vorliegende Buch als Vorbereitung für andere Bücher dienen, welche sich mehr der Analyse von Betriebssystemen widmen. Wenn der Leser das angebotene Material durchgearbeitet hat, wird er für eine tiefergehende Analyse der Leistungsfähigkeit von Betriebssystemen und für eine Beschäftigung mit Warteschlangentheorie gut vorbereitet sein. Entwicklungsstudien bilden den angemessenen Hintergrund für die mathematische Analyse von Systemmodellen. Die Systemanalyse bleibt daher im vorliegenden Buch auf den Vergleich einiger alternativer Entwürfe und Implementierungen beschränkt.

Betriebssystementwurf basiert auf einigen fundamentalen Prinzipien, die sich im Verlauf der letzten beiden Jahrzehnte herausgebildet haben. Unsere erste Aufgabe wird es sein, für die Darstellung dieser Prinzipien eine geeignete algorithmische

Technik zu finden. Die Verwendung einer Assemblersprache oder einer sonstigen Programmiersprache ist für unsere Zwecke nicht geeignet. Programme, die in diesen Sprachen formuliert sind, sind mit einer Unmenge von Detailinformationen befrachtet (Registernummern, Speicheradressen, Deklarationen u. ä.), die die Bedeutung eines Programms oft mehr verschleiern als erhellen. Auch die Umgangssprache ist zur Beschreibung ungeeignet. Ihr entscheidender Nachteil ist das Fehlen von Sprachmitteln zur präzisen Beschreibung des Steuerflusses bei der Ausführung eines Algorithmus. Wir werden uns daher eines Programmierstils bedienen, der einerseits von vielen programmiersprachlichen Details absieht, andererseits den Steuerfluß eines Algorithmus so detailliert wiedergibt, wie es zum Verständnis jeweils erforderlich ist.

1.1.2 Die drei am häufigsten benutzten Steueranweisungen (engl. control structures) sind die Alternative und zwei Arten von Schleifen:

if Bedingung then Anweisung* <else Anweisung*> fi
repeat Anweisung* until Bedingung
while Bedingung do Anweisung* od

* und <> sind keine Elemente unserer algorithmischen Sprache: 'Anweisung*' bedeutet eine Folge von Anweisungen. Die spitzen Klammern <> besagen, daß der else-Zweig der Alternative fehlen kann. fi und od fungieren als abschließende Klammern für die Steueranweisungen if bzw. while. Beachte, daß die Anweisungsfolgen in allen drei Steueranweisungen keiner besonderen Klammerung - etwa durch begin/end - bedürfen.

Die Semantik der drei Steueranweisungen ist von gängigen Programmiersprachen her bekannt. Wenn die Bedingung des if-Teils der Alternative erfüllt ist, werden die Anweisungen des then-Teils ausgeführt, andernfalls die Anweisungen des else-Teils (bzw. die Leeranweisung, wenn der else-Teil fehlt). Die Bedingungen bei den Schleifen repeat und while bestimmen, wann die wiederholte Ausführung des "Schleifenrumpfs" (bestehend aus den angegebenen Anweisungen) abgebrochen werden soll. Bei repeat erfolgt der Abbruch, sobald die Bedingung erfüllt ist, bei while erfolgt der Abbruch, sobald die Bedingung nicht erfüllt ist. Die Ausführung der repeat-Schleife wird mit dem Rumpf begonnen, bei der while-Schleife wird zuerst die Bedingung geprüft. Das bedeutet, daß bei repeat im Gegensatz zu while der Rumpf mindestens einmal ausgeführt wird.

Die repeat-Schleife zusätzlich zur while-Schleife zu haben ist nicht unbedingt notwendig, aber programmiertechnisch angenehm. Das Ersetzen einer repeat-Schleife durch eine <u>while</u>-Schleife erfordert häufig das Hinzufügen initialisierender Anweisungen. Wir betrachten ein Beispiel. Jede Permutation der natürlichen Zahlen von 1 bis n (n > 1) kann eindeutig in disjunkte "Zyklen" zerlegt werden. Ein Zyklus ist eine minimale Teilmenge der Zahlen von 1 bis n, die auf sich selbst permutiert wird. Den Zyklus, dem eine vorgegebene Zahl k (1 ≦ k ≦ n) angehört, erhält man durch wiederholte Anwendung der Permutationsabbildung, beginnend bei k, bis man wieder auf k trifft. Die Permutation

4 7 3 1 2 5 6

beispielsweise hat die Zyklen 1 4, 2 7 6 5 und 3. Das Feld p[1:n] enthalte eine Permutation der Zahlen von 1 bis n. Der folgende Algorithmus druckt den Zyklus, dem eine vorgegebene Zahl k angehört:

```
x := k;
repeat drucke(x); x := p[x] until x = k
```

Bei Verwendung einer <u>while</u>-Schleife ist für das Ausdrucken von k eine gesonderte Druckanweisung erforderlich:

```
drucke(k);
x := p[k];
while x ≠ k do drucke(x); x := p[x] od
```

Außer den oben erwähnten Steueranweisungen werden gelegentlich noch die folgenden verwendet:

```
if Bedingung then Ausdruck else Ausdruck fi
for Variable in Bereich do Anweisung* od
repeat Anweisung* until Bedingung do Anweisung* od
```

Das erste Konstrukt ist keine Anweisung, sondern ein <u>bedingter Ausdruck</u>; beachte, daß der <u>else</u>-Teil obligatorisch ist. Das zweite Konstrukt ist eine Schleife, die bekannte <u>Laufanweisung</u>. Die Laufvariable nimmt nacheinander alle Werte im angegebenen Bereich an, wobei für jeden angenommenen Wert der Schleifenrumpf genau einmal ausgeführt wird. Auch das dritte Konstrukt ist eine Schleife. Im Unterschied zu <u>while</u> und <u>repeat</u> erfolgt der Schleifenabbruch an einer Stelle innerhalb des Rumpfs. Diese erweiterte Form der <u>repeat</u>-Schleife wird vorteilhaft anstelle einer <u>while</u>-Schleife verwendet, wenn vor Auswertung des Abbruchkriteriums noch Anweisungen auszuführen sind.

Beispiel 1: Ein Satz von Eingabedaten, bestehend aus positiven Zahlen und abgeschlossen durch die Zahl Ø, wird durch die folgende Schleife verarbeitet:

```
repeat lies(x) until x = Ø do verarbeite(x) od
```

Beispiel 2: Gegeben sei ein Fald a[Ø:n] mit n > Ø, a[n] = 0. Die Quadratzahlen der Feldelemente a[i] sollen mit vorangestellten Indizes i der Reihe nach gedruckt werden, bis zur ersten Quadratzahl ausschließlich, die kleiner als eine vorgegebene positive Zahl 'max' ist. Die folgenden Anweisungen leisten dies:

```
i := Ø;
repeat x := a[i]*a[i] until x < max do drucke(i,x); i :+ 1 od
```

1.1.3 Die meistbenutzten Datenstrukturen sind das Feld, die einfach verkettete Liste und der Verbund. Felder sind aus vielen Programmiersprachen wohlbekannt.

Ein Element einer einfach verketteten Liste enthält neben gewissen Daten einen Zeiger auf das jeweils nächste Element in der Liste. Das letzte Listenelement enthält entweder keinen Zeiger (Wert nil), oder es zeigt auf das erste Element der Liste. Im letzteren Fall spricht man von einer Ringliste. Der Zugriff auf eine Liste erfolgt über einen "Listenkopf", d. i. eine Zeigervariable, deren Inhalt auf das erste Listenelement zeigt (bei einer Ringliste auf das letzte). bzw. im Fall einer leeren Liste den Wert nil hat.

Ein Verbund setzt sich aus einer Reihe von unterschiedlich benannten Datenkomponenten zusammen. Die Komponente k eines Verbundes v wird mit v.k bezeichnet. Die Elemente der oben erwähnten Liste sind Beispiele für Verbunde; eine der Komponenten eines Listenelements ist der Zeiger auf das nächste Listenelement.

Beispiel: Die Elemente einer Liste mit Listenkopf 'Kopf' bestehen aus zwei Komponenten, 'Wert' und 'Zeiger'. Das folgende Programm sucht für eine vorgegebene Zahl n das erste Listenelement mit 'Wert > n' und liefert einen Zeiger auf dieses Element in der Variablen 'Ereignis' (falls die Suche erfolgreich ist, sonst nil).

```
Ergebnis := nil;
if Kopf ≠ nil then
   local x := Kopf;
   repeat if x.Wert > n then Ergebnis := x else x := x.Zeiger fi
   until x = Ergebnis fi.
```

x ist eine lokale Variable des then-Zweigs der äußeren Alternative; sie wird mit dem Zeiger 'Kopf' initialisiert, d. h. sie weist vor Beginn der Schleifenausführung auf das erste Listenelement, sofern die Liste nicht leer ist. Die repeat-Schleife wird abgebrochen, sobald das gesuchte Element gefunden ist bzw. wenn nach Inspektion des letzten Listenelements die Variable x auf nil gesetzt wird (wenn kein Element mit der gewünschten Eigenschaft existiert). - Listen wie in diesem Beispiel spielen eine wichtige Rolle in Betriebssystemen.

1.1.4 Man sollte die Programme in diesem Buch nicht unabhängig von dem Kontext, in dem sie entwickelt werden, studieren. "Programm" bedeutet hier eine strukturierte Beschreibung eines Algorithmus, begleitet von einer Erläuterung seines Aufbaus und seiner Funktion. Wegen des engen Zusammenhangs zwischen Programm und umgebendem Text ist es oft nicht notwendig, die Bedeutung der in einem Programm verwendeten Namen durch explizite Deklarationen zu präzisieren; wir verzichten darauf, wenn aus dem Text klar hervorgeht, welche Objekte sich hinter den Namen verbergen. Allgemein gilt, daß Namen, die in einem Programm benutzt werden, aber dort nicht vereinbart sind, nichtlokale Objekte bezeichnen. Lokale Objekte werden stets explizit vereinbart.

Neben den oben eingeführten Steueranweisungen werden an einigen Stellen zwei weniger gebräuchliche Boolesche Ausdrücke, die ein Prädikat mit Quantor darstellen, verwendet:

```
some Variable in Bereich sat Bedingung
all  Variable in Bereich sat Bedingung
```

sat steht für englisch "satisfies" und bedeutet "genügt der" oder "erfüllt die" (angegebene Bedingung). some repräsentiert den Existenzquantor, so daß der erste Ausdruck bedeutet: es existiert ein Wert innerhalb des angegebenen Bereichs, der der angegebenen Bedingung genügt. all repräsentiert den Allquantor, so daß der zweite Ausdruck bedeutet: alle Werte innerhalb des angegebenen Bereichs genügen der angegebenen Bedingung. 'Variable' bezeichnet in beiden Fällen die gebundene Variable. Ergibt die Auswertung des some-Ausdrucks (all-Ausdrucks) den Wert false (true), so hat die Variable den gesamten Bereich durchlaufen. Ergibt die Auswertung des some-Ausdrucks (all-Ausdrucks) den Wert true (false), so hat die Variable den kleinsten Wert, welcher der angegebenen Bedingung genügt (nicht genügt) (der Bereich wird als total geordnet vorausgesetzt). Der Ausdruck

```
all x in [1:n] sat(some y in [1:n] sat a[x,y] = Ø)
```

beispielsweise hat den Wert true genau dann, wenn jede Zeile des Feldes a mindestens eine ∅ enthält. Bei der Verwendung von some und all muß man allerdings Vorsicht walten lassen: aus Effizienzgründen sollte man nicht jede mit Quantoren versehene Aussage unbesehen in ihr some/all-Äquivalent umsetzen. Beispielsweise ist die mathematische Schreibweise für die Aussage, daß alle Elemente eines Feldes a[1:n] voneinander verschieden sind

$$\bigwedge_{x\in[1:n]} \bigwedge_{y\in[1:n]} a[x]=a[y] \Rightarrow x=y$$

Der entsprechende Boolesche Ausdruck sollte jedoch wie folgt lauten:

all x in [1:n-1] sat (all y in [x+1:n] sat a[y] ≠ a[x]).

Hier erspart man sich mehr als die Hälfte der Arbeit dadurch, daß man sich auf die Fälle x<y beschränkt. Für die mathematische Notation ist dieser Aspekt irrelevant, da dort nur eine Tatsache festgestellt werden soll. Boolesche Ausdrücke jedoch repräsentieren ein Stück auszuführendes Programm, und dabei spielen auch Effizienzgesichtspunkte eine Rolle.

Der some-Ausdruck erweist sich in Suchalgorithmen als nützlich. Das Feld Block[1:p] diene zur Buchführung über die Zuordnung von gewissen Speicherblöcken (Anzahl p) zu gewissen Benutzern. Wenn der i-te Block an einen Benutzer vergeben ist, enthalte Block[i] die Benutzeridentifikation (eine natürliche Zahl), andernfalls ∅. Die Suche nach einem freien Block erfolgt mit

if some x in [1:p] sat Block[x] = ∅ then Ergebnis := x else Ergebnis := -1 fi

1.1.5 Wir beenden diesen Abschnitt mit einem umfangreichen Beispiel, welches den hier praktizierten Programmierstil und den Zusammenhang zwischen Text und Programm verdeutlicht. Wer mit Algorithmik gut vertraut ist, kann dieses Beispiel überspringen und bei 1.2 fortfahren.

Ein Übersetzer führt Buch über alle Namen, die im zu übersetzenden Programm zur Identifikation von Objekten wie einfachen Variablen, Feldern, Prozeduren etc. verwendet werden. Dazu bedient er sich einer sogenannten Symboltabelle. Für jeden mit dem Programmtext eingelesenen Namen wird geprüft, ob er bereits in der Symboltabelle vorkommt. Wenn ja, wird der Index, der die Position des Namens in der Tabelle bezeichnet, abgeliefert. Wenn nein, wird der Name in eine freie Position in der Tabelle eingetragen, und es wird deren Index abgeliefert; ist keine freie

Position mehr vorhanden, so wird -1 als "Fehlercode" abgeliefert.

Wir setzen voraus, daß nur die ersten 15 Zeichen eines Namens signifikant sind; weitere Zeichen werden ignoriert. Als Zeichen sind Groß- und Kleinbuchstaben, Ziffern und der Unterstrich '_' zugelassen. Die Codierungen dieser Zeichen im Rechner werden von uns auf die Zahlen 1 - 63 umcodiert. Für die nicht zugelassenen Zeichen wählen wir den Code Ø. Wenn wir eine Maschine mit einer Wortlänge von 32 Bits zugrunde legen, passen 5 codierte Zeichen in ein Wort.

Auf die interne Darstellung eines Namens wird eine Hashfunktion angewandt; sie liefert eine Zahl im Bereich [Ø:p-1], wobei p die Kapazität der Symboltabelle ist. Diese Zahl bezeichnet die Startposition für ein lineares Durchsuchen der Tabelle (das Verfahren wird deshalb "linear probing" genannt). Es wird so lange gesucht, bis der gesuchte Name oder eine freie Position gefunden wird. Gelangt man an das Ende der Tabelle, fährt man am Anfang fort. Es kann auch passieren, daß die Suche erfolglos bleibt, d. h. man kehrt an die Startposition zurück, ohne den gesuchten Namen oder eine freie Position gefunden zu haben. (Kommentare innerhalb des folgenden Programmtextes sind in geschweifte Klammern eingeschlossen. Ein Zeichen in Apostrophs repräsentiert die numerische Codierung des Zeichens.)

```
procedure Namenseintrag result integer =

begin    local Name: array[Ø:2] of integer(Ø);
         local i, Zeichen, Zähler, Position: integer(Ø);
               {alle Variablen sind mit Ø initialisiert}

         repeat Zeichen := nächstes Zeichen; {der Lesezeiger bleibt unverändert}
                Zeichen := if 'a'≤Zeichen and Zeichen≤'z' then
                                              lies Zeichen-'a'+11
                           else if 'A'≤Zeichen and Zeichen≤'Z' then
                                              lies Zeichen-'A'+37
                           else if 'Ø'≤Zeichen and Zeichen≤'9' then
                                              lies Zeichen-'Ø'+1
                           else if Zeichen='_' then lies Zeichen-'_'+36
                           else Ø fi fi fi fi
         until Zeichen=Ø
         do    if Zähler<15 then
                       i := Zähler mod 3;
                       Name[i] := Name[i]*64+Zeichen;
                       Zähler :+ 1 fi od;
         Position := if Name[1]>Ø then Name[1] else Name[Ø] fi; {Hashing}
         Zähler := Ø;
```

```
        repeat Position := (Position+Zähler) mod p
        until Zähler = p or Symboltabelle[Position,Ø] = Ø
              or all i in [Ø:2] sat Symboltabelle[Position,i] = Name[i]
        do    Zähler :+ 1 od;
        if Symboltabelle[Position,Ø] = Ø then
              for i in [Ø:2] do Symboltabelle[Position,i] := Name[i] od fi;
        Namenseintrag := if Zähler = p then -1 else Position fi
end.
```

Die Prozedur 'nächstes Zeichen' liefert das nächste Zeichen, ohne den Lesezeiger weiterzurücken; 'lies Zeichen' rückt auch den Zeiger weiter. Obiges Programm und seine Erläuterung zeigen beispielhaft Umfang und Stil der in diesem Buch angegebenen Algorithmen. Es wird versucht, das präsentierte Material in handliche Teile zu zerlegen, die mehr oder weniger unabhängig voneinander behandelt werden können. Das Zusammenwirken der Komponenten wird dann im Text präzisiert.

Übungen

1. Eine repeat-Schleife kann stets durch eine while-Schleife mit geeigneter Initialisierung ersetzt werden. Dagegen ist es nicht immer möglich, while durch repeat zu ersetzen. Man versuche beispielsweise, eine while-Schleife und eine äquivalente repeat-Schleife anzugeben, welche die Elemente eines Feldes a[1:n] bis zur ersten Null (ausschließlich) ausdruckt. Unter welcher Bedingung kann die while-Schleife durch eine repeat-Schleife ersetzt werden? Das Beispiel zeigt, daß while leistungsfähiger als repeat ist.

2. Eine Liste enthalte Elemente, die aus zwei Komponenten bestehen, einem 'Wert' und einem 'Zeiger' (auf das jeweils nächste Listenelement). Die Variable 'Kopf' zeigt auf das erste Element der Liste; sie ist vom gleichen Typ wie die Komponente 'Zeiger'. Die Komponenten eines Listenelements e werden mit 'e.Wert' bzw. 'e.Zeiger' bezeichnet. Schreibe ein Programm, welches ein Element mit vorgegebenem 'Wert' in der Liste sucht und es, sofern vorhanden, aus der Liste entfernt! Die Liste sei nach aufsteigenden Inhalten der 'Wert'-Komponente geordnet. Schreibe ein weiteres Programm, welches ein neues Element an der richtigen Stelle in die Liste einfügt!

3. Eine der zentralen Aufgaben eines Betriebssystems ist die Koordination der parallelen Ausführung mehrerer Programme. Der Rechner ist meist nicht in der Lage, alle lauffähigen Programme wirklich gleichzeitig auszuführen. Andererseits sind Programme auch nicht zu jedem Zeitpunkt lauffähig. Ein Programm kann beispielsweise auf Eingabe warten. Das Betriebssystem muß die Programme und ihre Zustände überwachen; es bedient sich dazu verschiedener Ringlisten, in denen über die Programme Buch geführt wird: es gibt eine Liste für lauffähige Programme sowie mehrere Listen für Programme, die auf unterschiedliche Ereignisse warten. Wenn für die Anzahl der Programme eine obere Schranke n festgelegt ist und die Programme von 1 bis n durchnumeriert werden, lassen sich Listen von Programmen recht einfach realisieren. Ein Programm ist stets in höchstens einer Liste enthalten. Es werde eine doppelte Verkettung mit Hilfe der integer-Felder 'Vorgänger[1:n]' und 'Nachfolger[1:n]' vorgesehen: ein in einer Liste befindliches Programm i verweist mit 'Vorgänger[i]' auf seinen Vorgänger, mit 'Nachfolger[i]' auf seinen Nachfolger in der Liste; ein in keiner Liste befindliches Programm verweist auf sich selbst ('Vorgänger[i]=Nachfolger[i]=i'). Der k-te Listenkopf wird durch die indizierte Variable 'Liste[k]' repräsentiert, welche die Nummer des letzten (!) Programms in der Liste enthält. 'Liste[k]=Ø' besagt, daß die k-te Liste leer ist. Schreibe Prozeduren zum Austragen eines Programms aus einer Liste, zum Eintragen eines Programms am Ende bzw. Anfang einer Liste, ferner eine Prozedur, welche ein Programm aus einer Liste an das Ende einer anderen Liste überträgt!

4. Anstatt Programme (genauer: Programmnummern) zu verschiedenen Listen zu verketten kann man auch eine zentrale Programmtabelle führen und dort über die Programmzustände Buch führen. Man braucht dann nicht Programme aus Listen auszutragen bzw. in Listen einzutragen. Dafür muß man häufig Programmzustände prüfen. Die Programmzustände seien in einer Tabelle 'Zustand[1:n]' festgehalten. Schreibe eine Anweisung, welche die Nummer eines Programms mit dem Zustand 'z' ausfindig macht! Gib verschiedene Varianten dieser Anweisung an, und benutze dabei die <u>while</u>-Schleife, die <u>repeat</u>-Schleife und den <u>some</u>-Ausdruck!

5. Zwei integer-Felder a[1:m], b[1:n], 1<m<n, seien aufsteigend geordnet. Wenn man beide Felder zu einem aufsteigend geordneten Feld c[1:m+n] verschmelzen will, kann man sich verschiedener Verfahren bedienen. Man kann beispielsweise so vorgehen: für jedes nach c zu übernehmende Element wird geprüft, ob a bereits geleert und ob b bereits geleert wurde; wenn sowohl a als auch b noch Elemente enthalten, werden die jeweils nächsten verglichen, und das kleinere wird nach c übernommen. Insgesamt sind dabei für jedes nach c zu übernehmende Element drei

Abfragen erforderlich. Dieser Aufwand kann beträchtlich verringert werden. Entwickle ein Programm, welches geschickter vorgeht! (Idee: Wenn das erste Element von b mindestens so groß ist wie das letzte von a, ist die Konstruktion von c trivial. Wenn nicht, kann man so lange Elemente von a nach c übernehmen, bis man auf ein Element stößt, das größer als das erste Element von b ist. Dann prüft man umgekehrt, ob dieses größere Element mindestens so groß ist wie das letzte von b, usf.)

1.2 Die Aufgaben eines Betriebssystems

1.2.1 Ein Betriebssystem setzt sich aus Programmen zusammen, welche die Ausführung von Benutzerprogrammen und die Benutzung von Betriebsmitteln überwachen. Es ermöglicht vor allem die gleichzeitige Bearbeitung mehrerer Programme auf einem Rechner. So braucht ein Benutzer, der ein Programm starten will, nicht zu warten, bis die Programme anderer Benutzer beendet sind. Außerdem unterstützt ein Betriebssystem die Arbeit der Benutzerprogramme, indem es ihnen Standardroutinen für die Ein/Ausgabe zur Verfügung stellt ("E/A-Routinen"). Diese Routinen werden von allen Benutzerprogrammen gemeinsam benutzt; sie müssen somit nicht von jedem Benutzer neu formuliert werden.

Wir wollen zunächst kurz die Arbeitsweise von Rechnersystemen und die Grundfunktionen von Betriebssystemen skizzieren; anschließend sollen die Aufgaben komfortablerer Betriebssysteme umrissen werden. Weiter werden wir uns im vorliegenden Kapitel mit einem einfachen Modell für sogenannte <u>Einprogrammsysteme</u> (engl. uniprogramming systems) befassen, in denen die Benutzerprogramme nur strikt sequentiell abgewickelt werden. Grundlegende Betriebssystem-Begriffe wie Unterbrechungsbehandlung, Prozesse, Mehrprogrammbetrieb, Teilnehmerbetrieb werden in Kapitel 2 behandelt. Die verschiedenen Steuerungs- und Überwachungsfunktionen eines Betriebssystems hängen eng mit dem Prinzip des <u>Mehrprogrammbetriebs</u> (engl. multiprogramming) zusammen. Der Mehrprogrammbetrieb ist Gegenstand von Abschnitt 2.4. Dort werden auch Bezüge zwischen dem Mehrprogrammbetrieb und den Inhalten der Kapitel 3 bis 10 hergestellt.

1.2.2 Die Zentraleinheit eines Rechners besteht aus einem Zentralprozessor oder einfach <u>Prozessor</u> (engl. central processing unit, CPU; auch mehrere Zentralprozessoren sind möglich) und einem <u>Arbeitsspeicher</u> (engl. main memory), welcher Befehle und Daten enthält. Die eigentliche Arbeit, z. B. die Ausführung arithmetischer Operationen oder die Aktivierung von E/A-Geräten, wird vom Prozessor durchgeführt. Der Arbeitsspeicher kann lediglich Werte, die in seinen Zellen gespeichert sind, abliefern bzw. vorgegebene Werte in seinen Zellen abspeichern. Dies geschieht, wenn der Prozessor eine entsprechende LADE- bzw. SPEICHERE-Operation ausführt. Jede Speicherzelle besitzt eine Adresse, d. i. eine natürliche Zahl, die zur Identifizierung der Zelle dient. LADE und SPEICHERE sind mit einer solchen Adresse parametrisiert.

Der Prozessor enthält eine Anzahl schneller Register, welche wir hier mnemonisch benennen wollen. Unter anderem gibt es einen Befehlszähler BZ und ein Befehlsregister BR. Der Prozessor sieht ein Programm als den Inhalt einer Menge aufeinanderfolgender Speicherzellen. Der Befehlszähler enthält jeweils die Adresse einer Zelle, aus der der nächste auszuführende Befehl (auch Instruktion genannt) entnommen wird. Die Programmausführung besteht aus dem wiederholten Weiterschalten des Befehlszählers und der sukzessiven Ausführung der im Speicher vorgefundenen Befehle. Diese Aktionen machen den sogenannten Befehlszyklus (engl. fetch/execute cycle) aus. Wenn wir den Arbeitsspeicher als ein Feld S[Ø:n] begreifen (für Maschinen mittlerer Größe liegt n im Bereich von 64 K bis 256 K), sieht der Befehlszyklus wie folgt aus:

```
repeat BR := S[BZ];
       BZ :+ 1;
       ausführen(BR)
until  Prozessor wird abgeschaltet.
```

Dieser Algorithmus ist natürlich kein Programm, er beschreibt lediglich das Verhalten der Hardware. Der Schleifenrumpf besteht im wesentlichen aus dem Holen einer Instruktion aus dem Speicher sowie ihrer Ausführung (daher der Begriff "fetch/execute cycle"). Der Prozessor wiederholt den Schleifenrumpf so lange, bis er durch externen Eingriff abgeschaltet wird. (Eine spezielle Halt-Instruktion würde bewirken, daß der Prozessor in der Aktion 'ausführen' hängenbleibt.) Die zweite Aktion des Schleifenrumpfs ist das Weiterschalten des Befehlszählers. Wenn die anschließend ausgeführte Instruktion ein Sprung ist, wird BZ mit der Adresse des Sprungziels überschrieben; handelt es sich um einen Unterprogrammsprung, so wird zuvor der alte BZ-Wert - d. i. die Rücksprungadresse - geeignet gerettet.

Ein/Ausgabe geschieht über E/A-Geräte. Am bekanntesten sind Geräte wie Kartenleser, Zeilendrucker, Datenstationen mit Tastatur und Bildschirm oder Druckwerk. Weitere gebräuchliche Geräte sind Kartenstanzer, Lochstreifenleser/stanzer und Plotter für graphische Ausgabe auf Papier. Jedes solche Gerät kann als ein Spezialprozessor angesehen werden, der über einen geringen Umfang für ihn spezifischer Befehle verfügt. Über die genaue Funktionsweise eines E/A-Gerätes muß man sich im zugehörigen Maschinenhandbuch informieren. Typische Befehle für blockweise Eingabe bei Geräten wie Karten- oder Lochstreifenleser enthalten Angaben über Lage und Größe eines Arbeitsspeicherbereichs, der die eingelesenen Daten aufnehmen soll. Entsprechend bezeichnen Ausgabebefehle für Zeilendrucker oder Karten/Lochstreifenstanzer Lage und Größe eines Blocks von auszugebenden Daten im Speicher. Eine Datenstation mit Tastatur ist zugleich Eingabe- und Ausgabegerät. Hier wird mit einem Befehl meist nur ein Zeichen übertragen, so daß die Befehle sehr einfach aufgebaut sind.

Ein wesentlicher Unterschied zwischen Zentralprozessor und E/A-Gerät ist, daß ein E/A-Gerät seine Befehle nicht selbsttätig aus dem Arbeitsspeicher holt, wie der Prozessor das mit seinen Instruktionen tut. Im Gerät gibt es ein Befehlsregister - entsprechend dem Befehlsregister im Prozessor -, dieses muß aber von außen, d. h. durch den Prozessor, mit Befehlen versorgt werden. Wird ein Befehl in das Befehlsregister gebracht, so wird er nicht automatisch ausgeführt. Vielmehr muß auch das Anstoßen des Gerätes durch den Prozessor besorgt werden. Im Gerät gibt es eine Anzeige AKTIV, welche vom Prozessor gesetzt werden kann. Das Setzen dieser Anzeige bewirkt die Aktivierung des Gerätes, welches die Anzeige löscht und dann den im Befehlsregister vorgefundenen Befehl selbsttätig ausführt. Wenn die Ausführung des Befehls beendet ist, setzt das Gerät eine andere Anzeige, FERTIG, anhand derer sich der Prozessor von der Beendigung überzeugen kann. (Das kann er natürlich nur dann, wenn er FERTIG vor dem Setzen von AKTIV gelöscht hat.)

Die erwähnten Anzeigen haben in den Maschinenhandbüchern unterschiedliche Namen. Für AKTIV ist englisch BUSY gebräuchlich, für FERTIG englisch DONE (bei Eingabegeräten benutzt man statt FERTIG auch BEREIT, englisch READY).

Die meisten Rechenanlagen verfügen über verschiedene Arten von Externspeichern. Im wesentlichen ist hier zu unterscheiden zwischen (Magnet-)Bändern, Trommeln und Platten. Bei den Platten unterscheidet man noch zwischen Wechselplatten und Festkopfplatten. Letztere haben für jede Spur einen eigenen Lese/Schreibkopf, weshalb ein Spurwechsel keinen Zeitverlust bedeutet. Bei Wechselplatten gibt es einen beweglichen Arm, der einen Zeitverlust bedingt, welcher proportional der Weglänge des Armes ist. Die Speicherkapazität dieser Geräte ist erheblich größer als die des Arbeitsspeichers. Die Geschwindigkeit der Datenübertragung ist bei Magnetbändern etwas geringer als bei Trommeln und Platten, dafür sind aber die Geräte und Speichermedien billiger. Alle drei Gerätearten werden in den folgenden Abschnitten dieses Kapitels noch eingehender behandelt.

Magnetbänder sind vor allem für die Archivierung großer Datenmengen geeignet, auf die nur selten zugegriffen werden muß. Wie Magnetbänder, so können auch Wechselplatten leicht aus den jeweiligen Geräten entfernt werden. Dies gilt nicht für Trommeln und Festkopfplatten, welche in ihre Geräte fest eingebaut sind. Diese Geräte werden daher als Hintergrundspeicher (auch "Sekundärspeicher" genannt, engl. backing store, backup storage) eingesetzt: wenn der Arbeitsspeicher die jeweils in Bearbeitung befindlichen Programme nicht mehr fassen kann, werden Teile vorübergehend auf Sekundärspeicher ausgelagert und später wieder hereingeholt. Eine geschickte Umlagerung von Programmen und Programmteilen zwischen Sekundärspeicher und Arbeitsspeicher (auch "Primärspeicher" genannt) ist eine der Hauptaufgaben des Betriebssystems. Wechselplatten sind, da sowohl sehr schnell als auch austauschbar, in gleicher Weise als Hintergrundspeicher wie für mittelfristige Datenhaltung geeignet.

Externspeicher lassen sich wie die oben behandelten E/A-Geräte betreiben. Die Befehle sind jedoch komplizierter. Insbesondere bei Trommeln und Platten muß ein Befehl nicht nur einen Arbeitsspeicherbereich, sondern auch den als Datenquelle bzw. -ziel fungierenden Bereich auf dem Gerät identifizieren.

1.2.3 Wie bereits erwähnt, gehört zu den zentralen Aufgaben eines Betriebssystems die Überwachung der im System vorhandenen Betriebsmittel. Die physikalischen Betriebsmittel bestehen aus einem oder mehreren Prozessoren, den verschiedenen Speichern und den E/A-Geräten. Verfügt das System über mehrere Prozessoren, so spricht man von einem Mehrprozessorsystem (engl. multi-processor system), andernfalls von einem Einprozessorsystem (engl. uni-processor system). Das Betriebssystem ist für die Zuteilung der Prozessoren an die zu bearbeitenden Programme zuständig. Frühere Betriebssysteme pflegten einen Prozessor einem Programm so lange fest zuzuordnen, bis seine Ausführung beendet war. In heutigen Systemen dagegen wird ein Prozessor reihum an mehrere Programme vergeben, so daß ein Programmablauf sich aus einer Folge vielfach unterbrochener Aktivitätsphasen zusammensetzt. Diese Technik wird Multiplexbetrieb (engl. multiplexing) genannt. Wenn jedes Programm den gleichen Anteil an Prozessorzeit zugeteilt bekommt, spricht man von Zeitscheibenbetrieb (engl. time slicing). Die Benutzer haben dabei den Eindruck, alle ihre Programme würden simultan bearbeitet. (Details dieser Betriebsart werden in Kapitel 2 behandelt.)

Das Multiplexen von Prozessoren verlangt eine gewisse Buchführung über die arbeitswilligen Programme sowie eine Ablaufsteuerung (engl. scheduling, dispatching). Die Buchführung besteht im einzelnen aus: Markieren der arbeitswilligen Programme, Festhalten der aktuellen Zuordnung von Prozessoren zu Programmen, Notieren der bereits verbrauchten Prozessorzeit - "Laufzeit" - für jedes Programm usf. Der Begriff Ablaufsteuerung bezeichnet die von Zeit zu Zeit vorzunehmende Änderung der Prozessorzuteilung.

Wie Buchführung und Ablaufsteuerung im einzelnen durchgeführt werden, hängt von der jeweils verfolgten Zuteilungsstrategie ab. Die Buchführung kann man beispielsweise wie folgt realisieren (vgl. Übungen 1.1.3, 4). Alle noch nicht beendeten Programme werden in einer Liste festgehalten. Dort gibt es für jedes Programm einen Eintrag, welcher Auskunft gibt über dessen aktuellen Zustand (ob arbeitswillig oder pausierend), die bisher verbrauchte Prozessorzeit u.ä. Um ein Programm mit einem bestimmten, vorgegebenen Zustand zu finden, muß die Liste nach einem entsprechenden Eintrag durchsucht werden. Man kann auch anders vorgehen und die Programme nach Zuständen gruppieren. In diesem Fall müssen mehrere Listen geführt werden, eine für die arbeitswilligen Programme und je eine für alle Programme, die aus einem bestimmten Grund pausieren (meist wegen des Wartens auf die Beendigung einer E/A-Operation). Welche Technik vorzuziehen ist, hängt von den Umständen ab. Man beachte, daß die Verbuchung einer Zustandsänderung bei der ersten Technik trivial ist, bei der zweiten aber das Umtragen eines Listenelements erfordert. Wenn allerdings eine Zustandsänderung relativ selten vorkommt - verglichen mit dem Aufsuchen eines Programms mit vorgegebenem Zustand -, dann ist die zweite Technik effizienter.

Was die Ablaufsteuerung betrifft, so ist die aus dem täglichen Leben bekannte Warteschlange die naheliegendste Zuteilungsstrategie; im Englischen ist der Ausdruck "first-come first-serve", abgekürzt FCFS, oder "first-in first-out", FIFO, gebräuchlich. Maßgeblich für die Reihenfolge der Bedienung ist die Ankunftszeit: "wer zuerst kommt, mahlt zuerst". Bei dieser Zuteilungsstrategie bleibt eine eventuelle größere Dringlichkeit eines Programms gegenüber einem anderen (z. B. eines Betriebsprogramms gegenüber einem Benutzerprogramm) unberücksichtigt. Auch der Umfang der in der Vergangenheit bereits erfolgten Betriebsmittelnutzung geht nicht ein. Somit ist FCFS eine Standardstrategie, die sich immer dann anbietet, wenn keine besonderen Entscheidungskriterien vorliegen.

Zuteilungsstrategien für Prozessoren und Speicher werden in den Kapiteln 6 und 8 behandelt. Einige logische Aspekte der Betriebsmittelzuteilung ("Verklemmungen") werden am Ende von Kapitel 3 und im ersten Abschnitt von Kapitel 10 betrachtet.

1.2.4 Numerische und kombinatorische Probleme haben heute bei den Rechneranwendungen keine dominierende Stellung mehr. Die Fähigkeiten eines Rechners zum Speichern und Wiederauffinden großer Datenmengen sind heute ebenso bedeutsam wie seine rechnerischen Fähigkeiten. Informationen auf einem Externspeicher eines Rechners jederzeit zugriffsbereit zu haben ist in vieler Hinsicht vorteilhaft: manuelle Buchführungsarbeit wird überflüssig, und die Manipulation der externen Daten wird durch die Verwendung geeigneter Programme wesentlich erleichtert. Dienstprogramme (z. B. ein Editor) und Sprachübersetzer werden gewöhnlich nicht als Bestandteile des Betriebssystems angesehen; ihre Stellung zum Betriebssystem entspricht der der Benutzerprogramme. Ihr Zugriff auf externe Datenbestände muß allerdings vom Betriebssystem unterstützt werden. Das Betriebssystem hat die Aufgabe, Informationen auf den externen Speichern zu lokalisieren und zwischen verschiedenen Speichern zu übertragen (denn die Verwaltung von Betriebsmitteln, in diesem Fall Speicher, unterliegt seiner Verantwortung). Außerdem kann das Betriebssystem dem Benutzer die Arbeit erleichtern, indem es ihm geeignete Routinen für das Speichern und Wiederauffinden von Informationen zur Verfügung stellt. Ein entsprechendes Paket von Routinen erlaubt dem Benutzer, Datenbestände mit Namen zu versehen und sich unter Verwendung dieser Namen auf die Daten zu beziehen. Ein derart identifizierbarer Datenbestand wird <u>Datei</u> (engl. file) genannt. Der Teil des Betriebssystems, der für die Verwaltung von Dateien zuständig ist, heißt <u>Dateisystem</u> (engl. file system). Mit Dateisystemen werden wir uns im Kapitel 9 befassen.

Wie bereits erwähnt, gehört zu den zentralen Aufgaben eines Betriebssystems die Überwachung der Benutzerprogramme. Das bedeutet unter anderem, daß Programme vor den Fehlern anderer Programme geschützt werden müssen. Es muß zum Beispiel verhindert werden, daß ein Programm die Daten eines anderen Programms überschreibt. (Programme können sich auch noch auf andere Weise gegenseitig beeinflussen - siehe dazu Kapitel 3.) Die Verwendung des Rechners als Speichergerät für große Datenmengen hat dieser Schutzproblematik eine völlig neue Dimension gegeben. Es ist oft nützlich, daß mehrere Benutzer von einem Datenbestand gemeinsam Gebrauch machen. Das bedeutet jedoch nicht, daß ein Benutzer stets <u>allen</u> anderen Benutzern des Rechners Zugriffsrechte auf seine Dateien einräumen will. Im allgemeinen wird es wünschenswert sein, gewisse Dateien einer bestimmten Gruppe von Benutzern zugänglich machen zu können und andere Dateien jeweils anderen Gruppen. Auch bezüglich der Art des Zugriffs sollte differenziert werden können (Beispiel: Benutzer B darf das Programm in der Datei D nur ausführen, Benutzer C dagegen darf es auch kopieren.)

Diese <u>Schutzproblematik</u> (protection) ist in letzter Zeit eingehend studiert worden. Kurz gesagt geht es darum, wie man die gemeinsame Benutzung von Daten durch mehrere Personen so eingrenzen kann, daß jeder Person nur eine genau spezifizierte Teilmenge aller möglichen Zugriffsrechte zugestanden wird. Diese Problematik wird in Kapitel 9 behandelt.

Nach der hier erfolgten kurzen Einführung in das Wesen eines Betriebssystems wenden wir uns im nächsten Abschnitt einem sehr einfachen Systemmodell zu, an dem wir das systematische Studium von Betriebssytemfunktionen beginnen können. Dieses Modell werden wir in den darauf folgenden Abschnitten erweitern und verändern und damit bereits zu einigen realistischen Beispielen für Betriebssysteme kommen.

Übungen

1. Verschaffe Dir ein Maschinenhandbuch und studiere die Befehle für Leser, Drucker und Terminal! Stelle die Übertragungsraten zusammen (in Zeichen/sec, Karten/sec bzw. Zeilen/sec)!

2. Bei der Buchführung B1 seien alle Programme in einer Liste verzeichnet. Ein Eintrag besteht aus drei Komponenten: Zustand, Laufzeit, Prioritätsklasse. Der Zustand kann sein: aktiv (d. h. im Besitz eines Prozessors), bereit (d. h. arbeitswillig, aber ohne Prozessor) oder blockiert (d. h. auf ein Ereignis wartend). Schreibe eine Suchroutine, die ein bereites Programm mit minimaler Prioritätsklasse ausfindig macht; gibt es mehrere solche Programme, soll aus diesen eines mit minimaler Laufzeit ausgewählt werden.

3. Bei der Buchführung B2 gibt es drei Listen, für jeden Programmzustand eine. Ein Eintrag hat drei Komponenten: Programmnummer, Laufzeit, Prioritätsklasse. Die Liste 'bereit' ist nach Prioritätsklassen und innerhalb dieser nach aufsteigender Laufzeit geordnet. Schreibe eine Routine, welche ein bereites Programm mit minimaler Prioritätsklasse und innerhalb dieser mit minimaler Laufzeit ausfindig macht und dessen Programmnummer als Ergebnis liefert.

4. Dem gemäß B1 oder B2 (siehe 2., 3.) ausgewählten Programm werde ein Prozessor zugeteilt. Damit wechselt der Programmzustand von 'bereit' nach 'aktiv'. Schreibe die Routinen, die gemäß B1 bzw. B2 die entsprechenden Änderungen in den Listen durchführen, und außerdem Routinen für einen Wechsel von 'aktiv' nach 'bereit'! Letzterer findet statt, wenn ein aktives Programm am Ende einer Zeitscheibe "verdrängt" wird, d. h. sein Prozessor einem anderen Programm zugeteilt wird. Nimm an, daß im Anschluß an jede Suche nach einem bereiten Programm zwei Programme ihre Zustände ändern: das gefundene Programm wird 'aktiv', und dafür wird ein aktives Programm verdrängt und damit 'bereit'. Vergleiche die

Effizienz der Buchführungen B1 und B2 unter dieser Voraussetzung!

5. Die FCFS-Strategie überzeugt durch ihre Einfachheit und leichte Realisierbarkeit. Die angemessene Datenstruktur für die Realisierung ist eine als verkettete Liste oder als Feld implementierte Warteschlange. Eine Schlange von Programmen werde in einem Feld s[1:n] geführt, wobei n die maximale Anzahl der Programme ist. Schreibe Routinen, die gemäß FCFS die Schlange um ein Element erweitern bzw. ein Element aus der Schlange entfernen!

1.3 Ein einfaches Betriebssystem

1.3.1 Wir beginnen mit einer einfachen Rechnerkonfiguration wie sie in Abb. 1.3a gezeigt ist. Die Zentraleinheit besteht aus einem Prozessor und einem Arbeitsspeicher, letzterer groß genug, um einige Betriebsprogramme und jeweils ein Benutzerprogramm mit seinen Ein/Ausgabedaten aufzunehmen. Als Eingabegerät gibt es einen Leser, als Ausgabegerät einen Drucker.

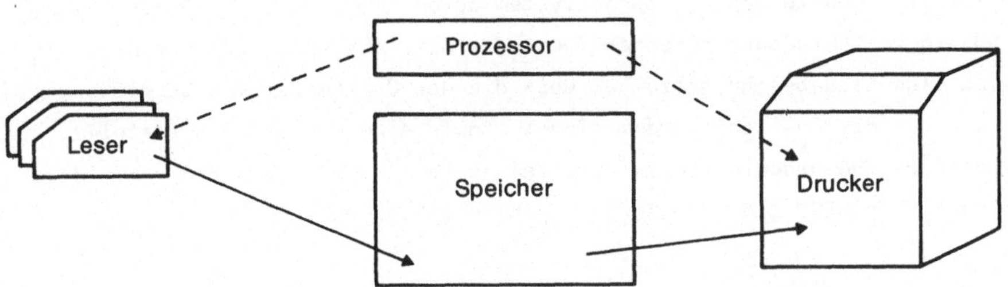

Abb. 1.3a Einfache Rechnerkonfiguration

Wenn der Prozessor einen Befehl im Befehlsregister des Lesers deponiert hat und dann die Anzeige AKTIV setzt, liest der Leser eine Lochkarte und überträgt die auf der Karte vorgefundenen Zeichen in den durch den Befehl bezeichneten Speicherbereich. Entsprechend schreibt der Drucker eine Zeile, gefüllt mit Zeichen, die er in dem durch den Befehl bezeichneten Speicherbereich vorfindet. In beiden Fällen hat also der Befehl eine Speicheradresse als Argument.

Das nächstliegende Verfahren, mit dieser Maschine Programme zu bearbeiten, wäre:

```
repeat lies Eingabe;
       übersetze;
       führe aus;
       drucke Ergebnisse
until  Maschine wird abgeschaltet.
```

('lies Eingabe' liest ein Quellenprogramm und die Eingabedaten für dieses Programm, sofern vorhanden. 'drucke Ergebnisse' druckt das Quellenprogramm und die Ausgabedaten des Programms.) Es gibt jedoch keine eingebaute Hardware, die die einzelnen Schritte dieses Verfahrens ausführen könnte, ja nicht einmal einen Hardwaremechanismus, der die Schritte der Reihe nach aktivieren könnte. Also muß ein Programm diese Aufgabe übernehmen. Was oben steht, kann als Programm begriffen werden, wenn man die dort angegebenen Schritte als Prozeduraufrufe deutet. Dieses Programm ist das Rahmenprogramm eines Betriebssystems für die vorgegebene Maschine. Es verwandelt die reine Hardware in ein System, welches in der Lage ist, eine Folge von Benutzerprogrammen zu übersetzen und auszuführen.

Außer dem Rahmenprogramm müssen auch die Programme für die einzelnen Schritte in der Maschine gespeichert sein, bevor das System gestartet werden kann. Es ist üblich, Programme wie 'lies Eingabe' und 'drucke Ergebnisse' als Teile des Betriebssystems zu betrachten. Das Programm 'übersetze' ist dagegen ein eigenständiges Sprachverarbeitungssystem, das vom Betriebssystem weitgehend unabhängig ist. (Ohne Schwierigkeiten könnte man das Sprachsystem durch ein anderes ersetzen - auch mit einer völlig verschiedenen Sprache -, ohne das Betriebssystem zu ändern.) Es gibt lediglich eine Eingabeschnittstelle, über die der Übersetzer vom Betriebssystem erfährt, wo er das Quellenprogramm findet, sowie eine Ausgabeschnittstelle, über die er die Ausgabe druckfertig aufbereitet abliefern kann. Das Programm 'drucke Ergebnisse' sorgt für die Ausgabe der aufbereiteten Druckzeilen.

1.3.2 Als nächstes wollen wir die Programme 'lies Eingabe' und 'drucke Ergebnisse' entwickeln, denn sie sind Teil des Betriebssystems. Zuvor müssen wir die Funktionsweise von Leser und Drucker studieren.

Leser und Drucker sind stets in einem von drei möglichen Zuständen: STOP, BEREIT und AKTIV. Beide Geräte haben einen Start/Stop-Schalter. Ist 'Stop' gedrückt, so ist das Gerät im Zustand STOP, andernfalls im Zustand BEREIT oder AKTIV, je nachdem ob es untätig ist oder gerade einen Befehl bearbeitet. (Beachte, daß die in 1.2.2 erwähnten Anzeigen den Gerätezuständen nicht exakt entsprechen!) Der Zustand des Lesers hängt zusätzlich davon ab, ob Karten im Magazin liegen: wenn das Magazin leer ist, liegt der Zustand STOP vor, auch wenn 'Start' gedrückt ist. In den Zustandstabellen in Abbildung 1.3b,c sind die möglichen "Unterzustände" von STOP berücksichtigt. Ziffer 1 bezeichnet 'Start gedrückt' bzw. 'Befehl in Ausführung' bzw. 'Karten vorhanden', 0 das jeweilige Gegenteil.

Nr.	Start	Befehl	Zustand
0	0	0	STOP
1	0	1	STOP
2	1	0	BEREIT
3	1	1	AKTIV

Abb. 1.3b Zustandstabelle Drucker

Nr.	Start	Karten	Befehl	Zustand
0...3	0	0,1	0,1	STOP
4	1	0	0	STOP
5	1	0	1	STOP
6	1	1	0	BEREIT
7	1	1	1	AKTIV

Abb. 1.3b Zustandstabelle Leser

Die möglichen Zustandsübergänge kann man leicht aus den Zustandstabellen ableiten. Der BEREIT-Zustand des Druckers beispielsweise ist (1,0); er wird von (0,0) oder (1,1) aus erreicht, d. h. von STOP oder AKTIV. Abb. 1.3d und 1.3e geben die Zustandsdiagramme wieder. Die Ursache eines Zustandsübergangs ergibt sich direkt aus dem Vergleich von altem und neuem Zustand. Beispiele:

STOP → AKTIV in 1.3d: 'Start' wird gedrückt, während ein noch nicht ausgeführter Befehl ansteht.

AKTIV → STOP in 1.3e: 'Stop' wird gedrückt, während eine Karte gelesen wird; oder: Lesen der letzten Karte im Magazin wird beendet.

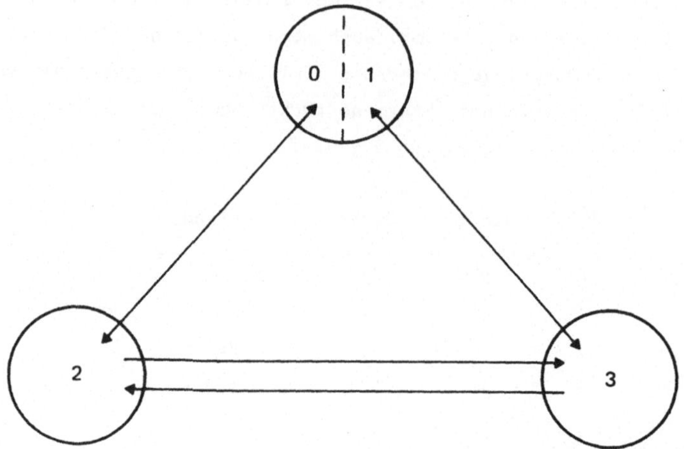

Abb. 1.3d   Zustandsübergänge beim Drucker

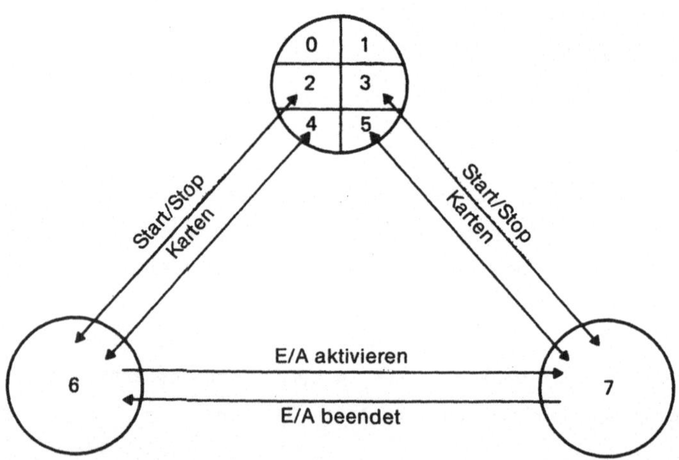

Abb. 1.3e   Zustandsübergänge beim Leser

Das Lesen einer Karte kann nur begonnen werden, wenn Karten im Magazin liegen und 'Start' gedrückt ist. Das Drücken von 'Stop' bei aktivem Gerät wirkt sich nicht unmittelbar aus; das Gerät beendet erst die Ausführung des aktuellen Befehls (liest die Karte zu Ende, druckt die Zeile zu Ende), bevor es in den Zustand STOP (statt BEREIT) übergeht. Ein Gerät in dieser Weise zu stoppen ist ratsam, wenn irgendetwas schiefgeht (z. B. "Kartensalat"), oder wenn man in Ruhe einen Ausdruck am Drucker abreißen will. Im Normalbetrieb wechseln die Geräte zwischen den Zuständen BEREIT und AKTIV.

1.3.3 Alle Lese- und Druckoperationen müssen durch den Prozessor initiiert werden, indem er geeignete Befehle absetzt. Die Betriebsprogramme 'lies Eingabe' und 'drucke Ergebnisse' müssen also im wesentlichen dafür sorgen, daß die E/A-Geräte zu den richtigen Zeitpunkten mit den richtigen Befehlen versorgt werden.

Die Adresse der ersten Zelle eines im Speicher reservierten Eingabebereichs sei 'Anfang Eingabe'. Wir benötigen eine Variable 'Kartenzähler', um uns die Anzahl der gelesenen Karten zu merken. Sobald der Leser im Zustand BEREIT ist, können Karten gelesen werden. Eine Variable 'nächste Karte' enthält zu jedem Zeitpunkt diejenige Speicheradresse, auf welche die nächste Karte eingelesen werden soll. Mit jeder gelesenen Karte müssen 'nächste Karte' und 'Kartenzähler' verändert werden. Der Eingabevorgang wird beendet, wenn alle Karten gelesen sind (sofern nicht vorher 'Stop' gedrückt wird). 'lies Eingabe' kann als folgende Prozedur realisiert werden:

```
procedure lies Eingabe =
begin     nächste Karte := Anfang Eingabe;
          Kartenzähler := Ø;
          warte bis Leser BEREIT;
          repeat starte Leser(nächste Karte);
                 neuer Bereich(nächste Karte);
                 Kartenzähler :+ 1;
                 warte solange Leser AKTIV
          until  Leser STOP
end.
```

Diese Prozedur liest alle Karten eines Kartenpakets. Wenn während des Lesens 'Stop' gedrückt wird, wird nur noch der aktuelle Befehl beendet (man sollte also nicht 'Stop' drücken). Die erste 'warte'-Anweisung verhindert, daß bei nicht bereitem Gerät bereits ein Befehl abgeschickt wird; das würde zur sofortigen Beendigung der Prozedur führen. Obige Prozedur wird beendet, wenn alle Karten eines Pakets gelesen sind. Lage und Umfang der Eingabe kann man aus 'Anfang Eingabe' und 'Kartenzähler' entnehmen.

Die Prozedur 'drucke Ergebnisse' setzt voraus, daß die auszudruckenden Daten bei 'Anfang Ausgabe' beginnen und daß 'Zeilenzähler' die Anzahl der Zeilen bezeichnet.

Die Struktur der Prozedur weicht geringfügig von derjenigen der Eingabeprozedur ab:

```
procedure drucke Ergebnisse =
begin     nächste Zeile := Anfang Ausgabe;
          repeat warte bis Drucker BEREIT;
                 starte Drucker(nächste Zeile);
                 neuer Bereich(nächste Zeile);
                 Zeilenzähler :- 1
          until  Zeilenzähler = Ø
end.
```

Beide Prozeduren enthalten in ihren Schleifen eine Verzögerungsanweisung ('warte...'). Diese Anweisungen sind wesentlich; ohne sie könnte der Prozessor, wenn er schneller arbeitet als die Geräte, Befehle überschreiben, die noch gar nicht ausgeführt sind. Prozessor und Geräte arbeiten ja nach ihrem eigenen Rhythmus. Da sie durch keinerlei feste Kopplung synchronisiert werden, laufen ihre Aktivitäten als "asynchrone Prozesse" ab. Die Warteanweisungen erzwingen hier eine gewisse Sychronisation. - Eine ausführliche Behandlung der Synchronisationsproblematik folgt im Kapitel 4.

Übungen

1. Die Prozedur für den Leser enthält zwei Anweisungen der Form 'warte...'. Beim Drucker gibt es nur eine solche Anweisung. Kann man beim Leser ohne die erste Warteanweisung auskommen, wenn man die Schleife geeignet modifiziert? Warum bzw. warum nicht?

2. Das Ende der Eingabe kann statt durch "Kartenende" auch durch eine spezielle Steuerkarte bezeichnet werden, die sich durch eine besondere Lochung von allen Programm- und Datenkarten unterscheidet. Man ist dann nicht gezwungen, jeweils nur ein Programm in den Leser zu legen; man kann Programme kontinuierlich nachlegen. Programmiere die Eingabeprozedur für diese Vorgehensweise! Beachte dabei, daß das Eintreten des STOP-Zustandes kein Grund ist, die Leseschleife abzubrechen!

3. Nimm an, daß 'Stop' nur dann gedrückt wird, wenn es Kartensalat gibt - so daß weiteres Einlesen und Übersetzen ohnehin sinnlos ist. Setze voraus, daß der

Hersteller des Lesers diesen Fall bedacht hat und das Gerät mit einem zusätzlichen Zustand FEHLER versehen hat - mit folgenden Übergängen:

AKTIV → FEHLER, wenn im Zustand AKTIV 'Stop' gedrückt wird;

FEHLER → STOP, wenn im Zustand FEHLER das Magazin von Hand geleert wird oder der Prozessor das Gerät auf STOP setzt.

Entwickle ein Leseprogramm, das sich diesen neuen Zustand zunutze macht! Ausgangspunkt kann entweder das Originalprogramm oder die Lösung von 2. sein.

4. Zeige, daß die wiederholte Betätigung des Start/Stop-Schalters am Drucker kein Unheil anrichten kann!

5. Ein System der oben skizzierten Art unterstütze zwei Programmiersprachen, stelle also zwei Übersetzer zur Verfügung. Wie müßten das Steuerprogramm und die Ein/Ausgabe-Schnittstellen des Betriebssystems in diesem Fall aussehen?

1.4 Das Leistungsverhalten des einfachen Betriebssystems

1.4.1 Im letzten Abschnitt haben wir uns nicht um die Effizienz des dort vorgestellten Betriebssystems gekümmert. Man kann leicht erkennen, daß das System grundlegend geändert werden muß, da es in der vorliegenden Form sehr ineffizient arbeitet. Die Hauptursache der Ineffizienz ist, daß Peripheriegeräte und Prozessor bezüglich Verarbeitungsgeschwindigkeit überhaupt nicht zusammenpassen. Verarbeitungsgeschwindigkeiten von Hardware-Komponenten kann man vergleichen, indem man die verarbeitete Informationsmenge je Zeiteinheit betrachtet. Informationsmengen messen wir einfach in Maschinenworten bzw. Bytes. Bei den meisten Maschinen bezeichnet der Begriff "Byte" eine Gruppe von 8 Bits. Unter "Wort" versteht man meist diejenige Informationseinheit, die mit einem Speicherzugriff angesprochen wird. Die dazu benötigte Zeit heißt Zykluszeit. Typische Zahlen für Wortlängen und Zykluszeiten sind:

Wortlänge	Anzahl der Bits	Geschwindigkeit	Zykluszeit (µs)
sehr klein	8	langsam	10
klein	12 - 16	normal	1
mittel	24 - 36	schnell	0.8
groß	48 -128	sehr schnell	0.1

Die Praxis zeigt, daß man für Probleme, die hohe Verarbeitungsgeschwindigkeiten erfordern, oft auch einen großen Speicher braucht. Wenn im folgenden über Wortlänge und Zykluszeit nichts Explizites gesagt wird, unterstellen wir einen Rechner mittlerer Größenordnung mit einer Wortlänge von 32 Bits (entsprechend 4 Bytes bzw. 4 Zeichen) und einer Zykluszeit von einer Mikrosekunde. Zuvor wollen wir aber einen sehr kleinen Rechner mit einer Wortlänge von 8 Bits = 1 Byte und einer Zykluszeit von 10 µs betrachten. Ein schneller Kartenleser kann 20 Karten/sec lesen, ein schneller Zeilendrucker schafft 20 Zeilen/sec. Eine Karte kann 80 Zeichen aufnehmen, unser Drucker habe eine Zeilenlänge von 120 Zeichen. Die Zeichenübertragung zwischen Speicher und Peripherie wird von den Geräten selbsttätig durchgeführt. Allerdings sind bei kleinen und billigen Maschinen die Befehle für die Peripheriegeräte im Arbeitsspeicher untergebracht; ein im Befehl enthaltener Wortzähler wird nach jedem Transfer eines Wortes vom Leser bzw. zum Drucker um Eins verringert.

Für den Transfer eines Wortes sind unter diesen Bedingungen 3 Speicherzugriffe notwendig: einer für das zu holende oder zu speichernde Wort, zwei für das Erniedrigen und anschließende Testen des Wortzählers. Demnach führt der Leser jede Sekunde 20*80*3 = 4800 Speicherzugriffe aus. Beim Drucker sind es jede Sekunde 20*120*3 = 7200 Speicherzugriffe. (Auf einer 32-Bit-Maschine würden wir mit einem Viertel dieser Zugriffe auskommen, da vier Zeichen in ein Wort gepackt werden können.) Bei einer Zykluszeit von 10 µs stehen in der Sekunde 100000 Zyklen zur Verfügung. Davon verbrauchen Leser und Drucker lediglich 4.8 % bzw. 7.2 %. (Für die erwähnte mittlere Maschine mit einer Zykluszeit von 1 µs wären es sogar nur 0.12 % bzw. 0.18 %.) Offensichtlich ist die Speicherbelastung klein bei einer sehr kleinen Maschine und sogar vernachlässigbar bei einer mittleren Maschine.

Das bedeutet, daß die Zentraleinheit auch bei permanenter Aktivität von Leser und Drucker praktisch nicht belastet wird. Als Folge davon verbringen Lese- und Druckprogramm die meiste Zeit mit Warten. Betrachten wir das Druckprogramm und unterstellen die folgenden Anzahlen von Maschineninstruktionen für die Anweisungen der Schleife:

```
repeat warte bis Drucker BEREIT;          {?}
       starte Drucker(nächste Zeile);      {6}
       neue Adresse(nächste Zeile);        {5}
       Zeilenzähler :- 1                   {2}
until  Zeilenzähler = Ø                    {2}
                                          {15}
```

Die mittlere Instruktionszeit auf einer Maschine mit 1 μs Zykluszeit ist etwa 2.5 - 3.0 μs. Das meiste davon geht in den Speicherzugriff: zwei Zyklen sind notwendig, einer um die Instruktion zu holen, einer für den Operanden. Somit entsteht in der Zentraleinheit für das Ausdrucken einer Zeile eine Aktivitätsphase von höchstens 15*3 = 45 μs. Das Ausdrucken der Zeile selbst dauert 1/20 sec = 50000 μs. Während dieser ganzen Zeit ist das Druckprogramm untätig. Es könnte in dieser Zeit mehr als 1000 Zeilen abhandeln (ca. 20 Seiten!). - Beim Kartenleser ist die Verschwendung von Prozessorzeit sogar noch größer.

Ubungen

1. Man kann einwenden, daß für das behandelte einfache Betriebssystem ein sehr viel langsamerer (und billigerer) Arbeitsspeicher ausreichen würde. Das ist zweifellos richtig. In den Maschinen der späten fünfziger Jahre waren die Speicher langsam und klein. Sie boten gerade ausreichend Platz, um einige kleine Steuerprogramme sowie einen Teil eines Benutzerprogramms aufzunehmen und Puffer für die Ein/Ausgabe zur Verfügung zu stellen. Typische Speichergröße war 100 - 500 Worte. Die E/A-Puffer lagen an fest vereinbarten Adressen, weshalb Befehle für Leser und Drucker keine Parameter hatten.

   Betrachte eine Konfiguration wie die aus Abb. 1.4a. Mit jeder Leseoperation überträgt der Kartenleser 80 Zeichen in einen 20-Worte-Eingabepuffer EP, und eine Druckoperation überträgt 120 Zeichen aus einem 30-Worte-Ausgabepuffer AP.

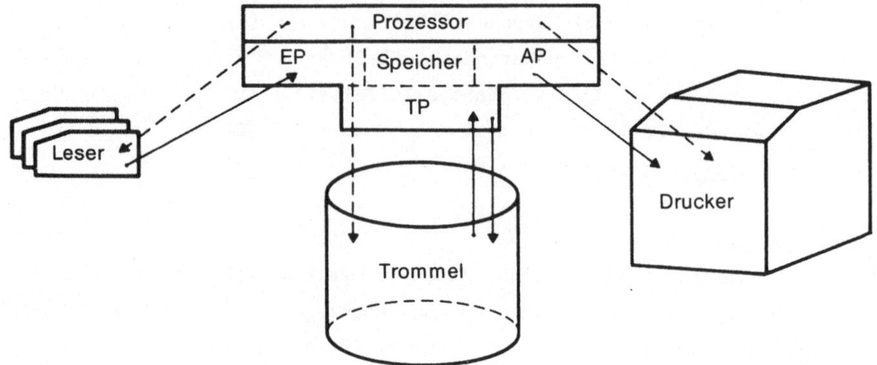

Abb. 1.4a System mit kleinem Arbeitsspeicher und Trommel

Als Massenspeicher ist eine Trommel mit folgenden technischen Daten vorgesehen:

200 Spuren mit je 256 Worten (jedes Wort adressierbar)
40 Umdrehungen/sec
Lesen/Schreiben verringert nicht die Umdrehungsgeschwindigkeit
Gerätezustände, wenn betriebsfähig: BEREIT, AKTIV
Befehle: Lesen/Schreiben in/aus Pufferbereich TP im Arbeitsspeicher
Befehlsparameter: Trommeladresse, Anzahl der zu übertragenden Worte

Ein Datentransfer zwischen zwei Puffern ist einfach, da alle Puffer im Arbeitsspeicher liegen. Vor der Aktivierung eines Gerätes muß der Prozessor dafür sorgen, daß der zugehörige Datenpuffer gefüllt (bzw. geleert) wird, damit nicht der alte Inhalt nochmals ausgegeben wird (bzw. überschrieben wird). Wir wollen eine Zykluszeit von 12 µs (IBM 704) oder 2 µs (IBM 7094) zugrundelegen. Der für die drei Datenpuffer insgesamt verfügbare Platz sei 100 Worte (à 32 Bits).

Schreibe ein Rahmenprogramm für diese Maschine, ferner Programme für die E/A-Steuerung! Berücksichtige, daß der Arbeitsspeicher viel zu klein ist, um den Inhalt eines vollständigen Kartenpaketes oder eine komplette Programmausgabe aufnehmen zu können! Ermittle die Speicherbelastung durch die Peripheriegeräte! (Merke: Trommeln werden häufig als Hintergrundspeicher benutzt. Kapazitäten in der Größenordnung von 1 Million Worte sind üblich, die Übertragungsraten liegen bei 75000 Worten/sec.)

2. Zeige, daß das Problem 1. so gelöst werden kann, daß die Zwischenspeicherung auf der Trommel keine Verzögerung der Ein/Ausgabe-Phasen zur Folge hat!

3. Das in Abschnitt 1.3 vorgestellte einfache System könnte auch wie folgt variiert werden: es werden zwei Kartenleser vorgesehen, so daß in jeder Eingabephase zwei Programme gleichzeitig gelesen werden können. Die beiden Programme werden dann nacheinander bearbeitet, ihre Ausgabe wird gedruckt, und zwei neue Programme werden eingelesen. Schreibe ein geeignetes Betriebsprogramm für die Eingabephase und prüfe, ob die Eingabephase jetzt länger dauert!

4. Eine größere Anzahl von Quellenprogrammen sei auf einem Magnetband zusammengestellt. Ein System, welches diese Programme bearbeitet, verfüge über je ein Magnetbandgerät für die Eingabe und die Ausgabe (anstelle von Leser und Drucker); es ist in Abb. 1.4b skizziert.

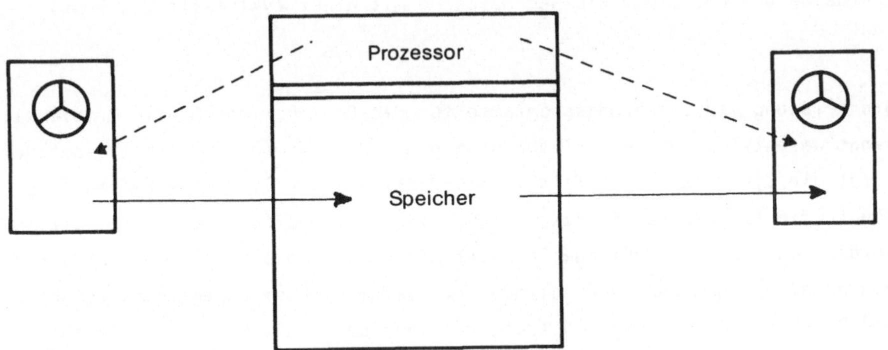

Abb. 1.4b Ein System mit Magnetband-Ein/Ausgabe

Die Magnetbandgeräte haben folgende Eigenschaften:

Lese/Schreibgeschwindigkeit: 10000 Worte/sec
Start/Stop-Zeit: 10 ms
Blocklänge: 250 Worte (à 32 Bits)
Zustände: STOP, BEREIT, AKTIV (wie Drucker - Abb. 1.3b,d)
3 verschiedene Blocktypen: Daten, Abschnittsmarke, Bandendemarke
6 Befehle: Start, Stop, Vorsetzen, Rücksetzen, Lesen, Schreiben.
Lesen und Schreiben ist nur in Vorwärtsrichtung möglich.
Es wird jeweils ein Block gelesen bzw. geschrieben. Ein

Lese/Schreib-Befehl enthält die Arbeitsspeicheradresse des zu verarbeitenden Blocks als Parameter. Die Befehle Vorsetzen/Rücksetzen enthalten eine Angabe, um wieviele Blöcke vorgesetzt bzw. rückgesetzt werden soll. Der Stop-Befehl versetzt das Gerät in den Zustand STOP, der Start-Befehl bewirkt einen Übergang in den Zustand BEREIT oder AKTIV.

Magnetbänder der hier zugrundegelegten Art haben die unangenehme Eigenschaft (bedingt durch die Mechanik des Bandtransports), daß nach einer Schreiboperation der Bandinhalt zwischen geschriebenem Block und Bandende undefiniert ist. Daher schlägt eine direkt im Anschluß an eine Schreiboperation durchgeführte Leseoperation im allgemeinen fehl. Das Ersetzen eines Blocks an beliebiger Stelle ist nicht möglich. Das Band kann nur strikt sequentiell beschrieben werden. (Es gibt "formatierte" Bänder, für welche diese Einschränkung nicht gilt.)

Programmiere die Ein/Ausgabe-Steuerung für dieses System und ermittle die Speicherbelastung bei einer kleinen Maschine mit einer Zykluszeit von 4 µs!

5. Die Leistung der Steuerungsprogramme für die Peripheriegeräte im Problem 1. hängt wesentlich von der Leistungsfähigkeit des verwendeten Arbeitsspeichers ab. Liegt die Zykluszeit im Millisekunden-Bereich statt im Mikrosekunden-Bereich könnte die für das Füllen bzw. Leeren eines Datenpuffers benötigte Zeit so groß werden, daß das Peripheriegerät nicht mit voller Geschwindigkeit betrieben werden kann. Wir wollen annehmen, daß, um diesem Problem begegnen zu können, Leser und Drucker etwas anders konstruiert seien: der Leser kennt zwei Befehle Lese1 und Lese2, welche sich auf verschiedene (und nicht überlappende) Puffer EP1 und EP2 beziehen; Entsprechendes gilt für den Drucker.

   Ändere die Steuerungsprogramme derart, daß sie von diesen Befehlen optimalen Gebrauch machen! Zeige, daß die neuen Versionen weniger empfindlich gegenüber der Zykluszeit sind als die alten!

Historische Anmerkung

Mit den Leistungen heutiger Hardware nicht zu vergleichen sind die Leistungen der ersten Trommelrechner, die um das Jahr 1953 entwickelt wurden. Ein Trommelzugriff in 5 - 25 ms galt damals als sehr schnell. Auch die Speicherkapazitäten waren ungleich geringer. Frühe Versionen der IBM 650 beispielsweise verfügten über eine Trommel von nur 2000 Worten (à 10 Bits) und einen Arbeitsspeicher von 60 Worten! Später wurde die Trommel auf 4000 Worte vergrößert. Mit 200 Umdrehungen pro Minute war sie noch schnell im Vergleich zu anderen Trommeln jener Zeit mit nur 50 - 60 Umdrehungen pro Minute. Heute haben Trommeln Kapazitäten in der Größenordnung von 1 Million Worten und Geschwindigkeiten von etwa 3000 Umdrehungen pro Minute.

Die zunehmende Benutzung von Assembler-Sprachen, mehr noch die erste arbeitsfähige Version eines FORTRAN-Systems (1957), beschleunigten die Entwicklung einfacher Stapelsysteme mit dem Ziel, E/A-Routinen ins Betriebssystem zu verlagern und den Systemdurchsatz zu steigern. Ein weiterer Faktor, der die Entwicklung von Betriebssystemen vorantrieb, war der Generationswechsel in der Hardware - von der 1. zur 2. Generation. Die 2. Generation verwendete Transistoren statt Röhren. Damit vergrößerte sich die mittlere Zeit zwischen Maschinenfehlern auf Tage und Wochen (im Gegensatz zu Minuten, bestenfalls Stunden, bei den Röhrenrechnern!). Es wurde somit möglich, eine lange Folge von Programmen zu verarbeiten, ohne daß Hardwarefehler und ihre Folgeprobleme den Ablauf störten.

1.5 Verbesserung der Leistungsfähigkeit

1.5.1 Das oben behandelte Beispiel zeigt, daß die Ein/Ausgabe einen beträchtlichen Teil der gesamten Bearbeitungszeit eines Programms beansprucht. (Die "Bearbeitungszeit" eines Programms ist die Zeitspanne vom Beginn der Eingabe bis zum Abschluß der Ausgabe.) Betrachten wir ein Quellenprogramm mit 200 Zeilen, deren Inhalt je 400mal ausgeführt wird; das Programm benötige keine Eingabe und produziere 100 Zeilen Ausgabe. Wir kommen auf folgende Zahlen:

Quellenprogramm einlesen	200 * 50 ms		10000 ms
Übersetzen	200 * 5 * 500 * 0.003 ms	=	1500 ms
Ausführen	200 * 5 * 400 * 0.003 ms	=	1200 ms
Quellenprogramm drucken	200 * 50 ms	=	10000 ms
Ergebnisse drucken	100 * 50 ms	=	5000 ms

Ein/Ausgabezeit	25000 ms
Verarbeitungszeit	27700 ms

Die Zahl 5 in der zweiten und dritten Zeile bezeichnet die mittlere Anzahl von Maschineninstruktionen, die für eine Zeile des Quellenprogramms erzeugt werden. Die Zahl 500 bezeichnet die mittlere Anzahl der für die Übersetzung einer Zeile auszuführenden Instruktionen des Übersetzers. (Die genannten Zahlen entstammen einem an der Universität von Newcastle upon Tyne, England, durchgeführten Experiment, bei dem 39 Programme, die meisten in PL/1, einige in FORTRAN, auf einer IBM 360/67 unter OS (MFTII und MVT) übersetzt wurden.)

Dieses Beispiel mag für durchschnittliche Programme nicht repräsentativ sein, es zeigt jedoch, daß die Ein/Ausgabezeit einen Großteil der Bearbeitungszeit ausmacht. Wenn es gelänge, die Ein/Ausgabezeiten zu reduzieren, könnte man die Leistungsfähigkeit des Systems wesentlich steigern. Bei unserer gegenwärtigen Systemversion gibt es für eine solche Leistungssteigerung keine andere Möglichkeit als die Beschleunigung von Leser und Drucker. Deren Geschwindigkeiten können aber wegen der komplizierten Mechanik nicht wesentlich vergrößert werden, so daß man sie als fest vorgegeben betrachten muß. E/A-Geräte sind heute wesentlich schneller als vor zwanzig Jahren; das obige Beispiel zeigt jedoch, daß selbst ein Faktor 10 das Problem nicht löst.

1.5.2 Die Bearbeitungszeit für n Programme ist t = e+v+a, wenn

e = Summe der Eingabezeiten,
v = Summe der Übersetzungs- und Ausführungszeiten,
a = Summe der Ausgabezeiten.

Der "Durchsatz" d ist die Anzahl der vom System erledigten Programme je Zeiteinheit, also

$$d = \frac{n}{t} = \frac{n}{e+v+a} .$$

Wir können den Durchsatz wesentlich steigern, wenn wir die Tatsache ausnutzen, daß Prozessor, Leser und Drucker weitgehend unabhängig voneinander arbeiten. Wir wollen versuchen, ein System zu konstruieren, bei dem Eingabephasen und Ausgabephasen überlappen. (Noch besser wäre es, diese Phasen auch noch mit der Verarbeitungsphase überlappen zu lassen.) Während für ein Programm die Ausgabe gedruckt wird, soll das nächste Programm bereits eingegeben werden.

Die neue Systemversion soll zwischen einer E/A-Phase und einer Verarbeitungsphase (für Übersetzung und Ausführung) unterscheiden. Für die E/A-Phase ist ein Betriebsprogramm 'lies und drucke' zuständig. Dieses Programm schickt laufend Befehle an Leser und Drucker; es wartet nur, wenn beide Geräte aktiv sind. Das Programm bricht ab, wenn alle Druckzeilen ausgegeben sind und der Leser sich im Zustand STOP befindet. Die nichtlokalen Variablen 'Anfang Eingabe', 'Anfang Ausgabe' und 'Zeilenzähler' seien wie in 1.3.3 initialisiert.

```
procedure lies und drucke =
begin     nächste Karte := Anfang Eingabe;
          Kartenzähler := Ø;
          nächste Zeile := Anfang Ausgabe;
          repeat warte solange Leser und Drucker AKTIV;
                 if Leser BEREIT then
                    starte Leser(nächste Karte);
                    neue Eingabeadresse(nächste Karte);
                    Kartenzähler :+ 1  fi;
                 if Drucker BEREIT and Zeilenzähler > Ø then
                    starte Drucker(nächste Zeile);
                    neue Ausgabeadresse(nächste Zeile);
                    Zeilenzähler :- 1 fi
          until  Leser STOP and Zeilenzähler = Ø
end.
```

Beachte, daß 'lies und drucke' nicht wartet, wenn Leser oder Drucker sich im Zustand STOP befindet. Das Programm wickelt eine Eingabephase ordnungsgemäß ab, auch wenn keine Ausgabe vorliegt. Umgekehrt wird eine Ausgabephase auch dann abgewickelt, wenn keine neue Eingabe mehr vorliegt. Ist dies der Fall, so muß die folgende Verarbeitungsphase wirkungslos bleiben. Diese Situation ist durch 'Kartenzähler=Ø' charakterisiert, weshalb das Rahmenprogramm des Betriebssystems wie folgt aussehen kann:

```
Zeilenzähler := Ø;
repeat lies und drucke;
       if Kartenzähler > Ø then
          übersetze;
          führe aus  fi
until  Maschine wird abgeschaltet.
```

Der Durchsatz dieses Systems ist wesentlich besser als der unserer ersten Version. e_k und a_k seien die Eingabe- bzw. Ausgabezeiten des k-ten Programms und $m_k = \max(e_{k+1}, a_k)$ für $k = 1,\ldots,n-1$. Bei unserer neuen Systemversion beträgt dann die Ein/Ausgabezeit für n Programme

$$b = e_1 + \sum_{k=1}^{n-1} m_k + a_n \quad ,$$

und der Durchsatz ist

$$d = \frac{n}{t} = \frac{n}{b+v} \quad ;$$

bei unserer ersten Version dagegen war

$$b = e+a = \sum_{k=1}^{n} (e_k + a_k) \quad !$$

Abb. 1.5 verdeutlicht das unterschiedliche Verhalten der ursprünglichen und der verbesserten Version. Beachte, wieviel früher die Eingabephasen 3 und 4 in der zweiten Version beginnen.

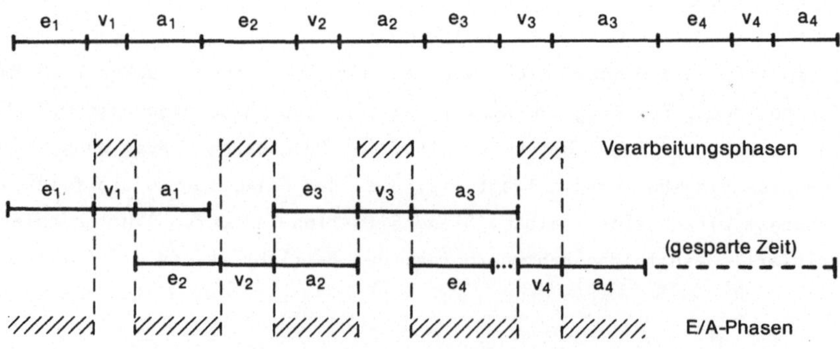

Abb. 1.5 Durchsatz bei rein sequentiellem und bei überlapptem System

Historische Anmerkung

Überlappte Ein/Ausgabe war auf frühen Rechnern noch nicht realisierbar, da es keine selbsttätig arbeitende Peripherie gab: Der Prozessor war nicht nur für die zentrale Verarbeitung, sondern auch für den Transfer jedes einzelnen Zeichens (oder Worts) zwischen Zentraleinheit und Peripherie zuständig. Der erste Schritt in Richtung auf selbständigere Geräte war die Entwicklung von Geräteprozessoren, die einen größeren Datenblock zwischen einem Peripheriegerät und einem festgelegten Pufferbereich im Arbeitsspeicher übertragen konnten. Der Zentralprozessor mußte dann den Datentransfer nur noch starten (durch einen geeigneten Befehl) - und natürlich für das Leeren bzw. Füllen der Puffer sorgen (Beispiel: IBM 650, UNIVAC I).

Entscheidend war dann die Entwicklung von Kanälen in den frühen sechziger Jahren (IBM 7090). Ein Kanal ist ein spezialisierter Prozessor mit eigenen Befehls- und Pufferregistern. Im Gegensatz zum oben erwähnten Geräteprozessor kann ein Kanal auf beliebige Arbeitsspeicheradressen zugreifen, ohne Unterstützung des Zentralprozessors. Der Kontakt zum Zentralprozessor beschränkt sich auf den Empfang von Befehlen und auf Vollzugsmeldungen. Wegen des freien Speicherzugriffes kann in vielen Fällen auf eine Prozessorintervention für das Leeren bzw. Füllen von Puffern verzichtet werden.

Die Kanäle verschiedener Hersteller unterscheiden sich hinsichtlich der durch sie verursachten Speicherbelastung. In der UNIVAC 1108 und den kleineren Modellen der IBM 360 wurden die Kanalbefehle im Speicher gehalten; der Kanal muß dann ziemlich häufig auf den Speicher zugreifen, um Zähler zu modifizieren und zu prüfen. Bei den größeren IBM-370-Maschinen übernimmt ein Kanal einen auszuführenden Befehl in ein eigenes Register, so daß der Arbeitsspeicher nur für den eigentlichen Datentransfer (und natürlich für das Holen des jeweils nächsten Kanalbefehls) angesprochen wird.

Übungen

1. Betrachte eine Konfiguration wie in Abb. 1.4a mit einem Arbeitsspeicher, der nicht groß genug ist, um die Ein/Ausgabe-Daten aufzunehmen. Die Gerätebefehle enthalten als Operand die Adresse eines Pufferbereichs im Arbeitsspeicher, so daß man nicht notwendig mit festen Puffern arbeiten muß. Die Gerätespezifikationen findet man in Abschnitt 1.3 und in Übung 1 aus Abschnitt 1.4 (der

Trommelbefehl enthalte als zusätzlichen Operanden eine Arbeitsspeicheradresse).

Ein Versuch, das Lesen der Karten mit dem Übertragen der gelesenen Daten auf die Trommel überlappen zu lassen, führt zu folgendem Betriebsprogramm:

```
procedure lies Eingabe auf Trommel =
begin     Kartenzähler := Ø;
          Trommelzähler := Ø;
          Kartenpuffer := Anfang Eingabe;
          Trommelpuffer := Anfang Eingabe;
          Trommelplatz := Anfang Trommel;
          Karte kommt := false;
          repeat warte solange Leser und Trommel AKTIV;
                 if Leser nicht AKTIV then
                    if Karte kommt then
                       Karte kommt := false;
                       Kartenzähler :+ 1 fi;
                    if Leser BEREIT and Kartenzähler < Trommelzähler+1 then
                       Karte kommt := true;
                       starte Leser(Kartenpuffer);
                       wechsle(Kartenpuffer)   fi  fi;
                 if Trommel BEREIT and Trommelzähler < Kartenzähler then
                    schreibe Trommel(Trommelpuffer, Trommelplatz, 2Ø);
                    wechsle(Trommelpuffer);
                    Trommelplatz :+ 2Ø;
                    Trommelzähler :+ 1  fi
          until Trommelzähler=Kartenzähler and Leser STOP
end.
```

Der Inhalt einer Karte kann auf die Trommel übertragen werden, sobald die Trommel zur Annahme eines Befehls bereit ist und der Karteninhalt sich vollständig im Speicher befindet. Letzteres ist genau dann der Fall, wenn die Anzahl der übertragenen oder in Übertragung befindlichen Karteninhalte (= Trommelzähler) kleiner ist als die Anzahl der gelesenen Karten (= Kartenzähler). Dies erklärt die Abfrage in der letzteren Alternative. Eine entsprechende Abfrage weiter oben stellt sicher, daß der zur Verfügung stehende Eingabebereich (2 Kartenpuffer) nicht überläuft. Die Prozedur 'wechsle' schaltet zwischen den beiden Puffern um. Wesentlich ist, daß der Kartenzähler erst nach Beendigung eines Kartenlesevorgangs erhöht wird, d. h. nachdem der Leser vom Zustand AKTIV in den Zustand BEREIT bzw. STOP übergegangen ist. Dies wird mit Hilfe der Variablen 'Karte kommt' erreicht.

a) Bestätige, daß die Variable 'Karte kommt' korrekt verwendet wird: es muß sichergestellt sein, daß 'Kartenzähler' stets die Anzahl der vollständig gelesenen Karten enthält.

b) Was könnte schiefgehen, wenn der then-Zweig der ersten Alternative unbedingt (d. h. nicht nur im Fall 'Leser nicht AKTIV') ausgeführt würde? (Hinweis: der Zeitpunkt der Beendigung eines Lesevorgangs ist unbestimmt!)

c) Was könnte schiefgehen, wenn die erste Alternative wie folgt zerteilt würde:

```
if Leser nicht AKTIV and Karte kommt then
   Karte kommt := false;
   Kartenzähler :+ 1  fi;
if Leser BEREIT and Kartenzähler < Trommelzähler+1 then
   Karte kommt := true;
   starte Leser(Kartenpuffer);
   wechsle(Kartenpuffer)  fi
```

(Des Übels Wurzel liegt an der gleichen Stelle wie bei b.)

2. Schreibe für das System aus 1. ein Betriebsprogramm für die Ausgabe! Die Druckzeilen seien in der Verarbeitungsphase auf der Trommel gespeichert worden. Die globale Konstante 'Anfang Ausgabe Trommel' bezeichne den Anfang des die Druckzeilen enthaltenden Trommelbereichs, die globale Variable 'Zeilenzähler' bezeichne deren Anzahl.

3. Untersuche die Möglichkeit, Eingabephase und Ausgabephase aus 1. und 2. in einer Phase zusammenzufassen, um durch weitgehende Überlappung den Durchsatz zu verbessern. Bei der Programmierung der Trommeltransfers lasse man Vorsicht walten: die Trommel kann zu einem Zeitpunkt nur einen Befehl (Lesen oder Schreiben) ausführen, und der Arbeitsspeicher kann nur eine begrenzte Zahl von Karteninhalten und Druckzeilen aufnehmen.

4. Der Arbeitsspeicher der in 1. betrachteten Konfiguration sei groß genug, um mindestens ein Paket Eingabedaten (Quellenprogramm plus Daten) oder einen kompletten Satz Ausgabedaten oder ein übersetztes Programm aufzunehmen; er sei sogar in der Lage, "beinahe" zwei dieser drei gleichzeitig aufzunehmen. Es wird

ein System mit zwei Phasen vorgeschlagen, einer E/A-Phase und einer Verarbeitungsphase. Die E/A-Phase soll aus drei Teilphasen bestehen: (a) erste Trommelphase T1, (b) reine E/A-Phase EA, (c) zweite Trommelphase T2. In T1 werde ein auf der Trommel gesammelter Satz von Ausgabedaten in den Speicher übertragen. In EA werden die Ausgabedaten gedruckt, und gleichzeitig wird ein Paket Eingabedaten in den Speicher eingelesen. Wenn die Eingabe beendet ist, beginnt T2, und die Eingabedaten werden auf die Trommel übertragen (während der Druckvorgang gegebenenfalls noch fortgesetzt wird).

Schätze den Durchsatz eines solchen Systems und vergleiche ihn mit dem Durchsatz bei den Systemen aus 1. und 2.!

5. Das in 1. vorgestellte System arbeitet mit zwei Eingabepuffern. Bei der Lösung von 2. und 3. könnte man strikt analog vorgehen. Man kann aber auch (a) mehrere Puffer zur Verfügung stellen und (b) diese Puffer nicht in getrennten Gruppen (hier Eingabe, da Ausgabe), sondern als gemeinsamen "Pool" verwalten. Entwickle entsprechende Systemversionen!

Literatur

Einige fundamentale Gedanken über Programmentwicklung werden in [1, 2] dargelegt. Allgemeine Konzepte von Programmiersprachen findet man in [3]. Ein Beispiel für höhere Programmiertechniken ist [5]. Eine Übersicht über Rechner wie in [6] trägt zum Verständnis der Aufgaben eines Betriebssystems bei. [4] enthält eine Übersicht über eine Vielzahl von Softwaresystemen und vermittelt einen Eindruck von den Beziehungen zwischen allen möglichen Arten von Systemen, die auf einer Maschine implementiert sind.

1. Dahl, O.-J., und C. A. R. Hoare, "Hierarchical Program Structures", in: Structured Programming, Academic Press, 1972.

2. Dijkstra, E. W., "Notes on Structured Programming", in: Structured Programming, Academic Press, 1972.

3. Elson, M., Concepts of Programming Languages, Science Research Associates, 1973.

4. Freeman, P., Software Systems Principles: A Survey, Science Research Associates, 1975.

5. Liskov, B. H., und S. Zilles,"Programming with Abstract Data Types", SIGPLAN Notices 9,4 (April 1974).

6. Rosen, S., "Electronic Computers: A Historical Survey", Computing Surveys 1 (1969).

2. Grundlegende Konzepte von Betriebssystemen

2.1 Umschalten des Prozessors

2.1.1 Wie wir in Abschnitt 1.4 gesehen haben, bleiben während der Übertragung von Ein/Ausgabedaten zum/vom Arbeitsspeicher viele Speicherzyklen ungenutzt. Der Prozessor ist an der Durchführung von Ein/Ausgabeoperationen so geringfügig beteiligt, daß er, während die Geräte E/A-Daten übertragen, andere nützliche Arbeit leisten kann. In Abschnitt 1.5 wurde ein System skizziert, bei welchem Verarbeitungsphasen und Ein/Ausgabephasen abwechseln; entweder ist der Prozessor aktiv, oder Leser und Drucker sind gleichzeitig tätig. Es ist naheliegend, noch mehr Parallelarbeit anzustreben; Prozessor, Leser und Drucker sollten simultan arbeiten.

Ein Problem dabei ist, daß Leser und Drucker nicht ganz ohne den Prozessor auskommen können; er muß schließlich den Geräten Befehle erteilen. Wenn Verarbeitungsphase und E/A-Phase zusammengefaßt werden, muß der Prozessor die Verarbeitung von Zeit zu Zeit unterbrechen, um sich um die Geräte zu kümmern. Wie können wir den Prozessor dazu zwingen, vom Verarbeitungsprogramm zu einem Geräteprogramm umzuschalten (und anschließend wieder zurückzuschalten)?

Das Problem kann nicht einfach durch einen Programmiertrick gelöst werden. Wenn das Verarbeitungsprogramm in der Lage sein soll, eine Umschaltung der Steuerung zu veranlassen, muß es - in regelmäßigen Abständen - entsprechende Instruktionen enthalten. Vom Programmierer kann man das Einfügen solcher Instruktionen nicht erwarten, stehen sie doch in keiner Beziehung zur Logik seines Programms. Außerdem sollte nicht in die Hände des Programmierers gelegt werden, was eindeutig in den Verantwortungsbereich des Betriebssystems gehört.

Das Problem wird üblicherweise durch einen Hardwaremechanismus, das sogenannte Unterbrechungssystem, gelöst. Der Befehlszyklus des Prozessors wurde in Abschnitt 1.2 so vorgestellt:

```
repeat BR := S[BZ];
       BZ :+ 1;
       ausführen(BR)
until  Prozessor wird abgeschaltet.
```

Tatsächlich wird dieser rigide Befehlszyklus beim Auftreten einer Zeitgeberunterbrechung (timer interrupt) durchbrochen. Ein Zeitgeber (timer) funktioniert wie ein Wecker, der nach Ablauf einer bestimmten, vorher eingestellten Zeitspanne klingelt. Der Prozessor besitzt einen Zähler ZZ, dessen Inhalt bei jedem Durchlauf des Befehlszyklus um 1 verringert wird. Ist der Wert Ø erreicht, wird der nächste Befehl nicht der Speicherzelle S[BZ], sondern einer speziellen Speicherzelle, etwa S[Ø], entnommen. Der Befehlszyklus sieht demnach so aus:

```
repeat if ZZ ≠ Ø then BR := S[BZ]; BZ :+ 1
       else BR := S[Ø] fi;
       ZZ :- 1;
       ausführen(BR)
until  Prozessor wird abgeschaltet.
```

ZZ kann per Programm gesetzt werden. Wenn ZZ beispielsweise auf 1Ø24 gesetzt wird, "klingelt der Wecker" nach der Ausführung von 1Ø24 Instruktionen. S[Ø] sollte eine Instruktion enthalten, die den aktuellen Wert des Befehlszählers rettet und den Befehlszähler mit einer neuen Adresse lädt. Der Prozessor kann dann später die Bearbeitung der unterbrochenen Befehlsfolge fortsetzen. Eine Unterbrechung kann somit als ein erzwungener, nicht vorhergeplanter Prozeduraufruf begriffen werden.

2.1.2 Mit Hilfe der Zeitgeberunterbrechung können wir unser Ziel erreichen, Verarbeitungsphase und E/A-Phase zu verschmelzen. Gleichzeitig gelingt es, die Ein/Ausgabe weniger umständlich zu steuern als in Abschnitt 1.5 beschrieben. Wir betrachten ein verallgemeinertes Modell einer Rechnerkonfiguration mit mehreren Peripheriegeräten (Abb. 2.1a). Ihre Anzahl und ihre unterschiedlichen Funktionen sind für den Einsatz des Zeitgebers ohne Bedeutung.

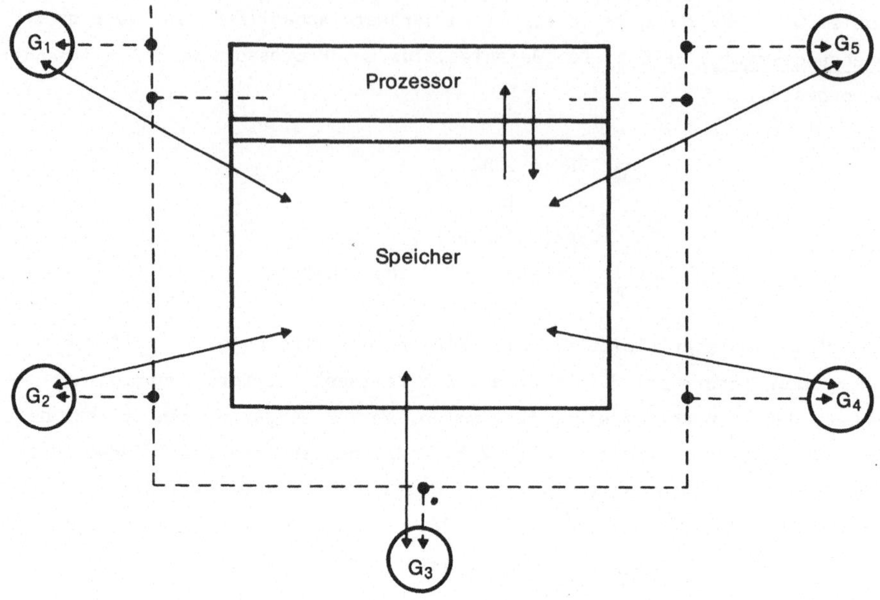

Abb. 2.1a Zentraleinheit mit n Peripheriegeräten (n=5)

Der Prozessor muß die Peripheriegeräte durch die Übermittlung von Befehlen aktivieren. Wenn ein Gerät einen Befehl erhalten hat, überträgt es selbständig Daten zum(vom) Arbeitsspeicher. Wie gelingt es nun, den Prozessor vornehmlich für die Bearbeitung von Benutzerprogrammen einzusetzen und doch gleichzeitig die Peripheriegeräte beschäftigt zu halten? In Kapitel 1 haben wir gesehen, daß wir für die Steuerung eines jeden Gerätes ein eigenes Geräteprogramm brauchen. Derartige Geräteprogramme werden wir im folgenden kurz <u>Treiber</u> (engl. driver) nennen. Jedes einzelne Geräteprogramm 'Treiber i' ($1 \leq i \leq n$) für eine Konfiguration nach Abb. 2.1a muß unter einer bestimmten, für das jeweilige Gerät spezifischen Bedingung Bi aktiviert werden. Beim Drucker zum Beispiel ist diese Bedingung (vgl. 1.5.2)

Drucker BEREIT <u>and</u> Zeilenzähler>Ø.

Die Bedingungen werden sinnvollerweise durch das Rahmenprogramm des Betriebssystems geprüft, denn kein Treiber sollte durch seine Entscheidungen andere Treiber beeinflussen können. Die Situation ist wie beim Straßenverkehr: kein Autofahrer hat das Recht, alle Ampeln auf seinem Weg auf Grün zu schalten. Stattdessen steuert ein unabhängiges Uberwachungssystem die Ampeln derart, daß ein optimaler Verkehrsfluß erreicht wird. Wenn "der Wecker klingelt", muß festgestellt werden, ob für eines der Peripheriegeräte der zugehörige Treiber zu aktivieren ist. Das durch die Instruktion in S[Ø] aktivierte Programm zur Unterbrechungsbehandlung hat demnach die folgende Grobstruktur:

```
begin rette Zustand des unterbrochenen Programms;
      if B1 then Treiber1 fi;
      if B2 then Treiber2 fi;
        .
        .
        .
        .
      if Bn then Treibern fi;
      setze Zeitgeber;
      stelle Zustand des unterbrochenen Programms wieder her
end.
```

Nach Ausführung dieses Programms wird die Bearbeitung des unterbrochenen Programms wieder aufgenommen. Beachte, daß die Variablen eines Treibers, wenn dieser aktiviert wird, nicht neu initialisiert werden. Sie verhalten sich wie globale Variable. Wenn beispielsweise der Treiber für den Kartenleser aktiviert wird, geht er vom aktuellen Wert des 'Kartenzählers' aus.

2.1.3 Das einfache Modell aus Abschnitt 1.3 war durch die Verschmelzung von Eingabephase und Ausgabephase in Abschnitt 1.5 komplizierter geworden. Wenn wir von der Zeitgeberunterbrechung Gebrauch machen (wie oben skizziert), ist eine bessere Strukturierung möglich: die Treiber und das Programm für die Unterbrechungsbehandlung sind deutlich voneinander getrennt. Die Treiber können unabhängig voneinander konzipiert werden, und trotzdem laufen Verarbeitung, Eingabe und Ausgabe gleichzeitig ab. Die beteiligten Programme sind (für das Beispiel aus 1.3):

```
procedure Unterbrechungsbehandlung =
begin     rette Zustand des unterbrochenen Programms;
          if Leser BEREIT then Lesertreiber fi;
          if Drucker BEREIT and Zeilenzähler>Ø then Druckertreiber fi;
          setze Zeitgeber;
          stelle Zustand des unterbrochenen Programms wieder her
end       Unterbrechungsbehandlung;
```

```
procedure Lesertreiber =
begin     starte Leser(nächste Karte);
          neue Eingabeadresse(nächste Karte);
          Kartenzähler :+ 1
end       Lesertreiber;

procedure Druckertreiber =
begin     starte Drucker(nächste Zeile);
          neue Ausgabeadresse(nächste Zeile);
          Zeilenzähler :- 1
end       Druckertreiber.
```

Wenn das Betriebssystem gestartet wird, muß es den Zeitgeber setzen sowie 'nächste Karte', 'nächste Zeile', 'Kartenzähler' und 'Zeilenzähler' initialisieren. Dann startet es den Übersetzer, der so lange in einer Warteschleife umläuft, wie keine Eingabe vorliegt. Wenn Karten in den Leser gelegt werden und dort 'Start' gedrückt wird, beginnt nach der nächsten Unterbrechung das Kartenlesen, und die eingelesenen Daten werden dem Übersetzer zur Verfügung gestellt (siehe Übungen).

2.1.4 Ein Unterbrechungssystem sieht im allgemeinen eine ganze Palette von Unterbrechungen vor, nicht nur die Zeitgeberunterbrechung. Insbesondere die Geräteunterbrechung (engl. device interrupt) ist weit verbreitet, erlaubt sie doch eine direktere Lösung der oben behandelten Probleme. Wie der Name schon andeutet, wird eine Geräteunterbrechung durch ein Gerät verursacht, welches die Aufmerksamkeit des Prozessors auf sich lenken will. Die Verwendung der Zeitgeberunterbrechung wie oben beschrieben hat zwei Nachteile: (1) Eine Unterbrechungsbehandlung findet auch dann statt, wenn es für die Treiber gar nichts zu tun gibt; es wird also Prozessorzeit verschwendet, insbesondere durch das Retten und Wiederherstellen des Zustands des unterbrochenen Programms. (2) Ein Treiber, für den es etwas zu tun gibt, wird erst bei der nächsten Unterbrechung aktiviert; das zugehörige Gerät wird daher nicht schnell genug bedient, um voll beschäftigt gehalten zu werden. Bei Verwendung der Geräteunterbrechung dagegen wird das laufende Programm genau dann unterbrochen, wenn der Treiber aktiviert werden muß.

Unterbrechungssysteme werden in Kapitel 4 eingehender behandelt. Für unsere augenblicklichen Überlegungen reicht die folgende Vorstellung aus: im Prozessor gibt es ein Unterbrechungsanforderungs-Register UA, dessen Bits den verschiedenen Geräten zugeordnet sind. Ein gesetztes Bit bedeutet, daß das zugehörige Gerät eine Unterbrechungsanforderung gestellt hat. Dies hat eine Unterbrechung zur Folge. Der entsprechend modifizierte Befehlszyklus sieht so aus:

```
repeat if UA = Ø then BR := S[BZ]; BZ :+ 1
       else BR := S[Ø] fi;
       ausführen(BR)
until  Prozessor wird abgeschaltet.
```

Die Unterbrechungsbehandlung lautet wie folgt:

```
procedure Unterbrechungsbehandlung =
begin   local i;
        rette Zustand des unterbrochenen Programms;
        i := Position des in UA gesetzten Bits;
        lösche Position i in UA;
        Treiber[i];       {die Treiber sind als Feld arrangiert}
        stelle Zustand des unterbrochenen Programms wieder her
end.
```

Der wesentliche Unterschied zwischen der Zeitgeberunterbrechung und der Geräteunterbrechung ist, daß erstere per Programm genau vorgeplant werden kann (durch das Setzen des Zeitgebers), während letztere durch ein Gerät in eigener Verantwortung ausgelöst wird; allerdings ist es möglich, die Unterbrechungsanforderung eines Geräts eine Zeitlang zu ignorieren (wie wir später sehen werden).

Ein weiterer Unterschied ist, daß bei einem System mit Geräteunterbrechung die Unterbrechungsbehandlung und die Treiber selbst wieder unterbrochen werden können. Deshalb reicht es auch nicht aus, eine einzige feste Stelle zur Rettung des Befehlszählers (und anderer Statusinformationen) des unterbrochenen Programms vorzusehen. Die Behandlung dieser Problematik werden wir in Kapitel 4 fortführen. Vorläufig setzen wir voraus, daß im UA nie mehr als ein Bit gesetzt ist und während der Aktivität eines Treibers auch kein neues Bit gesetzt wird.

Unsere Unterscheidung der beiden Unterbrechungssysteme ist etwas oberflächlich; denn es ist jederzeit möglich, in einem System mit Geräteunterbrechungen auch eine Zeitgeberunterbrechung vorzusehen und umgekehrt. Man kann ein Gerät "Zeitgeber" vorsehen, welches das Register ZZ ersetzt. Der Zeitgeber wird durch eine spezielle Instruktion per Programm "aufgezogen". Ist er abgelaufen, setzt er das ihm zugeordnete Bit im UA. - Wenn andererseits ein Zeitgebersystem ohne Geräteunterbrechungen vorgegeben ist, erzielt man den Effekt eines Systems mit Geräteunterbrechungen dadurch, daß man nach jeder Zeitgeberunterbrechung die Zustände <u>aller</u> Geräte prüft.

Wie oben bereits erwähnt, sind damit gewisse Nachteile verbunden - weshalb Systeme mit Geräteunterbrechungen allgemein üblich sind und auch Grundlage unserer weiteren Betrachtungen sein werden.

Übungen

1. Bei dem in 2.1.3 skizzierten Betriebssystem für eine Maschine mit Zeitgeberunterbrechung werden die eingegebenen Daten in einem Eingabebereich, die auszugebenden Daten in einem Ausgabebereich des Arbeitsspeichers gepuffert. Es muß jeweils ein vollständiges Quellenprogramm (mit Datenkarten) in den Leser gelegt werden. Sobald dies geschehen ist, werden die Karten mit maximaler Geschwindigkeit gelesen, und der Übersetzer beginnt auch gleich mit der Verarbeitung. Wenn der Übersetzer in seiner ersten Phase das Quellenprogramm schneller verarbeitet als es vom Leser herangeschafft werden kann, sollte das System wie folgt verbessert werden. Nach dem Einlesen eines Auftrags (Quellenprogramm mit Daten) wird gleich mit dem Einlesen des nächsten Auftrags fortgefahren, soweit es die Kapazität des Eingabebereichs zuläßt. Damit wird erreicht, daß die Arbeit des Übersetzers nicht durch das Warten auf Karten unnötig verzögert wird. Natürlich wird das Ende eines Auftrags dann nicht mehr durch "Leser leer" markiert. Wir verwenden zur Markierung eine spezielle "Endekarte", die von allen anderen Karten eindeutig unterschieden werden kann.

   Während der ersten Phase der Übersetzung, der lexikalischen Analyse, wird das Quellenprogramm unter Verwendung einer Prozedur 'nächstes Zeichen' zeichenweise gelesen. Die lexikalische Analyse befaßt sich ausschließlich mit Zeichen; sie weiß nichts von Karten und schon gar nichts von den Besonderheiten eines Kartenlesers. Diese technischen Details sind in 'nächstes Zeichen' verborgen. - Entwickle eine Prozedur 'nächstes Zeichen', welche das jeweils nächste Zeichen aus dem Eingabebereich liefert! Wenn die Prozedur auf die Endekarte stößt, soll sie ein spezielles Zeichen ENDE abliefern. Wie muß die Unterbrechungsbehandlung (2.1.3) modifiziert werden?

2. Wenn eine Trommel zur Verfügung steht, sollte die Eingabe besser dort als im Speicher gepuffert werden (vgl. Übungen 1.4.1, 1.5.1). Entwickle die in einem solchen System für Leser und Trommel benötigten Treiber! (Die Maschine arbeite mit Geräteunterbrechungen.)

3. Ein Rechner soll folgende Peripheriegeräte mit maximaler Geschwindigkeit betreiben: zwei Leser, einen Drucker, zwei Bänder und eine Trommel. Lege realistische technische Daten für den Prozessor und die Geräte fest und schätze für den Fall eines Systems mit Geräteunterbrechungen den für die Programmverarbeitung zur Verfügung stehenden Anteil der Prozessorzeit ab! Mache das gleiche für ein System mit Zeitgeberunterbrechung und versuche, einen optimalen Wert für das Setzen des Zeitgebers zu finden! - Die Lösung dieser Aufgabe macht deutlich, daß die Geräteunterbrechung der Zeitgeberunterbrechung vorzuziehen ist.

4. Ein System mit (unter anderem) zwei Lesern und einer Trommel werde zur Korrektur und Verarbeitung inkorrekter Programme eingesetzt. Der eine Leser dient zur Eingabe der (inkorrekten) Originalprogramme, über den anderen werden Korrekturkarten eingelesen. Die korrigierten Programme werden auf der Trommel zwischengespeichert. Die Karten sind in den letzten 8 Spalten numeriert. Die Korrektur verläuft nach folgenden Regeln:

   a) Die Originalkarten eines Auftrags müssen aufsteigend numeriert sein. Karten, die dieses Prinzip durchbrechen, werden ignoriert.

   b) Das gleiche gilt für die Korrekturkarten. Mit den übrigbleibenden Original- und Korrekturkarten wird wie folgt verfahren:

   c) Eine Korrekturkarte ersetzt die Originalkarte mit gleicher Nummer, sofern vorhanden.

   d) Ist eine entsprechende Originalkarte nicht vorhanden, wird die Korrekturkarte gemäß der Numerierung in die Originalkarten eingefügt.

   Entwickle einen Treiber für die beiden Leser und einen für die Trommel (die die korrigierten Programme aufnimmt)! Stelle sicher, daß sich niemals mehr als 6 Kartenabbilder im Speicher befinden! Gehe von einer Maschine mit Geräteunterbrechungen aus!

5. Auf einer Maschine mit Geräteunterbrechungen laufe ein Betriebssystem, welches 3 Programmiersprachen A, B, C unterstützt. Die Quellenprogramme werden über einen Leser eingegeben. Jedem Programm geht eine "Steuerkarte" voraus, die sich durch spezielle Lochungen in den ersten 4 Spalten von allen anderen Karten unterscheidet.

Das Betriebssystem befördert die Programme vom Leser zur Trommel, wo sie - nach Sprachen getrennt - in jeweils eine von drei Schlangen eingereiht werden. Die Schlangen werden mit Hilfe von drei Tabellen verwaltet. Für jede Schlange - und damit jede der drei Sprachen - gibt es im Speicher eine Tabelle mit maximal 10 Einträgen. Ein Eintrag besteht aus der Anfangsadresse eines Programms auf der Trommel und der Angabe, wie viele Karten das Programm umfaßt.

Entwickle die notwendigen Treiber! Es sollen sich niemals mehr als 10 Kartenabbilder im Speicher befinden.

2.2 Stapelsysteme

2.2.1 Auf der Grundlage der bisher behandelten Konzepte und Techniken kann man bereits recht interessante Systeme entwerfen. Wir befassen uns im folgenden mit dem detaillierten Entwurf eines Stapelsystems, wie es in verschiedenen Varianten bereits im vorangegangenen Abschnitt skizziert wurde: Aufträge werden über einen Kartenleser eingegeben und in der Zentraleinheit bearbeitet; die Ergebnisse werden über einen Drucker ausgegeben. Ein/Ausgabe und Verarbeitung werden voll überlappt durchgeführt. Eingegebene Aufträge warten in einer Schlange auf ihre Bearbeitung. Einige interessante Aspekte derartiger Stapelsysteme treffen auch für viele andere Systeme zu.

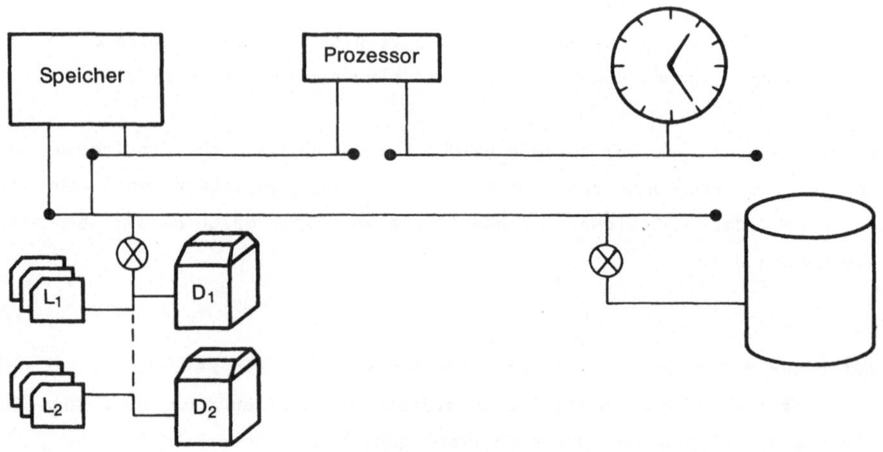

Abb. 2.2a Eine Maschine für ein Stapelsystem

Wir gehen aus von einer Rechnerkonfiguration wie in Abb. 2.2a gezeigt. Die Zentraleinheit arbeitet mit 32-Bit-Worten. Es gibt ein Unterbrechungssystem mit Geräteunterbrechungen. Die Eingabe wird in Blöcken von 240 Worten (= 12 Karten) als ein kontinuierlicher Strom auf der Trommel zwischengespeichert. Das für Übersetzung und Ausführung zuständige Teilsystem - wir wollen es "Verarbeitungssystem" nennen - sieht die Trommel sowohl als Quelle der Eingabe wie auch als Senke für die Ausgabe. Die Ausgabe wird - wie die Eingabe zu 240 Worten (= 8 Zeilen) geblockt - als kontinuierlicher Strom auf der Trommel zwischengespeichert und von dort zum Drucker befördert. Die Übersetzung und Ausführung wird über geeignete Steuerkarten dirigiert, deren Inhalte wie die Inhalte der anderen Karten von der Trommel übernommen werden; die auf die Trommel übertragenen Ausgabedaten sind mit geeigneten Zwischentiteln, Seitenvorschüben etc. versehen. Somit brauchen sich die verschiedenen Treiber um die Bedeutung der von ihnen übertragenen Daten nicht zu kümmern.

Zwei Prozeduren 'lies(Bereich)' und 'schreibe(Bereich)' bilden die Schnittstelle zwischen Verarbeitungssystem und Betriebssystem; dabei ist 'Bereich' eine Arbeitsspeicheradresse. 'lies(Bereich)' veranlaßt das Betriebssystem, den jeweils nächsten 240-Worte-Block des Eingabestroms von der Trommel zu holen und in den Speicherzellen S[Bereich] bis S[Bereich+239] bereitzustellen. Entsprechend veranlaßt 'schreibe(Bereich)', daß der Inhalt der Zellen S[Bereich] bis S[Bereich+239] als 240-Worte-Block zur Trommel übertragen und dort an den Ausgabestrom angehängt wird. Der resultierende Informationsfluß ist in Abb. 2.2b skizziert.

Für die Implementierung des Systems setzen wir voraus, daß die Geräteunterbrechungen wie in 2.1.4 erläutert behandelt werden. Wir müssen Treiber für Leser, Drucker und Trommel vorsehen sowie die Prozeduren 'lies' und 'schreibe' realisieren. Ein Treiber wird beim Auftreten einer Unterbrechung aktiviert; dies geschieht, wenn das Gerät den Zustand AKTIV verläßt (vgl. Abb. 1.3d, 1.3e und Übung 1.4.1).

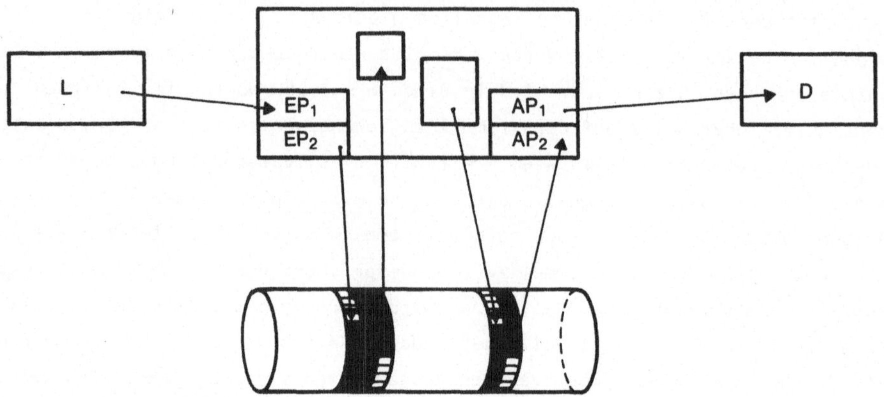

Abb. 2.2b Informationsfluß in einem Stapelsystem

2.2.2 Genau dann, wenn die Ausführung eines E/A-Befehls durch Leser bzw. Drucker beendet ist, muß zweierlei getan werden:

1. Es muß verbucht werden, wie weit ein Blockpuffer mit Kartenabbildern gefüllt bzw. von Zeilenabbildern geleert ist. Vor allem muß entdeckt werden, wann ein Puffer voll bzw. leer ist, weil dann ein Block an den Eingabestrom angehängt bzw. dem Ausgabestrom entnommen werden kann.

2. Das E/A-Gerät muß erneut aktiviert werden. Damit dies sofort geschehen kann, auch wenn die Trommel noch mit der Übertragung des Pufferinhaltes beschäftigt ist, stellen wir sowohl für die Eingabe wie auch für die Ausgabe je einen zweiten Blockpuffer zur Verfügung (ähnliches hatten wir bereits in Kapitel 1 praktiziert). Solche "Wechselpuffer" erinnern in ihrer Funktionsweise an eine Wippe: während der eine Puffer gefüllt wird, wird der andere geleert.

Es folgen die Treiber für Leser und Drucker. Die angegebenen Initialisierungen werden beim Systemstart vorgenommen. Da auch beim Arbeiten mit Wechselpuffern nicht garantiert werden kann, daß stets ein leerer (bzw. voller) Puffer zur Verfügung steht, enthalten die Treiber Warteanweisungen der Form <u>await</u> B, die veranlassen, daß auf die Erfüllung einer Bedingung B gewartet wird. Wir wollen vorläufig voraussetzen, daß <u>await</u> B stets auf ein gültiges B trifft, so daß wir die Frage, wie ein Warten zu realisieren ist, hier ausklammern können. 'Eingabepuffer' und 'Ausgabepuffer' sind Zeiger auf Blockpuffer, das sind Felder von 240 Worten.

```
procedure Lesertreiber =
            init Kartenzähler := Ø;
                 wähle(Eingabepuffer);
                 markiere als leer(Eingabepuffer);
                 wechsle(Eingabepuffer);
                 markiere als leer(Eingabepuffer);
                 starte Leser(Eingabepuffer[Ø]);
begin       Kartenzähler :+ 1;
            if Kartenzähler = 12 then
                 Kartenzähler := Ø;
                 markiere als voll(Eingabepuffer);
                 wechsle(Eingabepuffer);
                 await leer(Eingabepuffer) fi;
            starte Leser(Eingabepuffer[Kartenzähler*2Ø])
end         Lesertreiber;

procedure Druckertreiber =
            init Zeilenzähler := Ø;
                 wähle(Ausgabepuffer);
                 markiere als leer(Ausgabepuffer);
                 wechsle(Ausgabepuffer);
                 markiere als voll(Ausgabepuffer);
                 lösche(Ausgabepuffer); {Drucker beginnt mit 8 Leerzeilen}
                 starte Drucker(Ausgabepuffer[0]);
begin       Zeilenzähler :+ 1;
            if Zeilenzähler = 8 then
                 Zeilenzähler := Ø;
                 markiere als leer(Ausgabepuffer);
                 wechsle(Ausgabepuffer);
                 await voll(Ausgabepuffer) fi;
            starte Drucker(Ausgabepuffer[Zeilenzähler*3Ø])
end         Druckertreiber.
```

In der Initialisierungsphase erhalten Leser und Drucker je einen ersten E/A-Befehl. Alle weiteren E/A-Befehle werden jeweils nach dem Auftreten einer Unterbrechung erteilt. Die bedingten Anweisungen besorgen die Buchführung über die Puffer und halten insbesondere fest, wann ein Puffer vollständig gefüllt bzw. geleert ist, d. h. ein Trommeltransfer notwendig wird.

2.2.3 Wenn die Trommel eine Unterbrechung verursacht, ist eine Datenübertragung beendet. Die Trommel besorgt 4 verschiedene Arten von Übertragungen:

1. Anhängen eines Blockes an den Eingabestrom,
2. Entnahme eines Blockes aus dem Eingabestrom,
3. Anhängen eines Blockes an den Ausgabestrom,
4. Entnahme eines Blockes aus dem Ausgabestrom.

Die Bedingungen bzw. Prozeduraufrufe, die diese Übertragungen auslösen, sind in Abb. 2.2c zusammengestellt.

	zur Trommel	von der Trommel
Eingabestrom	voll(Eingabepuffer)	lies(Bereich)
Ausgabestrom	schreibe(Bereich)	leer(Ausgabepuffer)

Abb. 2.2c Ursachen für Trommeltransfer

Wir beschränken uns im folgenden auf eine stark vereinfachende Beschreibung des Trommeltreibers. Viele wichtige Aspekte der Trommelbedienung werden hier ausgeklammert und erst in späteren Kapiteln angesprochen. Die jeweils anstehenden Übertragungsanforderungen werden in einem Feld 'Puffer' festgehalten, welches aus 6 Zeigern auf Pufferbereiche besteht. Die Zeiger weisen auf

einen Eingabepuffer (gefüllt durch den Lesertreiber),
einen anderen Eingabepuffer,
den als Parameter von 'lies' angegebenen Puffer,
den als Parameter von 'schreibe' angegebenen Puffer,
einen Ausgabepuffer (geleert durch den Druckertreiber),
einen anderen Ausgabepuffer.

Sind alle 6 Zellen von 'Puffer' mit <u>nil</u> belegt, so liegt keine Übertragungsanforderung vor. Eine Übertragung wird angefordert, indem eine Zelle mit einem Zeiger auf einen Puffer gefüllt wird. Nach Beendigung einer Übertragung löscht der Trommeltreiber die zugehörige Zelle in 'Puffer' (durch Eintragung von <u>nil</u>). Welche Art von Übertragung jeweils läuft, merkt sich der Trommeltreiber in einer Variablen 'Auftrag', die die Werte 1 bis 6 annehmen kann. Die Tätigkeit des Trommeltreibers besteht, wie die der anderen Treiber auch, aus zwei Teilen. Da er genau beim Auftreten einer Trommelunterbrechung aktiviert wird, muß er folgendes tun:

a) die Beendigung der Übertragung 'Auftrag' vermerken;

b) die nächste Übertragung veranlassen.

Wenn das Betriebssystem gestartet wird, wird die Trommel (wie Leser und Drucker) zwecks Initialisierung mit einem irrelevanten Befehl beschickt.

```
procedure Trommeltreiber =
          init wähle Anfang des Eingabestroms;  {auf der Trommel}
               wähle Ende des Eingabestroms;
               wähle Anfang des Ausgabestroms;
               wähle Ende des Ausgabestroms;
               for i in [1:6] do Puffer[i] := nil od;
               Auftrag := 4;
               starte Trommel (Schreiben, nil, Ende des Ausgabestroms);
begin     case Auftrag of
               1,2: markiere als leer (Puffer[Auftrag]);
               3,4:  ;
               5,6: markiere als voll (Puffer[Auftrag]) esac;
          Puffer[Auftrag] := nil;
          await some i in [1:6] sat Puffer[i] ≠ nil;
          repeat Auftrag := Auftrag mod 6+1 until Puffer[Auftrag] ≠ nil;
          case Auftrag of
               1,2: begin starte Trommel
                          (Schreiben, Puffer[Auftrag], Ende des Eingabestroms);
                    modifiziere(Ende des Eingabestroms) end;
               3:   begin starte Trommel
                          (Lesen, Puffer[3], Anfang des Eingabestroms);
                    modifiziere(Anfang des Eingabestroms) end;
               4:   begin starte Trommel
                          (Schreiben, Puffer[4], Ende des Ausgabestroms);
                    modifiziere(Ende des Ausgabestroms) end;
               5,6: begin starte Trommel
                          (Lesen, Puffer[Auftrag], Anfang des Ausgabestroms);
                    modifiziere(Anfang des Ausgabestroms) end esac
end       Trommeltreiber.
```

Das Feld 'Puffer' kann mehr als einen Eintrag enthalten. Wir müssen also entscheiden, in welcher Reihenfolge die anstehenden Übertragungsanforderungen befriedigt werden sollen. Am ungünstigsten wäre es, würden wir stets den ersten Eintrag im Feld 'Puffer' berücksichtigen, denn diese Strategie bevorzugt Aufträge mit niedrigerer Nummer vor solchen mit höherer Nummer. Das hätte unter anderem zur Folge, daß das Drucken, und damit gerade das Freimachen von Gesamt-Speicherkapazitäten des Systems, mit der geringsten Priorität betrieben wird. Andererseits scheint es auch nicht optimal, dieser Aktivität die höchste Priorität zukommen zu lassen; denn das könnte zur Folge haben, daß 'lies' warten muß und somit das Verarbeitungssystem verzögert wird. Die oben implementierte Strategie sorgt für eine Gleichbehandlung aller Anforderungen, indem sie das Auftragsfeld zyklisch durchsucht, beginnend jeweils hinter dem zuletzt bearbeiteten Auftrag. (Vergleiche dazu Übung 1!)

2.2.4 Die Pufferzustände (leer bzw. voll) können durch die Inhalte der Zellen des Feldes 'Puffer' repräsentiert werden. Die Anweisung 'markiere als voll(Eingabepuffer)' beispielsweise (im Lesertreiber) bedeutet, daß eine Übertragung von einem Eingabepuffer zur Trommel angefordert wird; die Anweisung kann demnach so implementiert werden, daß sie eine Eintragung in 'Puffer[1]' bzw. 'Puffer[2]' bewirkt. Entsprechend kann 'leer(Eingabepuffer)' prüfen, ob 'Puffer[1]' bzw. 'Puffer[2]' den Wert <u>nil</u> enthält. Verfährt man konsequent nach diesem Prinzip, so ist die erste Auswahlanweisung im Trommeltreiber entbehrlich.

'lies(Bereich)' und 'schreibe(Bereich)' teilen ihren Übertragungswunsch durch die Eintragung von 'Bereich' in der Zelle 3 bzw. 4 des Feldes 'Puffer' mit, nachdem das Verarbeitungssystem bestimmt hat, in welchen 'Bereich' die Eingabedaten gelesen werden sollen (bzw. wo es die Ausgabedaten bereitgestellt hat). 'lies' und 'schreibe' bilden die Schnittstelle zwischen dem Verarbeitungssystem und den Treibern.

Das Verarbeitungssystem muß eine Übertragungsanforderung 'lies' (entsprechend für 'schreibe') mit einem Warten auf die Beendigung der Übertragung verbinden, und zwar aus zwei Gründen: es muß sichergestellt sein, daß die einzulesenden Daten im 'Bereich' vollständig vorliegen; ein unmittelbar folgender zweiter Aufruf von 'lies' würde ignoriert werden, wenn die erste Übertragung noch nicht beendet und somit 'Puffer[3]' noch nicht gelöscht wäre. Der letzteren Schwierigkeit könnte man durch eine aufwendigere Implementierung beikommen: statt der einzelnen Anforderungszellen wäre eine Anforderungsschlange vorzusehen. Das erstere Problem ist gravierender und wäre nur dadurch zu lösen, daß man dem Verarbeitungssystem den Zugriff auf das Auftragsfeld 'Puffer' gestattet. Das wiederum wäre eine schlechte Lösung: die Schnittstelle wird unübersichtlicher und das Verarbeitungssystem wird in die Lage versetzt, sich beliebig in den Datentransfer zwischen Trommel und E/A-Geräten einzumischen. Es gibt viele Gründe, das Betriebssystem vom Verarbeitungssystem abzukapseln: Zuverlässigkeit, geringere Komplexität, leichteres Verständnis und bessere Änderungsmöglichkeiten sowohl beim Betriebssystem als auch beim Verarbeitungssystem. Je vielseitiger ein Betriebssystem sein soll, desto mehr Aufmerksamkeit muß man den Problemen der Zuverlässigkeit, Komplexität, Wartung und Durchschaubarkeit schenken.

'lies' und 'schreibe' sehen demnach wie folgt aus:

```
procedure lies(Bereich) =
begin     Puffer[3] := Bereich;
          await Puffer[3] = nil
end       lies;

procedure schreibe(Bereich) =
begin     Puffer[4] := Bereich;
          await Puffer[4] = nil
end       schreibe.
```

<u>Übungen</u>

1. Die Strategie, nach der im obigen Trommeltreiber den Übertragungswünschen entsprochen wird, basiert auf der Annahme, daß alle Arten von Übertragungswünschen gleich wahrscheinlich sind. Prüfe, ob eine andere Strategie vorzuziehen ist, wenn im Mittel dreimal soviel Ausgabe wie Eingabe anfällt! (Wenn ja, welche Strategie?)

2. Das oben entwickelte System berücksichtigt <u>nicht</u> den Überlauf bzw. Unterlauf von Speicherbereichen in der Zentraleinheit oder auf der Trommel! Beispielsweise kann 'lies' beliebig häufig aufgerufen werden, ohne daß 'schreibe' aufgerufen wird. Auch sind Eingabe- und Ausgabestrom auf der Trommel nicht vor Überlauf und Unterlauf gesichert. Modifiziere das System derart, daß die folgenden Bedingungen eingehalten werden:

   a) Die Anzahl der Aufrufe von 'lies' soll zu keinem Zeitpunkt die Anzahl der Aufrufe von 'schreibe' um mehr als 2 überschreiten.

   b) Kein Unterlauf bei den Ein/Ausgabeströmen auf der Trommel.

c) Wegen der beschränkten Trommelkapazität darf die Summe der Längen von Eingabe- und Ausgabestrom eine bestimmte Größe nicht überschreiten.

3. Die aus 'lies' und 'schreibe' bestehende Schnittstelle erlaubt kein Arbeiten mit Wechselpuffern. Das Verarbeitungssystem muß jedesmal auf die Beendigung eines angeforderten Trommeltransfers warten. Um diese Vergeudung von Prozessorzeit zu vermeiden, soll die Schnittstelle geändert werden. 'lies' und 'schreibe' werden modifiziert, und es wird eine Funktion 'fertig' hinzugefügt. Die neuen Versionen von 'lies' und 'schreibe' begnügen sich mit der bloßen Anforderung eines Trommeltransfers - sofern die Anzahl der Aufrufe von 'lies' und 'schreibe' die Anzahl der Aufrufe von 'fertig' nicht um mehr als 4 überschreitet. Damit ist das Verarbeitungssystem in der Lage, nach der Anforderung eines Trommeltransfers seine Tätigkeit fortzusetzen. 'fertig' bewirkt ein <u>await</u> für die jeweils am längsten ausstehende Übertragung.

   Programmiere 'lies', 'schreibe', 'fertig' und modifiziere den Trommeltreiber!

4. Die Benutzer unseres einfachen Stapelsystems mit einem Leser und einem Drucker würden bald feststellen, daß sich die Verweilzeit (die Zeit von der Abgabe der Karten bis zum Erhalt des Ausdrucks) kleinerer Programme bei Anwesenheit großer Programme unbillig verlängert. Diesem Problem kann man durch die Einrichtung eines zweiten Lesers und eines zweiten Druckers, die für kleine Programme reserviert werden, begegnen.

   Modifiziere das Stapelsystem für diese erweiterte Konfiguration! Beachte, daß zwar die kleinen Programme favorisiert werden sollen, daß aber auch die großen Programme nicht ignoriert werden dürfen!

5. Die Puffergröße von 240 Worten war eine recht willkürliche Wahl. Für derart große Blöcke, verglichen mit vielleicht 20 oder 30 Worten, spricht die geringere Anzahl von Übertragungsvorgängen. Für kleinere Blöcke spricht, daß weniger Pufferplatz im Arbeitsspeicher benötigt wird. Hier könnte der Nachteil der zahlreicheren Transferoperationen (mit ihrem höheren Verwaltungsaufwand) durch einen höheren Überlappungsgrad von Verarbeitung und Ein/Ausgabe durchaus wettgemacht werden.

   Untersuche die Auswirkungen einer Verringerung der Blockgrößen und versuche, die Veränderung des Durchsatzes (= verarbeitete Programme pro Zeiteinheit) abzuschätzen!

Die Ubungen 6 und 7 behandeln Stapelsysteme für Rechnerkonfigurationen, bei denen statt der Trommel Magnetbänder verwendet werden.

6. Füllung und Leerung sowohl des Eingabestroms als auch des Ausgabestroms erfordern Zugriffe auf die Trommel. Es ist eventuell geschickter, statt der einen Trommel zwei weniger aufwendige Geräte - eines für jeden Datenstrom - zu benutzen, die zwar langsamer als die Trommel sind, dafür aber parallel arbeiten können. Eine entsprechende Konfiguration ist in Abb. 2.2d gezeigt. Die Trommel ist dort durch 2 Magnetbandgeräte ersetzt (vgl. Ubung 1.4.4).

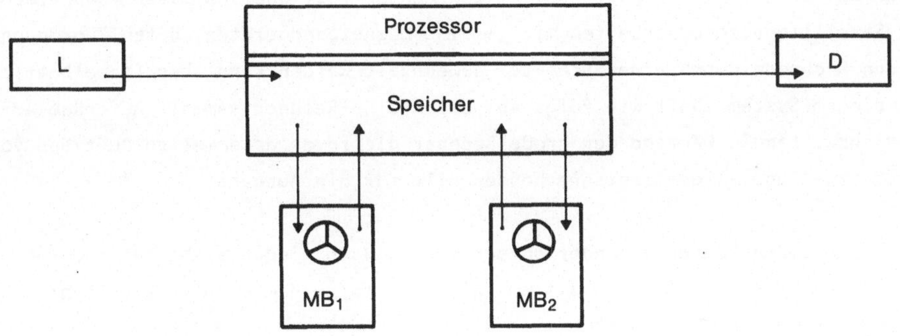

Abb. 2.2d Stapelsystem mit 2 Magnetbandgeräten

Die Idee scheint jedoch zum Scheitern verurteilt zu sein: zwischen Zugriffen am Anfang und am Ende eines Datenstroms fallen erhebliche Bandspulzeiten an.

Wähle geeignete technische Daten für die Magnetbandgeräte und vergleiche die Leistung dieses Systems mit der des Trommelsystems!

7. Die Nachteile von Ubung 6 lassen sich vermeiden, wenn man mit 4 Magnetbandgeräten und einem Satellitenrechner arbeitet. Der kleine Satellitenrechner ist ausschließlich für die Übertragung der Eingabe von Karten auf Magnetband sowie der Ausgabe von Magnetband auf Drucker zuständig. Der größerere Hauptrechner arbeitet mit je einem Magnetband für Eingabe und Ausgabe. Die Konfiguration ist in Abb. 2.2e gezeigt.

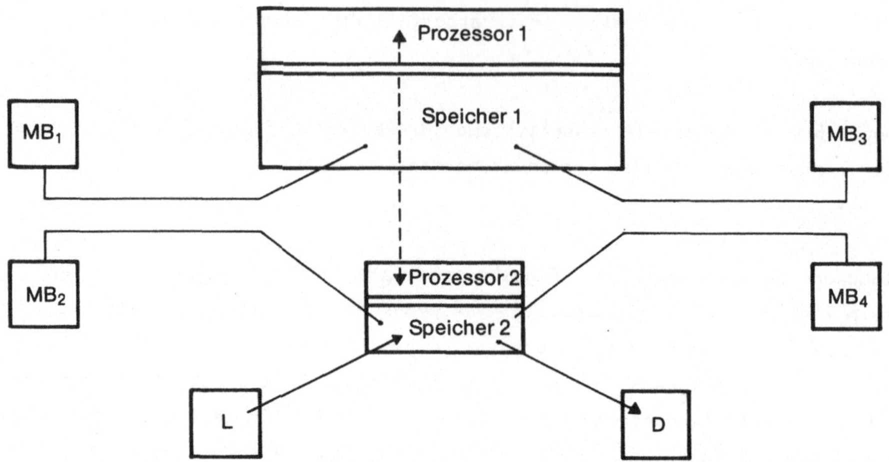

Abb. 2.2e Stapelsystem mit Satellitenrechner

Leser und Drucker sind an den Satellitenrechner fest angeschlossen. Hauptrechner und Satellitenrechner arbeiten mit je 2 Magnetbandgeräten, deren Zuordnung zu den Rechnern durch einen Schalter gewechselt werden kann. Der Stapelbetrieb auf diesem System läuft wie folgt ab: der kleine Rechner sammelt Aufträge auf Band1 bzw. Band2, während der große Rechner die zuvor gesammelten Aufträge von Band2 bzw. Band1 liest; entsprechendes gilt für die Ausgabe.

Die Prozessoren können einander unterbrechen, d. h. jeder sieht den anderen wie ein Peripheriegerät. Das System soll nach folgendem Prinzip arbeiten:

a) Wird die kleine Maschine von der großen unterbrochen, so soll sie die laufende Übertragung eines Auftrags von Karten auf Band ordnungsgemäß zu Ende bringen und dann die Anschlüsse von Band1 auf Band2 umschalten, so daß die große Maschine auf das neu beschriebene Band zugreifen kann.

b) Wird die große Maschine von der kleinen unterbrochen, so soll sie die laufende Übertragung von Ergebnissen eines Auftrags auf Band ordnungsgemäß zu Ende bringen und dann die Anschlüsse von Band3 und Band4 umschalten, so daß die kleine Maschine die Ergebnisse ausdrucken kann.

Untersuche, ob dies eine vernünftige Entwurfsidee ist! Wenn nicht, ändere oder vervollständige sie! Implementiere die Behandlungsroutinen für die durch die Prozessoren ausgelösten Unterbrechungen!

2.3 Prozesse

2.3.1 Es ist nunmehr an der Zeit, daß wir unser Begriffssystem erweitern. Zunächst gilt es zu beachten, daß sich die oben eingeführten Treiber zueinander ähnlich verhalten wie die von ihnen gesteuerten Geräte. Jeder einzelne Treiber ist weitgehend unabhängig von den anderen, abgesehen von der notwendigen Aktivierung (die in gewisser Weise der Übermittlung eines Befehls an ein Gerät entspricht). Der Trommeltreiber aus 2.2 kann als unabhängige Instanz betrachtet werden, die den Datenverkehr von und zur Trommel steuert. Der Kontakt des Treibers mit der Umwelt ist auf wenige wohldefinierte Stellen innerhalb des Codes beschränkt. Des weiteren könnte man sagen, daß der Prozessor von einer Instanz zur nächsten weitergereicht wird - anstatt ihn als ein statisches Gerät zu sehen, welchem Programme zur Ausführung präsentiert werden. Im obigen Stapelsystem beispielsweise wird der Prozessor zwischen Verarbeitungssystem, Lesertreiber, Druckertreiber und Trommeltreiber herumgereicht.

Weiter ist festzuhalten, daß Überlegungen, was der Prozessor wann tun soll, für den Entwurf und das Verständnis eines Betriebssystems wenig hilfreich sind. Stattdessen sollte das System aus seinen Funktionen und deren wechselseitigen Beziehungen heraus verstanden werden. Beim obigen Stapelsystem etwa sieht man, daß die Abfolge der Zustände im Prozessor ziemlich irrelevant, ja teilweise unvorhersehbar ist - wegen der Unterbrechungen, über die der Prozessor keine Kontrolle hat. Dagegen kann das System durch Aussagen über das Verarbeitungssystem und die Treiber - sowie über die für den Informationsaustausch benutzten Schnittstellen - klar beschrieben werden.

Eine eigenständige Instanz innerhalb eines Betriebssystems wie etwa ein Treiber wird allgemein als Prozeß bezeichnet (engl. process; beim OS/370 "task"). Die Aktivitäten eines Prozesses werden durch ein Programm bestimmt, und zu ihrer Ausführung wird ein Prozessor benötigt.

Wir wollen hier keine präzise Definition des Prozeßbegriffs entwickeln; dies ist häufig versucht worden, ohne bis heute zu einem allgemein anerkannten Ergebnis geführt zu haben. (In Programmiersprachen-Terminologie könnte man sagen: Ein Prozeß ist die Ausführung einer Prozedur innerhalb einer wohldefinierten Umgebung.) Wir stützen uns stattdessen auf unser intuitives Verständnis von einer "Instanz" oder "funktionellen Einheit" und benutzen den Begriff "Prozeß" für die Aktivität einer solchen Instanz. Pragmatisch betrachtet wird ein Prozeß durch ein Programm gesteuert und benötigt einen Prozessor, auf dem er ablaufen kann. Manche Prozesse verfügen über fest zugeordnete Prozessoren. Ein typisches Beispiel dafür ist ein

Peripheriegerät mit seiner Steuereinheit. Das Gerät hat eine wohldefinierte Funktion innerhalb des Systems (z. B. Zeilen zu drucken). Es stellt einen Prozessor mit einem festen Programm dar; die Gerätebefehle fungieren als Eingabe für dieses Programm. Andere Prozesse verfügen nicht über einen privaten Prozessor. Ein Trommeltreiber beispielsweise hat ein eigenes Programm, teilt sich aber mit dem Verarbeitungssystem und anderen Treibern die Benutzung des Zentralprozessors.

Ein Prozessor ist ein Gerät, das Befehle (Instruktionen) ausführen kann. Er "versteht" diese Befehle über einen festen Interpretationsmechanismus. Die Befehle müssen demnach bestimmten Interpretationsregeln genügen; die Gesamtheit der Regeln bezeichnet man als Programmiersprache. Wenn ein Prozeß nicht über einen eigenen Prozessor verfügt, können wir ihm einen virtuellen Prozessor zuordnen; das ist ein hypothetisches Gerät, welches die Sprache versteht, in der das Programm des Prozesses geschrieben ist. In manchen Fällen kann ein virtueller Prozessor einfach durch einen realen Prozessor ersetzt werden; in anderen Fällen kann viel Programmierarbeit anfallen, um einen virtuellen Prozessor auf einem realen Prozessor zu simulieren. Für die Treiber unseres Stapelsystems beispielsweise sind die virtuellen Prozessoren exakte Abbilder des Zentralprozessors, und dieser kann an die Stelle der virtuellen Prozessoren treten. Wären die Treiber dagegen in APL geschrieben, so wäre ein komplettes Programmsystem in Gestalt eines APL-Interpretierers vonnöten.

2.3.2 Für die Klassifizierung von Prozessen gibt es zwei wichtige Kriterien. Erstens muß zwischen deterministischen und nichtdeterministischen Prozessen unterschieden werden. Zweitens gilt es, sequentielle von parallelen Prozessen zu unterscheiden. Bei einem deterministischen Prozeß ist die Abfolge der Variablenwerte - verursacht durch die Ausführung der Programmbefehle - durch die Eingabe eindeutig bestimmt. Deterministische Prozesse zeichnen sich durch eine wichtige Eigenschaft aus: Reproduzierbarkeit. Für unsere Zwecke ist eine schwächere Form von Determiniertheit interessant, die vom Programmablauf abstrahiert: die Ausgabe ist durch die Eingabe eindeutig bestimmt, d. h. der Prozess zeigt ein "funktionelles Verhalten", er ist "E/A-deterministisch". Man kann sich beispielsweise ein Programm vorstellen, welches für die Lösung eines Problems zwischen zwei Verfahren wählen kann: entweder ein langsames Verfahren, das wenig Speicherplatz benötigt, oder ein schnelles, dafür aber speicheraufwendiges Verfahren. Das Programm trifft seine Wahl in Abhängigkeit von dem zum Startzeitpunkt zur Verfügung stehenden Speicherplatz. Derartiges wäre natürlich nutzlos, wenn beide Verfahren unterschiedliche Ergebnisse produzierten. Daher verlangen wir stets, daß ein Prozeß E/A-deterministisch ist.

Ein sequentieller Prozeß hat die Eigenschaft, daß alle Befehle in einer vorgegebenen Reihenfolge streng nacheinander ausgeführt werden. Die Reihenfolge ist meist wesentlich, da das Ergebnis von ihr abhängt. Es gibt auch Fälle, wo zwar wegen der sequentiellen Natur des Prozessors eine gewisse Reihenfolge gewählt werden muß, die Logik des Algorithmus aber verschiedene Wahlen zuläßt.

Ein Vergleich mit menschlichen Aktivitäten mag dies verdeutlichen: nach dem morgendlichen Aufwachen habe ich die Wahl, entweder erst zu frühstücken oder mich erst zu waschen; obwohl die Reihenfolge des Frühstückens und Waschens grundsätzlich egal ist, muß ich mich für eine von beiden Möglichkeiten entscheiden, weil ich (als Prozessor) nicht beides zugleich tun kann. Nicht immer habe ich eine solche Wahlmöglichkeit; beispielsweise wird es mir nicht gelingen, mich erst zu waschen und dann aufzuwachen.

Wir betrachten ein Programmbeispiel, welches mit zwei zusammengesetzten Variablen 'x' und 'y' mit Komponenten 'Auftrag', 'Länge' und 'Nachfolger' arbeitet. (Das Programmfragment besorgt das Verschmelzen von Speicherblöcken in einer Freispeicherliste.)

```
repeat y := x.Nachfolger;
       if x.Anfang+x.Länge = y.Anfang then
            x.Länge :+ y.Länge; x.Nachfolger := y.Nachfolger
       else x := y fi
until  x.Nachfolger = nil.
```

Bevor die Abfrage der Alternative ausgeführt werden kann, muß die Zuweisung an y und die Operation + ausgeführt werden. Es ist jedoch gleichgültig, ob die Zuweisung oder die Addition zuerst ausgeführt wird. Abb. 2.3a zeigt eine Darstellung des Algorithmus als (partiell) geordnete Menge von Befehlen; hier werden im Gegensatz zu obigem Programmstück die tatsächlichen Abhängigkeiten zwischen den Befehlen deutlich.

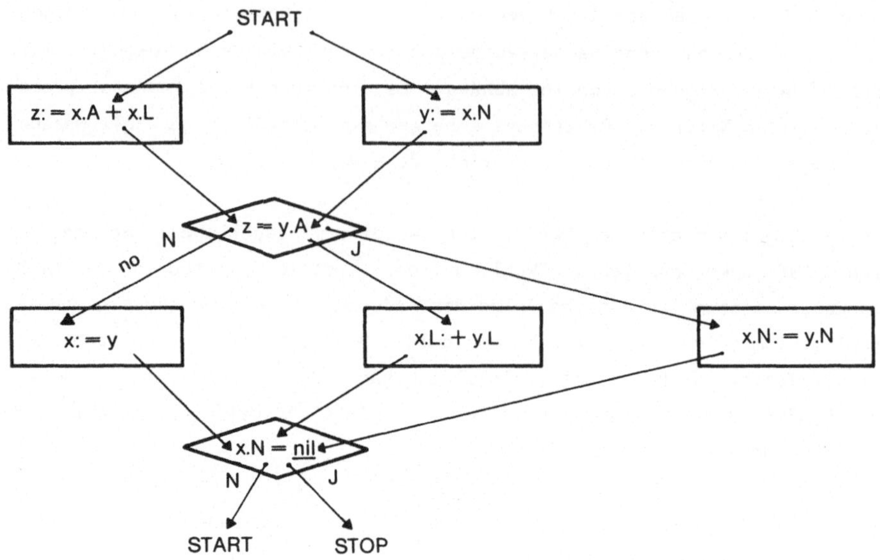

Abb. 2.3a Programm als geordnete Menge von Befehlen

Hätten wir einen parallelen Prozessor, so könnten wir Befehle, bei denen die Reihenfolge der Ausführung unwichtig ist, parallel ausführen lassen. Die Ausführung des in Abbildung 2.3a dargestellten Algorithmus würde dann einen parallelen Prozeß darstellen (auch nichtsequentieller Prozeß genannt; engl. parallel process).

Die Arbeit des Stapelsystems aus 2.2 stellt einen parallelen Prozeß dar, denn es werden gleichzeitig Karten gelesen, Zeilen gedruckt, arithmetische Operationen ausgeführt etc. Es ist jedoch üblich - und für Konstruktion und Verständnis hilfreicher -, ein solches System als Ensemble sequentieller Prozesse und nicht als einen monolithischen parallelen Prozeß zu betrachten. Um die weitgehende Unabhängigkeit der beteiligten Prozesse zu betonen, spricht man von nebenläufigen Prozessen (engl. concurrent processes). Zwischen "parallel", "nichtsequentiell" und "nebenläufig" wird in der Literatur nicht immer klar unterschieden.

Historische Anmerkung

Der Prozeßbegriff wurde erstmals konsequent benutzt von den Autoren des MULTICS-Systems und - unabhängig - von den Autoren des T.H.E.-Systems. Der Taskbegriff des OS/370 ist im wesentlichen mit dem Prozeßbegriff identisch. Der Begriff "Prozeß" darf nicht verwechselt werden mit Begriffen wie "Auftrag" (job), "Verarbeitung" (computation) oder "virtueller Prozessor" (virtual processor). "Auftrag" bzw. "Verarbeitung" beziehen sich allgemein auf eine bestimmte Arbeitsleistung, die für einen Benutzer erbracht werden muß, einschließlich Ein/Ausgabe, Übersetzung u. ä. Die Bearbeitung eines Auftrags kann somit Aktivitäten verschiedener Prozesse notwendig machen. "Virtueller Prozessor" ist im Gegensatz zu "Prozeß" ein rein statischer Begriff: erst die Ausführung eines Programms durch einen virtuellen Prozessor stellt einen Prozeß dar. Oft werden aber auch - wenn keine Verwechslungen zu befürchten sind - die Begriffe "Prozeß" und "virtueller Prozessor" synonym verwendet.

Die Idee der Parallelarbeit ist nicht neu; sie ist oft nutzbringend angewandt worden und hat den Hardware-Entwurf stark beeinflußt. Das gilt sowohl für Systemkonfigurationen als auch für die interne Struktur von Zentralprozessoren. Bei heutigen Maschinen wird eine ins Instruktionsregister des Zentralprozessors geladene Instruktion parallel abgearbeitet; Dekodierung des Operationscodes, Berechnung der Operandenadressen und Erhöhung des Befehlszählers werden gleichzeitig ausgeführt. Eine weitere Beschleunigung kann dadurch erzielt werden, daß man während der Instruktionsausführung bereits weitere Instruktionen aus dem Speicher holt. Zwar treten dabei Probleme mit Verzweigungsinstruktionen auf, der Erfolg jedoch, den große, schnelle Maschinen wie die CD 6600 oder die IBM 360/91 mit solchen Techniken hatten, beweist deren Nützlichkeit.

Die Beschleunigung des Prozessors wird meist mit einer Erhöhung der Transferrate zwischen Prozessor und Arbeitsspeicher verbunden, die durch eine Parallelisierung namens Speicherverschränkung (engl. interleaved memory) erreicht wird. Der Speicher wird in "Moduln" (engl. banks) aufgeteilt, die über eigene Modulsteuerungen verfügen. Speicherzugriffe in verschiedenen Moduln können daher parallel ablaufen. Dies zahlt sich zum Beispiel aus, wenn mehrere Kanäle gleichzeitig Daten vom/zum Arbeitsspeicher transportieren. Die Anzahl der Moduln liegt üblicherweise zwischen 2 und 4. Die CD 6600 hat eine feste Modulgröße von 4K Worten, so daß ein mittelgroßer Speicher 20 - 30 Moduln hat (!). Eine Aufteilung in 2 Moduln trennt die Speicherzellen mit gerader Adresse von denen mit ungerader Adresse. Statt der niederwertigen Adreßbits können auch die höherwertigen zur Bestimmung des Moduls benutzt werden. Die UNIVAC 1108 beispielsweise kann beides.

Eine interessante Form der Parallelarbeit findet man in der ILLIAC IV. Es gibt dort 64 identische Prozessoren mit privaten Speichern, und jeder Prozessor kann auf einige Register anderer Prozessoren zugreifen. Ein zentraler Steuerprozeß verteilt in jedem Ausführungsschritt Kopien einer Instruktion an alle 64 Prozessoren, die dann die Instruktion gleichzeitig ausführen. Eine solche Maschine ist für parallele Operationen auf Feldern (Vektoren, Matrizen) besonders geeignet.

Das Gebiet der Parallelarbeit ist in rascher Entwicklung begriffen, sowohl was den Hardware-Entwurf betrifft als auch was das Auffinden paralleler Algorithmen angeht.

Übungen

1. Ein Prozeß kann auf unterschiedliche Weise dargestellt werden. Die genaueste Darstellung ist die durch ein Programm in der Sprache des zugehörigen Prozessors. Mit dieser Darstellung kann man oft nur schwer arbeiten, erstens, weil man den Code während des Lesens interpretieren muß, und zweitens, weil man gewöhnlich nicht an allen Details interessiert ist. Es ist daher guter Brauch, einen Prozeß auch in einer "lesbaren" Sprache darzustellen sowie verschiedene globale Beschreibungen mitzuliefern, die einzelne Aspekte des Prozesses betreffen. Tatsächlich haben wir schon verschiedene Arten, einen Prozeß darzustellen, kennengelernt, nämlich Zustandstabellen, Zustandsdiagramme (siehe 1.3) und abstrakte Programme.

   a) Stelle den Trommeltreiber aus 2.2 durch eine Zustandstabelle und durch ein Zustandsdiagramm dar!

   b) Stelle den Kartenleser, wie er in 1.3 durch Zustandstabelle bzw. Zustandsdiagramm spezifiziert ist, durch ein Programm in einer lesbaren Sprache dar, ähnlich den Programmen in 2.2!

2. Eine Variante der Zustandstabelle ist eine Übergangstabelle, die einen Prozeß als endlichen Automaten darstellt. In einer solchen Tabelle sind alle möglichen Aktionen eines Prozesses aufgelistet - weshalb diese Darstellungsweise nur dann nützlich ist, wenn die Anzahl der Aktionen klein ist. Die Tabelle in Abb. 2.3b stellt einen Serienaddierer dar. Der Einfachheit halber setzen wir voraus, daß die Summanden die gleiche Stellenzahl haben, so daß die Markierungen "Ende der Ziffernfolge" zum gleichen Zeitpunkt an den beiden Eingabeleitungen erscheinen. Der Anfangszustand ist z_o. In der Übergangstabelle ist für jedes Tripel von Eingabeziffern und aktuellem Zustand die Ausgabeziffer und der Folgezustand angegeben.

Eingabe \ Zustand		z_0		z_1	
0	0	0	z_0	1	z_0
0	1	1	z_0	0	z_0
1	0	1	z_0	0	z_0
1	1	0	z_1	1	z_1

Eingabe — Addierer — Ausgabe

Abb. 2.3b Übergangstabelle für einen Serienaddierer

In einer Maschine, die negative Zahlen im Zweierkomplement darstellt, wird das Komplement einer Zahl dadurch gebildet, daß man zu ihrem Einerkomplement eine Eins addiert. Ein Gerät, welches die Differenz zweier Zahlen (gleicher Länge) berechnet, kann daher nach Abb. 2.3c konstruiert werden.

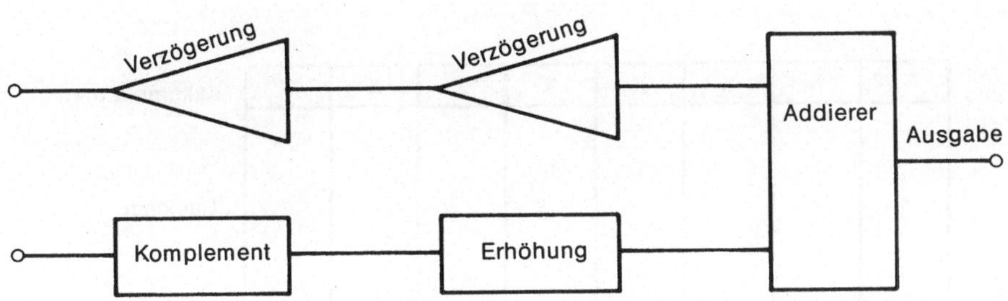

Abb. 2.3c Substraktion in einer Maschine mit Zweierkomplement

Gib die Übergangstabelle für 'Komplement' und 'Erhöhung' an, ferner eine Übergangstabelle für das komplette Gerät!

3. Abb. 2.3d soll eine parallele Maschine mit 8 gleichartigen Prozessoren darstellen. Jeder Prozessor verfügt über einen privaten Datenspeicher. Die Instruktionen der Maschine haben die Gestalt

< Operation, Operand, Maske > .

Sie werden von einer zentralen Steuerung vervielfältigt und allen Prozessen zur Ausführung übermittelt. Die 'Maske' legt fest, welche Prozessoren die Instruktion tatsächlich ausführen sollen. Beispielsweise bedeutet

ADD S1(11110000),

daß jeder der ersten 4 Prozessoren den Inhalt seines Akkumulators um den Inhalt der Zelle 1 seines privaten Speichers (!) erhöhen soll. Der 'Operand' kann im Akkumulator, im privaten Speicher oder im Akkumulator des linken oder rechten Nachbarprozessors (sofern vorhanden) liegen. Für 'Operation' kommen die allgemein bekannten Operationscodes in Frage. Zusätzlich braucht man eine Operation LLN (load left neighbour), welche beispielsweise mit der Maske 01010101 die Inhalte der Akkumulatoren der Prozessoren 0, 2, 4, 6 in die Akkumulatoren der Prozessoren 1, 3, 5, 7 lädt.

1	X	X	X	X	X	X	X	Akkumulatoren
								Speicher
a_0	a_1	a_2	a_3	a_4	a_5	a_6	a_7	

Abb. 2.3d Parallelrechner mit 8 Prozessoren

Wir nehmen an, daß die Akkumulatoren und privaten Speicher wie in Abb. 2.3d belegt sind. Schreibe ein Programm, das

$$a_7x^7 + a_6x^6 + \; . \; . \; . \; . \; . + a_1x + a_0$$

berechnet und das Ergebnis in einem Akkumulator liefert! Das Programm sollte höchstens 5 Multiplikations-Instruktionen enthalten.

4. Eine andere Form der Parallelarbeit auf Instruktionsebene ist die <u>Fließbandtechnik</u> (engl. pipelining). Die Grundidee ist die gleiche wie bei der Durchsatzverbesserung durch Überlappung der Ein/Ausgabe. In einem Fließbandsystem

wird die Eingabe an aufeinanderfolgenden Stationen bearbeitet. Wenn das Datum d_i sich an der Station s_k befindet, dann befindet sich d_{i+1} an s_{k+1} und d_{i-1} an s_{k-1}. Wenn die an den einzelnen Stationen (parallel) ausgeführten Operationen beendet sind, rückt das Fließband um eine Station weiter, d. h. die modifizierten Daten werden an die jeweils nächste Station weitergereicht. Bei dieser Organisation gibt es keine Vervielfältigung von Instruktionen, d. h. die an den einzelnen Stationen arbeitenden Prozessoren führen i. a. unterschiedliche Funktionen aus. Abb. 2.3e stellt einen Übersetzer dar, bei dem die einzelnen Phasen als Stationen an einem Fließband begriffen werden, welches die Anweisungen der zu übersetzenden Programme durchschleust.

Station 1	Lexikalische Analyse
Station 2	Syntax-Analyse
Station 3	Code-Optimierung
Station 4	Code-Erzeugung
Station 5	Lade-vorbereitung

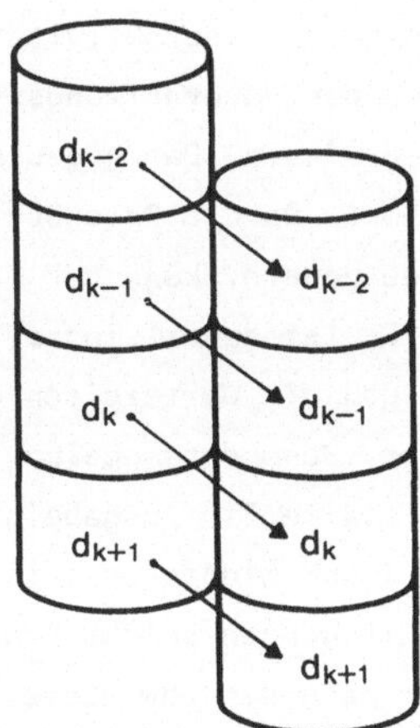

Abb. 2.3e Ein Übersetzer als Fließband

Wir wollen annehmen, daß wir eine Fließbandmaschine mit n Stationen haben (etwa n=3). Die Tätigkeit einer Station besteht in der Ausführung einer Instruktion wie LOAD, ADD, MUL etc., die ihr zugewiesen wurde. Eine Station verfügt über zwei Operandenregister und ein Ergebnisregister. Eine zentrale Steuereinheit S kann alle diese Register und den Arbeitsspeicher adressieren. S versorgt reihum in schneller Folge die einzelnen Stationen mit Operanden. Wenn S zu einer Station kommt, die ihre Operation noch nicht beendet hat, tritt eine Verzögerung bis zur Beendigung der Operation ein. Entwickle für diese Maschine ein Programm, welches

$$a_1*(b_1+c_1) + a_2*(b_2+c_2) + \ldots\ldots + a_n*(b_n+c_n)$$

berechnet. Die Felder a, b, c sowie die Zahl n liegen im Arbeitsspeicher vor.

2.4 Mehrprogrammbetrieb

2.4.1 In der Art, wie der Prozessor den Prozessen zugeteilt wird, gibt es einen wesentlichen Unterschied zwischen den Systemen aus 1.3 und 2.2. Beim ersteren System wird ein Prozeß beendet, bevor der nächste gestartet wird, beim letzteren kann ein Prozeß unterbrochen werden, zugunsten eines anderen, der dort fortgeführt wird, wo er das letzte Mal unterbrochen wurde. Beim System aus 2.2 wird die Prozessorzeit auf alle beteiligten Prozesse verteilt, so daß jeder eine Zeitlang arbeiten kann. Diese Betriebsform wird Multiplexbetrieb (engl. multiplexing) genannt, und wir sagen, daß die Prozesse quasisimultan (engl. interleaved) arbeiten.

Beim Multiplexbetrieb drängt sich die Frage auf, wie viele Prozesse ein Prozessor verkraften kann. In Kapitel 1 sahen wir, daß die Steuerung der Peripheriegeräte nur sehr wenig Prozessoraktivität erfordert. Andererseits kann es passieren, daß die Programme des Verarbeitungssystems auf die Beendigung von Ein/Ausgabeoperationen warten müssen. Das bedeutet, daß sie den Prozessor gar nicht permanent in Anspruch nehmen. Da die Datenübertragungen zwischen Zentraleinheit und Peripherie relativ lange dauern, kann der Prozessor zu längeren Phasen der Untätigkeit verdammt sein. Es ist daher sinnvoll, mehrere Benutzerprogramme im Speicher bereitzustellen, so daß die Wartezeiten eines Programms von anderen Programmen genutzt werden können. Besonders geeignet ist eine Mischung von Programmen, bei denen einige eine starke Ein/Ausgabeintensität aufweisen (wir nennen solche Programme E/A-intensiv) und mindestens ein Programm im wesentlichen nur den Prozessor beschäftigt (wir nennen solche Programme rechenintensiv). Das rechenintensivste Programm erhält dann den Löwenanteil der Prozessorzeit; wenn jedoch eine Datenübertragung für ein E/A-intensives Programm abgeschlossen ist, erhält dieses den Prozessor, bis es wiederum auf die Beendigung einer Datenübertragung warten muß. Ein solcher Multiplexbetrieb wird Mehrprogrammbetrieb (engl. multiprogramming) genannt (Abb. 2.4a).

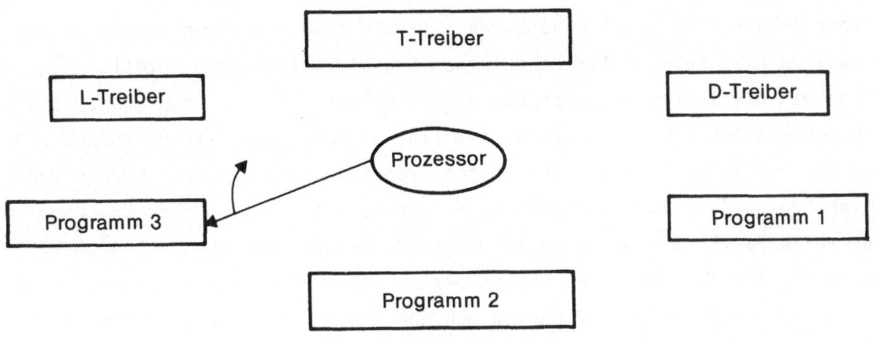

Abb. 2.4a Mehrprogrammbetrieb

In einem Mehrprogrammsystem ist die Anzahl der bereitgehaltenen Programme hauptsächlich durch die Größe des Arbeitsspeichers beschränkt. Werden zu viele Programme in den Arbeitsspeicher gepreßt, so steht ihnen zu wenig Platz zur Verfügung. Das hat einen lebhafteren Datenverkehr zwischen Arbeitsspeicher und Hintergrundspeichern zur Folge, wodurch die Programme im Extremfall bis zum Stillstand gebremst werden können. Diese Erscheinung (als "Flattern" bekannt) wird in Kapitel 8 behandelt.

Beachte, daß in einem Mehrprogrammsystem die Benutzerprogramme nicht notwendig in der Reihenfolge ihres Eintreffens behandelt werden (wie bei den bisher betrachteten Stapelsystemen). Davon können insbesondere die kurzen Programme profitieren! (Vgl. Übung 2.2.4.)

2.4.2 Streng genommen müssen in einem Mehrprogrammsystem zwei Arten von Parallelität unterschieden werden: die "echte" Parallelität gleichzeitig aktiver Prozesse und die "scheinbare" Parallelität quasisimultan abgewickelter Prozesse. Bezüglich des Systementwurfs ist diese Unterscheidung insofern wichtig, als für den Multiplexbetrieb des Prozessors ein geeigneter Softwaremechanismus konzipiert werden muß. Für den Benutzer gibt es jedoch keinen Unterschied zwischen beiden Arten von Parallelität. Insbesondere merkt der Benutzer nichts von dem schnellen Hin- und Herschalten des Prozessors zwischen den Prozessen (im Millisekunden-Bereich); er hat den Eindruck, daß alle Prozesse tatsächlich simultan arbeiten.

Die in 2.1 entwickelte Unterbrechungsbehandlung ist nicht in der Lage, die verfügbare Prozessorzeit angemessen auf die beteiligten Prozesse zu verteilen. Ein Gerätetreiber erhält zwar - auf eine Geräteunterbrechung hin - den Prozessor zugeteilt, aber es gibt kein ähnliches externes Signal, welches die Zuteilung des Prozessors an ein bestimmtes Benutzerprogramm veranlassen könnte. Man könnte die Unterbrechungsbehandlung wie folgt modifizieren: anstatt nach der Ausführung eines Treibers die Ausführung des unterbrochenen Programms fortzusetzen, könnte man einen eingebauten Zuteilungsmechanismus entscheiden lassen, welches Programm als nächstes weiterbearbeitet wird. Damit wäre eine Geräteunterbrechung der mittelbare Anlaß für einen Wechsel des Prozessors zwischen Benutzerprogrammen. Da die Geräteunterbrechungen jedoch in unregelmäßigen und nicht vorhersehbaren Abständen auftreten, wird bei einem solchen Verfahren die Prozessorzeit ungleichmäßig auf die Benutzerprogramme aufgeteilt. Insbesondere kann ein rechenintensives Programm, wenn keine E/A-Beendigungen mehr ausstehen, den Prozessor "monopolisieren".

Das Problem läßt sich durch Verwendung eines Zeitgebers lösen. Der Zeitgeber wird so betrieben, daß er in regelmäßigen Zeitabständen Unterbrechungen hervorruft (vgl. 1.2.). Am Ende jeder Zeitscheibe tritt der Zuteilungsmechanismus in Aktion und sorgt gegebenenfalls für eine Neuzuteilung des Prozessors.

Der Rechner kann durchaus um zusätzliche Prozessoren erweitert werden, die alle in gleicher Weise für die Bearbeitung der Prozesse eingesetzt werden. Spezielle Mehrprozessormaschinen haben wir in 2.2 und 2.3 kennengelernt. Eine Vervielfachung des Zentralprozessors ändert gegenüber einem Ein-Prozessor-System nichts an der Art und Weise, wie ein Prozessor einem Prozeß zugeteilt wird.

2.4.3 Wir haben nunmehr einen Punkt erreicht, wo ein wenig Reflexion angebracht ist. Die Umgebung, in der ein Programm bei Mehrprogrammbetrieb arbeitet, ist wesentlich verschieden von einem primitiven Betriebssystem gemäß Kapitel 1, wo ein Programm praktisch allein über Prozessor und Speicher verfügte. In einem Mehrprogrammsystem muß das einzelne Programm die Ressourcen des Systems mit anderen Programmen teilen. Schrittweise haben wir uns in den vorangehenden Abschnitten von der Realisierbarkeit eines Mehrprogrammbetriebs überzeugen können - wobei dessen Wünschbarkeit nicht in Frage gestellt und der notwendige Aufwand stillschweigend als gerechtfertigt angesehen wurde.

Daß sich der Aufwand tatsächlich lohnt, wird schlicht durch den Erfolg bewiesen, den Mehrprogrammsysteme gehabt haben. Bekannte Mehrprogrammsysteme, die mehreren Benutzern erlauben, gleichzeitig die Möglichkeiten des Rechners zu nutzen und Programme bearbeiten zu lassen, Systeme, die immer noch in Betrieb sind oder wichtige Anregungen für andere Systeme gegeben haben, sind: CTSS, ATLAS, MULTICS, THE, RC 4000, B 5500, OS/360, CP 67, MTS, TENEX, UNIX. Allerdings gibt es auch Fälle, wo der spezielle Anwendungsbereich ein einfacheres System - mit weniger Organisationsaufwand, weniger Entwicklungskosten - rechtfertigt (Beispiel: das an der Case Western University für die UNIVAC 1108 entwickelte Stapelsystem).

In einem Betriebssystem Mehrprogrammbetrieb vorzusehen, erfordert einen erheblichen Aufwand. Dieser Mehraufwand gegenüber dem Ein-Programm-Betrieb ist allein durch die Tatsache bedingt, daß mehrere Programme sich um Prozessor und Speicher bewerben; damit entstehen Konflikte, die aufgelöst werden müssen. Konflikte entstehen natürlich auch bei einem primitiven Ein-Programm-System (jeder Benutzer möchte sein eigenes Programm sofort bearbeitet sehen, und er möchte dafür möglichst den ganzen Rechner für sich allein haben); aber da werden sie durch die Tätigkeit eines Operateurs und/oder festgelegte Regeln gelöst: Abgabezeit, Größe des Programms, erwartete Laufzeit, Dringlichkeit etc. spielen eine Rolle.

Eine nähere Betrachtung der beim Mehrprogrammbetrieb auftretenden Probleme vermittelt einen Eindruck von den Funktionen, die das Betriebssystem zusätzlich zur Steuerung der Geräte und Behandlung der Unterbrechungen auszuführen hat, damit die konkurrierenden Benutzerprozesse angemessen bedient werden. Die folgende Übersicht gibt an, welche Problembereiche es in den nächsten Kapiteln zu behandeln gilt.

a) Verzögerungen: Wenn ein Prozeß auf gemeinschaftliche Daten, die auch anderen Prozessen zur Verfügung stehen, oder auf eines der Geräte zugreifen will, muß er unter Umständen so lange verzögert werden, bis ein anderer Prozeß, der die Daten bzw. das Gerät gerade benutzt, diese wieder freigegeben hat. Ein Betriebssystem muß die Prozesse in eine Umgebung einbetten, in der solche Koordinationsmaßnahmen möglich sind. Das Problem wird in den Kapiteln 3 und 4 behandelt.

b) Wartezeiten: Wenn mehrere Prozesse sich um ein Betriebsmittel bewerben, darf die Entscheidung, wem das Betriebsmittel zugeteilt wird, nicht vom Zufall abhängen. Das Betriebssystem muß sich bemühen, ein "faires" Zuteilungsverfahren zu praktizieren, bei dem jeder Prozeß zu seinem Recht kommt und keiner unbillig lange warten muß. Kurzfristige und langfristige Zuteilungsstrategien werden in den Kapiteln 6 und 8 behandelt.

c) Organisationsaufwand (Overhead): Da die Prozesse gewisse "Verkehrsregeln" zu beachten haben, durch die ihre Rechte in bestimmter Weise eingeschränkt werden, muß das Betriebssystem die Einhaltung dieser Regeln überwachen. Die Überwachung kostet Prozessorzeit und Speicherplatz (für Buchführungszwecke). Man muß stets versuchen, einen guten Kompromiß zwischen einer zu laxen und einer zu aufwendigen Buchführung zu finden (letztere stiehlt den Benutzerprogrammen Prozessorzeit). Dieser Gesichtspunkt ist an vielen Stellen im System zu beachten und wird daher nicht gesondert behandelt.

d) Weitere Verlustzeiten: Die Anzahl der Programme, die in einem vorgegebenen Zeitraum abgearbeitet werden können, ist bei Mehrprogrammbetrieb geringer als im Ein-Programm-Betrieb, und zwar wegen des häufigen Umschaltens des Prozessors zwischen den Prozessen, was Zeit kostet. Der erhöhte Datentransfer zwischen Arbeitsspeicher und Hintergrundspeicher (als Folge der Platzknappheit im Arbeitsspeicher) bedingt zusätzliche Verlustzeiten. Dieses Thema wird in Kapitel 7 behandelt.

e) Betriebssicherheit: Die Fehler eines Programms dürfen weder andere Programme noch das Betriebssystem beeinträchtigen. Beispielsweise muß ein Programm daran gehindert werden können, einen Schreibzugriff außerhalb des ihm zugeteilten Speicherbereichs auszuführen. Die Betriebssicherheit wird gewährleistet, indem der Datenaustausch zwischen verschiedenen Instanzen bestimmten Kommunikationsregeln unterworfen (siehe Kapitel 5) und die Erzeugung und Benutzung von Namen besonders überwacht wird (siehe Kapitel 7 und 9). Fehlersituationen können interne wie externe Ursachen haben. Eine fehlerhafte Eingabe kann zu einer nicht abbrechenden Programmschleife führen, was die Nichtfreigabe eines Betriebsmittels zur Folge haben kann. Oder zwei Prozesse können zufällig in die Situation geraten, daß jeder darauf wartet, daß der andere ein Betriebsmittel freigibt. Solche Probleme werden am Ende von Kapitel 3 sowie in Kapitel 10 behandelt.

f) Gemeinsame Datenbestände: Der Benutzer hat oft ein Interesse daran, andere Benutzer an seinen Programmen und Daten Anteil haben zu lassen, er muß aber die Möglichkeit haben, genau zu spezifizieren, wem welche Informationen zur Verfügung stehen sollen, und in welchem Umfang. Wer beispielsweise einen Übersetzer entwickelt hat, ist berechtigt, ihn zu ändern, und will dieses Recht vielleicht auch dem einen oder anderen Kollegen zugestehen - nicht aber der Allgemeinheit. In einem Mehrprogrammsystem ergibt sich tatsächlich die Möglichkeit des Programmaustauschs unter den Benutzern. Das System muß dann aber auch Mittel zur Verfügung stellen, die eine gezielte Zugriffsautorisierung erlauben (Kapitel 9).

g) Modularität: Ein Mehrprogrammsystem können wir als ein Ensemble geeignet verknüpfter Funktionseinheiten (Instanzen) strukturieren. Dieser Aspekt ist nicht nur für die Entwicklungsphase relevant, sondern auch für Verifikation, Darstellung, Modifikation und "Tuning" (zwecks Verbesserung der Systemeffizienz). Obwohl in allen unseren Diskussionen berücksichtigt, wird das Modularitätsprinzip in Kapitel 10 noch einmal gesondert behandelt.

Übungen

1. Modifiziere die Unterbrechungsbehandlung aus 2.1 für ein Mehrprogrammsystem! Nach der Unterbrechungsbehandlung soll nicht das unterbrochene Programm, sondern ein anderes Programm fortgesetzt werden.

2. Offensichtlich muß ein Mehrprogrammsystem gewisse Zustandsinformationen über ein unterbrochenes Programm aufheben, damit das Programm später wieder fortgesetzt werden kann, als sei nichts geschehen. Diese Informationen sind für jeden Prozeß in einem Prozeßsteuerblock (engl. process control block) zusammengestellt, und für diese Prozeßsteuerblöcke ist ein kleiner Speicherbereich reserviert. Wie könnte ein Prozeßsteuerblock aussehen, und wann wird er benutzt bzw. verändert?

3. Der Trommeltreiber aus 2.2 enthält die Warteanweisung

   await some i in [1:6] sat Puffer[i] ≠ nil .

   (Ähnliche Warteanweisungen hatten wir in anderen Treibern verwendet.) Wenn tatsächlich gewartet werden muß (weil die angegebene Bedingung nicht erfüllt ist), wie soll das geschehen? Eine leere Schleife, die wiederholt die Bedingung abprüft, kommt nicht in Frage, einerseits wegen der Verschwendung von Prozessorzeit, andererseits - und das wiegt schwerer -, weil die Schleife bei einem Ein-Prozessor-System unter Umständen nicht abbricht: die Programme, die für die Erfüllung der Beendigung sorgen könnten, bekommen keine Gelegenheit zur Weiterarbeit. Finde eine Realisierung für die Warteanweisung, bei der keine Prozessorzeit verschwendet wird! Beachte dabei, daß, sobald die Bedingung erfüllt ist, der Trommeltreiber hinter der Warteanweisung fortgesetzt werden muß!

4. Eine vielversprechende Strategie für den Multiplexbetrieb des Prozessors ist das "Ringelreihen" (engl. round robin), bei dem der Prozessor reihum den Prozessen zugeteilt wird. Diese Strategie ist besonders geeignet, wenn mangels geeigneter Informationen keine Klassifikation der Prozesse möglich ist; ihre Vorteile sind: Einfachheit, Fairneß, minimaler Organisationsaufwand. Wir wollen eine Ringelreihen-Variante betrachten, die durch das CTSSystem inspiriert ist [1]. Das Betriebssystem sei in der Lage, festzustellen, ob ein Prozeß zwischen zwei Beobachtungszeitpunkten das Programm gewechselt hat oder nicht. Für jeden Prozeß werden "Treuepunkte" verteilt: je länger ein Prozeß an einem Programm arbeitet, desto mehr Treuepunkte sammelt er. Von einer hohen Anzahl von Treuepunkten wird auf ein langes Programm geschlossen. Die Prozesse können nun nach der Programmlänge klassifiziert werden. Wir legen zwei Schwellenwerte t_1 und t_2 fest (ihre Wahl ist beliebig). Wenn die Treuepunkte eines Prozesses den Wert t_i erreichen, avanciert der Prozeß von der Klasse i in die Klasse i+1.

   Ein Prozeß der Klasse i bekommt doppelt soviel Prozessorzeit zugeteilt wie ein Prozeß der Klasse i-1. Andererseits haben die Prozesse der Klasse 1 höchste Priorität und die der Klasse 3 niedrigste Priorität. Das bedeutet, ein Prozeß der Klasse 3 erhält den Prozessor nur dann, wenn die Klassen 1 und 2 leer sind, und ein Prozeß der Klasse 2 erhält den Prozessor nur dann, wenn die Klasse 1 leer ist. Damit werden die kurzen Programme den langen vorgezogen.

   Die Klassifikation wird mit Hilfe einer Zeitgeber-Unterbrechung (siehe 2.1) auf dem jeweils neuesten Stand gehalten. Bevor einem Prozeß der Prozessor zugeteilt wird, wird ZZ mit einem Wert geladen, der von der Prozeßklasse abhängt. Beschreibe eine Implementierung einer solchen Zuteilungsstrategie, mit Buchführung über die Treuepunkte und die Klasseneinteilung!

5. Für ein E/A-intensives Programm sei v das Verhältnis von mittlerer Laufzeit zwischen je zwei E/A-Anforderungen zu mittlerer Ausführungszeit einer E/A-Operation. Ein Betriebssystem wickelt so viele E/A-intensive Programme gleichzeitig ab, daß alle n E/A-Geräte voll beschäftigt sind. Welcher Anteil a an Prozessorzeit wird für die Steuerung der Geräte verbraucht? Stelle für a=0.2 n als Funktion von v im Intervall [0.002, 0.1] graphisch dar! (Das Ergebnis macht deutlich, daß eine große Anzahl von E/A-Geräten dem Prozessor keine besonderen Schwierigkeiten bereitet. Es zeigt außerdem, daß eine vernünftige Mischung von Programmen viele E/A-intensive Programme und ein oder vielleicht zwei rechenintensive Programme enthält.)

2.5 Teilnehmerbetrieb

2.5.1 Die Grundidee des Teilnehmerbetriebs (engl. time sharing) besteht darin, ein Rechnersystem wie einen in mehreren Exemplaren zur Verfügung stehenden, sehr leistungsfähigen Taschenrechner zu benutzen. Es gibt eine Vielzahl von gleichzeitig aktiven Benutzern, und jeder hat unmittelbar Zugriff auf seine Programme und Daten und hat direkten Kontakt zum Betriebssystem. Der Multiplexbetrieb erstreckt sich auf alle Funktionseinheiten des Systems - nicht nur auf den Prozessor -, so daß wirklich mehrere Benutzer gleichzeitig bedient werden können. Teilnehmersysteme werfen eine Vielzahl eigener Probleme auf, vor allem Probleme der Mensch/Maschine-Kommunikation und der Verwaltung von benutzereigenen Datenbeständen, die längerfristig auf Hintergrundspeichern gehalten werden (gewöhnlich auf Platten). Heutige Teilnehmersysteme sind fast ausschließlich Mehrprogrammsysteme. Ein Teilnehmersystem muß aber nicht notwendig als Mehrprogrammsystem entworfen werden. Das Grundprinzip des Teilnehmerprinzips läßt sich auch einfacher erörtern, wenn man sich nicht mit der dem Mehrprogrammbetrieb innewohnenden Komplexität belastet. Die ersten Teilnehmersysteme arbeiteten ohne Mehrprogrammbetrieb. Das im folgenden entwickelte Beispielsystem ähnelt mehr jenen frühen Systemen als den heute benutzten.

Abb. 2.5a zeigt eine Rechnerkonfiguration, die für die Implementierung eines Teilnehmersystems geeignet ist. Es gibt n Datenstationen (Terminals), die mit der Zentraleinheit über p langsame Kanäle verbunden sind. Die Datenübertragung geschieht zeichenweise. Wenn der Benutzer eine Taste betätigt, wird ein Zeichen in das Datenregister der Tastatur gebracht und eine Unterbrechung angefordert. Das Zeichen muß dann möglichst schnell aus dem Datenregister gelesen werden, damit es nicht bei der nächsten Betätigung einer Taste überschrieben wird.

Der Arbeitsspeicher ist in zwei Bereiche aufgeteilt, einen für das Betriebssystem (einschließlich Pufferbereiche) und einen für das jeweils bearbeitete Benutzerprogramm. Es gibt einen großen Hintergrundspeicher (Trommel oder Platte); er ist in n gleich große Bereiche $b1,\dots,b_n$ unterteilt, die genauso groß sind wie der Benutzerbereich im Arbeitsspeicher, den wir mit b_o bezeichnen. Das Programm eines am System tätigen Benutzers liegt in einem der Bereiche b_o, $b_1,\dots,b_n$.

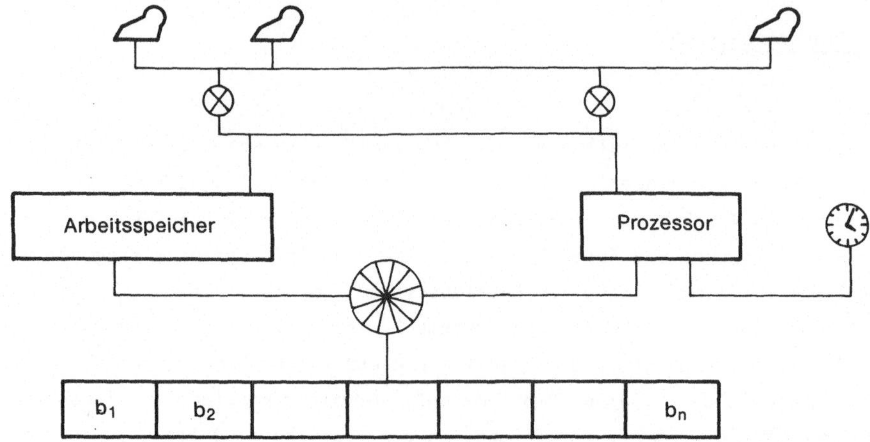

Abb. 2.5a Rechnerkonfiguration für ein Teilnehmersystem

Das Betriebssystem hat zwei Hauptaufgaben: es überträgt Zeichen von und zu den Terminals, und es lädt bzw. entlädt den Bereich b_0. Jeder Benutzer an einem Terminal ist mit seinem Programm über zwei Pufferbereiche innerhalb des Betriebssystems verbunden. Die Puffer befinden sich an festen Adressen, und sie können jeweils eine Terminalzeile aufnehmen. Die Ein/Ausgabe von Zeichen findet ausschließlich zwischen Terminals und Puffern statt; ein Benutzerprogramm kann nicht direkt mit dem Terminal Daten austauschen.

Ein Terminal ist ein Aggregat aus zwei Geräten, einer Tastatur für die Eingabe und einem Bildschirm (oder Druckwerk) für die Ausgabe. Die Ausgabe funktioniert ähnlich wie die Eingabe; sobald das Datenregister mit einem Zeichen geladen ist, wird dieses Zeichen zum Bildschirm bzw. zum Druckwerk transportiert, und sein Erscheinen auf dem Schirm bzw. Papier wird durch eine Unterbrechung zurückgemeldet.

Ein Terminal kann in zwei Betriebsarten arbeiten, Halbduplex oder Vollduplex. (Ältere Modelle kennen oft nur den Halbduplexbetrieb.) Beim Halbduplexbetrieb arbeitet das Terminal zu jedem Zeitpunkt entweder als Eingabegerät oder als Ausgabegerät, nicht aber als beides zugleich. Während Zeichen ausgegeben werden, ist die Tastatur blockiert. Der Gerätestatus kann dann durch programmgesteuerte Freigabe der Tastatur auf "Eingabe" und später durch Blockierung wieder auf "Ausgabe" umgeschaltet werden. Es ist übliche Praxis, die Tastatur nicht nur zum Zwecke der Ausgabe zu blockieren, sondern auch dann, wenn der Benutzer die Eingabe einer Zeile abgeschlossen hat. Die Tastatur sollte erst dann wieder freigegeben werden, wenn das Benutzerprogramm die eingegebene Zeile tatsächlich erhalten hat.

Im Vollduplexbetrieb sind Tastatur und Bildschirm völlig unabhängig voneinander. Insbesondere kann der Benutzer, während ein Ausgabevorgang läuft, Zeichen eintippen. Dabei gibt es auf dem Bildschirm keineswegs - wie man denken könnte - ein Durcheinander von Zeichen. Ein Terminal arbeitet nicht wie eine Schreibmaschine. Die getippten Zeichen erscheinen nicht automatisch auf dem Bildschirm. Sie werden zunächst nur zur Zentraleinheit übertragen. Im allgemeinen betrachtet aber das Betriebssystem es als seine Aufgabe, die gelesenen Zeichen noch einmal als "Echo" an das Terminal zurückzusenden, so daß der Benutzer sieht, was er tippt. Das Betriebssystem kann dann darauf achten, daß die Zurücksendung eingetippter Zeichen erst nach Abschluß einer eventuell laufenden Ausgabe erfolgt. Diese Technik ist für beide Betriebsarten, Vollduplex und Halbduplex, verwendbar. Im folgenden wird, sofern nichts Gegenteiliges gesagt ist, Vollduplexbetrieb vorausgesetzt.

2.5.2 Ein Terminal fordert immer dann eine Unterbrechung an, wenn eine Taste gedrückt wurde oder wenn ein Zeichen ausgegeben wurde. Eingabe und Ausgabe auf allen Terminals kann über zwei separate Treiber gesteuert werden. Der 'Tastaturtreiber' leitet die Eingabe vom Datenregister einer Tastatur in den zugehörigen Eingabepuffer im Arbeitsspeicher. Der 'Bildschirmtreiber' leitet die Ausgabe von einem Ausgabepuffer im Arbeitsspeicher in das Datenregister des zugehörigen Bildschirms.

Der Tastaturtreiber wird aktiviert, wenn die Betätigung einer Taste eine Unterbrechung bewirkt. Das Programm für diesen Treiber ist:

```
procedure Tastaturtreiber =
          init for i in [1:n] do
                   leere(Eingabepuffer[i]);
                   leere(Echopuffer[i]) od;
begin     local Zeichen: character;
          local t: integer := Nummer des unterbrechenden Terminals;
          Zeichen := Datenregister[t];
          anfügen(Zeichen, Eingabepuffer[t]);
          anfügen(Zeichen, Echopuffer[t]);
          if voll(Eingabepuffer[t]) then await leer(Eingabepuffer[t]) fi
end.
```

Der Bildschirmtreiber wird aktiviert, wenn die erfolgte Ausgabe eines Zeichens eine Unterbrechung bewirkt. Der Treiber füllt das Datenregister des Bildschirms mit dem nächsten auszugebenden Zeichen, das er dem Ausgabepuffer bzw. - wenn dieser leer ist - dem Echopuffer entnimmt. Wenn vom Ausgabepuffer zum Echopuffer gewechselt wird, fügt der Treiber zwecks besserer Lesbarkeit ein Zeilenwechselzeichen ein. Das Programm lautet:

```
procedure Bildschirmtreiber =
          init for i in [1:n] do
                    leere(Ausgabepuffer[i]);
                    Echomodus[i] := false od;
begin     local Zeichen: character;
          local t: integer := Nummer des unterbrechenden Terminals;
          await not leer(Ausgabepuffer[t]) or not leer(Echopuffer[t]);
          if not leer(Ausgabepuffer[t]) then
             if Echomodus[t] then
                Echomodus[t] := false; Zeichen := Zeilenwechsel
             else entnehmen(Zeichen, Ausgabepuffer[t]) fi
          else Echomodus[t] := true;
               entnehmen(Zeichen, Echopuffer[t]) fi;
          Datenregister[t] := Zeichen
end.
```

Die Schnittstelle zwischen Benutzerprogramm und Terminalsystem besteht aus einer Prozedur

procedure übertrage(Richtung, Daten).

Bei 'Richtung = ein' wird der Eingabepuffer geleert, sobald er voll ist; sein Inhalt wird nach 'Daten' übertragen. Bei 'Richtung = aus' wird der Ausgabepuffer gefüllt, sobald er leer ist; sein Inhalt wird aus 'Daten' übernommen.

Während ein Terminal einen Eingabepuffer füllt bzw. einen Ausgabepuffer leert, kann der Prozessor eine Unmenge von Instruktionen ausführen. Deshalb ist es sinnvoll, daß ein Benutzerprogramm, welches in der Ausführung von 'übertrage' aufgehalten wird (weil der Eingabepuffer nicht voll bzw. der Ausgabepuffer nicht leer ist), "ausgelagert" wird: der Inhalt des Benutzerbereichs b_0 im Arbeitsspeicher wird in einen der Bereiche $b_1,\dots,b_n$ im Hintergrundspeicher übertragen. Dafür wird ein anderes, arbeitswilliges Programm "eingelagert". Die arbeitswilligen Programme sind beim Betriebssystem in einer Liste verzeichnet (vgl. Übungen 1.2) und werden in der Reihenfolge bedient, in der ihre Eingabepuffer voll bzw. Ausgabepuffer leer werden. (Damit ist eine bestimmte Strategie festgelegt. Diese Strategie scheint vernünftig zu sein, wenn man die Benutzer möglichst gleichmäßig und effizient bedienen will. Beachte aber, daß die Erwartungen, die der Systemkonstrukteur mit bestimmten Strategien verknüpft, sich häufig als nicht gerechtfertigt erweisen. Es ist daher stets notwendig, das Systemverhalten durch Simulation oder Messungen zu überprüfen.)

Wenn die Programme intensiven Terminalverkehr haben, ist durch das permanente Aus- und Einlagern ihre gleichmäßige Bedienung in etwa gesichert. Damit aber ein rechenintensives Programm nicht die Zentraleinheit monopolisiert, muß auch eine über Zeitgeber gesteuerte "Verdrängung" von Programmen aus der Zentraleinheit vorgesehen werden (wie in 2.4.2 für den Prozessor beschrieben).

Heute gebräuchliche Teilnehmersysteme beruhen auf dem gleichen Grundprinzip wie das hier vorgestellte einfache Beispielsystem. In diesem System bleibt natürlich während des Ein/Auslagerns viel Prozessorzeit ungenutzt (mehrere hundert ms). Es ist naheliegend, im Arbeitsspeicher mehrere Benutzerbereiche vorzusehen, so daß während der Ein/Auslagerung eines Programms ein anderes Programm aktiv sein kann. Dafür ist allerdings erforderlich, daß ein Benutzerprogramm an eine beliebige Stelle im Arbeitsspeicher eingelagert werden kann (das Programm muß "verschieblich" sein). Weiterhin kann der Umfang der Ein/Auslagerungen reduziert werden: es muß nur derjenige Teil eines Benutzerprogramms eingelagert werden, der in der näheren Zukunft tatsächlich benötigt wird; auch können mehrere Benutzer ein Stück Code - z. B. einen Übersetzer - gemeinsam benutzen, so daß man nicht mehrere Kopien davon im Arbeitsspeicher hat. Näheres darüber folgt in Kapitel 7.

Zwei wesentliche Aspekte bei Teilnehmersystemen sind bisher nicht erwähnt worden: Dateiverwaltung und Kommandosprache. Die Kommandosprache dient zur Kommunikation zwischen System und Benutzer; der Benutzer verwendet sie zur Anforderung der Dienstleistungen des Systems. Die Dateiverwaltung wurde bereits in 1.2.4 angesprochen, sie ist Gegenstand einer ausführlichen Behandlung in Kapitel 9.

Übungen

1. "Puffer voll" muß nicht notwendig so interpretiert werden, daß alle Zeichenpositionen im Puffer besetzt sind. Im Kontext unseres Teilnehmersystems ist es sinnvoller, einen Puffer dann als voll zu betrachten, wenn er das Zeichen

'Zeilenwechsel' enthält. Das paßt insbesondere gut für den Eingabepuffer, da die Eingabezeilen vom Benutzer durch 'Zeilenwechsel' abgeschlossen werden. Beim Ausgabepuffer muß die Prozedur 'übertrage' dafür sorgen, daß ein etwa fehlendes 'Zeilenwechsel'-Zeichen angefügt wird. Entwickle eine entsprechende Implementierung der Prozedur 'übertrage'!

2. In einem "richtigen" Teilnehmersystem wird die Eingabe nicht unbesehen in den Eingabepuffer übernommen, denn sie kann "Steuerzeichen" enthalten, die nicht für das Benutzerprogramm, sondern für das Betriebssystem gedacht sind. Das Steuerzeichen RUBOUT ("ausradieren") z. B. soll das vorangegangene Zeichen löschen. Es wird selbst nicht in den Eingabepuffer übernommen und wird auch nicht auf dem Bildschirm gezeigt; stattdessen wird - als Quittung für den Benutzer - das gelöschte Zeichen noch einmal ausgegeben. Modifiziere den Tastaturtreiber entsprechend!

3. Im Halbduplexbetrieb kann der Benutzer bei gesperrter Tastatur nichts eingeben. Somit kann die Tastatur während dieser Zeit auch keine Unterbrechung auslösen. Der Bildschirmtreiber hält die Tastatur gesperrt, während er Zeichen aus dem Ausgabepuffer in das Datenregister des Bildschirms überträgt. Bei der Übertragung von Zeichen aus dem Echopuffer darf die Tastatur jedoch nicht gesperrt sein, da sonst der Eingabevorgang nicht ablaufen könnte. Entwickle eine Variante von Tastaturtreiber und Bildschirmtreiber für ein System, dessen Terminals ausschließlich im Halbduplexbetrieb arbeiten!

4. Unser Beispielsystem wechselt zwischen Verarbeitungsphasen und Ein/Auslagerungsphasen. Während der Ein/Auslagerungsphasen ist der Prozessor im wesentlichen untätig. Vergleiche die folgenden beiden Vorschläge zur Behebung dieses Schönheitsfehlers!

   Vorschlag 1: Der Arbeitsspeicher enthält zwei Benutzerbereiche. Während in einem Bereich das Benutzerprogramm gewechselt wird, wird im anderen Bereich ein Benutzerprogramm bearbeitet. (Wie kann erreicht werden, daß ein Benutzerprogramm nicht auf jeweils einen der beiden Adreßbereiche festgelegt ist?)

   Vorschlag 2: Es wird eine spezielle Gerätesteuerung verwendet, die einen Befehl "tauschen(i,k)" versteht. Dieser Befehl veranlaßt zwei weitgehend überlappende Übertragungen, eine Auslagerung (des Inhalts von b_0) nach b_i bei gleichzeitiger Einlagerung des Inhalts von b_k (nach b_0). (Die für den Programmwechsel benötigte Zeit wird damit halbiert.)

5. Der Arbeitsspeicher biete Platz für zwei Benutzerbereiche, wie in Übung 4, Vorschlag 1. Entwickle einen Treiber für den Hintergrundspeicher, der das Ein/Auslagern besorgt!

Literatur

Die grundlegenden Prinzipien des Teilnehmerbetriebs werden in [1,4] beschrieben. [2] ist eine klassische Arbeit über Prozesse. In [3] findet man eine gute Behandlung des Themas Parallelarbeit, insbesondere im Hardwarebereich. Die verschiedenen Typen von Betriebssystemen, die es gibt, werden in [5] erläutert. Ein kleines, effizientes Betriebssystem ist in [6] beschrieben.

1. Corbato, F. J., et al., "An Experimental Time-Sharing System". Proceedings of the AFIPS SJCC 21 (1962).

2. Dijkstra, E. W., "Cooperating Sequential Processes", in: Programming Languages (F. Genuys, Hrsg.), Academic Press, 1968, S. 43 - 112.

3. Lorin, H., Parallelism in Hardware and Software: Real and Apparent Concurrency, Prentice-Hall, 1972.

4. McCarthy, J., "A Time-Sharing Debugging System for A Small Computer", Proceedings of the AFIPS SJCC 23 (1963).

5. Rosin, R. F., "Supervisory and Monitor Systems", Computing Surveys 1 (1969).

6. Ritchie, D. M., Thompson, K., "The UNIX Time-Sharing System", Comm. ACM 17, 7 (Juli 1974).

3. Nebenläufige Prozesse

3.1 Zugriff auf gemeinsame Daten

3.1.1 In 2.3 haben wir festgestellt, daß es für die Entwicklung und das Verständnis eines Betriebssystems nicht ausreicht, die Betriebsprogramme jeweils in nur einer Version, in der Maschinensprache des Prozessors, zu formulieren. Es ist üblich, mit verschiedenen Repräsentationen eines Programms zu arbeiten, wobei jede einen bestimmten Aspekt hervorhebt und von den jeweils unwichtigen Details abstrahiert. Alle in Kapitel 1 besprochenen Programme sind in diesem Sinne abstrakt repräsentiert.

Für jede Repräsentation eines Programms können wir uns einen virtuellen Prozessor vorstellen, der in der Lage ist, das Programm auszuführen. Je nach Art der Repräsentation unterscheiden sich die virtuellen Prozessoren durch ihre Sprache und insbesondere ihre Elementaroperationen. Beispielsweise können wir uns einen virtuellen Prozessor vorstellen, der

erhöhe x um 1

als eine Elementaroperation ausführt, oder einen anderen virtuellen Prozessor, der den gleichen Effekt mit

x := x + 1

erzielt, d. h. mit einer Folge von zwei Elementaroperationen "Addieren" und "Zuweisen". Ein virtueller Prozessor für eine Assemblersprache würde vielleicht die drei Elementaroperationen

```
LOAD  A,x
ADDI  A,1
STORE A,x
```

ausführen müssen, um x um 1 zu erhöhen. Eine weitergehende Detaillierung ist möglich, wenn wir uns auf die Ebene der Instruktionscodierung, Rechenwerke und Register eines Hardware-Prozessors begeben (wie in 2.1 bei der Betrachtung des Befehlszyklus).

Wir nennen die Repräsentation 'erhöhe x um 1' eine Abstraktion der Repräsentation 'x := x+1'. Diese wiederum ist eine Abstraktion der Repräsentation in Assemblercode, usf. Man erhält eine Abstraktion, wenn man eine Gruppe zusammengehöriger Anweisungen als eine einzige Anweisung betrachtet. Wir werden niemals detaillierter als auf Assembler-Niveau arbeiten müssen, also betrachten wir die Assembler-Version eines Programms als die detaillierteste.

3.1.2 Bei der Entwicklung eines Programms beginnt man zweckmäßigerweise mit einer abstrakten Version, die lediglich die Grobstruktur des Programms wiedergibt. Geht man zu einer verfeinerten Version über, so muß man sicherstellen, daß alle Eigenschaften der ursprünglichen Version erhalten bleiben. Hat man es mit nebenläufigen Prozessen zu tun, so können sich bei dieser Verfeinerung Fehler einer bestimmten Art einschleichen, die es im rein sequentiellen Fall nicht gibt. Dieser Effekt soll an einem Beispiel demonstriert werden.

Ein Betriebssystem sei für die Überwachung von drei Programmen zuständig. Im Arbeitsspeicher gebe es einen Bereich für das System, einen Bereich, in dem die drei Programme untergebracht sind, und einen Bereich, der als zusätzlicher "Speichervorrat" für die Programme dient: er ist in "Blöcke" gleicher Größe aufgeteilt, die den Programmen auf Anforderung zugeteilt werden können. Das System verwaltet die Blöcke mit Hilfe eines Kellers, in dem die jeweils freien Blöcke verzeichnet sind. Bei Anforderung wird ein Block aus dem Keller entnommen, bei Rückgabe wird er wieder im Keller abgelegt (siehe Abb. 3.1a).

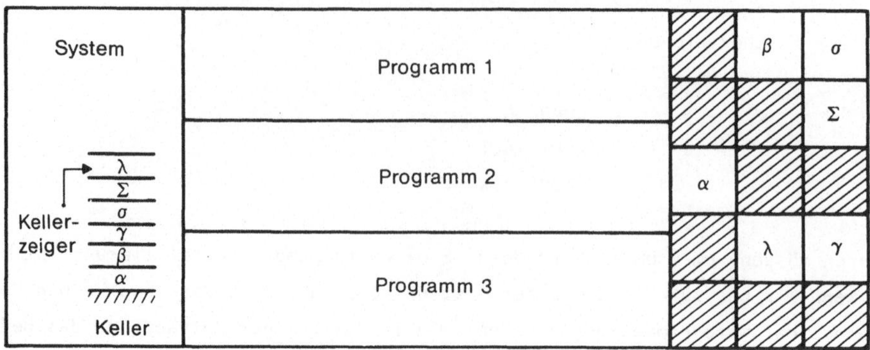

Abb. 3.1a System mit drei Programmen und einem Vorrat von Speicherblöcken

Ein Block wird angefordert durch Aufruf der Systemprozedur 'nimm Block', die einen Zeiger auf einen Block liefert. Die Rückgabe eines bestimmten, zuvor zugeteilten Blocks b erfolgt mittels 'gib frei(b)'. Für das Verständnis der Logik eines Programms, welches Blöcke aus dem Speichervorrat benutzt, reicht es aus, 'nimm Block' und 'gib frei' als Elementaroperationen zu betrachten. Nur <u>was</u> die Operationen bewirken zählt, nicht <u>wie</u> sie es bewirken.

Wir wollen nun annehmen, daß der Prozessor, der die Prozeduren 'nimm Block' und 'gib frei' ausführt, den drei Programmen im Multiplexbetrieb zugeteilt wird. Ausführungen von 'nimm Block' und 'gib frei' können dann in beliebiger Reihenfolge und Anzahl stattfinden, sofern der Vorrat an Speicherplatz ausreicht. Da die Speicherblöcke funktionell identisch sind, kann es einem Programm auch egal sein, welchen Block es auf seine Anforderung hin erhält.

3.1.3 Wenn man die Wirkungsweise der Prozeduren näher ins Auge faßt, also von der abstrakten Version zu einer konkreteren übergeht, geht eine wichtige Eigenschaft verloren. Es sei etwa

```
procedure nimm Block result Block =
begin     nimm Block := Keller[Zeiger]; Zeiger :- 1 end;
procedure gib frei(b) =
begin     Zeiger :+ 1; Keller[Zeiger] := b end.
```

Wegen des Multiplexbetriebs können nun verschiedene Ausführungen von 'nimm Block' bzw. 'gib frei' einander überlappen - und dies kann fatale Auswirkungen haben. Eine mögliche Folge von Operationen sowie ihre Effekte für 'Zeiger' = z sind:

	<u>Effekt</u>
Zeiger :+ 1	Zeiger = z+1
nimm Block := Keller[Zeiger]	nimm Block = Keller[z+1]
Zeiger :- 1	Zeiger = z
Keller[Zeiger] := b	Keller[z] = b

Diese Operationsfolge bewirkt, daß dem Keller ein undefinierter Wert jenseits des Kellerzeigers entnommen wird und daß ein Blockzeiger im Keller mit dem Zeiger eines freigegebenen Blocks überschrieben wird!

Wir sehen somit, daß überlappende Ausführungen der Prozeduren einen fehlerhaften Systemzustand verursachen können. Wir müssen also dafür sorgen, daß nicht zwei oder mehr Inkarnationen der Prozeduren koexistieren können. (In welcher Reihenfolge sie ausgeführt werden, ist egal.) Beachte, daß in der abstrakten Version keine Probleme auftreten, da die Prozeduren dort als Elementaroperationen betrachtet werden! Es genügt demnach, wenn wir in der verfeinerten Version sicherstellen, daß 'nimm Block' und 'gib frei' sich jeweils wie einzelne Elementaroperationen verhalten, obwohl sie sich aus mehreren Elementaroperationen zusammensetzen. Solche Operationsfolgen, die zusammenhängend ausgeführt werden müssen, heißen <u>kritische Abschnitte</u> (engl. critical sections, critical regions).

Im obigen Beispiel benutzten mehrere Prozesse denselben Prozessor. Das Problem ist natürlich genau das gleiche, wenn jeder Prozeß seinen eigenen Prozessor hat. Es tritt immer dann auf, wenn nebenläufige Prozesse auf <u>gemeinsam</u> benutzte Daten (engl. shared data) zugreifen.

Bei der Programmentwicklung für nebenläufige Prozesse muß man an den verschiedensten Stellen auf kritische Abschnitte achten. Die drei Prozesse des obigen Beispiels könnten beispielsweise von mehreren (funktionell identischen) Magnetbandgeräten Gebrauch machen. Diese Geräte könnten genau wie die Speicherblöcke verwaltet werden. Anforderung und Freigabe eines Gerätes stellen kritische Abschnitte dar. Allerdings kann nichts schiefgehen, wenn einer dieser kritischen Abschnitte und einer der kritischen Abschnitte für die Speicherblock-Verwaltung einander überlappen. Man sieht, daß die Menge aller kritischen Abschnitte eines Systems in disjunkte Teilmengen - "Klassen" - zerlegt werden kann, wobei jede Klasse ein bestimmtes, von mehreren Prozessen gemeinsam benutztes Objekt manipuliert. Im vorliegenden Beispiel haben wir zwei Klassen zu je zwei Operationen {nimm Block, gib frei} und {reserviere Band, gib Band frei}. Wir versehen die Klassen mit Namen und formulieren einen kritischen Abschnitt im Programmtext als <u>kritische Anweisung</u>:

<u>with</u> Klasse <u>do</u> kritischer Abschnitt <u>od</u>.

Mit dieser Notation und unter Verwendung eines Klassennamens 'Speicherblöcke' hätten wir beispielsweise

```
procedure nimm Block result Block =
        with Speicherblöcke do
            nimm Block := Keller[Zeiger]; Zeiger :- 1 od;
procedure gib frei(b) =
        with Speicherblöcke do
            Zeiger :+ 1; Keller[Zeiger] := b od.
```

Für eine kritische Anweisung ist garantiert, daß ihre Ausführungen sich nicht mit der Ausführung einer anderen kritischen Anweisung mit gleichem Klassennamen überlappt. Wie die kritische Anweisung implementiert werden kann, ist Gegenstand der nächsten Abschnitte.

<u>Übungen</u>

1. Die freien Blöcke in Abb. 3.1a müssen nicht notwendig mittels Kellertechnik verwaltet werden. Da ihre Identität keine Rolle spielt, könnte man die Blöcke z. B. auch als Schlange verwalten. Außerdem ist es geschickt, die Blöcke direkt miteinander zu verketten, damit man nicht eine gesonderte Verwaltungsschlange im Bereich des Betriebssystems führen muß. Das Betriebssystem benötigt dann nur zwei Zeigervariable 'Anfang' und 'Ende', die auf den ersten bzw. letzten Block in der Schlange zeigen; jeder Block enthält in seiner ersten Zelle einen Zeiger auf seinen Nachfolger in der Schlange. Bei Anforderung wird ein Block am Anfang der Schlange entnommen; ein zurückgegebener Block wird an das Ende der Schlange angehängt. Implementiere die Prozeduren 'nimm Block' und 'gib frei' für den Fall dieser Schlangentechnik; es kann vorausgesetzt werden, daß die Schlange niemals leer wird. Sind die Prozeduren kritische Abschnitte?

2. Auf den ersten Blick könnte es so aussehen, als seien die bei der Kellerverwaltung entstehenden Probleme dadurch bedingt, daß die Anweisungen der Inkarnationen verschiedener Prozeduren vermischt werden. Man kann sich aber davon überzeugen, daß auch zwei oder mehrere Inkarnationen einer Prozedur einander nicht überlappen dürfen. Zeige das sowohl für 'nimm Block' als auch für 'gib frei'.

3. Ein Abrechnungssystem lege für die Ermittlung der Kosten eines Programmlaufs u. a. die verbrauchte Prozessorzeit zugrunde. Der "Prozessoranteil" eines Programms sei das Verhältnis von verbrauchter Prozessorzeit des Programms zu der von allen Programmen insgesamt verbrauchten Prozessorzeit. (Diese ist wegen der möglichen Leerzeiten des Prozessors nicht notwendig mit der Betriebszeit des Prozessors identisch.) Die insgesamt verbrauchte Prozessorzeit und die Laufzeiten der einzelnen Programme hält das Abrechnungssystem in Variablen 'Arbeitszeit' bzw. 'Laufzeit[i]' auf dem jeweils neuesten Stand. Zu welchen Zeitpunkten müssen diese Variablen verändert werden? Implementiere die dafür notwendigen Routinen sowie die den Prozessoranteil eines Programms ermittelnde Systemfunktion! (Die jeweilige Uhrzeit kann einem Zeitgeber entnommen werden.)

4. Wir betrachten eine weitere Variante der Verwaltung von Speicherblöcken: die Blöcke haben keine einheitliche Größe; bei der Anforderung eines Blocks wird die gewünschte Größe angegeben, ebenso wird bei der Freigabe eines Blocks seine Größe angegeben. Werden die Blöcke in einer Schlange angeordnet (wie in Übung 2), so muß beim Eintreffen einer Anforderung die Schlange nach einem hinreichend großen Block durchsucht werden. Die Größe eines Blocks sei in seiner zweiten Zelle verzeichnet.

   Wird ein Block freigegeben und stellt sich dabei heraus, daß er an einen anderen freien Block angrenzt, so sollte der Block nicht in die Schlange eingereiht, sondern mit dem angrenzenden Block zu einem großen Block verschmolzen werden (analog für zwei angrenzende Blöcke.) Implementiere entsprechende Prozeduren 'nimm Block(Größe)' und 'gib frei(b, Größe)'!

5. Die Implementierung der in 4. betrachteten Strategie kann eventuell dahingehend verbessert werden, daß eine Art Hash-Verfahren zwecks schnellerer Suche nach einem Block geeigneter Größe eingesetzt wird. Statt der Variablen 'Anfang' und 'Ende' wird eine Tabelle verwendet, die für jeweils einen Bereich von Blockgrößen einen Eintrag enthält (z. B. erster Eintrag für Blöcke zwischen 16 und 127 Worten, zweiter Eintrag für Blöcke zwischen 128 und 255 Worten, usf.); der

Eintrag ist ein Zeiger auf eine Liste von Blöcken, die z. B. nach Blockgrößen oder Speicheradressen der Blöcke geordnet sein können.

Prüfe diesen Vorschlag und kläre, ob damit tatsächlich eine Verbesserung gegenüber 4. erreicht werden kann! Ist eine Implementierung möglich, bei der es für jede der Listen eine separate Klasse kritischer Abschnitte gibt?

3.2 Sperroperationen

3.2.1 Im vorangegangenen Abschnitt haben wir die with-Anweisung als programmiersprachliches Mittel zur Markierung kritischer Abschnitte eingeführt. Es ist jedoch noch offen, wie diese Anweisung implementiert werden kann, d. h. wie der wechselseitige Ausschluß (engl. mutual exclusion) mehrerer kritischer Abschnitte, die zur gleichen Klasse gehören, erreicht werden kann. Man könnte auf die Idee kommen, das Problem durch eine geschickte "Geschwindigkeitssteuerung" der beteiligten Prozesse zu lösen, so daß "Kollisionen", d. h. Überlappungen kritischer Abschnitte, vermieden werden. Diese Idee sollten wir aber gleich wieder verwerfen, setzt sie doch voraus, daß die Programme in der Lage sein müßten, die interne Arbeitsweise ihrer jeweiligen Partner zu durchschauen, bzw. daß eine übergeordnete Instanz sich solche Informationen verschaffen könnte. Dies widerspricht dem Prinzip, daß das System als Ensemble von Funktionseinheiten zu sehen ist, die nichts voneinander wissen - außer daß sie ihre jeweiligen Spezifikationen kennen. Es muß möglich sein, eine Funktionseinheit zu modifizieren oder durch eine andere Version zu ersetzen, ohne daß der Rest des Systems davon berührt wird (sofern durch die Modifikation der Funktionseinheit ihre Spezifikation nicht verändert wird). Somit sind wir gezwungen, Programmiertechniken zu ersinnen, die, wenn für alle kritischen Abschnitte angewendet, wechselseitigen Ausschluß garantieren, unabhängig davon, wie viele kritische Abschnitte es gibt und in welchen Programmen sie liegen (und wo dort).

Jede Implementierung von wechselseitigem Ausschluß setzt sich notwendig aus irgendwelchen Elementaroperationen zusammen, deren wechselseitiger Ausschluß a priori gesichert ist (andernfalls wäre eine nicht auflösbare Rekursion die Folge). Für uns kommen hier die Speicherzyklen des Arbeitsspeichers in Frage. Während ein Gerät auf einen Speichermodul zugreift, wird keinem anderen der Zugriff gestattet. Wieviele Prozessoren und Peripheriegeräte auch vorhanden sein mögen - ein Wort des Arbeitsspeichers steht jeweils nur einem zur Verfügung. Aus diesem Grund können Maschineninstruktionen mit nur einem Arbeitsspeicheroperanden wie

```
                LOAD  A,x
        oder    STORE A,x
```

als "unteilbar" betrachtet werden: ohne daß spezielle Maßnahmen getroffen werden, ist garantiert, daß die Zugriffe auf A einander nicht überlappen können.

Das folgende Modell soll verdeutlichen, wie wir allgemeine kritische Abschnitte voreinander schützen können. Jeder Klasse von kritischen Abschnitten ist ein <u>Riegel</u> zugeordnet. Ein Prozeß, der sich in einem kritischen Abschnitt befindet, "hat hinter sich abgeriegelt", so daß kein anderer Prozeß in einen kritischen Abschnitt (der gleichen Klasse) eintreten kann. Wer seinen kritischen Abschnitt verläßt, "öffnet den Riegel". Der Prozeß, dem es anschließend als erstem gelingt, hinter sich abzuriegeln, kann seinen kritischen Abschnitt ausführen. Dieses Modell wird durch die folgende Programmstruktur realisiert:

```
sperre(Riegel[Klasse]);
kritischer Abschnitt;
öffne(Riegel[Klasse])
```

Im folgenden werden wir für 'sperre/öffne' die allgemein üblichen englischen Bezeichnungen 'LOCK/UNLOCK' verwenden.

3.2.2 Die Variable 'Riegel[Klasse]' ist zweier Werte fähig, z. B. 'auf' und 'zu' oder Ø und 1. UNLOCK ist sehr einfach zu implementieren, nämlich als

```
procedure UNLOCK(r) =
          r := auf
```

Die Implementierung von LOCK ist etwas verzwickt. Bei 'r = zu' muß der Prozeß warten; bei 'r = auf' muß gesichert sein, daß genau einem Prozeß das Verriegeln gelingt, auch wenn mehrere sich in der Ausführung von LOCK befinden. Die naheliegendste Implementierung

```
begin local Stellung;
      repeat Stellung := r until Stellung = auf;
      r := zu
end
```

ist nicht korrekt. Es kann nämlich passieren, daß mehrere Prozesse feststellen, daß der Riegel geöffnet ist, bevor der erste von ihnen den Riegel schließt. Alle diese Prozesse beenden daher die Warteschleife und treten in ihre kritischen Abschnitte ein. Das kann nur vermieden werden, wenn das Entdecken des offenen Riegels mit dem sofortigen Verriegeln untrennbar verbunden ist. Bei der IBM 370 gibt es eine entsprechende Maschineninstruktion 'test and set' (TS), welche

Stellung := r; r := zu

als unteilbare Operation realisiert. Dies geschieht dadurch, daß das Lesen von r und das Schreiben nach r in einem Lese/Schreibzyklus des Arbeitsspeichers abgewickelt wird. Mit Hilfe von 'test and set' kann LOCK korrekt implementiert werden:

```
procedure LOCK(r) =
begin     local Stellung;
          repeat test and set(r, Stellung) until Stellung = auf
end.
```

Auf anderen Maschinen kann ein ähnlicher Effekt wie der von 'test and set' mittels einer Instruktion der Art

EXCH A,x

erzielt werden, welche die Inhalte eines Registers und einer Arbeitsspeicherzelle innerhalb eines Speicherzyklus vertauscht.

Ubungen

1. Untersuche, was im einzelnen passieren kann, wenn zwei Prozesse ungefähr gleichzeitig LOCK aufrufen. Prüfe die verschiedenen möglichen Abläufe und weise nach, daß unser erster Implementierungsversuch für LOCK falsch ist!

2. Implementiere LOCK unter Verwendung der Instruktion EXCH! Zeige, daß für gleichzeitige Ausführung von LOCK durch zwei Prozesse bei jedem möglichen Ablauf nur ein Prozeß passieren kann!

3. Die Realisierung von wechselseitigem Ausschluß mittels LOCK/UNLOCK wird häufig als "nicht fair" bezeichnet, und zwar aus folgendem Grund: wenn zwei Prozesse

häufig in kritische Abschnitte einzutreten versuchen, kann es passieren, daß einem Prozeß der Eintritt stets gelingt und der andere stets das Nachsehen hat. Dieser Effekt heißt "permanentes Blockieren" (engl. permanent blocking) oder salopp "Verhungern" (engl. starvation). Führe einen möglichen Ablauf nebenläufiger Inkarnationen von LOCK/UNLOCK vor, bei dem es einem Prozeß nie gelingt, in seinen kritischen Abschnitt einzutreten! Ziehe daraus Konsequenzen für den Anwendungsbereich von LOCK/UNLOCK: unter welchen Bedingungen ist die Realisierung von wechselseitigem Ausschluß mittels LOCK/UNLOCK vertretbar?

4. Ein Rechner verfüge über 6 Magnetbandgeräte Band1,...,Band6. Jedem Gerät ist ein 'Riegel[i]' (i=1,...,6) zugeordnet, mit dem man sicherstellen kann, daß das Gerät nicht von mehr als einem Prozeß zur gleichen Zeit benutzt wird. Ein Prozeß, der mit einem Magnetband arbeiten will, lege aber keinen Wert auf ein bestimmtes der sechs Geräte. Implementiere einen wechselseitigen Ausschluß dieser Art! Gib zwei Versionen an, von denen die eine mit TS, die andere mit EXCH arbeitet!

5. Untersuche den folgenden Vorschlag zur Behandlung der Situation, daß im Beispiel aus 3.1.2 der Keller leer ist: vor dem Aufruf von 'nimm Block' sollte der Prozeß innerhalb eines kritischen Abschnitts prüfen, wie viele Blöcke verfügbar sind; zu diesem Zweck wird beim Keller eine integer-Variable 'Anzahl' geführt. 'nimm Block' sollte nur bei 'Anzahl>0' aufgerufen werden. Implementiere diese Strategie! Sollte vor einer Wiederholung der Prüfung von 'Anzahl' (im Fall 'Anzahl=Ø') der kritische Abschnitt verlassen werden oder nicht? An welchen Stellen im Programm muß 'Anzahl' verändert werden?

3.3 Wechselseitiger Ausschluß ohne spezielle Instruktionen

3.3.1 Wechselseitiger Ausschluß kritischer Abschnitte kann auch ohne spezielle Instruktionen wie TS und EXCH realisiert werden. Die im folgenden entwickelte Lösung vermeidet auch den Effekt des "Verhungerns" (siehe Übung 3.2.3). Sie garantiert, daß ein Prozeß, der in einen kritischen Abschnitt einzutreten wünscht, damit schließlich auch Erfolg hat. Wir betrachten zunächst den Spezialfall, daß nur zwei Prozesse P und Q beteiligt sind. Wenn der Prozeß P einen kritischen Abschnitt beendet, wird Q der 'Favorit' (und umgekehrt). Dies garantiert dem Prozeß Q den

Eintritt in seinen kritischen Abschnitt - sofern er daran interessiert ist; ist das nicht der Fall, so wird P nicht an einem neuerlichen Eintreten in einen kritischen Abschnitt, sofern gewünscht, gehindert. Zu jedem Zeitpunkt ist also entweder P oder Q 'Favorit', womit der Konflikt, der bei gleichzeitigem Eintrittsversuch beider Prozesse entsteht, gelöst wird.

Zwei Boolesche Variable 'kritisch[P]', 'kritisch[Q]' geben an, ob P bzw. Q den Eintritt in einen kritischen Abschnitt versucht und den Austritt noch nicht abgeschlossen hat. Offenbar kann P nur dann in seinen kritischen Abschnitt eintreten, wenn 'kritisch[Q]' nicht gilt (und umgekehrt). P verhält sich wie folgt:

```
{Prozeß P:}  kritisch[P] := true;
             while kritisch[Q] do
                   while Favorit ≠ P do kritisch[P] := false od;
                   kritisch[P] := true od;

             kritischer Abschnitt;

             Favorit := Q; kritisch[P] := false.
```

(Das Verhalten von Q ergibt sich durch Vertauschung der Buchstaben P und Q.)

Offensichtlich tritt P in seinen kritischen Abschnitt genau dann ein, wenn die äußere Schleife im Zustand

kritisch[P] <u>and</u> <u>not</u> kritisch[Q]

beendet wird. P wird also nicht aufgehalten, wenn Q entweder nicht an einem kritischen Abschnitt interessiert ist oder, bei 'Favorit=P', seine innere Schleife nicht beenden kann. Im letzteren Fall muß Q so lange warten, bis P 'Favorit:=Q' setzt. Es bleibt zu zeigen, daß bei gleichzeitigem Eintrittsversuch derjenige Prozeß Erfolg hat, der zum Favoriten erklärt wurde. Wenn 'kritisch[P]' und 'kritisch[Q]' gesetzt ist, geraten beide Prozesse an die innere Schleife. Dort bleibt der nicht favorisierte Prozeß hängen und löscht dabei sein 'kritisch'; der andere Prozeß umgeht die Schleife und kann gleich danach die äußere Schleife beenden, d. h. in den kritischen Abschnitt eintreten.

Damit ist gezeigt, daß wechselseitiger Ausschluß unter ausschließlicher Benutzung einfacher Speicherzugriffe (Lesen oder Schreiben) realisiert werden kann, und sogar mit einer fairen Auflösung von Konflikten: es wird stets derjenige Prozeß bevorzugt, der beim letzten Mal benachteiligt wurde.

3.3.2 Im allgemeinen Fall enthalten n Prozesse, numeriert mit 0,1,...,n-1 (n≧2), kritische Abschnitte einer Klasse K. Eine direkte Verallgemeinerung der obigen Lösung ist nicht möglich: es kann passieren, daß zwei Prozesse gleichzeitig an ihre innere Schleife geraten und dort hängenbleiben, nämlich wenn ein dritter Prozeß favorisiert ist, der augenblicklich kein Interesse an einem kritischen Abschnitt hat (dieser Effekt ist unabhängig davon, ob sich ein anderer Prozeß in einem kritischen Abschnitt befindet oder nicht!).

Wir verallgemeinern die Lösung aus 3.3.1 dahingehend, daß jeder Prozeß i sich selbst zu favorisieren versucht. Dies soll ihm genau dann gelingen, wenn keiner der Prozesse vom aktuellen Favoriten bis zum Vorgänger von i an einem kritischen Abschnitt interessiert ist. (Das "von-bis" ist im Sinne einer zyklischen Anordnung der n Prozesse, wie in Abb. 3.3a gezeigt, zu verstehen.)

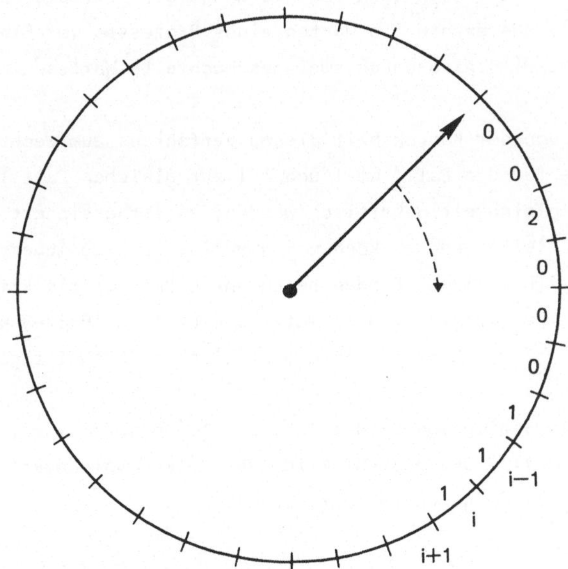

Abb. 3.3a Situation des Prozesses i

Ein kontinuierlicher Wechsel der Favoritenrolle stellt sicher, daß i nicht unbeschränkt lange auf diese Situation warten muß.

Wir unterscheiden zwischen unkritischen, halbkritischen und kritischen Prozessen; "halbkritisch" ist ein Übergangszustand zwischen "unkritisch" und "kritisch": der Prozeß versucht, in den kritischen Abschnitt einzutreten. Jeder Prozeß verhält sich wie folgt:

```
repeat Prozeß wird halbkritisch;
       Prozeß wartet, bis alle Prozesse vom Favoriten bis zum
                                  Vorgänger unkritisch sind;
       Prozeß wird kritisch
until  kein anderer Prozeß ist kritisch;
Prozeß wird Favorit;

kritischer Abschnitt;

der nächste nicht unkritische Prozeß wird Favorit;
Prozeß wird unkritisch.
```

Ein Favoritenwechsel erfolgt immer dann, wenn ein Prozeß einen kritischen Abschnitt verläßt und ein anderer Prozeß bereits Interesse am Eintritt in einen kritischen Abschnitt bekundet hat. 'Prozeß wartet' wird als wiederholte Abfrage der Wartebedingung realisiert (beachte, daß diese Bedingung erfüllt ist, wenn der laufende Prozeß i der Favorit ist - denn dann ist die Menge der Prozesse vom Favoriten bis zum Vorgänger leer); das eventuelle Warten eines Prozesses vor Eintritt in einen kritischen Abschnitt wird also durch zwei geschachtelte Warteschleifen realisiert.

Man überzeuge sich von der Korrektheit dieses Verfahrens zum wechselseitigen Ausschluß insbesondere für den Fall, wo i und i-1 zur gleichen Zeit ihr 'Prozeß wartet' beenden, also gleichzeitig kritisch werden; es ist gesichert, daß nicht beide ihre äußere Warteschleife beenden können - aber ist auch gesichert, daß einem das Verlassen der Schleife gelingt? Finden beide ihren Partner als kritisch vor, so werden beide wieder halbkritisch. Aber jetzt bleibt i in 'Prozeß wartet' hängen, während dem Prozeß i-1 der Eintritt in den kritischen Abschnitt gelingt!

Unter Verwendung eines globalen Feldes 'kritisch' (Werte 'false', 'half', 'true'; es gilt not half = half!) und prozeßlokaler Variablen 'Vorgänger', 'f', 'k' kann das obige Programm wie folgt verfeinert werden:

```
{Prozeß i:}

repeat kritisch[i] := half;
       repeat f := Favorit;
              Vorgänger := i-1 + if f>i then n else Ø fi
       until all k in [f:Vorgänger] sat not kritisch[k mod n];
       kritisch[i] := true;
until not some k in [i+1:i-1+n] sat kritisch[k mod n];
Favorit := i;
```

```
kritischer Abschnitt;
if not all k in [i+1:i-1+n] sat not kritisch[k mod n]
then Favorit := k fi;
kritisch[i] := false.
```

Ubungen

1. Entwickle eine weitere Verfeinerung des obigen Programms, welche keine some- und all-Ausdrücke mehr enthält!

2. Für den Spezialfall n=2 (Prozesse P und Q) können die some- und all-Ausdrücke in gewöhnliche Boolesche Ausdrücke umgewandelt werden. Verfasse entsprechend spezialisierte Versionen des obigen Programms für die Prozesse P und Q und vergleiche sie mit dem Programm aus 3.3.1! Was kann schiefgehen, wenn in der Version aus 3.3.1 die äußere Schleife ersetzt wird durch

```
repeat
        while Favorit ≠ P do kritisch[P] := false od;
        kritisch[P] := true
until   not kritisch[Q]
```

3. Die oben entwickelten Programme unterscheiden sich von den in 3.2 eingeführten Sperroperationen nicht nur durch den Verzicht auf die Benutzung spezieller Maschineninstruktionen, sie garantieren auch, daß jedem Prozeß ein gewünschter Eintritt in einen kritischen Abschnitt nach absehbarer Zeit gelingt, und stellen insofern eine Verbesserung gegenüber den Sperroperationen dar. Untersuche, ob in LOCK/UNLOCK auch eine solche Garantie eingebaut werden kann! Wenn das der Fall ist, gib die entsprechenden Programme an, wenn nicht, erläutere die Gründe!

4. Eine Maschine verfüge über die praktische Instruktion

SOS A,x

welche innerhalb eines Speicherzyklus den Inhalt der Speicherzelle x um 1 verringert und das Ergebnis in das Register A kopiert. Untersuche, ob unter Verwendung dieser Instruktion wechselseitiger Ausschluß realisiert werden kann, vorzugsweise mit den oben beschriebenen Eigenschaften! Benutze eine globale Variable 'Zähler' (anfangs Ø) für eine Klasse kritischer Abschnitte! (Das Problem ist einfacher zu lösen, wenn auch eine Instruktion

AOS A,x

existiert, die addiert statt subtrahiert.)

5. Betrachte die folgenden beiden Alternativen für die äußere Schleife in unserer obigen Implementierung für wechselseitigen Ausschluß:

```
{a} f := Favorit;
    Vorgänger := i-1 + if f>i then n else Ø fi;
    repeat
            repeat kritisch[i] := half
            until  all k in [f:Vorgänger] sat not kritisch[k mod n];
            repeat kritisch[i] := true
            until  not some k in [i+1:i-1+n] sat kritisch[k mod n]
    until  not kritisch[Favorit] or Favorit = i.

{b} {Initialisierung wie a}
    repeat kritisch[i] := half
    until  all k in [f:Vorgänger] sat not kritisch[k mod n];
    repeat kritisch[i] := true
    until  (not kritisch[Favorit] or Favorit = i) and
            not some k in [i+1:i-1+n] sat kritisch[k mod n].
```

Sind diese Alternativen korrekt? Wenn ja, begründe die Korrektheit, wenn nein, zeige, wo und wann etwas schiefgehen kann!

3.4 Semaphoroperationen P und V

3.4.1 In 3.3 haben wir den Code für die Realisierung von wechselseitigem Ausschluß direkt in die auszuführenden Programme eingebettet. Das ist nicht gut, denn die Verantwortung für die Korrektheit von Ausschlußmaßnahmen sollte beim Betriebssystem liegen, das ja allgemein für die Überwachung der nebenläufigen Prozesse zuständig ist. Der Programmierer sollte nur für die Markierung kritischer Abschnitte, wie in 3.1 vorgeschlagen, zuständig sein. Die Umsetzung in Sperroperationen o. ä. muß vom Betriebssystem bewerkstelligt werden.

Das System betrachtet die kritische Anweisung

with Klasse do kritischer Abschnitt od

(wo 'Klasse' der Name einer Klasse von kritischen Abschnitten ist) als eingeleitet und abgeschlossen durch ein Paar von Systemfunktionen, die traditionell P und V heißen. P(Klasse) fungiert als "öffnende Klammer" des kritischen Abschnitts und versucht, die Erlaubnis zum Passieren zu erhalten. V(Klasse) stellt die entsprechende "schließende Klammer" dar und teilt das Verlassen des kritischen Abschnitts mit.

Die Operationen P und V wurden von E. W. Dijkstra eingeführt. Das Argument einer solchen Operation nannte er Semaphor; P und V werden daher auch Semaphoroperationen genannt. "Semaphor" ist eine (im Deutschen altertümliche) Bezeichnung für "optisches Signal", z. B. als Flaggensignal auf See oder bei der Eisenbahn: passiert ein Zug ein Signal (was nur geht, wenn das Signal grün zeigt), so wird das Signal auf rot geschaltet; das Einfahren in einen bestimmten Gleisabschnitt fällt mit dem Sperren des Abschnitts für nachfolgende Züge zusammen.

Wir realisieren also die abstrakte 'Klasse' durch ein Semaphor S. Das Semaphor hat einen Booleschen Wert, welcher angibt, ob der Eintritt in einen kritischen Abschnitt möglich ist oder nicht. Ein Prozeß bleibt in einer Operation P(s) so lange hängen, wie der Eintritt nicht möglich ist. Wenn ein Prozeß eine Operation V(s) ausführt und es Prozesse gibt, die in einem P(s) hängen, wird genau einer dieser Prozesse befreit, d. h. kann seine P-Operation beenden.

Daß dem Betriebssystem die Verantwortung für die Realisierung des wechselseitigen Ausschlusses übertragen wird, bringt neben dem konzeptionellen auch einen praktischen Vorteil mit sich. Ein Prozeß, der die gesamte P-Operation in eigener Regie ausführen will, muß laufend den Wert des Semaphors prüfen, um festzustellen, wann er passieren kann. Das bedeutet eine Verschwendung von Prozessorzeit. Wenn die P-Operation eine Systemfunktion ist, kann das System einem Prozeß, der in P aufgehalten werden muß, den Prozessor wegnehmen und ihn einem anderen Prozeß zuteilen. Eine solche Implementierung für P verlangt natürlich, daß V(s) einen der in P(s) aufgehaltenen Prozesse (sofern vorhanden) wieder unter die sich um einen Prozessor bewerbenden Prozesse einreiht. Mit anderen Worten: P kann den ausführenden Prozeß veranlassen, zu "blockieren", V kann einen blockierten Prozeß "aufwecken". Diese Implementierung läßt sich wie folgt skizzieren:

```
procedure P(s) =
          if s then s := false
          else blockiere laufenden Prozeß; bediene anderen Prozeß fi;

procedure V(s) =
          if Prozeß wartet auf s then wecke wartenden Prozeß
          else s := true fi.
```

Beachte, daß P und V selbst kritische Abschnitte bezüglich s darstellen! Für die Modifikation von s eine TS- oder EXCH-Instruktion zu verwenden, reicht nicht aus, weil die Bearbeitung der gesamten Alternative in P(s) nicht unterbrochen werden darf; wenn ein Prozeß gerade <u>not</u> s festgestellt hat und unmittelbar danach ein anderer Prozeß in V(s) s setzt, blockiert der erstgenannte Prozeß - obwohl der kritische Abschnitt frei ist!

3.4.2 Eine korrekte Implementierung der Semaphoroperationen P und V kann von den Sperroperationen LOCK/UNLOCK Gebrauch machen. Da die Semaphoroperationen kurz sind, ist die Wahrscheinlichkeit eines Zugriffskonflikts auf ein Semaphor wesentlich geringer als die eines Eintrittskonflikts in die zugehörige Klasse kritischer Abschnitte. Auf Details der Implementierung wird in Kapitel 4 eingegangen. Einige Grundsätze sollen aber schon hier kurz angeschnitten werden.

Wir unterscheiden zwischen <u>blockierten</u> (wartenden, schlafenden) und <u>bereiten</u> Prozessen. Nur die bereiten Prozesse werden bei der Prozessorzuteilung berücksichtigt. Die Verwaltung der Prozessoren gestaltet sich besonders einfach, wenn für jeden Prozessor ein stets bereiter <u>Leerprozeß</u> zur Verfügung gehalten wird; wenn sonst keine Interessenten vorhanden sind, wird ein freiwerdender Prozessor einem Leerprozeß zugeteilt. (Der Leerprozeß wird gemeinhin übergangen, wenn über Strategien zur Prozessorzuteilung gesprochen wird.)

Die in P ausgeführte Aktion 'blockiere laufenden Prozeß' versetzt den laufenden

Prozeß aus dem Zustand 'bereit' in den Zustand 'blockiert'. Die in V ausgeführte Aktion 'wecke wartenden Prozeß' versetzt einen Prozeß vom Zustand 'blockiert' in den Zustand 'bereit'; dem Prozeß wird dabei nicht notwendig gleich ein Prozessor zugeteilt - es wird lediglich vermerkt, daß der Prozeß für eine Zuteilung in Frage kommt. Die Aktion 'bediene anderen Prozeß' in P führt eine solche Zuteilung durch.

Die Semaphoroperation P und die Sperroperation LOCK haben gemein, daß sie für wechselseitigen Ausschluß sorgen. Sie unterscheiden sich aber fundamental in der Art, wie sie die ausführenden Prozesse behandeln. LOCK ist vergleichbar dem Versuch, über das öffentliche Fernsprechnetz einen anderen Fernsprechteilnehmer zu erreichen: im Falle "besetzt" muß so lange weiterversucht werden, bis der Andere aufgehängt hat. Die Semaphoroperationen dagegen behandeln die wartenden Prozesse wie Personen in einem Wartezimmer: wer dort wartet, braucht keinerlei besondere Aktivität zu entfalten; er wird aufgerufen, wenn er an der Reihe ist.

Die Implementierung von Semaphoroperationen mit Hilfe von Sperroperationen bedeutet, daß der wechselseitige Ausschluß großer kritischer Abschnitte auf kleinen kritischen Abschnitten aufbaut. P und V können selbst wiederum (wie zuvor LOCK/UNLOCK) bei der Implementierung spezifischer Ausschlußoperationen, deren Ausführung kritisch ist, eingesetzt werden. Die Basis des Ganzen bilden die unteilbaren Speicherzugriffe auf Hardware-Ebene.

Übungen

1. Wir hatten gesehen, daß die P-Operation kritisch ist. Zeige anhand eines Beispiels, daß auch die V-Operation kritisch ist!

2. Jeder Prozeß enthalte in seinem Prozeßsteuerblock (siehe Übung 2.4.2) einen Zeiger auf seinen Nachfolger innerhalb einer Schlange (<u>nil</u>, falls er der letzte ist); es handelt sich dabei entweder um die Schlange aller bereiten Prozesse oder um die einem Semaphor zugeordnete Warteschlange. Alle Schlangen werden nach FIFO bedient (siehe 1.2.3). Entwickle verfeinerte Versionen von P und V! Schätze die Zeit ab, die auf einer Maschine mit 1 µs Zykluszeit für eine blockierende P-Operation bzw. eine aufweckende V-Operation benötigt wird!

3. 2 Prozessoren sollen im Multiplexbetrieb k Prozessen ($k \geq 2$) zur Verfügung stehen.

Die Operationen P, V sollen mit Hilfe von Sperroperationen implementiert werden, wobei ein Riegel 'pv' verwendet wird. Bestätige, daß eine solche Implementierung möglich ist!

Man kann auf die Idee kommen, jedem Semaphor einen eigenen Riegel zuzuordnen. Dies hätte den Vorteil, daß Operationen auf verschiedenen Semaphoren parallel ausgeführt werden können. Prüfe diesen Vorschlag und vergleiche ihn mit dem ersten! (Unterbrechungen auf den Prozessoren sollen ignoriert werden.)

4. Ein Rechner verfüge über 6 gleichartige Magnetbandgeräte, durchnumeriert von 1 bis 6. Wenn ein Prozeß mit einem Gerät arbeitet, steht dieses Gerät keinem anderen Prozeß zur Verfügung. Eine feste Zuordnung von kritischen Abschnitten zu Geräten ist aber unpraktisch, denn ein Prozeß müßte sich dann jeweils festlegen, um welches Gerät er sich bewerben will, mit der Konsequenz, daß er blockiert werden kann, obwohl noch Geräte frei sind. Eine einfache Modifikation des Semaphor-Konzepts hilft hier weiter: ein Semaphor kann ganzzahlige Werte von Ø bis m annehmen, wobei m die maximale Anzahl von Prozessen ist, die einen kritischen Abschnitt einer bestimmten Klasse überlappend ausführen können (bisher hatten wir stets m=1). Mittels eines solchen Semaphors 'Band', initialisiert mit m=6, können wir unser Problem leicht lösen; die Prozesse verhalten sich bezüglich der Magnetbänder wie folgt:

```
P(Band);
  nimm freies Band(i);
  benutze Band(i);
  gib zurück Band(i);
V(Band).
```

Gib an, wie die Auswahl eines freien Bandgerätes und die Rückgabe eines Bandgerätes im einzelnen funktioniert! Gibt es dabei kritische Abschnitte?

5. Die Syntax der kritischen Anweisung <u>with</u> K <u>do</u> A <u>od</u> stellt sicher, daß die am Anfang und am Ende von kritischen Abschnitten auszuführenden Operationen - alternierend bzw. geschachtelt - richtig abgewickelt werden. Das gilt hingegen nicht, wenn die direkte Benutzung von P und V in das Belieben des Programmierers gestellt ist. Am Beispiel der sechs Magnetbandgeräte aus Übung 4 soll gezeigt werden, wie sich eine fehlerhafte Benutzung von P und V auswirken kann. Jedem Band i sei ein eigenes Semaphor s[i] zugeordnet, und es gebe ein zusätzliches Semaphor v für die Verwaltung (Auswahl und Rückgabe) der Bänder

im Pool. Um die Schwierigkeit, die den Ausgangspunkt von Übung 4 bildete, zu vermeiden (Prozeß wartet auf bestimmtes Band, während andere Bänder frei sind), sucht ein Prozeß dasjenige Gerät, bei dem der 'Andrang[i]' von Prozessen am geringsten ist, und reiht sich dort - wenn notwendig - unter die Wartenden ein. Prüfe, ob die beiden folgenden Versionen für das Verhalten der Prozesse korrekt sind - oder doch wieder das Problem des Wartens auf das falsche Gerät beinhalten!

```
{a}   P(v); i := min index(Andrang); Andrang[i] :+ 1; P(s[i]); V(v);
            benutze Band(i);
      P(v); Andrang[i] :- 1; V(s[i]); V(v).

{b}   P(v); i := min index(Andrang); Andrang[i] :+ 1; V(v); P(s[i]);
            benutze Band(i);
      V(s[i]); P(v); Andrang[i] :- 1 ; V(v).
```

3.5 Verklemmungen

3.5.1 Wenn jeder Prozeß von mehreren Betriebsmitteln (Ressourcen, resources; z. B. E/A-Geräte) Gebrauch macht, muß das System darauf achten, daß keine Verklemmung (engl. deadlock) eintritt. Unter Verklemmung versteht man eine Situation, in der mehrere Prozesse, die bereits im Besitz gewisser Betriebsmittel sind, weitere Betriebsmittel anfordern, diese aber nicht erhalten können, weil sie im Besitz anderer Prozesse sind, die ihrerseits auf die erstgenannten Betriebsmittel warten. Wir erläutern die Verklemmungsproblematik anhand eines Beispiels mit Magnetbandgeräten.

Ein System verfüge über 6 Magnetbandgeräte $B_1,\ldots,B_6$, und es gebe drei Gruppen von Prozessen $p_1,\ldots p_k$, $q_1,\ldots q_l$, $r_1,\ldots r_m$. Ein Prozeß p_i benutzt unter Umständen mehrere Geräte nacheinander, jedoch nie mehrere Geräte gleichzeitig. Ein Prozeß q_i kann zwei Geräte gleichzeitig benutzen (z. B. zum Kopieren), ein Prozeß r_i kann sogar drei Geräte gleichzeitig benutzen (z. B. zum Korrigieren).

Alle Geräte seien funktionell gleichartig. Es ist daher sinnvoll, bei der Verwaltung des Gerätepools ein verallgemeinertes Semaphor v wie in Übung 3.4.4 zu verwenden. P(v) verringert den Wert von v um 1, falls v positiv ist; andernfalls wird der ausführende Prozeß blockiert. V(v) weckt einen wartenden Prozeß, falls vorhanden; wenn kein Prozeß bei v wartet, wird der Wert von v um 1 erhöht. v wird mit 6 initialisiert.

Die Programme der Prozesse enthalten dann Paare von P/V-Operationen, die bei p-Prozessen aufeinander folgen, bei q- und r-Prozessen jedoch geschachtelt sein können. In einem q-Prozeß beispielsweise spielt sich folgendes ab:

```
{q}   P(v); nimm freies Band(b1);
        .
        .
        .
         P(v); nimm freies Band(b2);
         .
         .
         .
         gib zurück Band(b2); V(v);
        .
        .
      gib zurück Band(b1); V(v)
```

Es ist klar, daß alle Prozesse zusammen zu manchen Zeitpunkten mehr als die 6 verfügbaren Geräte verlangen werden. Wenn die Prozesse sich - wie oben für q dargestellt - frei um die Geräte bewerben können, kann es zu Verklemmungen kommen. Nimm etwa an, drei r-Prozesse versuchen ungefähr gleichzeitig, ihre - jeweils drei - Geräte zu erhalten. Dann wird jeder zwei Geräte erhalten - anschließend aber sind die sechs Geräte vergeben, und jeder der drei Prozesse wartet auf sein drittes Gerät, ohne es je zu erhalten! Dies ist ein Beispiel für einen Verklemmungszustand. Andere mögliche Verklemmungszustände sind:

- zwei r-Prozesse haben je zwei Geräte erhalten, und zwei q-Prozesse haben je ein Gerät erhalten;

- fünf r-Prozesse haben je ein Gerät erhalten, und ein Gerät ist im Besitz eines p-Prozesses; das System befindet sich dann bereits in einer Sackgasse, aus der auch die Freigabe des letztgenannten Gerätes nicht mehr herausführen kann.

3.5.2 Bemerkenswert ist, daß die Verklemmungsgefahr u. U. durch geringfügige Änderungen im Verhalten der Prozesse beseitigt wird. Wenn etwa beim erstgenannten Beispiel einer der r-Prozesse durch einen q-Prozeß ersetzt wird, geht alles gut; der q-Prozeß erhält seine zwei gewünschten Geräte, fährt mit seiner Arbeit fort und gibt die Geräte später an die beiden r-Prozesse ab - die dann ihrerseits fortfahren können. (Eine Zuteilung je eines der freigewordenen Geräte an zwei q-Prozesse würde wiederum zur Verklemmung führen!)

Beachte, daß in den skizzierten Beispielen die Verklemmungen nicht durch Programmierfehler verursacht werden! Die hier vorausgesetzten Programme der p-, q-, r-Prozesse sind völlig korrekt. Die Nebenläufigkeit ist die Quelle des Übels. Natürlich hängt bei jedem System der Grad der Anfälligkeit für Verklemmungen von den Strukturen der beteiligten Programme ab. Auch andere Strukturen als die der obigen Programme können zu Verklemmungen führen. Betrachte ein Prozeß-Tripel mit folgenden Programmen:

{p} ... P(a); ... P(b); ... V(b); ... V(a); ...
{q} ... P(b); ... P(a); ... V(a); ... V(b); ...
{r} ... P(b); ... P(a); ... V(b); ... V(a); ...

Wenn die Anfangswerte von a und b 1 sind, kann die nebenläufige Ausführung von p und q bzw. p und r zur Verklemmung führen: beide Prozesse passieren ihre erste P-Operation, um dann für immer bei ihrer zweiten P-Operation hängenzubleiben.

Dieses Beispiel verdeutlicht ein allgemeines Charakteristikum aller Verklemmungen: mehrere Prozesse warten auf Betriebsmittel, die jeweils im Besitz ihrer Partner sind, und blockieren sich dadurch gegenseitig. Man muß daher versuchen, solche zyklischen Blockaden entweder a priori auszuschließen oder durch geeignete Überwachung der Prozesse zu umgehen. Eine rigorose Methode, Verklemmungen auszuschließen, besteht darin, daß man nur solche Prozesse gleichzeitig ablaufen läßt, deren Gesamtbedarf an Betriebsmitteln durch die vorhandenen Betriebsmittel gedeckt wird. Das ist natürlich eine "Holzhammermethode", läßt sie doch zu, daß jeder Prozeß sich gleich zu Beginn seiner Aktivität alle benötigten Betriebsmittel aneignet, auch die, welche er erst sehr viel später benutzt. Ein solches Vorgehen führt zu einer schlechten Ausnutzung der Betriebsmittel. Beim Beispiel mit dem Magnetbandgerät können vielleicht zwei r-Prozesse mit je zwei Geräten und ein q-Prozeß mit den restlichen beiden Geräten arbeiten; diese werden den r-Prozessen zugeschlagen, sobald der q-Prozeß sie nicht mehr braucht. Obwohl ein Gesamtbedarf von acht Geräten vorliegt, reichen die vorhandenen sechs Geräte aus (wenn es auch gewisse Verzögerungen im Programmablauf geben mag).

In manchen Fällen muß die strikte Regel, daß der Gesamtbedarf die vorhandenen Betriebsmittel nicht übersteigt, tatsächlich angewandt werden, etwa im "Realzeitbetrieb", wo man sich keine Verzögerungen leisten kann: ein gewünschtes Betriebsmittel muß unmittelbar verfügbar sein. In anderen Fällen ist die Anwendung dieser strikten Regel zwar nicht unbedingt notwendig, andererseits aber auch nicht mit großen Nachteilen verbunden, etwa wenn die Betriebsmittel billig sind bzw. in großer Zahl zur Verfügung stehen. Das gilt zum Beispiel für kleine Speicherbereiche; anstatt laufend Speicherzellen anzufordern und wieder freizugeben, kann ein Prozeß sich den maximal benötigten Speicherplatz für seine gesamte Lebensdauer zuteilen lassen.

Beachte, daß es bei der Verwaltung von "präemptiven" Betriebsmitteln (das sind solche, die dem Prozeß jederzeit vorübergehend entzogen werden können) nicht zu Verklemmungen kommen kann. Der Prozessor ist ein typisches Beispiel für ein präemptives Betriebsmittel. Wenn ein Prozeß in den Zustand "bereit" versetzt wird, fordert er einen Prozessor an, blockiert er, gibt er den Prozessor frei, wird er durch einen anderen Prozeß verdrängt, wird ihm der Prozessor entzogen.

Schließt man Verklemmungen nicht a priori aus, so muß man sie durch eine geeignete Überwachung der Prozesse umgehen. Ein Algorithmus, der Verklemmungen rechtzeitig erkennt, muß in der Lage sein, in der Zukunft liegende Zuordnungen und Freigaben von Betriebsmitteln in gewissem Umfang zu antizipieren. Er muß beispielsweise feststellen können, daß der Zustand "vier r-Prozesse und ein q-Prozeß besitzen je ein Magnetband" verklemmungsfrei ist: das sechste Bandgerät kann dem q-Prozeß auf Verlangen zugeteilt werden, und wenn dieser später seine zwei Geräte freigibt, kann einer der r-Prozesse bedient werden; dieser Prozeß hat dann seine Maximalzahl von drei Geräten erhalten; wenn er sie später freigibt, stehen sie einem weiteren Prozeß zur Verfügung, usf. Wenn dagegen in dem als verklemmungsfrei erkannten Zustand einer der vier r-Prozesse das letzte freie Gerät anfordert, muß der Algorithmus auf Verweigerung der Zuteilung erkennen, da eine Zuteilung eine Verklemmung verursachen würde: drei r-Prozesse und ein q-Prozeß besitzen je ein Gerät, und ein weiterer r-Prozeß besitzt die letzten beiden Geräte. Die Anwendung eines solchen Algorithmus läuft darauf hinaus, daß den Prozessen bisweilen ein gewünschtes Betriebsmittel, obwohl vorhanden, vorenthalten wird.

Dieser Weg zur Vermeidung von Verklemmungen ist gangbar, wenn der Maximalbedarf an Betriebsmitteln für jeden einzelnen Prozeß bekannt ist. Das bedeutet, daß jeder Prozeß seinen Maximalbedarf anfangs dem System mitteilen muß. Geschieht das nicht, kann sich durch überraschende Betriebsmittelanforderungen in nahezu jeder Situation eine Verklemmung ergeben.

Ubungen

1. Betrachte die folgenden drei Aussagen im Kontext des in 3.5.1 vorgestellten Prozeßsystems mit sechs Magnetbandgeräten:

   a. Ein p-Prozeß besitzt ein Gerät oder
   mindestens ein Gerät ist frei.

   b. Ein q-Prozeß besitzt zwei Geräte oder
   es gilt a. und ein q-Prozeß besitzt ein Gerät.

   c. Ein r-Prozeß besitzt drei Geräte oder
   es gilt a. und ein r-Prozeß besitzt zwei Geräte oder
   es gilt b. und ein r-Prozeß besitzt ein Gerät.

   Verknüpfe a., b., c. zu einer notwendigen und hinreichenden Bedingung dafür, daß ein Zustand verklemmungsfrei ist! Entwickle damit einen Algorithmus zur Vermeidung von Verklemmungen!

2. Bei dem Beispiel der Verwaltung von Speicherblöcken in 3.1 (vgl. Abb. 3.1a) hatten wir das Problem der Anforderung bei leerem Keller ignoriert. Eine naive Lösung verwendet ein Semaphor s, welches mit der Anzahl der verfügbaren Speicherblöcke initialisiert wird. Die Prozesse benutzen einen Speicherblock innerhalb des folgenden "halbkritischen" Abschnitts:

```
P(s); b := nimm Block;
      benutze Block(b);
      gib frei (b);
V(s).
```

   Bezüglich des Zählens der vorhandenen Speicherblöcke und des Blockierens bei erschöpftem Speicherpool ist dieses Vorgehen korrekt. Durch die mögliche Schachtelung von kritischen Abschnitten entstehen jedoch die gleichen Verklemmungsgefahren wie beim Beispiel mit den Magnetbändern. Damit diesem Problem begegnet werden kann, wird von den Prozessen verlangt, daß sie anfangs die maximale Schachtelungstiefe der oben erwähnten Abschnitte (d. h. die maximale Zahl gleichzeitig benutzter Speicherblöcke) angeben. Das System merkt sich diese Angaben der Prozesse (in einem Feld 'maximale Anforderung') und führt Buch über die aktuellen Zuweisungen von Speicherblöcken an die Prozesse (in einem Feld

'Zuweisung'). Entwickle ein Programm, welches entscheidet, ob ein vorliegender Systemzustand verklemmungsfrei ist oder nicht!

3. Die Prozesse eines Systems sind in stetem Wandel begriffen: alte Prozesse sterben, neue werden geschaffen. Dies kann im Beispiel aus Übung 2 berücksichtigt werden: wenn ein Prozeß stirbt, werden seine Einträge in den Feldern 'maximale Anforderung' und 'Zuweisung' gelöscht; ein neu geschaffener Prozeß macht sich unter Angabe seiner maximalen Anforderung dem System bekannt, woraufhin für ihn entsprechende Einträge in den Feldern vorgesehen werden. Zeige, daß das Hinzukommen eines neuen Prozesses an einem verklemmungsfreien Zustand nichts ändert! Demzufolge scheint es irrelevant, wie viele Prozesse sich um die vorhandenen Betriebsmittel bewerben. Untersuche, welchen Unterschied es bedeutet, ob 10 oder 100 Prozesse sich um Speicherblöcke (oder Magnetbandgeräte) bewerben!

4. Ein Betriebssystem muß im allgemeinen Verklemmungen für mehr als eine Gattung von Betriebsmitteln im Auge behalten, z. B. für Magnetbänder und Speicherblöcke. Zeige, daß es nicht reicht, Verklemmungen bei Magnetbändern und Speicherblöcken getrennt zu überwachen! Aber auch eine globale Verklemmungsverhinderung ist nicht unproblematisch. Es kann nämlich der Effekt des "Verhungerns" eintreten (wie bei den Sperroperationen, Übung 3.2.3). Drei Prozeßklassen p, q, r benutzen etwa die Betriebsmittel B und C; ein p-Prozeß benutzt ausschließlich B, ein q-Prozeß benutzt ausschließlich C, ein r-Prozeß aber benötigt sowohl B als auch C. Ein global arbeitender Algorithmus zur Verklemmungsverhinderung kann hier bewirken, daß ein r-Prozeß unbeschränkt warten muß, während die p- und q-Prozesse die Betriebsmittel B bzw. C untereinander weiterreichen. Überlege, wie ein Algorithmus zur Verklemmungsverhinderung um geeignete Maßnahmen zur Unterdrückung dieses Effekts erweitert werden kann! Kann das Verhungern auch dann auftreten, wenn es nur eine Gattung von Betriebsmitteln gibt (z. B. bei den sechs Magnetbandgeräten)?

5. Wir wollen einen völlig anderen Zugang zur Verhinderung von Verklemmungen und Verhungern studieren. Prüfe, ob der folgende Vorschlag funktioniert und versuche, ihn für den Fall mehrerer Betriebsmittelgattungen zu verallgemeinern! Wir gehen wieder vom Beispiel der sechs Magnetbänder aus. Wir betrachten die Geräte als <u>nicht</u> identisch und prägen ihnen eine Hierarchie auf. Je zwei Geräte bilden eine Klasse K_i, und wir unterscheiden eine "untere" Klasse, K_1, eine "mittlere" Klasse, K_2, und eine "obere" Klasse, K_3. Jeder Prozeß besitzt zu jedem Zeitpunkt einen gewissen "Rang" r = 1,2,3, und eine Geräteanforderung

wird als Anforderung eines Geräts einer Klasse K_i mit $i \geq r$ aufgefaßt. Ein p-Prozeß (wie in 3.5.1) hat stets den Rang 1. Ein q-Prozeß beginnt mit Rang 2 und wechselt auf Rang 1, sobald er ein Gerät besitzt. Ein r-Prozeß beginnt mit Rang 3 und wechselt auf Rang 2 bzw. Rang 1, sobald er ein Gerät bzw. zwei Geräte besitzt. Das bedeutet, daß ein p-Prozeß jedes Gerät erhalten kann, ein q-Prozeß nur Geräte der Klasse 2 und 1 und ein r-Prozeß anfangs nur Geräte der Klasse 3. Untersuche, ob eine schlechte Ausnutzung des Gerätepools droht (weil die Geräte der Klasse K_3 an p- oder q-Prozesse vergeben sein könnten, wenn ein r-Prozeß sein erstes Gerät anfordert - bei freien Geräten in K_1 und K_2)! Kann die Klasseneinteilung vielleicht dynamisch statt statisch vorgenommen werden?

Literatur

Eine grundlegende Arbeit über nebenläufige Prozesse, den wechselseitigen Ausschluß kritischer Abschnitte sowie Definition und Anwendung von Semaphoroperationen ist [1]. Einige Betriebssysteme, die Geschichte gemacht haben, sind in [2, 3, 4, 5] beschrieben. Dort wird nicht nur über Prozeßverwaltung, sondern auch über Zuteilungsstrategien und Speicherverwaltung gesprochen (siehe Kapitel 6 bis 8 dieses Buches). Sperroperationen ohne spezielle Maschineninstruktionen sind der Gegenstand von [6]. In [7] werden Prozesse als Übergangsfolgen in Zustandsräumen modelliert.

1. Dijkstra, E. W., "Cooperating Sequential Processes", in: Programming Languages (F. Genuys, Ed.), Academic Press, 1968.

2. Betourné, C., et al., "Process Management and Resource Sharing in the Multi-Access System ESOPE", Comm. ACM 13, 12 (Dezember 1970).

3. Bobrow, D. G., et al., "TENEX, A Paged Time-Sharing System for the PDP-10", Comm. ACM 15, 3 (März 1972).

4. Corbato, F. J., und V. A. Vyssotsky, "Introduction and Overview of the MULTICS System", in: Programming Languages and Systems (S. Rosen, Ed.), McGraw-Hill, 1967.

5. Dijkstra, E. W., "The Structure of the T.H.E. Multiprogramming System", Comm. ACM 11, 5 (Mai 1968).

6. Dijkstra, E. W., "Solution to A Problem in Concurrent Programming Control", Comm. ACM 8, 9 (September 1965).

7. Horning, J. J., und B. Randell, "Process Structuring", Computing Surveys 5, 1 (März 1973).

4. Kooperierende Prozesse

4.1 Synchronisation

4.1.1 Im vorangegangenen Kapitel haben wir studiert, welche Vorsichtsmaßnahmen zu ergreifen sind, wenn nebenläufige Operationen auf gemeinsame Objekte zugreifen. Es muß verhindert werden, daß ein Objekt von zwei oder mehr Operationen gleichzeitig modifiziert wird. Dies wird erreicht, indem die Operationen als kritische Anweisungen programmiert werden. In welcher Reihenfolge zwei kritische Anweisungen ausgeführt werden ist egal; wichtig ist nur, daß sie nicht überlappt ausgeführt werden.

In diesem Kapitel behandeln wir eine weitere Art zeitlicher Restriktionen für den Ablauf von Prozessen, Synchronisation genannt. Ein Prozeß p_1 muß mit einem anderen Prozeß p_2 "synchronisiert" werden, wenn er für die sinnvolle Fortsetzung seiner Tätigkeit darauf angewiesen ist, daß p_2 ein gewisses Ereignis verursacht hat: p_1 muß auf das Eintreten des Ereignisses warten.

Als Beispiel betrachte man das Teilnehmersystem aus 2.5. Ein Benutzerprozeß, der sich der Systemfunktion 'übertrage(Richtung, Daten)' bedient, muß im Falle der Eingabe warten, bis der Eingabepuffer voll ist, und im Falle der Ausgabe, bis der Ausgabepuffer leer ist. Die entsprechenden Ereignisse werden durch den Tastaturtreiber bzw. den Bildschirmtreiber verursacht.

Zwei Prozesse p_1 und p_2, die in einem derartigen Synchronisationsverhältnis zueinander stehen, nennt man kooperierende Prozesse. p_1 ist auf die Kooperation von p_2 angewiesen.

Offensichtlich muß der Synchronisationspunkt in p_1 so programmiert werden, daß p_1 dort gegebenenfalls so lange aufgehalten wird, bis das gewünschte Ereignis eingetreten ist. Wir versehen die Ereignisse mit Namen und postulieren, daß die Anweisung

wait(Ereignis)

den ausführenden Prozeß bis zum Eintreten von 'Ereignis' blockiert. Entsprechend soll das Eintreten von 'Ereignis' durch

signal(Ereignis)

signalisiert werden.

Das Stapelsystem aus 2.2 enthält mehrere Beispiele für die ereignisgesteuerte Kooperation von Prozessen. Lesertreiber und Druckertreiber kooperieren mit dem Trommeltreiber zum Zwecke des Datentransports. Vor dem Füllen bzw. Leeren eines Eingabe- bzw. Ausgabepuffers müssen sie warten, bis der Puffer vom Trommeltreiber freigegeben wird. Außerdem muß jeder Gerätetreiber mit seinem zugehörigen Gerät synchronisiert werden. Formuliert man einen Treiber als zyklischen Prozeß, so muß dieser Prozeß, bevor er einen Transferbefehl erteilt, warten, bis das Gerät BEREIT ist. Entsprechend kann man die Aktivierung eines Gerätes als Aufwecken des wartenden Gerätes durch den Treiber begreifen. Unter Benutzung der oben eingeführten wait/signal-Anweisungen lassen sich die Treiber für Leser, Drucker und Trommel wie folgt als zyklische Prozesse formulieren:

```
Lesertreiber:
  wait(Leser BEREIT);
  repeat for Kartenzähler in [Ø:11] do
              übermittle Lesebefehl(Eingabepuffer[Kartenzähler*2Ø]);
              signal(Leser AKTIV);
              wait(Leser BEREIT) od;
         buche Trommelauftrag(Eingabepuffer);
         signal(Trommelauftrag);
         wechsle(Eingabepuffer,i);  {wechselt auch den Index 'i' für
                                     das Ereignis 'Puffer bereit[i]'}
         wait(Puffer bereit[i])
  until  false;

Druckertreiber: . . . . . . . {entsprechend};
```

```
Trommeltreiber:
    wait(Trommel BEREIT);
    repeat wait(Trommelauftrag);
           übermittle Trommelbefehl(gemäß Auftrag);
           Trommelbuchführung;                    {vgl. 2.2.3}
           signal(Trommel AKTIV);
           wait(Trommel BEREIT);
           lösche Auftrag;
           signal(Puffer bereit[Auftrag])
    until  false.
```

4.1.2 Das Programm für den Lesertreiber unterscheidet sich in zwei Punkten von dem aus 2.2: erstens ist es zyklisch, zweitens enthält es wait/signal-Anweisungen, sowohl für die Kooperation mit dem Trommeltreiber als auch für die Kooperation mit dem Leser. Die Auswirkungen beider Varianten des Lesertreibers sind völlig identisch: was in 2.2 durch den wiederholten Aufruf einer Prozedur (bei jeder Leserunterbrechung) bewirkt wird, ergibt sich hier durch die wiederholte Ausführung des Schleifenrumpfs (nach jedem 'wait(Leser BEREIT)' - also auch bei jeder Leserunterbrechung). Lediglich in der Initialisierung der verwendeten Variablen gibt es geringfügige Unterschiede. - Für den Trommeltreiber gilt Entsprechendes, sieht man davon ab, daß hier eine etwas abstraktere Version als in 2.2 angegeben ist.

Die Synchronisation mittels wait/signal führt nicht zu so natürlich geschachtelten Programmstrukturen wie wir sie vom wechselseitigen Ausschluß kritischer Abschnitte kennen: im Regelfall sind für das Signalisieren eines Ereignisses und das Warten darauf verschiedene Prozesse zuständig. Andererseits können wait/signal zur Realisierung von wechselseitigem Ausschluß verwendet werden; das entsprechende Ereignis ist: "kritischer Abschnitt einer Klasse K wird verlassen". Das Ereignis muß durch eine signal-Operation initialisiert werden, und die kritischen Abschnitte sind mit wait/signal einzurahmen.

Häufig ist es nützlich, ein Ereignis nicht als Boole'sche Größe ('eingetreten' bzw. 'nicht eingetreten'), sondern als natürliche Zahl (einschließlich Ø) zu realisieren, so daß gezählt werden kann, wie oft ein Ereignis zwar eingetreten ist, aber noch nicht zur Kenntnis genommen wurde. Die Anwendung entsprechend verallgemeinerter wait/signal-Operationen kann am Beispiel der Speicherverwaltung aus 3.1 erläutert werden.

Bei der Implementierung der Systemfunktionen 'nimm Block' und 'gib frei' hatten wir vorausgesetzt, daß Speicherblöcke stets in ausreichender Anzahl zur Verfügung stehen. Lassen wir diese Einschränkung fallen, können wir einen Kellerunterlauf durch Verwendung eines Ereignisses 'verfügbar', welches die Anzahl der jeweils verfügbaren Speicherblöcke angibt, verhindern. Bei Rückgabe eines Speicherblocks ist ein 'signal(verfügbar)', bei der Anforderung ein 'wait(verfügbar)' auszuführen. 'wait (verfügbar)' verringert den Wert von 'verfügbar' - sofern ungleich Ø - um 1, 'signal(verfügbar)' erhöht den Wert von 'verfügbar' - sofern kein Prozeß in einem 'wait(verfügbar)' wartet - um 1. Hat 'verfügbar' den Wert Ø - d. h. der Vorrat an Speicherblöcken ist erschöpft -, so muß ein anfordernder Prozeß in 'wait(verfügbar)' so lange warten, bis ein anderer Prozeß ihn mit 'signal(verfügbar)' weckt, d. h. einen Speicherblock zurückgibt. 'verfügbar' muß mit der Anzahl der insgesamt vorhandenen Speicherblöcke initialisiert werden. Die Prozeduren 'nimm Block' und 'gib frei' lauten somit:

```
procedure nimm Block =
begin     wait(verfügbar);
          with Speicherblöcke do
               nimm Block := Keller[Zeiger]; Zeiger :- 1 od
end       nimm Block;

procedure gib frei(b) =
begin     with Speicherblöcke do
               Zeiger :+ 1; Keller[Zeiger] := b od;
          signal(verfügbar)
end.
```

Wie einerseits wechselseitiger Ausschluß mittels wait/signal erreicht werden kann (s. o.), so können andererseits die wait/signal-Operationen als P/V-Operationen implementiert werden (vgl. Ubung 3.4.4). Diese Implementierung ist üblich, bewirkt sie doch, daß ein blockierender Prozeß den Prozessor an einen anderen Prozeß abgibt. Im folgenden werden wir daher Ereignisse mit Semaphoren identifizieren.

Übungen

1. Eine Gruppe von Prozessen $p_1,..,p_n$ ($n \geq 4$) benutzt drei Drucker D_1, D_2, D_3. Damit nicht auf einem Drucker die Zeilen verschiedener Prozesse durcheinandergeraten, muß ein Prozeß einen Drucker für sich reservieren, bevor er ihn benutzen kann. Jedem Drucker D_i ist eine Variable 'Benutzer[i]' zugeordnet, welche die Nummer

des aktuellen Benutzers enthält (Ø, wenn der Drucker frei ist). Entwickle Prozeduren für die Anforderung und Freigabe eines Druckers und benutze dabei nach Bedarf kritische Anweisungen und wait/signal-Operationen mit passenden Ereignissen!

2. Jedem der drei Drucker aus Übung 1 ist ein eigener Druckertreiber zugeordnet. Wenn ein Prozeß p_i einen Drucker reserviert hat, beginnt er eine Kooperation mit dem zugehörigen Treiber. Die Datenübertragung zum Treiber erfolgt über zwei Puffer, die jeweils eine Druckzeile aufnehmen können. Wenn p_i einen der beiden Puffer leer vorfindet, füllt er ihn und benachrichtigt dann den Treiber, damit dieser das Ausdrucken des Pufferinhaltes veranlaßt. Der Treiber seinerseits benachrichtigt p_i, wenn der Puffer wieder frei ist. Programmiere diese Kooperation unter Verwendung geeigneter wait/signal-Operationen und Ereignisse!

3. Wir betrachten eine Kreuzung zweier Einbahnstraßen. Zusammenstöße an dieser Kreuzung können dadurch ausgeschlossen werden, daß jeweils höchstens ein Auto die Kreuzung passieren darf - was programmiersprachlich so formuliert werden kann:

<u>with</u> Kreuzung <u>do</u> passiere.

Wenn es häufig vorkommt, daß zwei Autos sich gleichzeitig der Kreuzung nähern, ist es angebracht, in beiden Straßen Stopschilder zu installieren und die Fahrer dazu anzuhalten, abwechselnd die Kreuzung zu passieren. Andererseits sollte ein Auto die Kreuzung grundsätzlich passieren können, wenn die andere Straße gerade frei ist. Setze voraus, daß zwei Autos niemals exakt zur gleichen Zeit an der Kreuzung eintreffen können! Formuliere programmiersprachlich eine Verhaltensregel für die Autofahrer!

Es muß sichergestellt sein, daß nach dem Passieren eines Autos aus der einen Straße ein Auto aus der anderen Straße - sofern gerade vorhanden - passiert. (Die Reihenfolge der Autos innerhalb einer Straße spielt bei diesem Problem keine Rolle. Wichtig ist lediglich, daß zu jedem Zeitpunkt nur ein Auto je Straße die Kreuzung einsehen kann.)

3. Wall Street ist eine Einbahnstraße in Ost-West-Richtung. Sie kreuzt den Broadway, eine Straße mit Gegenverkehr in Nord-Süd-Richtung. Die Regeln für das Verhalten an der Kreuzung seien die gleichen wie in Übung 3, mit Ausnahme einer

zusätzlichen Regel: das Passieren der Kreuzung durch ein Auto auf dem Broadway ist kein Hinderungsgrund für ein in entgegengesetzter Richtung auf dem Broadway fahrendes Auto, gleichzeitig die Kreuzung zu passieren. Natürlich besteht bei dieser Regelung die Möglichkeit, daß die Autos auf der Wall Street nie zum Zug kommen - ein bekannter Effekt im Straßenverkehr. Schreibe ein Programm, welches das Verhalten der Autofahrer auf dem Broadway darstellt! Ist das Programm leicht verallgemeinerbar - etwa für vierspurigen Verkehr auf dem Broadway und zweispurigem Verkehr auf der Wall Street?

5. Formuliere das Teilnehmersystem aus 2.5 als System von kooperierenden Prozessen! Die Unterbrechungen werden zweckmäßigerweise über ein Ereignis 'Terminalunterbrechung' erfaßt (Anfangswert Ø), das die Anzahl der noch nicht behandelten Unterbrechungen zählt. Gehe davon aus, daß, wenn ein Terminal das ihm zugeordnete Bit im Unterbrechungsregister setzt, es zusätzlich ein 'signal(Terminalunterbrechung)' ausführt. Gib die Prozesse 'Tastaturtreiber' und 'Bildschirmtreiber' und die Prozedur 'übertragen' an!

4.2 Private Semaphore

4.2.1 In 3.5 hatten wir anhand eines Beispiels mit 6 Magnetbandgeräten das Verklemmungsproblem erörtert. Eine Verklemmung kann eintreten, wenn die Benutzung eines Gerätes (als kritischer Abschnitt) wie folgt programmiert wird:

P(s); nimm freies Band(b); benutze Band(b); gib zurück Band(b); V(s)

(wobei s mit 6 initialisiert wird). De facto bedeutet die Ausführung von P(s) die Anforderung eines Gerätes; man müßte also in die P-Operation ein Verfahren, mit dem Verklemmungen ausgeschlossen oder umgangen werden, einbauen. Nun wird aber ein solches Verfahren nicht allen möglichen Spezialfällen von Betriebsmittelverwaltung gerecht werden können, d. h. die Implementierung einer wie oben eingesetzten P-Operation müßte von Fall zu Fall verschieden sein. Ähnliches gilt auch für die V-Operation. Sie muß, wenn wartende Prozesse vorhanden sind, entscheiden, welcher dieser Prozesse aufgeweckt werden soll. Die Kriterien hierfür können wiederum von Anwendung zu Anwendung sehr verschieden ausfallen. Wenn viele Prozesse warten, muß sorgfältig geprüft werden, wer aufzuwecken ist. Wartet selten mehr als ein Prozeß, so genügt eine primitive Standardmethode zur Behandlung einer

Warteliste (z. B. FIFO).

Da es unmöglich ist, in die P/V-Operationen ein universelles, für alle Anwendungsbereiche geeignetes Zuteilungsverfahren einzubauen, müssen wir nach Wegen suchen, wie wir aus vorgegebenen P/V-Operationen andere, für eine spezielle Anwendung einsetzbare P/V-Operationen "maßschneidern" können.

Eine Gruppe von Prozessen $P_1,...,P_n$ benutze gemeinsam eine Gruppe gleichartiger Betriebsmittel $B_1,...,B_m$ (n>1, m>0). Für jedes Betriebsmittel B_k gibt eine Variable 'frei[k]' an, ob es gerade frei ist. Jedem Prozeß P_i ist eine Anzeige 'Anforderung i', ein Betriebsmittelidentifikator 'Betriebsmittel[i]' und ein <u>privates Semaphor</u> 'fertig[i]' zugeordnet. "Privat" bedeutet, daß P_i der einzige Prozeß ist, der auf 'fertig[i]' P-Operationen ausführt (obzwar beliebige Prozesse ein 'V(fertig[i])' ausführen können). Bei einer V-Operation auf einem privaten Semaphor eines Prozesses P_i muß keine Zuteilungsentscheidung getroffen werden, da höchstens ein Prozeß - nämlich P_i - auf der Warteliste stehen kann!

Für die Anforderung und Freigabe eines Betriebsmittels sehen wir Prozeduren 'anfordern(b)' und 'freigeben(b)' vor, welche die oben als unzureichend erkannten P(s), V(s) ersetzen und die Operationen 'nimm freies Band(b)' bzw. 'gib zurück Band(b)' einschließen. 'anfordern(b)' enthält eine potentielle Verzögerung des ausführenden Prozesses P_i, realisiert durch ein 'P(fertig[i])'; verzögert wird so lange, bis ein Betriebsmittel zugeteilt werden kann; dessen Nummer wird dann als 'b' geliefert. Eine Variable 'verfügbar' gibt an, wie viele Betriebsmittel noch nicht vergeben sind. Die notwendigen Verwaltungsmaßnahmen einschließlich der Prüfung auf Verklemmungsfreiheit bilden einen kritischen Abschnitt!

```
{Anfangszustand: verfügbar = m,
                 all k in [1..m] sat frei[k],
                 all j in [1..n] sat
                      (not Anforderung[j] and not fertig[j])}

procedure anfordern(b) =                               {Version 1}
begin     with Verwaltung do
                Anforderung[i] := true; {i = Index des laufenden
                                                       Prozesses}
                if verfügbar > Ø then
                     Zuteilung sofern verklemmungsfrei möglich(i) fi od;
          wait(fertig[i]);
          b := Betriebsmittel[i]
end       anfordern;
```

```
procedure freigeben(b) =
begin     local j;
          frei[b] := true;
          with Verwaltung do
              verfügbar :+ 1;
              if some j in [1..n] sat Anforderung[j] then
                 Zuteilung sofern verklemmungsfrei möglich(j) fi od
end       freigeben;

          procedure Zuteilung sofern verklemmungsfrei möglich(p) =
          begin     local k; some k in [1..m] sat frei[k];
                    if verklemmungsfrei(p) then
                       verfügbar :- 1;
                       Betriebsmittel[p] := k; frei[k] := false;
                       Anforderung[p] := false;
                       signal(fertig[p]) fi
          end.
```

Es ist wesentlich günstiger, eine Betriebsmittelbenutzung mit Aufrufen derartiger Prozeduren einzurahmen, als sie als kritische Anweisung zu formulieren. Erstens wird die Zuteilungsstrategie nicht in einer Standardimplementierung kritischer Anweisungen verborgen. Zweitens ist ein Mechanismus zur Vermeidung von Verklemmungen eingebaut, der in einer Standardimplementierung nicht vertretbar wäre. Drittens sind die hier auftretenden kritischen Anweisungen (with Verwaltung do ... od) sehr kurz im Vergleich zur Nutzungsdauer eines Betriebsmittels; das bedeutet, daß selten mehr als ein Prozeß auf einer Warteliste steht, weshalb die in der Implementierung der kritischen Anweisungen verborgene Standardstrategie keinen nennenswerten Einfluß hat.

Wenn ein Prozeß blockieren muß, weil keine freien Betriebsmittel vorhanden sind, geschieht dies nicht zu Beginn einer kritischen Anweisung, sondern in einer wait-Operation auf dem privaten Semaphor 'fertig[i]'. Welche Prozesse jeweils blockiert sind (es können mehrere sein), kann man dem Feld 'Anforderung' entnehmen. Beachte, daß die Art und Weise, wie der some-Ausdruck in 'freigeben' ein j auswählt, die Zuteilungsstrategie bestimmt! Wird stets das kleinstmögliche j genommen (wie wir in 1.1.4 festgelegt hatten), so werden Prozesse mit kleinen Indizes vorgezogen, d. h. die oben implementierte Zuteilungsstrategie ist nicht fair!

4.2.2 Man kann die Verwaltung von Betriebsmitteln auch einem separaten Verwalterprozeß anvertrauen. Auch in diesem Fall lassen sich private Semaphore vorteilhaft verwenden.

Wir betrachten zunächst den einfachen Fall, daß keine Verklemmung droht. Die Prozesse benutzen stark abgemagerte Prozeduren 'anfordern' und 'freigeben'. Eine Anforderung wird dem Verwalter durch ein 'signal(Auftrag)' mitgeteilt, nachdem zuvor 'Anforderung[i]' gesetzt wurde. Der Verwalter seinerseits benachrichtigt den anfordernden Prozeß durch ein 'signal(fertig[i])' - wobei 'fertig[i]' wieder privates Semaphor ist - von der über 'Betriebsmittel[i]' erfolgten Zuteilung. Für die Freigabe eines Betriebsmittels braucht der Verwalter nicht bemüht zu werden!

```
{Anfangszustand: wie in 4.2.1, ferner Auftrag = Ø}

procedure anfordern(b) =                              {Version 2}
begin     Anforderung[i] := true;
          signal(Auftrag);
          wait(fertig[i]);
          b := Betriebsmittel[i]
end       anfordern;

procedure freigeben(b) =
begin     frei[b] := true;
          signal(verfügbar)
end       freigeben;

Verwalter:
repeat    local j, k;
          wait(Auftrag);
          some j in [1..n] sat Anforderung[j];
          Anforderung[j] := false;
          wait(verfügbar);
          some k in [1..m] sat frei[k];
          frei[k] := false;
          Betriebsmittel[j] := k;
          signal(fertig[j])
until     false.
```

Wenn der Verwalter auf Verklemmungen achten muß, wird er unter Umständen Betriebsmittel nicht herausgeben, obwohl sie verfügbar sind. Die Synchronisationsstruktur ist dann komplizierter; der Verwalter darf nur eine einzige "Ruheposition" 'wait (Auftrag)' enthalten, aus der er bei jeder Veränderung der Betriebssituation aufgeweckt wird. Die Prozedur 'freigeben' muß dementsprechend ein 'signal(Auftrag)' anstelle des 'signal(verfügbar)' enthalten. Ob ein Prozeß P_i eine Anforderung oder eine Freigabe wünscht, wird dem Verwalter über die Variable 'Auftragsart[i]' mitgeteilt, welche die oben verwendete Anzeige 'Anforderung[i]' ersetzt; 'Auftragsart[i]' kann die Werte 'Anforderung', 'Freigabe' und 'entfällt' annehmen. 'verfügbar' ist wieder eine integer-Variable (wie in Version 1), kein Semaphor (wie in Version 2).

```
{Anfangszustand: verfügbar = m,
                 Auftrag = Ø,
                 all k in [1..m] sat frei[k],
                 all j in [1..n] sat
                     (Auftragsart[j] = entfällt and not fertig[j])}

procedure anfordern(b) =                              {Version 3}

begin     Auftragsart[i] := Anforderung;
          signal(Auftrag);
          wait(fertig[i]);
          b := Betriebsmittel[i]
end       anfordern;

procedure freigeben(b) =

begin     Auftragsart := Freigabe;
          Betriebsmittel[i] := b;
          signal(Auftrag);
          wait(fertig[i])
end       freigeben;


Verwalter:

repeat    local j, k;
          wait(Auftrag);
          if some j in [1..n] sat Auftragsart[j] = Freigabe then
             frei[Betriebsmittel[j]] := true;
             verfügbar :+ 1;
             Auftragsart[j] := entfällt;
             signal(fertig[j]) fi;
```

```
            if verfügbar>Ø and some j in [1..n] sat
                        (Auftragsart[j] = Anforderung and
                         verklemmungsfrei[j]) then
              verfügbar :- 1;
              some k in [1..m] sat frei[k];
              Betriebsmittel[j] := k; frei[k] := false;
              Auftragsart[j] := entfällt;
              signal(fertig[j]) fi
      until   false.
```

Beachte, daß in dieser Version auch 'freigeben' eine wait-Anweisung enthält! Der Prozeß P_i muß nach der Beauftragung des Verwalters in jedem Fall warten, bis der Verwalter den Auftrag zur Kenntnis genommen hat.

Das Einschalten eines Verwalterprozesses ist eine technische Alternative für die prozedurorientierte Version 1, verändert jedoch nicht das beobachtbare Systemverhalten. Die kritischen Anweisungen in Version 1 bewirken die gleiche Sequentialisierung von Verwaltungsmaßnahmen, wie sie in Version 3 durch die sequentielle Natur des Verwalterprozesses a priori gewährleistet ist.

Übungen

1. Jedem der Prozesse $P_1,\dots,P_n$, welche Gebrauch von drei Druckern wie in Übung 4.1.1 machen, sei eine relative 'Priorität[i]' zugeordnet. Diese Priorität spielt keine Rolle, solange freie Drucker zur Verfügung stehen. Wenn aber Prozesse auf freie Drucker warten müssen, wird ein freiwerdender Drucker dem höchstpriorisierten wartenden Prozeß zugeteilt. Implementiere diese Zuteilungsstrategie!

2. Die Prozesse $P_1,\dots,P_n$ bewerben sich um Speicherblöcke von vier verschiedenen Größen k, 2k, 3k, 4k. Wenn ein Block einer gewünschten Größe g≦4k nicht verfügbar ist, wird ein nächstgrößerer Block geeignet aufgespalten (wobei ein freier Block der Größe k, 2k oder 3k übrig bleibt). Zwei Strategien werden vorgeschlagen:

   a. Ein zentraler Verwalterprozeß besorgt die Zuteilung freier Blöcke. Alle Anforderungen sind an ihn zu richten, und ebenso ist er für die Verbuchung von Freigaben zuständig.

b. Es gibt vier Verwalterprozesse, einen für jede Blockgröße. Eine Anforderung muß jeweils an den für die gewünschte Blockgröße zuständigen Prozeß gerichtet werden.

Implementiere beide Strategien und vergleiche sie bezüglich ihrer Strukturkomplexität, ihres Umfangs und ihrer Effizienz. Ignoriere das Problem der Wiederverschmelzung freigewordener, nebeneinanderliegender Blöcke! (Man kann etwa annehmen, daß von Zeit zu Zeit ein besonderer Prozeß in Aktion tritt und die notwendigen Verschmelzungen vornimmt.)

3. An einer Straßenkreuzung regelt ein Polizist nach folgender Methode den Verkehr. Er blickt nacheinander in alle vier Richtungen. Während er in eine Richtung blickt, dürfen nur Wagen von dort und aus der entgegengesetzten Richtung passieren. Er geht immer dann zur nächsten Richtung über, wenn aus der jeweils betrachteten Richtung entweder insgesamt 20 Wagen die Kreuzung passiert haben oder keine Wagen mehr kommen. Gib Programme für den Polizisten und die Autofahrer an!

4. In Abschnitt 3.5 haben wir uns mit dem Beispiel der drei Klassen von Prozessen, die gemeinsam sechs Magnetbandgeräte benutzten, befaßt. Entwickle eine notwendige und hinreichende Bedingung für die Umgehung von Verklemmungszuständen (vgl. Übung 3.4.1)! Gib die hierfür relevanten Programmteile der Prozesse an und programmiere einen Verwalterprozeß , der Verklemmungen umgeht! Stelle sicher, daß auch kein permanentes Blockieren eintreten kann (vgl. Übung 3.2.3)! Vermag eine der folgenden Strategien permanentes Blockieren zu verhindern? "Wenn die Anforderung eines Prozesses P_i nicht erfüllt werden kann,

   a. Wenn die Anforderung eines Prozesses P_i nicht erfüllt werden kann, wird jede andere Anforderung zurückgestellt, bis P_i befriedigt wurde.

   b. Von den Prozessen, die auf die Erfüllung ihrer Anforderung warten, wird jeweils nur eine kleine Gruppe in die engere Wahl gezogen. Erst wenn alle Prozesse dieser Gruppe bedient sind, wird eine weitere Gruppe zugelassen.

5. Der Arbeitsspeicher eines Rechners sei unter eine größere Anzahl von Prozessen $P_1,\dots,P_n$ (n>7) aufgeteilt. Zwischen je zwei Prozessen sei aber noch Platz frei, und dieser freie Platz soll auf Anforderung einem der beiden angrenzenden Pro-

zesse zugeteilt werden können. (Die am Anfang und am Ende des Speichers befindlichen Prozesse haben eine Sonderstellung.) Jeder Prozeß verhält sich wie folgt: Von Zeit zu Zeit fordert er beide an seinen "Stammplatz" angrenzenden Speicherbereiche an, um sie bald darauf wieder freizugeben. Programmiere das Verhalten der Prozesse mit und ohne Verwalterprozeß und achte darauf, daß keine Verklemmungen entstehen können!

In den nächsten beiden Übungen geht es wieder um die Verwaltung von Betriebsmitteln $B_1,\dots,B_m$ mittels eines eigenen Verwalterprozesses (vgl. 4.2.2).

6. In Version 3 erfährt der Verwalter durch eine 'signal'-Operation von einem 'Auftrag' und muß sich anschließend über die 'Auftragsart' informieren. Es scheint eleganter zu sein, die Auftragsart gleich durch einen entsprechenden Ereignisnamen zu erfassen; z. B. könnte in 'anfordern' ein 'signal(Anforderung)' und in 'freigeben' ein 'signal(Freigabe)' ausgeführt werden; ähnlich arbeitet ja auch Version 2. Natürlich benötigt man nach wie vor eine 'Anzeige' (entsprechend der 'Anforderung' in Version 2), die den Verwalterprozeß informiert, welcher Prozeß eine Anforderung hat (es scheint, daß dies für die Rückgabe überflüssig ist, wie in Version 2). Der Verwalterprozeß lautet dann:

```
{Anfangszustand: Anforderung = Ø,
                 Freigabe = m,
                 all k in [1..m] sat frei[k],
                 all j in [1..n] sat (not Anzeige[j] and
                                      not fertig[j])}

Verwalter:

repeat local j, k;
       wait(Anforderung);
       some j in [1..n] sat Anzeige[j];
       wait(Freigabe);
       if verklemmungsfrei[j] then
          some k in [1..m] sat frei[k];
          frei[k] := false;
          Betriebsmittel[j] := k;
          Anzeige[j] := false;
          signal(fertig[j]) fi
until false.
```

Erläutere, was an diesem Programm falsch ist!

7. Weil bei Version 3 in 'freigeben' nicht auf ein Betriebsmittel gewartet werden muß, scheint das 'wait(fertig[i])' entbehrlich zu sein - entsprechend das 'signal(fertig[j])' in der ersten bedingten Anweisung des Verwalters. Warum ist das ein Trugschluß?

   Hat man die Notwendigkeit dieses Wartens eingesehen, so könnte man als alternative Lösung vorschlagen, das 'wait(fertig[i])' an den Anfang der Prozedur 'freigeben' zu setzen. Zeige, daß dieser Weg bei passender Initialisierung von 'fertig[i]' gangbar ist! Welche Verbesserung wird dabei erzielt?

   Eine weitere Alternative ist, statt eines Verwalters zwei zu haben, einen für die Anforderungen und einen für die Freigaben. Dabei wird 'freigeben' so einfach wie in Version 2. Implementiere die Verwalter und gib die erforderliche Initialisierung an!

4.3 Fragen und Antworten

4.3.1 P und V sind sehr elementare Operationen, ähnlich wie LOCK und UNLOCK. Die P/V-Operationen haben gegenüber LOCK/UNLOCK den Vorteil, daß ein in P blockierender Prozeß den Prozessor freigibt, während ein in LOCK wartender Prozeß in einer Schleife umläuft, also den Prozessor, den er vielleicht mit dem ihn aufweckenden Prozeß teilt, belastet. P und V sind angemessene "Klammern" für kritische Abschnitte mittlerer Größe, in denen kein Blockieren möglich ist. Mit solchen kritischen Abschnitten und unter Verwendung von privaten Semaphoren kann man, wie wir in 4.2 gesehen hatten, jedes gewünschte Zuteilungsverfahren realisieren. Andererseits ermöglichen Semaphore und geeignete wait/signal-Operationen auch die Fixierung bestimmter Reihenfolgen unter den Aktionen einer Gruppe von Prozessen. Einige typische Anordnungen entsprechender wait/signal-Operationen sollen in diesem Abschnitt behandelt werden.

Häufig besteht zwischen Prozessen eine Frage-Antwort-Beziehung: ein Prozeß Fi hat eine Frage und möchte darauf eine Antwort von einem Prozeß Aj erhalten. Die folgende Programmstruktur stellt sicher, daß genausoviele Antworten gegeben wie Fragen gestellt werden:

{Version 1}

```
Fi: ... stelle Frage; signal(Frage); wait(Antwort); ...
Aj: ... wait(Frage); gib Antwort; signal(Antwort);  ...
```

Existieren jeweils mehrere fragende Prozesse Fi und mehrere antwortende Prozesse Aj, so ist diese Version 1 nicht befriedigend, gibt es doch keine Möglichkeit herauszufinden, welche Antworten an welche Fragesteller zu schicken sind. Dem kann man abhelfen, indem man jede Frage mit einem "Absender", d. h. der Identifikation i des Fragestellers Fi, versieht. Der Fragesteller Fi wartet dann nicht mit 'wait (Antwort)' auf irgendeine Antwort, sondern mit 'wait(Antwort[i])' auf die Antwort auf seine Frage. Damit haben wir folgende Version:

{Version 2}

```
Fi: ... stelle Frage(i); signal(Frage); wait(Antwort[i]); ...
Aj: ... wait(Frage); k := Fragesteller; gibt Antwort(k);
        signal(Antwort[k]); ...
```

Diese Form der Frage-Antwort-Beziehung findet man z. B. im Teilnehmersystem aus Abschnitt 2.5. Die "Fragesteller" sind die Benutzerprozesse, die "Antworten" werden von den Treibern gegeben.

Version 2 trägt zwar der Beziehung zwischen Antworten und Fragestellern Rechnung, nicht aber der zwischen Antworten und Fragen. Dieses Problem kann gelöst werden, indem man eine Frage erst dann zuläßt, wenn die vorangegangene Frage beantwortet ist. Damit hat man dann ein striktes Alternieren von Fragen und Antworten, und es macht keinen Sinn, mehr als einen antwortenden Prozeß zu haben:

{Version 3}

```
Fi: ... wait(Erlaubnis); stelle Frage; signal(Frage); wait(Antwort); ...
A:  repeat wait(Frage); gibt Antwort; signal(Antwort); signal(Erlaubnis)
    until  false
```

Diese Version ist aber nicht befriedigend: es kann z. B. vorkommen, daß zwei Fragesteller ihr 'wait(Antwort)' in anderer Reihenfolge passieren als sie ihre Fragen gestellt haben; das hat ein Vertauschen der Antworten zur Folge. Dieses Problem wiederum kann dadurch gelöst werden, daß ein Fragesteller dem Prozeß A den Empfang einer Antwort quittiert oder daß die Fragesteller untereinander Regelungen treffen, die den erwähnten Effekt verhindern.

Werden die Antworten quittiert, so hat man folgende Version, die sich durch symmetrische Struktur von Fragestellern und A-Prozeß auszeichnet:

{Version 4}

```
    .                                  A: repeat
    .
Fi: wait(Erlaubnis);                        signal(Erlaubnis);
    stelle Frage; signal(Frage);            wait(Frage);
    wait(Antwort);                          gib Antwort; signal(Antwort);
    signal(Quittung);                       wait(Quittung)
    .                                  until false
    .
```

Beachte die Ähnlichkeit dieser Version mit Version 2 der Betriebsmittelverwaltung in 4.2.2! Zusätzlich bewirkt hier das Semaphor 'Erlaubnis', daß der Verwalterprozeß - das ist hier A - einen Auftrag - das ist hier eine Frage - erst dann annimmt, wenn er den vorangegangenen Auftrag erledigt hat (ein Feld 'Anforderung' wie in 4.2.2 gibt es nicht).

Die Fragesteller können sich auch untereinander so einigen, daß der Fehlereffekt von Version 3 vermieden wird. Es genügt, Fragestellung und Warten auf die Antwort zum kritischen Abschnitt zu erklären:

{Version 5}

```
Fi: ... with Fragestellung do
             stelle Frage; signal(Frage); wait(Antwort) od; ...
A:  repeat wait(Frage); gib Antwort; signal(Antwort) until false
```

Wenn beispielsweise im Stapelsystem aus 2.2 nach dieser Methode synchronisiert wird (A entspricht dem Trommeltreiber), so kann das Feld 'Puffer' durch eine einzige Zelle ersetzt werden, weil nicht mehrere Prozesse gleichzeitig einen Trommeltransfer anmelden können.

Version 5 ist etwas einfacher als Version 4. Allerdings haben beide den Nachteil, daß die Programme verwickelt werden, wenn die F-Prozesse einer speziellen Zuteilungsstrategie unterworfen werden müssen. In diesem Fall hat Version 5 zumindest den Vorteil, daß der A-Prozeß nicht betroffen ist; zusätzliche kritische Abschnitte sowie private Semaphore werden nur bei den F-Prozessen benötigt. Somit erweist sich Version 5 als die geeignetste.

Betrachten wir eine symmetrische Variante von Version 1 (d. h. wieder mit mehreren A-Prozessen):

{Version 6}

Fi: ... wait(Antwort); stelle Frage; signal(Frage); ...
Aj: ... wait(Frage); gib Antwort; signal(Antwort); ...

Sie hat im wesentlichen die gleichen Nachteile wie die erste Version. Allerdings erfüllt 'wait(Antwort)' hier die Funktion von 'wait(Erlaubnis)' in Version 3 (auf Kosten der Möglichkeit, eine Antwort auch dann schon zu verarbeiten, wenn noch keine neue Frage beabsichtigt ist). Gibt es nur einen F-Prozeß, welcher wiederholt Fragen stellt, dann ist diese Lösung durchaus attraktiv:

{Version 7}

F: <u>repeat</u> wait(Antwort); stelle Frage; signal(Frage); ... <u>until</u> <u>false</u>
Aj: ... wait(Frage); gib Antwort; signal(Antwort); ....

Die Struktur von Version 6 ist dann angemessen, wenn keine Antworten nötig sind. Es liegt dann ein einseitig gerichteter Informationsfluß vor (von den F-Prozessen zu den A-Prozessen), es handelt sich also statt um Fragen einfach um "Mitteilungen". Vor dem Abschicken einer Mitteilung muß nicht auf eine Antwort, wohl aber auf eine Erlaubnis (wie in Version 3) gewartet werden:

{Version 8}

Fi: ... notiere Mitteilung; wait(Erlaubnis);
schicke Mitteilung; signal(Mitteilung); ...

Aj: ... wait(Mitteilung); empfange Mitteilung;
signal(Erlaubnis); lies Mitteilung; ...

Wenn 'Erlaubnis' mit einem Wert größer als 1 initialisiert wird, können sich mehrere unerledigte Mitteilungen ansammeln. Damit ist eine gepufferte Nachrichtenübertragung zwischen Prozessen möglich - welche Gegenstand von Kapitel 5 sein wird.

4.3.2 Es kommt vor, daß unter mehreren Prozessen, welche kritische Abschnitte einer Klasse K enthalten, ein ausgezeichneter Prozeß A existiert, der bezüglich des Eintritts in einen kritischen Abschnitt grundsätzlich bevorzugt werden soll.

(Beispiel: A nimmt Aufträge von Benutzerprozessen entgegen, etwa betreffend Betriebsmittelverwaltung.)

Eine derartige feste Priorisierung kann programmtechnisch leicht realisiert werden. Es muß gewährleistet sein, daß der Prozeß A, wenn er auf den Eintritt in den kritischen Abschnitt wartet, auch tatsächlich als nächster eintreten kann - und nicht etwa ein anderer Prozeß vorgezogen wird. Markieren wir eine kritische Anweisung durch ein Klammerpaar, so läßt sich unser Problem durch die folgende Programmstruktur lösen:

A: {K}

B: [{K}]

A wartet bei {, wenn sich ein B-Prozeß in einem kritischen Abschnitt befindet. Der B-Prozeß befindet sich dann nicht nur innerhalb der Klammern {}, sondern auch innerhalb von []. Deshalb warten etwaige andere eintrittswillige B-Prozesse bei [, nicht aber bei {. Das hat zur Folge, daß der B-Prozeß beim Passieren von } A aufweckt und erst anschließend (beim Passieren von]) einen B-Prozeß von [nach { gelangen läßt!

Diese einfache Technik kann leicht verallgemeinert werden. Beispielsweise kann man mehrere privilegierte A-Prozesse haben, oder man kann eine Gruppe von C-Prozessen hinzufügen, die eine geringere Priorität als die B-Prozesse haben. Beliebige Verallgemeinerungen lassen sich stets mit Hilfe eines Verwalterprozesses realisieren - sofern dieser die höchste Priorität hat (wie oben der A-Prozeß).

Übungen

1. Betrachte die obigen Programmversionen 1 bis 8 für die Spezialfälle, daß es jeweils nur einen F-Prozeß und/oder nur einen A-Prozeß gibt! Welche Vereinfachungen sind dann möglich? Gibt es Versionen, die unter diesen Bedingungen zusammenfallen? Sofern Unterschiede übrigbleiben, diskutiere diese!

2. Der Trommeltreiber im Stapelsystem aus 2.2, als Prozeß begriffen, "beantwortet Fragen" diverser anderer Prozesse. Analysiere seine Struktur, insbesondere im Hinblick auf die in 4.3.1 vorgestellten Frage-Antwort-Beziehungen! Kommen eventuell auch andere Strukturen für ihn in Frage?

3. In den Programmversionen 4 und 5 aus Abschnitt 4.3.1 ist keine besondere Zuteilungsstrategie für die F-Prozesse vorgesehen. Baue spezielle Strategien ein, etwa in Anlehnung an 4.2.1 oder 4.2.2 (mit Verwalter)!

4. n gleichartige Magnetbandgeräte sollen betrieben werden (n>1). Dafür kommen zwei Verfahren in Frage. Man kann alle Geräte durch einen Prozeß 'Bändertreiber' überwachen lassen; er ist für die Unterbrechungsbehandlung aller Geräte zuständig, eine Pflicht, der er in Anbetracht der relativen Langsamkeit der Geräte (verglichen mit dem Prozessor) leicht nachkommen kann. Fürchtet man dagegen, daß bei großem n ein einzelner Treiber vielleicht doch überfordert sein könnte, so wird man jedem Gerät einen eigenen Treiber 'Bandtreiber i' zuordnen. Natürlich muß ein Prozeß ein Gerät reservieren, bevor er es benutzt, aber dieser Aspekt wird hier ausgeklammert. Ein Prozeß kann die typischen Magnetbandoperationen Lesen, Schreiben, Vorsetzen, Rücksetzen etc. auslösen. Dies geschieht, indem er eine entsprechende "Frage" an den zuständigen Treiber richtet. Vergleiche beide Verfahren und programmiere Benutzerprozesse und Treiber!

5. Eine Gruppe von "A-Prozessen" besitze gegenüber "B-Prozessen" eine Monopolstellung bezüglich der Ausführung einer Aktion a. Die Prozesse sollen den folgenden Regeln gehorchen:

   1. Wenn ein A-Prozeß die Aktion a ausführt, darf kein anderer Prozeß a ausführen.

   2. Wenn kein Prozeß a ausführt, darf jeder Prozeß mit der Ausführung von a beginnen.

   3. (Monopolstellung der A-Prozesse) Wenn ein A-Prozeß darauf wartet, mit der Ausführung von a beginnen zu können, kann kein B-Prozeß ihm damit zuvorkommen.

   Der Schlüssel zur Lösung dieses Problems liegt in der Einführung eines "Gruppeneintritts" in kritische Abschnitte: es wird zugelassen, daß sich mehrere Prozesse in einem kritischen Abschnitt befinden, sofern sie "zur gleichen Gruppe gehören". In Anlehnung an 4.3.2 bezeichne die Notation ()* die Ausführung eines kritischen Abschnitts durch ein Gruppenmitglied, () die durch einen Einzelprozeß. Das jeweils erste eintrittswillige Gruppenmitglied muß gegebenenfalls warten, bis ein Einzelprozeß den kritischen Abschnitt verlassen hat. Ist dies geschehen, so tritt das Gruppenmitglied ein und bewirkt damit, daß weitere

Gruppenmitglieder ebenfalls eintreten können. Einzelprozesse dagegen müssen so lange warten, bis alle Gruppenmitglieder den kritischen Abschnitt verlassen haben.

Obiges Problem wird gelöst, indem sowohl die Ausführung der Aktion a als auch eine vorzuschaltende "Erlaubniserteilung" als kritische Abschnitte begriffen werden. Dabei bilden die privilegierten A-Prozesse bezüglich der Erlaubniserteilung eine Gruppe, und die B-Prozesse bilden bezüglich der Ausführung von a eine Gruppe:

A: ({a})* B: [(Erlaubnis)]{a}*

a. Zeige, daß sich beim Warten auf den Eintritt in a kein B-Prozeß vor einen A-Prozeß "vordrängeln" kann!

b. Löse das Problem auch für die Fälle, daß

- a kritisch für die B-Prozesse, nicht aber für die A-Prozesse ist;
- a weder für die A-Prozesse noch für die B-Prozesse kritisch ist.

(Als Spezialfall ergibt sich das "Readers-and-Writers"-Problem, siehe Comm. ACM 14,10 (Oktober 1971).)

c. Gib eine Implementierung für den Gruppen-Ein/Austritt ()* an!

4.4 Software-Implementierung von Semaphoren

4.4.1 Sowohl die Ausschlußsynchronisation mittels kritischer Anweisungen als auch die Ereignissynchronisation mittels wait/signal kann durch die Semaphoroperationen P/V realisiert werden. Die Implementierung von P/V wiederum ergibt sich direkt aus ihrer Definition. Ein Prozeß, der in P(s) blockiert, muß offenbar in einer dem Semaphor s zugeordneten <u>Warteliste</u> (waiting list) vermerkt werden. Wir verwenden dafür verkettete Ringlisten: das letzte Element einer nichtleeren Liste verweist wieder auf das erste.

Ein Semaphor besteht demzufolge aus zwei Komponenten (vgl. Abb. 4.4a):

a. einem integer-Wert, der angibt, wie viele Prozesse vor dem nächsten V noch ohne Blockade passieren können; dieser Wert wird sich oft nur zwischen Ø und 1 bewegen, wir haben aber gesehen, daß auch Werte größer als 1 sinnvoll sein können;

b. einem Verweis auf die Warteliste; er zeigt auf das letzte Element der Liste und erlaubt damit - da es sich um eine Ringliste handelt - einen schnellen Zugriff sowohl auf das letzte als auch das erste Element; nil verweist auf die leere Liste.

Die Verkettung der Listenelemente wird über einen Verweis 'Nächster' erzielt (siehe Abb. 4.4a). Beachte, daß für ein Ringlistenelement $x \neq nil$ stets $x.Nächster \neq nil$ gilt.

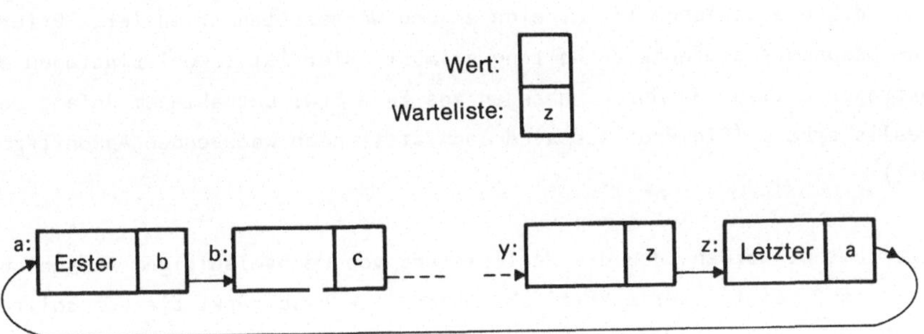

Abb. 4.4a Semaphor mit Warteliste

Zwei typische Operationen auf Listen jeder Art sind 'Eintragen' und 'Austragen' von Elementen. 'Eintragen' ist das Hinzufügen eines bestimmten Elements zur Liste; 'Austragen' ist das Entnehmen eines Elements aus der Liste, wobei das zu entnehmende Element nach "listeninternen Kriterien" ausgewählt wird. Im Falle einer Schlange (1.2) - und eine solche wollen wir hier verwenden - erfolgt eine Eintragung am Ende und eine Austragung stets am Anfang der Liste.

4.4.2 Wir wollen einige Reflexionen über die Verwaltung der Warteliste einschieben. Die Schlange ist ja nicht die einzige in Frage kommende Möglichkeit. Allgemein gilt, daß beim Austragen eine Entscheidung möglich sein muß, welches Element aus der Liste entfernt werden soll (sofern nicht eine Zufallsauswahl praktiziert wird). Die Entscheidbarkeit wird im allgemeinen dadurch sichergestellt, daß zwischen den Listenelementen eine Prioritätsrelation $<$ definiert ist (transitiv

$a<b \land b<c \rightarrow a<c$ - und irreflexiv - $a \nless a$), die der "kleiner"-Relation zwischen den ganzen Zahlen entspricht. Bei einer Schlange z. B. sind die Einträge nach Ankunfts-, d. h. Eintragungszeiten geordnet.

Eine Prozeßwarteliste nach Prioritäten geordnet zu halten ist dann sinnvoll, wenn sich die Priorität eines Prozesses während seiner Wartezeit nicht ändert. Das Eintragen muß an der richtigen Stelle erfolgen. Ausgetragen wird stets der erste (höchstpriorisierte) Prozeß. Ändern sich dagegen die Prozeßprioritäten, so ist ein Aufrechterhalten der Ordnung nicht sinnvoll, da der Vorteil der einfachen Austragung den Nachteil des aufwendigen Umordnens nicht aufwiegt. In diesem Fall sollte man die Eintragung simpel gestalten, d. h. den Prozeß einfach an das Listenende anfügen. Die Reihenfolge der Elemente in der Liste spiegelt dann zwar die Reihenfolge des Eintragens wieder, steht aber nicht notwendig in Bezug zu den Prioritäten. Beim Austragen muß natürlich die ganze Liste nach dem höchstpriorisierten Prozeß durchsucht werden.

Man sieht, daß die Schlange (d. h. eine an den Wartezeiten orientierte Priorisierung) eine besonders einfache Verwaltung erlaubt. Hier ist sowohl Eintragen als auch Austragen billig, da durch Anhängen ans Ende bzw. Entnahme am Anfang der Liste realisierbar. (Die Prozesse sind dann stets nach wachsenden Ankunftszeiten geordnet.)

In 4.2 war betont worden, daß die Realisierung von wechselseitigem Ausschluß mittels P/V auf relativ kurze kritische Abschnitte beschränkt bleiben sollte. Der Grund dafür war, daß man von den P/V-Operationen nicht erwarten kann, daß sie die unterschiedlichsten Zuteilungsstrategien realisieren oder gar eine automatische Verklemmungsvermeidung beinhalten. Das gibt uns die Legitimation, die Wartelisten von Semaphoren tatsächlich als Schlangen zu verwalten. Neben der einfachen Implementierbarkeit hat die Schlange auch den Vorteil, die wartenden Prozesse *fair* zu behandeln; es kann sich kein Prozeß "vordrängeln".

Wenn ein Prozeß nicht auf einer Warteliste steht, ist er lauffähig. Nicht jeder lauffähige Prozeß ist auch tatsächlich laufend, d. h. im Besitz eines Prozessors, denn im allgemeinen wird es mehr lauffähige Prozesse als Prozessoren geben. Ein laufender Prozeß wird auch *aktiv* genannt (engl. running, active), ein lauffähiger, aber nicht aktiver Prozeß heißt *bereit* (engl. ready); die lauffähigen Prozesse sind also in zwei Gruppen aufgeteilt, die aktiven und die bereiten Prozesse. Die bereiten Prozesse werden (wie die bei einem Semaphor wartenden Prozesse) in einer speziellen Prozeßliste zusammengefaßt, der *Bereitliste* (engl. ready list). Die Bereitliste stellt natürlich auch eine Art von Warteliste dar; in ihr sind alle Prozesse verzeichnet, die auf die Zuteilung eines Prozessors warten. Dennoch werden wir das Wort "Warteliste" nur im Zusammenhang mit Semaphoren verwenden und einen Prozeß nur dann als wartend (auch "blockiert", engl. waiting, blocked) bezeichnen, wenn er auf einer Semaphor-Warteliste steht, d. h. in einer P-Operation blockiert ist (vgl. 3.4.2).

Beim Aufwecken eines Prozesses durch eine V-Operation wird der Prozeß aus einer Warteliste in die Bereitliste umgetragen. Eventuell wird ihm auch gleich ein Prozessor zugeteilt - dies hängt von den Prioritäten der beteiligten Prozesse ab. Jedenfalls wird die Bereitliste gemeinhin nicht als Schlange verwaltet. Welche Priorisierung hier gewählt wird, hängt von der Strategie der Prozessorzuteilung ab. Die damit zusammenhängenden Fragen werden in Kapitel 6 behandelt.

Wir wenden uns nun den Details der Prozeßlistenverwaltung zu (vgl. Übungen 2.4.2, 3.4.2). Das Betriebssystem verwaltet jeden Prozeß über einen Prozeßsteuerblock (auch Prozeßleitblock, engl. process control block). Ein Prozeßsteuerblock PSB enthält z. B. eine Kopie des Prozessorstatus bei der letzten Prozessorabgabe, eine Angabe über den Zustand des Prozessors (ob aktiv, bereit oder wartend), einen Verweis auf den Nachfolger des Prozesses innerhalb einer Prozeßliste, u. ä. Abbildung 4.4b vermittelt einen Eindruck von einer typischen Betriebssituation in einem System mit 7 Prozessen und 3 Semaphoren.

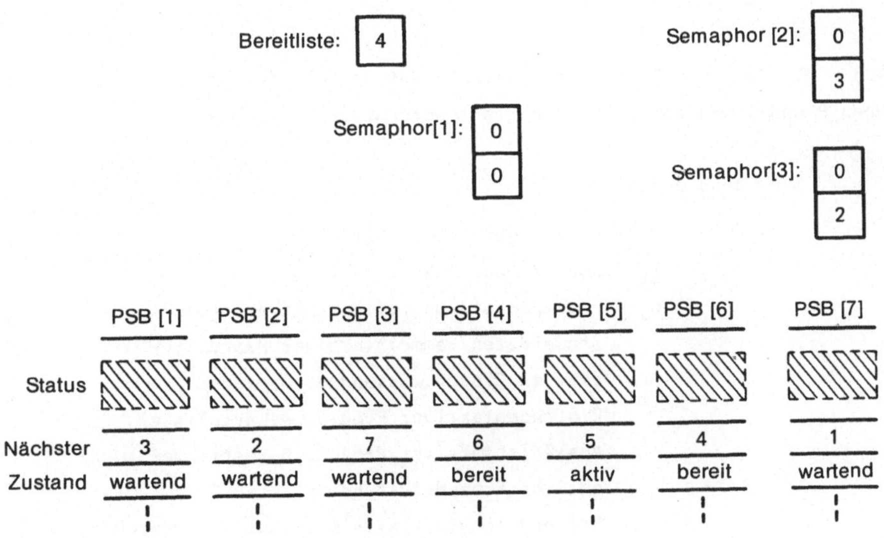

Abb. 4.4b Prozeßsteuerblöcke in Bereitliste und Wartelisten

In 3.4 haben wir gesehen, daß P und V selbst auch als kritische Abschnitte zu betrachten sind. Wenn für ein Semaphor s mehrere Inkarnationen der Operationen P(s) und V(s) auf verschiedenen Prozessoren parallel ausgeführt werden können, müssen wir mittels LOCK/UNLOCK für wechselseitigen Ausschluß sorgen. Wir verwenden einen Riegel namens 'PV'. Wie wir im nächsten Abschnitt sehen werden, sollte eine Unterbrechung als Aufruf einer V-Operation begriffen werden. Dies impliziert, daß während der Ausführung einer Semaphor-Operation auf dem ausführenden Prozessor keine Unterbrechungen zugelassen werden dürfen.

Eine weitere Feststellung ist für unsere P/V-Implementierung von Bedeutung. Bei der Ausführung von P/V bietet sich für das System die Gelegenheit, en passant einige Daten über die beteiligten Prozesse zu sammeln, die später von Nutzen sein können. Es hieße am falschen Ende sparen, wollte man aus lokalen Effizienzerwägungen darauf verzichten. Beispielsweise ist es für Zuteilungsfragen und Abrechungszwecke äußerst nützlich zu wissen, wieviel Prozessorzeit ein Prozeß verbraucht. Wenn ein Prozeß in einer P-Operation den Prozessor abgibt, kann man die verbrauchte Zeit feststellen und im PSB eintragen. Ein anderes Beispiel ist die temporäre Privilegierung von Prozessen, die in einen kritischen Abschnitt eintreten, mit dem Ziel, daß der kritische Abschnitt möglichst schnell wieder freigegeben wird. Wir gehen auf derartige Details nicht im einzelnen ein, weisen aber auf ihre Bedeutung hin und fassen die in diesem Zusammenhang zu manipulierenden Daten im unten angegebenen Programm unter der Bezeichnung 'Steuerdaten' zusammen.

4.4.3 Mit 'aktiver Prozeß' als Verweis auf den PSB des laufenden Prozesses können P und V wie folgt implementiert werden.

```
procedure P(s) =
begin     Unterbrechungen aus; LOCK(PV);
          if s.Wert>Ø then s.Wert :- 1
          else Prozessorstatus retten(aktiver Prozeß);
               Steuerdaten sammeln(aktiver Prozeß);
               aktiver Prozeß.Zustand := wartend;
               Eintragen(aktiver Prozeß, s.Warteliste);
               Auswählen(aktiver Prozeß, Bereitliste);
               aktiver Prozeß.Zustand := aktiv;
               Steuerdaten initialisieren(aktiver Prozeß);
               Prozessorstatus wiederherstellen(aktiver Prozeß) fi;
          UNLOCK (PV); Unterbrechungen ein
end;
```

```
procedure V(s) =
begin    local p;   {Verweis auf PSB}
         Unterbrechungen aus; LOCK(PV);
         if s.Warteliste = nil then s.Wert :+ 1
         else Austragen(p, s.Warteliste);
              Eintragen(p, Bereitliste);
              p.Zustand := bereit fi;
         UNLOCK(PV); Unterbrechungen ein
end.
```

'Eintragen' und 'Austragen' sind die in 4.4.1 erwähnten Operationen auf einer Schlange. Beim 'Auswählen' wird nicht notwendig der am längsten in der Liste befindliche Prozeß genommen, sondern es wird nach andersartigen Prioritäten entschieden (vgl. 4.4.2). Die Operationen 'Eintragen' und 'Austragen' lassen sich wie folgt implementieren:

```
procedure Eintragen(Prozeß, Liste) =
          if Liste = nil then
             Liste := Prozeß;
             Prozeß.Nächster := Prozeß
          else Prozeß.Nächster := Liste.Nächster;
               Liste.Nächster := Prozeß;
               Liste := Prozeß fi;

procedure Austragen(Prozeß, Liste) =
begin     Prozeß := Liste.Nächster {= Erster};
          if Prozeß = Liste then Liste := nil
          else Liste.Nächster := Prozeß.Nächster;
               Prozeß.Nächster := Prozeß  fi
end.
```

Beachte, daß 'Austragen' nur für nichtleere Listen korrekt arbeitet! Das reicht für unsere Zwecke aus, da 'Austragen' in V nur im Falle einer nichtleeren Warteliste aufgerufen wird. Auch in P könnte man 'Austragen' (statt 'Auswählen') verwenden, weil wir voraussetzen (siehe 3.4.2), daß stets ein lauffähiger Leerprozeß (für jeden Prozessor) vorhanden ist.

Bei der oben angegebenen Implementierung für V ist es ausgeschlossen, daß ein aufgeweckter Prozeß den laufenden Prozeß verdrängt, selbst wenn er von höherer Priorität ist (gemäß der in 'Auswählen' enthaltenen Strategie). Technisch besteht auch keine Notwendigkeit, dem laufenden Prozeß den Prozessor zu entziehen, denn er blockiert ja in V nicht (anders ist es in P!). Andererseits läßt sich natürlich eine Variante von V formulieren, die gegebenenfalls eine Verdrängung des laufenden Prozesses bewirkt. Wir setzen voraus, daß für die Prozessorzuteilung eine im PSB verzeichnete 'Priorität' maßgebend ist:

```
procedure V(s) = {laufender Prozeß kann verdrängt werden}
begin      local p;
           Unterbrechungen aus; LOCK(PV);
           if s.Warteliste = nil then s.Wert :+ 1
           else Austragen(p, s.Warteliste);
                if p.Priorität > aktiver Prozeß.Priorität then
                   Prozessorstatus retten(aktiver Prozeß);
                   Steuerdaten sammeln(aktiver Prozeß);
                   aktiver Prozeß.Zustand := bereit;
                   Eintragen(aktiver Prozeß, Bereitliste);
                   aktiver Prozeß := p;
                   aktiver Prozeß.Zustand := aktiv;
                   Steuerdaten initialisieren(aktiver Prozeß);
                   Prozessorstatus wiederherstellen(aktiver Prozeß)
                else Eintragen(p, Bereitliste);
                     p.Zustand := bereit fi fi;
           UNLOCK(PV); Unterbrechungen ein
end.
```

Übungen

1. Die Elemente einer Ringliste sollen neben dem Verweis 'Nächster' einen Wert 'Priorität' enthalten. Die Liste sei nach abfallenden Prioritäten geordnet. Die Prioritäten seien zeitlich variabel; wird die Priorität eines Listenelementes verändert, so muß die Liste wieder "in Ordnung gebracht werden". Schreibe eine Prozedur, welche eine solche Prioritätenänderung mit eventueller Umordnung durchführt! Zeige anschließend die Gültigkeit der Bemerkung aus 4.4.2, daß der Vorteil der schnellen Auswahl bei geordneter Liste den Aufwand der Umordnungen nicht rechtfertigt! Was ist, wenn doppelt verkettete Listen verwendet werden?

2. Betrachte die folgenden alternativen Ordnungskriterien für Listen:

   a. Ankunftszeit, d. h. Zeitpunkt der Eintragung in die Liste.
   b. Separater Prioritätswert, fest.
   c. Separater Prioritätswert, durch Maßnahmen von außen variierbar.

   Diese Alternativen sollen bezüglich ihres Verwaltungsaufwands miteinander verglichen werden. Wir gehen von der schon öfter betonten Feststellung aus, daß P/V nur dann benutzt werden sollten, wenn die Wahrscheinlichkeit, daß mehrere Prozesse bei einem Semaphor blockiert sind, klein ist. In diesem Fall sind die Warteschlangen meistens kurz; es könnte dann sein, daß sich die obigen Alternativen nicht nennenswert voneinander unterscheiden. Prüfe diese Aussage für mittlere Warteschlangenlängen von 1 bzw. 2 bzw. 5!

3. Unter der Annahme, daß die else-Zweige in P und V selten ausgeführt werden, verglichen mit den then-Zweigen, könnte man auf die Idee kommen, die then-Zweige schneller zu machen. Hier sind zwei Alternativen:

   a. Es werden nur Boole'sche Semaphore zugelassen.

   b. Der Semaphor-Wert kann auch negativ werden (sein Betrag entspricht dann der Länge der Warteliste); der Wert wird durch P grundsätzlich um 1 verringert und durch V grundsätzlich um 1 erhöht.

   Gib die notwendigen Modifikationen in P und V an! Skizziere Assembler-Versionen, ohne Berücksichtigung der else-Zweige! Kann bei a. und/oder b. Code gespart bzw. die Ausführung beschleunigt werden?

4. Die Alternative zur V-Operation wäre eine Operation FREE, welche die blockierten Prozesse "selbst entscheiden läßt", welcher von ihnen passieren soll: alle blockierten Prozesse werden aufgeweckt und veranlaßt, ihre P-Operation zu wiederholen. Implementiere die Operation FREE und prüfe, unter welchen Bedingungen sie eine annehmbare Alternative für P darstellt!

5. Die Familie der Synchronisationsoperationen soll um zwei Operationen START und STOP erweitert werden. STOP(p) hält den Prozeß p an, START(p) startet einen angehaltenen Prozeß p. Zusätzlich zu den Prozeßzuständen aktiv, bereit, wartend gibt es dann einen Zustand "haltend", und es liegt nahe, die haltenden Prozesse

in einer eigenen Liste zusammenzufassen.

Implementiere START/STOP und achte darauf, ob P und V geändert werden müssen!

Ein Prozeß sollte nicht innerhalb eines kritischen Abschnitts zum Halten gebracht werden. Eine Variante von STOP, die diesen Aspekt berücksichtigt, müßte wie folgt arbeiten: STOP(p) wirkt sich nicht unmittelbar aus, wenn p sich in einem kritischen Abschnitt befindet; es wird aber eine Anzeige gesetzt, die in dem Augenblick, da p alle kritischen Abschnitte verlassen hat, das Anhalten von p bewirkt. Modifiziere START/STOP, P, V entsprechend. Welche Konsequenzen hat die Zulassung geschachtelter kritischer Abschnitte?

4.5 Hardware-Implementierung von Semaphoren

4.5.1 Die jeweils verfügbare Hardware legt die technischen Details der Zusammenarbeit zwischen Zentraleinheit und Kanälen bzw. Gerätesteuerungen weitgehend fest. Man hat nicht viel Freiheit bei der programmtechnischen Realisierung dieser Zusammenarbeit. In Kapitel 1 haben wir gesehen, daß der Prozessor ein Peripheriegerät mit einer E/A-Operation beauftragt, indem er einen <u>Befehl</u> an das Gerät schickt; das Gerät meldet zu gegebener Zeit, daß es den E/A-Auftrag ausgeführt hat. Die Gerätesteuerungs-Hardware arbeitet nach folgendem Schema:

```
Gerät:    {Hardware}

   repeat wait(Gerät AKTIV);
          Befehl ausführen;
          Ausführung melden;
          signal(Gerät BEREIT),
   until  STOP.
```

Der zugehörige Treiber hat die Struktur

```
Treiber:

   repeat ...
          Befehl übermitteln;
          signal(Gerät AKTIV);
          wait(Gerät BEREIT);
          ....
   until  false.
```

Die Semaphore 'Gerät AKTIV' und 'Gerät BEREIT' sind mit Ø zu initialisieren. Überzeugen wir uns davon, daß die Kooperation zwischen Gerät und Treiber funktioniert! Anfangs ist das Gerät unbeschäftigt und wartet auf das AKTIV-Signal. Der Treiber deponiert einen Befehl im Befehlsregister des Gerätes (oder an einer speziellen Adresse im Arbeitsspeicher). Anschließend aktiviert er das Gerät durch das AKTIV-Signal. Er wartet dann auf die Fertigmeldung des Gerätes. Das Gerät sendet die Fertigmeldung erst dann, wenn es die Ausführung des letzten Befehls abgeschlossen hat. Die Kooperation ist also einwandfrei.

Die meisten Peripheriegeräte haben eine recht primitive Logik, die insbesondere keine Semaphore kennt. Deshalb sehen die oben skizzierten Algorithmen in der Realität etwas anders aus. 'Gerät AKTIV' und 'Gerät BEREIT' sind nicht Semaphore, sondern Anzeigen bzw. Zustände (vgl. 1.2.2, 1.3.2). Wir setzen hier voraus, daß es drei Boole'sche Anzeigen AKTIV, BEREIT und STOP gibt. Das Gerät verhält sich dann wie folgt:

```
          Gerät:   {Hardware}

     repeat repeat until AKTIV;
            AKTIV := false;
            Befehl ausführen;
            Ausführung melden;
            BEREIT := true
     until  STOP.
```

Die erste Anweisung der Schleife besagt, daß das Gerät, wenn es ohne Arbeit ist, so lange die AKTIV-Anzeige inspiziert, bis diese gesetzt ist. Sie wird dann gelöscht, und der vorgefundene Befehl wird ausgeführt. Danach wird BEREIT gesetzt.

Der Treiber muß sich auf dieses Geräteverhalten einstellen. Offenbar muß 'AKTIV := <u>true</u>' statt 'signal(Gerät AKTIV)' ausgeführt werden. Was geschieht jedoch mit 'wait(Gerät BEREIT)'? Hier kommt das Unterbrechungssystem der Maschine zum Tragen. Wenn das Gerät die Anzeige BEREIT setzt, wird eine Unterbrechung ausgelöst. Wenn wir sicherstellen, daß das Auftreten einer Geräteunterbrechung sich wie ein 'signal(Gerät BEREIT)' auswirkt, kann 'wait(Gerät BEREIT)' ähnlich wie in 4.4 implementiert werden.

Wir setzen zunächst ein stark vereinfachtes Unterbrechungssystem voraus. Der Befehlszähler BZ eines Prozessors sei zu einem "Prozessorstatuswort" erweitert durch ein Bit-Feld UE (für <u>U</u>nterbrechungs<u>e</u>rlaubnis). Jedem Gerät entspricht ein Bit in UE. UE kann programmgesteuert modifiziert werden und dient der temporären Unterdrückung von Unterbrechungen ausgewählter Geräte. Die Gesamtheit aller BEREIT-Anzeigen kann mit dem Unterbrechungsanforderungs-Register UA aus 2.1.4 identifiziert werden. Das Setzen einer BEREIT-Anzeige bewirkt zunächst nur eine "Unterbrechungsanforderung". Eine Unterbrechung tritt genau dann ein, wenn am Ende eines Befehlszyklus ein Bit in UA und das zugehörige Bit in UE gesetzt ist. Eine Unterbrechung kann somit durch zwei Arten von Ereignissen ausgelöst werden:

a. Unterbrechungsanforderung für zugelassene Unterbrechung: ein UA-Bit wird gesetzt, und das zugehörige UE-Bit ist gesetzt.

b. Unterbrechungszulassung für angeforderte Unterbrechung: ein UE-Bit wird gesetzt, und das zugehörige UA-Bit ist gesetzt.

Eine angeforderte aber noch nicht ausgelöste Unterbrechung wird "anstehende Unterbrechung" (engl. pending interrupt) genannt. Eine anstehende Unterbrechung kann gelöscht werden durch Löschen des UA-Bits.

Wie in 2.1 erläutert, hat eine Unterbrechung den Aufruf einer Systemprozedur zur Folge. Dabei wird zusammen mit dem Befehlszähler BZ auch UE gerettet, und wir setzen voraus, daß zugleich mit dem Laden der neuen Adresse nach BZ auch UE neu geladen wird, und zwar mit Nullen; das hat den Effekt, daß alle Unterbrechungen unterdrückt werden. Die Systemprozedur zur Unterbrechungsbehandlung für ein Gerät G hat nunmehr die Aufgabe, ein 'V(Gerät BEREIT)' zu simulieren (vgl. 4.4.3):

```
procedure Unterbrechungsbehandlung(G, altes UE) =  {Hardware-V}
begin     LOCK(PV);
          altes UE[G] := false;
          BEREIT[G] := false;        {BEREIT ist synonym mit UA}
          Prozessorstatus retten(aktiver Prozeß);
          Steuerdaten sammeln(aktiver Prozeß);
          aktiver Prozeß.Zustand := bereit;
          Eintragen(aktiver Prozeß, Bereitliste);
          aktiver Prozeß := Treiber[G];
          aktiver Prozeß.Zustand := aktiv;
          Steuerdaten initialisieren(aktiver Prozeß);
          Prozessorstatus wiederherstellen(aktiver Prozeß);
          UNLOCK(PV)
end.
```

Diese Unterbrechungsbehandlung simuliert eine V-Operation, die grundsätzlich einen Prozeß - den Treiber für G - aufweckt. Dies setzt voraus, daß der Treiber sich garantiert im Wartezustand befindet. Wir gewährleisten das mit Hilfe von UE. Der Widerpart zur 'Unterbrechungsbehandlung' ist eine Prozedur 'warte auf Unterbrechung', die ein 'P(Gerät BEREIT)' simuliert. Der Treiber setzt UE[G] genau dann, wenn er blockieren muß. Wenn also BEREIT[G] gesetzt wird, bevor der Treiber 'warte auf Unterbrechung' ausführt, ist UE[G] noch nicht gesetzt, d. h. es findet keine Unterbrechung statt, und 'Unterbrechungsbehandlung' wird nicht ausgeführt. Beim Aufruf von 'warte auf Unterbrechung' wird wie beim Aufruf von 'Unterbrechungsbehandlung' das alte UE gerettet und das neue gelöscht (d. h. alle Unterbrechungen werden unterdrückt)!

```
procedure warte auf Unterbrechung(G, altes UE) =  {Hardware-P}
begin     LOCK(PV); {aktiver Prozeß = Treiber[G]}
          if BEREIT[G] then BEREIT[G] := false
          else Prozessorstatus retten(aktiver Prozeß);
               Steuerdaten sammeln(aktiver Prozeß);
               aktiver Prozeß.Zustand := wartend;
               altes UE[G] := true;
               Auswählen(aktiver Prozeß, Bereitliste);
               aktiver Prozeß.Zustand := aktiv;
               Steuerdaten initialisieren(aktiver Prozeß);
               Prozessorstatus wiederherstellen(aktiver Prozeß) fi;
          UNLOCK(PV)
end.
```

Wir wollen die angegebenen Prozeduren der Einfachheit halber "Hardware-V" und "Hardware-P" nennen - obwohl diese Bezeichnungen unpräzise sind. Beachte, daß die hier vorgestellten Versionen nicht in allen Details allgemeingültig sind. Es hängt von der jeweils verwendeten Hardware ab, wie beim Auftreten einer Unterbrechung BZ und andere Statusinformationen gerettet werden, wie Unterbrechungen unterdrückt werden, wie die Anzeigen BEREIT und AKTIV realisiert sind, wie die für die jeweilige Unterbrechung zuständige Unterbrechungsbehandlung angesteuert wird usf.

4.5.2 Folgende wichtige Punkte wurden bisher nicht angesprochen: (a) Unterbrechungsprioritäten, (b) Ein/Ausgabe über Kanäle und über Gerätesteuerungen mit mehreren Geräten, (c) kompliziertere Gerätebefehle (z. B. verkettete Befehle, Kanalprogramme). Punkt c hat mit höheren Kommunikationsstrukturen zu tun und wird in Kapitel 5 behandelt.

Wir haben in 4.5.1 ausschließlich Geräteunterbrechungen behandelt; das Unterbrechungssystem läßt sich aber auch für andere Zwecke sinnvoll nutzen, z. B. für

"Systemaufrufe" und zur Fehlerbehandlung. Die Hauptaufgabe eines Betriebssystems ist die Bereitstellung einer virtuellen Maschine, die eine geeignete Umgebung für den Ablauf von Programmen und den Zugriff auf mittelfristig gespeicherte Datenbestände darstellt. Die reale Maschine stellt nur einen vergleichsweise dürftigen Instruktionssatz zur Verfügung, den man, um die angestrebte virtuelle Maschine zu erreichen, beträchtlich erweitern muß. Es gilt also "virtuelle Instruktionen" zu schaffen, die wie normale Maschineninstruktionen aussehen, aber softwaremäßig implementiert sind. Typische Beispiele für solche virtuellen Instruktionen sind die P/V-Operationen und die Terminal-E/A-Operation 'übertrage' aus 2.5.2. Solche Operationen sind Teile des Betriebssystems und machen von Möglichkeiten Gebrauch, die man den Benutzerprogrammen aus Sicherheitsgründen nicht einräumen will (Unterbrechungsunterdrückung, Zugriff auf Prozeßlisten u. ä.). Die Operationen laufen daher in einem privilegierten Zustand der Zentraleinheit ab, der mehr Möglichkeiten als der normale, unprivilegierte Zustand bietet. Der Aufruf einer der genannten Operationen wird durch eine spezielle Maschineninstruktion, genannt Systemaufruf, bewirkt. Ein Systemaufruf (z. B. "SVC" auf der IBM 370) veranlaßt eine Unterbrechung mit gleichzeitigem Übergang vom unprivilegierten in den privilegierten Zustand.

Bei der Befehlsausführung achtet der Prozessor auf gewisse Fehler- oder Ausnahmebedingungen. Typische Beispiele sind arithmetischer Überlauf und Division durch Null. Es ist praktisch, wenn der Prozessor auf solche Fehler mit einer Unterbrechung reagiert: damit kann eine geeignete Fehlerbehandlungsroutine aktiviert werden, die eine Fehlerdiagnose liefert. (Übrigens kann man auch Hardware-Fehler in dieser Weise abfangen und analysieren.)

4.5.3 Für jede Unterbrechungsart gibt es eine zugehörige Unterbrechungsadresse im Arbeitsspeicher, wo sich der im Falle der Unterbrechung auszuführende Sprungbefehl bzw. die Adresse der Unterbrechungsbehandlungsroutine befindet. "Unterbrechungsarten" sind nicht notwendig mit Unterbrechungsursachen identisch: mehrere Unterbrechungsursachen können zu einer Unterbrechungsart zusammengefaßt sein (Beispiel: "E/A-Unterbrechung" auf der IBM 370). Das hat natürlich den Nachteil, daß auf einer ersten Stufe der Unterbrechungsbehandlung zunächst die Unterbrechungsursache herausgefunden werden muß, bevor die ursachenspezifische Behandlung durchgeführt werden kann (z. B. bei E/A-Unterbrechung: welches Gerät hat die Unterbrechung ausgelöst?). Dafür müssen gewisse Anzeigen wie die in UA und UE geprüft werden. Häufig wird diese Prüfung durch raffinierte Maschinenbefehle unterstützt, z. B. durch einen Befehl, der die Position des ersten gesetzten Bits in einem Bit-Feld ermittelt.

Vorteilhaft sind prioritätsgesteuerte Unterbrechungssysteme. Jeder Unterbrechungsursache ist eine Priorität zugeordnet (hardwaremäßig oder programmgesteuert), und dem Prozessor ebenfalls. Eine Unterbrechungsanforderung löst nur dann eine Unterbrechung aus, wenn ihre Priorität höher als die des Prozessors ist. Ein solches System ist hilfreich für zeitkritische Unterbrechungsbehandlungen, wo man die Priorität als "Dringlichkeit" betrachten kann: wählt man für eine Unterbrechungsbehandlung die Unterbrechungspriorität als Prozessorpriorität, so kann die laufende Behandlung nicht durch weniger dringliche, wohl aber durch dringlichere Behandlungen unterbrochen werden. Faustregel ist, daß schnelle Geräte hohe Unterbrechungsprioritäten haben sollten.

Gerätebefehle und E/A-Daten werden über Kanäle und Gerätesteuerung an die Geräte geschickt bzw. von dort empfangen. Für unsere Zwecke reicht es aus, ein Gerät mit seiner Gerätesteuerung zu identifizieren, da die Unterscheidung zwischen beiden von nur geringer Relevanz für die Systemstruktur ist. Ein Kanal (oder E/A-Prozessor) ist ein spezialisierter Prozessor, dessen Geschwindigkeit mit der eines Zentralprozessors vergleichbar ist. Seine Befehle sind zugeschnitten auf seine besondere Aufgabe - den Datentransport - und auf die Struktur der von ihm bedienten E/A-Geräte. An einen Kanal sind im allgemeinen mehrere Gerätesteuerungen angeschlossen. Kanäle entlasten den Zentralprozessor bzw. die Gerätesteuerungen von der Aufgabe, Daten wortweise oder byteweise zwischen Arbeitsspeicher und Peripherie zu transportieren. Allerdings haben Kanäle heute - angesichts fallender Hardwarekosten - nicht mehr eine so wichtige Position: häufig werden anstelle von Kanälen Gerätesteuerungen mit Kanalcharakteristik verwendet.

Die Zuordnung von Kanälen zu Geräten ist entweder fest oder veränderbar (siehe Abb. 4.5a); "veränderbar" bedeutet, daß programmgesteuert ein Datenweg zwischen einem Kanal und einem Gerät geschaltet werden kann (Beispiel: Burroughs B 6500).

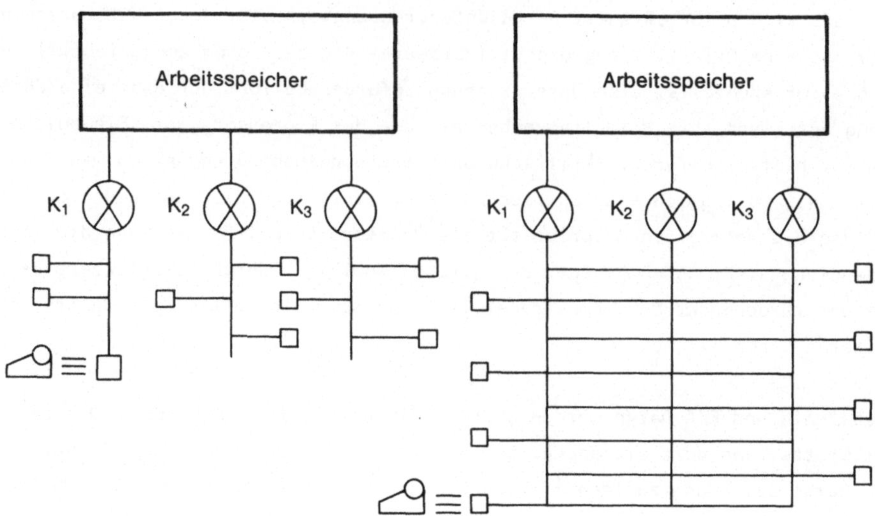

Abb. 4.5a Feste und veränderbare Datenwege

Bei der variablen Zuordnung fungiert die Gesamtheit der Verbindungen zwischen Kanälen und Geräten als ein Mehrwegschalter, der aufgrund von Verbindungsanforderungen geschaltet wird. Eine solche Anforderung kann entweder beinhalten, daß ein Weg von irgendeinem gerade freien Kanal zu einem bestimmten Gerät geschaltet wird, oder, daß ein Weg von einem bestimmten Kanal zu einem bestimmten Gerät geschaltet wird. Natürlich bedient ein Kanal zu jedem Zeitpunkt höchstens ein Gerät.

Wie auch immer im Einzelfall verfahren wird, ein Prozeß, der mit einem Gerät in Verbindung treten will, muß sicherstellen, daß er im Besitz eines Kanals mit Verbindung zum Gerät ist. Ein Gerätetreiber und ein Kanal kooperieren daher nach folgendem Schema:

```
Treiber:                                Kanal:            {Hardware}

  ...                                     repeat
  wait(Kanal frei);                          wait(Kanal benötigt);
  nenne Gerät;                               verbinde Gerät;
  signal(Kanal benötigt);                    signal(Kanal belegt);
  wait(Kanal belegt);                        wait(Kanal AKTIV);
  übermittle Kanalprogramm;                  Kanalprogramm;
  signal(Kanal AKTIV);                       signal(Kanal BEREIT);
  wait(Kanal BEREIT);                        signal(Kanal frei)
  ...                                     until false
```

Kanäle können auch im Multiplexbetrieb arbeiten, d. h. mit mehreren Geräten gleichzeitig in Verbindung stehen und Übertragungen zwischen diesen und dem Arbeitsspeicher quasisimultan durchführen. Diese Betriebsart kommt besonders für langsame Geräte wie Leser, Drucker und Terminals in Frage, aber auch für Kanalprogramme mit von den Geräten autonom ausführbaren Befehlen (z. B. Armpositionierung bei einer Wechselplatte). Der Kanal betreut dann reihum die beteiligten Geräte, durch Datenübertragung, Übermittlung eines Positionierungsbefehls etc.

Die Übertragung eines Datenblocks zwischen einem schnellen Peripheriegerät und dem Arbeitsspeicher erfolgt gewöhnlich nicht im Multiplexbetrieb. Weitere Besonderheiten gibt es bei rotierenden Speichern (Trommeln und Platten), auf die wir in Abschnitt 5.3 eingehen.

Übungen

1. Betrachte das folgende primitive Unterbrechungssystem: jeweils nach Ausführung einer bestimmten Anzahl von Maschinenbefehlen gibt es eine "Zeitgeberunterbrechung", die die Ausführung des unter einer bestimmten Unterbrechungsadresse vorgefundenen Befehls bewirkt; dies ist gewöhnlich ein Sprungbefehl zu einer Unterbrechungsbehandlungsroutine. Die Maschine habe eine programmgesteuerte Anzeige UE (für Unterbrechungserlaubnis), deren Löschen Unterbrechungsunterdrückung bewirkt; eine in diesem Zustand auftretende Unterbrechungsanforderung bleibt so lange anstehen, bis UE gesetzt wird - um dann eine Unterbrechung auszulösen.

   Müssen für eine solche Umgebung die Hardware-P/V-Operationen aus 4.5.1 geändert werden und, wenn ja, wie? Von welcher Größenordnung sollte die Anzahl der zwischen zwei Unterbrechungen ausgeführten Befehle sein?

2. Eine Mehrprozessoranlage arbeite mit 3 geringfügig verschiedenen Prozessen A, B, C. Es gebe 4 Prozesse, von denen jeweils explizit bekannt ist, auf welchen Prozessoren sie laufen können: P_1 auf A, B, P_2 auf A, B, P_3 auf B, P_4 auf A, C. Die Prozessorvergabe soll sich außerdem an den Prozeßprioritäten orientieren, für die gilt: $P1 < P2 < P3 < P4$.

   Betrachte eine Situation, in der 3 Prozesse aktiv sind und ein Prozeß gerade aufgeweckt wird. Der aufgeweckte Prozeß wird eventuell einen anderen Prozeß verdrängen müssen - aber nicht notwendig den ihn aufweckenden Prozeß (wie in 4.4). Untersuche, wie man die zweite Version der V-Operation aus 4.4 ändern muß, um das Problem zu lösen!

3. Bei einem prioritätsgesteuerten Unterbrechungssystem kann es passieren, daß eine Unterbrechungsbehandlung zugunsten einer dringlicheren Unterbrechungsbehandlung unterbrochen wird. Deshalb ist es nicht möglich, den beim Auftreten einer Unterbrechung vorliegenden Befehlszählerstand für die Dauer der Unterbrechungsbehandlung in einem festen Register aufzubewahren: beim Auftreten einer höherpriorisierten Unterbrechung würde der gerettete Wert überschrieben werden. Entwickle eine Technik zur Unterbrechungsbehandlung, die dieses Problem löst und auch die nötige differenzierte Unterbrechungsunterdrückung gewährleistet! Darf während der Ausführung einer P-Operation eine hochdringliche Unterbrechung zugelassen werden?

4. Auf einer Maschine seien die UE-Bits den Unterbrechungsarten, nicht den Unterbrechungsursachen zugeordnet: es gibt mehr UA-Bits als UE-Bits. Zeige, daß unter diesen Umständen die Hardware-P/V-Operationen nicht wie in 4.5.1 realisiert werden können und suche nach anderen Lösungen!

5. Ein Multiplexkanal habe eine Zykluszeit von 1 Mikrosekunde und bediene einen Drucker mit 20 Zeilen/sec und zwei Leser mit je 15 Karten/sec. Der Kanal muß tätig werden für jede Übertragung eines Zeichens von/zu einem Gerät, für jede Übertragung eines Wortes vom/zum Arbeitsspeicher und für jede Interpretation eines Kanalbefehls. Welcher Belastung ist der Kanal ausgesetzt, wenn alle Geräte mit Höchstgeschwindigkeit arbeiten?

Literatur

Ein klassisches Synchronisationsproblem wird in [1] behandelt. Amüsante Beispiele findet man in [2]; am bekanntesten sind der "Schlafende Barbier" und die "Speisenden Philosophen". In [3] wird ein Betriebssystem vorgestellt, in dem einige Basisfunktionen, vor allem die P/V-Operationen, per Mikroprogramm realisiert sind.

1. Courtois, P. J., F. Heymans und D. L. Parnas, "Concurrent Control with 'Readers' and 'Writers'", Comm. ACM 14, 10 (Oktober 1971).

2. Dijkstra, E. W., "Cooperating Sequential Processes", in: Programming Languages (F. Genuys, Ed.), Academic Press, 1968, S. 43 - 112.

3. Liskov, B. H.; "The Design of the Venus Operating System", Comm. ACM 15, 3 (März 1972).

5. Kommunizierende Prozesse

5.1 Kommunikationstechniken

5.1.1 In diesem Kapitel wollen wir untersuchen, wie Prozesse Informationen untereinander austauschen können. In den Kapiteln 1 und 2 haben wir gesehen, daß ein Betriebssystem eine Vielzahl von Prozessen umfaßt, wie z. B. Trommeltreiber, Terminalverwalter, Benutzerprozesse. Obgleich jeder dieser Prozesse autonom arbeitet, erhält er doch seine Aufträge von außen. Das sieht man besonders gut am Trommeltreiber aus 2.2. Seine Aufgabe besteht darin, die Trommel zu aktivieren und den Datenverkehr zwischen ihr und dem Arbeitsspeicher zu überwachen. Wie der Trommeltreiber das tut, ist seine eigene Angelegenheit; daß er etwas tut, liegt daran, daß andere Prozesse ihm Transferaufträge erteilen. Eine solche Auftragserteilung ist eine von vielen möglichen Arten der Interprozeßkommunikation.

Von Kommunikation zwischen Prozessen spricht man immer dann, wenn zwischen den Prozessen ein Informationsaustausch stattfindet. In manchen Fällen, z. B. wenn der Trommeltreiber mit der Trommel kommuniziert, läuft das auf einen physischen Datentransport hinaus. In anderen Fällen wird nur das Zugriffsrecht auf bestimmte Daten von einem Prozeß zum anderen weitergegeben.

Datenübertragungen zwischen Prozessen haben häufig den Charakter von Fragen und Antworten. Wir fassen Fragen und Antworten unter dem Begriff Mitteilungen zusammen und vermeiden - wo möglich - Begriffe wie "Auftrag" und "Befehl". "Auftrag" meint eine Mitteilung besonderer Art, nämlich eine Frage mit Befehlscharakter; "Befehl" ist mißverständlich, da mit "Maschinenbefehl" verwechselbar. "Mitteilung" ist demgegenüber neutral und kann in gleicher Weise für Fragen wie für Antworten verwendet werden.

Eine Mitteilung besteht im allgemeinsten Fall aus vier Teilen: einer Identifikation des abschickenden Prozesses - genannt Sender oder Absender -, einer Identifikation des empfangenden Prozesses - genannt Empfänger oder Adressat -, einer Information, die die Art der Mitteilung charakterisiert,und einer Information, die den eigentlichen Inhalt der Mitteilung darstellt. In vielen speziellen Fällen sind die vier Teile nicht vollzählig vertreten. Wir erläutern das am Beispiel verschiedener Kommunikationstechniken für einen Trommeltreiber.

Wir können dem Treiber eine Mitteilungsschlange zuordnen, d. i. eine Warteschlange von Mitteilungen, die von anderen Prozessen an den Treiber abgeschickt, von diesem aber noch nicht in Empfang genommen wurden. Da sie schon in die Warteschlange des Adressaten eingereiht sind, brauchen sie keine Adresse mehr zu tragen (siehe Abb. 5.1a).

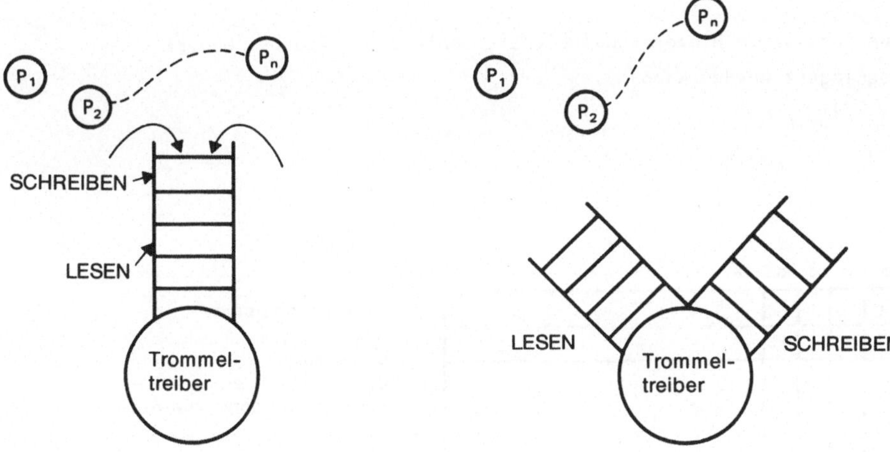

Abb. 5.1a Trommeltreiber mit einer Mitteilungsschlange

Abb. 5.1b Trommeltreiber mit zwei Mitteilungsschlangen für unterschiedliche Gerätebefehle

Man kann stattdessen auch mit zwei Schlangen arbeiten, einer für Lesebefehle und einer für Schreibbefehle. In diesem Fall ist die Angabe einer Mitteilungsart LESEN/SCHREIBEN überflüssig (siehe Abb. 5.1b). Wieder eine andere Möglichkeit ist, daß eine Mitteilung an den Trommeltreiber in einer dem Absender zugeordneten Schlange (oder in zwei Schlangen, analog zu Abb. 5.1b) deponiert wird. Der Trommeltreiber muß dann die Schlangen in einer gewissen Reihenfolge inspizieren. Bei diesem Verfahren enthalten die Mitteilungen weder Adresse noch Absender.

Ein weiteres Beispiel soll zeigen, daß die Beziehung zwischen einer Mitteilung und den durch sie ausgelösten Aktionen des Empfängers nicht immer so einfach ist. Wir nehmen an, daß der Arbeitsspeicher in gleich große Blöcke, genannt "Rahmen", aufgeteilt ist. Die zu einem Prozeß gehörigen Informationen sind zu "Seiten" gruppiert, die von gleicher Größe wie die Rahmen sind und jeweils gewisse Rahmen belegen; die Seiten eines Prozesses seien mit 1,2,... durchnumeriert. Es gibt eine "Rahmentabelle", in der über alle Rahmen Buch geführt wird. Für jeden Rahmen ist angegeben (vgl. Abb. 5.1c):

a. sein Status (frei, belegt u. ä.);

b. eine Identifikation des Prozesses, der den Rahmen augenblicklich benutzt;

c. die Nummer der Seite, mit der der Rahmen belegt ist;

d. eine Adresse im Hintergrundspeicher, wohin die Seite bei Bedarf ausgelagert werden kann.

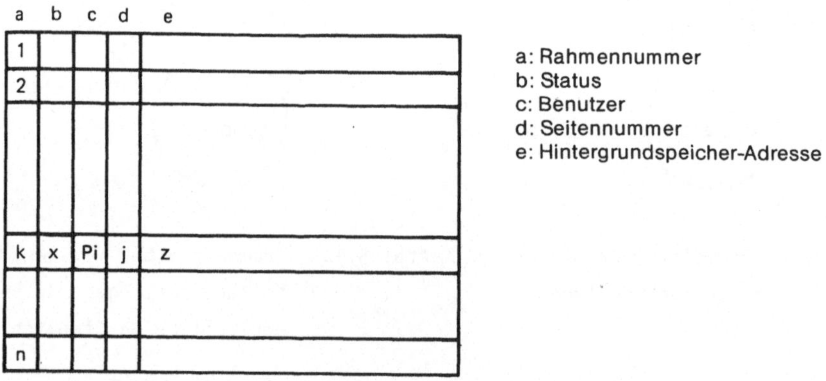

a	b	c	d	e
1				
2				
k	x	Pi	j	z
n				

a: Rahmennummer
b: Status
c: Benutzer
d: Seitennummer
e: Hintergrundspeicher-Adresse

Abb. 5.1c Rahmentabelle

Unter diesen Bedingungen können wir uns einen Trommeltreiber vorstellen, der Mitteilungen der Art "Prozeß i auslagern" entgegennimmt. Er kann mit Hilfe der Rahmentabelle feststellen, welche Trommeltransfers im einzelnen durchzuführen sind, um dem Auslagerungswunsch zu entsprechen.

Wenn ein Prozeß - wie in den obigen Beispielen der Trommeltreiber - feststellt, daß eine von einem Prozeß p gewünschte Datenübertragung abgeschlossen ist, wird er durch eine geeignete Mitteilung dem Prozeß p den Abschluß bestätigen. Wenn p zu jedem Zeitpunkt höchstens eine Trommelübertragung laufen hat, ist klar, welche Übertragung beendet wurde; es bedarf dann in der Bestätigung keines besonderen Hinweises. Wenn p darüber hinaus zu jedem Zeitpunkt höchstens einen "Dialog" führt, braucht der antwortende Prozeß sich nicht zu identifizieren. In diesem Fall besteht die Bestätigung einfach aus einer signal-Operation auf einem privaten Semaphor des Prozesses p; in Kapitel 3 und 4 sind wir verschiedenen Fällen solcher rudimentären Bestätigungen begegnet.

Auch der Befehl, den ein Treiber seinem Gerät erteilt, kann als Mitteilung gesehen werden, bei der weder Absender noch Adresse angegeben ist. Die Bestätigung des Gerätes besteht schlicht im Anzeigen von FERTIG bzw. BEREIT (vgl. 4.5). (Wer will, kann selbst eine Folge von Maschinenbefehlen als eine Folge von Mitteilungen des Programmierers an den Prozessor sehen. Diese Mitteilungen enthalten Angaben über die Art einer auszuführenden Aktion und die beteiligten Daten; Absender und Adresse sind überflüssig. Eine Bestätigung wird nicht explizit gegeben, ist aber im Übergang zum jeweils nächsten Befehl impliziert. Eventuell wird der Benutzer von der Beendigung einer ganzen Befehlsfolge unterrichtet.)

5.1.2 Prozeßkommunikation läßt sich mit Hilfe der in Kapitel 3 und 4 entwickelten Techniken implementieren. Aus Kapitel 3 kann man entnehmen, wie man Kollisionen zweier Prozesse beim Versuch, eine Mitteilung in einer Schlange zu deponieren, verhindern kann. In Kapitel 4 haben wir gesehen, wie mittels geeigneter Synchronisationsmaßnahmen ein geordnetes "Gespräch" zwischen Prozessen gewährleistet werden kann.

Wir unterscheiden drei Arten von Kommunikationssystemen:

1. das Herr-Diener-System,

2. das Dialogsystem,

3. das Briefkastensystem.

Das <u>Herr-Diener-System</u> arbeitet nach dem Prinzip von Befehl und Gehorsam. Ein typisches Beispiel ist ein Treiber mit seinem Gerät. Der Treiber (als Herr) teilt dem Gerät die Arbeit zu. Er ist z. B. dafür verantwortlich, daß er dem Gerät, solange es einen Auftrag noch nicht erledigt hat, keinen neuen Auftrag zuteilt. Das Gerät (als Diener) ist jederzeit verfügbar; es ist verpflichtet, die Erledigung eines Auftrags zu bestätigen, damit der Treiber weiß, wann der nächste Auftrag erteilt werden kann. Ein Herr-Diener-System hat die folgenden wesentlichen Eigenschaften:

(a) Der Herr kann seinen Diener beauftragen, ohne zuvor jemand anders um Erlaubnis fragen zu müssen.

(b) Die Tätigkeit des Dieners wird von seinem Herrn vollständig überwacht.

(c) Die Zuordnung zwischen Herr und Diener ist fest.

Ein Dialogsystem dagegen gleicht einem Fernsprechauskunftsdienst: die Benutzer treten an das System mit Anfragen heran. Wie viele Benutzer gleichzeitig bedient werden können, hängt von der internen Struktur des Systems ab. Wird ein Benutzer jedoch einmal bedient, so kann er so viele Fragen stellen, wie er will.

Eine Gruppe anonymer Magnetbandgeräte bildet ein typisches Beispiel für ein Dialogsystem. Bevor ein Prozeß ein Gerät benutzen kann, muß er sich - zugleich mit anderen Prozessen - darum bewerben. Sobald die Verbindung hergestellt ist, d. h. dem Prozeß ein Gerät zugeteilt wurde, hat der Prozeß ein vorübergehendes Nutzungsmonopol für das zugeteilte Gerät. Ein Dialogsystem ist allgemein gekennzeichnet durch folgende Eigenschaften:

(a) Der Benutzer muß eine Nutzungserlaubnis erwerben.

(b) Die Aktivitäten des Systems werden zwar durch Benutzerwünsche ausgelöst, nicht jedoch von den Benutzern überwacht.

(c) Die Verbindung zwischen einem Benutzer und dem System ist von begrenzter Dauer.

In Briefkastensystemen wird ausschließlich über Mitteilungen kommuniziert, und der Absender einer Mitteilung weiß nicht, wann der Empfänger sie in die Hand bekommt. Die Mitteilungen werden nicht "von Hand zu Hand" übergeben, sondern in gemeinsamen Datenbereichen der Prozesse abgelegt. Einen solchen Datenbereich nennt man Nachrichtenpuffer (engl. message buffer) oder einfach "Briefkasten" (engl. mailbox). Das Absenden einer Mitteilung besteht im "Einwerfen in einen Briefkasten", das Empfangen einer Mitteilung besteht im "Herausnehmen aus einem Briefkasten".

Das Briefkastensystem ist das allgemeinste und flexibelste aller Kommunikationssysteme, hauptsächlich deshalb, weil es unempfindlich gegenüber Schwankungen in der Kommunikationsintensität ist: die verwendeten Nachrichtenpuffer gleichen die variierenden Sende- und Empfangsraten aus; wenn ein Empfänger mit der Entgegennahme und Verarbeitung von Mitteilungen nicht nachkommt, können diese sich im Nachrichtenpuffer stauen.

Ein weiterer Vorteil beim Briefkastensystem ist, daß ein Sender nicht warten muß, bis seine Mitteilung tatsächlich entgegengenommen wird. Er kann zwischenzeitlich mit anderen Aktivitäten fortfahren und sogar eine weitere Mitteilung im gleichen Briefkasten deponieren. Das ist vor allem dann angenehm, wenn auf Bestätigung ohnehin kein Wert gelegt wird, z. B. wenn Benutzerprozesse einem Druckertreiber mitteilen, daß bestimmte Datenbestände ausgedruckt werden sollen. Ein Benutzerprozeß muß dazu lediglich einen Druckauftrag, der eine geeignete Beschreibung des Datenbestandes enthält, im Briefkasten des Druckertreibers deponieren. Er braucht nicht auf die Auftragserledigung zu warten; es genügt ihm, zu wissen, daß der Datenbestand zu gegebener Zeit ausgedruckt werden wird.

5.1.3 Auch der Trommeltreiber aus 2.2 kommuniziert mit anderen Prozessen über eine Art Briefkasten, nämlich über das Feld 'Puffer'. An diesem Beispiel erkennt man einen weiteren Vorteil von Briefkastensystemen gegenüber Dialogsystemen. Die Trommel sollte - im Gegensatz etwa zu einem Magnetbandgerät - nicht längere Zeit einem einzigen Prozeß zur Verfügung stehen, d. h. ein Prozeß sollte jeweils nur eine "Frage" an den Trommeltreiber richten. Bei einem Dialogsystem muß der Fragesteller zunächst um Erlaubnis nachsuchen, seine Frage stellen zu können. Handelt es sich nur um eine einzige Frage, so gibt es eigentlich keinen Grund, zwischen der Bitte um Erlaubnis zur Fragestellung und der Fragestellung selbst zu unterscheiden. Es ist unsinnig, eine spezielle "Verbindung" zwischen Fragesteller und antwortender Instanz zu schaffen, die nach der Fragestellung ohnehin gleich wieder abgebrochen wird. In diesem Fall ist das Briefkastensystem offensichtlich adäquater.

Briefkastensysteme können wie folgt charakterisiert werden:

(a) Ein Sender kann ohne besondere Erlaubnis eine Mitteilung abschicken - sofern im entsprechenden Briefkasten noch Platz ist.

(b) Die Sender haben keinerlei Kontrolle über die Empfänger.

(c) Es gibt zu keinem Zeitpunkt eine direkte Verbindung zwischen einem

Sender und einem Empfänger (natürlich stellt ein Briefkasten eine indirekte Verbindung dar).

(d) Ein Briefkasten fungiert als Stauraum für Mitteilungen, die schneller gesendet als empfangen werden.

Für den Zugriff auf einen Briefkasten benötigt man im wesentlichen zwei Operationen, 'senden(Mitteilung)' und 'empfangen(Mitteilung)' (engl. 'send', 'receive'). Da nur etwas entnommen werden kann, was auch vorhanden ist, müssen die Operationen 'senden' und 'empfangen' geeignet synchronisiert werden. Wir benutzen zu diesem Zwecke ein Semaphor 'belegt':

```
procedure senden(Mitteilung) =

begin     local p;
          suche freien Platz(p);
          p := Mitteilung;
          belege Platz(p);
          signal(belegt)
end.
```

```
procedure empfangen(Mitteilung) =

begin     local p;
          wait(belegt);
          suche belegten Platz(p);
          Mitteilung := p;
          befreie Platz(p)
end.
```

(p ist eine Zeigervariable; in den Zuweisungen wird p dereferenziert. - Es wird vorausgesetzt, daß die hier verwendeten Hilfsprozeduren so implementiert sind - notfalls als kritische Anweisungen -, daß nebenläufige Ausführung von 'senden' und 'empfangen' nicht zu Fehlern führt.)

Wenn 'belegt' mit Ø initialisiert wird, ist gesichert, daß die Anzahl der Ausführungen von 'empfangen' die Anzahl der Ausführungen von 'senden' niemals übersteigt. Mit anderen Worten: 'empfangen' wird nie versuchen, auf einen leeren Briefkasten zuzugreifen.

Der im Briefkasten zur Verfügung stehende Platz ist begrenzt. Aus diesem Grund muß durch weitere Synchronisationsmaßnahmen dafür gesorgt werden, daß nicht versucht wird, in einem vollen Briefkasten eine weitere Mitteilung unterzubringen. Man kann auch sagen, daß die Anzahl der Ausführungen von 'senden' die Anzahl der Ausführungen von 'empfangen' höchstens um die Kapazität des Briefkastens übersteigen darf.

Die Dualität zwischen der Behandlung von belegten Plätzen - d. h. Mitteilungen - und freien Plätzen springt ins Auge. Der Empfänger wartet auf belegte Plätze, der Sender wartet auf freie Plätze. Wir müssen also ein zusätzliches Semaphor 'frei' einführen und mit der Kapazität des Briefkastens initialisieren. Die modifizierten

Programme sind:

```
procedure senden(Mitteilung) =
begin   local p;
        wait(frei);
        suche freien Platz(p);
        p := Mitteilung;
        belege Platz(p);
        signal(belegt)
end.
```

```
procedure empfangen(Mitteilung) =
begin   local p;
        wait(belegt);
        suche belegten Platz(p);
        Mitteilung := p;
        befreie Platz(p);
        signal(frei)
end.
```

Die obigen Programme sind zunächst für den Fall eines Senders und eines Empfängers gedacht, können aber auch für mehrere Sender und Empfänger verwendet werden, wenn bei der Implementierung der Hilfsprozeduren aufgepaßt wird. Beispielsweise darf es nicht vorkommen, daß zwei nebenläufige Inkarnationen von 'suche freien Platz' den gleichen freien Platz finden. 'suche freien Platz' muß also als kritische Anweisung realisiert werden, welche die Suche nach einem freien Platz und seine 'Vorabbelegung' umfaßt. Ein Platz kann sich also in einem Zustand zwischen 'frei' und 'belegt' befinden; ein gefundener freier Platz ist nicht mehr frei und noch nicht belegt; ein gefundener belegter Platz ist nicht mehr belegt und noch nicht frei. Jedem Platz müssen also zwei Anzeigen 'f'(rei), 'b'(elegt) zugeordnet sein (die Kombination 'f and b' tritt nicht auf). Die detaillierten Versionen der obigen Programme sind dann:

```
procedure senden(Mitteilung) =
begin   local p;
        wait(frei);
        with Briefkasten do
             p := freier Platz;
             p.f := false od;
        p := Mitteilung;
        p.b := true;
        signal(belegt)
end.
```

```
procedure empfangen(Mitteilung) =
begin   local p;
        wait(belegt);
        with Briefkasten do
             p := belegter Platz;
             p.b := false od;
        Mitteilung := p;
        p.f := true;
        signal(frei)
end.
```

(In 'p := Mitteilung' und 'Mitteilung := p' bezeichnet p die "anonyme Hauptkomponente" des Platzes p. - Die Anzeigen 'b', 'f' können durch Bit-Felder repräsentiert werden. Beachte, daß Testoperationen auf Bit-Feldern bei den meisten Maschinen billig zu realisieren sind!)

Übungen

1. Ein Rechner verfüge über n Plattenlaufwerke (n > 1). Die Platten werden als Hintergrundspeicher verwendet. Jedem Laufwerk ist ein eigener Treiber zugeordnet. Betrachte die beiden folgenden Kommunikationstechniken:

   a. Jeder Prozeß besitzt eine Mitteilungsschlange. Arbeitsspeicher und Hintergrundspeicher sind in gleich große "Rahmen" aufgeteilt, und die Informationen der Prozesse sind zu "Seiten" gruppiert, die genau in die Speicherrahmen passen. Ein Rahmen wird durch ein Paar (s,i) identifiziert, wobei s eine Laufwerknummer und i eine Rahmennummer innerhalb des Laufwerks s ist. Der Arbeitsspeicher wird als "Laufwerk Ø" betrachtet. Jeder Benutzerprozeß muß den Transport seiner eigenen Seiten selbst veranlassen und beauftragt dazu in geeigneter Weise die Treiber. Benötigt ein Prozeß einen freien Rahmen im Arbeitsspeicher oder Hintergrundspeicher, so kann er diesen mittels einer Systemfunktion - über die wir hier nichts weiter sagen - anfordern.

   b. Jeder Benutzerprozeß verfügt über zwei Mitteilungsschlangen: in der einen deponiert er Transferwünsche, der anderen entnimmt er Bestätigungsmeldungen. Ein Prozeß hat die Plazierung seiner Seiten in die Rahmen nicht in der Hand. Zu jedem Prozeß gehört eine Seitentabelle, deren Einträge unter anderem ausweisen, ob eine Seite "zugänglich", d. h. im Arbeitsspeicher ist. Ein Prozeß kann durch Abschicken einer geeigneten Mitteilung veranlassen, daß eine Seite zugänglich gemacht wird; dafür benutzt er die oben erwähnte erste Schlange. Ein besonderer Prozeß, den man z. B. "Seitenverwalter" nennen könnte, geht die Schlangen aller Benutzerprozesse durch, sammelt die dort vorgefundenen Mitteilungen und veranlaßt die notwendigen Seitentransfers durch Beauftragung geeigneter Treiber. Der Seitenverwalter erhält Antworten von den Treibern in einer speziellen Antwortschlange und wandelt diese Antworten in die notwendigen Bestätigungen für die Benutzerprozesse um.

   Entwickle für beide Techniken geeignete Mitteilungsformate (für Anforderungen und Bestätigungen)! Achte besonders darauf, welche der im allgemeinen Fall benötigten Angaben jeweils entfallen können!

2. Das Stapelsystem aus 2.2 enthält diverse kommunizierende Prozesse. Finde heraus, wo ein Herr-Diener-System, ein Dialogsystem oder ein Briefkastensystem vorliegt,

und beschreibe den Aufbau der Mitteilungen! Untersuche in gleicher Weise die Prozesse des Teilnehmersystems aus 2.5, bei dem ein besonderer Prozeß für das Ein/Auslagern von Benutzerprozessen zuständig ist!

3. Ein Rechner verfüge über n Drucker (n > 1), für deren Betreibung man sowohl ein Dialogsystem als auch ein Briefkastensystem ins Auge fassen kann. Wählt man ein Dialogsystem, so muß ein druckwilliger Prozeß zunächst einen Drucker anfordern, um dann, wenn er ihn erhalten hat, Zeile um Zeile an ihn abzuschicken. Sind alle Zeilen gedruckt, wird der Drucker wieder freigegeben. Beim Briefkastensystem muß der Prozeß erst seine gesamte Ausgabe in einem Speicherbereich (eventuell im Hintergrundspeicher) zusammenstellen. Anschließend schickt er einen Druckauftrag an den Druckerpool. Entwickle beide Systeme und gib insbesondere die den Benutzerprozessen zur Verfügung stehenden Systemfunktionen und den Aufbau der Mitteilungen an! Diskutiere die Vor- und Nachteile beider Systeme und versuche ein Resümee!

4. Betrachte die oben entwickelten Briefkastenoperationen 'senden' und 'empfangen'!

   a. Beweise für die zweite Operation, daß im Falle eines Senders und eines Empfängers ein Platz p niemals von Sender und Empfänger gleichzeitig benutzt wird!

   b. Es wird vorgeschlagen, in der dritten Version die beiden Anzeigen 'f', 'b' durch eine Anzeige 'z' (für "Zustand") zu ersetzen, die die Werte F(rei), B(elegt) und H(alb) annehmen kann. Ist dieser Vorschlag für den Fall mehrerer Empfänger geeignet?

   c. Beweise, daß die Anzahl der freien Plätze niemals kleiner als der Wert des Semaphors 'frei' ist! Beweise damit, daß in 'suche freien Platz' auch stets ein freier Platz gefunden wird!

5. Ein Briefkastensystem werde so implementiert, daß alle Mitteilungen in einem zentralen "Mitteilungspool" abgelegt werden. Sie sind dort zu verketteten Ringlisten gruppiert, welche die Mitteilungsschlangen repräsentieren. Die freien Plätze im Pool sind ebenfalls zu einer Liste verkettet. Mitteilungen wie Plätze seien sämtlich von einer festen Standardgröße. Jede Mitteilungsschlange hat einen "Kopf", der auf den letzten Eintrag der Schlange zeigt (sofern die Schlange nicht leer ist, sonst <u>nil</u>), und die Köpfe sind zu einem Feld gruppiert. Alle

Schlangen dürfen eine bestimmte maximale Länge nicht überschreiten. Die Operationen 'senden' und 'empfangen' haben außer 'Mitteilung' noch einen weiteren Parameter 'Briefkasten', der eine Mitteilungsschlange identifiziert. Programmiere 'senden' und 'empfangen' für diese Implementierung des Briefkastensystems!

5.2 Ein typisches Prozeßkommunikationssystem

5.2.1 Durch ein Betriebssystem wird die nackte Hardware in eine komfortable Maschine verwandelt, welche die nebenläufige Ausführung von Benutzerprogrammen erlaubt. Das geschieht, indem einerseits ein Teil der Hardware vor dem Benutzer verborgen wird, andererseits neue Funktionen angeboten werden, die den Komfort erhöhen und die Einhaltung der Regeln für die gemeinsame Nutzung der Maschine durch mehrere Programme erzwingen. Ein Beispiel für eine komfortable Funktion ist die Prozedur 'übertrage' aus 2.5.2, die die Schnittstelle zwischen den Benutzerprogrammen und dem Terminalsystem darstellt. Die Benutzerprogramme müssen sich nicht mit der Behandlung von Unterbrechungen und der Übertragung einzelner Zeichen belasten; soll eine Zeichenkette übertragen werden, wird einfach die Prozedur 'übertrage' - versehen mit geeigneten Parametern - aufgerufen. Ein Beispiel für das Erzwingen gewisser Verhaltensweisen der beteiligten Prozesse liefern die P/V-Operationen: wenn ein Prozeß in P blockiert, ist sichergestellt, daß der Prozessor an einen anderen Prozeß abgegeben wird. (In diesen Bereich gehören auch Überwachungsmaßnahmen des Systems wie Betriebsmittelzuteilung, Verklemmungsumgehung und dergleichen.)

Eine natürliche Vorgehensweise bei der Konstruktion eines Betriebssystems ist der inkrementelle Systementwurf: ausgehend von der Hardware bringt man an der Maschine nach und nach Modifikationen an, bis das entstandene Hardware-Software-System die gewünschten Eigenschaften aufweist. Im vorangegangenen Kapitel haben wir unser Augenmerk auf die Unterbrechungsbehandlung und das Betreiben der Peripheriegeräte gerichtet. Das Unterbrechungssystem wird durch ein System von Semaphoren ersetzt, womit zugleich der Mehrprogrammbetrieb realisiert ist. Die Einrichtung von Treibern erspart dem Benutzer die Konfrontation mit der E/A-Hardware.

Mit "inkrementellem" Systementwurf ist gemeint, daß jede Erweiterung auf Bestehendem aufbaut. Die Treiber aus Kapitel 4 beispielsweise ignorieren bereits, daß die Maschine ein Unterbrechungssystem hat; sie machen von der zuvor eingeführten Hardware-P-Operation Gebrauch. Ein System, welches in solcher Weise inkrementell entworfen wird, kann man als eine Folge von "Schichten" begreifen, die eine funktionelle Hierarchie bilden. Ein Programm in einer bestimmten Schicht macht ausschließlich Gebrauch von solchen Funktionen, die in "tieferliegenden" Schichten bereitgestellt sind; sein einwandfreies Funktionieren hängt daher nur von der Korrektheit seines eigenen Codes und der Korrektheit der unterliegenden Schichten ab.

In diesem Abschnitt führen wir ein Stück inkrementellen Entwurfs vor, indem wir ein Prozeßkommunikationssystem entwickeln, das systemweit für die verschiedensten Anwendungen einsetzbar sein soll. Dieses Subsystem basiert lediglich auf einem semaphorgesteuerten Synchronisationssystem; tatsächlich gehen wir damit gegenüber Abschnitt 4.5 in der funktionellen Hierarchie einen Schritt zurück, denn Gerätetreiber werden nicht benötigt. Später werden wir sehen, daß das im folgenden entwickelte System auch für die Kommunikation mit Treibern eingesetzt werden kann. In der funktionellen Hierarchie folgt also auf das Synchronisationssystem das Kommunikationssystem und auf das Kommunikationssystem das Treibersystem.

5.2.2 Das Kommunikationssystem benutzt die P/V-Operationen zum Aufbau einer Gruppe von Operationen für die Interprozeßkommunikation. Prozesse können als Sender und als Empfänger von "Fragen" auftreten (und können auch gleichzeitig Sender und Empfänger sein). Der Empfänger einer Frage kann eine "Antwort" an den Sender schicken. Beide Arten von Mitteilungen, Fragen und Antworten, werden in Mitteilungsschlangen deponiert. Jedem Prozeß ist als "Hausbriefkasten" eine solche Mitteilungsschlange zugeordnet (siehe Abb. 5.2a). Die Schlangen befinden sich in einem zentralen Systembereich, auf welchen die Prozesse nur indirekt über die Kommunikationsoperationen zugreifen können. Folgende Operationen sind vorgesehen:

```
Kreditvereinbarung(n)

sende(Frage, Empfänger)                 empfange(Frage, Sender)

empfange zurück(Antwort)                sende zurück(Antwort, Sender)
```

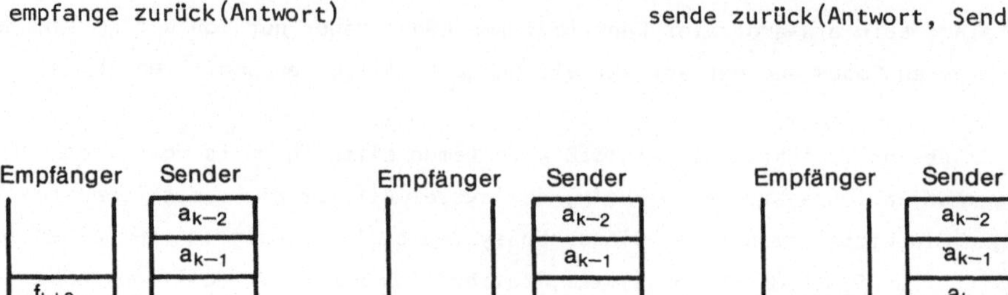

Abb. 5.2a   Fragen und Antworten zwischen zwei Prozessen

Durch 'Kreditvereinbarung(n)' legt ein Prozeß fest, wie viele noch nicht beantwortete Fragen er haben kann. Damit wird verhindert, daß ein Prozeß durch Aufbrauchen des gesamten für Mitteilungen reservierten Speicherbereichs das ganze Kommunikationssystem lahmlegen kann.

Wenn ein Sender eine Frage formuliert hat, übermittelt er sie mittels 'sende(Frage, Empfänger)' an einen bestimmten Empfänger. Der Name des Senders wird der Frage automatisch beigefügt, damit der Empfänger später weiß, an wen er die Antwort zurückzusenden hat. Die Ausführung von 'sende' verringert den "Kredit" des Senders um 1.

Mittels 'empfange zurück(Antwort)' nimmt ein Sender eine Antwort auf eine seiner zuvor gesendeten Fragen zur Kenntnis; liegen keine Antworten vor, so blockiert der Sender bis zum Eintreffen einer Antwort. Die Ausführung von 'empfange zurück' erhöht den Kredit des Senders um 1.

Die beiden Operationen können wie folgt implementiert werden (i identifiziert den laufenden Prozeß):

```
procedure sende(Frage, Empfänger) =
          if Kredit[i] = Ø then Fehlerausgang
          else Kredit[i] :- 1;
               with Briefkasten[Empfänger] do Frage ablegen(Frage, i,
                                                   Empfänger) od;
               V(Fragen vorhanden[Empfänger]) fi;

procedure empfange zurück(Antwort) =
begin     P(Antworten vorhanden[i]);
          with Briefkasten[i] do Antwort entnehmen(Antwort, i) od;
          Kredit[i] :+ 1
end.
```

Das Semaphor 'Fragen vorhanden[Empfänger]' zählt die Fragen im Briefkasten des Empfängers, 'Antwort vorhanden[i]' zählt die Antworten im Briefkasten des Senders i. Die kritischen Anweisungen garantieren den wechselseitigen Ausschluß von Manipulationen an einem Briefkasten. 'Frage ablegen' und 'Antwort entnehmen' realisieren die Briefkästen als Schlangen.

Ein Empfänger hat die Aufgabe, Fragen zur Kenntnis zu nehmen und zu beantworten. Eine im Briefkasten enthaltene Frage nimmt er mittels 'empfange(Frage, Sender)' zur Kenntnis. Dabei erfährt er auch, von welchem Sender die Frage stammt. Er kann also später mittels 'sende zurück(Antwort, Sender)' die Antwort an die richtige Stelle leiten. Die vom Empfänger benutzten Operationen können wie folgt implementiert werden:

```
procedure empfange(Frage, Sender) =
begin     P(Fragen vorhanden[i]);
          with Briefkasten[i] do Frage entnehmen(Frage, Sender, i) od
end       empfange;

procedure sende zurück(Antwort, Sender) =
begin     with Briefkasten[Sender] do Antwort ablegen(Antwort, Sender) od;
          V(Antworten vorhanden[Sender])
end.
```

5.2.3 Die Erzeugung von Fragen durch einen Sender ist der Kreditrestriktion unterworfen. Diese Restriktion erlaubt eine Implementierung des Kommunikationssystems derart, daß für Fragen und Antworten ein zentraler Pool von Plätzen verwendet wird. Natürlich ist nicht gesichert, daß jeder belegte Platz nach angemessener Zeit wieder frei wird. Unser System, wie es bisher aussieht, ist z. B. nicht dagegen gefeit, daß ein fehlerhafter Empfänger sich weigert, Fragen aufzugreifen. Der Effekt ist, daß gewissen Sendern gewisse Antworten vorenthalten werden, was auch auf eine permanente Verringerung ihres Kredits hinausläuft, da die Fragen "im Raum stehen bleiben" und Plätze im zentralen Pool belegen.

Das Kommunikationssystem sollte so konzipiert sein, daß es stabil gegenüber dem etwaigen Fehlverhalten seiner Benutzer ist. Zu diesem Zweck sehen wir einen ausgezeichneten Sender 'Notsender' und einen ausgezeichneten Empfänger 'Notempfänger' vor, die beide nicht Benutzer, sondern Teil des Kommunikationssystems sind. Sie werden in regelmäßigen Zeitabständen über einen Zeitgeber aktiviert und untersuchen dann alle Briefkästen auf Mitteilungen, die älter als eine bestimmte Zeitspanne sind; solche Mitteilungen werden vernichtet. Damit das Alter einer Mitteilung festgestellt werden kann, erhält jede Mitteilung, wenn sie in einem Briefkasten abgelegt wird, einen "Eingangsstempel" mit Zeitangabe.

Bei diesem Verfahren sind die Benutzer des Kommunikationssystems einer Zeitrestriktion unterworfen: Mitteilungen, die nicht schnell genug aufgegriffen werden, gehen verloren. Geht eine Frage verloren, so kann der 'Notempfänger' immerhin noch dafür sorgen, daß der Sender als Antwort eine Fehlermeldung erhält. Für verlorengehende Antworten ist dergleichen nicht möglich. Es liegt auf der Hand, daß die Zeitspanne, die den Mitteilungen zugestanden wird, hinreichend groß gewählt werden muß, damit "unter normalen Umständen" keine Mitteilungen verlorengehen.

Der 'Notempfänger' darf keine Anweisung 'P(Fragen vorhanden[Empfänger])' enthalten, denn er muß ja alle Briefkästen inspizieren, darf also nicht bei einem leeren Briefkasten hängenbleiben. Andererseits darf er auch nicht, nachdem der Empfänger einer Frage seine P-Operation passiert hat, diesem die - vielleicht einzige - Frage wegschnappen. Der hier mögliche Konflikt wird durch Ausweitung der Ausschlußsynchronisation für den Zugriff auf den Briefkasten gelöst. Dabei werden statt kritischer Anweisungen P/V-Operationen verwendet. Eine Variable 'Fragen[i]' gibt an, wieviele Fragen der Briefkasten enthält; dafür wird statt 'Fragen vorhanden[i]' nur noch ein binäres Semaphor 'Frage eingetroffen[i]' benutzt. Außerdem wird eine Boole'sche Variable 'Frage erwartet[i]' benötigt. - Es folgen die neuen Programmversionen für das Senden und Empfangen sowie das Programm für den Notempfänger.

```
procedure sende(Frage, Empfänger) =
            if Kredit[i] = Ø then Fehlerausgang
            else Kredit[i] :- 1;
                 P(Briefkasten[Empfänger]);
                   Frage ablegen(Frage, i, Empfänger);
                   if Frage erwartet[Empfänger] then
                      V(Frage eingetroffen[Empfänger])
                   else Fragen[Empfänger] :+ 1 fi;
                 V(Briefkasten[Empfänger]) fi;

procedure empfange(Frage, Sender) =
begin     P(Briefkasten[i]);
            if Fragen[i] = Ø then
               Frage erwartet := true;
               V(Briefkasten[i]);
               P(Frage eingetroffen[i]);
               Frage erwartet := false
            else Fragen[i] :- 1 fi;
            Frage entnehmen(Frage, Sender, i);
          V(Briefkasten[i])
end.
```

Notempfänger:

```
begin local k, Frage, Sender, Zeitgrenze;
      Zeitgrenze := Uhrzeit - Zeitspanne;
      for k in [erster Empfänger ..letzter Empfänger] {außer Notempfänger} do
          P(Briefkasten[k]);
            if Fragen[k] ≠ Ø then
              while Eingangszeit der ersten Frage(k) < Zeitgrenze do
                    Fragen[k] :- 1;
                    Frage entnehmen(Frage, Sender, k);
                    sende zurück(Fehlermeldung, Sender) od fi;
          V(Briefkasten[k]) od
end.
```

Beachte das bedingte Verlassen des kritischen Abschnitts in 'sende'! Wenn 'V(Frage eingetroffen[Empfänger])' ausgeführt wird, "wird der kritische Abschnitt an den aufgeweckten Empfänger übergeben". - Der 'Notsender' hat die gleiche Struktur wie der 'Notempfänger'.

Das in diesem Abschnitt vorgestellte Kommunikationssystem stellt eine Betriebssystem-Schicht dar, die ein Briefkastensystem nach der in 5.1 gegebenen Definition realisiert. Prozesse, die auf dieser Schicht aufbauen, brauchen sich über die Implementierung der Kommunikationsoperationen keine Gedanken zu machen. Das Kommunikationssystem selbst kann getestet und korrigiert werden, ohne daß man wissen muß, wie später hinzuzufügende höhere Schichten aussehen werden. Und wenn man erzwingt, daß Prozeßkommunikation ausschließlich über dieses Kommunikationssystem stattfindet, schließt man Fehler aus, die bei einer selbstgeschneiderten Kommunikationstechnik stets möglich sind und zur Beeinträchtigung anderer Prozesse, ja zur Lahmlegung des gesamten Systems führen können.

Übungen

1. Es sieht so aus, als könne ein Sender sich mehr Kredit als anfangs zugestanden erschleichen, indem er öfters 'empfange zurück' ausführt; denn diese Operation erhöht den Kredit. Warum taugt dieser Vorschlag nichts? Ist es angebracht, in 'sende' und 'empfange zurück' eine Abfrage auf Kreditunterlauf oder -überlauf (im Verhältnis zum Anfangskredit) einzubauen? Oder ist das Kommunikationssystem vor mißbräuchlicher Benutzung bereits durch 'Notsender' und 'Notempfänger' hinreichend geschützt? Warum ist für die Empfänger kein Kreditverfahren erforderlich?

2. Wir fassen eine alternative Implementierung des Kommunikationssystems ins Auge. Auf eine explizite Kreditvereinbarung wird verzichtet; jeder Prozeß hat den gleichen Anfangskredit. Die Mitteilungen werden in einem zweidimensionalen Feld untergebracht, wo jedem Prozeß eine Zeile von Fragen bzw. Antworten zugeordnet ist; die Anzahl der Spalten ist gleich dem Anfangskredit. Die mittlere Anzahl von Mitteilungen für einen Prozeß sei so klein, daß für die Suche eines Prozesses nach einer Mitteilung für ihn ein primitives Suchverfahren vertretbar ist. Implementiere die Kommunikationsoperationen!

3. In der modifizierten Prozedur 'empfange' aus 5.2.3 wird das Vorhandensein einer Frage durch

```
if Fragen[i] = Ø then
   Frage erwartet := true;
   V(Briefkasten[i]);
   P(Frage eingetroffen[i]);
   Frage erwartet := false
else Fragen[i] :- 1 fi
```

sichergestellt. Warum kann man nicht einfach wie in der Originalversion aus 5.2.2

```
P(Fragen vorhanden[i])
```

verwenden (bei geeigneter Anpassung von 'sende')?

4. Das oben vorgestellte Kommunikationssystem ist nicht dagegen gefeit, daß durch etwaiges Fehlverhalten von Prozessen Verklemmungen entstehen. Beispiel:

```
{Prozeß p1}                          {Prozeß p2}
   sende(Frage1, p2);                   sende(Frage2, p1);
   empfange zurück(Antwort1);           empfange zurück(Antwort2);
   empfange(Frage2, p2);                empfange(Frage1, p1);
   sende zurück(Antwort2, p2)           sende zurück(Antwort1, p1)
```

Betrachte zwei alternative Vorschläge zur Vermeidung solcher Verklemmungen:

a. Wenn ein Prozeß p1 einem Prozeß p2 eine Frage stellen darf, dann darf der Prozeß p2 dem Prozeß p1 keine Frage stellen.

b. Die Prozesse sind fest in Klassen eingeteilt, die mit 1,2,... durchnumeriert sind. Die Klassen bilden eine Hierarchie in dem Sinn, daß ein Prozeß in einer Klasse k einem Prozeß in einer Klasse j genau dann eine Frage stellen darf, wenn $k < j$ gilt.

In a. wird eine Hierarchiebeziehung zwischen je zwei Prozessen festgelegt, in b. eine Hierarchiebeziehung zwischen Klassen. Untersuche, ob durch a. bzw. b. Verklemmungen ausgeschlossen werden!

5. Die Spezifikation unseres Kommunikationssystems läßt zu, daß ein Prozeß Antworten in anderer Reihenfolge erhält als er die zugehörigen Fragen gestellt hat.

(Den dadurch entstehenden Unsicherheiten kann man nur dadurch begegnen, daß man nie mehr als eine Antwort ausstehen läßt.) Implementiere ein Kommunikationssystem, daß diesen Schönheitsfehler nicht hat!

5.3 Gerätekommunikation

5.3.1 An der Interprozeßkommunikation können auch Peripheriegeräte als "Hardware-Prozesse" beteiligt sein. Ein Gerät bzw. Kanal bearbeitet nach Anstoß durch den Zentralprozessor

einen Befehl
oder ein Paket von Befehlen
oder eine Schlange verketteter Befehle.

Die Beendigung einer Befehlsausführung wird im einfachsten Fall durch das Setzen einer Anzeige FERTIG an den Prozessor zurückgemeldet. Das Gerät wartet dann auf den nächsten Befehl, dessen Eintreffen im Befehlsregister durch das Setzen einer Anzeige AKTIV signalisiert wird. Im Abschnitt 4.5 war das Verhalten eines Gerätes so beschrieben worden:

```
Gerät:   {Hardware}

  repeat repeat until AKTIV;
         AKTIV := false;
         Befehl ausführen;
         Ausführung melden;
         BEREIT := true
  until  STOP.
```

Der Prozessor ist lediglich für das Bereitstellen des Befehls und das Setzen von AKTIV, nicht für die Datenübertragung zuständig. Sobald das Gerät feststellt, daß AKTIV gesetzt ist, betrachtet es den Inhalt des Befehlsregisters als den auszuführenden Befehl. Nach der Ausführung eines Befehls kann man feststellen, ob die E/A-Operation fehlerfrei verlaufen ist oder nicht. Unter den Statusanzeigen eines Gerätes oder Kanals gibt es eine Reihe von Fehleranzeigen, die man abfragen kann; welche Anzeigen vorgesehen sind, hängt von der Art des Gerätes ab (Beispiel: Parityfehler bei Magnetbandgerät). (Es gibt auch Systeme, wo ein Fehler eine spezielle Unterbrechung auslöst.) Im Normalfall sollte nach Ausführung eines Befehls keine der Fehleranzeigen gesetzt sein.

Wir wissen aus 4.5, daß als Seiteneffekt des Setzens von FERTIG eine Unterbrechung ausgelöst werden kann. Eine Unterbrechung tritt genau beim Übergang in den folgenden Zustand ein: sowohl FERTIG als auch das zugehörige Bit im UE-Register ist gesetzt (außerdem dürfen, falls Prioritäten vorgesehen sind, keine Unterbrechungen höherer Priorität anstehen bzw. behandelt werden). Dieser Zustand tritt ein, wenn bei gesetztem UE-Bit FERTIG gesetzt wird oder umgekehrt. In 4.5 haben wir gesehen, wie eine Unterbrechung in eine Hardware-V-Operation umgemünzt werden kann.

5.3.2 Beim Auftreten einer Unterbrechung muß zweierlei getan werden: der Prozeß, für den die E/A-Operation durchgeführt wurde, muß benachrichtigt werden (gegebenenfalls auch eine Fehlermeldung erhalten), und das Gerät muß mit dem nächsten Befehl versorgt werden. Das Neustarten des Geräts kann durchaus zeitkritisch sein. Geräte mit aufwendiger Mechanik wie Leser und Drucker müssen unter Umständen neu "angeworfen" werden (was seine Zeit braucht), wenn der jeweils nächste Befehl nicht innerhalb einer sehr kurzen Zeitspanne nach Beendigung einer Operation vorliegt. Wird diese Zeitspanne permanent überschritten, so arbeiten die Geräte nur mit einem Bruchteil ihrer maximalen Geschwindigkeit.

Noch knapper sind die Zeitspannen bei rotierenden Speichern wie Trommeln und Platten. Die gespeicherten Informationen sind üblicherweise zu Blöcken variabler Länge oder Sektoren fester Länge gruppiert, wobei eine Spur mehrere Sektoren bzw. Blöcke enthält (s. Abb. 5.3a). Ein Befehl veranlaßt den Transport eines Blocks. Die für die Übermittlung eines Befehls zur Verfügung stehende Zeitspanne ist durch die Größe der "Blocklücken" zwischen zwei benachbarten Blöcken und die Rotationsgeschwindigkeit bestimmt: während die Blocklücke den Lese/Schreibkopf passiert, muß der nächste Befehl bereitgestellt und die Anzeige AKTIV gesetzt werden; geschieht dies nicht, so kann jedenfalls der folgende Block erst nach einer weiteren vollen Umdrehung übertragen werden. Ist der Treiber so programmiert, daß das Bereitstellen eines Befehls grundsätzlich mehr Zeit erfordert als das Passieren der Blocklücke, dann kann sich die effektive Geräteleistung drastisch verringern (abhängig davon, wieviele Blöcke sich auf einer Spur befinden).

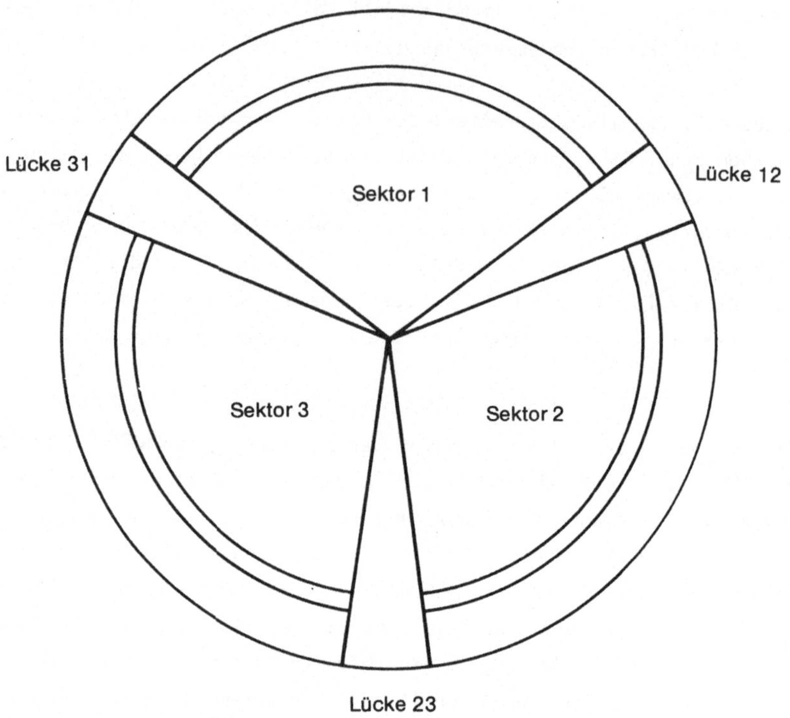

Abb. 5.3a Blöcke/Sektoren mit Blocklücken auf einer Plattenspur

Wegen dieses Zeitproblems ist es angebracht, nach Beendigung einer Übertragung sofort die nächste Übertragung zu veranlassen und erst dann den an der vorangegangenen Übertragung interessierten Prozeß zu informieren. Natürlich sollte der Treiber, wenn kein weiterer Übertragungswunsch ansteht, nicht auf das Eintreffen eines solchen warten - denn dadurch würde die Benachrichtigung des genannten Prozesses für unbestimmte Zeit verzögert werden. Der Treiber unterläßt in diesem Fall einfach die Neuaktivierung des Gerätes, d. h. benachrichtigt den genannten Prozeß und wartet auf die nächste Unterbrechung. Das erzwingt die folgende Vorgehensweise bei der Übermittlung eines Übertragungswunsches: es muß geprüft werden, ob das Gerät aktiv ist; wenn nicht, muß es aktiviert werden. Die Übertragungswünsche werden zweckmäßig in einer Auftragsschlange (auch Geräteschlange; engl. command queue, device queue) deponiert. Der Zustand "Schlange leer" sollte mit dem Gerätezustand "nicht AKTIV" zusammenfallen; das bedeutet, daß wir einen Auftrag erst dann aus der Schlange entfernen, wenn das Gerät seine Ausführung abgeschlossen hat. Die Struktur der Kommunikation zwischen Auftraggeber-Prozessen, Treiber und Gerät ist in Abbildung 5.3b skizziert.

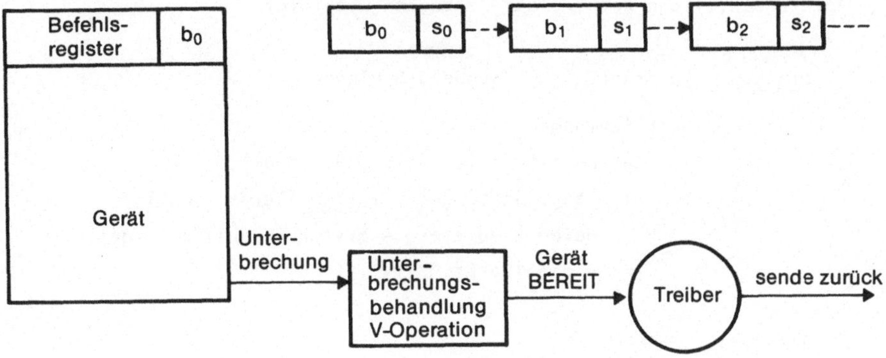

Abb. 5.3b Gerätekommunikation

Ein Prozeß, der eine Übertragung vom/zum Gerät wünscht, deponiert einen Auftrag, bestehend aus einem Befehl und seiner eigenen Identifikation 'Sender', in der Auftragsschlange. Ist die Schlange leer, wird der Befehl auch in das Befehlsregister des Gerätes gebracht. Der Prozeß kann dann mit anderen Arbeiten fortfahren und erst später, wenn er auf die Beendigung der Datenübertragung angewiesen ist, mittels 'empfange zurück(Antwort)' auf die Endemeldung warten; 'Antwort' informiert ihn darüber, wie die Operation verlaufen ist.

Der Treiber wird durch eine Unterbrechung geweckt. Er rettet zunächst die Statusanzeigen des Gerätes; anschließend schickt er den nächsten Befehl - sofern vorhanden - an das Gerät und entfernt den erledigten Auftrag aus der Auftragsschlange; zum Schluß wird noch der Auftraggeber informiert.

5.3.3 Auftragserteilung und Treiber arbeiten wie folgt:

```
procedure Auftrag(Befehl, Sender, Schlange) =
        with Schlange do
            ablegen(Befehl, Sender, Schlange);
            if Länge(Schlange) = 1 then {Gerät inaktiv}
               Befehlsregister := erster Befehl(Schlange);
               signal(Gerät AKTIV) fi od;

Treiber:

repeat  local Antwort, Befehl, Sender;
        wait(Gerät BEREIT);
        Antwort := Gerätestatus;
        with Schlange do
            if Länge(Schlange) > 1 then
               Befehlsregister := zweiter Befehl(Schlange);
               signal(Gerät AKTIV) fi;
            entnehmen(Befehl, Sender, Schlange) od;
        sende zurück(Antwort, Sender)
until   false.
```

(Vergleiche die Prozedur 'Auftrag' mit 'sende' aus 5.2.2 und die Tätigkeit des Treibers mit 'empfange'! 'sende zurück' entspricht der gleichnamigen Prozedur aus 5.2.2. Der Auftraggeber wartet mit einem zugehörigen 'empfange zurück'.)

Im Stapelsystem aus 2.2 werden Neuaktivierung des Gerätes und Rückmeldung an den Auftraggeber in der falschen Reihenfolge ausgeführt. Das ist dort vertretbar, denn die Rückmeldung besteht nur aus dem Umsetzen des Inhalts einer Speicherzelle. Dagegen kann 'sende zurück' eine Blockade beinhalten!

5.3.4 Es verdient festgehalten zu werden, daß der Treiber nicht als Prozeß realisiert werden muß, wenn wir festlegen, daß der Auftraggeber unmittelbar auf die Beendigung seines Auftrags wartet. Alle notwendigen Aktionen einschließlich des Wartens lassen sich dann in der Prozedur 'Auftrag' zusammenfassen. In einer permanenten Variablen 'Auftraggeber' vermerken wir die Identifikation des Auftraggeber-Prozesses der jeweils laufenden Datenübertragung. Die Unterbrechung wird nicht in ein 'signal(Gerät BEREIT)' umgewandelt, sondern in ein 'signal(fertig Auftraggeber)'; beim Auftreten einer Unterbrechung wird somit nicht ein Standardprozeß - der Treiber aus 5.3.3 - geweckt, sondern gleich der jeweilige Auftraggeber, der in 'Auftrag' wartet. Wir erhalten folgende Version für 'Auftrag':

```
procedure Auftrag(Befehl, Sender, Schlange, Antwort) =
begin    with Schlange do
         ablegen(Befehl, Sender, Schlange);
         if Länge(Schlange) = 1 then
            Befehlsregister := erster Befehl(Schlange);
            Auftraggeber := erster Prozeß(Schlange);
            signal(Gerät AKTIV) fi od;
         wait(fertig[Sender]);
         Antwort := Gerätestatus;
         with Schlange do
               if Länge(Schlange) > 1 then
                  Befehlsregister := zweiter Befehl(Schlange);
                  Auftraggeber := zweiter Prozeß(Schlange);
                  signal(Gerät AKTIV) fi;
               entnehmen(Befehl, Sender, Schlange) od
end.
```

Man bedenke jedoch, daß in vielen Fällen die Vorschrift des unmittelbaren Wartens eine lästige Einschränkung bedeutet. Als Beispiel möge das Ein- und Auslagern von Seiten dienen (vgl. 5.1). Eine Seite ist "zugänglich", wenn sie im Arbeitsspeicher liegt, d. h. ihr Inhalt per Programm direkt manipulierbar ist. Unzugängliche Seiten liegen im Hintergrundspeicher und können erst nach Einlagerung in den Arbeitsspeicher manipuliert werden. Zum Zwecke der Ein/Auslagerung von Seiten soll eine Operation 'tausche(s1,s2)' zur Verfügung stehen, die für zwei Seiten s1, s2 folgendes bewirkt: wenn die eine Seite zugänglich ist und die andere nicht, wird die zugängliche gegen die unzugängliche ausgetauscht, d. h. die zugängliche wird ausgelagert und die unzugängliche wird eingelagert; wenn beide Seiten zugänglich oder beide unzugänglich sind, geschieht nichts. 'tausche' muß zwei Übertragungen veranlassen, das Auslagern der zugänglichen Seite und das Einlagern der unzugänglichen Seite. Ist ein Treiberprozeß vorhanden, kann man ihm zwei Aufträge erteilen und anschließend auf deren Erledigung warten; ohne Treiberprozeß muß man die Erledigung des ersten Auftrags abwarten, bevor man den zweiten Auftrag erteilen kann. Dies kann auf eine Verzögerung des Seitenaustauschs hinauslaufen.

5.3.5 Die Informationseinheit, die während einer E/A-Operation übertragen wird, kann sehr viel kleiner sein als diejenige Einheit, die für die Logik des Programms relevant ist. Ein Terminal zum Beispiel wird zeichenweise bedient, während ein Programm eventuell nur an der Ein/Ausgabe kompletter Zeilen interessiert ist. Die Diskrepanz zwischen den Größen der Informationseinheiten führt zu einem unnötigen Aufwand bei der Gerätebedienung. Deshalb sind viele Geräte so konstruiert, daß mit einem Befehl nicht nur ein Zeichen oder ein Wort, sondern ein ganzer Block von Zeichen bzw. Worten übertragen wird. Typische Beispiele hierfür sind Magnetbandgeräte und rotierende Speicher. Ein Befehl zur Übertragung eines Blocks enthält dann - neben anderen Angaben - die Anfangsadresse des Blocks im Arbeitsspeicher sowie die Blocklänge in Zeichen oder Worten. Der Befehl kann somit als eine kleine Programmschleife für Gerätesteuerung oder Kanal begriffen werden, die die wiederholte Übertragung einer kleinen Informationseinheit veranlaßt. Der Prozessor muß nicht nach jeder einzelnen Übertragung intervenieren, sondern erst dann, wenn der ganze Block übertragen ist.

Kanäle (auch Gerätesteuerungen) können noch intelligenter gemacht werden, indem man sie in die Lage versetzt, ganze Pakete von Befehlen, genannt Kanalprogramme, selbsttätig auszuführen. Nach der Ausführung eines Befehls wird automatisch mit der Ausführung des nächsten Befehls begonnen, ohne daß der Treiber beteiligt ist. Ist das Kanalprogramm beendet, stellt der Kanal seine Tätigkeit ein und benachrichtigt den Prozessor in der üblichen Weise.

Ein noch intelligenteres System entnimmt die Befehle direkt einer Befehlsschlange, die vom Treiber oder anderen Prozessen kontinuierlich aufgefüllt wird. Das bedeutet, daß beim Einbringen eines Befehls in eine leere Befehlsschlange das Gerät automatisch gestartet wird. Die Schlangen werden zweckmäßigerweise verkettet implementiert. Die Gerätesteuerung enthält zwei Zähler BEFEHLE und RESULTATE. BEFEHLE zählt die anstehenden Befehle, Resultate zählt die vom Treiber noch nicht zur Kenntnis genommenen Ergebnismeldungen des Gerätes. Das Gerät wartet, bis BEFEHLE > Ø gilt, verringert dann BEFEHLE um 1 und holt sich den nächsten Befehl. Nach Ausführung des Befehls erhöht es RESULTATE um 1. Wird dabei RESULTATE von 0 auf 1 erhöht, so wird die Anzeige BEREIT gesetzt. Bei der Auftragserteilung für ein derart arbeitendes Gerät wird durch den Treiber ein Befehl in der Befehlsschlange abgelegt und BEFEHLE um 1 erhöht. Für die Verringerung des Wertes von RESULTATE ist ebenfalls der Treiber zuständig.

Das Verhalten des Gerätes kann wie folgt beschrieben werden:

```
Gerät:    {Hardware}

      repeat
            repeat until BEFEHLE > Ø;
            BEFEHLE :- 1;
            Befehl := Nachfolger(Befehl);
            ausführen(Befehl);
            Gerätestatus eintragen(Befehl);
            if RESULTATE = Ø then BEREIT := true fi;
            RESULTATE :+ 1
      until  STOP.
```

Wenn mit der Ausführung eines Befehls begonnen wird, wird dieser noch nicht aus der Befehlsschlange entfernt. Ist die Ausführung beendet, so sorgt das Gerät selbst dafür, daß etwaige Fehlermeldungen im Befehl eingetragen werden.

Die höhere Intelligenz des Gerätes hat eine einfachere Gerätebedienung zur Folge:

```
procedure Auftrag(Befehl, Sender, Schlange) =
      with Schlange do
           ablegen(Befehl, Sender, Schlange);
           BEFEHLE :+ 1 od;

Treiber:

begin local Antwort, Sender;
      repeat if RESULTATE > Ø then BEREIT := false
             else wait(Gerät BEREIT) fi;
             with Schlange do
                  entnehmen(Antwort, Sender, Schlange);
                  RESULTATE :- 1 od;
             sende zurück(Antwort, Sender)
      until  false
end.
```

Wenn der Treiber auf 'RESULTATE = Ø' stößt, blockiert er bis zur Beendigung der nächsten E/A-Operation. Er wird dann aufgeweckt, weil das Gerät die Anzeige BEREIT setzt und damit eine Unterbrechung auslöst, die in ein 'signal(Gerät BEREIT)' umgesetzt wird. Beachte, daß die Reihenfolge der Manipulationen von RESULTATE und BEREIT für die einwandfreie Kooperation zwischen Gerät und Treiber wesentlich ist!

Natürlich muß vorausgesetzt werden, daß die Erhöhungen bzw. Verringerungen der Zähler als unteilbare Operationen ablaufen. Überlappungen könnten zu den bekannten Fehlern führen.

Übungen

1. Ein Drucker sei in der Lage, ein ganzes Paket von Druckbefehlen selbständig zu verarbeiten. Er baut eine auszudruckende Zeile in einem eigenen Zeilenpuffer auf, der 120 Zeichen aufnehmen kann. Der Puffer ist in 30 Felder von je 4 Zeichen aufgeteilt, und ein Befehl überträgt ein aus 4 Zeichen bestehendes Arbeitsspeicherwort in eines der Pufferfelder (der Befehl besteht aus einer Arbeitsspeicheradresse und einer Feldnummer). Der Pufferinhalt wird ausgedruckt, sobald eines der Steuerzeichen ZEILENWECHSEL, SEITENWECHSEL in den Puffer oder ein beliebiges Wort in das letzte Pufferfeld übertragen wurde.

   Den Benutzerprozessen soll die Möglichkeit gegeben werden, mit einer einzigen Mitteilung das Ausdrucken einer kompletten Liste zu veranlassen. Diese Mitteilung soll lediglich aus der Adresse der ersten Zeile bestehen. Eine Zeile beginnt mit einem Kopf, auf den die eigentlichen Daten folgen. Der Kopf enthält die Zeilenlänge und die Adresse der nächsten Zeile (sofern vorhanden). Wir setzen voraus, daß der Drucker so zuverlässig arbeitet, daß der Benutzerprozeß von dem erfolgreichen Abschluß des Druckvorgangs nicht informiert zu werden braucht.

   Die Steuerung des Druckvorgangs wird zwei Prozessen übertragen, dem Treiber und dem "Planer". Der Planer nimmt die Aufträge der Benutzerprozesse entgegen und erzeugt für jeden Auftrag eine Folge von Befehlspaketen - ein Paket für jede Zeile -, die sukzessive an den Treiber weitergereicht werden. Schreibe ein Programm für den Planer!

2. Eine Platte kann je Spur 2080 Worte aufnehmen und hat eine Übertragungsrate von 40 000 Worten je Sekunde. Ein Block besteht aus 512 Worten, d. h. eine Spur enthält 4 Blöcke. Zwischen zwei Übertragungen muß die Unterbrechungsbehandlung durchgeführt, d. h. der Prozessorstatus des laufenden Prozesses gerettet und der Treiber aktiviert werden. Schätze die Zeit, die dafür auf einer 1-µs-Ma-

schine benötigt wird, und prüfe, ob der nächste Befehl noch innerhalb der Blocklücke erteilt werden kann (vorausgesetzt, der Treiber wartet bereits auf die Unterbrechung)! Würden Kanalprogramme oder Befehlsschlangen die Situation verbessern?

3. Die Realisierung von Treibern für Geräte, die mit ihnen auf gemeinsame Daten zugreifen, ist immer schwierig, weil wechselseitiger Ausschluß nur für die elementaren Speicherzugriffe gewährleistet ist. Daher ist die Kooperation zwischen Gerät und Treiber in 5.3.5 durchaus nicht trivial. Bestätige, daß die Manipulationen von BEREIT und RESULTATE korrekt sind, d. h. daß der Treiber Endemeldungen des Gerätes nicht ignoriert und unausgeführte Befehle nicht aus der Schlange entfernt.

4. In 2.2.2 wurde die Wechselpuffertechnik erwähnt: während ein Eingabegerät die eine Hälfte eines Wechselpuffers füllt, wird der Inhalt der anderen Hälfte verarbeitet. Wenn das Gerät mit einer Befehlsschlange wie in 5.3.5 arbeitet, könnte man die Schlange permanent aus zwei zyklisch aufeinander verweisenden Befehlen für die beiden Pufferhälften bestehen lassen. Prüfe, ob die Zähler BEFEHLE und RESULTATE gewährleisten, daß Treiber und Gerät korrekt zusammenarbeiten!

   Wie kann das Problem bei Verwendung von Kanalprogrammen gelöst werden? Programmiere den Treiber! (Der Treiber muß über den Zustand des Wechselpuffers Buch führen!)

5. Eine bestimmte Menge von Seiten (vgl. 5.1.1, 5.3.4) werde von mehreren Prozessen gemeinsam benutzt. Diese Seiten sind in einer zentralen Tabelle verzeichnet. Ein Eintrag in der Tabelle verweist auf die Lage einer Seite und enthält gewisse Zustandsinformationen und einen "Referenzzähler". Die Zustandsinformationen geben u. a. Auskunft darüber, ob die Seite zugänglich oder unzugänglich ist; im ersteren Fall ist der Lageverweis einer Adresse im Arbeitsspeicher, im letzteren Fall handelt es sich um eine Adresse im Hintergrundspeicher. Weiter kann vermerkt sein, ob die Seite gerade ein- oder ausgelagert wird. Der Referenzzähler gibt an, wieviele Prozesse die Seiten benutzen, wenn sie zugänglich ist.

   Ein Prozeß, der eine der Seiten zugänglich machen will, führt 'Anforderung(Seite)' aus, wobei 'Seite' ein Index für die Seitentabelle ist. Ist ein Prozeß an einer Seite nicht mehr interessiert, so führt er 'Freigabe(Seite)' aus. Implementiere diese Prozeduren für einen Hintergrundspeicher mit Befehlsschlange unter der Annahme, daß die Prozesse eine Rückmeldung über das Zugänglichwerden bzw. Unzugänglichwerden einer Seite benötigen!

5.4 Kommunikation mit der Operateurkonsole

5.4.1 Viele Rechnersysteme verfügen über ein ausgezeichnetes Terminal, über das der Betriebsablauf von einem Operateur gesteuert werden kann; das Gerät wird Operateurkonsole genannt. Das System kann Mitteilungen zur Operateurkonsole schicken, die den Operateur veranlassen, gewisse Maßnahmen zu ergreifen, z. B. ein bestimmtes Magnetband in ein bestimmtes Bandgerät einzulegen. Wenn der Operateur eine solche Mitteilung zur Kenntnis genommen und entsprechende Maßnahmen ergriffen hat, meldet er dies über die Konsole dem Absender der Mitteilung. Wie die Kommunikation zwischen den Prozessen und der Konsole organisiert wird, ist Gegenstand dieses Abschnitts.

Ein Terminal beinhaltet strenggenommen zwei unabhängige Geräte, eine Tastatur und ein Druckwerk bzw. einen Bildschirm. In 2.5 haben wir erörtert, wie man diese beiden Geräte mit Hilfe zweier Treiber steuern kann; ein Tastaturtreiber und ein Bildschirmtreiber wurden skizziert. Die Schnittstelle zwischen Benutzerprozessen und Terminalsystem war durch eine Systemfunktion 'Übertrage(Richtung,Daten)' gegeben. Bei 'Richtung = ein' wird eine Zeile vom Terminal nach 'Daten', bei 'Richtung = aus' von 'Daten' zum Terminal übertragen. Die in 2.5 entwickelten Programme waren als Unterbrechungsbehandlungsroutinen konzipiert. Es ist eine gute Übung, sie in Treiberprozesse umzuwandeln, die von wait/signal Gebrauch machen (vgl. Übung 1 und Übung 4.1.5).

4.5.2 Wir betrachten mehrere Möglichkeiten, wie die Kommunikation einer Gruppe von Benutzerprozessen mit dem Operateur organisiert werden kann. Ein einfaches Verfahren ist, daß der Operateur jede auf der Konsole erscheinende "Frage" zunächst beantworten muß, bevor eine weitere Frage zugelassen wird. Eine flexiblere Methode wäre, daß der Operateur einen Prozeß bitten kann, sich etwas zu gedulden, so daß in der Zwischenzeit die Fragen anderer Prozesse beantwortet werden können.

Die Gesamtheit aller Aktionen vom Stellen einer Frage bis zu ihrer endgültigen

Beantwortung nennen wir Dialog. Wie ein Dialog ablaufen kann, ist durch das Betriebssystem festgelegt. Alle Fragen, die ein Prozeß stellen kann, sind in einer Tabelle verzeichnet. Für jede Frage gibt es eine wohldefinierte Menge von möglichen Antworten. Ein Prozeß stellt eine Frage, indem er eine bestimmte Systemfunktion aufruft und ihr als Parameter u. a. einen Index für die Fragetabelle mitgibt. Die Parameter könnten beispielsweise 14, NHØ2.5, 2 sein, wobei die Tabelle den folgenden Eintrag enthält:

14: entferne <Band> von Bandgerät <Gerät>

Natürlich will der Operateur die Frage nicht als Nummer, sondern im Klartext erhalten. Die Fragentabelle sollte also nicht in einem Operateurhandbuch sondern im System selbst untergebracht sein. Das bedeutet, daß das Betriebssystem, wenn es die genannte Systemfunktion ausführt, die Fragentabelle konsultiert und einen lesbaren Text ausgibt, z. B.

"entferne NHØ2.5 von Bandgerät 2".

Die damit erzielte bessere Lesbarkeit von Konsolprotokollen rechtfertigt durchaus den Aufwand für das Erzeugen und Drucken solcher Texte.

Wählt man das oben erwähnte einfache Kommunikationsverfahren, so gibt es zu jedem Zeitpunkt höchstens einen Dialog. Einer Frage F1 muß eine Antwort A1 folgen, bevor die nächste Frage F2 gestellt werden kann. Die Schnittstelle zwischen Benutzerprozessen und Konsolsystem besteht aus zwei Systemfunktionen 'schreibe(Frage)' und 'lies(Antwort)'. Wir setzen voraus, daß jede Mitteilung, sei es Frage oder Antwort, auf eine Terminalzeile paßt und ignorieren im Augenblick die notwendige Umwandlung von 'Frage' in Klartext. 'schreibe' überträgt eine Frage in einen Pufferbereich beim Konsolsystem; für die eigentliche Ausgabe, d. h. die Übertragung der Daten aus dem Puffer auf den Bildschirm, sorgt dann der Bildschirmtreiber. Entsprechend arbeitet 'lies'. Die Implementiertung von 'schreibe' und 'lies' ist denkbar einfach:

```
procedure schreibe(Frage) =
begin     wait(Bildschirmpuffer leer);
          Bildschirmpuffer := Frage;
          signal(Bildschirmpuffer voll)
end       schreibe;
```

```
procedure lies(Antwort) =
begin     wait(Tastaturpuffer voll);
          Antwort := Tastaturpuffer;
          signal(Tastaturpuffer leer)
end.
```

Diese Programme gewährleisten, daß niemals zwei Prozesse gleichzeitig in den Bildschirmpuffer schreiben bzw. aus dem Tastaturpuffer lesen können. Mit geeigneten Treibern läßt sich sicherstellen, daß eine gestellte Frage nicht von einer anderen Frage überschrieben werden kann, bevor sie ordnungsgemäß an der Konsole ausgegeben ist, und daß der Operateur eine eingegebene Antwort nicht mit einer anderen Antwort überschreiben kann, bevor erstere von einem Prozeß ordnungsgemäß zur Kenntnis genommen wurde. Allerdings ist die strikt sequentielle Dialogfolge, die wir anstreben, nicht gesichert. Die Prozesse können in beliebiger Folge Fragen stellen, und die Antworten können bei den falschen Prozessen landen. De facto läuft der Eingabestrom unabhängig vom Ausgabestrom.

Eine strikt sequentielle Dialogfolge läßt sich auf zweierlei Weise erreichen. Am einfachsten ist es, wenn man den Benutzerprozessen nicht zwei Operationen 'schreibe' und 'lies', sondern nur eine kombinierte Operation 'Dialog' zur Verfügung stellt, die sowohl das Stellen einer Frage als auch das unmittelbare Warten auf die Antwort beinhaltet. In 'Dialog' werden 'schreibe' und 'lies' in einer kritischen Anweisung zusammengefaßt:

```
procedure Dialog(Mitteilung) =
begin     local Text;
          Text := Ubersetzung(Mitteilung);
          with Konsole do
               schreibe(Text);
               lies(Text) od;
          Mitteilung := Rückübersetzung(Text)
end.
```

'Ubersetzung' erzeugt unter Benutzung der Fragentabelle den Klartext für den Operateur, und 'Rückübersetzung' besorgt die eventuell notwendige Umformung des eingegebenen Textes in eine für den Prozeß geeignete Gestalt. Die kritische Anweisung garantiert, daß eine Frage erst beantwortet werden muß, bevor eine weitere Frage gestellt werden kann.

Bezogen auf die Geschwindigkeit des Prozessors und selbst der E/A-Geräte ist die

Beantwortung einer Frage durch den Operateur ein langwieriger Vorgang. Die Beantwortung erschöpft sich ja nicht immer im Eintippen eines Textes. Eventuell muß vorher ein Magnetbandgerät aus einem Gerät entfernt werden o. ä. Während der Beantwortung sollte der Prozeß also nicht zum Warten gezwungen sein, sondern andere nutzbringende Arbeiten verrichten können. Unter diesem Aspekt ist die obige Lösung mit der kritischen Anweisung unbefriedigend, da das Stellen einer Frage notwendig mit dem Warten auf die Antwort verbunden ist.

5.4.3 Eine bessere Realisierung der strikt sequentiellen Dialogfolge wird möglich, wenn man zusätzlich zu den beiden Treibern einen besonderen Konsolverwalter-Prozeß verwendet. Dieser Prozeß ist für die Überwachung des gesamten Datenverkehrs zwischen Benutzerprozessen und Konsole zuständig, d. h. die Benutzerprozesse kommunizieren nicht mehr direkt mit den Treibern, sondern ausschließlich mit dem Konsolverwalter; dieser wiederum ist der einzige Prozeß, der mit den Treibern kommuniziert. Ein Benutzerprozeß ruft nicht 'schreibe' auf, sondern schickt seine Frage an den Konsolverwalter, der sie an den Operateur weiterleitet und später dafür sorgt, daß die Antwort an den Fragesteller gelangt (siehe Abb. 5.4a).

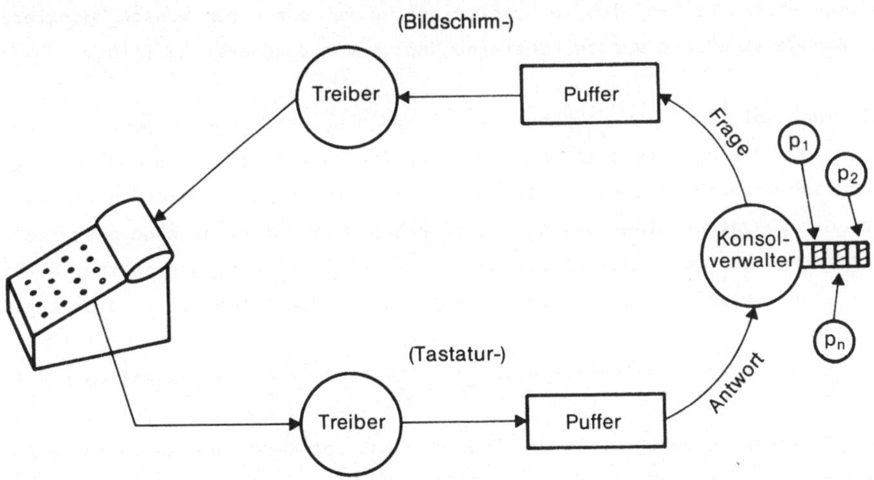

Abb. 5.4a Konsolkommunikation über einen Konsolverwalter

Zur Kommunikation zwischen dem Konsolverwalter und den Benutzerprozessen können die Kommunikationsoperationen aus 5.2 eingesetzt werden. Ein Benutzerprozeß, der eine Frage an den Operateur richten will, führt 'sende(Frage, Konsolverwalter)' aus und kann zu jedem beliebigen Zeitpunkt mittels 'empfange zurück(Antwort)' auf die Antwort warten.

Die Struktur des Konsolverwalters liegt auf der Hand:

```
Konsolverwalter:

begin local Frage, Sender, Text, Antwort;
      repeat empfange(Frage, Sender);
             Text := Übersetzung(Frage);
             schreibe(Text);
             lies(Text);
             Antwort := Rückübersetzung(Text);
             sende zurück(Antwort, Sender)
      until  false
end.
```

Soweit zur Technik der strikt sequentiellen Dialogfolge. Diese Technik erlaubt nicht, daß der Operateur die Beantwortung einer Frage zugunsten anderer Fragen und Antworten zurückstellt. Derartiges ist aber durchaus wünschenswert. Beispielsweise kann es passieren, daß der Operateur aus Zeitmangel gerade nicht in der Lage ist, die Wünsche eines Prozesses zu erfüllen. Außerdem kann der Operateur ein Interesse daran haben, mehrere Fragen zusammen zu beantworten oder gar Wünsche der Prozesse in umgekehrter Reihenfolge zu befriedigen, etwa wenn einem Wunsch "montiere PL13.7 auf Bandgerät 2" der Wunsch "entferne NHØ2.5 von Bandgerät 2" folgt.

Bei einer solchen Technik können sich Dialoge beliebig überlappen. Der Operateur kann einen Dialog unterbrechen und später fortsetzen. (Wir legen allerdings eine obere Schranke für die Anzahl der zu einem Zeitpunkt existierenden Dialoge fest.) Wenn der Operateur einen Dialog unterbrechen will, tippt er eine entsprechende Mitteilung ein. Der Fragesteller erhält diese Mitteilung, wartet aber bis zum Erhalt einer abschließenden Antwort; 'empfange zurück(Antwort)' wird ersetzt durch

```
repeat empfange zurück(Mitteilung) until Mitteilung ist abschließende Antwort.
```

Da bei dieser Vorgehensweise die Fragen nicht notwendig der Reihenfolge nach beantwortet werden, muß der Konsolverwalter von jeder Antwort, die der Operateur eintippt, wissen, auf welche Frage sie sich bezieht. Die Antwort muß daher mit einer entsprechenden Kennzeichnung versehen sein. Die Kennzeichnung wird vom Konsolverwalter dazu benutzt, den Fragesteller zu identifizieren, an den die Frage weitergeleitet werden muß. Als Kennzeichnung könnte man eine Prozeßidentifikation verwenden, aber das würde bedeuten, daß ein Prozeß zu jedem Zeitpunkt nur einen Dialog führen darf. Daher wird als Kennzeichnung eine "Dialognummer" verwendet. Es ist klar, daß der Konsolverwalter jederzeit in der Lage sein muß, zu einer vorgegebenen Dialognummer den zugehörigen Fragesteller zu ermitteln.

Da die Anzahl der zu einem Zeitpunkt existierenden Dialoge beschränkt sein soll, kann der Konsolverwalter für die Buchführung über die laufenden Dialoge ein Feld fester Länge verwenden. Dieses Feld, die "Dialogtabelle", wird mit der Dialognummer indiziert. Wenn dem Konsolverwalter von einem Benutzerprozeß eine Frage übermittelt wird, reserviert er einen Platz in der Dialogtabelle und speichert dort die Identifikation des Fragestellers. Der Index des reservierten Platzes wird die Dialognummer; sie wird zusammen mit der Frage an der Konsole ausgegeben. Sobald für diesen Dialog eine abschließende Antwort eintrifft, wird der Platz in der Tabelle für einen neuen Dialog freigegeben.

Die Tatsache, daß Fragen und Antworten nicht notwendig streng alternieren, führt zu einer Schwierigkeit bei der Gestaltung des Konsolverwalters: soll der Verwalter erst auf eine Frage und dann auf eine Antwort warten oder umgekehrt? Keine der beiden Alternativen ist befriedigend, weil es stets passieren kann, daß beim Warten auf eine Frage eine Antwort eintrifft und umgekehrt.

Wir lösen das Problem, indem wir den Konsolverwalter in zwei Prozesse aufsplitten, einen 'Fragensammler' und einen 'Antwortenverteiler'. Ersterer nimmt die Fragen der Prozesse entgegen und nimmt Eintragungen in der Dialogtabelle vor. Letzterer nimmt die Antworten des Operateurs entgegen, leitet sie an die Fragesteller weiter und löscht bei abschließenden Antworten die zugehörigen Einträge in der Dialogtabelle. Da beide Prozesse die Dialogtabelle manipulieren, muß auf wechselseitigen Ausschluß kritischer Abschnitte geachtet werden.

5.4.4 Fragensammler und Antwortenverteiler können wie folgt implementiert werden:

```
Fragensammler:

begin local Frage, Sender, Dialog, Text;
      repeat wait(Tabellenplatz frei);
             empfange(Frage, Sender);
             with Dialogtabelle do
                  Dialog := Index eines freien Tabellenplatzes;
                  Dialogtabelle[Dialog] := Sender od;
             Text := Übersetzung(Frage);
             schreibe(Dialog, Text)
      until  false
end.
```

Antwortenverteiler:

```
begin local Dialog, Text, Mitteilung; Sender;
      repeat lies(Dialog, Text);
             Mitteilung := Rückübersetzung(Text);
             with Dialogtabelle do
                  Sender := Dialogtabelle[Dialog];
                  if Mitteilung ist abschließende Antwort then
                     lösche(Dialog);
                     signal(Tabellenplatz frei) fi od;
             sende zurück(Mitteilung, Sender)
      until false
end.
```

'Tabellenplatz frei' wird mit der Tabellenlänge L initialisiert.

Wenn man sich einmal entschlossen hat, eine Dialogtabelle zu führen, kann man diese auch gleich um nützliche Informationen erweitern, mit deren Hilfe man Zuverlässigkeit und Komfort der Operateurkommunikation verbesseren kann. Als Beispiel behandeln wir einen Zusatz, der dem Operateur das Vergessen einer offenen Frage erschwert. Wir legen mit einer beliebig gewählten Zahl n ($n \geq L$) folgende Regel fest: jede Folge von n oder mehr Antworten muß mindestens eine Antwort für jeden existierenden Dialog enthalten. Beachtet der Operateur diese Regel nicht, so nimmt das System an, daß er die den fehlenden Antworten entsprechenden Fragen vergessen hat. Der Operateur wird dann an die betreffenden Fragen erinnert.

Für die Implementierung wird jeder Eintrag der Dialogtabelle mit einem Zähler versehen, der angibt, wieviele Antworten seit der letzten für diesen Dialog geltenden Antwort gegeben wurden. Übersteigt der Zähler den Wert n, so muß der Operateur an den Dialog erinnert werden. Trifft eine zugehörige Antwort ein, wird der Zähler auf Ø gesetzt, und die Zähler aller anderen Dialoge werden um 1 erhöht (siehe Abb. 5.4b).

Dialogtabelle

	vor Antwort an p_9				nach Antwort an p_9			
Prozeß	12	9	12	7	12	9	12	7
Zähler	0	1	4	1	1	0	5	2

↑ Dialog 3 vergessen

Abb. 5.4b Beim Erhalt einer Antwort für den Prozeß 9 wird entdeckt, daß der Operateur eine Frage von Prozeß 12 vergessen hat (n=L=4)

Der Operateur wird an die offene Frage erinnert, indem man ihm eine spezielle Meldung schickt, die die zugehörige Dialognummer enthält, z. B.

"12 nicht vergessen!" .

Die kritische Anweisung im Antwortenverteiler nimmt folgende Gestalt an:

```
with Dialogtabelle do
     for i in [1:L] do
         if i ≠ Dialog then
            Dialogtabelle[i].Zähler :+ 1;
            if Dialogtabelle[i].Zähler > n then
               schreibe(Dialog, "nicht vergessen") fi fi od;
     Dialogtabelle[Dialog].Zähler := Ø;
     Sender := Dialogtabelle[Dialog].Prozeß;
     if Mitteilung ist abschließende Antwort then
        lösche(Dialogtabelle[Dialog]);
        signal(Tabellenplatz frei) fi od;
```

Mit dieser Version des Antwortenverteilers wird der Operateur natürlich nicht zu einer Antwort gezwungen. Immerhin wird die Warnung "nicht vergessen" in regelmäßigen Abständen wiederholt, solange eine "normale" Frage-Antwort-Aktivität herrscht.

Selbstverständlich gibt es viele weitere Variationen der Operateurkommunikation. Wir haben hier lediglich den Unterschied zwischen sequentieller und nichtsequentieller Dialogstruktur herausgearbeitet und eine von vielen möglichen Verbesserungen eines elementaren Systems vorgeführt. Abweichende Entwürfe und Implementierungen werden in den folgenden Übungen behandelt.

Übungen

1. Das Verhalten von Tastatur und Druckwerk eines Terminals läßt sich wie folgt beschreiben:

```
Tastatur:    {Hardware}

  repeat wait(Tastatur AKTIV);
         lies das getippte Zeichen ins Datenregister T;
         signal(Tastatur BEREIT)
  until  Tastatur STOP;

Druckwerk:    {Hardware}

  repeat wait(Druckwerk AKTIV);
         drucke das im Datenregister D befindliche Zeichen;
         signal(Druckwerk FERTIG)
  until  Druckwerk STOP.
```

Die Datenregister sind im Terminal untergebracht und können jeweils ein Zeichen aufnehmen.

Die aus 2.5 bekannten Treiber für Tastatur und Druckwerk können auch als Prozesse realisiert werden. Sie reagieren dann auf Hardware-V-Operationen und wissen nichts von Unterbrechungen. Die Schnittstelle zum Benutzer werde durch Systemfunktionen 'lies' und 'schreibe' gebildet, wie in 5.4.2. Betrachte die folgenden Vorschläge für die Implementierung des Echos:

a. Wie in 2.5 wird zusätzlich zu Eingabepuffer und Ausgabepuffer ein Echopuffer benutzt.

b. Der Tastaturtreiber kopiert ein eingegebenes Zeichen sofort in das Datenregister D.

Im Fall b. greifen sowohl Druckertreiber als auch Tastaturtreiber auf das Datenregister D zu! Implementiere für beide Vorschläge die Treiberprozesse und vergleiche ihre Arbeitsweise!

2. Wir untersuchen eine Variante der strikt sequentiellen Dialogstruktur. Der Operateur <u>reagiert</u> nicht nur mit Antworten, er <u>agiert</u> auch mit Hinweisen, die er

an die Prozesse richtet. Auf einen Hinweis erwartet er keine Antwort seitens des angesprochenen Prozesses. Wir nehmen an, daß ein solcher Hinweis eindeutig von den üblichen Fragen und Antworten unterschieden werden kann. Daher kann ein Hinweis zu jedem Zeitpunkt gegeben werden, unabhängig vom Ablauf der Dialoge. Hinweise sollten mit hoher Priorität behandelt werden, d. h. der Konsolenverwalter sollte nicht auf den nächsten Dialog warten, während ein Hinweis zur Übermittlung ansteht. Entwirf ein solches Konsolsystem!

3. Wenn hinter den Benutzerprozessen interaktive Benutzer stehen, die ihre Prozesse über ein Terminal steuern, kann man flexible Mitteilungsformate zulassen. Beispielsweise könnte eine Mitteilung an den Operateur aus einer beliebig formulierten Frage (als Klartext) bestehen. Da der Benutzer sich irren kann, wäre es schön, wenn er die Möglichkeit hätte, fehlerhaft formulierte Fragen "zurückzuziehen". Nimm an, dies sei mittels einer speziellen Mitteilung WIDERRUF möglich: sie veranlaßt den Operateur, die letzte Frage des Prozesses zu ignorieren, anstatt sie zu beantworten (sofern sie noch nicht beantwortet ist); er bestätigt durch eine Standardantwort, daß er den Widerruf zur Kenntnis genommen hat - womit das Konsolsystem den gesamten Dialog abschließen kann. Wenn ein Widerruf eintrifft, obwohl keine offene Frage vorliegt, so wird der Widerruf gar nicht erst an den Operateur weitergeleitet, sondern vom Konsolsystem "verschluckt". Verfasse eine vollständige Spezifikation dieses Konsolsystems und implementiere die erforderlichen Prozesse 'Fragensammler' und 'Antwortenverteiler'!

4. Wir gehen einmal davon aus, daß 80 % aller Dialoge nur aus Frage und Antwort bestehen und daß 98 % nicht mehr als zwei Antworten beinhalten. Eventuell kann man diese Tatsache ausnutzen, um den Aufwand für die Entdeckung nicht beantworteter Fragen zu verringern; bei jeder Antwort mußten ja alle Zähler in der Dialogtabelle modifiziert werden. Es wird vorgeschlagen, die Überwachungsaktivitäten vom Antwortenverteiler auf den Fragensammler zu verlagern und wie folgt zu vereinfachen. Der Fragensammler läßt einen Zeiger zyklisch durch die Dialogtabelle laufen. Wenn ein neuer Dialog eröffnet wird, läuft der Zeiger, ausgehend von seinem aktuellen Stand, durch die Tabelle, bis ein freier Platz gefunden wird. Bei jedem Eintrag, den er passiert, wird der Zähler um 1 erhöht. Erreicht ein Zähler den Wert 3, so wird die "nicht-vergessen"-Mitteilung an den Operateur abgeschickt und der Zähler auf Ø zurückgesetzt. Schreibe die modifizierten Versionen für Fragensammler und Antwortenverteiler und vergleiche die Lösung mit der aus 5.4.4!

5. Bei vergessenen Fragen könnte das Konsolsystem auch strenger reagieren: sobald der Antwortenverteiler entdeckt, daß der Operateur während der letzten n Antworten eine Frage unbeantwortet gelassen hat, wird die gesamte Operateurkommunikation blockiert; das System akzeptiert außer der überfälligen Antwort keine andere Antwort mehr, die Prozesse können keine neuen Dialoge beginnen, und der Operateur wird über die Situation informiert.

   Modifiziere den Fragensammler und den Antwortenverteiler entsprechend! (Man wird sehen, daß die Lösung aus 5.4.4, obwohl weniger strikt, wegen ihrer geringeren Komplexität attraktiver ist.)

5.5 Virtuelle Geräte

5.5.1 Ein wichtiges Entwurfsprinzip ist die Abstraktion, d. h. die Vernachlässigung unbedeutender Unterschiede zugunsten der Hervorhebung von Gemeinsamkeiten. So wird der Systemkonstrukteur bisweilen von den technischen Eigenschaften von Peripheriegeräten abstrahieren. Beispielsweise abstrahiert der Begriff "unzugängliche Seite" von der technischen Realisierung eines Hintergrundspeichers. Wo dieser Begriff verwendet wird, ist es irrelevant, ob der Hintergrundspeicher aus einer Trommel oder einer Platte oder aus mehreren solchen Geräten besteht. Relevant ist nur, welche Operationen zur Verfügung stehen, um eine Seite zugänglich bzw. unzugänglich zu machen.

Das Abstraktionsprinzip entfaltet seine volle Kraft erst dann, wenn es rekursiv angewandt wird, d. h. wenn Abstraktionen auf anderen Abstraktionen aufbauen. Das ist beispielsweise der Fall, wenn ein Betriebssystem schichtenweise konzipiert wird (vgl. 5.2.1). Die P/V-Operationen ermöglichen eine Abstraktion vom Unterbrechungssystem und von der Anzahl der Prozessoren. Das Kommunikationssystem abstrahiert von der Speicherorganisation und der Synchronisation für die Mitteilungen. Operationen zum Ein/Auslagern von Seiten verbergen den Hintergrundspeicher hinter einem System von Mitteilungsschlangen. Im folgenden behandeln wir einige weitere Abstraktionen, die ebenfalls auf der Kommunikation zwischen Prozessen aufbauen.

5.5.2 Es soll ein System entworfen werden, in dem eine Gruppe von Prozessen für die Übersetzung, das Laden und die Ausführung von Benutzerprogrammen zuständig ist. Ein zentrales Entwurfsziel soll sein, daß alle anstehenden Benutzerprogramme möglichst schnell bearbeitet werden, und zwar unabhängig von der Anzahl der Geräte, über welche sie eingegeben werden. Es gibt keine feste Zuordnung zwischen einem Benutzerprozeß und einem Eingabegerät. Das hat den Vorteil, daß selbst beim Ausfall eines Gerätes das System arbeitsfähig bleibt. Außerdem sind nur unwesentliche Änderungen notwendig, wenn an den Rechner weitere Eingabegeräte angeschlossen werden. Die Arbeitsweise der Prozesse soll zudem unabhängig von der Geschwindigkeit der Eingabegeräte sein, so daß eine Ersetzung eines Gerätes durch ein anderes Modell nichts ausmacht.

Wir richten einige Benutzerprozesse ein und versehen jeden Prozeß mit einer Schlange, aus der er seine Eingabe entnimmt. Die Schlange stellt gleichsam das Standardeingabegerät für den Prozeß dar; wir nennen sie "virtuelles Eingabegerät" oder einfach virtuellen Leser. Ein virtueller Leser enthält zu jedem Zeitpunkt eine Folge von Mitteilungen; eine Mitteilung verweist auf eine Seite im Arbeitsspeicher, die Eingabedaten enthält.

Abb. 5.5a zeigt einen Schnappschuß mit drei Prozessen und ihren virtuellen Lesern. Die Aufträge werden drei zentralen Briefkästen entnommen. Jeder Auftrag besteht aus einer fertig vorbereiteten Schlange. Wenn ein Prozeß seinen virtuellen Leser geleert, d. h. einen Auftrag erledigt hat, holt er sich einen neuen Auftrag aus einem der drei Briefkästen, indem er eine dort vorbereitete Schlange in seinen virtuellen Leser einbringt. In Abbildung 5.5a ist der Prozeß P1 gerade mit der Bearbeitung der zweiten Seite des Auftrags c beschäftigt. Prozeß P2 hat gerade seinen virtuellen Leser mit Auftrag a gefüllt, und Prozeß P3 hat gerade die Bearbeitung eines Auftrags abgeschlossen. Würde P3 als nächstes einen "kleinen Auftrag" annehmen, so wäre dies der Auftrag d.

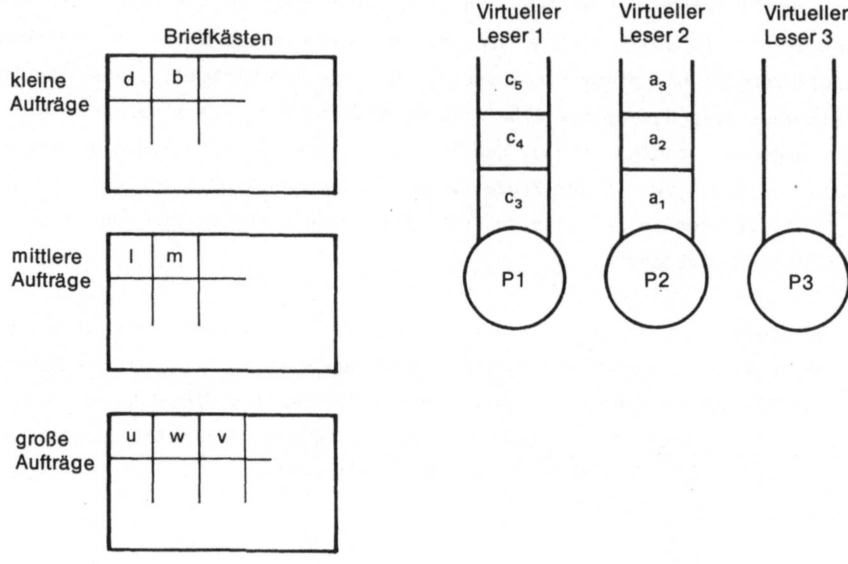

Abb. 5.5a Auftragsschlangen und virtuelle Leser

In diesem Beispiel sind die Aufträge der Benutzer in drei Gruppen aufgeteilt: kleine Aufträge, mittlere Aufträge, große Aufträge. Diese Vorgehensweise ermöglicht die Bearbeitung der Aufträge in anderer Reihenfolge als der ihres Eintreffens. Beispielsweise kann man den kleinen Aufträgen eine hohe Priorität zuordnen, so daß ihre Verweilzeit - das ist die Zeit zwischen der Auftragserteilung und dem Ende der Bearbeitung - verringert wird. Ein wichtiger Vorteil bei der Verwendung virtueller Leser ist, daß ein Verarbeitungsprozeß sich nicht mit Geräten unterschiedlicher Charakteristik und dem Zusammenstellen der eingelesenen Daten zu Seiten befassen muß. Die virtuellen Leser erlauben den Verarbeitungsprozessen, von derartigen Details der Eingabe, die für die eigentliche Verarbeitung ja nicht relevant sind, zu abstrahieren. Damit erzielt man Flexibilität hinsichtlich der Anzahl und der technischen Daten der Eingabegeräte - und zugleich eine übersichtliche Systemstruktur.

5.5.3 Offen ist, wie die über die Leser eingegebenen Aufträge zu Schlangen von Seiten gruppiert und als solche in den Auftragsbriefkästen abgelegt werden. Wir stellen dafür eine Reihe von "Eingabeprozessen" bereit, einen für jeden Leser. Die Aufgabe eines Eingabeprozesses ist es, die Karten eines Auftrags zu lesen, deren Inhalte zu Seiten zusammenzustellen, diese wiederum zu einer Schlange zu gruppieren und die Schlange in einem der zentralen Auftragsbriefkästen abzulegen. Ein Eingabeprozeß verhält sich demnach wie folgt:

```
Eingabeprozeß:

repeat local Auftrag, Auftragsumfang, Rahmenadresse, Distanz;
          Auftrag := leere Schlange;
          Auftragsumfang := Ø;
          repeat {Auftrag zusammenstellen}
                    wait(Rahmen frei);
                    Rahmenadresse := Adresse eines freien Rahmens
                                                 {der hiermit belegt wird};
                    Distanz := Ø;
                    repeat {Seite zusammenstellen}
                              Befehlsregister := Rahmenadresse + Distanz;
                              signal(Leser AKTIV);
                              Distanz :+ 8Ø; {wenn Byte-Adressierung}
                              wait(Leser FERTIG)
                    until  Distanz + 8Ø > Rahmengröße or letzte Karte;
                    sende(Rahmenadresse, Auftrag);
                           {'Auftrag' ist eine Schlange von gefüllten Rahmen,
                            die noch keinem Empfängerprozeß zugeordnet ist!}
                    Auftragsumfang :+ 1
          until  letzte Karte;
          if klein(Auftragsumfang) then sende(Auftrag, kleine Aufträge)
          else if mittel(Auftragsumfang) then sende(Auftrag, mittlere Aufträge)
          else {groß(Auftragsumfang)} sende(Auftrag, große Aufträge) fi fi
  until  false.
```

Ein Eingabeprozeß stellt einen neuen Auftrag zusammen, indem er die gefüllten Seiten zu einer Schlange zusammenfügt. Dabei merkt er sich die Länge der Schlange, so daß er am Schluß weiß, in welchem Auftragsbriefkasten - das ist eine Schlange von Schlangen - sie abgelegt werden muß. Die hier auftretenden Schlangen haben keine feste Verbindung mit Empfängerprozessen!

Da es nur eine begrenzte Menge von Rahmen gibt, ist vor der Reservierung eines Rahmens ein 'wait(Rahmen frei)' notwendig. Entsprechend muß ein Verarbeitungsprozeß, wenn er eine Seite gelesen hat, deren Rahmen freigeben und ein 'signal(Rahmen frei)' ausführen. Ein Rahmen wird gefüllt, indem in der innersten Schleife so viele Karten gelesen werden, wie in den Rahmen hineinpassen. Will man die Leerstellen am Ende einer Karte ignorieren, um damit eine dichtere Packung der Seiten zu erreichen, so muß man 'Distanz :+ 8∅' durch eine andere Anweisung ersetzen, die auf den Inhalt eines eingelesenen Kartenabbildes eingeht.

Die Ausgabegeräte können natürlich genau wie die Eingabegeräte behandelt werden. Wenn jedem der Verarbeitungsprozesse ein virtueller Leser und ein virtueller Drucker zur Verfügung steht, kann man einen Verarbeitungsprozeß als virtuelle Maschine betrachten, die das Übersetzen, Laden und Ausführen von Benutzerprogrammen mit bestimmten Ein/Ausgabeformaten besorgt. Die Umsetzung von Lochkarten in Eingabeseiten und von Ausgabeseiten in Druckzeilen bleibt der virtuellen Maschine verborgen.

5.5.4 Die Technik der virtuellen Ausgabegeräte macht es leicht, beim Ausdrucken der Listen von der Reihenfolge, in der sie von den Prozessen erzeugt wurden, abzugehen, wenn dies von der Betriebssteuerung her geboten erscheint. Es gebe etwa n Benutzerprozesse P1,...,Pn, und jeder produziere Ausgabedaten für einen virtuellen Drucker, d. h. fülle eine Schlange mit Verweisen auf gewisse Seiten. Das Ende des Datenstroms wird durch ein spezielles Zeichen markiert. Die Ausgabe für einen neuen Auftrag wird stets auf einer neuen Seite begonnen. Das Ausdrucken der bei der Ausführung eines Auftrags produzierten Daten als zusammenhängende Liste wird von einem Ausgabeprozeß besorgt. Es gibt mehrere Ausgabeprozesse, für jeden Drucker einen (analog zu den Eingabeprozessen). Ein Druckauftrag kann entweder "anstehen" oder "in Arbeit" sein, je nachdem, ob er auf die Bearbeitung durch einen Ausgabeprozeß wartet oder ob er bereits bearbeitet wird.

Folgende Beschränkungen werden den virtuellen Druckern auferlegt: ein virtueller Drucker kann höchstens einen anstehenden Druckauftrag enthalten, und alle virtuellen Drucker zusammen dürfen nicht mehr als S Seiten enthalten. Ein Benutzerprozeß, der eine neue Seite eröffnen will, muß gegebenenfalls warten, bis sich diese Bedingungen erfüllen lassen. Der Prozeß nimmt sich dann einen freien Rahmen und füllt ihn mit einer Seite. Die fertige Seite wird dem virtuellen Drucker übergeben. Die Seitenzahl eines jeden Druckauftrags wird notiert - zwecks späterer Klassifikation. Wenn ein Druckauftrag komplett ist, werden die Ausgabeprozesse durch eine signal-Operation davon in Kenntnis gesetzt.

Ein Ausgabeprozeß wählt unter den anstehenden Druckaufträgen einen aus - nach Kriterien, die später erläutert werden. Danach darf der Prozeß, der den ausgewählten Druckauftrag produziert hat, seinen virtuellen Drucker erneut mit Ausgabedaten beschicken. Während er dies tut, wird sein vorangegangener Druckauftrag ausgeführt, d. h. der Ausgabeprozeß produziert eine Liste auf dem Drucker; mit jeder Datenseite, die dabei geleert wird, wird ein Rahmen wieder freigegeben. Benutzerprozesse und Ausgabeprozesse verhalten sich im einzelnen wie folgt:

Benutzerprozeß Pi:

```
begin .
      .
      .
      wait(virtueller Drucker frei[i]);
      repeat local Rahmenadresse, Seitenzähler := Ø;
             wait(Ausgaberahmen frei);
             Rahmenadresse := Adresse eines freien Ausgaberahmens
                                  {der hiermit belegt wird};
             fülle Rahmen(Rahmenadresse);
             sende(Rahmenadresse, virtueller Drucker[i]);
             Seitenzähler :+ 1
      until  letzte Seite;
      with   Zustandstabelle do {siehe unten}
             Zustand[i] := Priorität(Seitenzähler) od;
      signal(Druckauftrag anstehend);
      :
      :
end;
```

Ausgabeprozeß:

```
repeat local i;
       wait(Druckauftrag anstehend);
       with Zustandstabelle do {siehe unten}
            i := Index des nächsten Druckauftrags od;
       signal(virtueller Drucker frei[i])
       repeat local Rahmenadresse;
              empfange(Rahmenadresse, virtueller Drucker[i]);
              repeat local Distanz := Ø;
                     Befehlsregister := Rahmenadresse + Distanz;
                     signal(Drucker AKTIV);
                     Distanz :+ 12Ø;
                     wait(Drucker FERTIG)
              until  Distanz + 12Ø > Rahmengröße or letzte Zeile;
              Ausgaberahmen freigeben(Rahmenadresse);
              signal(Ausgaberahmen frei)
       until  letzte Zeile
until  false.
```

Die kritischen Anweisungen in diesen Programmen beziehen sich auf die "Zustände" der virtuellen Drucker. Es gibt eine Zustandstabelle, die für jeden virtuellen Drucker einen Eintrag enthält. Dieser Eintrag kann die folgenden Werte annehmen:

Ø = unvollständig
1 = hohe Priorität
2 = mittlere Priorität
3 = geringe Priorität

Wenn der Benutzerprozeß Pi einen Druckauftrag erteilt, setzt er den zugehörigen Tabelleneintrag auf hohe/mittlere/geringe Priorität, je nachdem, ob es sich um einen kleinen, mittleren oder großen Druckauftrag handelt.

Die Zustandstabelle wird bei der Auswahl des nächsten zu bearbeitenden Druckauftrags durch die Ausgabeprozesse zu Rate gezogen. Wir lassen die kleinen Druckaufträge mit höchster Priorität bearbeiten. Dies bringt allerdings die Gefahr des "Verhungerns" größerer Druckaufträge mit sich (vgl. Übung 3.2.3). Beispiel (siehe Abb. 5.5b): es gibt zwei Ausgabeprozesse; während sie die virtuellen Drucker 2 und 6 leeren, werden 4 und 5 mit einem hochpriorisierten Druckauftrag gefüllt, und umgekehrt; dabei verhungert der virtuelle Drucker 3.

Index	Priorität
1	2
2	1
→ 3	3
4	0
5	0
6	1

Abb. 5.5b Zustandstabelle mit Prioritäten der virtuellen Drucker (n=6)

Dieser Gefahr kann man wie folgt begegnen. Der Tabelle wird ein Zeiger beigefügt, der zu jedem Zeitpunkt auf einen Eintrag der Tabelle weist. Die Suche nach einem Druckauftrag hoher Priorität wird stets dort begonnen, wohin der Zeiger weist. Bei jedem Eintrag, den man während der Suche passiert, wird der Zustandswert um 1 verringert, d. h. die Priorität um eine Stufe erhöht (sofern es sich nicht um den Zustandswert Ø handelt). Dies hat zur Folge, daß ein Eintrag mit anfangs geringer

Priorität zweimal, ein Eintrag mit anfangs mittlerer Priorität einmal passiert wird, bevor er ausgewählt, d. h. der zugehörige Druckauftrag ausgeführt wird. Dabei ist es immer noch möglich, daß ein hochpriorisierter Druckauftrag einem früher eingetroffenen, aber geringer priorisierten Druckauftrag vorgezogen wird. Es kann aber nicht mehr geschehen, daß ein Druckauftrag, der keine hohe Priorität hat, unbeschränkt lange warten muß. - Wir erhalten das folgende Programm für die in den Ausgabeprozessen benutzte Auswahlprozedur:

```
procedure Index des nächsten Druckauftrags =
begin     repeat Zeiger := Zeiger mod n + 1;
                 if Zustand[Zeiger] > Ø then Zustand[Zeiger] :- 1 fi;
          until  Zustand[Zeiger] = Ø;
          Index des nächsten Druckauftrags := Zeiger
end.
```

Wenn die Druckaufträge fast alle der gleichen Prioritätsklasse angehören, realisiert dieses Programm eine Reihum-Strategie. Das mag erwünscht oder unerwünscht sein. Wenn die Verarbeitungszeiten und Druckzeiten wenig vom jeweiligen Mittelwert abweichen, dann ist die Reihum-Strategie sinnvoll. Wenn nicht, könnte eine weitere Abstufung der Prioritäten ins Auge gefaßt werden, beispielsweise unter Berücksichtigung der Verarbeitungszeit. Wir gehen darauf jetzt nicht näher ein. Verwandte Probleme der Ablaufsteuerung und Betriebsmittelzuteilung werden in den Kapiteln 6, 7, 8 behandelt. Hier sollte lediglich verdeutlicht werden, daß die Verwendung virtueller Ausgabegeräte eine größere Flexibilität in der Ablaufsteuerung ermöglicht als ein zentraler Briefkasten oder ein System von Schlangen, die den Ausgabeprozessen fest zugeordnet sind. (Man könnte zwar Varianten dieses Systems verwenden, bei denen die FIFO-Regelung fallengelassen wird, dabei würden aber die Zugriffsoperationen komplizierter. Das ist nicht zuletzt deshalb ungünstig, weil alle Zugriffe unter wechselseitigem Ausschluß erfolgen müssen.)

Andererseits ist Flexibilität der Ablaufsteuerung nicht der einzige Pluspunkt bei virtuellen Geräten. Wie schon früher betont, erzielt man mit der Einrichtung virtueller Geräte eine übersichtliche Systemstruktur und erlaubt den Verarbeitungsprozessen ein Abstrahieren von den Besonderheiten der realen Geräte; weiterhin führt der Ausfall von Geräten nur zu einer quantitativen Beeinträchtigung des Betriebs, und die Anpassung des Systems an andere Gerätemodelle bereitet keine Schwierigkeiten. Dies gilt gleichermaßen für Eingabe wie Ausgabe.

Übungen

1. Ein Treiber schickt nach Beendigung einer E/A-Operation eine Erfolgsmeldung an den Prozeß, für den die Operation durchgeführt wurde. Arbeitet man mit virtuellen Eingabegeräten, so ist der Adressat dieser Meldung stets ein und derselbe Prozeß, nämlich der dem realen Eingabegerät zugeordnete Eingabeprozeß. Untersuche, wie der Treiber und der Eingabeprozeß zu einem Prozeß verschmolzen werden können!

2. Das in diesem Abschnitt vorgeführte System war ein Stapelsystem, d. h. die Reihenfolge, in der die Aufträge der Benutzer dem Rechner übergeben werden, wird durch den Operateur bestimmt. Eine denkbare Variante wäre, daß die Benutzerprozesse selbst bestimmen, welche - namentlich identifizierbaren - Moduln zu Programmen zusammengestellt und ausgeführt werden sollen. Es werden also nicht komplette und anonyme Aufträge eingegeben. Ein Benutzerprozeß soll außerdem über mehr als einen virtuellen Leser verfügen dürfen. Aus einem Pool von Eingabeprozessen kann er sich nach Bedarf Prozesse reservieren und mit virtuellen Lesern verknüpfen. Wünscht er die Eingabe eines Moduls, so informiert er den Operateur unter Angabe des Modulnamens und eines reservierten Eingabeprozesses. Führe diesen Vorschlag näher aus und gib Programme für die Eingabeprozesse und Benutzerprozesse an!

3. Die Einschränkung, daß ein virtueller Drucker nur einen anstehenden Druckauftrag enthalten darf, wurde bei der Gestaltung der Zustandstabelle ausgenutzt: für jeden virtuellen Drucker muß nur ein Prioritätswert festgehalten werden. Betrachte eine andersartige Einschränkung: die Gesamtanzahl aller anstehenden Druckaufträge in allen virtuellen Druckern ist durch einen festen Wert beschränkt. Führe die dafür notwendigen Modifikationen an der Zustandstabelle und an den Programmen durch!

4. Es kann passieren, daß alle Ausgaberahmen verbraucht sind, obwohl noch kein virtueller Drucker einen kompletten Druckauftrag enthält. Es sollte dann einer der unvollständigen Druckaufträge vorab zur Ausführung ausgewählt werden (obwohl alle Einträge in der Zustandstabelle gleich Null sind). Damit Verklemmungen vermieden werden können, halten wir für diese Situation einige wenige Ausgaberahmen (etwa zwei) in Reserve; diese Rahmen werden normalerweise nicht benutzt. Zeige, daß sich auf diese Weise Verklemmungen vermeiden lassen! Modifi-

ziere die Programme entsprechend! Muß man für die virtuellen Leser analog verfahren?

5. Das System aus Übung 2 hat den Vorteil, daß die zentralen Briefkästen entbehrlich sind. Andererseits werden dadurch, daß die Prozesse mehrere virtuelle Leser benutzen können, Verklemmungen möglich - denn es gibt nur eine feste Anzahl realer Leser. Beschreibe solche Verklemmungszustände und ihre Ursachen! Entwickle eine Methode, wie Verklemmungen unter Mitwirkung des Operateurs umgangen werden können!

Literatur

Ein klassisches Beispiel für ein Kommunikationssystem ist in [1] beschrieben. [2] enthält den Versuch, zur Lösung von Synchronisationsproblemen geeignetere Mittel als die P/V-Operationen einzusetzen. Die Nützlichkeit einer Prozeßhierarchie wird in [3] diskutiert. In [4] wird der Hierarchiebegriff allgemein untersucht.

1. Brinch Hansen, P., "The Nucleus of A Multiprogramming System", Comm. ACM 13,4 (April 1970).

2. Brinch Hansen, P., "Structured Multiprogramming", Comm. ACM 15,7 (Juli 1972).

3. Dijkstra, E. W., "Hierarchical Ordering of Sequential Processes", in: Operating Systems Techniques (Hoare and Perrott, Eds.), Academic Press, 1972.

4. Parnas, D. L., "On A 'Buzzword': Hierarchical Structure", Proc. IFIP Congress, Stockholm, 1974.

6. Ablaufsteuerung

6.1 Elementare Zuteilungsstrategien

6.1.1 In den vorangegangenen Kapiteln war wiederholt von Betriebsmitteln die Rede, die zu jedem Zeitpunkt höchstens einem Benutzer zur Verfügung stehen können, z. B. Geräte oder Speicherblöcke, aber auch so abstrakte Betriebsmittel wie kritische Abschnitte. Wenn mehrere Benutzer sich um ein solches Betriebsmittel bewerben, dann erhalten sie es nacheinander zugeteilt. Die Zuteilung des Betriebsmittels muß demnach über einen geeigneten Verwaltungsmechanismus koordiniert werden. Dabei wird die Reihenfolge, in der die Benutzer bedient werden, durch eine Zuteilungsstrategie festgelegt (engl. scheduling strategy/policy/discipline).

Wir abstrahieren von der Natur des Betriebsmittels und begreifen es als ein eigenständiges System, das Aufträge entgegennehmen kann, welche von gewissen Auftraggebern stammen. Das System besteht aus einer Bearbeitungsstation, wo jeweils ein Auftrag bearbeitet wird, und einem Warteraum, wo sich unerledigte Aufträge stauen. Ein neu eintreffender Auftrag gelangt in das System, indem er den Warteraum betritt. Wenn er an der Bearbeitungsstation abgefertigt worden ist, verläßt er das System. Die Zuteilungsstrategie legt fest, in welcher Reihenfolge die in den Warteraum gelangenden Aufträge von der Bearbeitungsstation übernommen werden.

Wir betrachten einige Beispiele, die wir aus den vorangegangenen Kapiteln kennen:

a. Die Bearbeitungsstation ist ein Peripheriegerät, welches als Hintergrundspeicher eingesetzt wird. Auftraggeber sind diejenigen Prozesse, die an Datentransfers zwischen dem Gerät und dem Arbeitsspeicher interessiert sind. Ein Auftrag bezieht sich auf einen Datentransfer und enthält folgende Angaben: Adresse eines Arbeitsspeicherbereichs, Adresse eines gleichgroßen Bereichs im Hintergrundspeicher (auch in umgekehrter Reihenfolge), Größe der Bereiche, Name des Auftraggebers. Die Auftragsschlange bildet den Warteraum. Die Zuteilung wird nach FIFO geregelt.

b. Die Bearbeitungsstation ist eine Klasse kritischer Abschnitte, deren wechselseitiger Ausschluß durch P/V-Operationen auf einem Semaphor s erreicht wird. Die Auftraggeber sind die Prozesse, die in einen dieser kritischen Abschnitte einzutreten wünschen. Die Auftragsbeschreibungen bestehen hier lediglich aus den Prozeßnamen. Die Warteliste von s stellt den Warteraum dar. Die Zuteilung erfolgt nach FIFO.

c. Die Bearbeitungsstation ist ein Zentralprozessor, der im Mehrprogrammbetrieb benutzt wird. Als Auftraggeber treten die bereiten Prozesse in Erscheinung. Ein solcher Prozeß erteilt dem Prozessor den Auftrag, ein bestimmtes Programm bis zum nächsten Blockadepunkt (in einer P-Operation) zu bearbeiten. Der Warteraum wird hier durch die Bereitliste realisiert. Die Zuteilungsproblematik wird in späteren Abschnitten dieses Kapitels ausführlich behandelt.

(d. Man kann auch Bearbeitungsstationen betrachten, die aus mehreren gleichartigen Exemplaren eines Betriebsmittels bestehen, die also mehr als einen Auftrag zur gleichen Zeit bearbeiten können. Ein Beispiel für eine solche Bearbeitungsstation ist der Druckerpool aus 5.5. Die Auftraggeber sind die mit virtuellen Druckern arbeitenden Prozesse. Die virtuellen Drucker bilden in Verbindung mit der Zustandstabelle den Warteraum. Jeder Druckauftrag hat eine bestimmte Priorität, die für die Zuteilung eines Druckers maßgebend ist.)

6.1.2 Die naheliegendste Zuteilungsstrategie ist zweifellos FIFO. Sie wird immer dann benutzt, wenn keine Veranlassung besteht, einen Auftrag einem anderen vorzuziehen. Rein technisch ist FIFO attraktiv, weil das Anfügen eines Elementes an eine Schlange sowie das Herausnehmen einfach zu realisieren sind. Noch einfacher ist natürlich die Verwendung eines Kellers (Strategie LIFO, von engl. "last-in first-out"), wo das Ein/Austragen durch die Operationen kellern/auskellern (engl. push/pop) bewerkstelligt wird. So wurde die in 3.1 vorgestellte Verwaltung von Speicherblöcken mit Hilfe eines Kellers durchgeführt. Allerdings ist LIFO als Zuteilungsstrategie für die meisten Anwendungen ungeeignet; man male sich aus, was passieren würde, wenn im obigen Beispiel a. die Datentransfer-Aufträge nach LIFO erledigt würden! Beim Beispiel der Verwaltung von Speicherblöcken ist LIFO deshalb vertretbar, weil ein Block so gut wie der andere ist; beachte, daß LIFO hier als Strategie für die "Zuteilung von Prozessen an Blöcke"(!) eingesetzt wird, nicht etwa umgekehrt!

Wir wollen das Verhalten von Bearbeitungsstationen und die Auswirkungen unterschiedlicher Zuteilungsstrategien näher untersuchen. Zu diesem Zweck müssen wir zunächst gewisse Annahmen über das Verhalten der Auftraggeber machen. Wir setzen voraus, daß die Ankunftsrate - d. i. die Anzahl der Auftragserteilungen je Zeiteinheit - als Zufallsvariable eine Poisson-Verteilung hat. Das bedeutet, daß die Aufträge sich verhalten wie Kunden, die eine Bank betreten, oder wie Anrufe, die in einer Telefonzentrale eintreffen. Eine Poisson-Verteilung ergibt sich genau dann, wenn die Auftragserteilungen voneinander unabhängig sind.

Für die Abfertigungsrate - d. i. die Anzahl der Auftragserledigungen je Zeiteinheit - setzen wir ebenfalls eine Poisson-Verteilung voraus. Diese Voraussetzung ist erfüllt, wenn die Bearbeitungszeiten der Aufträge voneinander unabhängig und exponentiell verteilt sind; letztere Annahme ist häufig nicht gerechtfertigt, erleichtert uns aber die Analyse.

6.1.3 α sei die mittlere Ankunftsrate, β die mittlere Abfertigungsrate. Die Wahrscheinlichkeit für das Eintreffen von x Aufträgen in einer Zeiteinheit, d. h. für das Ereignis, daß eine Ankunftsrate A = x beobachtet wird, ist

$$p(x) = P(A=x) = e^{-\alpha} \frac{\alpha^x}{x!} \quad .$$

Beachte, daß $$\sum_{x=0}^{\infty} p(x) = 1$$

gesichert ist - wegen $$\sum_{x=0}^{\infty} \frac{\alpha^x}{x!} = e^{\alpha} \quad .$$

Man bestätigt leicht, daß sich als Erwartungswert für die Ankunftsrate tatsächlich die mittlere Ankunftsrate ergibt:

$$E(A) = \sum_{x=0}^{\infty} x\, p(x) = e^{-\alpha} \sum_{x=1}^{\infty} \frac{\alpha^x}{(x-1)!} = e^{-\alpha}\, \alpha \sum_{y=0}^{\infty} \frac{\alpha^y}{y!} = \alpha$$

(wobei y für x-1 substituiert wurde). Entsprechendes gilt für die Abfertigungsrate β.

Die Gesamtheit aller Zufallsvariablen "Anzahl der während der Zeitspanne t eintreffenden Aufträge" für alle $t \geq 0$ ist ein Poisson-Prozeß (ein spezieller stochastischer Prozeß). Für diesen Prozeß gilt: die Wahrscheinlichkeit, daß x Aufträge in einem Zeitintervall der Länge t eintreffen, ist gleich der Wahrscheinlichkeit, daß bei einer mittleren Ankunftsrate αt in einer Zeiteinheit x Aufträge eintreffen:

$$p(x,t) = e^{-\alpha t} \frac{(\alpha t)^x}{x!}$$

Die Wahrscheinlichkeit für das Ausbleiben von Aufträgen während einer Zeitspanne t ist demnach

$$p(0,t) = e^{-\alpha t} \;,$$

und die Wahrscheinlichkeit für das Eintreffen mindestens eines Auftrags während dieser Zeit ist

$$1-p(0,t) = 1-e^{-\alpha t} =: F(t).$$

Als Funktion der Zeit ist dies die Verteilungsfunktion der Zufallsvariablen "Zeitspanne zwischen zwei aufeinanderfolgenden Auftragserteilungen" mit der Dichtefunktion

$$f(s) = \alpha e^{-\alpha s} \;,$$

denn

$$F(t) = \int_0^t \alpha e^{-\alpha s} ds \quad .$$

Es handelt sich hier um die Exponentialverteilung (siehe Abb. 6.1a, b). Ihr Erwartungswert ist

$$\int_0^\infty s f(s) ds = \alpha \int_0^\infty s e^{-\alpha s} ds$$

$$= -s e^{-\alpha s} \Big|_0^\infty + \int_0^\infty e^{-\alpha s} ds \quad \text{(partielle Integration)}$$

$$= -\frac{1}{\alpha} e^{-\alpha s} \Big|_0^\infty = \frac{1}{\alpha}$$

Das ist nicht überraschend, denn natürlich muß die mittlere Zeitspanne zwischen zwei aufeinanderfolgenden Auftragserteilungen der Kehrwert der mittleren Ankunftsrate sein.

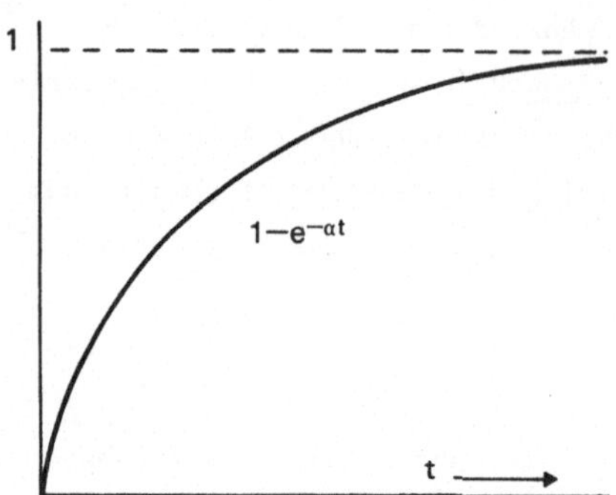

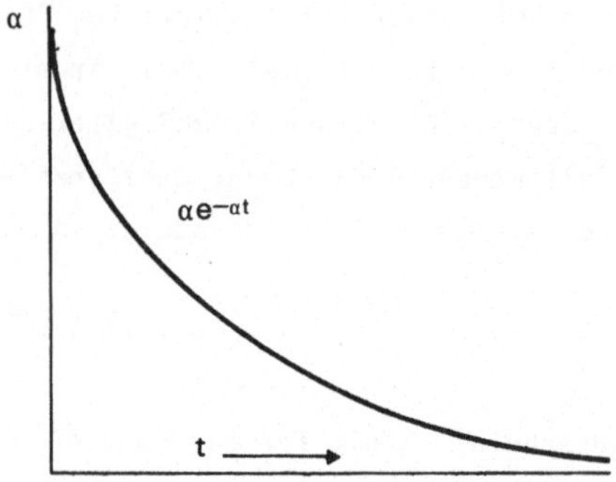

Abb. 6.1a Wahrscheinlichkeit für das Eintreffen mindestens eines Auftrags in der Zeit t

Abb. 6.1b Dichtefunktion für die Zeitspanne zwischen zwei aufeinanderfolgenden Auftragserteilungen

Die Wahrscheinlichkeit für die Erledigung mindestens eines Auftrags während der Zeit t ergibt sich entsprechend zu

$$1 - e^{-\beta t} \quad ,$$

und der Erwartungswert für die Bearbeitungszeit, der Zeitspanne zwischen zwei aufeinanderfolgenden Auftragserledigungen, ist $1/\beta$, d. h. der Kehrwert der mittleren Abfertigungsrate.

6.1.4 Ein eintreffender Auftrag wird im allgemeinen nicht sofort bearbeitet, sondern muß im Warteraum warten. Bis zur Erledigung vergeht also außer der eigentlichen Bearbeitungszeit eine gewisse <u>Wartezeit</u>, die um so größer sein wird, je voller der Warteraum ist. Werden die wartenden Aufträge nach FIFO bedient, so muß ein eintreffender Auftrag so lange auf seine Bearbeitung warten, bis alle Aufträge vor ihm abgefertigt sind. Die Summe von Wartezeit und Bearbeitungszeit nennen wir <u>Verweilzeit</u>; die Verweilzeit ist also die Zeitspanne zwischen dem Eintreffen eines Auftrags und seiner Fertigstellung.

Ein Auftraggeber interessiert sich letztlich für die Verweilzeit; eine schnelle Bearbeitung an der Bearbeitungsstation nützt ihm nichts, wenn er wegen großen Andrangs lange darauf warten muß. Um die Verweilzeit ermitteln zu können, muß man die Länge der Warteschlange kennen. Offenbar hängt der Erwartungswert für die

Länge der Warteschlange von den Parametern α und β ab. Man erwartet, daß mit wachsendem α die Warteschlange länger wird; insbesondere ist zu vermuten, daß die Warteschlange unbeschränkt wächst, wenn der Wert α den Wert β übersteigt, da dann die Bearbeitungsstation mit der Erledigung der Aufträge nicht mehr nachkommt. Andererseits ist zu erwarten, daß ein im Vergleich zu α großes β die Warteschlange schrumpfen lassen wird; es kann dann sogar vorkommen, daß ein eintreffender Auftrag die Warteschlange leer vorfindet und gleich von der Bearbeitungsstation übernommen wird.

Während der Verweilzeit eines Auftrags werden einerseits alle Vorgänger des Auftrags und der Auftrag selbst abgefertigt; andererseits kommen einige neue Aufträge hinzu. Wenn also ein Auftrag das System (Warteraum und Bearbeitungsstation) verläßt, enthält das System die während der Verweilzeit des Auftrags hinzugekommenen Aufträge. Ein Operieren mit Mittelwerten erlaubt den intuitiven Schluß, daß sich im Mittel

$$n = \alpha T$$

Aufträge im System befinden werden, wenn T der Erwartungswert für die Verweilzeit ist. Diese Beziehung zwischen mittlerer Ankunftsrate, mittlerer Verweilzeit und mittlerer Anzahl der Aufträge wird nach ihrem Entdecker "Little's Formel" genannt. Beachte, daß wir sie hier nicht bewiesen, sondern lediglich plausibilisiert haben!

6.1.5 Wir beschränken uns auf Systeme mit zeitinvarianten Parametern α, β, in denen sich nach einer Anfangsphase ein stationärer Zustand herausgebildet hat. Der Erwartungswert für die Anzahl der Aufträge im System ist dann zeitinvariant. Man kann beweisen, daß ein solcher stationärer Zustand tatsächlich existiert.

Unser Interesse gilt der mittleren Verweilzeit T. Wir können T mit Hilfe von Little's Formel berechnen, wenn wir n, den Erwartungswert für die Anzahl V der Aufträge im System, kennen. Wir ermitteln n, indem wir zunächst ein zeitabhängiges V(t) zulassen und später zum stationären Zustand übergehen.

Um den Erwartungswert von V(t) zu bestimmen, benötigen wir die Wahrscheinlichkeiten

$$p_i(t) = P(V(t)=i) \quad .$$

Wir berechnen sie wie folgt. Die Wahrscheinlichkeit für das Eintreffen genau eines Auftrags in einem Zeitintervall der Länge Δt ist (siehe 6.1.3)

$$q_+(1,\Delta t) = \alpha\ \Delta t\ e^{-\alpha\Delta t} = \alpha\ \Delta t + O(\Delta t^2)$$

(wobei $O(\Delta t^2)$ eine Funktion "von der Ordnung Δt^2" bezeichnet, d. h. ein Produkt aus Δt^2 und einer für $\Delta t \to 0$ beschränkten Funktion). Entsprechend ist die Wahrscheinlichkeit für die Erledigung genau eines Auftrags während Δt

$$q_-(1,\Delta t) = \beta\ \Delta t + O(\Delta t^2)$$

oder 0, falls das System gerade keine Aufträge enthält. Die Wahrscheinlichkeiten für das Eintreffen bzw. die Erledigung von mehr als einem Auftrag während Δt sind beide von der Ordnung Δt^2. Die Wahrscheinlichkeit, daß während Δt keinerlei Aufträge eintreffen oder erledigt werden, ist

$$q_+(0,\Delta t)\ q_-(0,\Delta t) = 1 - (\alpha+\beta)\Delta t + O(\Delta t^2)$$

bzw. $1 - \alpha\Delta t + O(\Delta t^2)$, falls das System gerade keine Aufträge enthält.

Wenn man Glieder der Ordnung Δt^2 ignoriert, folgt weiter für die Wahrscheinlichkeit, daß das System nach Ablauf von Δt i Aufträge enthält:

$$p_i(t+\Delta t) = q_+(0,\Delta t)\ q_-(0,\Delta t)\ p_i(t) + q_+(1,\Delta t)\ p_{i-1}(t) + q_-(1,\Delta t)\ p_{i+1}(t) \qquad \text{für } i > 0,$$

$$p_0(t+\Delta t) = q_+(0,\Delta t)\ q_-(0,\Delta t)\ p_0(t) + q_-(1,\Delta t)\ p_1(t).$$

Nach Division durch Δt ergibt sich für $\Delta t \to 0$ die Ableitung von $p_i(t)$ nach t:

$$p_i'(t) = -(\alpha+\beta)p_i(t) + \alpha p_{i-1}(t) + \beta p_{i+1}(t) \qquad \text{für } i > 0,$$

$$p_0'(t) = -\alpha p_0(t) + \beta p_1(t).$$

Setzen wir nun die Existenz eines stationären Zustands voraus, in dem die p_i konstant bleiben, so folgt mit $p_i'(t) = 0$ für diesen Zustand:

$$(\alpha+\beta)p_i = \alpha p_{i-1} + \beta p_{i+1} \qquad \text{für } i > 0,$$

$$p_1 = \frac{\alpha}{\beta}\ p_0\ .$$

Daraus erhält man für die gesuchten p_i:

$$p_i = \varrho^i p_0 \quad \text{mit} \quad \varrho = \frac{\alpha}{\beta} \quad .$$

Da die Summe aller p_i gleich 1 sein muß, folgt

$$p_0 \sum_{i=0}^{\infty} \varrho^i = 1 \quad ,$$

was nur für $\varrho < 1$ gelten kann (da sonst die Reihe nicht konvergiert). Das bestätigt unsere intuitive Vermutung, daß bei einer mittleren Ankunftsrate, die größer als die mittlere Abfertigungsrate ist, kein stabiles Systemverhalten zu erwarten ist.

Für $\varrho < 1$, d. h. $\alpha < \beta$, haben wir

$$\sum_{i=0}^{\infty} \varrho^i = \frac{1}{1-\varrho} \quad , \quad \text{also } p_0 = 1-\varrho \quad ,$$

d. h. das System ist leer mit der Wahrscheinlichkeit $1-\varrho$, und das System ist nicht leer mit der Wahrscheinlichkeit $\varrho = \alpha/\beta$. Der gesuchte Erwartungswert für die Anzahl V der im stationären Zustand vorliegenden Aufträge ergibt sich mit den jetzt bekannten

$$P(V=i) = p_i = \varrho^i (1-\varrho)$$

zu

$$n = E(V) = \sum_{i=0}^{\infty} i p_i = (1-\varrho) \sum_{i=0}^{\infty} i \varrho^i = (1-\varrho) \frac{\varrho}{(1-\varrho)^2} = \frac{\varrho}{1-\varrho} \quad .$$

Mit Little's Formel erhalten wir für die mittlere Verweilzeit eines Auftrags im System

$$T = \frac{n}{\alpha} = \frac{1}{\alpha} \frac{\varrho}{1-\varrho} = \frac{1}{\beta-\alpha} \quad .$$

Nunmehr sind wir in der Lage, anzugeben, welchen Einfluß die Tatsache hat, daß die Bearbeitungsstation einem Auftrag nicht exklusiv zur Verfügung steht. Wäre dies der Fall, so wäre die mittlere Verweilzeit gleich der mittleren Bearbeitungszeit, also $1/\beta$ (6.1.3). So aber beträgt das Verhältnis von mittlerer Verweilzeit zu mittlerer Bearbeitungszeit

$$\frac{T}{\frac{1}{\beta}} = \frac{\beta}{\beta-\alpha} = \frac{1}{1-\varrho} ,$$

d. h. die Verweilzeit erhöht sich um den Faktor $1/(1-\varrho)$.

Alle diese Ergebnisse zeigen, daß das Systemverhalten vorwiegend durch den Wert $\varrho=\alpha/\beta$ bestimmt ist. Wenn α sich β nähert, rückt die Wahrscheinlichkeit, daß die Warteschlange nicht leer ist, in die Nähe von 1, und die Verweilzeit wächst unbeschränkt. Im umgekehrten Fall verhält sich das System angenehm. Ist ϱ beispielsweise kleiner als 1/2, so findet man eher das System leer an, als daß man warten muß, und die Verzögerung gegenüber der Bearbeitung durch ein exklusiv genutztes System übersteigt nicht den Faktor 2 (siehe Abb. 6.1c).

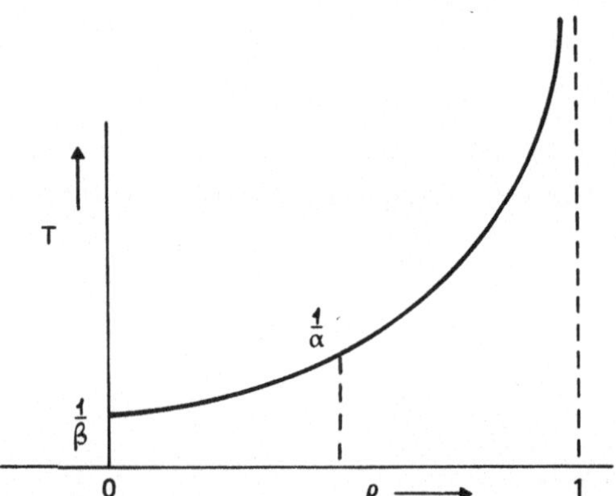

Abb. 6.1c Mittlere Verweilzeit als Funktion von ϱ

6.1.6 Wir betrachten ein System, das zwei Sorten von Aufträgen ausführt, "kleine" und "große". Beide Auftragsklassen sollen Poisson-verteilte Ankunfts- und Abfertigungsraten haben (α_1, α_2 bzw. β_1, β_2). Man kann zeigen, daß durch Überlagerung zweier Poisson-Prozesse wieder ein Poisson-Prozeß entsteht und daß dessen mittlere Ankunftsrate $\alpha = \alpha_1+\alpha_2$ ist (siehe Übung 1). Ferner gilt für die mittlere Bearbeitungszeit

$$\frac{1}{\beta} = \frac{\alpha_1}{\alpha_1+\alpha_2}\,\frac{1}{\beta_1} + \frac{\alpha_2}{\alpha_1+\alpha_2}\,\frac{1}{\beta_2}$$

$$= \frac{\dfrac{\alpha_1}{\beta_1} + \dfrac{\alpha_2}{\beta_2}}{\alpha_1 + \alpha_2} .$$

Somit ist

$$\rho = \frac{\alpha}{\beta} = \frac{\alpha_1}{\beta_1} + \frac{\alpha_2}{\beta_2} = \rho_1 + \rho_2 .$$

Werden die Aufträge ungeachtet ihrer Klassenzugehörigkeit nach FIFO abgefertigt, so beträgt die mittlere Verweilzeit einheitlich

$$T = \frac{1}{\alpha}\,\frac{\rho}{1-\rho} \qquad \text{(nach 6.1.5).}$$

Das erscheint ungerecht gegenüber den "kleinen" Aufträgen, wenn wir mit "klein" eine kurze Bearbeitungszeit meinen; eine kurze Bearbeitungszeit sollte auch eine kurze Verweilzeit zur Folge haben. Dies erreicht man, indem man statt FIFO die Reihum-Strategie (engl. round robin, abgekürzt RR) verwendet. RR ist seit dem Aufkommen der ersten Teilnehmersysteme sehr beliebt und wird vielfach verwendet. RR genügt wie FIFO den Forderungen nach Einfachheit und Fairness. Und wie wir gleich sehen werden, bewirkt die RR-Zuteilung, daß im Mittel die Verweilzeit eines Auftrags proportional zu seiner Bearbeitungszeit ist.

RR bedeutet, daß die anstehenden Aufträge im Multiplexbetrieb bearbeitet werden; die Bearbeitungsstation bearbeitet reihum alle Aufträge für jeweils eine kurze Zeitspanne (auch "Zeitscheibe", engl. time slice, genannt). Ist die Zeitspanne abgelaufen, so wird der Auftrag wieder an das Ende der Warteschlange angehängt. Es ist klar, daß RR nur bei präemptiven Betriebsmitteln eingesetzt werden kann - das sind solche, die einem Benutzer jederzeit und ohne Schaden vorübergehend entzogen werden können. (Ein Prozessor ist ein Beispiel für ein präemptives Betriebsmittel, ein Drucker ist ein Gegenbeispiel.)

Wegen des Wiedereinreihens unerledigter Aufträge in die Warteschlange ist bei RR die Ankunftsrate höher als bei FIFO, dafür ist die Bearbeitungszeit kürzer. Intuitiv läßt sich eine Aussage über die Verweilzeiten von kleinen und großen Aufträgen bei RR wie folgt gewinnen. Bei einer Zeitscheibe s benötigt ein Auftrag mit einer Gesamtverarbeitungszeit von $1/\beta$ bis zur Erledigung k Zeitscheiben mit $ks = 1/\beta$.

Dieser Auftrag erscheint k-mal in der Warteschlange anstatt nur einmal. Für die kleinen Aufträge gilt $k_1 s = 1/\beta_1$, für die großen ist $k_2 s = 1/\beta_2$. Die mittlere Ankunftsrate neuer Aufträge ist $\alpha = \alpha_1 + \alpha_2$, wie oben erwähnt. Für die mittlere Gesamtverarbeitungszeit gilt

$$\frac{1}{\beta} = \frac{k_1 \alpha_1}{\alpha_1+\alpha_2} s + \frac{k_2 \alpha_2}{\alpha_1+\alpha_2} s = \frac{1}{\alpha} \left(\frac{\alpha_1}{\beta_1} + \frac{\alpha_2}{\beta_2}\right) ,$$

also das gleiche wie oben für FIFO. Damit ist auch $\rho = \rho_1 + \rho_2$, wie bei FIFO.

Das bedeutet, daß sich FIFO und RR in der mittleren Verweilzeit nicht unterscheiden. Die "Leistungsbilanz" ist bei beiden Systemen gleich. Das verwundert nicht, ist doch bei keinem von beiden die Bearbeitungsstation jemals untätig, sofern unerledigte Aufträge vorliegen. Allerdings sind bei RR im Gegensatz zu FIFO die Verweilzeiten über die kleinen und großen Aufträge ungleichmäßig verteilt, was man wie folgt erkennen kann. Die mittlere Anzahl der unerledigten Aufträge im System ist (6.1.5)

$$n = \frac{\rho}{1-\rho} .$$

Ein Auftrag, der k-mal in der Warteschlange erscheint, hat daher eine erwartete Verweilzeit, die das k-fache der Summe von jeweiliger Wartezeit in der Schlange und Zeitscheibe s ist:

$$T(k) = k \left(s \frac{\rho}{1-\rho} + s\right) = \frac{ks}{1-\rho} .$$

Das heißt, die erwartete Verweilzeit eines bestimmten Auftrags ist proportional zu seiner Bearbeitungszeit ks. Wenn an einer Bearbeitungsstation Andrang herrscht, wirkt sich dies für den einzelnen Auftrag ebenso aus, als würde eine ihm exklusiv zur Verfügung stehende Bearbeitungsstation mit einer um den Faktor $1/(1-\rho)$ verminderten Leistung arbeiten. In diesem Sinne übertrifft RR FIFO an Fairness.

RR hat gegenüber FIFO einen technischen Nachteil, der bis jetzt noch nicht zur Sprache gekommen ist. Die Bearbeitungsstation wechselt den bearbeiteten Auftrag am Ende jeder Zeitscheibe, nicht nur bei der endgültigen Erledigung eines Auftrags. Der Auftragswechsel erfordert aber einen gewissen Verwaltungsaufwand, der bei kleinen Zeitscheiben eventuell nicht vernachlässigbar ist. Bei RR ist der auf einen Auftrag entfallende Anteil des Verwaltungsaufwands proportional zur Anzahl der Zeitscheiben, die der Auftrag benötigt, während bei FIFO grundsätzlich nur ein Auftragswechsel je Auftrag anfällt. Man kann aus dieser Beobachtung zwei Schlüsse ziehen. Erstens, wenn die anfallenden Aufträge wenig unterschiedlich sind, ist die FIFO-Strategie zu empfehlen; RR ist nur notwendig, wenn kleine Aufträge unbillig verzögert werden. Zweitens, die Zeitscheibe sollte nicht zu klein gewählt werden, damit nicht zuviel Verwaltungsaufwand anfällt; hat man beispielsweise nur "kleine" und "große" Aufträge, dann bringt es nichts, die Zeitscheibe kleiner als die Bearbeitungsdauer der kleinen Aufträge zu machen (es verringert lediglich die Systemeffizienz).

Übungen

1. Die Wahrscheinlichkeit für das Auftreten der Kombination zweier unabhängiger Ereignisse A und B ist

$$P(A,B) = P(A)\,P(B) \quad .$$

In einem System mit unabhängig eintreffenden kleinen und großen Aufträgen sei X die Ankunftsrate kleiner Aufträge und Y die Ankunftsrate großer Aufträge. Für die Gesamt-Ankunftsrate Z gilt dann

$$\begin{aligned} P(Z=z) &= P(X=0,\ Y=z) + P(X=1,\ Y=z-1) + \ldots + P(X=z,\ Y=0) \\ &= P(X=0)\,P(Y=z) + \ldots\ldots + P(X=z)\,P(Y=0) \quad . \end{aligned}$$

Zeige damit, daß die Auftragserteilung im System einen Poisson-Prozeß darstellt, wenn die Erteilung kleiner bzw. großer Aufträge ihrerseits einen Poisson-Prozeß darstellt! Zeige ferner, daß die mittlere Ankunftsrate von Aufträgen gleich der Summe der mittleren Ankunftsrate von kleinen und großen Aufträgen ist!

2. Ein System verarbeite Aufträge, deren Bearbeitungszeiten fast immer in der Nähe eines bestimmten Wertes liegen. In seltenen Fällen ist ein sehr viel kleinerer Auftrag zu bearbeiten. Deswegen die RR-Strategie anzuwenden scheint bei Berücksichtigung des Verwaltungsaufwandes nicht angebracht. Dennoch wird eine Maßnahme vorgeschlagen: ein kleiner Auftrag wird grundsätzlich vor den anstehenden großen Aufträgen in die Warteschlange eingereiht (jedoch hinter den anderen kleinen Aufträgen, sofern vorhanden). Die Bearbeitungsstation fertigt die Schlange wie üblich vorne ab.

Realisiere die Warteschlange als verkettete Liste und entwickle ein Programm, das einen kleinen Auftrag in die Warteschlange einreiht! Wie ist die Verwendung eines Feldes anstelle einer verketteten Liste zu beurteilen?

3. An einer Bearbeitungsstation treffen Aufträge fünf verschiedener Klassen $K_1,\ldots,K_5$ ein. Die Klassen unterscheiden sich nicht in ihren Ankunftsraten, wohl aber in ihren Abfertigungsraten: es gilt $\varrho_i = 2\varrho_{i+1}$ für i = 1,2,3,4. Ankünfte und Abfertigungen seien Poisson-verteilt. Berechne die Erwartungswerte für die Länge der Warteschlange und für die Verweilzeit! Mit welcher Wahrscheinlichkeit trifft man die Warteschlange leer an?

4. Bei dem System aus Übung 3 scheint es ratsam, eine RR-Strategie mit einer Zeitscheibe $\varsigma=1/\beta$ zu verwenden. Drücke den Erwartungswert für die Verweilzeit T_i eines Auftrags der Klasse K_i durch die Größen α und β aus! Ist dieser Wert proportional zur mittleren Bearbeitungszeit eines solchen Auftrags?

5. Bei einem interaktiven System wird im unbelasteten Zustand eine mittlere Antwortzeit von 100 Millisekunden beobachtet. Wir setzen voraus, daß Eingabe und Ausführung von Kommandos Poisson-verteilt sind. Wie viele Benutzer kann das System unterstützen, wenn eine mittlere Antwortzeit von maximal 1 bzw. 2 Sekunden garantiert werden soll?

6.2 Ein Spektrum präemptiver Zuteilungsstrategien

6.2.1 Die RR-Strategie ist nur für die Zuteilung präemptiver Betriebsmittel anwendbar. Im Gegensatz zu einem nichtpräemptiven Betriebsmittel kann ein präemptives dem Benutzer jederzeit entzogen und zu einem späteren Zeitpunkt wieder zugeteilt werden, ohne daß der Benutzer dadurch beeinträchtigt wird. Prozessoren und Speicher sind Beispiele für präemptive Betriebsmittel. Ein Drucker dagegen ist nicht präemptiv, da die Ausgabezeilen verschiedener Listen nicht durcheinandergeraten dürfen; RR läßt sich hier also nicht anwenden.

In diesem Abschnitt wollen wir ein ganzes Spektrum von Zuteilungsstrategien für präemptive Betriebsmittel behandeln, dessen Ränder von FIFO bzw. RR gebildet werden. FIFO und RR sind in gewisser Weise extrem gegensätzliche Strategien. FIFO hat jeweils nur einen Auftrag im Auge, RR hat stets alle Aufträge im Auge. Gegen FIFO kann man einwenden, daß kleine Aufträge durch große unbillig behindert werden. Aber auch RR ist nicht über jeden Zweifel erhaben, selbst wenn man den Verwaltungsaufwand völlig ignoriert: daß später eintreffende Aufträge den bereits in Bearbeitung befindlichen Aufträgen völlig gleichgestellt werden, ist durchaus angreifbar. Ein Mittelweg zwischen FIFO und RR bestünde darin, daß neu eintreffende Aufträge erst nach einer gewissen Zeit in die Menge der reihum bearbeiteten Aufträge einbezogen werden. Anders formuliert: während bei RR ein Auftrag, dessen Bearbeitung unterbrochen wird, an das Ende der Warteschlange angehängt wird, kann man den Auftrag auch an anderer Stelle in die Schlange einreihen (siehe Abb. 6.2a). FIFO stellt sich dann als eine "pseudo-präemptive" Strategie dar, bei welcher der unterbrochene Auftrag an den Anfang der Warteschlange gebracht wird.

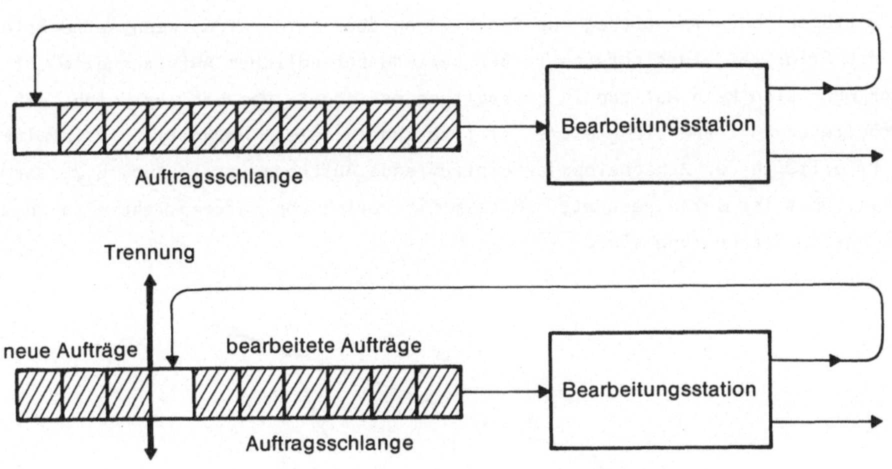

Abb. 6.2a RR als Grenzfall präemptiver Zuteilungsstrategien

Die anstehenden Aufträge sind in "bearbeitete" und "neue" aufgeteilt. Die bearbeiteten Aufträge werden nach RR reihum bedient, die neuen Aufträge werden dabei ignoriert. Bisweilen gelingt es einem neuen Auftrag - dem ersten in der Schlange -, sich in die bearbeiteten Aufträge einzureihen. Dies wird technisch einfach dadurch realisiert, daß die Grenzlinie zwischen bearbeiteten und neuen Aufträgen um einen Auftrag nach hinten verschoben wird. Wann eine solche Veränderung eintritt, wird durch ein Prioritätenschema bestimmt. Ein neu eintreffender Auftrag erhält die Priorität 0 zugeteilt, anschließend wächst seine Priorität linear mit der Zeit, und zwar um

$$\Delta p = a\Delta t$$

während einer Zeitspanne Δt $(a > 0)$. Ist der Auftrag unter die bearbeiteten Aufträge übernommen worden, wächst seine Priorität mit einer geringeren Geschwindigkeit, nämlich um

$$\Delta p = b\Delta t$$

während einer Zeitspanne Δt $(0 < b < a)$. Die Priorität eines neuen Auftrags, der zum Zeitpunkt t_0 eingetroffen ist, beträgt zum Zeitpunkt t

$$p(t) = a(t-t_0) \quad .$$

Und für einen bearbeiteten Auftrag, der zum Zeitpunkt t_1 übernommen wurde, gilt

$$p(t) = a(t_1-t_0) + b(t-t_1) \quad .$$

Wir verfügen, daß ein Auftrag zur Bearbeitung übernommen wird, wenn seine Priorität die Priorität eines bereits in Bearbeitung befindlichen Auftrags erreicht (oder wenn sich kein Auftrag in Bearbeitung befindet). Das hat zur Folge, daß alle bearbeiteten Aufträge die gleiche Priorität haben (siehe Übung 1). Die Entwicklung der Prioritäten für 2 nacheinander eintreffende Aufträge ist in Abb. 6.2b dargestellt. Dort ist vorausgesetzt, daß beim Eintreffen von Auftrag 1 bereits andere Aufträge in Bearbeitung sind.

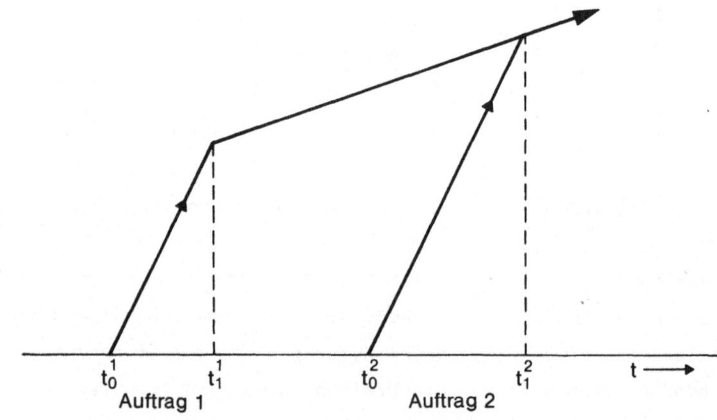

Abb. 6.2b Prioritätsentwicklung zweier Aufträge

6.2.2 Das Prioritätenschema ist so, wie es vorgeschlagen wurde, für die Implementierung ungeeignet, da die Prioritäten aller Aufträge laufend - d. h. nach jeder Zeitscheibe - geändert werden müssen; Effizienzargumente verbieten eine solche Vorgehensweise. Wir versuchen daher, die folgende Implementierungsbedingung zu erfüllen: die Priorität eines Auftrags wird nur dann geändert, wenn der Auftrag in die Schlange eingereiht wird, nicht während er in der Schlange wartet. Diese Bedingung läßt sich erfüllen, indem man nicht das oben eingeführte Maß für die Priorität verwendet, sondern eines, das aus diesem durch eine lineare Transformation

$$v(t) = x\ p(t) + y$$

hervorgeht ($x \neq 0$). Dies ändert nichts an der Zuteilungsstrategie, da die lineare Ordnung von Prioritätswerten invariant gegenüber einer linearen Transformation ist:

$$p_1(t) < p_2(t) \iff v_1(t) < v_2(t) \qquad (\text{bei } x > 0)$$

$$p_1(t) < p_2(t) \iff v_1(t) > v_2(t) \qquad (\text{bei } x < 0)$$

(Bei $x < 0$ bedeutet ein niedriger v-Wert eine hohe Priorität).

Wir wählen eine Transformation, die zu einem für $t_0 \leqq t \leqq t_1$ zeitinvarianten $v(t)$ führt. Mit

$$v(t) = -\frac{p(t)}{a} + t$$

ist

$$v(t) = \begin{cases} t_0 & \text{für } t_0 \leqq t \leqq t_1 \\ t_0 + (t-t_1)\ (1-\frac{b}{a}) & \text{für } t \geqq t_1 \end{cases}$$

Für einen neuen Auftrag ($t_0 \leqq t \leqq t_1$) ist die Implementierungsbedingung von vornherein erfüllt. Da die bearbeiteten Aufträge alle die gleiche Priorität haben, genügt eine einzige Variable zum Festhalten dieser Priorität; ihr Wert muß nach Ablauf jeder Zeitscheibe s um $s(1 - \frac{b}{a})$ erhöht werden.

$v(t)$ ist für $t_0 \leqq t \leqq t_1$ die Ankunftszeit des Auftrags; für $t \geqq t_1$ kann man $v(t)$ als "virtuelle Ankunftszeit" deuten, sie ist gleich der Ankunftszeit eines neuen Auftrags gleicher Priorität. (In Abb. 6.2b schneidet eine durch $(t, p(t))$ gelegte

Gerade der Steigung a die t-Achse bei v(t)!)

Bei der Transformation, die wir angewendet haben, ist der Koeffizient -1/a negativ, d. h. je kleiner der v-Wert ist, desto höher ist die Priorität. Demnach liegt die virtuelle Ankunftszeit der bearbeiteten Aufträge auf der Zeitachse links von den Ankunftszeiten der neuen Aufträge. Während erstere nach rechts wandert, "absorbiert" sie die letzteren. Jede Absorption bedeutet, daß ein neuer Auftrag zur Bearbeitung übernommen wird. Wenn die Menge der bearbeiteten Aufträge leer wird, wird der nächste neue Auftrag, sofern vorhanden, sofort übernommen. Die virtuelle Ankunftszeit der bearbeiteten Aufträge bewegt sich mit der Geschwindigkeit

$$r = 1 - \frac{b}{a} .$$

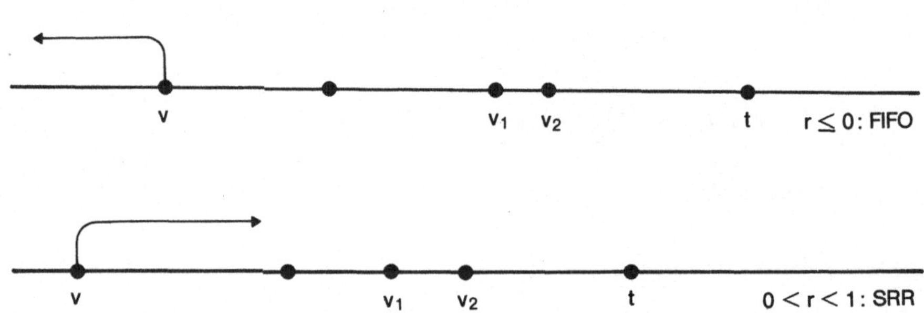

Abb. 6.2c Die virtuelle Ankunftszeit und zwei reale Ankunftszeiten v_1, v_2

Abhängig von den Werten a, b ergeben sich verschiedene Zuteilungsstrategien:

1. b = 0, r = 1: Die virtuelle Ankunftszeit der bearbeiteten Aufträge läuft so schnell wie die Zeit, ist also gleich der aktuellen Zeit. Ein neu eintreffender Auftrag hat daher die gleiche Priorität wie die bereits bearbeiteten und wird sofort übernommen. Wir haben eine reine RR-Zuteilung.

2. 0 < b < a, 0 < r < 1: Die virtuelle Ankunftszeit läuft langsamer als die Zeit. Die Ankunftszeit eines neuen Auftrags wird daher erst nach einer gewissen Zeit von der virtuellen Ankunftszeit der bearbeiteten Aufträge eingeholt. Der Auftrag muß also eine Zeitlang warten, bevor er übernommen wird. Diese Zuteilungsstrategie wird bisweilen "eigennütziges Reihum" (engl. selfish round-robin, SRR) genannt, da die bearbeiteten

Aufträge "versuchen, die Bearbeitungsstation für sich zu behalten"; das gelingt ihnen umso besser - allerdings nie vollständig -, je näher r an 0 rückt.

3. $a \leqq b$, $r \leqq 0$: Hier bewegt sich die virtuelle Ankunftszeit der bearbeiteten Aufträge überhaupt nicht mehr oder läuft sogar rückwärts. Es wird also grundsätzlich kein neuer Auftrag übernommen, es sei denn, die Menge der bearbeiteten Aufträge ist leer. Das heißt aber, daß sich jeweils nur ein Auftrag in Bearbeitung befindet und vollständig erledigt wird, bevor der nächste in Angriff genommen wird. Dies ist die reine FIFO-Strategie.

6.2.3 Bei r = 1 wird am Ende einer Zeitscheibe der gerade bearbeitete Auftrag an das Ende der Warteschlange zurückgebracht (RR), bei r = 0 wird er an den Anfang der Warteschlange zurückgebracht (FIFO). Das Spektrum der SRR-Strategien favoritisiert die Aufträge, die bereits übernommen wurden, mehr oder weniger gegenüber denen, die neu eintreffen, abhängig vom Wert r. SRR nähert sich RR für $r \to 1$ und nähert sich FIFO für $r \to 0$.

In 6.1 haben wir festgestellt, daß bei FIFO alle Aufträge mit der gleichen mittleren Verweilzeit rechnen müssen, während bei RR die erwartete Verweilzeit proportional zur Bearbeitungszeit ist. Das läßt erwarten, daß die Verweilzeit eines kleinen Auftrags bei SRR zwar länger als bei RR, aber kürzer als bei FIFO sein wird, und daß sie mit $r \to 1$ abnimmt. Untersuchen wir, ob diese Vermutung zutrifft!

Das SRR-System besteht aus der Bearbeitungsstation und zwei Schlangen, einer für die neu eintreffenden ("Warteschlange") und einer für die in Bearbeitung befindlichen Aufträge ("Bearbeitungsschlange"; Abb. 6.2d). Wir betrachten die Bearbeitungsstation als in der Bearbeitungsschlange verborgen. Ein neuer Auftrag bleibt so lange in der Warteschlange, wie seine Ankunftszeit größer als die virtuelle Ankunftszeit der bearbeiteten Aufträge ist.

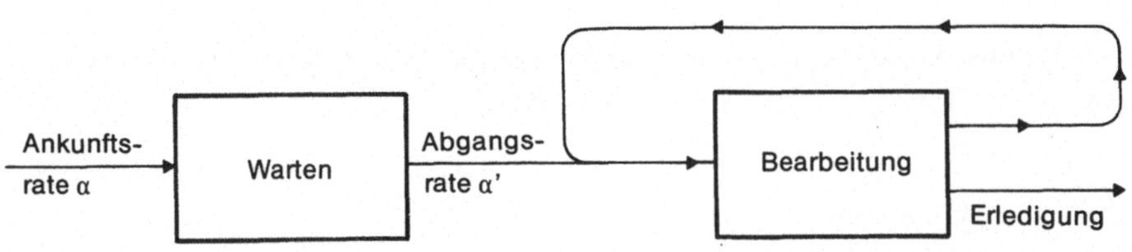

Abb. 6.2d SRR-System mit Ankunfts- und Abgangsraten an der Warteschlange

Für das System als Ganzes ist die mittlere Verweilzeit über alle Aufträge unabhängig von ihrer Größe

$$T = \frac{1}{\beta-\alpha} \quad ,$$

wie auch für FIFO und RR (siehe 6.1). Sie setzt sich zusammen aus einer Wartezeit in der Warteschlange und einer Verweilzeit in der Bearbeitungsschlange:

$$T = T_W + T_B \quad .$$

α', die (mittlere) Abgangsrate aus der Warteschlange und damit gleichzeitig Ankunftsrate neuer Aufträge an der Bearbeitungsschlange, hängt von der Ankunftsrate am System, α, und der Kenngröße $r=1-b/a$ ab. Betrachten wir Abb. 6.2b! Hier sei $t_0^2 - t_0^1$ der mittlere Abstand zwischen zwei aufeinanderfolgenden Aufträgen, d. h.

$$t_0^2 - t_0^1 = \frac{1}{\alpha} \quad .$$

Daraus folgt mit der Definition von $v(t)$

$$\frac{1}{\alpha} = v(t_1^2) - v(t_1^1) = (1 - \frac{b}{a}) \quad (t_1^2 - t_1^1) \quad .$$

Die Zeitspanne zwischen den Übernahmen der Aufträge in die Bearbeitungsschlange ist

$$t_1^2 - t_1^1 = \frac{1}{\alpha'} \quad .$$

Somit folgt

$$\alpha' = r\alpha \qquad \text{mit } r = 1 - \frac{b}{a} < 1 \quad ,$$

d. h. die Ankunftsrate an der Bearbeitungsschlange wird durch die vorgeschaltete Warteschlange um den Faktor r verringert.

Für die mittlere Verweilzeit in Bearbeitungsschlange und Bearbeitungsstation gilt (siehe 6.1)

$$T_B = \frac{1}{\beta-\alpha'} \quad .$$

Demnach gilt für die mittlere Wartezeit in der Warteschlange

$$T_W = T - T_B = \frac{1}{\beta-\alpha} - \frac{1}{\beta-\alpha'} .$$

In 6.1.6 haben wir gesehen, daß in einem RR-System die zu erwartende Verweilzeit proportional zur Bearbeitungszeit eines Auftrags ist. Dies gilt also auch für T_B. Dagegen ist T_W unabhängig von der Auftragsgröße, denn diese geht in die Übernahmeentscheidung nicht ein; die Entscheidung wird allein aufgrund der Vorgänge in der Bearbeitungsschlange getroffen. Als Konsequenz daraus ergibt sich, daß T ebenso wie T_B mit der Auftragsgröße variiert. Geht man für T_B wie in 6.1.6 vor, so erhält man für die mittlere Verweilzeit eines Auftrags, dessen Bearbeitung k Zeitscheiben der Länge s erfordert:

$$T(k) = T_W + T_B(k) = \frac{1}{\beta-\alpha} - \frac{1}{\beta-\alpha'} + \frac{ks}{1-\varrho'} \qquad (\varrho' = \frac{\alpha'}{\beta})$$

$$= \frac{1}{\beta-\alpha} - \frac{1-ks\beta}{\beta-\alpha'} .$$

Interessant ist der Vergleich dieses Wertes mit dem Wert für ein reines RR-System,

$$\frac{ks\beta}{\beta-\alpha} ,$$

und dem Wert für ein reines FIFO-System,

$$\frac{1}{\beta-\alpha} .$$

Für $ks=1/\beta$ verschwindet der zweite Term von T(k). Man sieht, daß ein Auftrag von mittlerem Umfang von allen drei Systemen gleich gut bedient wird. "Kleine" Aufträge kann man durch $ks < 1/\beta$ charakterisieren. Ein Vergleich der angegebenen Verweilzeiten zeigt, daß kleine Aufträge von RR besser als von SRR, von SRR aber immer noch besser als von FIFO bearbeitet werden. Für "große" Aufträge, $ks > 1/\beta$, ist es genau umgekehrt. Mit $\alpha' \to \alpha$ (d. h. $r \to 1$) nähert sich SRR dem RR, mit $\alpha' \to 0$ (d. h. $r \to 0$) dem FIFO.

Übungen

1. Wir haben vorausgesetzt, daß niemals zwei Aufträge zur gleichen Zeit eintreffen können. Die Vorschrift zur Übernahme eines Auftrags schließt aus, daß ein neuer Auftrag eine höhere Priorität als ein bearbeiteter haben könnte. Zeige, daß die

bearbeiteten Aufträge stets von gleicher Priorität sind! Kann trotz $b > 0$ die Priorität der bearbeiteten Aufträge sinken?

2. Wenn $r = (1-b/a)$ im Intervall $[0,1]$ liegt, wächst die virtuelle Ankunftszeit der bearbeiteten Aufträge, wenn auch langsamer als die Uhrzeit. Bei $r > 1$ wächst sie schneller als die Uhrzeit. Was passiert bei $r > 1$, $a > 0$?

3. Bei $a > 0$ bedeutet kleinste virtuelle Ankunftszeit höchste Priorität, da der Koeffizient $-1/a$ in der linearen Transformation $v = -p/a+t$ negativ ist. Wählen wir $a < 0$, so ist der Koeffizient positiv, und ein hoher v-Wert bedeutet hohe Priorität. Untersuche den Fall $a < 0$ und charakterisiere die für verschiedene Werte von $r = 1-b/a$ erhaltenen Zuteilungsstrategien!

4. Wir implementieren ein SRR-System, bestehend aus einer Warteschlange und einer Bearbeitungsschlange (siehe Abb. 6.2d). Jeder Auftrag trägt einen "Eingangsstempel" mit der Zeit seines Eintreffens an der Warteschlange. (Eine Systemfunktion 'Uhrzeit' liefert die aktuelle Zeit.)

   Schreibe eine Prozedur 'neuer Auftrag', die beim Eintreffen eines neuen Auftrags aufgerufen wird! Schreibe ferner eine Prozedur für die in der Bearbeitungsschlange bei Zeitscheibenende auszuführenden Aktionen (Änderung der virtuellen Ankunftszeit, Übernahme neuer Aufträge)!

5. Die Bearbeitungszeit t eines Auftrags, der k Zeitscheiben der Größe s benötigt, ist $t=ks$. Läßt man s gegen 0 gehen und gleichzeitig die Anzahl k der benötigten Zeitscheiben so wachsen, daß ks gleich t bleibt, dann wird die mittlere Verweilzeit eines Auftrags eine stetige Funktion von t:

   RR: $$\frac{\beta}{\beta-\alpha}\,t$$

   SRR: $$\frac{\beta}{\beta-\alpha'}\,t + \frac{1}{\beta-\alpha} - \frac{1}{\beta-\alpha'} \qquad (\alpha' = r\alpha)$$

   FIFO: $$\frac{1}{\beta-\alpha}$$

   Verfertige eine graphische Darstellung dieser Funktionen, mit verschiedenen r-Werten für SRR! Wähle $(\alpha,\beta)=(50,100)$ und $(\alpha,\beta)=(80,100)$!

6. An einer Bearbeitungsstation gebe es zwei Schlangen für Aufträge mit hoher bzw. niedriger Priorität. Die hochpriorisierten Aufträge werden nach RR bedient, die niedrigpriorisierten nach FIFO - und nur solange keine hochpriorisierten anstehen. Wird bei der Bearbeitung eines niedrigpriorisierten Auftrags am Ende einer Zeitscheibe festgestellt, daß ein hochpriorisierter Auftrag ansteht, so wird dieser bearbeitet, d. h. die Arbeit an dem niedrigpriorisierten Auftrag wird unterbrochen. Die Kosten für die Bearbeitung eines Auftrags mit Bearbeitungszeit t werden auf ft festgesetzt mit $f \sim t/T(t)$. Schreibe ein Programm für die Auswahl des nächsten zu bearbeitenden Auftrags am Ende einer Zeitscheibe und ein Programm für die Kostenberechnung!

6.3 Langfristige Ablaufsteuerung

6.3.1 Die Zuteilungsentscheidungen, die für einen Auftrag zwischen seiner Ankunft und seiner Fertigstellung getroffen werden, sind von relativ kurzfristiger Natur. Wie entschieden wird, ist Sache der Bearbeitungsstation, und die Entscheidungen werden durch rein lokale Mechanismen umgesetzt. In den vorangegangenen Abschnitten wurden alle eintreffenden Aufträge gleich behandelt und als "neu" betrachtet: ein Auftrag hatte nicht etwa eine Vorgeschichte. Mit seiner Fertigstellung war ein Auftrag "erledigt".

In diesem Abschnitt behandeln wir einige langfristige Zuteilungsstrategien: ein Auftrag hat eine längere Lebensdauer und kann das Bearbeitungssystem wiederholt in Anspruch nehmen. Die Statuswerte, die die Geschichte eines Auftrags beschreiben, gehen nicht verloren, wenn der Auftrag das Bearbeitungssystem verläßt. Sie werden eingefroren, um später, wenn der Auftrag erneut am Bearbeitungssystem erscheint, für die anstehenden Zuteilungsentscheidungen benutzt zu werden.

Ein typisches Beispiel für langfristige Zuteilungsstrategien ist die Ablaufsteuerung bei Prozessoren. Solange ein Prozeß blockiert ist, benötigt er keinen Prozessor. Das Aufwecken eines Prozesses bedeutet also, daß an der Bearbeitungsstation "Prozessor" ein Auftrag eintrifft; das Blockieren eines Prozesses bedeutet, daß ein Auftrag die Bearbeitungsstation "Prozessor" verläßt. Eine langfristige Ablaufsteuerung berücksichtigt die Vorgeschichte des Prozesses und teilt Prozessorzeit nach Maßgabe der in früheren Aktivitätsphasen verbrauchten Prozessorzeiten zu.

6.3.2 Wenn ein Prozeß aufgeweckt wird, wird er in die Liste der bereiten Prozesse eingetragen, und zwar mit einer bestimmten Priorität, die mit seiner früheren Prozessornutzung zusammenhängt. Auch der Umfang des jeweils ausgeführten Programms sollte berücksichtigt werden: kleine Programme sollten nicht durch die Anwesenheit großer Programme unbillig behindert werden.

Der langfristige Charakter der Ablaufsteuerung wird dadurch erreicht, daß in Abhängigkeit von der Vorgeschichte der Prozesse unterschiedliche kurzfristige Zuteilungsstrategien eingesetzt werden. Die Ablaufsteuerung verläuft in mehreren Stufen, und jeder Stufe entspricht eine bestimmte Zuteilungsstrategie. Ein Prozeß erreicht die Stufe i, wenn seine Laufzeit einen vorgegebenen Schwellenwert t_i erreicht hat. Es gilt $t_i<t_{i+1}$ für i=1,2,..., und ein Prozeß beginnt mit der Ausführung eines Programms auf Stufe 1 (mit $t_1=0$).

Wir wählen ein 3-stufiges Verfahren. Die Schwellenwerte t_2 und t_3 werden so gewählt, daß ein kleines Programm vor Erreichen von t_2 und ein mittelgroßes vor Erreichen von t_3 beendet ist; nur große Programme überschreiten t_3.

Für jede Stufe gibt es eine eigene Warteschlange. Der Prozessor wird wie folgt zugeteilt. Wenn die Schlange 1 (entsprechend Stufe 1) nicht leer ist, wird aus ihr ein Prozeß ausgewählt, andernfalls aus Schlange 2 bzw. - wenn auch diese leer ist - aus Schlange 3. Damit werden kleine Programme gegenüber größeren bevorzugt.

Da die Aufteilung der Prozesse auf die drei Schlangen durch langfristige Effekte bestimmt wird, kann man nach wie vor davon ausgehen, daß die Spanne zwischen den Zeitpunkten des Aufweckens zweier "kleiner" Prozesse und die Spanne zwischen den Zeitpunkten der Blockade solcher Prozesse exponentiell verteilt sind. Mit anderen Worten: der zufällige Charakter von Ankunfts- und Bearbeitungszeiten bleibt erhalten. Aus diesem Grund können die kleinen Prozesse nach der Reihum-Strategie bedient werden. Damit ist ihre Verweilzeit proportional zur Bearbeitungszeit (siehe 6.1.6).

Ein Prozeß, der die zweite oder dritte Stufe erreicht, beeinflußt die mittlere Bearbeitungszeit der ersten Stufe nur durch seine Aufenthaltsdauer dort. Hat er die zweite Stufe erreicht, bedeutet er keine Konkurrenz mehr für die Prozesse der ersten Stufe. Demnach werden die kleinen Prozesse durch unser Verfahren besser bedient als wenn alle Prozesse einem stufenlosen RR-Verfahren unterworfen wären.

Stufe 3 wird nur von den "großen" Prozessen erreicht. Für sie ist FIFO eine bessere Strategie als RR. Große Prozesse pflegen auch große Betriebsmittelanforderungen zu haben - vor allem was Speicher betrifft. Mehrere große Prozesse im

Multiplexbetrieb abzuwickeln ist daher nicht sinnvoll. Deshalb behandeln wir die großen Prozesse nach FIFO.

Für die Stufe 2 ist eine SRR-Strategie aus dem Spektrum zwischen RR und FIFO naheliegend. Der frei wählbare Parameter r kann dabei zur Abstimmung (tuning) des Systems benutzt werden: auf experimentellem Wege wird durch Variation von r die Systemleistung optimiert.

Es ist auch leicht möglich, die Stufe 2 in mehrere Stufen aufzuteilen, wobei jede mit einem anderen r-Wert arbeitet. Unter Einbeziehung der ersten und letzten Stufe (RR und FIFO) hat man dann ein allgemeines n-Stufen-System mit abfallenden r-Werten 1,...,0.

6.3.3 Bei einem dreistufigen System besteht die Bereitliste aus vier Prozeßschlangen (siehe Abb. 6.3a): einer Bearbeitungsschlange für die erste Stufe, einer Warteschlange W2 und einer Bearbeitungsschlange B2 für die zweite Stufe, und einer Warteschlange W3 für die dritte Stufe. Die Prozesse in der SRR-Warteschlange tragen einen Eingangsstempel mit ihrer Ankunftszeit, die jeweils mit der virtuellen Ankunftszeit der Prozesse in der SRR-Bearbeitungsschlange verglichen werden muß (siehe 6.2); dies geschieht immer dann, wenn ein Prozeß der Stufe 2 auszuwählen ist.

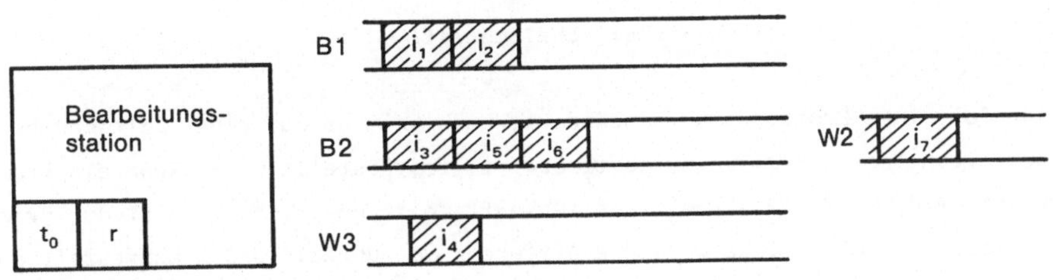

Abb. 6.3a Bereitliste bei dreistufiger Ablaufsteuerung

Die folgenden Ereignisse bewirken Änderungen in der Bereitliste:

a. Ein Prozeß blockiert in einer P-Operation.
b. In einer V-Operation wird ein Prozeß aufgeweckt.
c. Ende einer Zeitscheibe.

In den P/V-Operationen (vgl. 4.4.3) gilt es die folgenden Aktionen im Hinblick auf unsere intendierte Ablaufsteuerung zu konkretisieren:

- 'Steuerdaten sammeln(aktiver Prozeß)'
- 'Auswählen(aktiver Prozeß, Bereitliste)'
- ' Steuerdaten initialisieren(aktiver Prozeß)'

'Steuerdaten sammeln' wird ausgeführt, wenn ein Prozeß den Prozessor abgibt. Erhält ein Prozeß den Prozessor zugeteilt, so wird 'Steuerdaten initialisieren' ausgeführt. Das Auswählen eines Prozesses aus der Bereitliste gemäß 6.3.2 bedeutet hier: ausgewählt wird der erste Prozeß der ersten nichtleeren Schlange in der Reihenfolge B1, B2, W2, W3. Ein Prozeß, der durch eine V-Operation aufgeweckt wird oder selbst in einer V-Operation einen anderen Prozeß höherer Priorität aufweckt (siehe 4.4.3), wird am Anfang(!) der Schlange seiner Stufe untergebracht (die Priorität eines Prozesses ist umso höher, je niedriger seine Stufe ist). Ein Prozeß der Stufe 1 oder 2, dessen Zeitscheibe abgelaufen ist, wird an das Ende der Bearbeitungsschlange seiner Stufe angehängt.

6.3.4 Die Steuerdaten eines Prozesses enthalten die für die Ablaufsteuerung benötigten Statusinformationen:

- 'Stufe'
- 'Laufzeit'
- 'Ankunftszeit'
- 'Zeitscheibenrest'

Die 'Stufe' eines Prozesses wird geändert, wenn beim Ablauf einer Zeitscheibe eine Überschreitung des Schwellenwertes t_2 bzw. t_3 festgestellt wird. Wenn ein Prozeß aktiviert wird, wird die Uhrzeit als 'Ankunftszeit' gespeichert. Gibt der Prozeß den Prozessor wieder ab, so wird die Differenz von Uhrzeit und Ankunftszeit auf die 'Laufzeit' addiert; diese gibt an, wieviel Prozessorzeit das durch den Prozeß bearbeitete Programm bereits verbraucht hat.

Für einen in W2 wartenden Prozeß bezeichnet 'Ankunftszeit' die Uhrzeit seines Übergangs von Stufe 1 nach Stufe 2. Dieser Übergang findet statt, wenn am Ende einer Zeitscheibe festgestellt wird, daß die 'Laufzeit' den Schwellenwert t_2 erreicht hat.

Wenn ein Prozeß aktiviert wird, wird ein Zeitgeber auf den Wert 'Zeitscheibenrest' gesetzt. Sobald der Zeitgeber auf 0 heruntergezählt ist, wird eine Unterbrechung ausgelöst. Die daraufhin aktivierte Prozedur 'Zeitgeberunterbrechung' übergibt den Prozessor an den höchstpriorisierten Prozeß aus der Bereitliste. Wenn ein Prozeß blockiert, wird der im Zeitgeber enthaltene Wert als 'Zeitscheibenrest' gerettet.

Die virtuelle Ankunftszeit der Prozesse in B2 wird, während Prozesse der Stufe 2 aktiv sind, in regelmäßigen Abständen erhöht.

Die Prozeduren 'Steuerdaten sammeln' und 'Steuerdaten initialisieren' können somit wie folgt implementiert werden:

```
procedure Steuerdaten sammeln(p) =
begin     local Aktivitätsdauer := Uhrzeit - p.Ankunftszeit;
          p.Laufzeit :+ Aktivitätsdauer;
          p.Zeitscheibenrest := Zeitgeber;
          if p.Stufe = 2 then virtuelle Ankunftszeit :+ r*Aktivitätsdauer fi;
          p.Stufe := if p.Laufzeit < t2 then 1
                     else if p.Laufzeit < t3 then 2
                     else {p.Laufzeit ≥ t3}       3 fi fi;
          p.Ankunftszeit := Uhrzeit     {vgl. 6.3.5}
end       Steuerdaten sammeln;


procedure Steuerdaten initialisieren(p) =
begin     p.Ankunftszeit := Uhrzeit;
          Zeitgeber := p.Zeitscheibenrest
end.
```

Die Prozedur 'Auswählen' wählt den ersten Prozeß der ersten nichtleeren Schlange in der Reihenfolge B1, B2, W2, W3 aus; wenn alle Schlangen leer sind, wird ein Leerprozeß ausgewählt (siehe 3.4.2, 4.4.3):

```
procedure Auswählen(p, Bereitliste) =
begin     local q;
          {übertrage Prozesse von W2 nach B2:}
          while W2.nicht leer and
                W2.erster Prozeß.Ankunftszeit ≤ virtuelle Ankunftszeit do
                Austragen(q,W2);
                Eintragen(q,B2) od;
          virtuelle Ankunftszeit := q.Ankunftszeit;
          {wähle aus:}
```

```
        if B1.nicht leer then Austragen(p,B1)
        else if B2.nicht leer then Austragen(p,B2)
        else if W3.nicht leer then Austragen(p,W3)
        else p := Leerprozeß fi fi fi
end.
```

Da die virtuelle Ankunftszeit unmittelbar vor dem Aufruf von 'Auswählen' erhöht worden sein kann, müssen eventuell Prozesse von W2 nach B2 übertragen werden, bevor die eigentliche Auswahl durchgeführt wird.

6.3.5 Die Unterbrechungsroutine 'Zeitgeberunterbrechung' wird aktiviert, wenn der Zeitgeber abläuft. Sie hat zweierlei zu tun:

a. der laufende Prozeß muß verdrängt und an die Bearbeitungsschlange seiner aktuellen Stufe angehängt werden;

b. der höchstpriorisierte Prozeß muß aktiviert werden.

Wenn der laufende Prozeß seine Stufe i nicht ändert und die zugehörige Bearbeitungsschlange leer ist, kann die Unterbrechungsroutine eine Abkürzung wählen. Da die Bearbeitungsschlangen niedrigerer Stufen als i notwendigerweise leer sind, hat der laufende Prozeß die höchste Priorität. Er kann also gleich weiterlaufen, nachdem der Zeitgeber mit der Länge der Zeitscheibe geladen wurde.

Die Prozesse der Stufen 1 und 2 müssen, da sie im RR-Verfahren zu bedienen sind, durch den Zeitgeber regelmäßig unterbrochen werden. Prozesse der Stufe 3 und der Leerprozeß könnten eine unbegrenzte Zeitscheibe erhalten, da sie durch einen Prozeß der Stufe 1 oder 2, der durch eine V-Operation aufgeweckt wird, auf jeden Fall verdrängt werden. Der Einfachheit halber sehen wir grundsätzlich eine regelmäßige Zeitgeberunterbrechung vor. Die unten stehende Prozedur 'Zeitgeberunterbrechung' wird aber nur dann aktiviert, wenn ein Prozeß der Stufe 1 oder 2 unterbrochen wird.

Wenn ein Prozeß die Stufe 2 erreicht und dort beide Schlangen B2 und W2 leer vorfindet, muß er in B2 eingetragen werden. Wenn ein Prozeß die Stufe 2 verläßt und dabei die Schlange B2 leer wird, muß ein Prozeß von W2 nach B2 übernommen werden. Beides kann erreicht werden, indem die virtuelle Ankunftszeit auf die aktuelle Uhrzeit gesetzt wird.

Die Prozedur 'Zeitgeberunterbrechung' führt die Prozeßumschaltung in ähnlicher Weise wie die Prozeduren P/V durch (siehe 4.4.3). Da sie mit diesen auf gemeinsame Daten zugreift, muß mittels LOCK(PV)/UNLOCK(PV) ein wechselseitiger Ausschluß gesichert werden. Die Prozedur läuft mit höchster Prozessorpriorität, weshalb alle Unterbrechungen unterdrückt sind.

```
procedure Zeitgeberunterbrechung =
begin    local k, alte Stufe := aktiver Prozeß.Stufe;
         LOCK(PV);
         Steuerdaten sammeln(aktiver Prozeß); {Stufe wird aktualisiert}
         if B2.leer and alte Stufe ≠ aktiver Prozeß.Stufe then
            virtuelle Ankunftszeit := Uhrzeit fi;
         aktiver Prozeß.Zeitscheibenrest := Zeitscheibe;
         if B1.leer and (if aktiver Prozeß.Stufe = 2 then B2.leer else true)
                        and aktiver Prozeß.Stufe ≠ 3 then
            Steuerdaten initialisieren
         else Prozessorstatus retten(aktiver Prozeß);
              aktiver Prozeß.Zustand := bereit;
                 {Eintragen in Bereitliste :}
              case aktiver Prozeß.Stufe of
                 1: Eintragen(aktiver Prozeß, B1);
                 2: if alte Stufe = 2 then
                          Eintragen(aktiver Prozeß, B2)
                    else Eintragen(aktiver Prozeß, W2) fi;
                 3: Eintragen(aktiver Prozeß, W3) esac;
              Auswählen(aktiver Prozeß, Bereitliste);
              aktiver Prozeß.Zustand := aktiv;
              Steuerdaten initialisieren(aktiver Prozeß);
              Prozessorstatus wiederherstellen(aktiver Prozeß) fi;
         UNLOCK(PV)
end.
```

6.3.6 Für die Auswahl eines Prozesses aus der Bereitliste ist in erster Linie seine Stufe, in zweiter Linie seine Listenposition innerhalb der Stufe maßgeblich. Die Stufe reflektiert den Umfang der längerfristigen Prozessornutzung in der Vergangenheit, die Listenposition entspricht der kurzfristigen Prozessornutzung. Bis auf die unterschiedlichen Laufzeiten haben wir alle Prozesse als gleichartig betrachtet. Es gab kein Kriterium, nach dem etwa ein Prozeß a priori von höherer Priorität als andere Prozesse gewesen wäre.

Dies ist eine unrealistische Voraussetzung. Es wird stets einige Prozesse geben, die eine inhärent höhere Priorität als andere Prozesse haben. Dazu gehören auf jeden Fall die Gerätetreiber mit ihrem zeitkritischen Verhalten; sie müssen garantieren, daß die Geräte jeweils mit maximaler Geschwindigkeit betrieben werden. Die Treiber sollten grundsätzlich eine höhere Priorität als die Benutzerprozesse haben, unabhängig von der jeweiligen Prozessornutzung, egal ob kurzfristig oder langfristig gemessen.

Es wird also in jedem System eine feste Anzahl von Prozessen mit besonders hohen Prioritäten geben. Sind diese Prioritäten fest, so kann man die Bereitliste einfach um eine zusätzliche Prozeßschlange BØ erweitern, in der die jeweils bereiten hochpriorisierten Prozesse gemäß ihrer Priorität eingereiht sind. Handelt es sich um nicht zu viele Prozesse, kann BØ als Feld realisiert werden, in dem jeder Prozeß seinen festen Platz hat. Der Index entspricht der relativen Priorität; sie gehört zu den Steuerdaten. Auf die 'Ankunftszeit' kann verzichtet werden. Alle diese Prozesse befinden sich permanent auf der "Stufe 0", unabhängig von ihrer Prozessornutzung. Sie sind keinem Zeitscheibenverfahren unterworfen.

Übungen

1. Die zweite Version der V-Operation in 4.4.3 bewirkt einen Prozeßwechsel, wenn der aufgeweckte Prozeß p von höherer Priorität als der aufweckende Prozeß 'aktiver Prozeß' ist. Diese Bedingung war so formuliert worden:

   p.Priorität > aktiver Prozeß.Priorität.

   Die Bereitliste habe die oben erläuterte Struktur; es gibt die hochpriorisierte Schlange BØ sowie die Schlangen B1,B2,W2,W3 (und den Leerprozeß). Die Auswahlpriorität für die Prozessorzuteilung wird durch folgende Regeln beschrieben:

   a. Bei i < k hat ein Prozeß auf Stufe i eine höhere Priorität als ein Prozeß auf Stufe k.

   b. Je kleiner der Index eines Prozesses in BØ, desto höher ist seine Priorität.

   c. Wenn aufweckender und aufgeweckter Prozeß sich auf der gleichen Stufe i > 0 befinden, hat der aufgeweckte Prozeß die höhere Priorität.

Implementiere die entsprechende V-Operation! Beachte, daß nicht die Prozedur 'Eintragen' aus 4.4.3 verwendet werden kann!

2. Man kann auf den Einsatz eines Leerprozesses verzichten, wenn man die Prozedur 'Auswählen' im Fall einer leeren Bereitliste eine Warteschleife durchlaufen läßt. Die Warteschleife wird abgebrochen, wenn ein Gerät einen Prozeß mittels einer Hardware-V-Operation aufweckt. Modifiziere die Auswahlprozedur entsprechend! Beachte, daß die Warteschleife unterbrechbar sein muß!

   Um dem zeitkritischen Verhalten der Treiber gerecht zu werden, muß für die V-Operation nicht notwendig die zweite Version (aus 4.4.3) gewählt werden. Es reicht, die erste Version (ohne Prioritätstest) zu wählen und dafür die Hardware-V-Operation so zu gestalten, daß der aufgeweckte Prozeß grundsätzlich die Steuerung erhält (wie in 4.5.1). Diskutiere die Vor- und Nachteile dieses Vorschlags; berücksichtige dabei insbesondere, daß Unterbrechungen in schneller Folge auftreten können!

3. Die SRR-Ablaufsteuerung kompliziert die Verwaltung der Bereitliste. Ein wesentlich einfacheres Verfahren wurde beim CTSSystem verwendet (vgl. Übung 2.4.4). Das grundlegende Prinzip beim CTSS ist, daß auf jeder Stufe die gleiche Zuteilungsstrategie eingesetzt wird (wir legen RR zugrunde), daß aber unterschiedliche Zeitscheiben der Größe

$$s2^{i-1}$$

   auf den verschiedenen Stufen i=1,2,... verwendet werden. Der Übergang eines Prozesses von einer Stufe zur nächsten wird durch Schwellenwerte gesteuert, die mit der Laufzeit verglichen werden. Die Priorität nimmt mit höherer Stufe ab, d. h. ein Prozeß der Stufe i wird genau dann ausgewählt, wenn die Prozeßschlangen auf allen Stufen 1,...,i-1 leer sind.

   Schreibe die Programme für die Verwaltung der Steuerdaten, für das Eintragen in die Bereitliste und die Auswahl von dort, sowie für die Behandlung der Zeitgeberunterbrechung!

4. Der die Stufe 2 betreffende Teil der Bereitliste werde wie folgt vereinfacht. Statt zweier Schlangen wird nur eine verwendet, und es wird stets deren erstes Element ausgewählt. Eintragungen in die Schlange richten sich jedoch nach dem

Verhältnis von Ankunftszeit zu virtueller Ankunftszeit. Ist die Ankunftszeit größer als die virtuelle Ankunftszeit, dann wird der Prozeß an das Ende der Schlange angehängt; andernfalls wird er hinter den in Bearbeitung befindlichen Prozessen in die Schlange eingereiht. Schreibe für diese Technik ein Programm, welches einen Prozeß in die Bereitliste einträgt!

5. Ein Prozeß, der sich inmitten eines kritischen Abschnitts befindet, belegt damit ein Betriebsmittel. Das System sollte diesem Prozeß ein zügiges Verlassen des kritischen Abschnitts ermöglichen und ihm zu diesem Zweck vorübergehend eine hohe Priorität zuteilen.

   Wir nehmen an, daß kritische Abschnitte in P/V-Operationen eingeschlossen sind, welche von Synchronisationsoperationen wait/signal unterscheidbar sind. Damit ist es möglich, Prozesse, die sich in einem kritischen Abschnitt befinden, mit einer besonderen Kennzeichnung zu versehen. Bei der Behandlung der Zeitgeberunterbrechung soll auf diese Kennzeichnung geachtet werden, und ein Prozeß, der die Kennzeichnung trägt, soll den Prozessor <u>nicht</u> abgeben.

   Untersuche die notwendigen Änderungen in P/V und in der Unterbrechungsbehandlung für den Zeitgeber!

6.4 Ablaufsteuerung virtueller Prozessoren

6.4.1 Bei der im vorangegangenen Abschnitt behandelten Ablaufsteuerung wurde dem unterschiedlichen Charakter der beteiligten Prozesse Rechnung getragen: auf verschieden lange Programme wurden verschiedene Zuteilungsstrategien angewandt. In diesem Abschnitt wollen wir einen anderen Zugang zur Problematik der Ablaufsteuerung wählen: wir identifizieren innerhalb des Systems <u>Teilsysteme</u>; jedem Teilsystem ist begrifflich ein virtueller Prozessor zugeordnet, der durch einen realen Prozessor ersetzt werden muß, soll das Teilsystem aktiv werden. Die verschiedenen Teilsysteme benutzen also gemeinsam die vorhandenen Prozessoren - nach Maßgabe einer gewissen Ablaufsteuerung.

Die Komponenten eines Systems lassen sich in vielfältiger Weise zu Teilsystemen gruppieren. Ein Mehrzwecksystem könnte beispielsweise aus drei Teilsystemen bestehen, einem für Echtzeitbetrieb, einem für Stapelbetrieb und einem für Teilnehmerbetrieb. Man könnte aber auch statt eines Stapel-Teilsystems deren drei vorsehen, die für Benutzerprogramme unterschiedlicher Größe zuständig sind; eines für kleine, eines für mittlere, eines für große Programme.

Jedes einzelne Teilsystem verfügt über seine eigene "lokale" Ablaufsteuerung, die den Einsatz des virtuellen Prozessors festlegt. Ein Teilnehmersystem mag eine RR-Strategie verfolgen, ein Stapelsystem für große Programme wird höchstwahrscheinlich FIFO verwenden. Um möglichen Verwechslungen zwischen der lokalen Ablaufsteuerung innerhalb der Teilsysteme und der Prozessorzuteilung für die Teilsysteme vorzubeugen, nehmen wir an, daß alle Teilsysteme FIFO als lokale Strategie verwenden. Zwecks weiterer Vereinfachung beschränken wir die Erörterungen auf ein Einprozessorsystem.

Wir behandeln zwei Verfahren für die Ablaufsteuerung virtueller Prozessoren. Das erste Verfahren, genannt Ausgleichsteuerung (engl. fair-share scheduling), verteilt die Prozessorzeit möglichst gleichmäßig auf die Teilsysteme; der Prozessor wird jeweils demjenigen Teilsystem zugeteilt, welches den Prozessor in der Vergangenheit am wenigsten nutzte. Das zweite Verfahren, genannt Terminsteuerung (engl. deadline scheduling), garantiert jedem Teilsystem innerhalb regelmäßiger Intervalle einen bestimmten Anteil an der Prozessorzeit. Das Ende jedes Intervalls fungiert als Termin, bis zu welchem der zustehende Anteil zugeteilt sein muß.

6.4.2 Bei der Ausgleichsteuerung geht man nicht einfach von der Summe der Nutzungszeiten des Prozessors durch ein Teilsystem aus, sondern berücksichtigt auch, wie lange die Nutzungszeiten zurückliegen. Mit $c_i(t)$ bezeichnen wir die "charakteristische Funktion" des Teilsystems i ($1 \leq i \leq n$); sie ist gleich 1, wenn i im Besitz des Prozessors ist, sonst 0. Da wir uns auf Einprozessorsysteme beschränken, gilt stets

$$\sum_{i=1}^{n} c_i(t) = 1 \quad .$$

Zur Nutzung $N_i(t)$ des Prozessors durch das Teilsystem i sollen die einzelnen Nutzungszeiten umso weniger beitragen, je weiter sie zurückliegen; zur "Dämpfung" der ferneren Vergangenheit wird eine Exponentialfunktion verwendet (siehe Abb. 6.4a):

$$N_i(t) = k_i \int_{-\infty}^{t} c_i(s) e^{k_i(s-t)} \, ds$$

Die k_i sind gewisse Konstanten. Wählt man für alle Teilsysteme eine einheitliche Konstante k, so ergibt sich direkt die Normierungsbeziehung

$$\sum_{i=1}^{n} N_i(t) = k \int_{-\infty}^{t} \sum_{i=1}^{n} c_i(s)\, e^{k(s-t)}\, ds = k\, e^{-kt} \int_{-\infty}^{t} e^{ks} ds = 1.$$

Man kann zeigen, daß diese Beziehung auch für unterschiedliche k_i gilt.

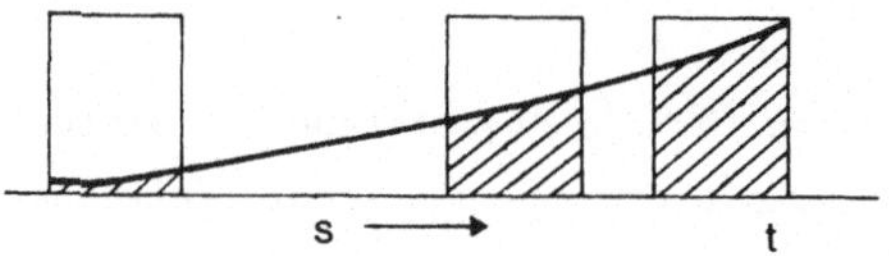

Abb. 6.4a Prozessornutzung des Teilsystems i

Leider genügt das so definierte Maß für die Nutzung des Prozessors durch ein Teilsystem nicht der Implementierungsbedingung (siehe 6.2.2), die verlangt, daß eine Veränderung nur stattfinden darf, während das Teilsystem aktiv ist. Schuld daran ist der Divisor

$$E_i(t) = e^{k_i t} \quad .$$

Streichen wir diesen Divisor aus $N_i(t)$, so erhalten wir eine Funktion

$$P_i(t) = k_i \int_{-\infty}^{t} c_i(s)\, e^{k_i s}\, ds = E_i(t)\, N_i(t). \; .$$

Die Funktion $P_i(t)$ genügt der Implementierungsbedingung, denn bei Untätigkeit des Teilsystems i, d. h. $c_i(s)=0$, verändert sich ihr Wert nicht. Davon werden wir in 6.4.3 vorteilhaft Gebrauch machen.

Der Zuwachs von $P_i(t)$ während eines Aktivitätsintervalls $[t,t+\Delta t]$, d. h. $c_i(s)=1$, ist

$$\Delta P_i = k_i \int_{t}^{t+\Delta t} c_i(s)\, e^{k_i s}\, ds = e^{k_i t}\,(e^{k_i \Delta t}-1) = E_i(t)\,(e^{k_i \Delta t}-1).$$

$E_i(t)$ wächst währenddessen um den gleichen Betrag:

$$\Delta E_i = e^{k_i(t+\Delta t)} - e^{k_i t} = E_i(t)\ (e^{k_i \Delta t} - 1).$$

Ignorieren wir Glieder von höherer Ordnung als $O(\Delta t)$, so haben wir

$$\Delta P_i = \Delta E_i = E_i(t)\ k_i \Delta t \quad .$$

6.4.3 Damit jedes Teilsystem seinen gerechten Anteil an der Prozessorzeit erhält, bekommt jeweils derjenige virtuelle Prozessor, der das kleinste $N_i(t)$ hat, die höchste Priorität zugesprochen. Die Priorität eines inaktiven virtuellen Prozessors wächst mit der Zeit, denn

$$\Delta N_i = N_i(t+\Delta t) - N_i(t)$$

$$= k_i e^{-k_i(t+\Delta t)} \int_{-\infty}^{t} c_i(s) e^{k_i s} ds - k_i e^{-k_i t} \int_{-\infty}^{t} c_i(s)\ e^{k_i s} ds$$

$$= (e^{-k_i \Delta t} - 1)\ N_i(t)$$

ist negativ. Wie schnell die Priorität wächst, wird durch die Konstante k_i bestimmt, denn

$$\frac{\Delta N_i}{\Delta t} = -k_i\ N_i(t) + O(\Delta t) \quad .$$

Somit können durch entsprechend gewählte k_i die verschiedenen Teilsysteme verschieden behandelt werden, wenn dies sinnvoll erscheint. Wird ein einheitliches k gewählt, so erhalten die Teilsysteme den Prozessor nach RR zugeteilt - sofern sie sich darum bewerben. Hat ein Teilsystem eine Arbeitspause, so wächst seine Priorität gegenüber den Prioritäten der anderen Teilsysteme, und das pausierende System wird den Prozessor, wenn es sich erneut um ihn bewirbt, sofort erhalten.

Dieses Verfahren ist ein Beispiel für eine selbstregulierende Ablaufsteuerung; es wird durchweg versucht, die Prozessornutzung der beteiligten Teilsysteme ausgeglichen zu halten. Allenfalls bei einem Echtzeitsystem könnte diese Strategie sich als unangemessen erweisen. Ein Echtzeitsystem verfehlt seinen Zweck, wenn es im Bedarfsfall nicht unverzüglich bedient wird. Unter der Voraussetzung, daß das

Echtzeitsystem den Prozessor nur für kurze Aktivitätsperioden benötigt, wird es im Bedarfsfall eine so hohe Priorität erreicht haben, daß es sofort bedient wird. Durch geeignete Wahl der k_i kann man die Bevorzugung des Echtzeitsystems noch forcieren. Wir setzen im folgenden aber voraus, daß für alle Teilsysteme ein einheitliches k verwendet wird.

6.4.4 Die Bereitliste besteht aus den FIFO-Schlangen S[i] der Teilsysteme und einer Liste der aktuellen Prioritäten der Teilsysteme, realisiert als Feld mit n Einträgen (siehe Abb. 6.4b). Weiterhin wird Gebrauch gemacht von der Konstanten k und einer Variablen E für den aktuellen Wert von $E_i(t)=e^{kt}$ (unabhängig von i). Ferner gibt es für jedes Teilsystem die Variablen 'Laufzeit' und 'Zeitscheibenrest'.

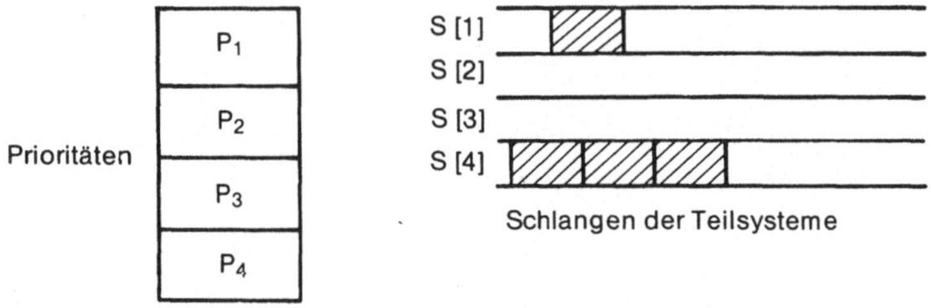

Abb. 6.4b Bereitliste mit Prioritäten und Prozeßschlangen der Teilsysteme (n=4)

Als Priorität verwenden wir nicht $N_i(t)$, sondern das der Implementierungsbedingung genügende $P_i(t)$. Dies ändert <u>nichts</u> an der Zuteilungsstrategie, denn es gilt

$$P_i(t) < P_j(t) \iff N_i(t) < N_j(t)$$

für beliebige i, j∈{1,...,n}. Niedriger P-Wert bedeutet hohe Priorität. Wenn ein Prozeß des Teilsystems i den Prozessor abgibt, werden die Steuerdaten auf den neuesten Stand gebracht. E und P[i] werden um

$$\Delta E = E\, k \Delta t$$

erhöht. Wir setzen voraus, daß jeder Prozeß ein Kennzeichen trägt, zu welchem Teilsystem er gehört.

Bei der Prozessorzuteilung wird der erste Prozeß der höchstpriorisierten nichtleeren Schlange ausgewählt. Dafür muß die Liste der Prioritäten durchsucht werden. Anstatt die Prioritäten in der (festen) Reihenfolge der Teilsysteme anzuordnen, kann man sie auch in der Reihenfolge aufsteigender P-Werte anordnen. Die Auswahl ist dann etwas einfacher: aus der ersten nichtleeren Liste muß der erste Prozeß entnommen werden. Allerdings muß die Prioritätsliste geordnet gehalten werden, d. h. jede Änderung der Priorität eines Teilsystems kann eine Reorganisation erforderlich machen. Das ist bei einer fest angeordneten Prioritätsliste wie in Abbildung 6.4b nicht notwendig. Da man i. a. nur wenige Teilsysteme haben wird, ist die Liste kurz, weshalb ein vollständiges Durchsuchen vertretbar ist. - Das Thema "Durchsuchen und Sortieren von Prioritätslisten" wird in Abschnitt 6.5 ausführlicher behandelt.

6.4.5 Die Ausgleichsteuerung virtueller Prozessoren wird innerhalb folgender Prozeduren verwirklicht:

1. 'Steuerdaten sammeln'
2. 'Auswählen'
3. 'Steuerdaten initialisieren'
4. 'Zeitgeberunterbrechung'.

1. und 3. sind ähnlich wie in 6.3.4 zu implementieren; 2. und 4. haben dagegen eine völlig andere Gestalt als im letzten Abschnitt. Beachte, daß wir der Einfachheit halber vorausgesetzt haben, daß die Prozesse innerhalb eines Teilsystems nach FIFO bedient werden! Wenn eine V-Operation einen Prozeß in die Bereitliste einträgt, wird er an den Anfang(!) der Schlange seines Teilsystems gebracht; das Gleiche geschieht, wenn ein Prozeß verdrängt wird.

1. - 4. können wie folgt implementiert werden (i ist der Index des aktiven Teilsystems):

```
procedure Steuerdaten sammeln =
begin     local Aktivitätsdauer := Zeitscheibenrest[i] - Zeitgeber;
          Zeitscheibenrest[i] := Zeitgeber;
          Laufzeit[i] :+ Aktivitätsdauer;
          ΔE := E*k*Aktivitätsdauer;
          E :+ ΔE;
          P[i] :+ΔE
end       Steuerdaten sammeln;
```

```
procedure Steuerdaten initialisieren =

begin     Zeitgeber := Zeitscheibenrest[i]
end       Steuerdaten initialisieren;

procedure Auswählen(p, Bereitliste) =

begin     local j, min := ∞;
          i := Ø;
          for j in [1:n] do
              if nicht leer(S[j]) and P[j]<min then
                 min := P[j]; i := j fi od;
          if i = Ø then p := Leerprozeß
          else Austragen(p, S[i]) fi
end       Auswählen;

procedure Zeitgeberunterbrechung =

begin     {alle Unterbrechungen sind unterdrückt}
          Prozessorstatus retten(aktiver Prozeß);
          Steuerdaten sammeln;
          aktiver Prozeß.Zustand := bereit;
          Zeitscheibenrest[i] := Zeitscheibe;
          Einreihen(aktiver Prozeß, S[i]) {am Anfang der Schlange};
          Auswählen(aktiver Prozeß, Bereitliste);
          aktiver Prozeß.Zustand := aktiv;
          Steuerdaten initialisieren;
          Prozessorstatus wiederherstellen(aktiver Prozeß)
end.
```

6.4.6 Ein anderes Verfahren zur Ablaufsteuerung virtueller Prozessoren ist die Terminsteuerung. Dieses Verfahren garantiert, daß jedes Teilsystem regelmäßig einen vorgegebenen Anteil an der Prozessorzeit erhält. Man könnte beispielsweise festlegen, daß ein Mehrzwecksystem 60 % der Prozessorzeit für den Teilnehmerbetrieb, 35 % für den Stapelbetrieb und 5 % für den Echtzeitbetrieb zur Verfügung stellt. Es reicht allerdings nicht aus, diese Werte nur im langfristigen Mittel zu garantieren. Würde man etwa dem Teilnehmersystem in jeder Stunde einen zusammenhängenden Zeitraum von 36 Minuten zur Verfügung stellen, so müßten die Benutzer regelmäßige Pausen von fast einer halben Stunde einlegen!

Aus diesem Grund wird zusätzlich für jedes Teilsystem ein "Arbeitsrhythmus" festgelegt: das Teilsystem muß in regelmäßigen Zeitintervallen im festgelegten Umfang bedient werden; jedes Intervallende fungiert als Termin für die vollständige Zuteilung des im Intervall zustehenden Anteils. Beim Teilnehmersystem beispielsweise könnte die Länge des Intervalls 1 Sekunde betragen; sie wäre damit dem menschlichen Arbeitsrhythmus angepaßt. Das System ist frei, wie es die 600 Millisekunden, die dem Teilnehmersystem zustehen, auf 1 Sekunde verteilt, müßte aber garantieren, daß in jeder Sekunde insgesamt 600 Millisekunden zugeteilt werden. Für das Stapelsystem kann ein wesentlich längeres Intervall gewählt werden, vielleicht 5 oder 10 Minuten. Das Echtzeitsystem wird ein sehr kurzes Intervall von vielleicht 1 bis 10 Millisekunden benötigen.

Das Verfahren arbeitet im einzelnen wie folgt. Die Prozessorzeit wird in Zeitscheiben einer bestimmten Größe s vergeben. Die Bereitphase eines Teilsystems i (d. i. die Zeit, während der mindestens ein Prozeß des Teilsystems aktiv oder bereit ist) betrachte man als eine Folge von gleichgroßen Intervallen der Länge $a_i s$. Wenn der dem Teilsystem i zustehende Prozessoranteil mit p_i bezeichnet wird, hat die Terminsteuerung dafür zu sorgen, daß das Teilsystem während jedes Intervalls der Länge $a_i s$ mindestens

$$k_i = p_i a_i$$

Zeitscheiben zugeteilt bekommt.

Jedes Teilsystem hat sein eigenes Wertepaar (a_i, p_i), welches Arbeitsrhythmus und Prozessoranteil festlegt. Die schwierigste Situation im Betriebsablauf entsteht dann, wenn alle Teilsysteme in einer Bereitphase sind und auf Zuteilung ihres Prozessoranteils bestehen. Die Situation kann überhaupt nur dann gemeistert werden, wenn

$$r = \sum_{i=1}^{n} p_i \leq 1$$

gilt. In der Praxis ist dies aber eine zu starke Forderung. Zu Zeiten, da nicht alle Teilsysteme bereit sind, können andere Teilsysteme "vorarbeiten", so daß spätere Engpässe vermieden werden. Eine Garantie, daß die Teilsysteme stets nach Plan bedient werden, kann allerdings bei $r>1$ nicht übernommen werden. Wenn ein gelegentliches Nichteinhalten des Plans nichts ausmacht, muß die Bedingung $r\leq 1$ nicht streng eingehalten werden.

Im folgenden setzen wir voraus, daß kein Teilsystem jemals untätig ist, d. h. daß jedes Teilsystem zu jedem Zeitpunkt mindestens einen aktiven oder bereiten Prozeß enthält. Dies ist beispielsweise der Fall, wenn jedes Teilsystem über einen eigenen Leerprozeß verfügt.

6.4.7 Die Bereitliste besteht aus den Prozeßschlangen der Teilsysteme und zwei Listen mit Steuerdaten (siehe Abb. 6.4c). Die "d-Liste" enthält Angaben über die dringend zu bedienenden virtuellen Prozessoren, die "f-Liste" enthält Angaben über die fertig bedienten virtuellen Prozessoren, die den Prozessoranteil, der ihnen im laufenden Intervall zusteht, bereits erhalten haben. Ein virtueller Prozessor wechselt von der f-Liste zur d-Liste, wenn er ins nächste Intervall übergeht, und von der d-Liste zur f-Liste, wenn er den ihm zustehenden Anteil im laufenden Intervall erhalten hat. In beiden Listen sind die Einträge nach aufsteigenden Intervallen - den "Terminen" - angeordnet. Der erste Eintrag der d-Liste hat die höchste Priorität: er bezieht sich auf denjenigen virtuellen Prozessor, bei dem die Zuteilung des fehlenden Prozessoranteils am dringlichsten ist.

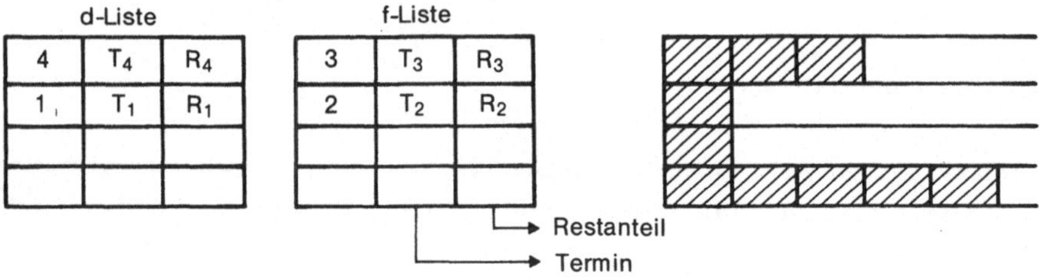

d-Liste

4	T_4	R_4
1	T_1	R_1

f-Liste

3	T_3	R_3
2	T_2	R_2

→ Restanteil
→ Termin

Abb. 6.4c Bereitliste bei der Terminsteuerung (n=4)

Man sieht leicht, daß im Fall r<1 die d-Liste leer werden kann. L sei das kleinste gemeinschaftliche Vielfache der a_i. Das Teilsystem i muß von L aufeinanderfolgenden Zeitscheiben $p_i L$ Zeitscheiben erhalten. Wird der Plan während der L Zeitscheiben eingehalten - was wegen r<1 kein Problem ist - werden insgesamt

$$\sum_{i=1}^{n} p_i L$$

Zeitscheiben zugeteilt, was wegen r<1 weniger als L sind. Das bedeutet, daß alle Teilsysteme vor Ablauf von L Zeitscheiben und damit vor Ablauf ihrer letzten Intervalle innerhalb dieser L Zeitscheiben befriedigt sind. Das wiederum bedeutet, daß alle virtuellen Prozessoren in der f-Liste verzeichnet sind und keiner in der d-Liste verzeichnet ist.

In einer solchen Situation ist es natürlich sinnvoll, die vorhandene Prozessorkapazität zu nutzen und die Prozesse "vorfristig" zu bedienen. Der erste Eintrag der f-Liste kann unmittelbar in die d-Liste übernommen werden.

Die Steuerdaten eines virtuellen Prozessors i bestehen aus den Konstanten 'a[i]' (Intervallänge in Zeitscheiben) und 'p[i]' (Prozessoranteil) sowie den Variablen 'Termin[i]' (Ende des laufenden Intervalls) und 'Restanteil[i]' (noch zustehende Prozessorzeit während des laufenden Intervalls). Eine weitere Konstante 'Anteil[i]' bezeichnet die während eines Intervalls zuzuteilende Prozessorzeit. Es gilt

Anteil[i] = p[i]*a[i]*Zeitscheibe,

weshalb man auf eine der drei Konstanten verzichten könnte. Wir tun dies nicht; die Algorithmen lassen sich so leichter formulieren.

Wir verwenden zwei Zeitgeber: der 'd_Zeitgeber' bestimmt, wann der aktive virtuelle Prozessor den Prozessor abgeben muß, der 'f_Zeitgeber' bestimmt, wann der erste virtuelle Prozessor der f-Liste in die d-Liste übertragen wird. Der 'Restanteil' wird genauso manipuliert wie früher der 'Zeitscheibenrest'; in der Prozedur 'Steuerdaten initialisieren' wird er in den 'd_Zeitgeber' geladen.

Wenn ein virtueller Prozessor bei Erreichen seines Termins von der f-Liste in die d-Liste übertragen wird, wird 'Termin' um die Intervallänge 'a[i]*Zeitscheibe' erhöht. Der Wert von 'Termin' ist maßgeblich für

a. das Einordnen eines virtuellen Prozessors in die d-Liste,
b. das Einordnen eines virtuellen Prozessors in die f-Liste,
c. das Setzen des 'f-Zeitgeber', der den Zeitpunkt des Übergangs eines virtuellen Prozessors von der f-Liste in die d-Liste bestimmt.

Wenn ein virtueller Prozessor an die Spitze der f-Liste gelangt ist, wird der 'f-Zeitgeber' mit der Differenz von 'Termin' und 'Uhrzeit' geladen. Die Unterbrechungsbehandlung für den 'f-Zeitgeber' muß für die Übertragung des virtuellen Prozessors in die d-Liste sorgen.

6.4.8 Wir setzen nach wie vor voraus, daß alle Teilsysteme ihre Prozesse nach FIFO verwalten. Die Terminsteuerung für virtuelle Prozessoren wird innerhalb der folgenden Prozeduren verwirklicht:

1. 'Steuerdaten sammeln'
2. 'Steuerdaten initialisieren'
3. 'Auswählen'
4. 'd_Zeitgeberunterbrechung'
5. 'f_Zeitgeberunterbrechung'.

Diese Prozeduren können wie folgt implementiert werden (i ist der Index des aktiven Teilsystems):

```
procedure Steuerdaten sammeln(p) =

begin     local Aktivitätsdauer := Uhrzeit - p.Ankunftszeit;
          p.Laufzeit :+ Aktivitätsdauer;
          Restanteil[i] :- Aktivitätsdauer
end       Steuerdaten sammeln;

procedure Steuerdaten initialisieren(p) =

begin     p.Ankunftszeit := Uhrzeit;
          d_Zeitgeber := Restanteil[i]
end       Steuerdaten initialisieren;

procedure Auswählen(p, Bereitliste) =

begin     local x;
          if d_Liste leer then
             Entnehmen(x, f_Liste);
             Termin[x] :+ a[x]*Zeitscheibe;
             Einfügen(x, d_Liste);
             f_Zeitgeber := if f_Liste leer then ∞
                            else Termin[f_Erster] - Uhrzeit fi fi;
          i := d_Erster;
          Austragen(p, S[i])
end       Auswählen;
```

```
procedure d_Zeitgeberunterbrechung =
          {aktiviert das erste Teilsystem auf der d_Liste}
begin     {alle Unterbrechungen sind unterdrückt}
          Prozessorstatus retten(aktiver Prozeß);
          Steuerdaten sammeln(aktiver Prozeß);
          aktiver Prozeß.Zustand := bereit;
          if Restanteil[i] ≤ Ø then
             Restanteil[i] := Anteil[i];
             Entnehmen(i, d_Liste);
             Einfügen(i, f_Liste);
             if i = f_Erster then
                f_Zeitgeber := Termin[i] - Uhrzeit fi fi;
          Einreihen(aktiver Prozeß, S[i]) {am Anfang der Schlange};
          Auswählen(aktiver Prozeß, Bereitliste);
          aktiver Prozeß.Zustand := aktiv;
          Steuerdaten initialisieren(aktiver Prozeß);
          Prozessorstatus wiederherstellen(aktiver Prozeß)
end       d_Zeitgeberunterbrechung;

procedure f_Zeitgeberunterbrechung =
          {überträgt das erste Teilsystem der f_Liste in die d_Liste}
begin     {alle Unterbrechungen sind unterdrückt}
          local x;
          Entnehmen(x, f_Liste);
          Termin[x] :+ a[x]*Zeitscheibe;
          Einfügen(x, d_Liste);
          f_Zeitgeber := if f_Liste leer then ∞
                         else Termin[f_Erster] - Uhrzeit fi;
          if x = d_Erster then d_Zeitgeber := Ø fi
             {damit der aktive Prozeß durch forcierte d_Zeitgeber-
              unterbrechung verdrängt wird!}
end.
```

Übungen

1. Ein mit Ausgleichsteuerung arbeitendes System enthalte u. a. ein Teilnehmersystem. Seine Prozesse werden nach RR bedient, wobei die gleiche Zeitscheibe wie bei der Ausgleichsteuerung verwendet wird. (Das System kommt daher mit einem Zeitgeber aus.) Müssen die Prozeduren zur Manipulation der Steuerdaten gegenüber 6.4.5 verändert werden? Entwickle eine Version der 'Zeitgeberunterbrechung', die die Prozesse des Teilnehmersystems nach RR bedient!

2. Benutzt man bei der Ausgleichsteuerung n verschiedene Koeffizienten k_i statt eines einheitlichen k, so müssen n verschiedene Funktionswerte E_i geführt werden. In 'Steuerdaten sammeln' müssen alle E_i modifiziert werden (statt eines E).

   Da die k_i als Faktoren von t auftreten, kann man an die folgende Alternative denken. Es gibt nur einen einheitlichen Koeffizienten k. t zählt nicht die Zeit, sondern die Zeitscheiben; die Definitionen von E(t) und $P_i(t)$ ändern sich entsprechend. Aber: es gibt keine einheitliche Zeitscheibe; jedes Teilsystem hat seine eigene Zeitscheibengröße.

   Wie sieht bei dieser Vorgehensweise die Prozedur 'Steuerdaten sammeln' aus? Sollte die Zeitscheibengröße für ein Stapelsystem größer oder kleiner als die für ein Teilnehmersystem sein?

3. Bei einer Ablaufsteuerung nach der Vordergrund/Hintergrund-Technik wird versucht, die Nutzung der Rechner-Hardware zu optimieren. "Vordergrund-Prozesse" - üblicherweise für interaktive Aufgaben - haben die höchste Priorität. "Hintergrund-Prozesse" - üblicherweise für umfangreiche Rechenprogramme - dienen als Lückenfüller. Wenn alle Vordergrundprozesse blockiert sind, wird einer der Hintergrundprozesse aktiviert. Er wird aber sofort wieder verdrängt, wenn ein Vordergrundprozeß aufgeweckt wird.

   Untersuche, ob bei geeigneter Wahl der Koeffizienten mit einer Ausgleichsteuerung die Vordergrund/Hintergrund-Technik approximiert werden kann! Oder kann mit geeigneten Termin-Intervallen und Prozessoranteilen die Terminsteuerung eingesetzt werden? Kann man mit Ausgleichsteuerung bzw. Terminsteuerung ein reines FIFO-System oder ein reines RR-System approximieren?

4. In der V-Operation wird die Priorität des aufweckenden mit der Priorität des aufgeweckten Prozesses verglichen. Programmiere diesen Vergleich für ein System mit Ausgleichsteuerung bzw. Terminsteuerung!

5. Bei der Implementierung der Terminsteuerung haben wir von zwei Zeitgebern Gebrauch gemacht. Das bedeutet nicht, daß wir tatsächlich zwei Hardware-Zeitgeber benötigen. Wenn nur ein Zeitgeber zur Verfügung steht, kann man wie folgt vorgehen. 'd_Zeitgeber' und 'f_Zeitgeber' sind einfache Variablen, die jeweils einen Zeitgeber simulieren. Das Herunterzählen der Variableninhalte wird per Programm besorgt. Eine Unterbrechung kann natürlich nur durch den Hardware-Zeitgeber ausgelöst werden. Der Hardware-Zeitgeber muß also jeweils mit dem kleineren Wert der beiden "Software-Zeitgeber" geladen werden, damit die nächste notwendige Unterbrechung ausgelöst wird. - Schreibe die Prozeduren in 6.4.8 entsprechend um!

6.5 Implementierungsfragen und Mehrprozessorzuteilung

6.5.1 Bei einer Ablaufsteuerung nach RR oder FIFO ist der Aufwand für die Verwaltung einer Prozeßschlange minimal. Die Prozeßauswahl erfolgt einfach durch Herausnehmen des ersten Elementes aus der Schlange, und das Einreihen eines Prozesses in die Schlange erfolgt stets am Ende derselben.

Wenn bei der Ablaufsteuerung die Laufzeiten der Prozesse berücksichtigt werden sollen, wird die Schlangenverwaltung schwieriger. Die Priorität eines Prozesses und damit sein Vorrang gegenüber anderen Prozessen ändert sich laufend. Bei RR und FIFO ist die Situation einfach: wenn die Zeitscheibe eines Prozesses abgelaufen ist, fällt seine Priorität unter die der anderen Prozesse, und er wird an das Ende der Schlange angehängt; bei FIFO ändern sich die Prioritäten überhaupt nicht, und ein neu eintreffender Prozeß hat eine geringere Priorität als die bereits wartenden, wird also an das Ende der Schlange angehängt.

Für die Verwaltung von Prozessen mit zeitlich veränderlichen Prioritäten bieten sich zwei Listenorganisationen an:

a. Die Liste ist nach abfallenden Prioritäten geordnet.
b. Die Liste ist nicht nach Prioritäten geordnet.

Bei a. ist die Prozeßauswahl einfach, aber das Eintragen eines Prozesses an die richtige Stelle ist aufwendig. Bei b. ist es gerade umgekehrt. In diesem Abschnitt wollen wir die Vor- und Nachteile der unterschiedlichen Listenorganisationen bei der Ausgleichsteuerung virtueller Prozessoren genauer untersuchen, insbesondere auch für den Fall eines Mehrprozessorsystems. Wir lassen zu, daß jedes Teilsystem seine eigene lokale Ablaufsteuerung verfolgt.

6.5.2 Wir bezeichnen eine nach a. oder b. organisierte Liste als <u>Prioritätsliste</u>. Auf eine als Prioritätsliste organisierte Bereitliste wird zugegriffen, wenn ein Prozeß

1. blockiert,
2. aufgeweckt wird,
3. seine Zeitscheibe aufgebraucht hat.

Eine Prozeßauswahl muß vorgenommen werden, wenn ein Prozeß in einer P-Operation blockiert bzw. wenn ein Prozeß seine Zeitscheibe aufgebraucht hat. Grundsätzlich könnte man beim Aufwecken eines Prozesses durch eine V-Operation oder sogar bei jeder P- und V-Operation zum jeweils höchstpriorisierten Prozeß umschalten. Man kann sich aber auch auf den Standpunkt stellen, daß ein Prozeß nicht in der Mitte seiner Zeitscheibe verdrängt werden sollte.

Wie man sich hier entscheidet, hängt davon ab, ob man den Prozeßwechsel auf Laufzeit- oder Zeitscheibenbasis durchführen will. Arbeitet man mit der Laufzeit, so verändert sich die Priorität eines Prozesses, während er läuft; dies kann die Verdrängung eines Prozesses inmitten seiner Zeitscheibe erforderlich machen. Legt man dagegen Zeitscheiben zugrunde, so werden zwar bei P/V-Operationen die Laufzeiten modifiziert, als Prioritätsänderung wirkt sich diese Modifikation jedoch erst am Zeitscheibenende aus. Das bedeutet, daß ein Prozeß, der einen anderen Prozeß aufweckt, allenfalls durch diesen (wenn dieser höher priorisiert ist) verdrängt werden kann.

	Blockieren	Aufwecken	Zeitscheibenende
a. Ordnen:	nein	nein	ja
Auswählen:	Ersten nehmen	nein	Ersten nehmen
b. Auswählen:	durchsuchen	nein (effizienzhalber)	durchsuchen

Abb. 6.5a Zugriffe auf eine Bereitliste, die als geordnete(a) bzw. ungeordnete(b) Prioritätsliste organisiert ist.

6.5.3 Wenn eine geordnete Prioritätsliste am Ende einer Zeitscheibe modifiziert werden muß, ist kein Sortieren notwendig. Wegen der Implementierungsbedingung hat sich nur die Priorität des gerade aktiven Prozesses verändert. Dieser Prozeß muß an der richtigen Stelle in die Prioritätsliste eingeordnet werden.

Eine geordnete Prioritätsliste kann am naheliegendsten durch eine verkettete Liste oder ein Feld repräsentiert werden. Die Auswahl läuft dann auf eine Entnahme des ersten Gliedes der Kette bzw. des ersten Feldelementes hinaus. Der Aufwand für das Einordnen ist proportional zur Listenlänge n (wobei im Falle der Feldrepräsentation Feldelemente verschoben werden müssen).

Es gibt mehrere Repräsentationen für Prioritätslisten, die einer einfachen verketteten oder Feld-Repräsentation überlegen sind. Eine dieser Repräsentationen hängt mit einem Sortierverfahren namens "Heapsort" (J. W. J. Williams) zusammen und erlaubt Auswählen und Einordnen mit einem Aufwand, der proportional zu log n ist. Wie bei vielen ähnlichen Verfahren wird den Listenelementen eine (binäre) Baumstruktur aufgeprägt, die lediglich die folgenden Bedingungen erfüllen muß (siehe Beispiel in Abb. 6.5b):

1. die Listenelemente sind innerhalb der Wege von der Wurzel zu den Blättern nach absteigenden Prioritäten angeordnet;
2. alle Niveaus des Baums sind voll gefüllt, eventuell mit Ausnahme des letzten;
3. im letzten Niveau sind alle Elemente "ohne Löcher linksbündig" angeordnet.

Für die Repräsentation des Baums wird ein Feld(!) verwendet. Beginnend mit der Wurzel werden die Elemente der einzelnen Niveaus des Baums der Reihe nach (innerhalb eines Niveaus von links nach rechts) in das Feld eingetragen. Die Elemente des "linkesten" Weges im Baum findet man unter den Indizes 1,2,4,8,... wieder. Wegen der obigen Voraussetzungen über die Baumstruktur ist die Zuordnung zwischen einem Baum und seiner Repräsentation umkehrbar. (Williams nannte diese spezielle Feldrepräsentation einer Prioritätsliste "heap", d. h. "Haufen".)

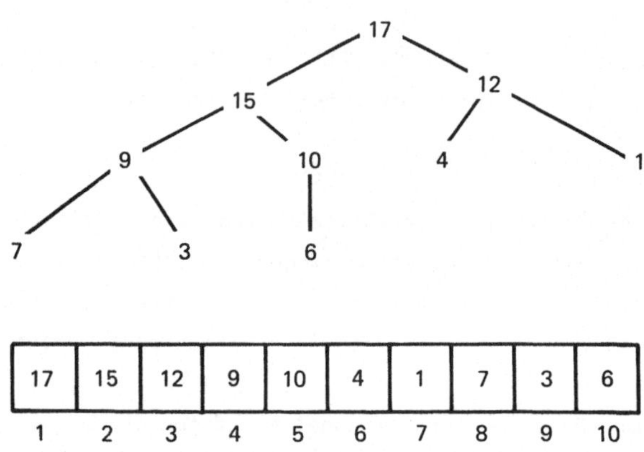

Abb. 6.5b Baumdarstellung einer Prioritätsliste

Man bestätigt leicht, daß ein Feld a[1:n] genau dann einen Haufen enthält, wenn

$$a[i \ \underline{\text{div}}\ 2] \geq a[i] \text{ für alle } i \in [2:n]$$

gilt: das Element mit dem Index i hat in der Baumstruktur das Element mit dem Index i div 2 als Vorgänger.

Der entscheidende Vorteil der Haufen-Repräsentation für eine Prioritätsliste ist, daß für das Eintragen bzw. Auswählen eines Elementes maximal ein Element je Niveau manipuliert werden muß, d. h. insgesamt O(log n) Schritte erforderlich sind (im Gegensatz zu O(n) Schritten bei der verketteten Repräsentation bzw. bei der direkten Feld-Repräsentation). Dieser Vorteil fällt besonders für große n ins Gewicht. Bei kleinen n (z. B. $n < 5$) lohnt sich die Haufen-Darstellung nicht.

Ein Element wird eingetragen, indem es zunächst als a[neu] an das Ende des Haufens angehängt wird. Dadurch kann die Haufenbedingung

$$a[neu \ \underline{\text{div}}\ 2] \geq a[neu]$$

verletzt werden. Ist das der Fall, vertausche man die beiden Elemente. Gilt danach a[(neu div 2) div 2] ≥ a[neu div 2],

so ist man fertig. Wenn nicht, muß das hinzugekommene Element im Baum noch weiter "nach oben steigen". Abb. 6.5c zeigt, wie auf diese Weise das neue Element 16 schrittweise an seinen endgültigen Platz gelangt.

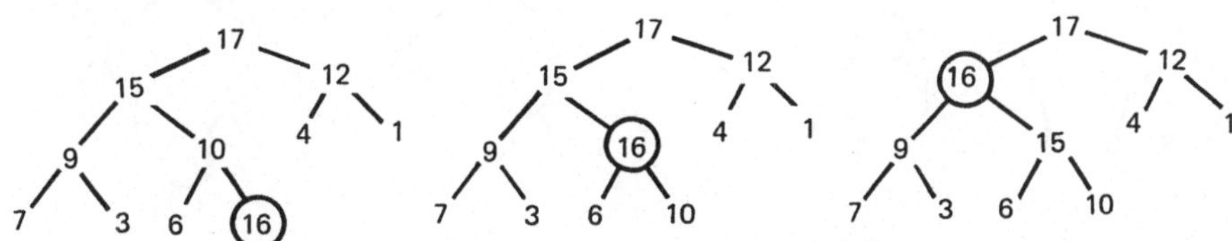

Abb. 6.5c Einfügen des Elementes 16 in den Haufen aus Abb. 6.5b

Für die Implementierung eines pulsierenden Haufens mit maximaler Größe N verwenden wir ein Feld 'a[Ø:N]'. 'a[Ø]' hat stets den Wert ∞; es fungiert als Grenzelement. Die Prioritätswerte seien natürliche Zahlen. Die Variable 'Ende' enthält den Index des jeweils letzten Haufen-Elementes (anfangs Ø). Die folgende Prozedur trägt ein neues Element in den Haufen ein:

```
procedure Eintragen(x) =
begin     local i,k;
          Ende :+ 1; i := Ende;
          repeat k := i; i :div 2
          until  a[i] ≥ x
          do     a[k] := a[i] od;
          a[k] := x
end.
```

Der hier benutzte Algorithmus ist von dem in Abb. 6.5c skizzierten insofern verschieden, als er das neue Element erst dann in den Haufen einträgt, wenn die richtige Stelle gefunden ist.

Die Wurzel des Baums bzw. die Zelle 1 des Haufens enthält stets das höchstpriorisierte Element. Somit ist das Auswählen an sich sehr einfach. Der Haufen muß jedoch auch reorganisiert werden, damit er wieder einen Baum mit Wurzel repräsentiert. Zu diesem Zweck setzt man das letzte Element an die Stelle des ausgewählten ersten und läßt es "nach unten sinken", bis die Haufen-Bedingung 1. erfüllt ist. Von den zwei für einen Austauschschritt in Frage kommenden Nachfolger-Elementen muß jeweils das mit dem größeren Prioritätswert gewählt werden. Abb. 6.5d zeigt, wie auf diese Weise nach der Auswahl des Elementes 17 das letzte Element 10 an einen neuen Platz gelangt.

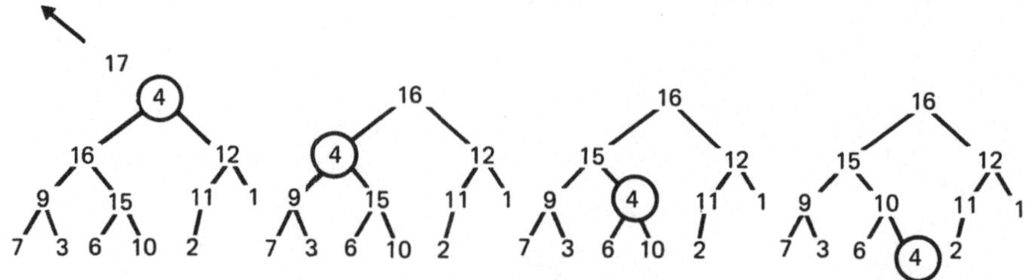

Abb. 6.5d Auswählen (des Elementes 17) aus dem Haufen aus Abb. 6.5c und Reorganisation des Haufens

Die folgende Prozedur realisiert das Auswahl- und Reorganisationsverfahren. Die Prozedur macht davon Gebrauch (und sorgt selbst dafür), daß die unbenutzten Zellen des Feldes - hinter dem Index 'Ende' - mit Nullen belegt sind.

```
procedure Auswählen(x) =
begin     local i, k;
          x := a[1]; i := 1;
          repeat k := i; i :* 2;
                 if a[i] < a[i+1] then i :+ 1 fi
          until  a[i] ≤ a[Ende]
          do     a[k] := a[i] od;
          a[k] := a[Ende]; a[Ende] := Ø;
          Ende :- 1
end.
```

Die Haufen-Organisation gehört zu den bestmöglichen Repräsentationen für Prioritätslisten. Sie verbindet geringen Speicherbedarf (keine Verkettung!) mit logarithmischer Verwaltungskomplexität. Ähnlich effiziente Baumorganisationen, insbesondere die sogenannten ausgeglichenen Bäume (engl. balanced trees), werden in Lehrbüchern über Datenstrukturen und Suchverfahren ausführlich beschrieben.

6.5.4 Ungeordnete Prioritätslisten (6.5.1b) haben den geringfügigen Vorteil, daß Prozesse, die aus irgendwelchen Gründen vorübergehend als nicht auswahlfähig markiert sind, ohne weiteres in der Liste verbleiben können. Wird allerdings der

Auswahlprozeß durch die Anwesenheit vieler solcher Prozesse verlangsamt, sollte für diese Prozesse eine getrennte Liste geführt werden.

Die ungeordnete Repräsentation ist attraktiv wegen der Primitivität des Eintragungsvorgangs. Ein neu hinzukommendes Element kann einfach am Anfang oder am Ende der Liste eingetragen werden. Eine interessante Mischform zwischen geordneten und ungeordneten Listen ergibt sich bei der folgenden Art der Ablaufsteuerung. Zu einem bestimmten Zeitpunkt sei die Bereitliste nach Prioritäten geordnet, und die Prozesse erhalten in der Reihenfolge ihrer Prioritäten je eine Zeitscheibe zugeteilt. Danach wird die Bereitliste nach Maßgabe der Prioritäten, die sich in der Zwischenzeit verändert haben können, neu geordnet. Dieses Verfahren hat den Vorteil, daß das Auswählen und Eintragen so einfach wie bei RR oder FIFO ist, und daß man trotzdem einer zeitlichen Veränderung der Prioritäten Rechnung tragen kann. Die Effizienz der Verwaltung der Bereitliste steht und fällt mit einem guten Sortierverfahren.

Zwei mögliche Sortierverfahren für die Bereitliste seien kurz erläutert. Das erste ist das im letzten Abschnitt erwähnte "Heapsort". Die Liste wird zunächst in einen Haufen umgewandelt, d. h. die Elemente werden derart umgruppiert, daß

$$a[i \ \underline{div} \ 2] \geq a[i] \qquad \text{für alle } i \in [2:n]$$

gilt. Anschließend werden die Elemente entsprechend ihrer Ordnung am Anfang des Haufens entnommen (wobei der Haufen nach jeder Entnahme wie in der Prozedur 'Auswählen' reorganisiert wird) und in den am Ende des schrumpfenden Haufens freiwerdenden Zellen untergebracht. Das Verfahren sieht umständlich aus, ist aber mit einer Komplexität O(n log n) recht effizient. Ein anderes empfehlenswertes Verfahren ist "Quicksort" (C. A. R. Hoare). Wir benutzen zwei Zeiger namens 'links' und 'rechts', die anfangs auf das erste bzw. letzte Element der Liste weisen. Für ein zufällig ausgewähltes Listenelement m wird der linke Zeiger so lange vorwärts bewegt, bis a[links] ≥ m gilt. Dann wird der rechte Zeiger so lange rückwärts bewegt, bis m ≥ a[rechts] gilt. Dann werden a[links] und a[rechts] vertauscht. So geht es weiter, bis die Zeiger aufeinander stoßen. Wegen der Vertauschungen sind alle Elemente links von dieser Stelle nicht größer als alle Elemente rechts davon. Das Verfahren kann jetzt rekursiv auf jeden der beiden Teile des Feldes angewandt werden; es bricht ab, wenn ein Feld der Länge 1 vorliegt. Quicksort benötigt zwar im ungünstigsten Fall $O(n^2)$ Schritte, denn es kann passieren, daß der Aufteilungsvorgang, der selbst von linearer Komplexität ist, n-mal wiederholt werden muß. Im Mittel ist die Komplexität jedoch nur O(n log n), und der mittlere Aufwand ist geringer als bei Heapsort.

6.5.5 Die Ablaufsteuerung virtueller Prozessoren kann leicht für Mehrprozessorsysteme verallgemeinert werden. Ein virtueller Prozessor ist nicht an einen bestimmten realen Prozessor gebunden. Die beim Übergang auf Mehrprozessorsysteme notwendigen Änderungen in der Ablaufsteuerung sind minimal. Die Anzahl der Prozessoren geht nirgends in entscheidender Weise in die Algorithmen ein. Für ein System mit mehreren gleichartigen Zentralprozessoren, die alle in gleicher Weise für die Bearbeitung aller Teilsysteme geeignet sind, kann also die Ausgleichsteuerung oder die Terminsteuerung eingesetzt werden.

Man beachte aber, daß ein Mehrprozessorsystem dieser Art nur einen Sonderfall einer allgemeinen Systemkonfiguration mit Prozessoren unterschiedlicher Charakteristik darstellt. Ein anderer Sonderfall ist eine Konfiguration, in der jeder Prozessor eine eigene Funktion hat und somit jedes Teilsystem auf einen ganz bestimmten Prozessor angewiesen ist. Solch ein System kann einfach wie eine Gruppe von Einprozessorsystemen behandelt werden.

Der allgemeine Fall sieht wie folgt aus: jedes Teilsystem kann von einer bestimmten Teilmenge der Prozessoren bedient werden, und die in Frage kommenden Teilmengen können einander überlappen. Beispielsweise kann man sich ein Doppelprozessorsystem vorstellen, in dem ein Prozessor die Echtzeitprozesse und ein anderer ein Teilnehmersystem bedient, zusätzlich aber beide Prozessoren im Hintergrund Aufträge eines Stapelbetriebs bearbeiten. Ein anderes Beispiel ist ein System, das einen von zwei Prozessoren für privilegierte Benutzer reserviert. Charakteristisch für alle solche Systeme ist, daß sie Teilsysteme enthalten, die nicht auf jedem Prozessor laufen können. Um Systeme dieser Art geht es im folgenden Abschnitt. Dabei wird auch die Frage, ob die Bereitliste geordnet oder ungeordnet gehalten werden soll, behandelt.

6.5.6 Wir nehmen an, daß die virtuellen Prozessoren nicht nach Prioritäten geordnet sind, daß aber die Priorität eines virtuellen Prozessors aus seinen Steuerdaten ermittelt werden kann. Zum Auswählen eines virtuellen Prozessors wird die Bereitliste nach dem höchstpriorisierten auswählbaren Teilsystem mit nichtleerer Prozeßschlange durchsucht. Die Auswählbarkeit hängt davon ab, auf welchem Prozessor das Teilsystem laufen kann. Beachte, daß eine Teilung der Bereitliste nach auswählbaren und nicht auswählbaren Teilsystemen nicht möglich ist, da ein virtueller Prozessor für den einen realen Prozessor auswählbar sein kann, für den anderen nicht! Natürlich könnte man für jeden Prozessor eine eigene Bereitliste führen, die genau die auf ihm lauffähigen Teilsysteme enthält. Das würde aber bedeuten, daß ein Teilsystem in so vielen Listen enthalten ist, wie es Prozessoren gibt, auf denen es laufen kann. Der Vorteil der kürzeren Suchzeit in einer Liste wird dann durch die Notwendigkeit der Manipulation mehrerer Listen zunichte gemacht. Hinzu käme, daß eine nebenläufige Manipulation mehrerer Listen durch die zugehörigen Prozessoren verhindert werden müßte, da die Listeninhalte nicht unabhängig voneinander sind.

Ein Suchvorgang ist auch dann erforderlich, wenn die Bereitliste geordnet ist (z. B. nach Laufzeit oder Terminen), denn das höchstpriorisierte Teilsystem ist auf dem auswählenden Prozessor eventuell nicht lauffähig. Dennoch bringt die Ordnung etwas: die Suche kann abgebrochen werden, wenn das erste lauffähige Teilsystem gefunden ist.

Bei einem Mehrprozessorsystem entsteht ein besonderes Problem, wenn ein Prozeß aufgeweckt wird. Ob der aufweckende oder der aufgeweckte Prozeß von höherer Priorität ist, läßt sich leicht feststellen, Es kann aber passieren, daß beide eine höhere Priorität haben als ein bestimmter anderer aktiver Prozeß. Wenn unbedingt immer die höchstpriorisierten Prozesse laufen sollen, kann das Aufwecken eines Prozesses somit eine grundsätzliche Reorganisation der Prozessorzuordnung notwendig machen. Diese Reorganisation wird kompliziert durch die Tatsache, daß nicht alle Prozesse auf allen Prozessoren laufen können. Wir sollten also nicht versuchen, den allgemeinen Fall zu lösen, sondern uns nach einer einfachen Lösung umsehen.

Leider kann die als problematisch erkannte Situation nicht einfach ignoriert werden, d. h. ein Vergleich der Prioritäten von aufweckendem und aufgewecktem Prozeß reicht nicht aus. Beispielsweise kann ein Echtzeitprozeß einen anderen Echtzeitprozeß aufwecken, während ein anderer Prozessor einen Hintergrundprozeß bearbeitet. In einem solchen Fall sollte der Hintergrundprozeß tatsächlich zugunsten des aufgeweckten Echtzeitprozesses verdrängt werden.

Dieses Beispiel legt die folgende Lösung nahe. Für die Prozessoren sei zu jedem Zeitpunkt eine Vorrangrelation definiert, die den relativen Prioritäten der gerade laufenden virtuellen Prozessoren entspricht. Prozessoren, auf denen Prozesse ein und desselben Teilsystems laufen, haben gleichen Vorrang. Wenn ein Prozeß aufgeweckt wird, wird die Priorität seines virtuellen Prozessors mit der Priorität desjenigen virtuellen Prozessors verglichen, der gerade auf dem Prozessor mit dem geringsten Vorrang läuft. Ist dessen Priorität die geringere, so verdrängt der aufgeweckte Prozeß den auf diesem Prozessor laufenden Prozeß. Andernfalls wird der aufgeweckte mit dem aufweckenden Prozeß verglichen und verdrängt diesen im Falle höherer Priorität. In beiden Fällen wird der verdrängte Prozeß in die Bereitliste eingereiht.

Dieses Verfahren ist vertretbar, wenn die Prozessoren mit geringstem Vorrang leicht ermittelt werden können. Die Vorrangrelation variiert mit der Zeit, wenn die Prioritäten mit der Zeit variieren (wie es bei der Ausgleichsteuerung und der Terminsteuerung der Fall ist). Man muß also unter allen virtuellen Prozessoren, die auf einem Prozessor laufen, auf dem auch der aufgeweckte Prozeß laufen kann, den virtuellen Prozessor mit der geringsten Priorität suchen. Er fällt der Verdrängung zum Opfer. - Beachte, daß alle diese Schwierigkeiten in einem Einprozessorsystem nicht auftreten, weil dort für die Verdrängung immer nur der aufweckende Prozeß in Frage kommt.

Übungen

1. Wenn die Liste der virtuellen Prozessoren, die gemeinsam einen Prozessor benutzen, nicht geordnet ist, wird der nächste zu aktivierende Prozeß durch ein Suchverfahren bestimmt. Wir gehen von einer Terminsteuerung aus und setzen voraus, daß die Anzahl der virtuellen Prozessoren klein genug ist, daß man für sie zwei Bitfelder führen kann, 'Restanteil vorhanden' (vgl. 6.4.7) und 'Prozeßschlange nicht leer'. Die Maschine verfüge über Instruktionen für die Manipulation von Bitfeldern von Wortlänge, z. B. AND, OR, COMPL. Eine Instruktion TEST A,B (A = Register, B = Register oder Arbeitsspeicherwort) bestimmt den Index des ersten gesetzten Bits in A und speichert ihn nach B. Eine Instruktion ROT A,B bewirkt eine zyklische Verschiebung (Rotation) der Bits in A um so viele Positionen, wie B angibt (nach links, wenn B>0, sonst nach rechts).

   Erweitere den Instruktionssatz der Maschine in geeigneter Weise und entwickle ein Assemblerprogramm für das Auswählen eines Prozesses aus der Bereitliste!

2. Bei einer Ausgleichsteuerung für ein Einprozessorsystem seien in der Bereitliste nur die virtuellen Prozessoren mit nichtleerer Prozeßschlange enthalten. Die anderen seien in einer gesonderten Liste zusammengefaßt. Die Bereitliste sei nach abfallenden Prioritäten geordnet. Entwickle Prozeduren für das Eintragen bzw. Austragen von Elementen dieser beiden Listen! Wann werden diese Prozeduren benutzt? Kann für die Terminsteuerung eine ähnliche Implementierung gewählt werden?

3. Ein Doppelprozessorsystem bearbeitet drei Arten von Aufträgen: Aufträge der Klasse A können nur auf dem Prozessor P1 bearbeitet werden, Aufträge der Klasse

B können auf P1 und P2 bearbeitet werden, Aufträge der Klasse C nur auf P2. Es gibt mehr als drei Teilsysteme, aber jedes Teilsystem bearbeitet nur Aufträge ein und derselben Klasse. Die Bereitliste ist dreigeteilt: für jede Klasse gibt es einen Haufen, der die zugehörigen virtuellen Prozessoren, nach abfallenden Prioritäten geordnet, enthält. Hat ein Prozessor einen neuen Prozeß auszuwählen, so muß er die ersten Elemente zweier Haufen prüfen und das Element mit der höheren Priorität auswählen.

Entwickle für den Fall der Ausgleichsteuerung Prozeduren für das Auswählen aus der Bereitliste und das Eintragen in die Bereitliste!

4. Ein System mit 4 Prozessoren habe 4 Teilsysteme A, B, C, D. Die Steuerdaten eines Teilsystems bestehen aus dem per Ausgleichsteuerung bestimmten Prioritätswert, der Angabe, ob die Prozeßschlange leer ist, einer Liste der für die Bearbeitung in Frage kommenden Prozessoren und einer Liste derjenigen Prozessoren, die gerade Prozesse des Teilsystems bearbeiten. Die folgende Liste gibt an, auf welchen Prozessoren die Teilsysteme bearbeitet werden können: A(2,3,4), B(1,3,4), C(1,2,4), D(1,2,3).

   Zu jedem Zeitpunkt sollen die höchstpriorisierten Prozesse aktiv sein. Das kann beim Aufwecken eines Prozesses eine Änderung der Prozessorzuordnung erforderlich machen. Entwickle eine geeignete Implementierung für die V-Operation!

5. Eine Terminsteuerung für ein Mehrprozessorsystem kann man so implementieren, daß mit drei Haufen gearbeitet wird: einem Haufen für die dringlichen virtuellen Prozessoren, einem für die fertigen und einem für die mit leerer Prozeßschlange. Ausgewählt wird jeweils derjenige dringliche und vom auswählenden Prozessor bearbeitbare Prozeß, dessen Termin am nächsten liegt.

   Erläutere die Übergänge der virtuellen Prozessoren zwischen den Haufen: wann finden sie statt, und welche Steuerdaten sind wie zu modifizieren? Vergleiche diesen Implementierungsvorschlag mit der Repräsentation der Bereitliste durch einen einzigen Haufen! Rechtfertigt das Vermeiden des langen Suchens in einem einzigen Haufen den zusätzlichen Verwaltungsaufwand für die drei Haufen?

Literatur

Heapsort und Quicksort werden in [1] und [5] beschrieben. Über Ablaufsteuerung sowie allgemein über Warteschlangenprobleme gibt es eine Unmenge von Literatur. Als Originalarbeit sei hier nur [3] erwähnt. Im übrigen sei auf die ausführlichen Literaturangaben in [2, 4] hingewiesen. [2] behandelt analytische Modelle für eine Vielzahl von Betriebssystemproblemen. [4] ist ein empfehlenswertes Buch über Warteschlangentheorie und ihre Anwendung auf Rechensysteme. [6] betont die praktischen Aspekte der Leistungsmessung und -steuerung von Betriebssystemen.

1. Aho, A. V., J. E. Hopcroft, und J. D. Ullmann, The Design and Analysis of Computer Algorithms, Addison-Wesley, 1974, S. 87 - 92.

2. Coffman, E. G., Jr., und P. J. Denning, Operating Systems Theory, Prentice-Hall, 1973.

3. Kleinrock, L., "A Continuum of Scheduling Policies", Proc. AFIPS SJCC 36 (1970).

4. Kleinrock, L., Queueing Systems, Vol. I (Theory), Vol. II (Computer Applications), John Wiley, 1975/76.

5. Knuth, D., The Art of Computer Programming, Vol. III (Sorting and Searching), Addison-Wesley, 1973, S. 114 - 123, 145 - 150.

6. Lynch, W. C., "Operating System Performance", Comm. ACM 15,7 (Juli 1972).

7. Speicherverwaltung

7.1 Überlagerungstechniken

7.1.1 In diesem Kapitel werden Verfahren zur Verwaltung zweistufiger Speichersysteme, bestehend aus Primärspeicher (Arbeitsspeicher) und Sekundärspeicher (Hintergrundspeicher), behandelt. Grundsätzlich wird bei der Speicherverwaltung angestrebt, nur die aktuell benötigten Informationen im Primärspeicher zu halten und die nicht benötigten Teile in den Sekundärspeicher auszulagern. Das geschieht aus ökonomischen Gründen. Instruktionen und Daten, auf die der Prozessor eine Zeit lang nicht zugreifen muß, können vorübergehend auf langsamen und billigen Hintergrundspeichern untergebracht werden. Der schnelle und teuere Arbeitsspeicher kann dann kleiner ausgelegt werden. Dieses Prinzip ist uns bereits früher begegnet (vgl. 2.2): in einem Stapelsystem ist es nicht sinnvoll, die anstehenden Aufträge im Arbeitsspeicher unterzubringen; günstiger ist die Unterbringung in einem billigen Massenspeicher, z. B. einer Trommel. Der verwendete Hintergrundspeicher kann erheblich langsamer sein als der Arbeitsspeicher, er muß nur eine große Kapazität haben.

Um die Vorgänge in einem zweistufigen Speicher präzise beschreiben zu können, führen wir einige Begriffe ein:

a. Ein <u>Name</u> (engl. name, identifier) ist ein Symbol, mit dem man sich auf ein Daten- oder Prozedurobjekt beziehen kann, z. B. in einer Programmiersprache.

b. Eine <u>Speicheradresse</u> (auch reale Adresse, Maschinenadresse; engl. location) ist eine natürliche Zahl (inklusive 0), die eine Zelle des Arbeitsspeichers bezeichnet.

c. Eine Programmadresse (auch virtuelle Adresse; engl. virtual address) ist eine natürliche Zahl (inklusive 0), mit der ein Programm eine seiner Zellen identifiziert.

Die Vorteile der Verwendung symbolischer Namen anstelle von Adressen sind bekannt. Die symbolischen Namen erhöhen nicht nur die Lesbarkeit von Programmen, sie erlauben auch eine Abstraktion von vielen Problemen der Speicherverwaltung, die mit der Programmlogik nichts zu tun haben. Ein einfaches Beispiel mag dies erläutern. Die folgende rekursive Prozedur 'fib' berechnet die n-te Fibonacci-Zahl:

```
procedure fib(n)  result integer =
      fib := if n = Ø or n = 1 then 1
                                else fib(n-1) + fib(n-2) fi.
```

In dieser Prozedur wäre die Verwendung einer Adresse statt des Namens n gar nicht möglich, da wegen der Rekursion zu einem Zeitpunkt mehrere Exemplare des Parameters n existieren können. Der Übersetzer hilft bei der Speicherverwaltung, indem er einen Zugriff auf n als Zugriff auf eine Adresse realisiert, die sich als Summe aus der "Basisadresse" des Datenbereichs einer Inkarnation und aus einer festen "Distanz" ergibt.

Alle in einem Quellenprogramm verwendeten Namen müssen für die Programmausführung letztendlich in Speicheradressen umgewandelt werden. Denn nur mit solchen Adressen kann der Prozessor auf den Arbeitsspeicher zugreifen. Die Umsetzung der Namen erfolgt offenbar in zwei Abbildungsschritten:

$$\text{Name} \overset{A_1}{\longmapsto} \text{Programmadresse} \overset{A_2}{\longmapsto} \text{Speicheradresse}$$

Die Gesamtheit der auf einer Maschine verwendbaren Programmadressen wird (virtueller) Adreßraum genannt. Die von einem vorgegebenen Objektprogramm tatsächlich benutzten Programmadressen definieren den virtuellen Speicher des Programms.

Wie die Abbildung A_1 realisiert wird, ist weitgehend Angelegenheit des Übersetzers. Für A_2 ist jedoch das Betriebssystem zuständig. Der Übersetzer erzeugt Objektcode für eine abstrakte Zielmaschine mit dem virtuellen Speicher als Arbeitsspeicher. Diese abstrakte Maschine entsteht - wie in 5.2.1 erläutert - aus der realen Maschine durch Aufsetzen einer Speicherverwaltungs-Schicht, die die Abbildung A_2 realisiert.

Beim Entwurf eines Betriebssystems muß in Anlehnung an die vorgegebene Hardware die Struktur des virtuellen Speichers festgelegt und die Abbildung A_2 realisiert werden. Der Definitionsbereich von A_2 ist der virtuelle Speicher, der Wertebereich ist der zweistufige reale Speicher, bestehend aus Arbeitsspeicher und Hintergrundspeicher. Eine Umlagerung von Informationen zwischen Arbeitsspeicher und Hintergrundspeicher bedeutet lediglich eine Änderung der Abbildung A_2 . Die Struktur des im virtuellen Speicher befindlichen Objektprogramms ist gänzlich unabhängig davon, wann und nach welchen Gesichtspunkten das Betriebssystem diese Abbildung ändert, d. h. Programmteile umlagert. Das Betriebssystem wird natürlich bemüht sein, die Umlagerung so geschickt wie möglich zu organisieren, d. h. dafür zu sorgen, daß sich jeweils nur die aktuell benötigten Programmteile im Arbeitsspeicher befinden.

Der Begriff "virtueller Speicher" wird mit unterschiedlichen Bedeutungen verwendet. Bisweilen wird auch der Wertebereich von A_2, d. h. die Gesamtheit von Arbeitsspeicher und Hintergrundspeicher, als <u>virtueller Speicher</u> bezeichnet, sofern für die Realisierung von A_2 ausschließlich das Betriebssystem verantwortlich ist. Die Verwaltung des so verstandenen virtuellen Speichers ist Gegenstand der Abschnitte 7.3 - 7.5.

7.1.2 Die Umlagerung von Teilen eines Benutzerprogramms muß nicht notwendig durch das Betriebssystem, sie kann auch durch das Benutzerprogramm selbst oder durch Betriebssystem und Benutzerprogramm gemeinsam gesteuert werden. Jeder dieser drei Zugänge hat seine Vor- und Nachteile, wie im Laufe dieses Kapitels deutlich werden wird. Wir behandeln zunächst die Steuerung der Umlagerung durch das Benutzerprogramm, <u>Überlagerungstechnik</u> (engl. overlay technique) genannt.

Ein Rechner habe einen Arbeitsspeicher von 2^{12} Worten und einen Hintergrundspeicher von 2^{16} Worten. Die Instruktionen enthalten 12-Bit-Adressen. Für die Umlagerung von Programmteilen zwischen Arbeitsspeicher und Hintergrundspeicher gibt es Systemaufrufe

Auslagern(Primäradresse, Sekundäradresse, Länge),

Einlagern(Primäradresse, Sekundäradresse, Länge).

'Primäradresse' ist eine Arbeitsspeicheradresse. 'Sekundäradresse' ist eine Adresse auf dem Hintergrundspeicher (z. B. eine Blocknummer). 'Länge' gibt an, wieviele Worte übertragen werden sollen. Auf den Fall

$$\text{Primäradresse} + \text{Länge} > 2^{12} \text{ bzw. Sekundäradresse} + \text{Länge} > 2^{16}$$

reagiert das System mit einer Fehlermeldung.

Wir nehmen an, daß alle Programme in einer blockstrukturierten Sprache geschrieben sind und daß jeder Block in ein Unterprogramm übersetzt wird. Ein Beispiel für die Blockstruktur eines Programms ist in Abb. 7.1a wiedergegeben. Die Sichtbarkeitsregeln gestatten einem Block den Zugriff auf alle lokalen Objekte und auf die Objekte in den umgebenden Blöcken (sofern sie nicht durch Namenskollisionen verdeckt sind). Beispielsweise kann K die Objekte in K, F, B und A erreichen, nicht dagegen Objekte in L und E sowie in C und D und deren inneren Blöcken.

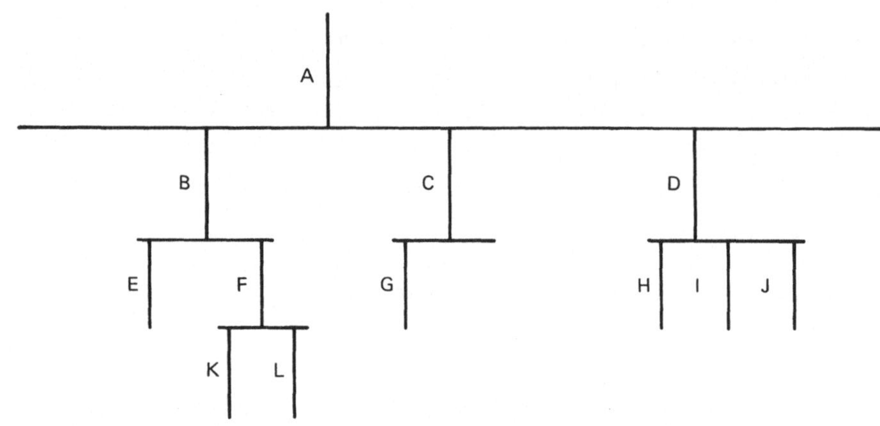

Abb. 7.1a Blockstruktur eines Programms

Die Überlagerungstechnik arbeitet wie folgt. Nach der Übersetzung befinden sich zunächst alle Blöcke im Hintergrundspeicher. Der äußerste Block wird als erster in den Arbeitsspeicher geladen, und das Programm wird dort gestartet. Solange das Programm nicht in einen inneren Block eintritt, kann es zu keinem in einem inneren Block vereinbarten Objekt zugreifen, weshalb eine Anwesenheit weiterer Blöcke im Arbeitsspeicher nicht erforderlich ist. Steht dagegen ein Übergang in einen inneren Block an, so muß dieser Block zunächst eingelagert werden. Wird ein Block verlassen, so wird er auf den Hintergrundspeicher ausgelagert; der von dem Block zuvor belegte Arbeitsspeicherplatz wird freigegeben. Insgesamt ist durch die Schachtelungsstruktur der Blöcke gesichert, daß, wenn ein Block verlassen wird, alle in ihm enthaltenen Blöcke schon vorher verlassen wurden. (Deshalb ist auch die Arbeitsspeicherverwaltung sehr einfach: es kann ein Keller verwendet werden.)

Bei einem solchen Verfahren wird mit dem Arbeitsspeicherplatz sparsam umgegangen: der für das Programm bereitzustellende Arbeitsspeicherplatz ist erheblich kleiner als wenn das Programm als Ganzes geladen würde. Beim Beispiel aus Abb. 7.1a etwa ist ein Bereich erforderlich, der jede der Kombinationen ABE, ABFK, ABFL, ACG, ADH, ADI, ADJ aufnehmen können muß, nicht aber alle Blöcke zugleich.

Wenn der Programmierer die Blockstruktur seines Programms sorgfältig plant, kann er ein großes Programm in einem vergleichsweise kleinen Speicherbereich ablaufen lassen. Allerdings muß bedacht werden, daß mit der Anzahl der Blöcke der Verwaltungsaufwand und die E/A-Wartezeiten wachsen. Es muß ein Mittelweg zwischen zwei Extremen gefunden werden: einerseits muß das Programm gut unterteilt werden, damit es in den Speicher paßt; andererseits darf es nicht in zu viele kleine Blöcke unterteilt werden, damit es nicht zu langsam läuft. Um hier einen guten Kompromiß zu finden, muß der Programmierer mit den Charakteristika des Systems, z. B. den Umlagerungszeiten, gut vertraut sein. Die Überlagerungstechnik ist daher vor allem für häufig ausgeführte Programme, z. B. Systemprogramme, attraktiv, wo es sich lohnt, einigen Aufwand in die Ermittlung einer optimalen Überlagerungsstruktur zu stecken.

In einem einfachen Stapelsystem wie dem aus Abschnitt 2.2 ist die Überlagerungstechnik vorteilhaft einsetzbar. Anders ist die Situation bei einem großen Mehrzwecksystem mit Mehrprogrammbetrieb. Dort finden wir im zweistufigen Speicher eine wechselnde Prozeßkonfiguration vor. Die Arbeitsspeicheranforderungen hängen nicht nur vom Programmverhalten, sondern auch vom gesamten Betriebsablauf ab, und können weder von Benutzern noch von Übersetzern prognostiziert werden. Daher muß - jeweils ad hoc - von einer unabhängigen Instanz entschieden werden, welche Ein/Auslagerungsmaßnahmen den meisten Erfolg versprechen. Dies geschieht bei den in den nächsten Abschnitten behandelten Verfahren der Segment- bzw. Seitenumlagerung, die für Mehrprogrammsysteme besser geeignet sind als die Überlagerungstechnik.

Übungen

1. Man informiere sich über die technischen Daten einiger Peripheriegeräte und der zugehörigen Datenträger (Übertragungsgeschwindigkeit, Informationsdichte, usw.). - Für den Objektcode eines Programmiersprachensystems im Umfang von 60 000 Zei-

len Quellencode gelte: der Übersetzer enthält 12 000 Maschinenbefehle, das Laufzeitsystem enthält 4 000 Maschinenbefehle zuzüglich 2 000 Befehlen in einer Bibliothek von Standardroutinen. Vergleiche den dafür benötigten Platz auf Karten, Magnetband, Platte etc.! Gib Abschätzungen an für die Zeiten, die für das Laden des Übersetzers oder einer Bibliotheksroutine von diesen Speichermedien notwendig sind!

2. Ein Programm hat die folgende Struktur:

```
A: begin {320}
       B: begin {240}
              C: begin {180} end
                 {200}
          end;
       D: begin {450} end
          {600}
   end.
```

Die Zahlen in geschweiften Klammern geben an, wieviele Maschinenworte der Übersetzer an der jeweiligen Stelle erzeugt. Das Programm soll mit Überlagerungstechnik arbeiten, der zur Verfügung stehende Arbeitsspeicherbereich umfasse 4K Worte. Wo innerhalb dieses Bereichs kommen die Blöcke A - D zu liegen?

3. Wir betrachten die Alternativanweisung

<u>if</u> B <u>then</u> A1 <u>else</u> A2 <u>fi</u> .

Der vom Übersetzer erzeugte Objektcode für diese Anweisung enthält zwei Sprungbefehle, einen bedingten Sprungbefehl vor A1, mit Ziel A2, und einen unbedingten Sprungbefehl hinter A1, der das Überspringen von A2 veranlaßt. Wird mit Überlagerungstechnik gearbeitet, so ist während der Übersetzung der Alternativanweisung noch nicht bekannt, welche Adresse in die Sprungbefehle einzutragen sind; das weiß man erst, wenn die Lage des umschließenden Blocks bekannt ist.

Mache einen Vorschlag, wie der Übersetzer das Problem lösen kann, indem er die Adressen später einsetzt! Beachte vor allem, was zu tun ist, wenn im Quellenprogramm ein Blockende erkannt wird!

4. Trennt man die Verwaltung der Daten von der Verwaltung der Instruktionen, so hat man eine separate Kellerorganisation für die lokalen Variablen der Blöcke; eine Ein/Auslagerung ist hierfür nicht nötig. Entwickle eine solche Organisation unter Berücksichtigung von dynamischen Feldern, deren Feldgrenzen erst zur Laufzeit bekannt sind!

7.2 Programmverschiebung und -umlagerung

7.2.1 Bei einem System mit Mehrprogrammbetrieb können mehrere Prozesse zugleich in Bearbeitung sein. Einige davon mögen bereit sein, andere mögen auf die Beendigung einer Datenübertragung warten. Die Wartezeiten sind oft recht lang. (Bei langsamen Geräten wie Kartenleser oder Terminal-Tastutur liegen die Zeiten in der Größenordnung von 0.1 - 1 Sekunde. Bei schnellen Geräten wie Trommel oder Platte erfolgt die Datenübertragung gewöhnlich in längeren Blöcken, und die Latenzzeit bedingt eine Zugriffsverzögerung. Damit liegt die Übertragungszeit immer noch bei 10 - 100 Millisekunden.) Es wäre daher Verschwendung wertvollen Speicherplatzes, wollte man Programme und Daten wartender Prozesse im Arbeitsspeicher belassen. Anzustreben ist, daß der Arbeitsspeicher nur arbeitsfähige Prozesse enthält.

Dieses Ziel kann man auf unterschiedliche Weise erreichen. In diesem Abschnitt behandeln wir eine Technik, die Prozeß- oder Programmumlagerung (engl. swapping) genannt wird. Bei der Prozeßumlagerung wird ein Prozeß, der in den Wartezustand übergeht, als Ganzes ausgelagert, d. h. aus dem Arbeitsspeicher herausgenommen und im Hintergrundspeicher abgelegt. Sobald der Wartezustand verlassen wird und der Prozeß wieder bereit ist, wird er in eine Einlagerungsliste eingetragen. Diese Liste wird als Warteschlange verwaltet. Wenn der Prozeß an die Spitze der Schlange vorgerückt ist und im Arbeitsspeicher genügend Platz ist, wird er eingelagert.

Wir beginnen mit dem Entwurf der Systemprozeduren zum Ein- und Auslagern von Prozessen. Anschließend besprechen wir den Systemprozeß, der das externe Speichergerät betreibt und den Arbeitsspeicher verwaltet. Zum Schluß betrachten wir den speziellen Fall eines Teilnehmersystems mit Mehrprogrammbetrieb. Dieses System ist eine Erweiterung des in Abschnitt 2.5 beschriebenen Teilnehmersystems, das ohne Mehrprogrammbetrieb arbeitete.

7.2.2 Zunächst ein Wort zur Strategie unseres Systems. Vermieden werden sollte ein Verfahren wie man es in Schalterhallen, z. B. von Banken oder der Post, findet: der eintretende Kunde muß sich entscheiden, an welchem Schalter er sich anstellen will. Andere Kunden, die später gekommen sind und sich anderswo angestellt haben, werden möglicherweise vor ihm bedient. Richtig wäre es, dem Kunden einen Schalter erst dann zuzuordnen, wenn er an der Reihe ist, nicht wenn er die Schalterhalle betritt.

Genauso darf auch ein Prozeß in einem Mehrprogrammsystem nicht auf das Freiwerden eines bestimmten Arbeitsspeicherbereichs warten. Ein einzulagernder Prozeß sollte in den ersten freiwerdenden, hinreichend großen Speicherbereich geladen werden. Das bedeutet allerdings, daß er möglicherweise in einen anderen Bereich geladen wird als in den, welchen er vor seiner Auslagerung innehatte. Deshalb darf das Programm auf Daten und Instruktionen nicht über Speicheradressen Bezug nehmen; zur Identifikation einer Programmzelle muß der Abstand dieser Zelle von der ersten Zelle des Programms, d. h. die Programmadresse der Zelle, angegeben werden. Wenn alle Bezugnahmen in einem Programm über Programmadressen erfolgen, nennt man das Programm - aus naheliegenden Gründen - <u>verschieblich</u> (engl. relocatable).

Die Umsetzung von Programmadressen in Speicheradressen kann mit Hardware-Unterstützung leicht während der Programmausführung erfolgen. Man erhält die Speicheradresse durch Addition des Inhalts eines <u>Basisregisters</u> (engl. base register, relocation register) auf die Programmadresse. Der Inhalt des Basisregisters ist die Anfangsadresse des Speicherbereichs, in den das Programm geladen wurde. Die während der Programmausführung stattfindende Adreßumsetzung ist damit:

$$\text{Speicheradresse} := \text{Basis} + \text{Programmadresse} \quad .$$

Ein Prozeß läuft in einem zusammenhängenden Speicherbereich, dessen Anfang durch den Inhalt des Basisregisters gegeben ist. Da sich mehrere Prozesse gleichzeitig im Speicher befinden, muß sichergestellt sein, daß ein Prozeß nicht auf Speicherzellen jenseits des ihm zugeteilten Bereichs zugreift. Bei vielen Maschinen sorgt die Adreßumsetzungs-Hardware durch eine einfache Adressenprüfung dafür, daß solche fehlerhaften Zugriffe unterbleiben. Es gibt ein zusätzliches <u>Längenregister</u> (engl. length register, limit register, protection register), welches Länge oder Endadresse des zugeteilten Speicherbereichs enthält. Bei der Adreßumsetzung wird dann geprüft, ob die Adresse innerhalb des zugeteilten Bereichs liegt. (Mit der Länge statt mit der Endadresse zu arbeiten hat den Vorteil, daß Umsetzung und Prüfung parallel durchgeführt werden können.) Verläuft die Prüfung negativ, meldet die Hardware einen <u>Adressierungsfehler</u> (engl. address fault), was eine Unterbrechung verursacht. Somit ist sichergestellt, daß ein Prozeß nicht auf Informationen außerhalb seines eigenen Bereichs zugreifen kann. Jeder Prozeß ist vor Fehlern oder böswilligen Zugriffen anderer Prozesse geschützt. Selbstverständlich dürfen die Prozesse nicht imstande sein, den die Adreßumsetzung und -prüfung durchführenden Mechanismus zu beeinflussen, etwa durch Veränderung der Inhalte von Basisregister und Längenregister.

In diesem Abschnitt setzen wir voraus, daß alle Prozesse den gleichen Speicherbedarf haben. (In den Übungen am Ende des Abschnitts betrachten wir eine Abschwächung dieser Voraussetzung.) Eine Prozedur 'Auslagern(i)' dient zum Auslagern des Prozesses i. Die Einlagerung erfolgt durch Aufruf von 'Einlagern(i)'.

7.2.3 Die Prozedur 'Auslagern' überträgt Informationen auf den Hintergrundspeicher, z. B. eine Trommel. Zu diesem Zweck wird ein Auftrag in der Auftragsschlange der Trommel abgelegt (siehe Abschnitt 5.3). Ist die Schlange leer, wird zusätzlich ein Befehl in das Befehlsregister des Gerätes gebracht. Der Auftrag enthält die folgenden Informationen:

- Anfangsadresse und Länge des Speicherbereichs des auszulagernden Prozesses,
- Trommeladresse des für die Auslagerung reservierten Bereichs auf der Trommel,
- Kennzeichnung, daß eine Auslagerung durchgeführt werden soll,
- Index des auszulagernden Prozesses.

Die Prozedur 'Auslagern' hat dann folgendes Aussehen:

```
procedure Auslagern(i) =
begin   local Befehl;
        Trommelbasis[i] := belege freien Trommelbereich(Länge[i]);
        Befehl.Basis := Basis[i];
        Befehl.Länge := Länge[i];
        Befehl.Trommelbasis := Trommelbasis[i];
        Befehl.Richtung := raus;
        Auftrag(Befehl,i,Trommelschlange)
end.
```

Wir setzen voraus, daß auf der Trommel stets ein freier Bereich gefunden werden kann.

Das System führt eine Einlagerungsliste, d. i. eine Warteschlange für die einlagerungswilligen Prozesse. Ist diese Liste leer und ist genügend Platz im Arbeitsspeicher vorhanden, so wird ein Prozeß, der in die Liste eingetragen wird, sofort eingelagert; andernfalls wird er ans Ende der Warteschlange angehängt.

Ähnlich wie 'Auslagern' baut auch 'Einlagern' einen Auftrag für die Trommel auf, nur daß es sich hier um einen Einlagerungsauftrag statt um einen Auslagerungsauftrag handelt. Die Prozedur lautet:

```
procedure Einlagern(i) =
begin     local Befehl;
          Befehl.Basis := Basis[i];
          Befehl.Länge := Länge[i];
          Befehl.Trommelbasis := Trommelbasis[i];
          Befehl.Richtung := rein;
          Auftrag(Befehl,i,Trommelschlange)
end.
```

Sowohl 'Einlagern' als auch 'Auslagern' deponieren einen Auftrag in der Warteschlange der Trommel, ohne anschließend auf die Beendigung der Umlagerung zu warten. Dies hat verschiedene Konsequenzen. Zunächst ist zu beachten, daß der Speicherbereich eines Prozesses, für den ein 'Auslagern' ausgeführt wurde, erst dann für die Benutzung durch einen anderen Prozeß zur Verfügung steht, wenn die Auslagerung tatsächlich abgeschlossen ist. Weiter muß berücksichtigt werden, daß es passieren kann, daß für einen Prozeß vor Abschluß der Auslagerung 'Einlagern' aufgerufen wird. Das führt glücklicherweise nicht zu Komplikationen, da der Auslagerungsbefehl in der Trommelwarteschlange vor dem Einlagerungsbefehl steht. Somit ist die Auslagerung garantiert abgeschlossen, wenn der Einlagerungsbefehl zur Ausführung kommt. - Schließlich ist noch zu beachten, daß der Trommeltreiber die Beendigung einer Umlagerung geeignet vermerken muß. Wir behandeln im folgenden die Arbeitsweise des Trommeltreibers.

Der Trommeltreiber wird aufgeweckt, wenn die Trommel eine Umlagerung beendet hat. Wichtigste Aufgabe des Treibers ist die Entfernung des alten Befehls aus der Schlange und die Versorgung der Trommel mit einem neuen Befehl. Handelte es sich um eine Auslagerung, muß die Buchführung über die Arbeitsspeicherbelegung auf den neuesten Stand gebracht werden, weil jetzt der Speicherbereich des ausgelagerten Prozesses tatsächlich frei ist. Der Bereich wird dem nächsten einzulagernden Prozeß zugeteilt bzw. - wenn die Einlagerungsliste leer ist - als frei verbucht. Beachte, daß die Speicherverwaltung ausschließlich in der Zuständigkeit des Trommeltreibers liegt.

Das Programm des Trommeltreibers ist eine Variante des in Abschnitt 5.3 entwickelten Treibers. Der Einfachheit halber verzichten wir auf Fehlerbehandlung. (Beim Auftreten eines Gerätefehlers steht der alte Befehl noch zur Verfügung, und die Übertragung kann ein weiteres Mal versucht werden. Bei wiederholtem Auftreten eines Fehlers sollte der Operateur benachrichtigt werden.)

```
Trommeltreiber:                                    {für Prozeßumlagerung}

repeat local Befehl, umgelagerter Prozeß, Kandidat;
        wait(Trommel BEREIT);
        with Trommelschlange do
            if Länge(Trommelschlange) > 1 then
               Trommelregister := zweiter Befehl(Trommelschlange);
               signal(Trommel AKTIV) fi;
            entnehmen(Befehl, umgelagerter Prozeß, Trommelschlange);
            if Befehl.Richtung = rein then
               signal(fertig[umgelagerter Prozeß])
            else {Befehl.Richtung = raus}
                if leer(Einlagerungsliste) then
                   verbuche freien Bereich(Basis[umgelagerter Prozeß])
                else austragen(Kandidat, Einlagerungsliste);
                     Basis[Kandidat] := Basis[umgelagerter Prozeß];
                     Einlagern(Kandidat) fi fi od
 until  false.
```

Durch eine etwas geschicktere Organisation können wir bei der Umlagerung eine Menge Arbeit sparen. Wir fordern, daß die Objektprogramme <u>reentrant</u> sind, d. h. aufgesplittet in einen variablen Teil und einen invarianten Befehls- und Konstantenteil. Jedem Prozeß wird ein fester Bereich auf dem Hintergrundspeicher zugeordnet. Damit braucht bei einer Auslagerung nur der Variablenteil auf den Hintergrundspeicher übertragen zu werden. Weitere Einsparungen werden erzielt, wenn man die Möglichkeit schafft, daß der Code eines Programms, z. B. eines Übersetzers, von mehreren Prozessen gemeinsam benutzt wird (engl. code sharing); diese Technik spart zugleich Arbeitsspeicher und Umlagerungszeit.

7.2.4 Die Prozeßumlagerung eignet sich zur Anwendung in einem Teilnehmersystem mit Mehrprogrammbetrieb. Die Verwaltung der Terminals können wir uns wie in Abschnitt 2.5 vorstellen. Die Verwaltung der Benutzerprozesse hingegen ist anders. Wir streben an, möglichst viele bereite Prozesse im Arbeitsspeicher unterzubringen, damit das Mehrprogrammprinzip zum Tragen kommt. Zu diesem Zweck müssen länger blockierende Prozesse zügig ausgelagert werden.

Wir gehen vereinfachend davon aus, daß in einem Teilnehmersystem längere Blockaden ausschließlich durch die Terminal-Ein/Ausgabe verursacht werden. Die der Terminal-Kommunikation dienende Schnittstelle zwischen Benutzerprogramm und Betriebssystem war in 2.5 und 5.4 behandelt worden. Wir postulieren zwei Prozeduren

lies(Zeile) , schreibe(Zeile) ,

mit denen ein Prozeß einen ihm zugeordneten (unsichtbaren) Zeilenpuffer leeren bzw. füllen kann; der Datentransport zwischen den beiden Puffern einerseits und dem Terminal andererseits wird durch geeignete Treiber bewerkstelligt.

Wir erweitern den Ausgabepuffer um eine Zustandsanzeige, die dreier Werte fähig ist: 'leer', 'nicht leer', 'angefordert'; 'angefordert' bedeutet, daß der Benutzerprozeß auf die Leerung wartet, da er eine weitere Zeile ablegen will. 'schreibe' ist dann wie folgt zu implementieren (i ist der Index des laufenden Prozesses):

```
procedure schreibe(Zeile) =
begin    with Ausgabepuffer[i] do
              if Zustand[i] = leer then signal(fertig[i])
              else Zustand[i] := angefordert;
                   Auslagern(i) fi od;
         wait(fertig[i]);
         Ausgabepuffer[i] := Zeile;
         Zustand[i] := nicht leer;
         Auftrag[i] := true {für den Treiber, s. u.};
         signal(Ausgabeauftrag)
end.
```

Ein einziger Bildschirmtreiber ist für alle Terminals zuständig. Er muß nicht nur für die Ausgabe sorgen, sondern auch, wenn die Ausgabe einer Zeile abgeschlossen ist und der zugehörige Prozeß auf die Freigabe des Puffers wartet, die Einlagerung dieses Prozesses veranlassen!

Bildschirmtreiber:

```
repeat local i, Zeichen;
       wait(Ausgabeauftrag);
       i := nächster Auftragsindex {Auftrag[i] = true};
       Auftrag[i] := false;
       if erschöpft(Ausgabepuffer[i]) then
          with Ausgabepuffer[i] do
               if Zustand[i] = angefordert then
                  if Arbeitsspeicherplatz verfügbar then
                     Basis[i] := freier Speicherbereich;
                     Einlagern(i)
                  else Eintragen(i, Einlagerungsliste) fi
               else Zustand[i] := leer fi od
       else entnehmen(Zeichen, Ausgabepuffer[i]);
            Datenregister[i] := Zeichen;
            signal(Bildschirm AKTIV[i]) fi
until false.
```

Beachte, daß der Bildschirmtreiber sowohl durch die Benutzerprozesse als auch durch Unterbrechungen aktiviert wird! Nach Ausgabe eines Zeichens erfolgt eine Unterbrechung, die sich auf den Treiber als Hardware-V-Operation auf dem Semaphor 'Ausgabeauftrag' auswirkt; zugleich wird ein Bit im Feld 'Auftrag' gesetzt. Im Ruhezustand wartet der Treiber somit auf das Ereignis "Eintreffen einer auszugebenden Zeile oder Beendigung des Ausgebens eines Zeichens".

Die Eingabe vom Terminal kann analog zur Ausgabe behandelt werden. Die Prozedur 'lies' veranlaßt im Regelfall eine Auslagerung; die Auslagerung unterbleibt nur dann, wenn der Benutzer bereits eine vollständige Zeile "vorausgetippt" hat. Der Tastaturtreiber hat den gleichen Aufbau wie der Bildschirmtreiber. Die Implementierung bleibt dem Leser überlassen (Übung 4).

Übungen

1. Der Einfachheit halber haben wir bisher stets vorausgesetzt, daß alle an der Umlagerung teilnehmenden Prozesse die gleiche Größe haben. Diese Einschränkung soll fallengelassen werden. Wir sehen drei Größen vor (klein, mittel, groß), die sich wie 1:2:4 verhalten. Modifiziere das Umlagerungssystem in passender

Weise! Sind drei getrennte Einlagerungsschlangen (eine für jede Größe) vorzuziehen, oder ist eine einzige Schlange besser? (Getrennte Schlangen scheinen den Vorteil zu haben, daß ein Bereich, der für einen großen Prozeß nicht ausreicht, für einen kleinen oder mittleren Prozeß verwendet werden kann, anstatt ungenutzt zu bleiben. Andererseits beschwört eine solche Vorgehensweise die Gefahr des permanenten Blockierens großer Prozesse herauf.)

2. In 7.2.3, 7.2.4 war stillschweigend vorausgesetzt worden, daß 'Einlagern', 'Auslagern', 'lies' und 'schreibe' als Systemprozeduren im Arbeitsspeicher resident sind und nicht an Umlagerungen teilnehmen. Was könnte schiefgehen, wenn jeder Benutzerprozeß eigene Kopien von 'lies' und 'schreibe' hätte, die in die Umlagerung einbezogen würden?

3. Implementiere die Prozedur 'lies' und den Tastaturtreiber in Anlehnung an 7.2.4!

4. In den Instruktionen einer Maschine seien 2 Bits für die Angabe eines Basisregisters vorgesehen. Bei 00 findet keine Adreßmodifikation statt. Die Basisregister 01, 10, 11 verweisen auf die Anfänge dreier Prozeßbereiche: der erste Bereich enthält gemeinsam genutzten Code mehrerer Prozesse, der zweite enthält den privaten Code und der dritte die privaten Daten des laufenden Prozesses. Wenn ein Prozeß ausgelagert wird, kann auf die Auslagerung des Codes verzichtet werden - der Codebereich wird einfach freigegeben. Das Einlagern dagegen betrifft sowohl den Code als auch die Daten. Entwirf die Verwaltung der Bereiche im Primär- und Sekundärspeicher - unter der Voraussetzung, daß alle Bereiche gleich groß sind! Wann und wie sind die Basisregister zu modifizieren?

7.3 Segmentierung

7.3.1 Wenn Code und Daten eines Prozesses unabhängig voneinander umgelagert werden, besteht keine Notwendigkeit, sie im Arbeitsspeicher nebeneinander zu legen. Wird ferner zugelassen, daß ein Prozeß nicht nur aus zwei, sondern aus mehreren unabhängig voneinander umlagerbaren Teilen besteht, so spricht man von Segmentierung; die Prozeßteile werden Segmente (engl. segments) genannt. Der wesentliche Gewinn bei der Segmentierung ist die flexible Realisierbarkeit des Prinzips, daß nur die aktuell benötigten Teile eines Prozesses im Arbeitsspeicher präsent sein sollten. Es genügt beispielsweise, einen Prozeß nach Einlagerung eines Codesegmentes und eines Datensegmentes zu starten und weitere Segmente erst bei Bedarf einzulagern. Dies kommt der Arbeitsspeicherökonomie in ähnlicher Weise zugute wie die in 7.1 behandelte Überlagerungstechnik.

Offensichtlich sollte man die Anzahl der jeweils benötigten Segmente und die Anzahl der Segmentumlagerungen gering halten. Das kann erreicht werden, wenn die Zugriffe möglichst wenig zwischen den Segmenten hin und her springen, d. h. wenn die Segmentstruktur der Struktur des Quellenprogramms angepaßt ist. Beispielsweise bietet sich an, daß eine Prozedur in einem Codesegment untergebracht wird; denn eine Prozedur wird häufiger eigene Instruktionen ausführen als andere Prozeduren aufrufen. Typischer Inhalt eines Datensegments ist ein Feld oder eine Listenstruktur; auch hier ist es so, daß Zugriffe auf ein und dieselbe Datenstruktur stark miteinander korrelieren.

Gegenstand dieses Abschnitts ist die Struktur segmentierter Adreßräume und die Umlagerung von Segmenten. Die dabei auftretenden Probleme der Speicherverwaltung werden im Abschnitt 8.1 behandelt.

7.3.2 Jedes Segment wird über einen Deskriptor (engl. descriptor) verwaltet, der eine Segmentbeschreibung enthält; dazu gehört insbesondere die Basisadresse des Segments. Jedem Prozeß ist eine Segmenttabelle zugeordnet, in der die Deskriptoren der Segmente des Prozesses zusammengefaßt sind. Basisadresse und Länge der Segmenttabelle sind im Prozeßsteuerblock enthalten.

Eine virtuelle Adresse (Programmadresse) kann als ein Paar (s,d) angesehen werden, wo s eine Segmentnummer und d die Distanz zum Segmentanfang bezeichnet. Über die Segmenttabelle kann die zugehörige Speicheradresse a wie folgt berechnet werden:

a := Deskriptor[s].Primärbasis + d .

Diese Adreßumsetzung wird von der Hardware vorgenommen. Wie das im einzelnen geschieht, wird weiter unten erläutert. Wir können aber schon jetzt überlegen, woher die in die Adreßumsetzung eingehenden Daten zu beschaffen sind. Die Prozeßsteuerblöcke werden arbeitsspeicherresident gehalten; über sie können wir jederzeit die Lage der Segmenttabellen erfahren. Die Segmenttabellen müssen nicht notwendig an festen Plätzen liegen. Beispielsweise könnte man die Segmenttabelle eines vollständig ausgelagerten Prozesses ebenfalls auslagern. Hier nehmen wir aber an, daß jede Segmenttabelle auf einem festen Platz im Arbeitsspeicher jederzeit greifbar ist.

Dennoch kann die Adreßumsetzung scheitern, und zwar aus drei Gründen:

1. s überschreitet die Länge der Segmenttabelle.
2. d überschreitet die Länge des Segmentes s.
3. Das Segment s ist ausgelagert.

Solche Fehler werden bei der Adreßumsetzung erkannt und führen zu einer Programmunterbrechung. Die Situation 3., genannt Zugriffsfehler (engl. access fault), muß nicht notwendig als fehlerhaft begriffen werden. Wir verstehen die durch 3. hervorgerufene Programmunterbrechung als Aufforderung an das Betriebssystem, das abwesende Segment einzulagern. Wir gehen unten näher darauf ein.

Ein Segmentdeskriptor enthält 3 "Attribute" und 3 Datenfelder (siehe Abb. 7.3a). Die Attribute sind 'Typ', 'Zustand' und 'Benutzung'. Die Bedeutung von 'Benutzung' wird unten erläutert. 'Typ' gibt an, ob es sich um ein Codesegment, Datensegment, Deskriptorsegment oder ein gemeinsames Codesegment mehrerer Prozesse handelt. 'Zustand' gibt an, ob das Element (a) ausgelagert ist, (b) gerade eingelagert wird oder (c) eingelagert ist. Die Datenfelder sind 'Länge', 'Primärbasis' und 'Sekundärbasis'. 'Länge' bezeichnet die Segmentlänge bzw. die höchste zulässige Distanz im Segment. Wir setzen hier voraus, daß die Segmentlänge bei der Erzeugung des Segments festgelegt wird und dann nicht mehr variiert. Die Felder 'Primärbasis' und 'Sekundärbasis' enthalten die Basisadresse des Segments im Arbeitsspeicher bzw. Hintergrundspeicher. (Ø soll "nicht existent" bedeuten. In Abhängigkeit vom 'Zustand' kann der Inhalt eines der beiden Felder gleich Ø sein.)

Typ	Zustand	Benutzung	Länge	Primärbasis	Sekundärbasis

Abb. 7.3a Aufbau eines Segmentdeskriptors

Bei einem gemeinsamen Segment kann es vorkommen, daß zwei Prozesse nahezu gleichzeitig auf das Segment zugreifen wollen. Ist das Segment ausgelagert, so muß sichergestellt werden, daß trotz zweier Anforderungen nur eine Kopie des Segmentes geladen wird. Entnimmt man dem 'Zustand', daß das Segment noch nicht eingelagert wird, dann veranlaßt man die Einlagerung und ändert den Zustand entsprechend; andernfalls wird lediglich auf die Beendigung der Einlagerung gewartet.

7.3.3 Wenn ein Zugriffsfehler eine Segmenteinlagerung auslösen soll, ist es offenbar überflüssig, die Umlagerung von Segmenten an bestimmte Systemprozeduren (wie 'lies'/'schreibe' beim Teilnehmersystem aus 7.2) zu koppeln. Beim Auftreten eines Zugriffsfehlers wird eine Prozedur 'Zugriffsfehler' aktiviert, so als wäre sie vom laufenden Prozeß explizit aufgerufen worden. Die "Rücksprungadresse" ist dann die Adresse derjenigen Instruktion, welche den Zugriffsfehler verursacht hat.

Die Prozedur 'Zugriffsfehler' muß einen Bereich im Arbeitsspeicher ausfindig machen, wohin das gewünschte Segment eingelagert werden kann. Läßt sich kein freier Bereich der erforderlichen Größe finden, so werden Segmente ausgelagert. Die Entscheidung, welche Segmente auszulagern sind, wird von einem Austauschalgorithmus (engl. replacement algorithm) getroffen. Wir verschieben die ausführliche Behandlung von Austauschalgorithmen auf das nächste Kapitel. An dieser Stelle gehen wir einfach davon aus, daß diejenigen Segmente ausgelagert werden, die in der jüngsten Vergangenheit wenig benutzt wurden. Entsprechende Informationen können dem im Deskriptor enthaltenen Attribut 'Benutzung' entnommen werden. - Beachte, daß eine 'Einlagerungsliste' wie bei der Prozeßumlagerung (7.2) nicht benötigt wird!

Die Prozedur 'Zugriffsfehler' muß zunächst prüfen, ob das gewünschte Segment bereits eingelagert wird. Ist das der Fall, so wird ein Eintrag in einer 'Pseudoeinlagerungsschlange' vorgenommen. (Dieser Eintrag hat keine Einlagerung zur Folge. Er dient nur als "Merkposten", damit der anfordernde Prozeß zu gegebener Zeit vom Eintreffen des Segments benachrichtigt werden kann.) Ist noch keine Einlagerung eingeleitet, so wird ein freier Arbeitsspeicherbereich, der das Segment aufnehmen kann, gesucht; gegebenenfalls werden Segmente ausgelagert. Es wird ein Eintrag in einer 'Einlagerungsschlange' vorgenommen. Der Prozeß, für den das Segment eingelagert werden soll, ist der laufende Prozeß. Seine Identität kann der Systemvariablen 'aktiver Prozeß' entnommen werden. Wir setzen voraus, daß die Segmentnummer s über die "Rücksprungadresse" aus der Instruktion, die zum Zugriffsfehler führte, bestimmt werden kann; daraus läßt sich die Adresse des Segmentdeskriptors ermitteln, und diese wird der Prozedur als Parameter übergeben. Die Prozedur erhält dann folgende Gestalt:

```
procedure Zugriffsfehler(Segment) =
begin     local r; {Deskriptoradresse}
          with Speicher do
               if Segment.Zustand = Einlagerung then
                  ablegen(aktiver Prozeß, Segment, Pseudoeinlagerungs-
                                                            schlange)
               else Segment.Primärbasis :=
                    Arbeitsspeicherbereich(Segment.Länge);
                    while auszulagern(r) do
                          r.Zustand := ausgelagert;
                          if r.Typ = Daten then Auslagern(r) fi od;
                    ablegen(aktiver Prozeß, Einlagerungsschlange);
                    Segment.Zustand := Einlagerung;
                    Einlagern(Segment) fi od;
          P(Segment präsent[aktiver Prozeß])
end.
```

'Auslagern' und 'Einlagern' entsprechen bis auf geringfügige Modifikationen den Umlagerungsprozeduren aus 7.2. Der Segmentdeskriptor, dessen Adresse als Parameter übergeben wird, liefert die Größe des zu übertragenden Datenblocks sowie die Quell- und Zieladresse des Transfers. Die Ausformulierung der Prozeduren bleibt dem Leser überlassen (Aufgabe 1).

In der abschließenden P-Operation wartet der Prozeß auf das Eintreffen des gewünschten Segments, unabhängig davon, ob ein Eintrag in der Einlagerungsschlange oder in der Pseudoeinlagerungsschlange vorgenommen wurde. Wird der Prozeß aufgeweckt, so springt er zu derjenigen Instruktion zurück, die den Zugriffsfehler verursachte.

7.3.4 Die Prozeduren 'Einlagern', 'Auslagern' deponieren einen Befehl und eine Deskriptoradresse in der Auftragsschlange des als Hintergrundspeicher eingesetzten Geräts. Die durch dieses Gerät ausgelösten Unterbrechungen wecken einen 'Segmentverwalter', der als Treiber fungiert. Er ist mit dem 'Trommeltreiber' aus 7.2 vergleichbar. Er informiert die wartenden Prozesse über die vorgenommenen Einlagerungen, löscht den jeweils ausgeführten Auftrag aus der Auftragsschlange und übermittelt den nächsten Befehl an das Gerät. Im Falle einer Auslagerung ist nichts weiter zu tun: der 'Zustand' des ausgelagerten Segments wurde schon in 'Zugriffsfehler' auf 'ausgelagert' gesetzt, und über den freigewordenen Platz wurde in 'Zugriffsfehler' schon verfügt. Bei einer Einlagerung müssen ein Element aus der 'Einlagerungsschlange' und eventuell Elemente aus der 'Pseudoeinlagerungsschlange' gelöscht werden. Die zugehörigen Prozesse sind durch V-Operationen auf Semaphoren 'Segment präsent' aufzuwecken. Der 'Segmentverwalter' kann wie folgt implementiert werden (vgl. 5.3.3):

Segmentverwalter:

```
repeat local Befehl, Segment;
       wait(Gerät BEREIT);
       with Geräteschlange do
            entnehmen(Befehl, Segment, Geräteschlange);
            if Schlange nicht leer then
               Befehlsregister := erster Befehl(Geräteschlange);
               signal(Gerät AKTIV) fi od;
       with Speicher do local Prozeß;
            if Segment.Zustand = Einlagerung then
               Segment.Zustand := eingelagert;
               entnehmen(Prozeß, Einlagerungsschlange);
               V(Segment präsent Prozeß);
               for i in [1:Länge(Pseudoeinlagerungsschlange)] do
                   entnehmen(Prozeß,Segment,Pseudoeinlagerungsschlange);
                   if Segment.Zustand=eingelagert then V(Segment präsent[Prozeß])
                   else ablegen(Prozeß,Segment,Pseudoeinlagerungsschlange) fi od
                                                                             fi od
until  false.
```

7.3.5 Bei der Segmentierung ist die Adreßumsetzung erheblich komplizierter als bei der einfachen Prozeßumlagerung. Eine virtuelle Adresse (s,d) wird von der Adreßumsetzungs-Hardware wie folgt auf eine Speicheradresse a abgebildet:

```
Adreßumsetzung(s,d,a) = {Hardware}

begin local D;
      if s > Segmenttabellenlänge then ADRESSFEHLER
      else D := Deskriptor[s];
           if d > D.Länge then ADRESSFEHLER
           else if D.Primärbasis = Ø then ZUGRIFFSFEHLER
                else a := D.Primärbasis + d fi fi fi
end.
```

Diese Adreßumsetzung wird vor jedem Speicherzugriff durchgeführt! Damit wird deutlich, daß eine Segmentierung ohne Hardware-Unterstützung undenkbar, da hoffnungslos ineffizient, wäre.

Da die Segmenttabelle im Arbeitsspeicher liegt, erfordert das angegebene Adreßumsetzungsverfahren einen zusätzlichen Arbeitsspeicherzugriff - um den Deskriptor aus der Segmenttabelle zu holen. Das bedeutet, daß die Adreßumsetzung, obwohl per Hardware durchgeführt, die Laufzeit eines Programms mindestens verdoppelt. Die Umsetzung kann aber beträchtlich beschleunigt werden, wenn die Hardware über einen kleinen Assoziativspeicher AS verfügt (engl. associative memory). Das ist eine Gruppe von Registern (typische Anzahl: 8), die neben einem Datenfeld jeweils ein Schlüsselfeld enthalten. Auf den Assoziativspeicher wird nicht per Index (d. h. Registernummer) sondern per Schlüssel zugegriffen. Beispielsweise bedeutet

x := AS<s> ,

daß der Inhalt des Datenfeldes desjenigen Registers, welches den Schlüssel s enthält, nach x kopiert wird. Der Zugriff zum Assoziativspeicher erfolgt um ein Vielfaches schneller als der Zugriff zum Arbeitsspeicher.

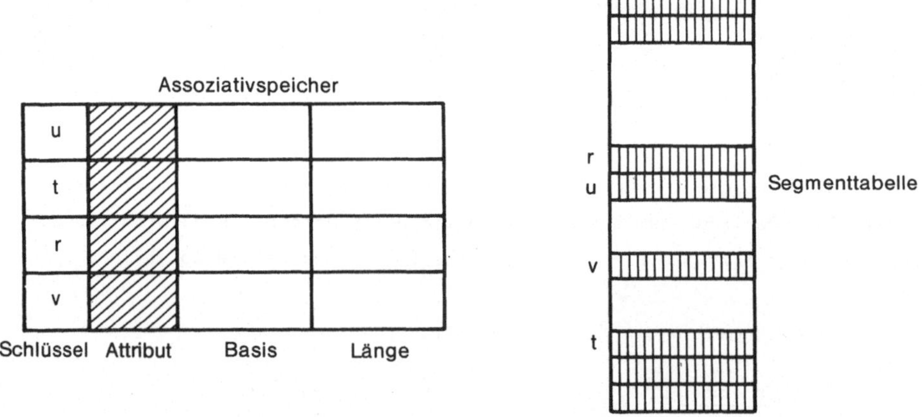

Abb. 7.3b Assoziativspeicher und Segmenttabelle

Der Assoziativspeicher wird in folgender Weise für die Beschleunigung der Adreßumsetzung eingesetzt. Für die jeweils zuletzt benutzten Segmente werden die Segmentnummern - als Schlüssel - und Teile der Deskriptoren - als Daten - in den Assoziativregistern untergebracht (siehe Abb. 7.3b). Die Assoziativregister fungieren damit als Basisregister für die betreffenden Segmente. Die Adreßumsetzung erfolgt so:

```
Adreßumsetzung(s,d,a) = {mit Assoziativspeicher}

begin local Basis := AS<s>.Basis;
      if Basis = Ø then Sonderbehandlung
      else if d > AS<s>.Länge then ADRESSFEHLER
           else a := Basis + d fi fi
end.
```

In den meisten Fällen wird der benötigte Deskriptor im Assoziativspeicher angetroffen. Es ist dann kein zusätzlicher Speicherzugriff nötig, und die Adreßumsetzung erfolgt so schnell wie bei einem nichtsegmentierten System mit einem einzigen Basisregister.

7.3.6 Wenn der Deskriptor des Segments s sich nicht im Assoziativspeicher befindet, wird 'Basis' auf Ø gesetzt, desgleichen, wenn das Segement nicht eingelagert ist. In letzterem Fall muß ein ZUGRIFFSFEHLER gemeldet werden. Im ersteren Fall muß der Deskriptor aus der Segmenttabelle nachgeladen werden, wobei ein wenig benutzter Deskriptor verdrängt werden sollte. Die Hardware kann wie folgt konzipiert werden. Jedes Assoziativregister verfügt über ein zusätzliches Bit, welches bei einem Zugriff automatisch gesetzt wird. Immer dann, wenn ein Deskriptor in den Assoziativspeicher geladen wird, wird dieses Bit in allen Assoziativregistern gelöscht. Verdrängt wird jeweils ein solcher Deskriptor, dessen Bit nicht gesetzt ist. Ist kein solcher Deskriptor vorhanden, so werden die Deskriptoren reihum oder nach irgendeinem anderen Verfahren ausgetauscht. Die 'Sonderbehandlung' in der oben beschriebenen Adreßumsetzung ist damit wie folgt zu konkretisieren:

```
Sonderbehandlung  {im Fall Basis = Ø}  =

begin local D, v;
      if s > Segmenttabellenlänge then ADRESSFEHLER
      else D := Deskriptor[s];
           if D.Zustand ≠ eingelagert then ZUGRIFFSFEHLER
           else v := Schlüssel eines zu verdrängenden Deskriptors;
                AS<v> := (s, Deskriptor[s].Länge, Deskriptor[s].Basis);
                lösche das Zusatzbit in allen Registern fi fi
end.
```

Ubungen

1. Der Umlagerungsprozeß muß auf die Deskriptoren der umgelagerten Segmente zugreifen können. Zu diesem Zweck müssen die Prozeduren 'Einlagern' und 'Auslagern' die jeweilige Deskriptoradresse, die sie als Parameter erhalten, in der Geräteschlange ablegen. Modifiziere die Umlagerungsprozeduren aus 7.2 so, daß die hier benötigten Prozeduren 'Einlagern'/'Auslagern' entstehen!

   Betrachte die folgende Alternative: die Umlagerungsprozeduren sind parameterlos; die Deskriptoradresse wird im Prozeßsteuerblock des zugehörigen Prozesses eingetragen. Ist diese Alternative praktikabel?

2. Jeder Prozeß i verfüge über ein privates Semaphor 'fertig[i]', das z. B. wie in 4.2 und 5.3.4 verwendet wird. Die in 7.3.3, 7.3.4 verwendeten privaten Semaphore 'Segment präsent[i]' scheinen dann überflüssig zu sein: ein Prozeß, der auf das Eintreffen eines Segmentes warten will, könnte auch mit 'P(fertig[i])' blockieren und würde mit 'V(fertig[i])' aufgeweckt werden. Zeige, daß diese Auffassung irrig ist und die Semaphore 'Segment präsent[i]' tatsächlich erforderlich sind!

3. Wenn die Distanz d die Segmentlänge überschreitet, kann das als Aufforderung an das Betriebssystem interpretiert werden, das Segment zu vergrößern (mindestens auf die Länge d). Nun wird es häufig vorkommen, daß hinter dem Segment nicht genügend Platz ist, um das Segment "in situ" auszudehnen. Wenn dies auch für die Kopie des Segmentes im Hintergrundspeicher gilt, muß ein neuer, für das vergrößerte Segment ausreichender Bereich im Hintergrundspeicher reserviert werden. Das Segment wird dorthin ausgelagert und später - vergrößert - wieder eingelagert. Entwickle eine entsprechende Behandlung der Programmunterbrechung ADRESSFEHLER! - Kann man Segmente auch schrumpfen lassen?

4. Die Auftragsschlange des Hintergrundspeichers enthält Einlagerungs- und Auslagerungsaufträge. Der Umlagerungsprozeß sorgt für die kontinuierliche Beschickung des Geräts mit Ein/Auslagerungsbefehlen. Wenn auf die Pseudoeinlagerungsschlange verzichtet wird und für die Zugriffsfehler auf gemeinsame Segmente, die gerade eingelagert werden, keine Sonderbehandlung durchgeführt wird, enthält die Auftragsschlange des Hintergrundspeichers "Pseudoeinlagerungsaufträge". Ein solcher Auftrag muß vom Umlagerungsprozeß erkannt und gelöscht wer-

den, ohne daß ein Befehl zum Gerät geschickt wird (denn das betreffende Segment ist bereits eingelagert). Modifiziere den Umlagerungsprozeß entsprechend! Wird auf die Auftragsschlange nur gemäß FIFO zugegriffen?

5. Es ist wünschenswert, daß Prozesse Segmente erzeugen und vernichten können. Das System bietet zu diesem Zweck zwei Prozeduren an:

   'erzeuge(s, Typ, Länge)' und 'vernichte(s)' .

   'erzeuge' sucht einen freien Platz in der Segmenttabelle des laufenden Prozesses (wir setzen voraus, daß sich ein solcher stets finden läßt), richtet dort einen Deskriptor mit den Einträgen 'Typ' und 'Länge' ein und liefert den Tabellenindex als Segmentnummer s ab. 'vernichte' löscht den Deskriptor des Segments s und vernichtet das Segment.

   Der 'Zustand' eines neu eingerichteten Deskriptors wird auf 'leer' gesetzt, was bedeutet, daß für das Segment noch kein Platz im Primär- oder Sekundärspeicher belegt ist; in diesem Fall ist sowohl "Primärbasis" als auch "Sekundärbasis" gleich Ø.

   Implementiere die Prozeduren 'erzeuge' und 'vernichte'! Modifiziere die ZUGRIFFSFEHLER-Behandlung, so daß der Fall 'Zustand = leer' entdeckt und geeignet behandelt wird: für das Segment muß Platz reserviert werden, und der 'Zustand' muß geändert werden.

7.4 Seitenverfahren

7.4.1 Die Verwaltung des virtuellen Speichers vereinfacht sich wesentlich, wenn alle Segmente von einheitlicher Länge sind. Man spricht dann von Seiten (engl. pages) statt Segmenten und von Seitenverfahren (engl. paging) statt Segmentierung. Das Seitenverfahren hat Vorteile, aber auch Nachteile gegenüber der Segmentierung. Eine ausführliche Abwägung beider Methoden folgt in Kapitel 8. Hier behandeln wir lediglich die Implementierung des Seitenverfahrens.

Primär- und Sekundärspeicher sind in Rahmen (auch Kacheln genannt, engl. frames) gleicher Größe aufgeteilt. Ein Rahmen ist ein zusammenhängender Speicherbereich, dessen Anfangsadresse ein Vielfaches der Rahmengröße ist. Die Rahmengröße ist gleich der Seitengröße, so daß die Seiten genau in die Rahmen passen.

Eine virtuelle Adresse (s,d) hat die gleiche Struktur und Bedeutung wie bei der Segmentierung: die Seitennummer s verweist auf einen Deskriptor in der Seitentabelle des Prozesses, und die Distanz d fungiert als relative Adresse in der zugehörigen Seite. Als Seitengröße wird eine Zweierpotenz 2^n gewählt. (s,d) kann dann in m+n Dualstellen als eine Zahl codiert werden, aus der man durch einfaches "Durchschneiden" die Komponenten s und d erhält (siehe Abb. 7.4a). Der Benutzer sieht einen zusammenhängenden virtuellen Adreßraum und merkt nichts von dessen Aufsplittung in Seiten.

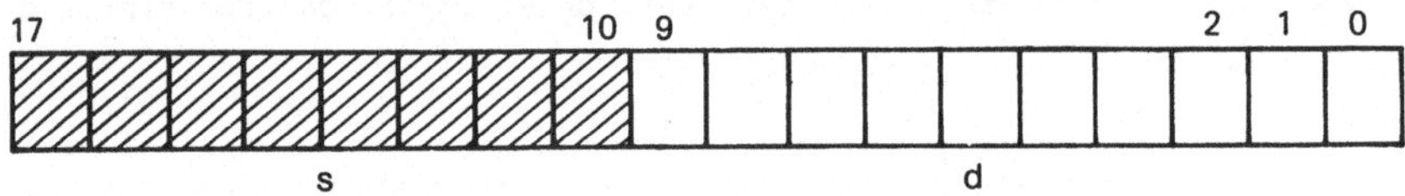

Abb. 7.4a Virtuelle Adresse beim Seitenverfahren (m=8, n=10)

Der Aufbau eines Seitendeskriptors unterscheidet sich vom Aufbau eines Segmentdeskriptors nur durch das fehlende Längenfeld: "die Hardware kennt die (Einheits-) Länge". Die Berechnung einer Speicheradresse a aus einer virtuellen Adresse (s,d) wird wie bei der Segmentierung vorgenommen:

a := Deskriptor[s].Primärbasis + d .

Das Feld 'Deskriptor' ist die Seitentabelle des laufenden Prozesses. Wie bei der Segmentierung gehen wir davon aus, daß die Seitentabellen ihre festen Plätze im Arbeitsspeicher haben. Die Adreßumsetzungs-Hardware arbeitet gewöhnlich mit einem Assoziativspeicher wie in 7.3.5 erläutert. Die Assoziativregister enthalten neben den Seitennummern nur die Basisadressen der zugehörigen Seiten. Wenn wir voraussetzen, daß die Seitentabelle für den maximalen virtuellen Adreßraum ausgelegt ist, kann keinerlei ADRESSFEHLER auftreten (!). Die Adreßumsetzung arbeitet dann wie folgt:

```
Adreßumsetzung(s,d,a) =  {beim Seitenverfahren}
begin local Basis := AS<s>;
      if Basis = Ø then Sonderbehandlung    {analog 7.3.6}
      else a := Basis + d fi
end.
```

Wie oben bemerkt ist die Ermittlung von s und d aus der virtuellen Adresse sehr einfach. Ebenso einfach ist die Bildung der Speicheradresse a aus Basisadresse und Distanz. Die Basisadresse ist ein Vielfaches der Seitengröße. Sie kann einfach als Nummer des Rahmens, der die Seite beherbergt, repräsentiert werden. Für die Ermittlung von 'a' aus 'Basis' und 'd' braucht dann gar keine eigentliche Addition durchgeführt zu werden; 'Basis' und 'd' sind lediglich "aneinanderzuhängen".

Die gesamte Adreßumsetzung erfordert nicht wesentlich mehr Zeit als die einfache Adreßverschiebung über ein Basisregister - unter der Voraussetzung, daß der benötigte Deskriptor sich im Assoziativspeicher befindet. Für den Großteil der Speicherzugriffe ist das der Fall, und es passiert relativ selten, daß ein Deskriptor aus der Seitentabelle nachgeladen werden muß.

7.4.3 Die 'Sonderbehandlung' verläuft im Prinzip wie bei der Segmentierung. Ist die gewünschte Seite nicht eingelagert, so wird über eine Programmunterbrechung SEITENFEHLER (engl. page fault) eine Prozedur aktiviert, welche die Einlagerung der Seite veranlaßt. Dieses Verfahren wird <u>Demand Paging</u> genannt (d. h. die Segmente werden bei Bedarf eingelagert, im Gegensatz zum <u>Prepaging</u>, bei dem die Kenntnis des Programmverlaufs ausgenutzt wird, um die Einlagerung von Seiten bereits zu veranlassen, bevor auf sie zugegriffen wird).

Was die Durchführung der Ein/Auslagerungen betrifft, so kann man beim Seitenverfahren raffinierter vorgehen als bei der Segmentierung. Würde die Seitenfehlerbehandlung wie die Segmentfehlerbehandlung arbeiten, so würde nach Auswahl eines Arbeitsspeicherrahmens die Auslagerung der dort liegenden Seite (falls notwendig) und die Einlagerungen der gewünschten Seite dorthin veranlaßt werden; für die Auslagerung müßte ein freier Rahmen im Hintergrundspeicher reserviert werden. Bei dieser Vorgehensweise wird der Bestimmungsort für eine umzulagernde Seite früher als notwendig festgelegt. Ein Umlagerungsauftrag wird nämlich im allgemeinen erst in eine Schlange eingereiht, bevor er bearbeitet wird. Während der Wartezeit in der Schlange kann sich aber die Situation im Primär- bzw. Sekundärspeicher verändern: eine lange nicht benutzte und daher zur Auslagerung bestimmte Seite kann plötzlich benutzt werden; die Vernichtung einer Seite kann zum Freiwerden eines Rahmens führen. Daher ist es sinnvoller, den Rahmen, der das Ziel einer Umlagerung sein soll, erst dann festzulegen, wenn die Umlagerung tatsächlich eingeleitet wird, d. h. wenn der entsprechende Befehl an das Gerät übermittelt werden muß. Wenn das Gerät ein rotierender Speicher ist, zahlt sich eine solche Strategie besonders aus: bei einer Auslagerung kann ein Rahmen als Ziel gewählt werden, der möglichst bald unter einem Schreibkopf erscheint (andernfalls würde im Mittel eine halbe Umdrehung vergehen, bevor die Seite übertragen würde).

7.4.4 Wenn der Bestimmungsort einer Seite erst unmittelbar vor der Übertragung ermittelt wird, kann in der Seitenfehlerbehandlung der Gerätebefehl noch nicht komplett aufgebaut werden. Das vereinfacht die nach einem Seitenfehler zu treffenden Maßnahmen (verglichen mit der Segmentierung), kompliziert aber den Umlagerungsprozeß, der sich jetzt auch um die Speicherverwaltung kümmern muß. Die Seitenfehlerbehandlung sieht so aus:

```
procedure Seitenfehler(Seite) =
begin    with Speicher do
             if Seite.Zustand = Einlagerung then
                 ablegen(aktiver Prozeß, Seite, Pseudoeinlagerungsschlange)
             else if Seite.Zustand = ausgelagert then
                 Seite.Zustand := Einlagerung;
                 ablegen(aktiver Prozeß, Seite, Einlagerungsschlange)
             else {Seite.Zustand = leer}
                 local s, r := freier Rahmen oder Rahmen mit Codeseite;
                 if Seitentyp(r) = Code then verdränge(s,r) fi;
                 belege(r, Seite);
                 V(Seite präsent[aktiver Prozeß]) fi fi od;
         P(Seite präsent[aktiver Prozeß])
end.
```

Die Prozeduren 'verdränge' und 'belege' werden in 8.2 erläutert (s ist die verdrängte Seite). Wie bei der Segmentierung wird für die bereits in Einlagerung befindlichen Seiten eine getrennte Pseudoeinlagerungsschlange geführt. Das Ablegen in der Einlagerungsschlange wird unten näher betrachtet. Wenn für die Einrichtung einer neu geschaffenen Seite kein Arbeitsspeicherrahmen frei ist, muß nicht notwendig eine Codeseite verdrängt werden - es könnte auch eine Datenseite sein. Die Wahl einer Codeseite erübrigt allerdings eine Auslagerung, was letztlich auch den Umlagerungsprozeß vereinfacht, wie sich gleich herausstellen wird. Wenn der Rahmen r nicht frei ist, muß der Deskriptor der verdrängten Seite aus dem Assoziatispeicher - falls dort vorhanden - entfernt werden! Die Wahrscheinlichkeit, daß der Deskriptor sich im Assoziativspeicher befindet, ist allerdings sehr gering, da bevorzugt die am längsten nicht benutzten Seiten entfernt werden, während der Assoziativspeicher gerade die Deskriptoren der aktuell benutzten Seiten enthält.

Ein komfortables Betriebssystem sollte dem Benutzer die Möglichkeit bieten, Seiten nach Belieben zu erzeugen, solange noch Platz in der Seitentabelle ist. Eine entsprechende Prozedur 'erzeuge' ist mit dem 'Typ' der gewünschten Seite zu parametrisieren und liefert als Ergebnis eine Seitennummer.

7.4.5 Oben wurde bereits angedeutet, daß für die Seitenumlagerung ein raffinierteres Verfahren gewählt werden kann als für die Segmentumlagerung. Wir behandeln zwei Verfahren (eines davon in den Übungen), die von einer Trommel bzw. Platte Gebrauch machen.

Dem ersten Verfahren, bekannt unter dem englischen Schlagwort paging drum, liegt die folgende Überlegung zugrunde. Wenn wir als Treiber für die Trommel einen 'Seitenverwalter' konstruieren, der im Prinzip wie der 'Segmentverwalter' aus 7.3.4 arbeitet, dann werden die Umlagerungsanforderungen in der Reihenfolge ihres Eintreffens erfüllt. So würde es beispielsweise 7 Trommelumdrehungen erfordern, um die in Abb. 7.4b angegebene Anforderungsschlange abzuarbeiten. Da die Lese/Schreibköpfe der Trommel während einer Umdrehung jeden Sektor passieren, ist es günstiger, die Anforderungen nach Sektoren zu trennen, für jeden Sektor eine eigene Schlange zu führen (Sektorschlange, engl. sector queue) und die Schlangen reihum zu bedienen. Für diese Vorgehensweise wird bisweilen das Kürzel SLF verwendet (für "shortest latency first"; "Latenzzeit" ist die Zeitspanne, die bis zum Erscheinen des gewünschten Sektors unter den Lese/Schreibköpfen vergeht). Mit SLF werden die Anforderungen aus Abb. 7.4b in der Reihenfolge a1, a2, a3, b1, b2, b3, c1, c2, c3, d1, d3 bearbeitet, wofür nur 4 Trommelumdrehungen erforderlich sind.

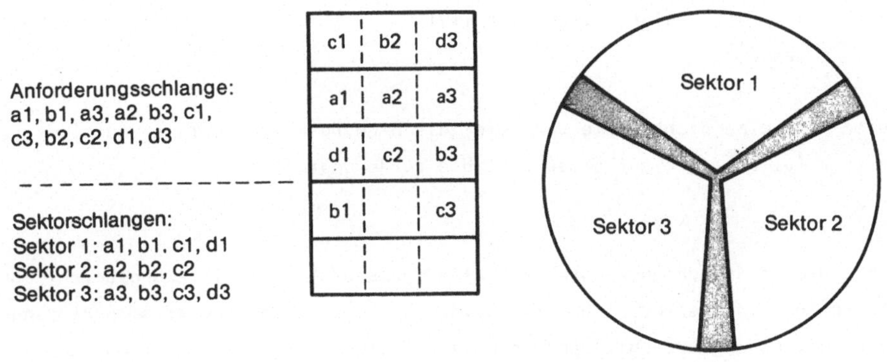

Abb. 7.4b Paging drum mit Anforderungsliste

Der 'Seitenverwalter' wird immer dann aktiviert, wenn die Trommel einen Transfer beendet hat. Er hat dann die folgenden Aufgaben zu erledigen:

1. Trommel aktivieren.
2. Ausgeführten Befehl löschen und Ausführung melden.
3. Rahmen im Arbeitsspeicher belegen.
4. Befehl für nächsten Sektor in Geräteschlange einreihen.

Da in 4. grundsätzlich ein Befehl in die Schlange eingereiht wird, ist 1. niemals eine Leeroperation. In 4. wird auch dann ein Befehl in die Schlange eingereiht, wenn gar keine Transferanforderung für den nächsten Sektor vorliegt. Das geschieht, damit der Seitenverwalter rechtzeitig für die Behandlung des übernächsten Sektors aufgeweckt wird (durch die Trommelunterbrechung). Die Trommel verhält sich dann wie ein Zeitgeber, der regelmäßig bei Sektorende den Seitenverwalter weckt.

Natürlich muß die Lücke zwischen je zwei Sektoren hinreichend groß sein, damit 1. ausgeführt werden kann, bevor der Lese/Schreibkopf am Anfang des nächsten Sektors angelangt ist. Die Schritte 2 - 4 dagegen können auch später ausgeführt werden.

Die Implementierung von 1. ist einfach. Der Befehl, der an die Trommel zu übergeben ist, wurde während der letzten Aktivitätsphase des Seitenverwalters in Schritt 4 vorbereitet. Ausschlußmaßnahmen sind nicht notwendig, da der Seitenverwalter der einzige Prozeß ist, der auf die Geräteschlange zugreift.

```
procedure Trommel aktivieren =
begin    local Befehl;
         entnehmen(Befehl, Seite, Geräteschlange);
         Befehlsregister := erster Befehl(Geräteschlange);
         signal(Trommel AKTIV)
end.
```

('Seite' ist eine nichtlokale Variable, die eine Deskriptoradresse aufnimmt. In Schritt 2 (s. u.) wird auf diese Variable zurückgegriffen.)

7.4.6 Die Geräteschlange enthält Einlagerungsbefehle, Auslagerungsbefehle und Leerbefehle. Ein Leerbefehl bewirkt keinen Transfer, jedoch wird am Sektorende eine Unterbrechung erzeugt, ganz so, als sei eine Seite übertragen worden.

Wenn in Schritt 2 festgestellt wird, daß der ausgeführte Befehl ein Einlagerungsbefehl war, muß der 'Zustand' der eingelagerten Seite von 'Einlagerung' in 'eingelagert' umgeändert werden. Außerdem muß der Prozeß, der auf die Seite wartet, aufgeweckt werden. Gleichzeitig kann die Einlagerungsanforderung aus der Sektorschlange des betreffenden Sektors gelöscht werden. (Man rufe sich in Erinnerung, daß die Einlagerungsanforderungen durch die Prozedur 'Seitenfehler' (7.4.4) generiert werden.)

Auch die Pseudoeinlagerungsschlange muß auf Einträge durchsucht werden, die sich auf die eingelagerte Seite beziehen. Diese Einträge werden gelöscht, und die zugehörigen Prozesse werden aufgeweckt.

Handelte es sich bei der Übertragung um eine Auslagerung, dann wird der entsprechende Arbeitsspeicherrahmen als frei verbucht.

```
procedure ausgeführten Befehl löschen und Ausführung melden =
begin    if Seite.Zustand = Einlagerung then
           with Speicher do local Prozeß;
                Seite.Zustand := eingelagert;
                entnehmen(Prozeß, Schlange[Sektor-1]);
                V(Segment präsent[Prozeß]);
                for i in [1:Länge(Pseudoeinlagerungsschlange)] do
                    entnehmen(Prozeß, Seite, Pseudoeinlagerungsschlange);
                    if Seite.Zustand = eingelagert then
                       V(Segment präsent[Prozeß])
                    else ablegen(Prozeß, Seite, Pseudoeinlagerungsschlange)
                                                                  fi od od
         else if Seite.Zustand = ausgelagert then
                verbuche freien Rahmen(Seite.Primärbasis) fi fi;
         Sektor := (Sektor+1) mod Anzahl der Sektoren
end.
```

Die Schritte 3 und 4 befassen sich mit der Vorbereitung des nächsten Transfers. In Schritt 3 muß für die nächste einzulagernde Seite ein Rahmen im Arbeitsspeicher belegt werden. Die Aktionen in Schritt 3 hängen sehr stark von dem jeweils verwendeten Austauschalgorithmus ab, der bestimmt, welche Seiten aus dem Arbeitsspeicher verdrängt werden sollen. Dieses Thema wird im nächsten Kapitel behandelt. Wir setzen hier die Existenz einer Prozedur 'wähle Rahmen' voraus. Außerdem machen wir von einer Prozedur 'wähle freien Rahmen oder Coderahmen' Gebrauch, da es bisweilen nicht sinnvoll ist, eine Datenseite zu verdrängen. Welche der beiden Prozeduren zur Anwendung kommt, wird von einem sektorspezifischen Schalter 'eingeschränkte Auswahl' abhängig gemacht.

Die folgende Prozedur für Schritt 3 ist so angelegt, daß "im Normalfall" 'wähle Rahmen' benutzt wird; nur nach dem Auftreten eines bestimmten Sonderfalls (s. u., Abb. 7.4c) wird bei der nächsten Trommelumdrehung die Verdrängung einer Datenseite vermieden.

```
procedure Rahmen im Arbeitsspeicher belegen =
begin   if eingeschränkte Auswahl[Sektor] then
           Rahmen := wähle freien Rahmen oder Coderahmen;
           eingeschränkte Auswahl[Sektor] := false
        else Rahmen := wähle Rahmen;
             if nicht leer(Schlange[Sektor]) and Datenseite(Rahmen) then
                eingeschränkte Auswahl[Sektor] := true fi fi
end.
```

('Rahmen' ist eine nichtlokale Variable, von der auch in Schritt 4 Gebrauch gemacht wird.)

Im Schritt 4 wird der Befehl für den nächsten Sektor erzeugt und in die Geräteschlange eingetragen. Es handelt sich um einen Einlagerungsbefehl, einen Auslagerungsbefehl oder einen Leerbefehl. Welche Art von Befehl erzeugt wird, hängt von mehreren Faktoren ab: ob die Sektorschlange leer ist, ob von einer in Schritt 3 verdrängten Seite eine Kopie auf dem Hintergrundspeicher vorhanden ist, ob im Sektor ein freier Rahmen vorhanden ist. Entschieden wird nach der in Abb. 7.4c angegebenen Tabelle.

	Sektorschlange leer	Sektorschlange nicht leer
Inhalt des Arbeitsspeicherrahmens braucht nicht kopiert zu werden	(a) Leerbefehl	(b) Einlagerungsbefehl
Kopie erforderlich, und Sektor enthält freien Rahmen	(c) Auslagerungsbefehl	(d) Auslagerungsbefehl
Kopie erforderlich, und Sektor enthält keinen freien Rahmen	(e) Leerbefehl	(f) Leerbefehl

Abb. 7.4c Entscheidungstabelle für die Erzeugung eines Trommelbefehls

Die Fälle (a) und (b) sind klar. Fall (d) ist ärgerlich; das notwendige Freimachen eines Arbeitsspeicherrahmens verhindert eine Bedienung der Sektorschlange. Fatal wäre es, wenn dieser Effekt bei ein und derselben Sektorschlange mehrere Male hintereinander auftreten könnte. Dies wird durch die in Schritt 3 vorgesehene 'eingeschränkte Auswahl' verhindert: wenn Fall (d) oder (f) auftritt, kann bei der nächsten Umdrehung weder (d) noch (f) auftreten.

Fall (c) ist besonders angenehm; hier kann en passant eine verdrängte Seite herauskopiert werden. Die Fälle (e) und (f) kommen nur selten vor - jedenfalls wenn wir voraussetzen, daß der Hintergrundspeicher nicht zu knapp bemessen ist. Natürlich käme das Seitenverfahren zum Stillstand, wenn permanent die Fälle (e), (f) aufträten! Wegen der geschickten Strategie in Schritt 3 wird allerdings nach Fall (f) beim nächsten Umlauf Fall (b) auftreten.

Aus Abbildung 7.4c ergibt sich die folgende Prozedur für Schritt 4:

```
procedure Befehl für nächsten Sektor in Geräteschlange einreihen =
          {global Rahmen, Sektor}
begin     local Seite;
          if (if Kopieren erforderlich(Rahmen) then besetzt(Sektor)
                                               else leer(Schlange[Sektor])
                                                                   fi) then
              ablegen(Leerbefehl, Seite, Geräteschlange)
          else if not frei(Rahmen) then
               verdränge(Seite, Rahmen);
               if Seite.Typ = Daten then {Auslagern}
                  Seite.Sekundärbasis := Trommelrahmen belegen(Sektor);
                  Auslagern(Seite);
                  return fi fi;
               Seite := erste Seite(Schlange[Sektor]); {Einlagern}
               belege(Rahmen, Seite);
               Einlagern(Seite) fi
end.
```

Die Maßnahmen 'belege' und 'verdränge' werden in Abschnitt 8.2 erläutert. 'verdränge' liefert die Deskriptoradresse der aus dem Rahmen verdrängten Seite. 'Einlagern' und 'Auslagern' legen einen Ein/Auslagerungsbefehl in der Geräteschlange ab (vgl. 7.3.3, 7.2.3).

Die Schritte 3 und 4 müssen als kritische Anweisung

```
with Speicher do
     Rahmen im Arbeitsspeicher belegen;
     Befehl für nächsten Sektor in Geräteschlange einreihen od
```

formuliert werden. Damit wird eine Überlappung mit der Prozedur 'Seitenfehler' ausgeschlossen.

Übungen

1. Die 4 Schritte des Seitenverwalters sind so konzipiert, daß nach der Ausführung eines Trommelbefehls bereits der nächste Befehl bereitsteht. Es wäre nun ärgerlich, wenn in einem Sektor, der selbst eine nichtleere Sektorschlange, dessen Vorgänger aber eine leere Sektorschlange hat, eine Auslagerung durchgeführt würde (die besser im Vorgänger-Sektor hätte stattfinden sollen). Zeige, daß dies nicht passieren kann, wenn in jedem Sektor einige Rahmen frei sind! Zeige ferner, daß der durch eine Auslagerung frei gewordene Arbeitsspeicherrahmen Ziel einer Einlagerung wird, bevor eine weitere Auslagerung stattfindet!

2. Als Hintergrundspeicher werde ein ECS (extended core storage, Massenkernspeicher) benutzt. Im Gegensatz zu rotierenden Speichern fällt beim ECS keine Latenzzeit an, und die Datenübertragung wird durch eine spezielle Maschineninstruktion eingeleitet. Wir brauchen daher weder einen Seitenverwalter-Prozeß noch eine Geräteschlange. Auch der Seitenzustand 'Einlagerung' ist überflüssig.

   Alle notwendigen Aktionen können von der Prozedur 'Seitenfehler' ausgeführt werden. Drei Schritte sind erforderlich:

   1. Ein Arbeitsspeicherrahmen wird belegt.
   2. Wenn der belegte Rahmen eine Datenseite enthält, wird diese in einen freien Rahmen des ECS ausgelagert.
   3. Die gewünschte Seite wird in den belegten Rahmen eingelagert (sofern sie nicht schon von einem anderen Prozeß eingelagert wurde).

   Vervollständige diesen Entwurf für ein Seitenverfahren mit ECS! Stelle sicher, daß die Überlappung mehrerer Inkarnationen von 'Seitenfehler' nicht zu Konflikten führt!

3. Der Seitenverwalter in 7.4.6 entscheidet immer noch zu früh, welcher Trommelbefehl im nächsten Sektor auszuführen ist: immerhin befinden sich die Lese/-

Schreibköpfe zum Zeitpunkt der Entscheidung erst am Anfang des laufenden Sektors; bis zum nächsten Sektor können mehrere Millisekunden verstreichen, und in dieser Zeit können sich die Zustände der Seiten ändern.

Demnach wäre es besser, wenn der Seitenverwalter rechtzeitig vor Sektorende aktiviert würde und dann die Schritte 3, 4, 1, 2 in dieser Reihenfolge durchführte. Man kann etwa einen Zeitgeber einsetzen und den Seitenverwalter in regelmäßigen Abständen, jeweils rechtzeitig vor Sektorende, aufwecken; "rechtzeitig" bedeutet, daß der Seitenverwalter in der Lage sein muß, die Schritte 3 und 4 bis zum Sektorende abzuschließen.

Untersuche die notwendigen Änderungen in der Prozedur 'Seitenfehler' und im Prozeß 'Seitenverwalter'! Zeige, daß bei dieser Lösung keine Leerbefehle benötigt werden!

4. In dieser und der nächsten Übung betrachten wir ein anderes Seitenverfahren als die "paging drum". Der wesentliche Unterschied ist, daß die Rahmen auf der Trommel (bzw. Platte) spiralförmig ausgelegt sind, wie in Abb. 7.4d skizziert. Diese Trommelorganisation wirkt sich sowohl auf die Prozedur 'Seitenfehler' als auch auf den Prozeß 'Seitenverwalter' aus.

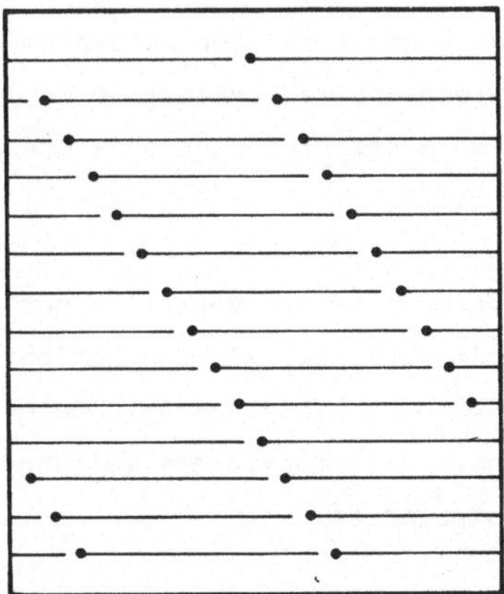

Abb. 7.4d Spiralförmige Anordnung von Rahmen auf der Trommel

Wenn eine Seite ausgelagert werden muß, dann wird als Ziel der nächste freie Trommelrahmen gewählt, der unter den Lese/Schreibköpfen auftaucht (wir setzen voraus, daß auf der Trommel stets hinreichend viele Rahmen frei sind). Solange die Auslagerung nicht ausgeführt ist, wird keine Einlagerung durchgeführt. Es gibt drei Schlangen, eine für Einlagerungsanforderungen, eine für Auslagerungsbefehle und eine für Pseudo-Einlagerungsanforderungen. Wenn ein Einlagerungsbefehl generiert werden kann, wird nach SLF eine der ersten 4 Einlagerungsanforderungen ausgewählt. Entwickle für dieses Seitenverfahren den Seitenverwalter-Prozeß!

5. Bei der spiralförmigen Anordnung liegt für die Prozedur 'Seitenfehler' eine besondere Situation vor, wenn alle Schlangen leer sind. Beachte, daß die Trommel hier nicht die Zeitgeberfunktion einer paging drum wahrnehmen kann! Berücksichtige dies bei der Modifikation der Prozedur 'Seitenfehler'! (Vermeide eine Verdoppelung von Tätigkeiten, die auch der Seitenverwalter ausführen muß!)

7.5 Segmentierung mit Seitenverfahren

7.5.1 Die Segmentierung von Programmen orientiert sich an der logischen Programmstruktur. Ein Segment enthält eine Menge zusammengehöriger Informationen, z. B. den Code einer Prozedur, die Werte eines Datenfeldes. Von mehreren Prozessen gemeinsam benutzte Informationen werden zu speziellen Segmenten gruppiert. Das Segment ist auch die natürliche Einheit für den hardwaremäßigen Zugriffsschutz (z. B. kann ein Segment als "schreibgeschützt" erklärt werden). Demgegenüber wird beim Seitenverfahren der Adreßraum eines Prozesses ohne Ansehen seines Inhaltes in gleichgroße Stücke aufgeteilt.

Das Seitenverfahren hat andererseits den Vorteil einer einfachen Speicherverwaltung. Und während die nach den oben skizzierten Gesichtspunkten gebildeten Segmente recht groß ausfallen können, haben Seiten eine einheitliche und nicht zu große Länge und erlauben damit eine flexiblere Teilung des Programms in eingelagerte und ausgelagerte Komponenten.

Damit liegt es nahe, die Segmentierung mit dem Seitenverfahren zu verbinden, und zwar derart, daß die Segmentierung auf das Seitenverfahren aufgesetzt wird: die Programme bestehen aus Segmenten und diese wiederum aus Seiten.

Unter Flexibilitätserwägungen scheint es, als wäre bei einem solchen System die Seitengröße je kleiner, desto besser. Es gilt aber auch andere Gesichtspunkte zu berücksichtigen; kleine Seiten haben zwei gravierende Nachteile:

a. Jede Seite braucht einen Deskriptor. Je kleiner die Seiten sind, desto mehr Deskriptoren müssen verwaltet werden.

b. Die Umlagerung einer Seite erfordert einen beträchtlichen Verwaltungsaufwand. Je kleiner die Seiten sind, desto mehr Umlagerungen fallen an.

Auf die optimale Wahl der Seitengröße wird in Kapitel 8 eingegangen. Im folgenden wird die Seitengröße so gewählt, daß ein "kleines" Segment in eine Seite paßt, ein "großes" dagegen mehrere Seiten erfordert.

7.5.2 Der virtuelle Adreßraum stellt sich dem Programmierer als segmentiert dar: eine Adresse hat die Form (s,r), wobei s die Segmentnummer und r die relative Adresse innerhalb des Segments ist. r wiederum wird als Paar (p,d) interpretiert, wobei p (für "page") die Seitennummer innerhalb des Segments und d die Distanz zum Seitenanfang ist (siehe Abb. 7.5a).

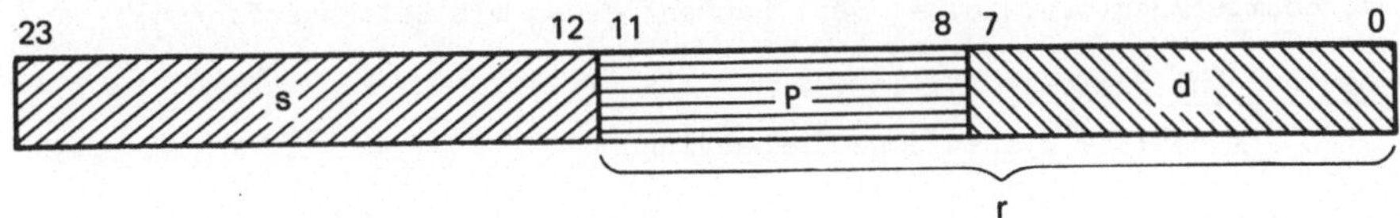

Abb. 7.5a Zerlegung einer virtuellen Adresse

Ein Segmentdeskriptor enthält einen Verweis auf eine Tabelle von Seitendeskriptoren (siehe Abb. 7.5b; die Tabelle kann auch ausgelagert sein). Die Umsetzung einer virtuellen Adresse (s,p,d) in eine Arbeitsspeicheradresse a erfolgt so:

a := Segmentdeskriptor[s].Seitendeskriptor[p].Primärbasis + d .

Hierfür sind 3 Schritte notwendig: 1. nimm aus dem Deskriptor 'Segmentdeskriptor[s]' die Primärbasis der Seitentabelle des Segmnts s; 2. addiere darauf p und nimm aus dem so adressierten 'Seitendeskriptor[p]' die Primärbasis der Seite p; 3. addiere darauf d.

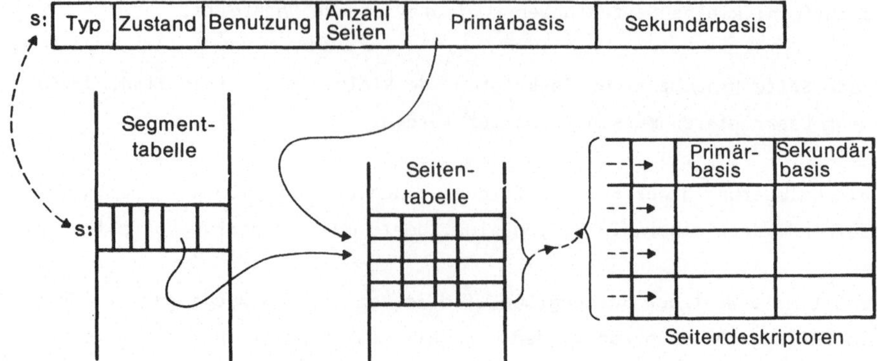

Abb. 7.5b Segmentdeskriptor und zugehörige Seitentabelle

Die komplizierte Adreßumsetzung kann für die große Mehrzahl der Speicherzugriffe abgekürzt werden, wenn wie bei der reinen Segmentierung bzw. beim reinen Seitenverfahren ein Assoziativspeicher verwendet wird. Die Umsetzung ist dann im Regelfall nicht aufwendiger als bei diesen Verfahren. Der Assoziativspeicher enthält Primärbasen von Seiten, ferner Schlüssel der Form (s,p). Die Adreßumsetzung erfolgt wie beim reinen Seitenverfahren:

```
Adreßumsetzung(s,p,d,a) =  {bei Segmentierung mit Seitenverfahren}
begin local Basis := AS<s,p>;
      if Basis = Ø then Sonderbehandlung
      else a := Basis + d fi
end.
```

Wiederum erfordert die Berechnung von a keine eigentliche Addition, sondern nur ein Aneinanderhängen zweier Bitfelder. Dies kann in einem speziellen Register innerhalb einer Zeitspanne, die unter der eines Register-Register-Transfers liegt, durchgeführt werden.

7.5.3 Die 'Sonderbehandlung' wird notwendig, wenn der Schlüssel (s,p) nicht im Assoziativspeicher AS enthalten ist. Dies kann folgende Ursachen haben:

(a) Zufall - die Seite (s,p) ist jedoch eingelagert und zugänglich.

(b) 'p > Anzahl Seiten', d. h. die Seite (s,p) existiert nicht. Dieser

Fall gilt als ADRESSFEHLER.

(c) 's > Segmenttabellenlänge', d. h. das Segment s existiert nicht. Ebenfalls ADRESSFEHLER.

(d) Die Seite (s,p) ist im Zustand 'leer'.

(e) Die Seite (s,p) ist im Zustand 'Einlagerung'.

(f) Die Seite (s,p) ist im Zustand 'ausgelagert'.

(g) Das Segment s ist im Zustand 'Einlagerung'.

(h) Das Segment s ist im Zustand 'ausgelagert'.

Wenn sich ein Segment im Zustand 'ausgelagert' oder 'Einlagerung' befindet, sind seine Seiten 'ausgelagert'. Es ist daher nicht notwendig, alle Kombinationen von Segment- und Seitenzuständen zu betrachten.

Im Fall (a) wird einfach einer der AS-Einträge durch einen Eintrag für die Seite (s,p) verdrängt, wie in 7.3.6 beschrieben. Der eingetragene Schlüssel ist (s,p), hinzu kommt die Primärbasis, die man über Segmentdeskriptor und Seitendeskriptor erhält.

Wie in 7.5.1 erwähnt, entspricht die Segmentstruktur eines Programms seiner Aufteilung in logisch zusammenhängende Code- bzw. Datenbereiche. Da der Programmierer (oder der Übersetzer) die Segmentstruktur eines Programms bestimmt, sollte das Betriebssystem dem Programmierer Systemfunktionen zur Erzeugung und Vernichtung von Segmenten an die Hand geben - 'erzeuge' und 'vernichte' (vgl. Übung 7.3.5). Zu den Parametern von 'erzeuge' gehören Typ und Länge des gewünschten Segments. Aus der Länge ergibt sich, wie viele Seiten benötigt werden. Es wird dann ein Segmentdeskriptor und eine Tabelle von Seitendeskriptoren erzeugt. Der Segmentzustand wird auf 'ausgelagert' gesetzt, die Seitenzustände auf 'leer'. - 'vernichte' gibt den Speicherplatz des zu vernichtenden Segments frei, einschließlich des von der Seitentabelle belegten Platzes. Der Segmentdeskriptor wird als 'ungültig' markiert; ist er der letzte Deskriptor in der Segmenttabelle, so wird die Segmenttabellenlänge um 1 verringert.

Es ist mit diesem Konzept verträglich, die Fälle (b) und (c) als ADRESSFEHLER zu betrachten. Dahinter steht die Überlegung, daß die permanente Bereitstellung von Deskriptoren für den maximal möglichen virtuellen Adreßraum zu einer unvertretbaren Speicherverschwendung führen würde und ein "automatisches" Hinzufügen oder Verlängern von Segmenten nicht wünschenswert ist.

In den Fällen (d) bis (f) ist die Prozedur 'Seitenfehler' zu aktivieren (siehe 7.4.4). Für die Realisierung der Seitenumlagerung sind keine neuartigen Überlegungen notwendig; man kann beispielsweise den Seitenverwalter aus 7.4.6 verwenden.

7.5.4 Es bleiben die Fälle (g) und (h). Beachte zunächst, daß diese Fälle nicht auftreten können, wenn die Seitentabellen eines Prozesses im Arbeitsspeicher gehalten werden, während der Prozeß aktiv ist. Dies ist aber nur für die Seitentabellen der aktuell benutzten Segmente erforderlich. Begreift man die Seitentabelle, auf die ein Segmentdeskriptor verweist, als "das Segment" und orientiert man sich an dem Prinzip, daß nicht benutzte Segmente ausgelagert werden sollten, so sind nicht nur Seiten umzulagern, sondern auch Seitentabellen. Wenn alle Seiten eines Segments ausgelagert sind, enthalten alle Deskriptoren in der zugehörigen Seitentabelle die Zustandsangabe 'ausgelagert'. Dann kann auch die Seitentabelle ausgelagert und die Zustandsangabe im Segmentdeskriptor auf 'ausgelagert' gesetzt werden. Wenn das Segment wieder benutzt wird, muß zunächst die Seitentabelle eingelagert werden; dort findet man den Deskriptor der angesprochenen Seite, die dann auch eingelagert wird (wir setzen voraus, daß im Hintergrundspeicher stets genügend Platz vorhanden ist.)

Fürchtet man bei dieser Vorgehensweise ein Mißverhältnis von Aufwand und Ergiebigkeit, so kann man auch wie folgt verfahren. Wenn ein Prozeß zur Ausführung gelangt, wird seine Segmenttabelle eingelagert (sofern sie nicht permanent im Speicher gehalten wird). Dann werden sukzessive die Seitentabellen der jeweils angesprochenen Segmente eingelagert. Ausgelagert wird eine Seitentabelle aber nicht bereits nach der Auslagerung aller zugehörigen Seiten, sondern erst nach der Auslagerung des Prozesses, zusammen mit der Auslagerung aller übrigen Seitentabellen des Prozesses und gegebenenfalls der Segmenttabelle.

7.5.5 In 7.2.3 war die Bedeutung von reentrantem Code angesprochen worden. Reentranter Code kann gemeinsam von mehreren Prozessen benutzt werden; er braucht bei einer Auslagerung nicht physisch kopiert zu werden, wenn im Hintergrundspeicher eine Kopie vorliegt. (Ein nicht reentranter Code hat beispielsweise ein Unterprogramm, dessen erste Zelle zur Speicherung der Rücksprungadresse benutzt wird. Eine Koexistenz von zwei oder mehr Inkarnationen eines solchen Unterprogramms ist nicht möglich, da die zweite Inkarnation die Rücksprungadresse der ersten zerstören würde.)

Die Implementierung einer gemeinsamen Prozedur mittels reentrantem Code erfordert die Lösung gewisser Probleme hinsichtlich der Bezugnahme auf Code oder Daten des jeweils aufrufenden Prozesses. Wir betrachten zwei Arten von Bezugnahmen: (a) über Parameter, (b) über nichtlokale Namen.

Wir nehmen an, daß Parameter als Werte (engl. by value) oder als Verweise (engl. by reference) übergeben werden. Jeder Prozeß hat zu jedem Zeitpunkt einen gewissen Arbeitsspeicherbereich. Ein Register B verweist auf die Basis des Arbeitsbereichs, ein Register E auf die erste freie Zelle hinter dem Arbeitsbereich. Die Parameterübernahme durch den Code eines von mehreren Prozessen benutzten Programms muß unabhängig von den aktuellen Parametern und der aufrufenden Umgebung sein. Zu diesem Zweck werden die Parameter im Arbeitsbereich des aufrufenden Prozesses übergeben. Beim Aufruf wird der aktuelle Wert von B gerettet, und die Parameter werden im Arbeitsbereich abgelegt; dann läßt man B auf den ersten Parameter zeigen und aktiviert das Programm. Dieses findet seine Parameter am Anfang des Arbeitsbereichs vor; sie sind über wohldefinierte Distanzadressen erreichbar, unabhängig davon, von wo das Programm aufgerufen wurde.

Ein Werteparameter kann wie eine initialisierte lokale Variable benutzt werden. Im Falle eines Verweisparameters muß sich das Programm des übergebenen Verweises bedienen, um an den aktuellen Parameter heranzukommen. Hier erhebt sich die Frage, ob dieser Verweis eine reale oder eine virtuelle Adresse sein soll.

Die Übergabe einer realen Adresse ist naheliegend, hat aber gravierende Nachteile; unter anderem darf das Segment, in dem der Parameter liegt, nicht verlagert werden, solange das Programm aktiv ist. Die Verwendung einer virtuellen Adresse paßt besser zu dem ohnehin mit virtuellen Adressen arbeitenden Programm. Allerdings ist folgendes zu beachten: die virtuelle Adresse eines aktuellen Parameters ist im Kontext der aufrufenden Umgebung, nicht der lokalen Umgebung des Programms, zu interpretieren. Damit dies möglich ist, muß neben der virtuellen Adresse entweder die Adresse eines Segmentdeskriptors oder einfach die Basis der zugehörigen Segmenttabelle mitgeliefert werden. Der übergebene Verweis hat also die Form (Deskriptor[s],d) oder (Deskriptor,s,d).

Tatsächlich ist es nicht möglich, für alle Parameter eine einheitliche Segmenttabellen-Basis zu benutzen. Eine Prozedur kann nämlich außer ihren lokalen Variablen auch Parameter, die sie selbst erhalten hat, an andere Prozeduren übergeben. In diesem Fall darf sie die Parameter nicht auf ihre aktuelle Segmenttabelle beziehen, sondern muß sie so, wie sie sie erhalten hat, weitergeben. Im Extremfall können somit alle Parameter einer Prozedur auf verschiedene Segmenttabellen bezogen sein.

7.5.6 Gemeinsame Daten, die über verschiedene Segmenttabellen erreichbar sein sollen, sind zunächst nur in der erzeugenden Umgebung bekannt. Damit andere Umgebungen auf diese - für sie externe - Daten zugreifen können, muß ein globaler Benennungsmechanismus existieren, über den ein Zugriffsweg zu den Daten aufgebaut werden kann. Hierbei fallen zwei Abbildungen an: einmal muß der "externe Name", mit dem man sich auf ein externes Datenobjekt bezieht, in einen globalen Namen umgewandelt werden; zum anderen muß der globale Name in einen "internen Namen" (des gewünschten Objekts in seiner Umgebung) umgesetzt werden. Die Frage ist, wie und wann diese Abbildungen auszuführen sind.

Die einfachste Lösung besteht im Verzicht auf globale Namen. Das bedeutet, daß Verweise auf externe Objekte nur durch Parameterübergabe erhalten werden können, wie in 7.5.5 skizziert. Eine solche Lösung mag für Datenobjekte vertretbar sein, für Prozeduren ist sie unpraktikabel. Typische Standardprozeduren (z. B. zur Ausführung von Systemfunktionen) sollten direkt aufrufbar sein, d. h. nicht erst durch Parameterübergabe verfügbar gemacht werden.

Besser ist es, einen Binder (engl. linkage editor) zu verwenden. Bei der Übersetzung eines Programms werden alle Bezugnahmen auf einen externen Namen unter einem globalen Namen zusammengefaßt. Der Binder sorgt anschließend für die Auflösung der externen Bezugnahmen, indem er von einer Tabelle Gebrauch macht, die eine Zuordnung zwischen globalen Namen und internen Namen in anderen Umgebungen, die die gewünschten Objekte enthalten, vermittelt. Werden Segmente einer anderen Umgebung geändert und neu übersetzt, wird natürlich ein neuer Bindevorgang notwendig. Es ist daher ratsam, das Binden nicht nach der Übersetzung eines Programms sondern erst unmittelbar vor seinem Ablauf vorzunehmen, z. B. durch einen (bindenden) Lader (engl. linking loader).

Die Auflösung externer Bezugnahmen kann auch rein dynamisch, d. h. während des Programmablaufs, erfolgen (was eine gewisse Ähnlichkeit mit dem Parametermechanismus hat). Zu beachten ist dabei, daß der Code eines Programms, das einen externen Namen verwendet, durch die Auflösung der externen Bezugnahme während des Programmlaufs nicht modifiziert werden darf, soll er reentrant sein. Die externe Bezugnahme selbst muß also invariant bleiben. Sie wird als fester Verweis in einen Arbeitsspeicherbereich implementiert. Der Verweis zeigt auf eine Stelle, an der der zugehörige globale Name untergebracht ist; eine spezielle Markierung veranlaßt, daß beim ersten Zugriffsversuch auf das externe Objekt eine Programmunterbrechung auftritt, in deren Folge der globale Name durch den internen Namen ersetzt und die Markierung gelöscht wird. Damit ist ein dynamisches Binden ausgeführt. Der Bindevorgang erfolgt nur beim ersten Zugriff auf ein externes Objekt (alle weiteren Zugriffe sind nicht aufwendiger als Zugriffe auf einen Verweisparameter), und nur für diejenigen Objekte, die im Verlauf der Programmausführung tatsächlich benutzt werden. Die für die globalen Namen substituierten internen Namen sind virtuelle Adressen von der gleichen Struktur wie die Verweisparameter aus 7.5.5.

Übungen

1. Das Feld 'Benutzung' in einem Segmentdeskriptor enthalte ein Bit 'benutzt' und ein Bit 'beschrieben' (engl. used bit/dirty bit). Entsprechende Bits sind auch im Assoziativspeicher vorgesehen. Wird ein Deskriptor in ein Assoziativregister geladen, so werden dort die beiden Bits gelöscht. Die Bits werden durch die Adreßumsetzungs-Hardware automatisch gesetzt, wenn das entsprechende Segment benutzt bzw. beschrieben wird. 'Benutzung' enthält ein weiteres Bit 'geladen', welches angibt, ob sich eine Kopie des Deskriptors im Assoziativspeicher befindet. Wird die Kopie aus dem Assoziativspeicher verdrängt, so muß die 'benutzt'/'beschrieben'-Information in den Deskriptor übernommen werden.

   Wann und wie im einzelnen müssen die Bits 'benutzt' und 'beschrieben' modifiziert werden? Welchen Gebrauch kann man von diesen Bits machen?

2. Bei einer Segmentierung mit unterliegendem Seitenverfahren verweist die 'Sekundärbasis' in einem Segmentdeskriptor auf die Seitentabelle des Segments im Hintergrundspeicher. Setze voraus, daß die Seitentabelle eines Segments ausgelagert wird, sobald alle Seiten des Segments 'ausgelagert' sind; im Segmentdeskriptor wird dann auch 'ausgelagert' verzeichnet. Schreibe ein Programm für das Auslagern der Seitentabellen und prüfe, welche Modifikationen in der Prozedur 'Seitenfehler' bzw. im Prozeß 'Seitenverwalter' notwendig sind!

3. Eine umfangreiche virtuelle Adresse wie in Abb. 7.5a kommt für kleine und selbst für mittlere Maschinen nicht in Frage. Hinzu kommt, daß die Adreßumsetzungs-Hardware und insbesondere der Assoziativspeicher teuer sein können. Wir stellen uns daher eine Maschine vor, die über einen Satz von "Deskriptorregistern" (etwa 4 Doppelwortregister) verfügt, welche die gleichen Informationen wie Assoziativregister enthalten (außer dem Schlüssel). Eine virtuelle Adresse ist ein Paar (s,d), wobei s die Nummer eines Deskriptorregisters und d wie üblich eine Distanz bezeichnet. Die für die Adreßumsetzung a:=b+d benötigte Basis b wird dem zweiten Wort des Deskriptorregisters s entnommen.

Skizziere ein Segmentierungssystem mit Seitenverfahren für diese Maschine! Entwirf geeignete Maschinenbefehle für den Übergang zwischen Segmenten!

4. Die Systemfunktionen eines Betriebssystems sollen einerseits global benutzbar sein, andererseits aber nicht jedem Benutzer als private Kopien zur Verfügung stehen. Es ist daher naheliegend, allen Segmenten, die Systemfunktionen enthalten, in einer globalen Systemtabelle einen festen, wohlbestimmten Platz zuzuordnen. (Beachte, daß dies nicht die unabhängige Neuübersetzung von Benutzer- und Systemprozeduren ausschließt!)

   Vergleiche diese Vorgehensweise mit den verschiedenen Binde-Verfahren! Lassen sich in einem System beide Methoden nebeneinander verwenden?

5. Analysiere für ein System mit Segmentierung und Seitenverfahren, welches dynamisches Binden unterstützt, den Zugriff auf einen Parameter, der von der aufrufenden Umgebung mit einem externen Namen aktualisiert wurde!

Literatur

Das Betriebssystem MULTICS unterstützt eine Segmentierung mit unterliegendem Seitenverfahren und dynamischem Binden. Das Konzept des virtuellen Speichers in MULTICS wird in [1, 2] beschrieben. Einen guten Überblick über das Thema "Virtueller Speicher" gibt [3].

1. Bensoussan, A., et al., "The Multics Virtual Memory: Concepts and Design", Comm. ACM 15,5 (Mai 1972).

2. Daley, R. C., und J. B. Dennis, "Virtual Memory, Processes, and Sharing in Multics", Comm. ACM 11,5 (Mai 1968).

3. Denning, P. J., "Virtual Memory", Comp. Surveys 2,3 (September 1970).

8. Strategien zur Speicherverwaltung

8.1 Belegungsstrategien

8.1.1 Das oberste Ziel der Verwaltung eines zweistufigen Speichers ist, jeweils diejenigen Informationen im Arbeitsspeicher bereitzuhalten, auf die voraussichtlich in nächster Zukunft zugegriffen wird. Daran orientieren sich alle in Kapitel 7 behandelten Verfahren - Prozeßumlagerung, Segmentierung, Seitenverfahren sowie die Kombination der beiden letzteren. Je näher man diesem Ziel kommen will, desto mehr Verwaltungsaufwand muß man betreiben. Es ist somit angebracht, über den Aufwand der verschiedenen Verfahren und ihrer möglichen Varianten nachzudenken.

Im vorangegangenen Kapitel standen die Implementierungsfragen bei der Speicherverwaltung im Vordergrund. Es ging dabei im wesentlichen um die Adreßumsetzung, die Behandlung von Zugriffsfehlern und die Organisation der Umlagerung von Informationen zwischen Primär- und Sekundärspeicher. In diesem Kapitel befassen wir uns mit der Lösung der folgenden Entscheidungsprobleme:

a. Bevor ein Programmstück eingelagert werden kann, muß entschieden werden, wohin es im Arbeitsspeicher zu bringen ist.

b. Wenn zwecks Platzgewinnung Programmstücke aus dem Arbeitsspeicher verdrängt werden müssen, muß entschieden werden, welche Programmstücke zu verdrängen sind.

c. Für jedes ausgelagerte Programmstück muß entschieden werden, wann es wieder eingelagert werden soll.

Das erste Problem wird durch eine Belegungsstrategie (engl. placement strategy) gelöst, das zweite durch eine Austauschstrategie (engl. replacement strategy); beide Probleme haben wir im letzten Kapitel ausgeklammert, um eine klare Trennung zwischen "Mechanismen" und "Strategien" aufrechtzuerhalten. Hinter dem dritten Problem verbirgt sich die Alternative, Programmstücke entweder vorab (engl. on request) oder erst bei Bedarf (engl. on demand) einzulagern. "Bei Bedarf" bedeutet: bei einem Zugriffsversuch (der zum Zugriffsfehler führt). "Vorab" bedeutet, daß der Prozeß selbst durch Aufruf einer geeigneten Systemfunktion die Einlagerung veranlaßt, damit das Programmstück zum Zeitpunkt des Zugriffs bereits eingelagert ist. Dieses Thema wird in 8.3 erörtert.

8.1.2 Das Belegungsproblem zu lösen, d. h. einen geeigneten freien Arbeitsspeicherbereich für ein einzulagerndes Segment zu finden, ist keine leichte Aufgabe, da sowohl die Segmente als auch die freien Speicherbereiche die unterschiedlichsten Größen haben können. (Beim Seitenverfahren ist die Lösung des Belegungsproblems trivial - denn jede Seite paßt in jeden Rahmen!) Bei einem Segmentierungssystem entspricht langfristig der Umfang der Freigaben dem Umfang der Belegungen. Es kann allerdings passieren, daß ein größeres Segment durch ein kleineres ersetzt wird oder mehrere kleinere durch ein größeres. Das hat zur Folge, daß nach einer gewissen Zeit der Speicher unregelmäßig in freie und belegte Bereiche zerstückelt ist, z. B. wie in Abb. 8.1a.

Abb. 8.1a Zerstückelung des Arbeitsspeichers bei Segmentierung

Wenn für ein einzulagerndes Segment einer bestimmten Größe ein freier Arbeitsspeicherbereich benötigt wird, gilt es, ein hinreichend großes "Loch" zu finden, in welches das Segment hineinpaßt. Möglicherweise existiert kein solches Loch; auf diese Situation gehen wir weiter unten ein.

Wie kann über die Speicherbelegung Buch geführt werden? Naheliegend ist die Zusammenfassung der Löcher in einer verketteten Liste. Diese weit verbreitete Methode zeichnet sich durch ihren geringen Speicherbedarf aus: die für die Verkettung und Beschreibung der Löcher benötigten Daten können in den Löchern selbst untergebracht werden.

Für die Verwaltung einer solchen verketteten Freispeicherliste werden drei Operationen benötigt:

a. Suchen eines passenden Lochs für ein Segment vorgegebener Größe.

b. Änderung der Liste bei Belegung eines Bereichs.

c. Änderung der Liste bei Freigabe eines Bereichs.

In welcher Reihenfolge die Löcher in der Liste angeordnet sind, ist nicht von ausschlaggebender Bedeutung für die Operationen a und b, wohl aber für c. Wenn die Liste nach den Eintragungszeitpunkten geordnet ist (FIFO), wird ein neu entstehendes Loch einfach an das Listenende angehängt. Der Nachteil dabei ist, daß benachbarte Löcher als solche nicht erkannt werden; das ist unpraktisch, da diese Löcher zu größeren und damit flexibler belegbaren Löchern verschmolzen werden sollten.

Benachbarte Löcher werden leicht erkannt, wenn die Liste nach aufsteigenden (oder absteigenden) Speicheradressen geordnet ist. Der Nachteil ist hier, daß bei Freigabe eines Bereichs das entstehende Loch an der richtigen Stelle in die Liste eingetragen werden muß. Dabei kann aber auch gleich eine etwa anfallende Verschmelzung durchgeführt werden. Wenn der freigegebene Bereich nicht neben einem Loch liegt, entsteht ein neues Loch; andernfalls wird durch die Freigabe lediglich das benachbarte Loch vergrößert, bzw. zwei benachbarte Löcher werden unter Hinzunahme des freigegebenen Bereichs zu einem neuen Loch zusammengefaßt.

8.1.3 Ein Element der Freispeicherliste besteht aus zwei Komponenten, einer Angabe über die Größe des zugehörigen Lochs und einem Verweis auf das nächste Element. Wir realisieren die Liste als Ringliste und speichern ein Listenelement in den ersten beiden Worten des zugehörigen Lochs. Wir verankern die Liste in den ersten beiden Worten des zu verwaltenden Arbeitsspeicherbereichs S[Ø], S[1],..., S[N-1], die ein Loch der Größe Ø repräsentieren. Der anfangs leere Speicherbereich S wird durch eine Liste mit zwei Elementen dargestellt, dem Anker und einem Element für das "Loch" von S[2] bis S[N-1]. In Abb. 8.1b,c ist der Anfangszustand sowie der allgemeine Zustand der Freispeicherliste wiedergegeben. Beachte, daß die Angabe über die Lochgröße die 2 ersten Zellen eines Lochs mit einschließt - außer beim Anker!

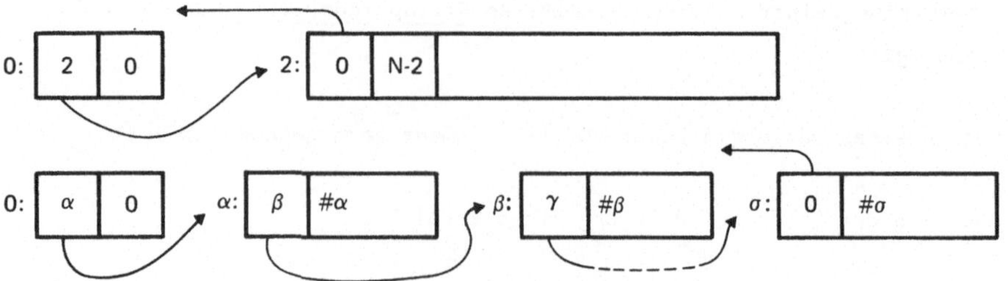

Abb. 8.1b,c Anfangszustand und allgemeiner Zustand einer verketteten Freispeicherliste

Um ein passendes Loch für ein Segment vorgegebener Größe zu finden, kann man sich des first-fit-Verfahrens bedienen: man durchsucht die Liste, bis man ein hinreichend großes Loch gefunden hat. Dabei ist es empfehlenswert, mit dem Suchen nicht am Anfang der Liste zu beginnen, sondern dort, wo die letzte Suche beendet wurde. Beginnt man stets am Listenanfang, so ergibt sich im vorderen Teil des Speichers eine stärkere Belegungs- und Freigabeaktivität als im hinteren Teil; als Folge davon ist die Zerstückelung vorne stärker als hinten, was die Suche nach großen Löchern verlangsamt. Fängt man dort an zu suchen, wo man das letzte Mal aufgehört hat, verteilen sich große und kleine Löcher gleichmäßig über den Speicher.

8.1.4 Wenn der Suchalgorithmus ein Loch findet, welches genau paßt, dann muß dieses Loch aus der Liste entfernt werden. Das ist einfach zu bewerkstelligen, wenn der Algorithmus nicht einen Zeiger auf das gefundene Loch, sondern einen Zeiger auf dessen Vorgänger abliefert. (Wie der Speicherbereich dann tatsächlich dem Segment zugewiesen wird, erläutern wir weiter unten. Was zu tun ist, wenn sich kein hinreichend großes Loch finden läßt, wird auch weiter unten behandelt.)

Die im folgenden angegebene Version des first-fit-Algorithmus verwendet eine mit Ø initialisierte own-Variable 'Marke', die auf die jeweils letzte Stelle verweist, an der das Suchen beendet wurde. Die Liste ist gemäß Abb. 8.1b,c organisiert, und ihre Einträge sind nach aufsteigenden Lochadressen geordnet.

```
procedure first fit(Segmentlänge) =
          own Marke := Ø;
begin     local Lochgröße, Rest, Zeiger := Marke;
          Lochgröße := S[S[Zeiger]+1]; {Größe des nächsten Lochs}
          if Lochgröße < Segmentlänge then
             repeat Zeiger := S[Zeiger];
                    Lochgröße := S[S[Zeiger]+1]
             until  Lochgröße ≥ Segmentlänge or Zeiger = Marke fi;
          Marke := Zeiger;
          Rest := Lochgröße - Segmentlänge;
          if Rest ≥ Ø then Speicherbereich belegen
          else kein Platz fi
end.
```

Ein anderes Suchverfahren ist unter dem Namen best-fit bekannt: hier wird dasjenige Loch gewählt, welches den geringsten Verschnitt liefert; es müssen alle Listenelemente geprüft werden, um herauszufinden, welche Lochgröße die vorgegebene Segmentlänge am wenigsten übertrifft. Auch die entgegengesetzte Vorgehensweise, worst-fit genannt, hat etwas für sich: indem man jeweils das größte Loch wählt, maximiert man die Größe des übrigbleibenden Lochs; damit wird der Zerstückelung des Speichers in viele kleine Stücke vorgebeugt. Die Erfahrung hat gezeigt, daß der gegenüber first-fit höhere Aufwand bei best-fit und worst-fit nichts einbringt. Insbesondere bei Verwendung einer Marke wie in der obigen Version ist der first-fit-Algorithmus überlegen. Die Implementierung von best-fit und worst-fit bleibt dem Leser überlassen (Übung 1).

Hat man für das zu plazierende Segment ein passendes Loch gefunden, so muß man es ganz oder teilweise für das Segment bereitstellen. Damit die ersten beiden Zellen, die den Verweis auf das nächste Loch und die Lochgröße enthalten, nicht zerstört werden, wird das Segment am Ende des Lochs untergebracht. Die Lochgröße muß modifiziert werden. Sinkt sie auf Ø, so wird das Loch aus der Liste gelöscht. Die Anweisung 'Speicherbereich belegen' im obigen Algorithmus ist demnach wie folgt zu konkretisieren ('Marke' zeigt auf das Vorgänger-Loch und 'Rest' bezeichnet die reduzierte Lochgröße):

```
procedure Speicherbereich belegen =
begin     if Rest = Ø then
             S[Marke] := S[S[Marke]]
          else S[S[Marke]+1] := Rest fi;
          Basis := S[Marke] + Rest
end.
```

Hier ist vorausgesetzt, daß Segmente nur in Einheiten von q Zellen, $q \geq 3$, eingerichtet werden. Andernfalls entstehen Komplikationen aufgrund der besonderen Nutzung der ersten beiden Zellen eines Lochs. Beachte, daß das als Anker verwendete Listenelement niemals ausgewählt wird, da es ein "Loch der Länge Ø" darstellt (statt Ø könnte eine andere Zahl, die kleiner als q ist, verwendet werden); der Anker wird also auch niemals aus der Liste entfernt.

8.1.5 Wenn ein Speicherbereich freigegeben wird, entsteht ein Loch, das in die Liste eingetragen werden muß. Eventuell wird durch die Freigabe auch einfach ein angrenzendes Loch vergrößert, oder es werden zwei angrenzende Löcher verschmolzen. Die vier möglichen Fälle sind in Abb. 8.1d dargestellt.

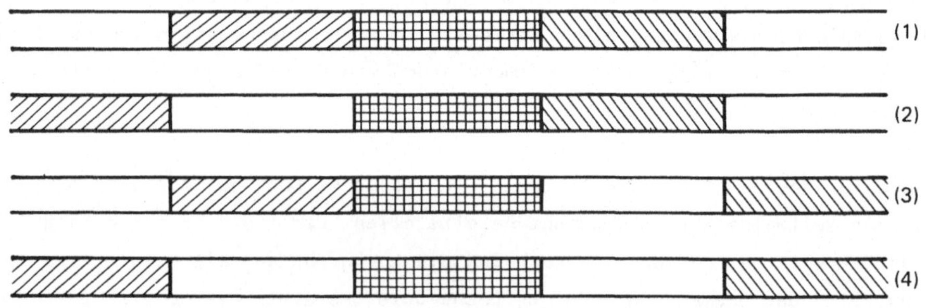

Abb. 8.1d Belegter Bereich und angrenzende Bereiche: 4 Fälle

Parameter für die Freigabeprozedur sind Basis und Länge des Segments. Im ersten der in Abb. 8.1d angegebenen Fälle muß ein neuer Listeneintrag geschaffen werden; im zweiten und vierten Fall muß das entstehende Loch mit seinem Vorgänger verschmolzen werden; im dritten und vierten Fall muß das Loch mit seinem Nachfolger verschmolzen werden, und die Verkettung und die Größenangabe müssen an den Anfang des freigegebenen Bereichs verpflanzt werden.

```
procedure freigeben(Basis, Länge) =
begin     local Zeiger := Ø;
          while S[Zeiger] < Basis and S[Zeiger] ≠ Ø do
                Zeiger := S[Zeiger] od;
                {Zeiger zeigt auf das letzte Loch vor Basis}
          if Zeiger + S[Zeiger+1] = Basis then  {Verschmelzung mit Vorgänger}
               S[Zeiger+1] :+ Länge
          else S[Basis] := S[Zeiger];           {neues Loch eintragen}
               S[Zeiger] := Basis;
               S[Basis+1] := Länge;
               Zeiger := Basis fi;
          if Zeiger + S[Zeiger+1] = S[Zeiger] then {Verschmelzung mit Nachfol-
                                                                        ger}
             S[Zeiger+1] :+ S[S[Zeiger] + 1];
             S[Zeiger] := S[S[Zeiger]] fi
end.
```

Nach der Ausführung der ersten Alternative zeigt der 'Zeiger' auf den vergrößerten Vorgänger bzw. auf das neu in die Liste eingetragene Loch. Welcher der beiden Fälle vorliegt, ist irrelevant für die darauffolgende eventuelle Verschmelzung mit dem Nachfolger.

8.1.6 Die Speicherbelegung kann auch anders als durch eine verkettete Liste von Löchern repräsentiert werden. Immerhin ist die Verwaltung dieser Liste mit einem nicht unerheblichen Aufwand verbunden: nicht nur beim Suchen, auch beim Freigeben eines Speicherbereichs muß die Liste elementweise durchgegangen werden. Die Zuweisung und Freigabe von Speicherplatz kann billiger realisiert werden, wenn man die Speicherbelegung als Bitfeld darstellt: ein Bit repräsentiert die Zustände 'belegt' bzw. 'frei'. Viele Maschinen verfügen über leistungsfähige Instruktionen zur Manipulation von Bitfeldern, die hier vorteilhaft eingesetzt werden können!

Bei Verwendung eines Bitfeldes gestaltet sich die Speicherfreigabe sehr einfach: es ist kein Suchvorgang erforderlich. Dafür ist die Suche nach einem geeigneten Bereich etwas schwieriger: sie läuft auf das Suchen eines bestimmten Bitmusters innerhalb des Bitfeldes hinaus. Im folgenden diskutieren wir die Buchführung über die Speicherbelegung mittels eines Bitfeldes für eine Maschine mit einem Speicher von 64K Worten zu 32 Bits.

Wir vereinbaren, daß die Speicherzuweisung und -freigabe in "Blöcken" von je 64 Worten erfolgt. Der Speicher besteht aus 1024 solcher Blöcke. Jedem Block ordnen wir ein Bit zu, d. h. wir richten ein Feld von 1024 Bits ein; dafür benötigen wir 32 Worte. Eine 1 bezeichnet einen freien Block, eine Ø einen belegten Block. Wir setzen voraus, daß der Instruktionssatz der Maschine über die üblichen Bitweise arbeitenden "logischen Befehle" wie AND, OR, COMPL, SHIFT, DSHIFT verfügt. Ferner setzen wir Befehle voraus, die die Anzahl führender Nullen bzw. Einsen in einem Maschinenwort bestimmen (test number of leading zeros/ones):

TNLZ(w) liefert die Anzahl der führenden Nullen in w;
TNLO(w) liefert die Anzahl der führenden Einsen in w.

Arbeitet die Festpunkt-Arithmetik mit Zweierkomplement, so liefert TNLZ(w) bei negativem w den Wert Null, und TNLO(w) liefert bei nichtnegativem w den Wert Null. Der höchstmögliche Wert ist 32; er wird bei w = 0 von TNLZ(w) geliefert, bei w = -1 von TNLO(w).

Beim Durchsuchen wird das Bitfeld durch das "Fenster" eines Registerpaars betrachtet. Wir lassen Segmente von maximal 32 Blöcken zu. Das Registerpaar enthält jeweils die Kopie eines zusammenhängenden Teilfeldes von mindestens 33 Bits Länge (siehe Abb. 8.1e).

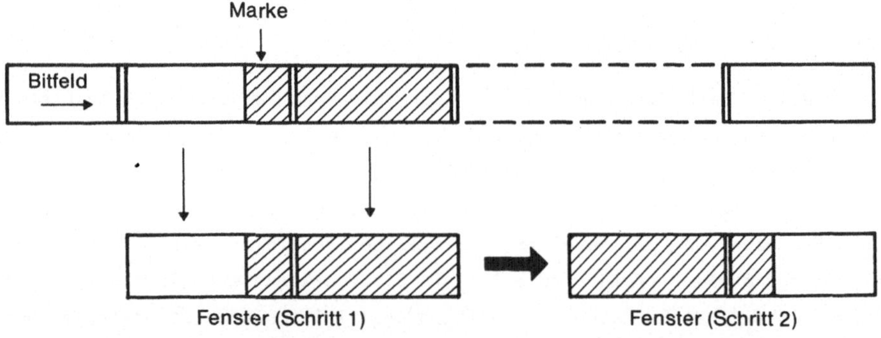

Abb. 8.1e Laden und Verschieben einer Bitkette im Fenster

Eine 'Marke' zwischen Ø und 1Ø23 bezeichnet diejenige Stelle im Bitfeld, an der die letzte Suche beendet wurde (wie in 8.1.4). Zunächst werden das Wort, welches das markierte Bit enthält, sowie das nächstfolgende Wort in das Fenster kopiert (Schritt 1 in Abb. 8.1e). Anschließend wird der Inhalt des Fensters derart verschoben, daß die Kopie des markierten Bits ganz links liegt.

Die Markierung muß dann bis zur nächsten Eins verschoben werden. Eine Folge von Einsen innerhalb des Bitfeldes symbolisiert einen freien Bereich. Weiterhin muß also geprüft werden, ob die Anzahl der führenden Einsen mindestens so groß wie die Segmentlänge (gemessen in Blöcken) ist. Ist das nicht der Fall, muß die Markierung wieder über die nächsten Nullen hinweggeschoben werden, andernfalls kann der Bereich zugeteilt werden, und der Algorithmus ist beendet. Der Algorithmus bricht auch dann ab, wenn beim Absuchen des ganzen Bitfeldes kein geeignetes Loch gefunden wurde.

Wir verwenden ein Bitfeld 'Wort[Ø:32]'. 'Wort[Ø]' bis 'Wort[31]' beschreiben die Speicherbelegung; 'Wort[32]' wird aus technischen Gründen benötigt und enthält stets Nullen. Das Suchverfahren kann dann wie folgt programmiert werden:

```
procedure first fit mit Bitfeld(Segmentlänge) =
            own Marke := Ø;
begin       local Fenster, Größe, Grenze := Marke+1Ø24;
            repeat if Marke > 1Ø23 then Marke := Ø; Grenze :- 1Ø24 fi;
                   Fenster := Wort[Marke div 32 : Marke div 32 + 1];
                   DSHIFT(Fenster, Marke mod 32);
                   Größe := TNLZ(Fenster); Marke :+ Größe;
                   Größe := TNLO(Fenster); Marke :+ Größe
            until  Größe ≧ Segmentlänge or Marke ≧ Grenze;
            if Größe ≧ Segmentlänge then Speicherbereich belegen
            else kein Platz fi
end.
```

Die ganzzahlige Division (div) und Restbildung (mod) bezüglich 32 kann sehr effizient durch logische Befehle realisiert werden: div durch Rechtsverschiebung, mod durch Ausblendung. Beachte, daß im Falle führender Nullen 'Größe' in der zweiten Zuweisung auf Ø gesetzt wird und dann nicht 'Größe≧Segmentlänge' gelten kann!

Die Initialisierung von 'Grenze' bewirkt, daß das Suchverfahren gegebenenfalls bis zum Ende des Bitfeldes vordringen kann. Wird diese Situation erkannt, wird 'Grenze' auf den Anfangswert von 'Marke' gesetzt, und die Suche wird am Feldanfang fortgesetzt; sie wird dann spätestens bei 'Marke' abgebrochen. Beachte, daß wegen 'Wort[32] = Ø' TNLO auch am Feldende die richtige Größenangabe liefert!

8.1.7 Wenn ein hinreichend großes Loch gefunden wurde und dort ein Bereich der geforderten Größe zu belegen ist, verweist die 'Marke' bereits auf einen Block jenseits des Bereichs. Das erste Bit des Bereichs hat die Position 'Marke - Größe' (siehe Abb. 8.1f).

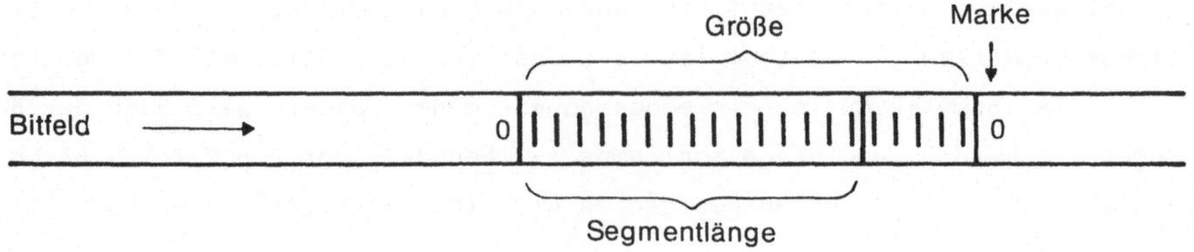

Abb. 8.1f Belegung nach Entdeckung eines hinreichend großen Lochs

Die Belegung erfolgt in 3 Schritten. Zuerst werden die niederwertigen Stellen der linken Fensterhälfte mit so vielen Nullen belegt wie 'Segmentlänge' angibt; die übrigen Stellen im Fenster werden mit Einsen belegt. Dann wird der Fensterinhalt durch einen Rotationsbefehl so ausgerichtet, daß seine Positionen denen des Bitfeldes entsprechen. Schließlich wird mittels des Fensterinhalts das Bitfeld modifiziert.

```
procedure Speicherbereich belegen =

begin    Fenster.links := -1; Fenster.rechts := -1;
         SHIFT(Fenster.links, Segmentlänge);  {Erzeugung von Nullen}
         Marke :- Größe;
         DROT(Fenster, 32 - Segmentlänge - Marke mod 32);
                                              {Ausrichtung der Nullen}
         AND(Wort[Marke div 32], Fenster.links);
         AND(Wort[Marke div 32 + 1], Fenster.rechts); {Löschen im Bitfeld}
         Basis := 64*Marke;
         Marke :+ Segmentlänge
end.
```

Die Speicherfreigabe ist ebenso einfach wie die Belegung, da ein Durchsuchen des Bitfeldes nicht erforderlich ist. Auch ein explizites Verschmelzen mit angrenzenden Löchern ist nicht notwendig. Das erforderliche Setzen der Bits erfolgt (wie oben das Löschen) in 3 Schritten.

```
procedure freigeben(Basis, Länge {in Blöcken}) =

begin    local Fenster, Anfang := Basis div 64;
         Fenster.links := 1; Fenster.rechts := Ø;
         SHIFT(Fenster.links, Länge);
         Fenster.links :- 1;                  {Erzeugung von Einsen}
         DROT(Fenster, 32 - Länge - Anfang mod 32); {Ausrichtung der Einsen}
```

```
        OR(Wort[Anfang div 32], Fenster.links);
        OR(Wort[Anfang div 32 + 1], Fenster.rechts)  {Setzen im Bitfeld}
end.
```

8.1.8 Bevor Informationen in den Arbeitsspeicher eingelagert werden können, müssen eventuell andere Informationen ausgelagert werden, damit Platz geschaffen wird. Wie man zu einer Entscheidung kommt, welche Informationen auszulagern sind, wird im nächsten Abschnitt behandelt. Beim Seitenverfahren muß für jede einzulagernde Seite eine Seite ausgelagert werden. Bei der Segmentierung ist die Situation komplizierter. Es kann erforderlich sein, mehrere Segmente auszulagern, bevor für das einzulagernde Segment genügend Platz frei ist. Und wenn die ausgelagerten Segmente nicht nebeneinander liegen, entsteht eventuell trotz hinreichender Menge freien Speichers kein hinreichend großes Loch.

In dieser Situation kann man kompaktieren, d. h. die eingelagerten Segmente an einem Ende des Speichers zusammenschieben, so daß statt vieler kleiner Löcher ein einziges großes Loch entsteht (siehe Abb. 8.1g). Wegen der Verschieblichkeit der Segmente werden die laufenden Programme durch die Kompaktierung nicht beeinträchtigt.

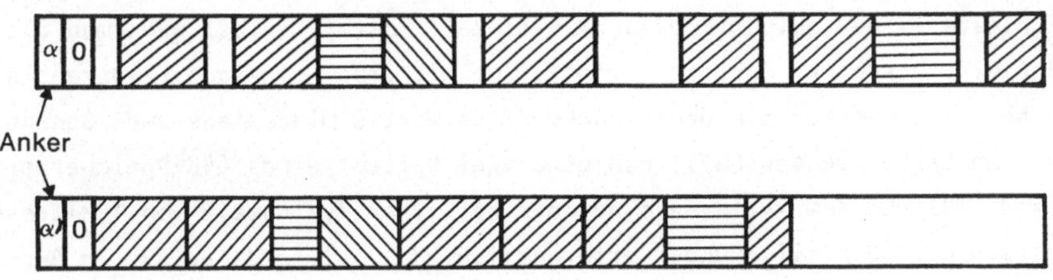

Abb. 8.1g Speicherbelegung vor und nach dem Kompaktieren

Die Lage der zu verschiebenden Segmente kann aus der Lage der Löcher ermittelt werden. Wenn 'Zeiger' die Anfangsadresse eines Lochs ist, beginnt das dahinterliegende Segment auf der Adresse 'Zeiger S[Zeiger+1]' und das nächste Loch auf der Adresse 'S[Zeiger]'. Wir vereinbaren, daß ein am Ende des Speichers liegendes Segment von einem "Loch mit der Adresse N gefolgt wird" (N war die Speichergröße).

Für die Formulierung des Kompaktierungsalgorithmus setzen wir voraus, daß die Speicherbelegung durch eine verkettete Freispeicherliste dargestellt wird.

```
procedure Kompaktieren =

begin     local Anfang, Ende, frei := Ø,
                Zeiger := S[Ø], i := S[Ø];
          repeat frei :+ S[Zeiger+1]; Anfang := Zeiger + S[Zeiger+1];
                 Zeiger := S[Zeiger];
                 Ende := Zeiger; if Ende = Ø then Ende := N fi;
                 Deskriptoren der Segmente zwischen Anfang und Ende modifi-
                                                                   zieren;
                 repeat S[i] := S[Anfang];
                        i :+ 1; Anfang :+ 1
                 until  Anfang = Ende
          until  Zeiger = Ø;
          S[i] := Ø; S[i+1] := frei; S[Ø] := i;
          Marke := Ø
end.
```

Nach dem Zusammenschieben der Segmente wird die 'Marke', die den Startpunkt für die Suche nach einem geeigneten Loch bildet, auf Ø zurückgesetzt. Wie man die zu modifizierenden Segmentdeskriptoren erreicht, hängt von der Buchführung über die Segmente ab; darüber wird im nächsten Abschnitt gesprochen.

Kompaktieren ist eine aufwendige Maßnahme, da das Kopieren der Segmente (die innere Schleife in der obigen Prozedur) viel Zeit kostet. Selbst wenn man die innere Schleife geschickt codiert - vielleicht mit einem einzigen Feldtransfer-Befehl - benötigt man für die Übertragung eines Wortes mindestens zwei Speicherzugriffe. Man betrachte den Fall, daß etwa zwei Drittel eines 64K-Speicherbereichs belegt sind. Für das Kompaktieren sind dann bei einer Zykluszeit von 1 Mikrosekunde mindestens ca. 80 Millisekunden erforderlich. Man sollte daher nur in Ausnahmefällen kompaktieren, z. B. wenn keine weiteren Auslagerungen vertretbar sind.

Übungen

1. Beim best-fit-Verfahren, angewandt auf eine verkettete Freispeicherliste, muß man die ganze Liste durchsuchen, um das am besten passende Loch (das kleinste, in welches das Segment paßt) zu finden. Entsprechendes gilt für das worst-fit-Verfahren; dort wird grundsätzlich nach dem größten vorhandenen Loch gesucht. Programmiere beide Verfahren!

Es wird empfohlen, die Verfahren auch für den Fall, daß ein Bitfeld als Freispeicherliste gewählt wird, zu programmieren. Man sieht dann sehr deutlich, wie stark die Implementierung der Operationen auf der Freispeicherliste von deren Repräsentation abhängt.

2. Im Fall einer verketteten Freispeicherliste muß das bei einer Speicherfreigabe entstehende Loch an der richtigen Stelle in die Liste eingetragen werden. Der dafür notwendige Suchvorgang kann auf einen Teil der Liste beschränkt werden, wenn man sich einiger zusätzlicher Hilfsvariablen bedient. Der zu verwaltende Speicherbereich wird in 4 gleiche Abschnitte aufgeteilt. Die jeweils höchsten Lochadressen in den Abschnitten 1, 2 und 3 werden in Variablen 11, 12, 13 gespeichert. Bei der Freigabe eines Bereichs läßt sich leicht feststellen, in welchem Abschnitt er beginnt. Mit dem Durchsuchen der Liste beginnt man dann entweder am Anfang (wenn der freigegebene Bereich im ersten Abschnitt beginnt) oder an der in li festgehaltenen Stelle (wenn der Bereich im Abschnitt i+1 beginnt). Beachte, daß die Werte in 11, 12, 13 eventuell verändert werden müssen, wenn ein Bereich belegt oder freigegeben wird! Untersuche, wie der first-fit-Algorithmus und die Freigabeprozedur für dieses Verfahren zu modifizieren sind!

3. Beim worst-fit-Verfahren wird innerhalb des größten Lochs ein Bereich der erforderlichen Größe belegt. Es liegt nahe, die Einträge in der Freispeicherliste nach abnehmender Lochgröße zu ordnen und die Liste als Haufen (siehe 6.5.3) zu arrangieren. Das größte Loch befindet sich dann stets am Anfang der Liste, und die Suche entfällt. Entwickle einen entsprechenden Algorithmus, der auch das nach der Belegung übrigbleibende Loch richtig einordnet! Beachte den speziellen Fall, daß kein Loch übrigbleibt!

4. Die Geschwindigkeit des first-fit-Algorithmus für ein Bitfeld kann durch verschiedene Maßnahmen erhöht werden. Beispielsweise genügt einer der beiden Tests auf führende Nullen bzw. führende Einsen; welcher Test auszuführen ist, stellt man durch eine einfache Vorzeichenabfrage fest. Ferner ist die Abfrage 'Marke > 1Ø23' nur dann erforderlich, wenn zuvor eine Nullenfolge erkannt wurde (da 'Wort[32]' nur Nullen enthält). Benutze diese Feststellungen zur Verbesserung des first-fit-Algorithmus! Während des Ablaufs des Algorithmus tritt die Situation 'Marke > 1Ø23' höchstens einmal auf. Somit kann der Algorithmus noch weiter verbessert werden!

5. Implementiere für den Fall der verketteten Repräsentation der Freispeicherliste die Kompaktierung als rekursive Prozedur, ohne Berücksichtigung von Ausführungsgeschwindigkeit und Deskriptormodifikation! Implementiere die Kompaktierung für den Fall der Bitfeld-Repräsentation!

8.2 Austauschstrategien

8.2.1 Für Informationen, die in den Arbeitsspeicher geholt werden sollen, muß ein freier Speicherbereich bereitgestellt werden. Ein freier Bereich entsteht durch Löschung nicht mehr benötigter Informationen oder durch gezielte Verdrängung von Informationen, die vorübergehend nicht benutzt werden, auf den Hintergrundspeicher. Wenn Informationen gelöscht werden, kann der freiwerdende Bereich einfach in der Freispeicherliste verbucht werden. Wenn durch Verdrängen Platz geschaffen wird, werden aktuell unbenutzte gegen aktuell benutzte Informationen ausgetauscht. Eine Austauschstrategie (auch Ersetzungsstrategie, engl. replacement strategy) bestimmt, welche Informationen zu verdrängen sind.

Wir behandeln verschiedene Austauschstrategien im Kontext des Seitenverfahrens mit Einlagerung bei Bedarf (engl. demand paging; siehe 7.4.3). Das laufende Programm kann eine ausgelagerte Seite ansprechen. Dies hat einen Seitenfehler zur Folge, der als Aufforderung zum Einlagern der Seite begriffen wird. Das Speicherverwaltungssystem muß eine entbehrliche Seite finden, die gegen die gewünschte Seite ausgetauscht werden kann.

Ein anderes Verfahren ist die Einlagerung bei Anforderung (engl. request paging). Das Betriebssystem stellt Operationen zur Verfügung, mit denen das Benutzerprogramm die frühzeitige Einlagerung (und Auslagerung) von Seiten veranlassen kann. Ein Seitenfehler wird hier als echter Programmfehler betrachtet. Beim Request Paging steuern die Benutzerprogramme die Umlagerungen. Wir kommen auf dieses Thema im nächsten Abschnitt zurück.

Das meiste von dem, was im folgenden über Austauschstrategien beim Demand Paging gesagt wird, gilt auch für den Fall der Segmentierung. Auf einige Besonderheiten gehen wir am Ende des Abschnitts ein. Keinen Unterschied zum reinen Seitenverfahren gibt es beim Seitenverfahren mit aufgesetzter Segmentierung; die Austauschstrategie ist dann auf die Seiten, aus denen die Segmente bestehen, anzuwenden.

8.2.2 Um die zu verdrängende Seite bestimmen zu können, muß das Betriebssystem auf die Deskriptoren aller eingelagerten Seiten zugreifen können. Die eingelagerten Seiten bilden nur eine kleine Teilmenge aller im System vorhandenen Seiten. Es wäre daher sehr ineffizient, wollte man alle Seitentabellen durchsuchen. Das Betriebssystem führt Buch über die Benutzung der Rahmen des Arbeitsspeichers. Dafür kann eine Rahmentabelle (engl. frame table) fester Länge verwendet werden. Die Einträge in der Rahmentabelle, die Rahmendeskriptoren, enthalten (1) einen 'Modus', (2) einen Zeiger 'Seite' auf den Seitendeskriptor der im Rahmen enthaltenen Seite und (3) die 'Sekundärbasis' dieser Seite (siehe Abb. 8.2a).

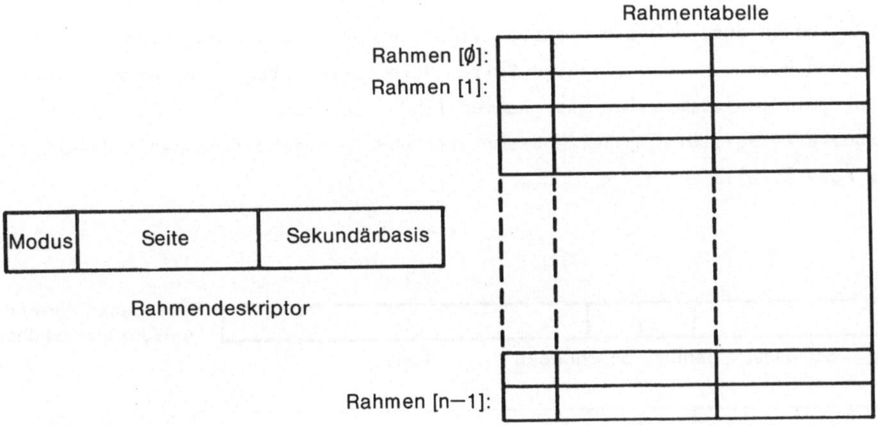

Abb. 8.2a Rahmendeskriptor und Rahmentabelle

Wenn N die Größe des Arbeitsspeichers (in Worten) und n die Anzahl der Rahmendeskriptoren ist, gilt

$$N = n*\text{Rahmengröße} \quad .$$

Die Primärbasis des zum i-ten Rahmendeskriptor gehörenden Rahmens ist i*Rahmengröße. Damit kann man aus dem Seitendeskriptor einer eingelagerten Seite (über die Primärbasis) leicht den zugehörigen Rahmendeskriptor bestimmen. Umgekehrt gelangt man vom Rahmendeskriptor über die Komponente 'Seite' zum zugehörigen Seitendeskriptor - sofern der Rahmen belegt ist.

Der 'Modus' kann vier verschiedene Werte annehmen: 'frei', wenn der Rahmen keine Seite enthält; 'belegt', wenn er eine zugängliche Seite enthält; 'Auslagerung', wenn gerade eine Seite aus dem Rahmen ausgelagert wird; 'fest', wenn der Rahmen eine zugängliche, aber nicht verdrängbare Seite enthält (für nicht auslagerbare

Teile des Betriebssystems).

Wenn ein Rahmen mit einer Codeseite belegt ist, existiert eine exakte Kopie dieser Seite im Sekundärspeicher. Die Adresse des dortigen Rahmens ist als 'Sekundärbasis' im Rahmendeskriptor enthalten. Grundsätzlich wird nach jeder Einlagerung einer Seite deren Sekundärbasis im zugehörigen Rahmendeskriptor eingetragen. Damit können wir auf das Feld 'Sekundärbasis' in den Seitendeskriptoren verzichten und sparen Tabellenplatz. Wenn eine Seite ausgelagert wird, hat sie keine Primärbasis mehr, und wir können in das Feld 'Primärbasis' die Sekundärbasis eintragen. (Mit dieser Technik wird Tabellenplatz gespart, weil es viel mehr Seitendeskriptoren als Rahmendeskriptoren und nicht mehr Primärbasen als Rahmen gibt.)

Wir gehen davon aus, daß ein Assoziativspeicher verwendet wird (siehe 7.3.5). Informationen über eine eingelagerte Seite, deren Deskriptor in einem Assoziativregister geladen ist, sowie ihren Rahmen findet man demnach an 3 Stellen: in einem Assoziativregister, im Seitendeskriptor und im zugehörigen Rahmendeskriptor (siehe Abb. 8.2b).

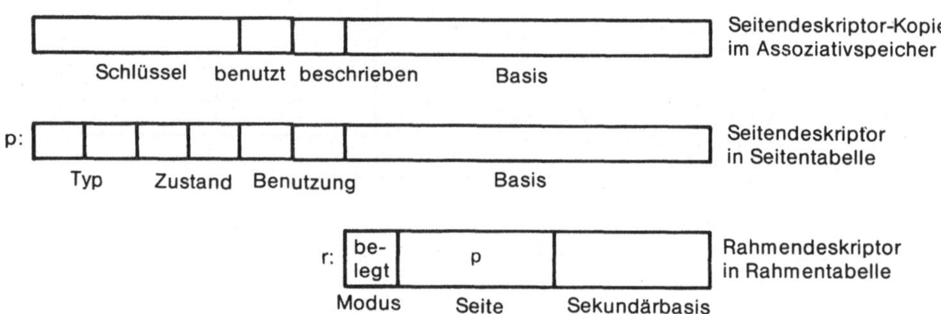

Abb. 8.2b Informationen über eine im Assoziativspeicher vertretene Seite

Über die Benutzung eines Rahmens gibt das Feld 'Benutzung' im zugehörigen Seitendeskriptor Auskunft. Es enthält zwei Bits 'benutzt' (engl. used) und 'beschrieben' (engl. written, dirty), die im Assoziativspeicher durch die Hardware gesetzt werden, wenn die Seite einen Zugriff bzw. Schreibzugriff erfährt. Wird die Deskriptorkopie aus dem Assoziativspeicher verdrängt, so wird das Feld 'Benutzung' im Deskriptor auf den neuesten Stand gebracht, indem gegebenenfalls 'benutzt' bzw. 'beschrieben' gesetzt werden: das 'benutzt'-Bit im Deskriptor und das 'benutzt'-Bit im Assoziativregister müssen mit einer OR-Operation verknüpft werden (Entsprechendes gilt für das 'beschrieben'-Bit)!

Von der Information 'beschrieben' kann man bei der Speicherverwaltung vorteilhaft Gebrauch machen. Für eine Seite, die nicht 'beschrieben' ist, gibt es eine exakte Kopie im Sekundärspeicher. Für die Verdrängung einer solchen Seite bedarf es daher keines physischen Auslagerungsvorgangs. Es genügt, den Deskriptor zu ändern (Ersetzen der Primärbasis durch die Sekundärbasis) und den zugehörigen Rahmen freizugeben. Ist die Seite dagegen 'beschrieben', so ist ihr Urbild im Sekundärspeicher obsolet, und der dortige Rahmen kann freigegeben werden.

In 7.4 wurde von zwei Prozeduren 'verdränge' und 'belege' Gebrauch gemacht, die für die Herstellung bzw. Löschung einer Verbindung zwischen einem Seitendeskriptor und einem Rahmendeskriptor zuständig sind. Bei der Seitenfehlerbehandlung für eine leere Seite wird, wenn kein freier Rahmen vorhanden ist, eine Codeseite verdrängt und der freigemachte Rahmen für die neue Seite bereitgestellt. Der Seitenverwalter verwendet 'belege' im Zusammenhang mit der Erteilung eines Einlagerungsbefehls und 'verdränge' in Zusammenhang mit der Erteilung eines Auslagerungsbefehls.

Beide Prozeduren manipulieren die in Abb. 8.2b gezeigten Informationen. Beachte, daß 'verdränge' die Deskriptoradresse der verdrängten Seite als Ergebnis liefert! Die Prozeduren können wie folgt implementiert werden:

```
procedure verdränge(Seite{Deskriptoradresse}, r{Rahmennummer}) =
begin     Seite := Rahmen[r].Seite;
          Seite.Zustand := ausgelagert;
          if AS enthält(Seite) then
             rette Benutzungsinformation(Seite);
             lösche Eintrag in AS(Seite) fi;
          if not Seite.beschrieben then
             Seite.Basis := Rahmen[r].Sekundärbasis;
             Rahmen[r].Modus := frei
          else Seite.Basis := Ø;
               Trommelrahmen freigeben(Rahmen[r].Sekundärbasis);
               Rahmen[r].Modus := Auslagerung fi;
          Seite.benutzt := false; Seite.beschrieben := false;
          Rahmen[r].Seite := Ø
end       verdränge;
```

```
procedure belege(r{Rahmennummer}, Seite{Deskriptoradresse}) =

begin     Rahmen[r].Seite := Seite;
          Rahmen[r].Sekundärbasis := Seite.Basis;
          Seite.Basis := r*Seitengröße;
          Rahmen[r].Modus := belegt
end       belege.
```

8.2.3 Ein Austauschalgorithmus kommt nur dann zur Anwendung, wenn alle Arbeitsspeicherrahmen belegt sind. Seine Aufgabe ist, eine Seite zu finden, die aus ihrem Rahmen zu verdrängen ist. Wie dann die Seite verdrängt wird und wie der freigemachte Rahmen anschließend benutzt wird, ist nicht Sache des Austauschalgorithmus.

Offenbar muß es das Ziel einer geschickten Speicherverwaltung sein, jeweils diejenigen Seiten, die mit hoher Wahrscheinlichkeit in nächster Zukunft benutzt werden, im Speicher präsent zu halten. Ein guter Austauschalgorithmus versucht daher herauszufinden, für welche eingelagerte Seite ein baldiger Zugriff am wenigsten wahrscheinlich ist. Diese Seite ist dann das "Opfer", das aus seinem Rahmen zu verdrängen ist.

Die einfachste Vorgehensweise beim Seitenaustausch wäre offenbar die Zufallsauswahl. Sie würde von einem Systementwickler vorgesehen werden, der sich nicht in der Lage sieht, eine vernünftige Einschätzung über die zukünftige Seitennutzung zugrunde zu legen. Es ist klar, daß die zufällige Auswahl einer Seite leicht zu implementieren ist und wenig Verwaltungsaufwand erfordert.

Geschickter ist aber offenbar ein Reihum-Verfahren, bei dem die jeweils am längsten im Speicher befindliche Seite ausgewählt wird. Diesem Verfahren liegt die Hoffnung zugrunde, daß die Nutzungsdauern der Seiten kurz sind und sich nur wenig voneinander unterscheiden. Denn dann ist für die am längsten im Speicher befindliche Seite die Wahrscheinlichkeit der weiteren Benutzung am geringsten. Die Implementierung ist einfach; es gibt zwei Möglichkeiten:

(a) Die Rahmen werden reihum ausgewählt. Ein Zeiger weist jeweils auf diejenige Stelle in der Rahmentabelle, die dem zuletzt ausgewählten Rahmen entspricht. An dieser Stelle beginnend durchsucht man die Tabelle nach einem Rahmen, dessen Seite weder im Zustand 'fest' noch im Zustand 'Auslagerung' ist. (Die Suche erfolgt zyklisch, d. h. man betrachtet jeweils das "nächste Element modulo Tabellenlänge".)

Diese Implementierung ist nur dann korrekt, wenn keine Seiten gelöscht werden; denn nur dann entspricht die Folge der eingelagerten Seiten der Folge der freigemachten Rahmen. Will man das Löschen zulassen und außerdem für die Auswahl von Seiten, die nicht 'beschrieben' sind, Vorsorge treffen, so muß man wie folgt vorgehen:

(b) Die (Deskriptoren der) belegten Rahmen werden als Schlange angeordnet. Ausgewählt wird jeweils der erste Rahmen in der Schlange. Ein neu belegter Rahmen wird an die Schlange angehängt. (Diese Schlange kann auch nach einem Rahmen mit nicht beschriebener Seite durchsucht werden.)

Untersuchungen haben ergeben, daß das Reihum-Verfahren keine befriedigenden Resultate liefert. Ein weitaus besseres Verfahren ist unter dem Namen second-chance-Algorithmus bekannt (es wurde im MULTICS-System zum ersten Mal benutzt). Seine guten Leistungen verdankt der second-chance-Algorithmus seiner Verwandschaft mit dem (schwer zu implementierenden) least-recently-used-Algorithmus (siehe 8.2.4). Das Verfahren arbeitet wie folgt. Ein Zeiger läuft in der Rahmentabelle um - wie oben in (a) -, wobei die belegten Rahmen betrachtet werden. Ausgewählt wird der erste angetroffene Rahmen, dessen Seite weder 'benutzt' noch 'beschrieben' ist. Die Benutzungsinformationen in den Deskriptoren, die zu den bei der Suche übergangenen Rahmen gehören, werden modifiziert! Ist das 'benutzt'-Bit gesetzt, so wird es gelöscht. Somit kann man einen Deskriptor antreffen, der nicht 'benutzt' und dennoch 'beschrieben' ist. In diesem Fall setzt man ein zusätzliches Merkbit und löscht auch 'beschrieben'. Diese raffinierte Vorgehensweise hat folgenden Effekt. Eine Seite wird ausgewählt, wenn sie seit der letzten Betrachtung (und Nichtauswahl) nicht benutzt wurde. Somit wird der Seite "eine zweite Chance gegeben, noch einmal benutzt zu werden", bevor sie das Opfer einer Verdrängung wird (daher der Name des Verfahrens). Die spezielle Behandlung des 'beschrieben'-Bits bewirkt, daß Seiten, deren Verdrängung einen physischen Auslagerungsvorgang erfordern würde, "eine dritte Chance erhalten". Es werden also die jüngst benutzten Seiten im Speicher gehalten, und es wird besonders gezögert, beschriebene Seiten auszulagern. - Die Implementierung des second-chance-Algorithmus bleibt dem Leser überlassen (siehe Übung 2).

8.2.4 Der least-recently-used-Algorithmus (LRU) geht von der Annahme aus, daß die Wahrscheinlichkeit, daß eine eingelagerte Seite in naher Zukunft benutzt wird, umso geringer ist, je länger die letzte Benutzung zurückliegt. Ausgewählt wird demnach diejenige Seite, deren letzte Benutzung am längsten zurückliegt.

Eine direkte Implementierung des LRU-Algorithmus scheitert an dem immensen Aufwand, der bei Verwendung konventioneller Hardware anfallen würde: bei jedem Zugriff auf eine Zelle einer auslagerbaren Seite müßte die aktuelle Zeit in einem entsprechend erweiterten Deskriptor festgehalten werden. Dies erklärt die Bedeutung des second-chance-Algorithmus, der mit einfachen Mitteln den LRU-Algorithmus zu approximieren versucht.

Man kann den LRU-Algorithmus auch auf andere Weise approximieren. Wenn ein Deskriptor aus dem Assoziativspeicher verdrängt wird, liegt der Zeitpunkt seiner letzten Benutzung zwischen den entsprechenden Zeitpunkten der im Assoziativspeicher befindlichen und denen der nicht im Assoziativspeicher befindlichen Deskriptoren. Es ist möglich, die verdrängten Deskriptoren in einer Schlange zu organisieren. Wenn ein Deskriptor aus dem Assoziativspeicher verdrängt wird, wird er an das Ende der Schlange angehängt. Das erste Element der Schlange repräsentiert die am längsten nicht benutzte Seite. Wird ein Deskriptor aufgrund eines Zugriffs wieder in den Assoziativspeicher geladen, so muß er aus der Schlange entfernt werden. Die Ersetzung des Deskriptors eines Segments s1 in einem Assoziativregister i durch den Deskriptor eines Segments s2 geschieht demnach so (vgl. 7.3.6):

```
Deskriptor[s1].beschrieben :v AS<s1>.beschrieben;
ablegen(s1, Deskriptorschlange);
if enthalten(s2, Deskriptorschlange) then
   entfernen(s2, Deskriptorschlange) fi;
ersetze s1 in AS durch s2.
```

Es ist unvertretbar, diese Operationen per Software auszuführen, so daß wir uns mit dem second-chance-Algorithmus begnügen müssen. Würde die Adreßumsetzungs-Hardware die Manipulation der Deskriptorschlange durchführen, hätten wir eine empfehlenswerte Alternative. Der Austauschalgorithmus würde das erste Element der Deskriptorschlange auswählen bzw. die Deskriptorschlange nach der ersten unbeschriebenen Seite durchsuchen. Die Prozedur 'verdränge' müßte die verdrängte Seite aus der Deskriptorschlange entfernen.

8.2.5 Die Überlegungen dieses Abschnitts können mit geringfügigen Modifikationen auf den Austausch von Segmenten übertragen werden. Bei der Segmentierung muß jedem eingelagerten Segment eine Position in einer "Rahmentabelle" zugeordnet werden - obwohl es keine eigentliche Rahmen gibt. Die Rahmentabelle kann verkettet oder als Feld realisiert werden, muß jedoch auch für den Fall vieler kleiner Segmente hinreichend Platz bieten. Wird der second-chance-Algorithmus verwendet, so muß der Rahmendeskriptor für ein neu eingelagertes Segment unmittelbar vor dem Zeiger eingefügt werden.

Bei der Segmentierung kann es erforderlich werden, daß der Austauschalgorithmus mehr als einmal angewandt werden muß, weil der beim ersten Mal erhaltene Platz nicht ausreicht. Man sollte eine Variable führen, die jederzeit über den insgesamt verfügbaren freien Speicherplatz Auskunft gibt. Der Austauschalgorithmus wird so oft angewendet (mindestens aber einmal) bis der freie Platz zuzüglich dem durch die ausgewählten Segmente belegten Platz den benötigten Platz übertrifft.

Übungen

1. Schreibe ein Zustandsdiagramm für den 'Zustand' eines Seitendeskriptors und den 'Modus' eines Rahmendeskriptors (vgl. Abb. 8.2b)! Gib in jedem Diagramm an, durch welche Maßnahmen die Zustandsübergänge hervorgerufen werden, und stelle fest, welche Zustände und Modi gleichzeitig eintreten! Verfeinere die Diagramme durch Angabe der möglichen Unterzustände gemäß 'Benutzung' und gib auch hier die Ursachen der Zustandsübergänge an!

   Es sieht so aus, als wäre bei Verwendung des second-chance- oder LRU-Algorithmus das 'Modus'-Feld im Rahmendeskriptor überflüssig, da die notwendigen Informationen aus dem zugehörigen Seitendeskriptor entnommen werden können. Auch das 'Typ'-Feld im Seitendeskriptor scheint überflüssig zu sein, wenn man die Informationen des Feldes 'Benutzung' richtig verwendet. Stelle fest, welche Prozeduren auf 'Modus' und 'Typ' zugreifen, und prüfe, ob die beiden Felder entbehrlich sind!

2. Der second-chance-Algorithmus unterscheidet zwischen beschriebenen, benutzten und (seit dem letzten Durchgang) unbenutzten Seiten. Implementiere den second-chance-Algorithmus, wie er in 8.2.3 beschrieben wurde! Achte darauf, daß der Algorithmus nicht zusammenbricht, wenn er keine unbenutzten Seiten findet!

3. Dem Reihum-Austausch und dem LRU-Austausch liegen verschiedene Annahmen über das Programmverhalten zugrunde. Ein Programm bestehe aus einem Hauptprogramm und mehreren Prozeduren; das Hauptprogramm passe genau auf eine Seite, ebenso jede einzelne Prozedur. Das Hauptprogramm besteht im wesentlichen aus einer Schleife, in deren Rumpf Prozeduren aufgerufen werden. Es kommt sehr selten vor, daß eine Prozedur wiederum eine Prozedur aufruft. Alle Programmkomponenten machen intensiv von einem globalen Datenbestand Gebrauch, der in einer besonde-

ren Seite liegt. Welches der beiden Austauschverfahren ist vorzuziehen, wenn mehrere derartige Programme im Mehrprogrammbetrieb abgewickelt werden?

Da alle Austauschverfahren auf bestimmten Annahmen über das Programmverhalten beruhen, ist es stets möglich, zu einem vorgegebenen Verfahren Programme zu konstruieren, für die das Verfahren das schlechtestmögliche ist. Beschreibe ein Programmverhalten, bei dem der Reihum-Austausch (bzw. der LRU-Austausch) schlechte Ergebnisse liefert!

4. Wir betrachten ein Segmentierungsverfahren, bei dem mit Hilfe einer Schlange von Deskriptoren, die aus dem Assoziativspeicher verdrängt wurde, ein LRU-Austausch praktiziert wird. Da die Segmente recht groß werden können, kommen eventuell nur sehr wenige Segmente für einen Austausch in Frage, und die Deskriptorschlange kann leer werden. (Bestätige, daß beim Seitenverfahren die Deskriptorschlange nicht leer werden kann!) Implementiere den LRU-Algorithmus für ein Segmentierungssystem und beachte dabei den Fall der leeren Deskriptorschlange!

5. Für die Verwaltung gemeinsam benutzter Seiten (bzw. Segmente) mehrerer Prozesse gibt es drei Möglichkeiten:

   1. zusätzlich zu den privaten Seitentabellen der Prozesse gibt es eine allen Prozessen gemeinsame Seitentabelle;
   2. jeder Prozeß verfügt in seiner Seitentabelle über eine eigene Kopie des Deskriptors einer gemeinsamen Seite;
   3. jeder Prozeß verfügt in seiner Seitentabelle über einen Zeiger auf den Deskriptor einer gemeinsamen Seite.

   Wählt man die erste Möglichkeit, so muß eine gemeinsame Seite von allen Prozessen mit der gleichen Seitennummer angesprochen werden. Bei 1. und 2. wird mit der Seitennummer direkt auf den Deskriptor zugegriffen, bei 3. über den Umweg des Zeigers. Beschreibe, wie in den drei verschiedenen Fällen die Informationen in den Deskriptoren zu manipulieren sind, mit und ohne Assoziativspeicher!

   Der second-chance-Algorithmus sollte eine gemeinsame Seite nur dann auswählen, wenn kein Prozeß an der Seite interessiert ist oder wenn keine privaten Seiten greifbar sind. Schreibe eine modifizierte Version des second-chance-Algorithmus, bei der gemeinsame Seiten berücksichtigt werden! Wäre es hilfreich, im Deskriptor einer gemeinsamen Seite einen "Referenzzähler" (engl. reference count) zu führen, der angibt, wie viele Prozesse die Seite benutzen? Wann wäre dieser Zähler zu modifizieren?

8.3 Das Lokalitätsprinzip

8.3.1 Experimente und Simulationsstudien zeigen, daß die Zugriffe eines Programms auf seine Seiten keineswegs stark streuen, sondern sich jeweils auf eine kleine Teilmenge der Seiten beschränken. Dieses Charakteristikum des Programmverhaltens wird Lokalitätsprinzip genannt; die Teilmenge der aktuell benutzten Seiten heißt Lokalität (engl. locality). Die Lokalität umfaßt oft nur wenige Seiten; ein typischer Wert ist 10 Seiten zu je 500 - 1000 Worten. Weiterhin ist bemerkenswert, daß die Lokalität eines Programms sich während längerer Phasen wenig oder gar nicht ändert; starke Änderungen bleiben im allgemeinen auf punktuelle Phasenübergänge beschränkt.

Die Veränderung der Lokalität während des Programmablaufs induziert einen gewissen "natürlichen Seitenfluß" innerhalb eines virtuellen Speichers. Eine optimale Speicherverwaltung wäre gegeben, wenn die Seitenbewegung im System auf den natürlichen Seitenfluß der beteiligten Programme beschränkt wäre. Leider ist dieses Ziel schwer zu erreichen, zum einen, da der Arbeitsspeicher häufig nicht die Lokalitäten aller aktiven Prozesse aufnehmen kann, zum anderen, da die Lokalitätsänderungen eines Programms meist nicht im voraus bekannt sind. Es kommt daher laufend vor, daß eine angesprochene Seite, obwohl zur Lokalität gehörend, sich nicht im Arbeitsspeicher befindet. Um sie einlagern zu können, muß in der Regel eine andere Seite ausgelagert werden. Bestimmt der Austauschalgorithmus unglücklicherweise eine Seite, die zu einer Lokalität gehört, so ergibt sich ein unerwünschter Seitentransfer.

In diesem Abschnitt untersuchen wir den zu erwartenden Leistungsabfall bei der Verarbeitung eines Programms, wenn nicht sichergestellt ist, daß seine Lokalität sich vollständig im Arbeitsspeicher befindet. Tatsächlich ist die Verarbeitungseffizienz sehr empfindlich gegenüber fehlenden Seiten, so daß es ratsam ist, die Lokalitäten gut zu kennen bzw. möglichst genau zu schätzen.

8.3.2 Wenn der Arbeitsspeicher die Lokalitäten aller beteiligten Prozesse nicht vollständig fassen kann, treten notwendigerweise mehr Seitenfehler als beim natürlichen Seitenfluß auf. Wir betrachten eine Zugriffsfolge p (engl. reference string), d. i. die Folge der Seiten, auf die ein Programm zugreift. Die für die Verarbeitung des Programms benötigte Zeit T(p) hängt ab von der Länge von p, $\lambda(p)$, der für einen Arbeitsspeicherzugriff benötigten Zeit z, der Anzahl der auftretenden Seitenfehler $\alpha(p)$ und der für die Einlagerung einer Seite benötigten Zeit e. Wenn für jede einzulagernde Seite ein freier Rahmen zur Verfügung steht, gilt

$$T(p) = \lambda(p) + \alpha(p)e \quad .$$

$\alpha(p)$ ist im günstigsten Fall durch den natürlichen Seitenfluß $\nu(p)$ gegeben. Im allgemeinen werden aber auch Seiten aus p verdrängt werden, so daß unvorhergesehene Seitenfehler in einem gewissen Umfang $\mu(p) = \alpha(p)-\nu(p)$ auftreten. Offenbar ist bei hinreichend großem Arbeitsspeicher $\mu(p)=0$, d. h. die kürzestmögliche Zeit für die Verarbeitung von p ist

$$T_{min}(p) = \lambda(p)z + \nu(p)e \quad .$$

Wir definieren die Effizienz $\varepsilon(p)$, mit der p verarbeitet wird, als

$$\varepsilon(p) = \frac{T_{min}(p)}{T(p)} \quad .$$

Im günstigsten Fall ist $\varepsilon(p)=1$, und je mehr zusätzliche Seitenfehler auftreten, desto geringer wird $\varepsilon(p)$.

Das Verhältnis $\tau = e/z$ ist ein Maß für die zeitliche Diskrepanz zwischen einer Einlagerung und einem Arbeitsspeicherzugriff. τ hängt von der Seitengröße und den technischen Daten des Hintergrundspeichers ab. Beispielsweise könnte man eine Seitengröße von 512 Worten haben und eine Trommel mit einer Transferrate von 70 Worten/ms benutzen, wobei 2 - 4 Seiten auf eine Spur passen. Benötigt der Arbeitsspeicherzugriff 3 µs, so liegt τ - unter Berücksichtigung der Latenzzeit - bei 5000 - 10000.

Die relative Häufigkeit von Seitenfehlern ("Seitenfehlerrate") ist bei natürlichem Seitenfluß $f_{nat}=\nu/\lambda$. Das Lokalitätsprinzip besagt, daß f_{nat} sehr klein ist. Erfahrungsgemäß gilt für lange Zugriffsfolgen ($\lambda > 10^5$) und Seitengrößen s von 512 bis 1024 Worten

$$f_{nat} = \kappa/s \qquad \text{mit } 0 \leqq \kappa \ll 1 \quad .$$

Bezeichnen wir die relative Häufigkeit der zusätzlich auftretenden Seitenfehler mit f_{zus}, so ergibt sich für die Effizienz

$$\varepsilon = \frac{\lambda z + \nu e}{\lambda z + (\nu+\mu)e} = \frac{1 + \tau f_{nat}}{1 + \tau f_{nat} + \tau f_{zus}} = \frac{1}{1 + \delta f_{zus}}$$

$$\text{mit} \qquad \delta = \frac{\tau}{1 + \tau f_{nat}} \; .$$

δ wächst mit der Seitengröße. τ ist proportional zur Seitengröße, wenn ein Massenkernspeicher (ECS) als Hintergrundspeicher verwendet wird; in diesem Fall ist τf_{nat} unabhängig von der Seitengröße, und somit ist δ ebenfalls proportional zur Seitengröße. (Dies gilt nicht für Trommeln bzw. Platten - wegen der Latenzzeit.) Wie die Effizienz ε von der zusätzlichen Seitenfehlerrate f_{zus} abhängt, ist in Abb. 8.3a gezeigt. Parameter der Kurvenschar ist δ. Die Maßeinheit für f_{zus} ist "1 Seite auf 1000 Zugriffe".

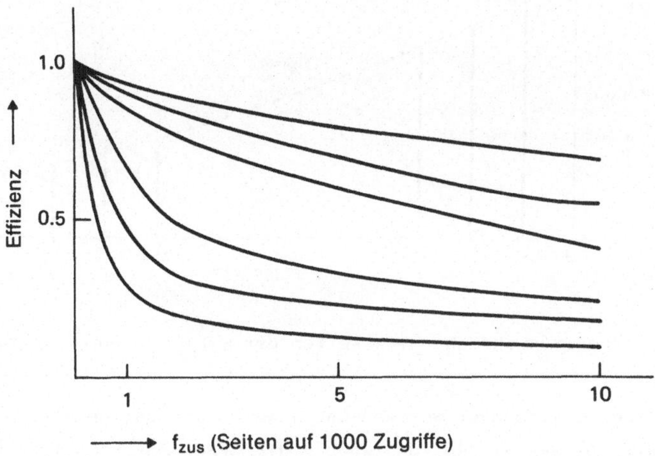

Abb. 8.3a Effizienz als Funktion der zusätzlichen Seitenfehlerrate

8.3.3 Wenn der Arbeitsspeicher die Seiten aller Lokalitäten nicht fassen kann, befindet sich jeweils ein Teil dieser Seiten im Sekundärspeicher. Der Erwartungswert für $f_{zus}(p)$ für eine vorgegebene (lange) Zugriffsfolge p hängt von dem Anteil q der ausgelagerten Seiten und von den Wahrscheinlichkeitsverteilungen für die Seitenzugriffe innerhalb der Lokalitäten ab.

Wenn auf alle Seiten einer Lokalität mit gleicher Wahrscheinlichkeit zugegriffen wird, ist offenbar $E(f_{zus}) = q$. Dies ist der ungünstigste Fall. Wenn dagegen die Zugriffswahrscheinlichkeiten für die Seiten der Lokalität sehr unterschiedlich sind, kann man von einer geschickten Seitenverwaltung ein deutliches Drücken der Seitenfehlerrate erwarten. Offenbar sind die Seiten mit geringer Zugriffswahrscheinlichkeit die bevorzugten Kandidaten für Verdrängungen. Gelingt es, diese Seiten zu identifizieren, so wird die Effizienz merklich größer sein als im Fall der gleichwahrscheinlichen Zugriffe.

Wir stellen eine Verbindung zum Seitenaustausch nach dem LRU-Verfahren her (siehe 8.2.4). LRU basiert auf der Annahme, daß die jüngst angesprochenen Seiten weiterhin eine hohe Zugriffswahrscheinlichkeit haben. Wir wollen diese Annahme konkretisieren: es liege eine geometrische Zugriffsverteilung für die Seiten $p_1, p_2, \ldots$ vor, wobei die Seiten p_i entsprechend den Zeitpunkten ihrer letzten Benutzung umgekehrt angeordnet seien (siehe Abb. 8.3b).

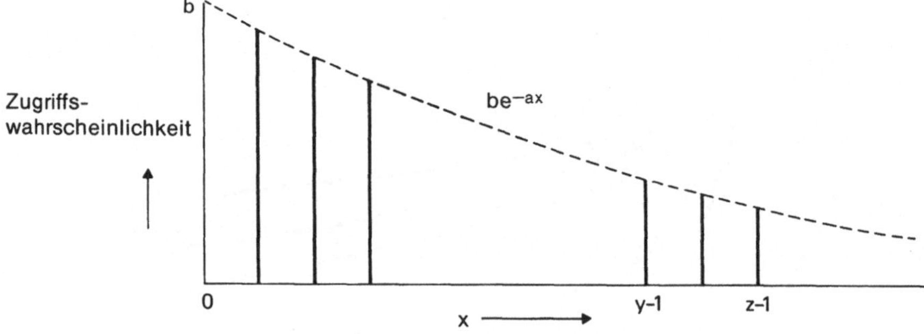

Abb. 8.3b Zugriffswahrscheinlichkeiten der zuletzt benutzten Seiten

Die Seiten sollen so verwendet werden, daß jeweils die Seiten $p_1, \ldots, p_y$ im Arbeitsspeicher und die übrigen z-y Seiten (wenn z die Größe der Lokalität ist) im Hintergrundspeicher gehalten werden; der Anteil der ausgelagerten Seiten der Lokalität ist $q=(z-y)/z$. Wenn wir die Zugriffsverteilung als zeitinvariant voraussetzen, ist

$$E(f_{zus}) = \frac{\sum_{x=0}^{z-1} e^{-ax} - \sum_{x=0}^{y-1} e^{-ax}}{\sum_{x=0}^{z-1} e^{-ax}} = \frac{e^{-ay} - e^{-az}}{1 - e^{-az}} .$$

(Man bestätige die Gleichheit der beiden Brüche!) Die weitere Auswertung ergibt

$$E(f_{zus}) = \frac{e^{qaz} - 1}{e^{az} - 1} = q\,\frac{g(qaz)}{g(az)}$$

$$\text{mit } g(x) = \frac{e^x - 1}{x} \quad \text{(siehe Abb. 8.3c).}$$

Die Effizienzverbesserung gegenüber dem ungünstigsten Fall $E(f_{zus}) = q$ hängt also vom Verhalten des Faktors $\frac{g(qaz)}{g(az)}$ ab. Die Funktion $g(x)$ hat die folgenden Eigenschaften:

$$0 \leqq x_1 \leqq x_2 \;\Rightarrow\; g(x_1)\,g(x_2) \leqq g(x_1+x_2) \quad .$$

Beweis: Es gibt zwei Zahlen c,u mit $0 \leqq u \leqq c$ und

$$x_1 = c-u \quad , \quad x_2 = c+u \quad .$$

Damit ist

$$g(c-u)\,g(c+u) = \frac{(e^{c-u}-1)}{(c-u)}\frac{(e^{c+u}-1)}{(c+u)} = \frac{e^{2c}+1-(e^{c-u}+e^{c+u})}{(c-u)\,(c+u)}$$

$$= e^c\,\frac{(e^c+e^{-c})-(e^u+e^{-u})}{(c-u)\,(c+u)} = \frac{2e^c}{(c^2-u^2)}\left(\frac{c^2-u^2}{2!}+\frac{c^4-u^4}{4!}+\ldots\right)$$

$$= 2e^c\left(\frac{1}{2!}+\frac{1}{4!}(c^2+u^2)+\frac{1}{6!}(c^4+c^2u^2+u^4)+\ldots\right) \quad .$$

$g(c-u)\,g(c+u)$ wächst demnach monoton mit u, d. h. erreicht sein Maximum für das maximale $u=c$. Das bedeutet

$$g(c-u)\,g(c+u) \leqq g(0)\,g(2c)$$

$$\text{bzw.} \quad g(x_1)\,g(x_2) \leqq g(x_1+x_2) \quad ,$$

was zu beweisen war.

Mit dieser Eigenschaft kann der Faktor $\frac{g(qaz)}{g(az)}$ abgeschätzt werden. Wählt man $x_1=qaz$ und $x_1+x_2 = az$, so folgt

$$g(qaz)\,g(az(1-q)) \leqq g(az)$$

und weiter

$$E(f_{zus}) = q\,\frac{g(qaz)}{g(az)} \leqq \frac{q}{g(az(1-q))} = \frac{q(1-q)az}{e^{(1-q)az}-1} \quad .$$

Dieser Wert ist jedenfalls kleiner als q, denn für alle $x \geq 0$ ist $g(x) \geq 1$. Wir bestimmen $E(f_{zus})$ für den Fall, daß sich die Zugriffswahrscheinlichkeiten für die zuletzt angesprochene Seite und für die am längsten nicht angesprochene Seite um den Faktor 5 unterscheiden. Damit ist $e^{-az}=0.2$ (vgl. Abb. 8.3b) und somit az=1.61. Für den Anteil q der ausgelagerten Seiten wählen wir die Werte 12 %, 8 %, 4 % und berechnen die zugehörigen Werte von $1/g(az(1-q))$:

q	1/g(az(1-q))
0.12	$1/g(1.61 \cdot 0.88) = 0.46$
0.08	$1/g(1.61 \cdot 0.92) = 0.44$
0.04	$1/g(1.61 \cdot 0.96) = 0.42$

Diese Zahlen bedeuten, daß die Seitenfehlerrate etwa auf die Hälfte sinkt, wenn statt eines Zufallsaustauschs ein LRU-Austausch durchgeführt wird <u>und</u> die obigen Annahmen über die Zugriffswahrscheinlichkeiten zutreffen. Wird statt des Faktors 5 der Faktor 1.5 gewählt, dann ergibt sich $E(f_{zus})=0.8q$ für q=0.90. Wird der Arbeitsspeicher vergrößert, so schrumpft q, und somit wächst az(1-q). Die Folge ist ein starkes Anwachsen der Effizienz (denn g(x) wächst exponentiell).

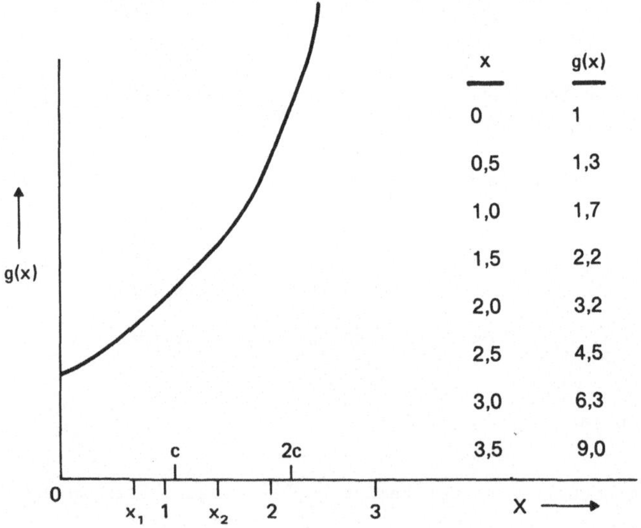

Abb. 8.3c Die Funktion $g(x) = \frac{e^x - 1}{x}$

8.3.4 Leider läßt sich aus diesem theoretischen Ergebnis kein praktischer Nutzen ziehen, denn weder das Betriebssystem noch das Benutzerprogramm kennen die Zugriffswahrscheinlichkeiten. Wenn die Seitenumlagerungen ausschließlich vom Betriebssystem gesteuert werden - wie das beim Demand Paging der Fall ist -, muß das Betriebssystem anstreben, die Wahrscheinlichkeiten geschickt zu schätzen. Derartiges wurde erstmals beim Betriebssystem des Ferranti-Atlas-Rechners versucht (Manchester, 1960). Die Seitenverwaltung beim Atlas-System beruht auf der Annahme, daß die Zugriffswahrscheinlichkeiten mit den in der jüngsten Vergangenheit beobachteten Zugriffshäufigkeiten korrelieren; den am häufigsten angesprochenen Seiten werden die höchsten Zugriffswahrscheinlichkeiten zugesprochen, die am wenigsten angesprochenen Seiten sind Kandidaten für eine Verdrängung. Dieses Austauschverfahren wird LFU-Algorithmus genannt (für engl. least frequently used).

Die Korrelation zwischen Zugriffswahrscheinlichkeit und beobachteter Zugriffshäufigkeit ist tatsächlich recht gut; deshalb kann man die Seitenfehlerrate gering halten, wenn es nur gelingt, die Zugriffshäufigkeiten zu messen. Aber hier liegt das Problem des LFU-Verfahrens; der Verwaltungsaufwand ist hoch! Offenbar muß für jede Seite ein Zugriffszähler geführt werden, der durch geeignete Hardware bei jedem Zugriff automatisch erhöht wird. Aber selbst wenn solche Hardware-Unterstützung vorausgesetzt wird, ist der LFU-Algorithmus aufwendig. Die Seiten können nicht entsprechend ihrer Zugriffshäufigkeiten geordnet werden, weil dies eine laufende Umordnung erfordern würde. Also muß der Algorithmus die Menge aller im Arbeitsspeicher vorliegenden Seiten durchsuchen, um die mit der geringsten Zugriffshäufigkeit zu finden. Der LFU-Algorithmus ist daher anderen Austauschalgorithmen wie beispielsweise dem second-chance-Algorithmus (der ja als Approximation von LRU angesehen werden kann) unterlegen. Beachte, daß letzterer außer dem benutzt-Bit keinerlei spezielle Hardware benötigt!

Als Abschätzung für die Lokalität eines Programms hat P. J. Denning die Arbeitsmenge (engl. working set) vorgeschlagen. Die Arbeitsmenge eines Programms zum Zeitpunkt t ist diejenige Menge von Seiten, auf die das Programm im Zeitintervall [t+1-T:t] zugegriffen hat. (Die Zeit wird diskret - in Zugriffen - gemessen.) T geht hier als Parameter ein und bezeichnet die Größe des "Fensters", durch welches das Programm beobachtet wird. Offenbar ist für ein vorgegebenes t und für kleine T der Umfang der Arbeitsmenge proportional zu T. Das Lokalitätsprinzip besagt, daß sich das Wachstum der Arbeitsmenge für größere T abflacht und für sehr große T wieder zunimmt.

Eine elementar extrapolierende Speicherverwaltung wird davon ausgehen, daß die Arbeitsmenge mit hoher Wahrscheinlichkeit auch weiter benötigt wird, und also versuchen, die Arbeitsmenge eines aktiven Prozesses vollständig im Arbeitsspeicher zu halten. Zwei Schwierigkeiten ergeben sich hier. Zum einen ist es kaum möglich, den Zeitpunkt des letzten Zugriffs auf eine Seite festzuhalten (vgl. die Argumente gegen LRU). Daran scheitert auch die denkbare Approximation der Arbeitsmenge durch die K zuletzt angesprochenen Seiten. Benutzen wir den second-chance-Algorithmus als Approximation für LRU, so bleibt immer noch das Problem der Wahl von T bzw. K. Wählt man zu kleine Werte, so entsprechen die Arbeitsmengen nicht dem tatsächlichen Programmverhalten; eine hohe Seitenfehlerrate ist die Folge. Es mag dann zwar gelingen, alle bereiten bzw. aktiven Prozesse im Arbeitsspeicher vertreten zu haben, jedoch kommt keiner richtig zum Arbeiten, weil die Seitenfehler überhandnehmen. Das kann dazu führen, daß häufig kein einziger Prozeß arbeitsfähig ist (weil auf eine Seite wartend), so daß der Prozessor leer läuft, ein Phänomen, daß als Seitenflattern (engl. thrashing, d. h. zappeln) bekannt ist. Wird dagegen T bzw. K zu groß gewählt, so passen nur wenige Prozesse in den Arbeitsspeicher; das kann ebenfalls zu einer schlechten Prozessornutzung führen.

Bei der Wahl von T bzw. K kann man pragmatisch wie folgt verfahren. Das System variiert T bzw. K in Abhängigkeit von der aktuellen Seitenfehlerrate. Wenn die Seitenfehlerrate eine bestimmte obere Grenze überschreitet (z. B. 1/5000), wird T bzw. K erhöht; damit sinkt die Seitenfehlerrate. Ist die Seitenfehlerrate zu gering, wird T bzw. K verringert. Damit gelangen dann mehr Prozesse in den Arbeitsspeicher - um den Preis einer etwas höheren Umlagerungsaktivität.

Als Alternative zum Demand Paging bietet sich das Request Paging (auch Prepaging genannt) an: das Benutzerprogramm teilt dem Betriebssystem mit, welche Seiten jeweils zu seiner Lokalität gehören. Die Erfolgsaussichten eines solchen Zugangs werden im allgemeinen skeptisch beurteilt, weil man dem Benutzer nicht die notwendige Sachkenntnis zutraut. Die jeweils zu wählende Lokalitätsgröße hängt nämlich nicht nur vom Programmverhalten, sondern auch von den Ein/Auslagerungszeiten ab. Der praktische Nutzen vom Request Paging ist daher bis heute umstritten.

Ubungen

1. Wir betrachten eine Maschine mit einer Speicherzugriffszeit von 2 μs und einer Trommel mit einer Transferrate von 80 Worten/ms (1024 Worte je Spur). Der natürliche Seitenfluß f_{nat} für ein vorgegebenes Programm sei ein Drittel des Kehrwerts der Seitengröße. Welche Auswirkung hat die Verringerung der Seitengröße von 1024 Worten auf 512, 256 bzw. 128 Worte auf die Effizienz ε der Programmverarbeitung?

Man kann auch andere Geräte als Sekundärspeicher einsetzen. Macht es einen großen Unterschied, wenn die Effizienz ε nicht wie in 8.3.2, sondern als $f_{nat}/(f_{nat}+f_{zus})$ definiert wird?

2. Wir teilen die Seiten einer vorgegebenen Menge von Lokalitäten in drei Klassen ein. Die erste Klasse umfaßt die Hälfte aller Seiten, und wir postulieren, daß diese Seiten alle die gleiche Zugriffswahrscheinlichkeit haben. Die zweite Klasse umfaßt ein Drittel aller Seiten, die dritte ein Sechstel. Die Zugriffswahrscheinlichkeiten für die Seiten der zweiten Klasse betragen 2/3 des Wertes für die erste Klasse, bei der dritten Klasse 1/3 des Wertes der ersten Klasse. Ein Teil der Seiten mit kleineren Zugriffswahrscheinlichkeiten wird im Sekundärspeicher gehalten. Gib eine Abschätzung für den Erwartungswert $E(f_{zus})$ der dadurch verursachten zusätzlichen Seitenfehlerrate in Abhängigkeit vom Anteil q der ausgelagerten Seiten an!

3. Wir wollen für zwei spezielle Fälle die Leistungen des LRU- und LFU-Algorithmus miteinander vergleichen. Es liege eine Menge von N Seiten vor. Ein Programm soll sich so verhalten, daß die Zugriffswahrscheinlichkeit für eine Seite mit dem Zeitpunkt des letzten Zugriffs auf die Seite wächst. Ein anderes Programm verhalte sich so, daß die Zugriffswahrscheinlichkeit proportional zur kumulativen Zugriffshäufigkeit ist. Jedes Programm habe eine gewisse fiktive Vorgeschichte, aus der sich die Anfangswahrscheinlichkeiten ergeben. Bestimme mittels Simulation für beide Fälle die Anzahl der Seitenfehler sowohl bei Anwendung des LRU- als auch des LFU-Algorithmus! Führe Simulationen für verschiedene Werte von q (des Anteils der ausgelagerten Seiten) durch, z. B. für 12 %, 8 %, 4 %, 2 %!

4. Eine direkte Implementierung des LFU-Algorithmus scheitert an dem zu hohen Aufwand. Man kann versuchen, LFU wie folgt zu approximieren. Der Assoziativspeicher enthält wie üblich eine Teilmenge der Deskriptoren der eingelagerten Seiten. Immer wenn ein neuer Deskriptor in den Assoziativspeicher gebracht wird, werden die "Zugriffszähler" derjenigen Deskriptoren, deren beschrieben-Bit gesetzt ist, erhöht und die benutzt-Bits gelöscht. Bei welchen sonstigen Gelegenheiten muß der Zugriffszähler modifiziert werden? Implementiere den Quasi-LFU-Algorithmus und vergleiche ihn mit dem Quasi-LRU-Algorithmus aus 8.2.4!

Man kann einwenden, daß diese Approximation zu ungenau ist, weil die Zeitspannen zwischen je zwei Ladeoperationen für den Assoziativspeicher variieren. Statt einen Zugriffszähler zu führen, könnte man die Zeiten akkumulieren, während derer man den Deskriptor mit wiederholt gesetztem benutzt-Bit im Assoziativspeicher antrifft. Prüfe, ob diese Variante bezüglich Zeit- oder Speicherbedarf aufwendiger ist und ob man sie empfehlen kann!

5. Der Arbeitsmengen-Parameter T (bzw. K) und die Seitenfehlerrate können prozeßspezifisch geführt bzw. gemessen werden, man kann aber auch ein systemglobales T verwenden und die Seitenfehlerrate global messen. Vergleiche diese beiden Methoden miteinander.

6. Über den Arbeitsmengen-Parameter kann man die Seitenfehlerrate und die Arbeitsspeichernutzung steuern. Ist die Seitenfehlerrate zu hoch, so erhöht man den Arbeitsmengen-Parameter, damit die Prozesse ihre Arbeitsmengen vergrößern können. Im Augenblick der Erhöhung ist der Arbeitsspeicher aber noch mit kleinen Arbeitsmengen belegt. Entwickle eine Strategie zur Bereitstellung von Arbeitsspeicherplatz für die größeren Arbeitsmengen! Was ist zu tun, wenn der Arbeitsmengen-Parameter verkleinert wird?

8.4 Externer Speicherverschnitt

8.4.1 Seiten lassen sich einfacher verwalten als Segmente. Im Arbeitsspeicher einen geeigneten Platz für ein einzulagerndes Segment zu finden, erfordert einen nichttrivialen Suchvorgang. Dagegen ist das Finden eines freien Rahmens für eine Seite kein Problem. Bei der Freigabe von Arbeitsspeicherplatz sieht es ähnlich aus: bei der Segmentierung muß der freie Bereich in eine Liste eingeordnet und eventuell mit benachbarten Bereichen verschmolzen werden; beim Seitenverfahren ist die Verbuchung eines freien Rahmens trivial.

Auch bezüglich des Speicheraufwands für die Deskriptoren schneidet das Seitenverfahren besser ab. Der Umfang einer Seiten- bzw. Segmenttabelle hängt zunächst von der Seitengröße bzw. mittleren Segmentgröße ab. Aber ein Segmentdeskriptor benötigt wegen des Längenfeldes fast doppelt so viel Platz wie ein Seitendeskriptor. Bei gleicher Deskriptoranzahl braucht also eine Segmenttabelle fast doppelt so viel Platz wie eine Seitentabelle.

Sowohl bei der Segmentierung als auch beim Seitenverfahren geht zusätzlicher Speicherplatz verloren. Bei der Segmentierung ergibt sich eine Zerstückelung des Arbeitsspeichers, und es entstehen viele kleine Löcher, die für größere Segmente nicht nutzbar sind. Dieser de facto nicht genutzte Arbeitsspeicherplatz wird als externer Speicherverschnitt (engl. external fragmentation) bezeichnet. Aber auch beim Seitenverfahren wird der Speicher nicht voll genutzt. Es gibt zwar keinen externen, dafür aber einen internen Speicherverschnitt (engl. internal fragmentation): wenn der für einen Programmbereich, Datenbereich, gemeinsam benutzten Code etc. benötigte Speicherplatz nicht ein ganzzahliges Vielfaches der Seitengröße beträgt, bleibt in einer Seite ungenutzter Platz übrig. Der externe Speicherverschnitt wird in diesem Abschnitt analysiert, der interne im nächsten.

8.4.2 Wie groß ist der im Mittel ungenutzte Platz bei der Segmentierung? Diese Frage ist wegen des sehr unsystematisch erfolgenden Splittens und Verschmelzens von Löchern schwer zu beantworten. Knuths "50%-Regel" (D. E. Knuth: The Art of Computer Programming, Vol. 1, Section 2.5, Addison-Wesley, 1969) setzt die mittlere Anzahl der Löcher, l, zur mittleren Anzahl der Segmente, s, wie folgt in Beziehung:

$$l = \frac{1}{2} ps \quad .$$

p ist die Wahrscheinlichkeit dafür, daß nach der Belegung eines Loches mit einem Segment noch ein Restbereich als Loch übrigbleibt. Die Ableitung der 50%-Regel beruht auf der (plausiblen) Annahme, daß im stationären Zustand bei einer Änderung in der Belegung mit gleicher Wahrscheinlichkeit eine Zunahme bzw. eine Abnahme der Anzahl der Löcher zu erwarten ist. Wenn die Segmentgrößen stark variieren, liegt p in der Nähe von 1, d. h. es ist $l = s/2$ (daher der Name "50%-Regel"). Die Gültigkeit der Regel kann wie folgt plausibilisiert werden. Ein Segment wird im Mittel während der Hälfte seiner Anwesenheitszeit im Speicher von einem Loch gefolgt werden, und während der anderen Hälfte von einem anderen Segment. Somit hat im Mittel die Hälfte aller Segmente ein Loch hinter sich.

Der Anteil des externen Speicherverschnitts ist schwer zu bestimmen. Er hängt jedenfalls von der mittleren Lochgröße, λ, und der mittleren Segmentgröße, σ, ab. Das Verhältnis dieser beiden Größen bezeichnen wir als relative Lochgröße k. Die Segmente belegen einen Speicherbereich der Größe $s\sigma$. Bei $p=1$, d. h. $l = s/2$, belegen die Löcher einen Bereich der Größe $l\lambda = \frac{s}{2} k\sigma$. Bezeichnen wir die Speichergröße mit N, so gilt

$$N = s\sigma + l\lambda = s\sigma\left(1+\frac{k}{2}\right) \quad .$$

Der Anteil des externen Speicherverschnitts am gesamten Speicherplatz ist dann

$$v = \frac{l\lambda}{N} = \frac{\frac{1}{2}\,s\sigma k}{s\sigma(1+\frac{k}{2})} = 1 - \frac{2}{k+2} \quad .$$

Diese Beziehung gibt immerhin einen Einblick in die Abhängigkeit des Speicherverschnitts von der relativen Lochgröße k (siehe Abb. 8.4a).

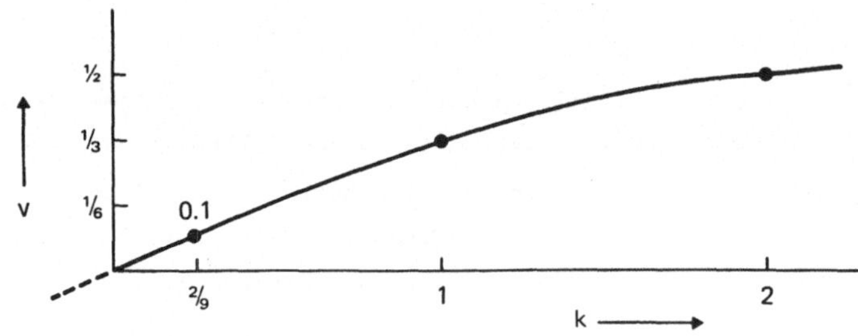

Abb. 8.4a Anteil des externen Speicherverschnitts als Funktion der relativen Lochgröße

8.4.3 Beim Seitenverfahren genügt eine einmalige Anwendung des Austauschalgorithmus, um einen freien Rahmen für eine Seite zu erhalten. Bei der Segmentierung dagegen kann es passieren, daß der durch den Austauschalgorithmus freigemachte Platz für das einzulagernde Segment nicht ausreicht. Offenbar hat auch die mittlere Lochgröße einen Einfluß auf den Erfolg des Austauschalgorithmus. Wenn gar keine Löcher vorhanden wären, würde mit der Wahrscheinlichkeit $\frac{1}{2}$ die einmalige Anwendung des Austauschalgorithmus zum Ziel führen. Tatsächlich besteht aber die Möglichkeit, daß hinter dem durch den Austauschalgorithmus verdrängten Segment ein Loch folgt, weshalb die Wahrscheinlichkeit der erfolgreichen Placierung eines neuen Segments mit der relativen Lochgröße steigt. Somit besteht eine Beziehung zwischen dem Anteil des Speicherverschnitts und der Wahrscheinlichkeit, daß das Verdrängen eines Segments für die Einlagerung eines anderen Segments ausreicht. Wenn diese Wahrscheinlichkeit durch das Inkaufnehmen eines geringfügig höheren Speicherverschnitts merklich erhöht würde, läge es nahe, Speicher zu opfern, um dafür Zeit beim Segmentaustausch zu sparen. Wir werden sehen, daß dies leider nur für kleine relative Lochgrößen k gilt. Die Erhöhung des Wertes k von 1 auf 2 beispielsweise verbessert kaum die Erfolgschancen beim Segmentaustausch.

Wir bestimmen die Wahrscheinlichkeit dafür, daß der durch die Verdrängung eines Segmentes gewonnene Platz, einschließlich des eventuell benachbarten Lochs, das einzulagernde Segment aufnehmen kann. Die Dichtefunktionen für die Zufallsvariablen "Segmentgröße" und "Lochgröße" seien s(x) bzw. l(x). Da k das Verhältnis von mittlerer Lochgröße zu mittlerer Segmentgröße darstellt, muß gelten:

$$\int_0^\infty l(x)dx = 1 \quad , \quad \int_0^\infty s(x)dx = 1 \quad ,$$

$$\int_0^\infty x\, l(x)dx = k \int_0^\infty x\, s(x)dx \quad .$$

Ein einzulagerndes Segment der Größe x_1 paßt in den Bereich, der durch Auslagerung des Segments x_2 bei Berücksichtigung eines angrenzenden Loches der Größe x_3 frei wird, wenn $x_2+x_3 \geqq x_1$ gilt. Wir nehmen an, daß der Austauschalgorithmus die Segmentgrößen ignoriert, und weiterhin, daß die Segmentgrößen unabhängig von den Größen der benachbarten Löcher sind. Bei vorgegebenem x_1 ist dann die Wahrscheinlichkeit für $x_2+x_3 \geqq x_1$

$$W(x_2+x_3 \geqq x_1) = 1 - W(x_2+x_3 < x_1)$$

$$= 1 - \int_0^{x_1} s(y) \int_0^{x_1-y} l(x)\, dx\, dy \quad .$$

Die Mittelung über alle x_1 ergibt die Wahrscheinlichkeit, daß das einzulagernde Element in den Bereich der Größe x_2+x_3 paßt:

$$W(\text{Segment paßt}) = \int_0^\infty s(z)\, W(x_2+x_3 \geqq z)\, dz$$

$$= 1 - \int_0^\infty s(z) \int_0^z s(y) \int_0^{z-y} l(x)\, dx\, dy\, dz \quad .$$

Wir bestimmen W(Segment paßt) für drei verschiedene Fälle:

Fall 1: Die Segmentgröße und die Lochgröße sind exponentiell verteilt, d. h. große Segmente bzw. Löcher sind weniger häufig als kleine:

$$s(x) = e^{-x} \quad , \qquad l(x) = ce^{-cx} \quad .$$

Fall 2: Die Lochgröße ist exponentiell verteilt; Segmente mittlerer Größe sind besonders häufig:

$$s(x) = xe^{-x} \quad , \qquad l(x) = ce^{-cx} \quad .$$

Fall 3: Segmente mittlerer Größe und Löcher mittlerer Größe sind besonders häufig:

$$s(x) = xe^{-x} \quad , \qquad l(x) = c^2xe^{-cx} \quad .$$

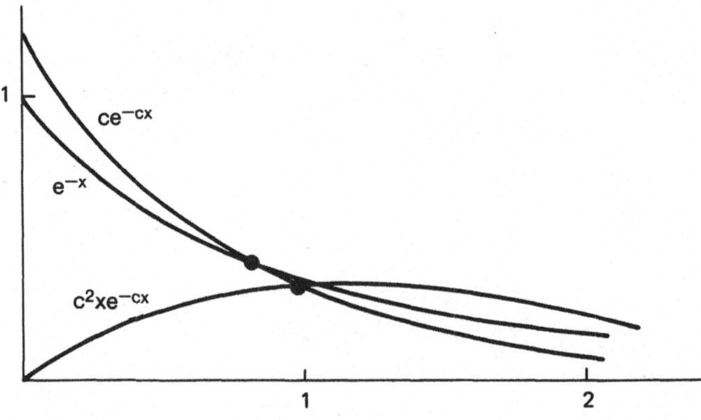

Abb. 8.4b Die Dichtefunktionen für Segmentgrößen und Lochgrößen

8.4.4 Die Konstante c hängt mit der relativen Lochgröße k zusammen. Mit

$$\int_0^\infty x\, l(x)\, dx = k \int_0^\infty x\, s(x)\, dx$$

erhält man

$$c = \frac{1}{k} \quad \text{für Fall 1} \quad ,$$

$$c = \frac{1}{2k} \quad \text{für Fall 2} \quad ,$$

$$c = \frac{1}{k} \quad \text{für Fall 3} \quad .$$

Beachte

$$\int_0^\infty s(z) \int_0^\infty s(y) \int_0^\infty l(x)\; dx\; dy\; dz = 1 \quad .$$

Deswegen ist

$$W(\text{Segment paßt}) = \int_0^\infty s(z) \int_0^\infty s(y) \int_0^\infty l(x)\; dx\; dy\; dz - \int_0^\infty s(z) \int_0^z s(y) \int_0^{z-y} l(x)\; dx\; dy\; dz$$

$$= \int_0^\infty s(z) \int_0^z s(y) \int_{z-y}^\infty l(x)\; dx\; dy\; dz + \int_0^\infty s(z) \int_z^\infty s(y)\; dy\; dz \quad .$$

Der zweite Term ist die Wahrscheinlichkeit dafür, daß das neue Segment in den Bereich des alten Segments paßt. Diese Wahrscheinlichkeit muß in allen Fällen gleich $\frac{1}{2}$ sein - was sich wie folgt bestätigen läßt: für zwei Funktionen $f(x)$, $g(x)$ gilt (Vertauschung der Integrationsgrenzen):

$$\int_0^\infty f(z) \int_z^\infty g(y)\; dy\; dz = \int_0^\infty g(y) \int_0^y f(z)\; dz\; dy \quad .$$

Mit $f(x) = g(x) = s(x)$ folgt, daß die Summanden in

$$\int_0^\infty s(z) \int_z^\infty s(y)\; dy\; dz + \int_0^\infty s(z) \int_0^z s(y)\; dy\; dz = \int_0^\infty s(z) \int_0^\infty s(y)\; dy\; dz = 1$$

gleich sind - d. h. gleich $\frac{1}{2}$ sind.

Wir berechnen den ersten Term von W(Segment paßt) für den oben definierten Fall 2 ($s(x) = xe^{-x}$, $l(x) = ce^{-cx}$). Mit $t = cx$ haben wir

$$\int_0^z ye^{-y} \int_{c(z-y)}^\infty e^{-t}\; dt\; dy \;=\; e^{-cz} \int_0^z y\; e^{-(1-c)y} dy$$

$$= \frac{e^{-cz}}{(1-c)^2} \int_0^{(1-c)z} re^{-r} dr$$

$$= \frac{e^{-cz}}{(1-c)^2} - \frac{e^{-z}}{(1-c)^2}((1-c)z+1) \quad .$$

Damit wird

$$\int_0^\infty s(z) \int_0^z s(y) \int_{z-y}^\infty 1(x)\, dx\, dy\, dz$$

$$= \frac{1}{(1-c)^2}\int_0^\infty ze^{-(1+c)z}dz - \frac{1}{(1-c)^2}\int_0^\infty z((1-c)z+1)e^{-2z}dz$$

$$= \frac{1}{(1-c)^2(1+c)^2}\int_0^\infty re^{-r}dr - \frac{1}{8(1-c)^2}\int_0^\infty t((1-c)t+2)e^{-t}dt$$

$$= \frac{1}{(1-c)^2(1+c)^2} - \frac{2(1-c)+2}{8(1-c)^2} = \frac{c^3-3c+2}{4(1-c)^2(1+c)^2}$$

$$= \frac{c+2}{4(1+c)^2} \quad .$$

Im Fall 2 ist $c = \frac{1}{2k}$, und damit erhalten wir für W(Segment paßt) im Fall 2 den Wert

$$W_2(k) = \frac{\frac{1}{2k}+2}{4(1+\frac{1}{2k})^2} + \frac{1}{2} = 1 - \frac{3}{4(2k+1)} + \frac{1}{4(2k+1)^2} \quad .$$

In ähnlicher Weise kann man auch $W_1(k)$ und $W_3(k)$ berechnen. Man erhält

$$W_1(k) = 1 - \frac{1}{2(k+1)} \quad ,$$

$$W_2(k) = 1 - \frac{3k+1}{2(2k+1)^2} \quad ,$$

$$W_3(k) = 1 - \frac{2k+1}{2(k+1)^3} \quad .$$

Diese Funktionen nehmen für k=0 den Wert $\frac{1}{2}$ an und wachsen dann monoton mit k (siehe Abb. 8.4c). Dieses Verhalten entspricht der Tatsache, daß beim Nichtvorhandensein von Löchern die Wahrscheinlichkeit, daß das neue Segment paßt, gleich $\frac{1}{2}$ ist, und daß diese Wahrscheinlichkeit wächst, je größer die Löcher werden.

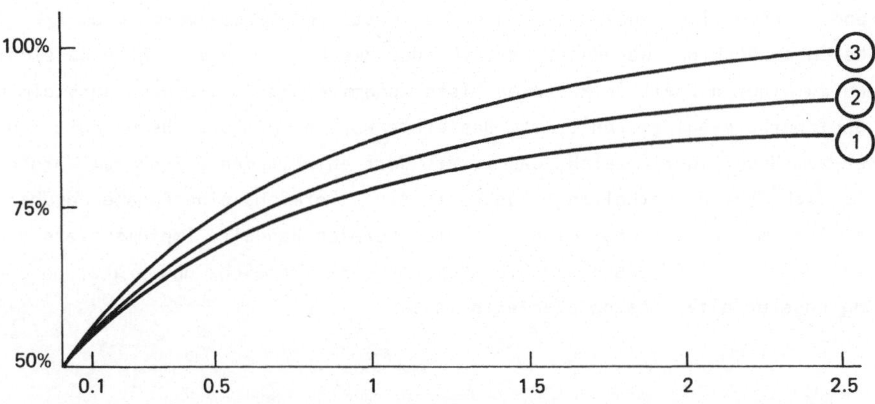

Abb. 8.4c Die Wahrscheinlichkeit dafür, daß das neue Segment paßt, als Funktion der relativen Lochgröße

8.4.5 Die Wahrscheinlichkeitsfunktionen $W_1(k)$, $W_2(k)$, $W_3(k)$ zeigen ein ähnliches Verhalten. Die Wahrscheinlichkeit, daß das neue Segment paßt, wird merklich erhöht, wenn k von 0 auf 1 anwächst. Anschließend wächst sie nicht mehr so schnell.

Offensichtlich hat man beim Systementwurf die Wahl, entweder den Aufwand für den Segmentaustausch oder den externen Speicherverschnitt gering zu halten. Beides zugleich geht nicht. Betrachten wir den Anteil des Speicherverschnitts v(k) (Abb. 8.4a) und die Wahrscheinlichkeit W(k), daß das neue Segment paßt (Abb. 8.4c). Für v = 10 % ist W ≈ 60 %, für v = 35 % ist W ≈ 80 %, und für v = 50 % ist W ≈ 87 %. Diese Zahlen legen den Schluß nahe, daß die angemessene relative Lochgröße zwischen 0.5 und 1 liegt. Die Wahrscheinlichkeit, daß das neue Segment paßt, liegt dann bei 70 %.

Übungen

1. Die Anforderung und Freigabe von Speicherplatz ist nicht zuletzt wegen der Manipulation der Lochliste aufwendig. Besonders wenn die Liste wie in 8.1.3 beschrieben realisiert ist, ergeben sich aufwendige Operationen zum Suchen und Verschmelzen von Löchern. Um den Preis eines geringfügig höheren Speicherbedarfs kann der Aufwand beträchtlich reduziert werden. Das erste und letzte Wort jedes freien und belegten Bereichs werden für Buchführungszwecke reserviert. Alle Bereiche werden zu einer doppelt verketteten Liste zusammengefaßt, die nach aufsteigenden Speicheradressen geordnet ist. Das erste Wort eines Bereichs enthält den Zeiger zum Nachfolger-Bereich, das letzte Wort enthält den Zeiger zum Vorgänger-Bereich. Ferner enthalten beide Worte eines Bereichs eine Angabe darüber, ob es sich um ein Loch oder einen belegten Bereich handelt. Implementiere die Prozeduren für die Belegung und die Rückgabe eines Bereichs und prüfe, ob diese Lösung unserer alten Lösung überlegen ist!

2. In 8.4.4 wurde die Wahrscheinlichkeit W(k), daß das neue Segment paßt, für den Fall 2, $s(x) = xe^{-x}$, $l(x) = ce^{-cx}$, berechnet; s(x) ist die Dichtefunktion für die Segmentgröße und l(x) die für die Lochgröße. Berechne W(k) für den Fall 1, $s(x) = e^{-x}$, $l(x) = ce^{-cx}$, und für den Fall 3, $s(x) = xe^{-x}$, $l(x) = c^2xe^{-cx}$.

3. Bei der Berechnung der Wahrscheinlichkeit W(k) gingen wir davon aus, daß das verdrängte Segment genau ein benachbartes Loch hat. Das ist eigentlich unzulässig, denn das Segment kann auch zwei benachbarte Löcher oder gar kein benachbartes Loch haben. Nimmt man an, daß im Mittel die Hälfte aller Segmente ein Loch auf der linken Seite und ebenfalls die Hälfte aller Segmente ein Loch auf der rechten Seite hat, so ist die Wahrscheinlichkeit, daß ein neues Segment der Größe x_1 paßt,

$$w(x_1) = \frac{1}{4}(W(x_2 \geq x_1) + 2W(x_2+x_3 \geq x_1) + W(x_2+x_3+x_4 \geq x_1)) \quad ,$$

wobei x_2 die Größe des alten Segments und x_3, x_4 die Größen der Löcher sind. Damit ist

$$W(k) = \int_0^\infty s(x)\; w(x)\; dx \quad .$$

Berechne diese Wahrscheinlichkeit für den Fall exponentiell verteilter Segment- und Lochgrößen!

4. W(k) kann direkt als Funktion von v, dem Anteil des Speicherverschnitts, dargestellt werden, indem man k aus W(k) und v(k) eliminiert. Bestimme W(v) für die Fälle 1 - 3 und stelle den Funktionsverlauf für $0 \leq v \leq 1$ graphisch dar! Bestätige, daß in allen drei Fällen $W(v=0) = \frac{1}{2}$ und $W(v=1) = 1$ gilt!

5. Um den optimalen Bereich für die relative Lochgröße k zu bestimmen, muß man einerseits den Aufwand für den Segmentaustausch und andererseits die negativen Folgen des Speicherverschnitts berücksichtigen. Wir nehmen an, daß die "Kosten" des Speicherverschnitts diesem proportional sind,

$$K_v = c_1 v(k) \quad ,$$

und daß für die Kosten des Segmentaustauschs

$$K_a = \frac{c_2}{W(k)}$$

gilt. Unter diesen Bedingungen ist k optimal, wenn die Gesamtkosten $K_v + K_a$ minimiert werden. Bestimme das optimale k_{opt} als Funktion von $c = c_2/c_1$ (bei festem c_1)! (k_{opt} sollte mit c wachsen! Was bedeutet dieses Verhalten von k_{opt}?)

8.5 Interner Speicherverschnitt

8.5.1 Beim Seitenverfahren gibt es keinen externen Speicherverschnitt, weil die neue Seite stets genau in den durch das Verdrängen der alten Seite freigewordenen Bereich paßt. Dafür muß man aber den internen Speicherverschnitt in Kauf nehmen, da Speicherplatz nur in ganzzahligen Vielfachen der Seitengröße zugeteilt wird. Ein "logisches Segment" der Größe s wird derart in n Seiten der Größe p gespeichert, daß

$$(n-1)p < s \leq np$$

gilt; dabei wird Speicherplatz im Umfang von np-s verschenkt. Dieser Verlust ist offenbar marginal, wenn es wenige logische Segmente gibt, etwa wenn das Betriebssystem als ein einziges Segment und jedes Benutzerprogramm als ein Segment realisiert wird. Der interne Speicherverschnitt wird somit nur dann zum Problem, wenn man die Segmentierung mit dem Seitenverfahren kombiniert (siehe 7.5). Wir untersuchen diesen Speicherverschnitt und vergleichen ihn mit dem bei reiner Segmentierung anfallenden externen Speicherverschnitt. Außerdem untersuchen wir, welchen Einfluß die Seitengröße auf den internen Speicherverschnitt hat.

8.5.2 Für die Größe s eines Segments kann

$$s = mp+r \quad \text{mit } 0 \leqq r < p$$

geschrieben werden. Wir setzen im Augenblick voraus, daß die Seitengröße p beträchtlich kleiner als die mittlere Segmentgröße ist. Die Maßeinheit für Segmentgrößen und Seitengröße ist ein "Speicherblock" (üblicherweise eine kleine Menge von Worten).

In einer großen Anzahl von Segmenten werden für r alle Werte von 0 bis p-1 gleich häufig auftreten, d. h. jeder Wert mit der Wahrscheinlichkeit $\frac{1}{p}$. r ist der interne Speicherverschnitt, der durch ein Segment verursacht wird. Der Gesamtverschnitt bei N Segmenten ist dann im Mittel (als Funktion der Seitengröße p)

$$V_N(p) = \frac{1}{p}(0+1+ \ldots +(p-1))\, N = \frac{N}{2}(p-1) \quad .$$

Wenn s die mittlere Segmentgröße ist, benötigen die N Segmente Speicherplatz im Umfang von

$$B(N,p) = Ns+V_N(p) = N(s + \frac{p-1}{2}) \quad ,$$

und für jedes Segment wird im Mittel ein Platz von

$$b(p) = s + \frac{p-1}{2}$$

benötigt. Die insgesamt benötigte Seitenzahl n ist

$$n = \frac{B(N,p)}{p} \quad .$$

Der Ausdruck für b(p) ist natürlich nicht gültig für p-Werte in der Nähe oder oberhalb von s. Wenn p = s ist und die Segmentgrößen symmetrisch um den Mittelwert s verteilt sind, dann passen die kleineren Segmente in eine Seite und die größeren in zwei Seiten. Es gilt dann

$$b(p=s) = \frac{1}{2}\,(1+2)s = \frac{3}{2}s \quad .$$

Dieser Wert liegt noch in der Nähe von $b(p) = s+\frac{p-1}{2}$. Wird p so groß, daß nahezu alle Segmente in eine Seite passen, dann wird b(p)=p (siehe Abb. 8.5a). In der Nähe von p=s verhält sich b(p) irregulär, abhängig von der aktuellen Verteilung der Segmentgröße (siehe Übung 2).

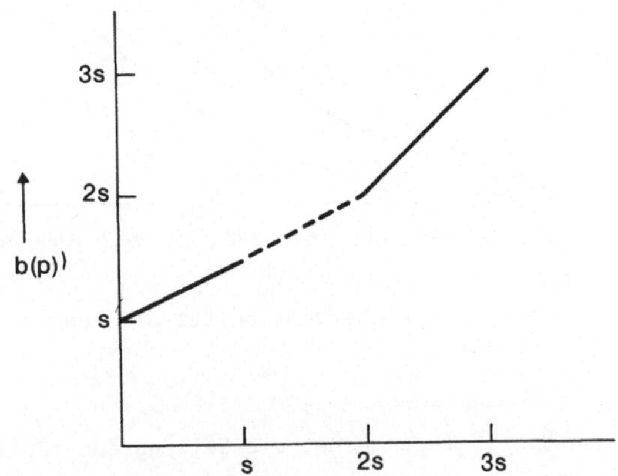

Abb. 8.5a Der im Mittel für ein Segment benötigte Speicherplatz b(p) als Funktion der Seitengröße p

Der Anteil des internen Speicherverschnitts am Gesamtspeicherplatz für N Segmente ist im Fall p<s

$$v(p<s) = \frac{V_N(p)}{B(N,p)} = \frac{1}{\frac{2s}{p-1}+1} .$$

Ist p wesentlich größer als s, so ist $V_N(p) = N(p-s)$ und $b(p) = p$, also

$$v(p>>s) = \frac{p-s}{p} = 1 - \frac{s}{p} .$$

Der Anteil des internen Speicherverschnitts ist in Abb. 8.5b als Funktion von $\log_2 p$ für verschiedene mittlere Segmentgrößen s graphisch dargestellt.

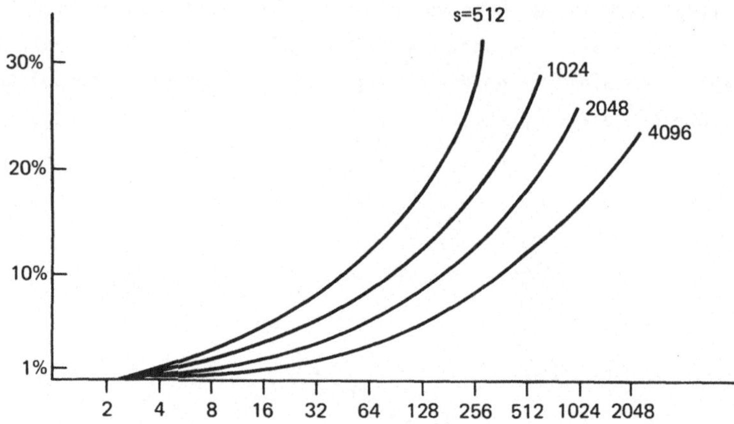

Abb. 8.5b Anteil des internen Speicherverschnitts als Funktion der Seitengröße

8.5.3 Die Abbildungen 8.5a,b legen nahe, die Seitengröße möglichst klein zu wählen. Bei einer Seitengröße p=1 fällt keinerlei Speicherverschnitt an! Es gibt aber natürlich Gründe, die gegen zu kleine Seiten sprechen. Im wesentlichen sind dies: (1) der Platzaufwand für die Seitentabelle und die Rahmentabelle; (2) der Aufwand für Seitenaustausch und -umlagerung.

Zu jeder Seite gehört ein Eintrag in einer Seitentabelle. Gemeinsame Seiten können sogar in mehreren Seitentabellen vertreten sein. Ebenso gibt es für jeden Rahmen des Arbeitsspeichers einen Eintrag in der Rahmentabelle.

Wenn die Seitengröße zu gering gewählt wird, nehmen die Tabellen zu viel Speicherplatz in Anspruch. Die Seitengröße p=1 ist schlicht nicht realisierbar, weil die Deskriptoren mindestens so viel Speicherplatz wie die Seiten selbst verbrauchen würden. Eine Verdoppelung der Seitengröße reduziert den für die Tabellen benötigten Platz um die Hälfte; der Tabellenumfang ist umgekehrt proportional zur Seitengröße. Die für die Umlagerung einer Seite benötigte Zeit ist nicht - wie man auf den ersten Blick erwarten könnte - proportional zur Seitengröße. Bis zum Start eines Seitentransfers vergeht jeweils eine bestimmte Zeitspanne, die unabhängig von der Seitengröße ist. Die Länge dieser Zeitspanne hängt von dem verwendeten Gerät ab. Bei einem rotierenden Speicher handelt es sich um die Latenzzeit; sie liegt im Mittel bei der halben Umdrehungszeit, unabhängig von der Seitengröße. Betrachten wir als Beispiel eine Trommel mit einer Übertragungsrate von 80 Worten pro Millisekunde und einer Aufzeichnungsdichte von 1024 Worten pro Spur. Hier ergibt sich eine mittlere Latenzzeit von 6.4 ms, das ist die Zeit für die Übertragung von 512 Worten. Die Anlaufzeit für einen Transfer vom/zum ECS beträgt dagegen nur 3 μs, das entspricht der Übertragungszeit für 30 Worte. Somit wird beim ECS die Anlaufverzögerung eher durch die Software als durch die Hardware bestimmt. Bei einem relativ langsamen Gerät wie einem rotierenden Speicher können die softwaremäßig durchzuführenden Maßnahmen wie Deskriptormanipulation, Vorbereitung des nächsten Gerätebefehls etc. parallel zur gerade laufenden Übertragung erfolgen. Beim ECS ist das nicht möglich; die Vorbereitung eines Transfers erfordert eine gewisse feste Zeit, die unabhängig von der Größe der übertragenen Seite ist. Der Einfachheit halber bezeichnen wir auch diese Zeit als "Latenzzeit". Ihre Größenordnung liegt bei 100 μs.

Offensichtlich sollten die Seiten weder zu groß noch zu klein sein. Einerseits muß der interne Speicherverschnitt klein gehalten werden - das spricht für kleine Seiten -, andererseits darf der Speicheraufwand für die Tabellen und der Zeitaufwand für die Umlagerungen nicht zu groß werden - das spricht für große Seiten. Eine optimale Seitengröße ist schwer zu bestimmen. Wir versuchen, eine Seitengröße zu finden, bei der eine gewisse Schranke für den Speicherverschnitt nicht überschritten wird und der Umlagerungsaufwand dennoch akzeptabel bleibt.

8.5.4 Wir definieren die "Speichereffizienz" σ in Abhängigkeit von der Seitengröße p als den Quotienten von benötigtem zu tatsächlich benutztem Speicherplatz. Wenn die Segmente nicht in Seiten aufgeteilt sind, benötigt man für ein Segment 1 Speichereinheit für den Segmentdeskriptor und im Mittel s Speichereinheiten für das Segment selbst. Für N Segmente braucht man also N(s+1) Speichereinheiten. Durch die Seiteneinteilung wird tatsächlich mehr Speicherplatz benutzt, einmal wegen des internen Speicherverschnitts, zum anderen wegen der zusätzlich benötigten Seitendeskriptoren. Der tatsächlich benutzte Platz ist also durch das Produkt von p+1 mit der Anzahl der Seiten n gegeben (siehe 8.5.2). Somit ist

$$\sigma(p) = \frac{N(s+1)}{(p+1)\,\frac{N}{p}\,(s+\frac{p-1}{2})}$$

$$= \frac{s+1}{(1+\frac{1}{p})\,(s+\frac{p-1}{2})} \quad .$$

$\sigma(p)$ liegt im Bereich [0:1]. Für $p\to\infty$ geht $\sigma(p)$ gegen 0. Ohne Seiteneinteilung der Segmente ist $\sigma=1$.

Als "Umlagerungseffizienz" τ kann man den Quotienten von benötigter Transferzeit (ohne Seiten) und tatsächlich benutzter Transferzeit (mit Seiten) betrachten. l sei die Anzahl der Speichereinheiten, die während einer Zeitspanne von der Dauer der Latenzzeit übertragen werden können. Wenn keine Seiteneinteilung vorliegt, ist die für das Umlagern eines Segmentes im Mittel benötigte Zeit proportional zu $s+l$. Für N Segmente braucht man demnach $N(s+l)$ der für die Übertragung einer Speichereinheit benötigten Zeiteinheiten. Die tatsächlich benutzte Transferzeit ergibt sich durch Multiplikation der Anzahl der Seiten n mit der für eine Seite benötigten Transferzeit $p+l$. (Beachte, daß bei Verwendung einer paging drum (7.4.5) mit mehreren Seiten je Spur das aktuelle l sehr viel kleiner als die mittlere Latenzzeit sein kann; vgl. Übung 3.) Wir erhalten

$$\tau(p) = \frac{N(s+l)}{(p+l)\,\frac{N}{p}\,(s+\frac{p-1}{2})}$$

$$= \frac{s+l}{(1+\frac{l}{p})\,(s+\frac{p-1}{2})} \quad .$$

$\tau(p)$ liegt ebenfalls im Bereich [0:1]. Für $p\to\infty$ geht τ gegen 0, und ohne Seiten ist $\tau = 1$.

Für $l=1$ ist $\tau(p)$ mit $\sigma(p)$ identisch. Typisch für l ist jedoch eher ein Wert wie 512. Beide Funktionen erreichen ihr Maximum, wenn der Nenner minimal wird. Die Ableitung des Nenners von $\tau(p)$ ist

$$\frac{p^2 - l\,(2s-1)}{2p^2} \quad ,$$

und der Nenner erreicht sein Minimum dort, wo die Ableitung positiv wird, d. h. für

$$p = \sqrt{l\,(2s-1)} \approx \sqrt{2ls} \quad .$$

Die Speichereffizienz erreicht ihr Maximum für

$$p = \sqrt{2s}$$

(das liegt tatsächlich im Bereich [1:s]). Für $l=512$ und $s>1024$ erreicht die Umlagerungseffizienz ihr Maximum für

$$p = 32\sqrt{s} \quad .$$

Unglücklicherweise liegen beide Maxima recht weit auseinander, weshalb es schwer ist, einen Kompromiß zwischen Speichereffizienz und Umlagerungseffizienz zu finden. In Abb. 8.5c sind $\sigma(p)$ und $\tau(p)$ für verschiedene s-Werte graphisch dargestellt (l=512).

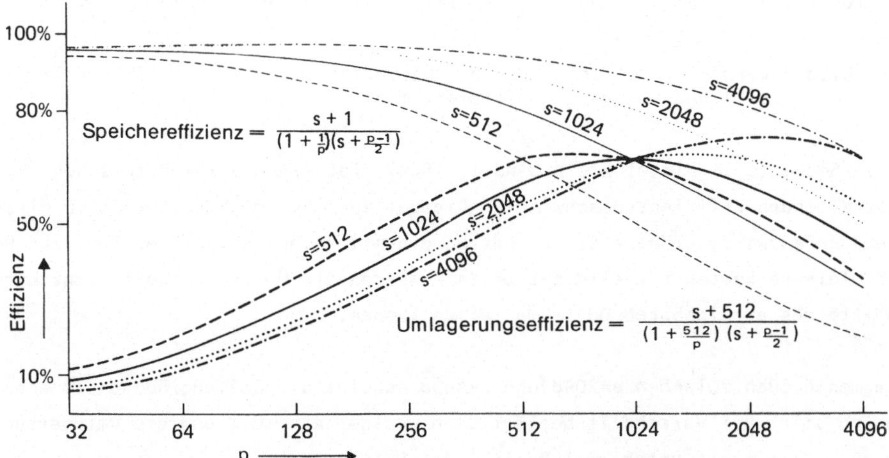

Abb. 8.5c Speichereffizienz und Umlagerungseffizienz in Abhängigkeit von der Seitengröße

Der in 8.5.2 für den internen Speicherverschnitt $v(p<s)$ erhaltene Ausdruck wird mit s=kp zu

$$v(k) \simeq \frac{1}{2k+1} \quad .$$

Für die Speichereffizienz in Abhängigkeit von k gilt

$$\sigma(k) \simeq \frac{2k}{2k+1} \simeq 1 - v(k) \quad .$$

Und mit s=ql gilt für die Umlagerungseffizienz in Abhängigkeit von q und k

$$\tau(q,k) \simeq \frac{2k}{2k+1} \; \frac{q+1}{q+k} \simeq \frac{q+1}{q+k} \; \sigma(k) \quad .$$

Die Tabelle in Abb. 8.5d enthält für einige Werte von k und q die jeweiligen Speicher- und Umlagerungseffizienzen, wobei 20 % als obere akzeptable Grenze für den Speicherverschnitt angenommen wird.

k	p	v(k)	σ(k)	τ(k)				
				q = 1	2	4	8	16
2	0.50s	<20 %	>80 %	>53 %	>60 %	>67 %	>72 %	>76 %
3	0.33s	16	84	43	51	61	70	78
4	0.25s	11	89	36	44	55	67	76
5	0.20s	9	91	30	39	50	63	71
10	0.10s	5	95	17	18	34	48	62

Abb. 8.5d Vergleich von internem Speicherverschnitt v(k), Speichereffizienz σ(k) und Umlagerungseffizienz τ(k)

Wenn die Segmente im Mittel klein sind ($s \leq 1024$), ist ein Ausgleich zwischen den widerstreitenden Effizienzen schwierig. Die Seitengröße p=256 erscheint in diesem Fall empfehlenswert. Größere Seiten hätten einen Verschnitt von über 20 % zur Folge und kleinere Seiten - vielleicht p=128 - würden die Umlagerungseffizienz unter die Hälfte des erreichbaren Optimums fallen lassen.

Für Segmentgrößen zwischen s=2048 und s=4096 scheint die Seitengröße p=512 angemessen zu sein. Der Verschnitt beträgt dann weniger als 10 % und die Umlagerungseffizienz fällt nicht unter zwei Drittel des Optimums.

Sind die Segmente groß ($s > 8192$), so ist p=1024 angemessen. Der Verschnitt liegt unterhalb von 6 % und die Umlagerungseffizienz liegt bei zwei Dritteln des Optimums. Vergleicht man die durch externen und internen Speicherverschnitt bedingten Verluste, so scheint sich in beiden Fällen ein Verschnitt von mindestens 10 - 20 % schwer vermeiden zu lassen. Bei der Segmentierung hängen die Verluste von den relativen Lochgrößen ab; sind die Löcher ungefähr so groß wie die Segmente, so muß man mit einem Verschnitt von 30 % rechnen.

Auch der interne Verschnitt kann in diese Größenordnung kommen, wenn die Segmente klein sind ($s < 1024$). In diesem Fall sollte man kleine Segmente "packen", so daß die mittlere Segmentlänge s künstlich vergrößert wird. Man kann dann auch zwecks höherer Umlagerungseffizienz die Seitengröße erhöhen, ohne viel an Speichereffizienz einzubüßen. Gelingt es, $s > 2000$ zu erreichen, dann hat man mit p=512 einen Verschnitt von etwa 10 % und eine Umlagerungseffizienz von etwa 55 %. Das erlaubt den Schluß, daß man die Speicherverluste bei der Verwendung von Seiten besser in den Griff bekommen kann als bei der reinen Segmentierung.

Übungen

1. Eine Trommelspur habe eine Kapazität von 21 Worten (z. B. 1=512). Für die Seitengröße gelte $p=\frac{1}{k}$ mit ganzzahligem k. Die Einlagerungszeit für eine Seite ist die Zeitspanne, die von der Aktivierung des Gerätes bis zum Vorliegen der Seite im Arbeitsspeicher vergeht. Zeige, daß die mittlere Einlagerungszeit gleich p+1 ist (gemessen in Zeiteinheiten je Wortübertragung)!

2. In einer großen Menge von N Segmenten seien die Segmentgrößen normalverteilt mit einem Mittelwert s und einer Standardabweichung d = s/4. Die Segmente seien auf Seiten der Größe p = kd verteilt. Der tatsächliche benutzte Speicherplatz hängt dann von der Größe k ab. Bei k = 4 beispielsweise paßt die Hälfte aller Segmente in jeweils eine Seite, und nahezu jedes Segment der anderen Hälfte paßt in zwei Seiten. In diesem Fall muß für ein Segment im Mittel der Platz

$$b(k=4) \approx \frac{1}{2}\,(p+2p) = 6d$$

bereitgestellt werden (vgl. 8.5.2). Berechne b(k) für k=1,...,8! Vergleiche das Ergebnis mit Abb. 8.5a!

3. Wird eine paging drum (7.4.5) eingesetzt, so gestaltet sich die Umlagerung erheblich effizienter als in 8.5.4 berechnet. Die mittlere Latenzzeit verringere sich um den Faktor

$$f(p) = c + \frac{(1-c)p}{21} \quad .$$

Hier ist c eine Konstante im Bereich (0:1], und es gilt $0<p\leq 21$. f(p) geht gegen c für $p\to 0$ und ist gleich 1 für p=21. Welche Auswirkung hat diese Änderung auf die Umlagerungseffizienz? Ist die Auswirkung deutlich genug, um eine Verringerung der in 8.5.4 für 1=512 erhaltenen Seitengrößen nahezulegen?

4. Der interne Speicherverschnitt ist der ungenutzte Platz innerhalb einer großen Menge von in Seiten aufgeteilten Segmenten. Tatsächlich befindet sich zu jedem Zeitpunkt nur ein kleiner Teil aller Seiten im Arbeitsspeicher; die meisten Seiten befinden sich im Hintergrundspeicher. Die Kosten eines Rahmens im Arbeitsspeicher sind aber viel höher als die eines Rahmens im Hintergrundspeicher. Darum interessiert eigentlich nur der im Arbeitsspeicher anfallende Verschnitt.

Untersuche, ob diese Änderung der Definition des internen Speicherverschnitts zu wesentlichen Abweichungen von unseren Ergebnissen führt! Modifiziere die Definition der Effizienzen entsprechend und diskutiere die Auswirkungen!

5. In Abb. 8.5c kann man ein seltsames Phänomen beobachten: alle Kurven für die Umlagerungseffizienz gehen durch den Punkt $p=1024$, $\tau=2/3$. Das bedeutet, daß bei einer Seitengröße $p=1024$ die Effizienz unabhängig von der Segmentgröße ist. Zeige, daß allgemein folgendes gilt: wenn genau eine Seite auf eine Spur paßt, ist die Umlagerungseffizienz gleich 2/3 - unabhängig von der Segmentgröße. Zeige weiterhin, daß die Umlagerungseffizienz für $p>21$ mit der Segmentgröße wächst und für $p<21$ mit wachsender Segmentgröße abnimmt! (Hat man sehr große Segmente (z. B. $s=161$), so kann man p größer als 21 wählen. Je größer dann die mittlere Segmentlänge ist, desto höher ist sowohl die Speichereffizienz als auch die Umlagerungseffizienz.)

Literatur

Wie man optimale Segmentgrößen findet, wird in [1] behandelt. In [2, 3, 11] wird das Seitenverfahren unter verschiedenen Aspekten modelliert und analysiert. [4] ist der klassische Aufsatz über das Arbeitsmengenmodell; ein Übersichtspapier jüngeren Datums ist [5]. In [7] wird ein Hardware-Mechanismus zur Erkennung von Arbeitsmengen beschrieben. Beispiele für Effizienzuntersuchungen findet man in [6, 8, 10, 11]. Eine der wenigen Arbeiten über Speicherverschnitt ist [9]. Was eine Minimierung der Latenzzeit einbringt, kann man in [12] nachlesen.

1. Batson, A. P., S. Ju und D. C. Wood, "Measurements of Segment Size", Comm. ACM 13,3 (März 1970).

2. Belady, L. A., R. A. Nielson und G. S. Shedler, "An Anomaly in Space-Time Characteristics of Certain Programs Running in a Paging Machine", Comm. ACM 12,6 (Juni 1969).

3. Courtois, P. J., "Decomposability, Instabilities, and Saturation in Multiprogramming Systems", Comm. ACM 18,7 (Juli 1975).

4. Denning, P. J., "The Working Set Model for Program Behavior", Comm. ACM 11,5 (Mai 1968).

5. Denning, P. J., "Working Sets Past and Present", IEEE Transactions of Software Engineering 6,1 (Januar 1980).

6. Fuller, S. H., "Minimal Total Processing Time Drum and Disk Scheduling Disciplines", Comm. ACM 17,7 (Juli 1974).

7. Morris, J. B., "Demand Paging through Utilization of Working Sets on the Maniac II", Comm. ACM 15,10 (Oktober 1972).

8. Oden, P. H., und G. S. Shedler, "A Model of Memory Contention in a Paging Machine", Comm. ACM 15,8 (August 1972).

9. Randall, B., "A Note on Storage Fragmentation and Program Segmentation". Comm. ACM 12,7 (Juli 1969).

10. Rodriguez-Rosell, J., "Empirical Working Set Behavior", Comm. ACM 16,9 (September 1973).

11. Shedler, G. S., "An Queueing Model of a Multiprogrammed Computer with a Two-Level Storage System", Comm. ACM 16,1 (Januar 1973).

12. Stone, H. S., und S. H. Fuller, "On the Near-Optimality of the Shortest-Latency-Time-First-Drum Scheduling Discipline", Comm. ACM 16,6 (Juni 1973).

9. Datenverwaltung

9.1 Dateistrukturen

9.1.1 Die ersten Rechner wurden, wie ihr Name sagt, hauptsächlich zum automatischen Rechnen benutzt. Heute spielt die Fähigkeit des Rechners zur Datenspeicherung eine mindestens ebenso große, wenn nicht größere Rolle. Mit seinen vergleichsweise billigen peripheren Speichergeräten kann der Rechner riesige Datenmengen für längere Zeit (Monate und Jahre) speichern. Dem Betriebssystem kommt hier die Aufgabe zu, gewisse Grundfunktionen für die Speicherung, Sicherung und Manipulation langfristiger Datenbestände bereitzustellen.

Ein logisch zusammengehöriger langfristiger Datenbestand heißt Datei (engl. file). Wir behandeln zuerst die innere Struktur von Dateien sowie verschiedene Zugriffsmethoden. Anschließend erörtern wir die vom Betriebssystem bereitgestellten Funktionen zum Erzeugen, Löschen und Manipulieren von Dateien. Ein weiteres wichtiges Thema wird die Sicherung der Daten vor unerlaubtem Zugriff sein. Die primitivste Sicherungsmethode ist, den Zugang zu einem Datenobjekt einigen Personen zu gestatten und anderen nicht zu gestatten. Man kann aber auch differenzierter vorgehen. Unabhängig davon, welchen Zugang man wählt, muß das Betriebssystem geeignete Schutzmechanismen, die nicht umgangen werden können, vorsehen.

9.1.2 Wie sind die Daten innerhalb einer Datei strukturiert und mit welchen Operationen greift der Benutzer auf die Daten zu? In vielen Fällen ist eine Datei eine Menge gleichstrukturierter Verbunde, die Sätze (engl. records) genannt werden. Die Komponenten eines Satzes heißen Schlüssel (engl. keys) und bestehen aus einem

<u>Attribut</u> (engl. attribute) - d. i. der Komponentenname - und einem <u>Wert</u> (engl. value) - d. i. der Komponentenwert.

Betrachten wir als Beispiel die Personaldatei einer Firma. Für jeden Mitarbeiter gibt es einen Satz in der Datei. Typische Attribute sind Name, Geburtsdatum, Einkommen, Angestelltenversicherungsnummer usf. Im allgemeinen haben alle Sätze die gleichen Attribute, aber unterschiedliche Werte. Beispiele für Schlüssel sind 'Name: Meyer' oder 'Geburtsdatum: 230741' (siehe Abb. 9.1a).

```
Name:                    Meyer,
Vorname:                 Gisela,
Geburtsdatum:            230741,
Geschlecht:              W,
Versicherungsnummer:     65230741L020,
Gehalt:                  2815.80,
Einstellungsdatum:       010476,
   .                        .
   .                        .
   .                        .
Staatsbürgerschaft:      D.
```

Abb. 9.1a Satz in einer Personaldatei

Wie die Sätze einer Datei auf dem Speichermedium anzuordnen sind, dafür gibt es eine Fülle von Möglichkeiten. Die jeweils zu wählende Struktur hängt von verschiedenen Faktoren ab, z. B. der Häufigkeit des Hinzufügens bzw. Löschens von Sätzen, dem Wertebereich eines Attributs u. ä. Einer Frage muß besondere Beachtung geschenkt werden: lohnt es sich, die Datei nach gewissen Gesichtspunkten in Klassen zu unterteilen oder wechselt die Klassenzugehörigkeit eines Satzes häufig? Beispielsweise tritt beim Attribut 'Geschlecht' nie ein Wechsel ein. Diese Tatsache könnte man für eine geschicktere Repräsentation ausnutzen, z. B. indem man alle männlichen Mitarbeiter an einem Ende der Datei und alle weiblichen am anderen Ende der Datei zusammenfaßt. So könnte man sehr schnell etwa die Menge aller weiblichen Mitarbeiter ermitteln. Wollte man sich bei der Strukturierung der Daten an dem Attribut 'Gehalt' orientieren, so könnte man die Sätze z. B. nach aufsteigendem Gehalt anordnen. Dies würde aber eine häufige Reorganisation der Datei erforderlich machen.

Grundsätzlich gehen wir davon aus, daß eine Datei veränderlich ist, d. h. daß des öfteren Sätze hinzugefügt oder gelöscht werden. Die notwendige Bereitstellung bzw. Freigabe von Speicherplatz ist Sache eines zentralen Speicherverwaltungssystems, das für alle Dateien zuständig ist. Wenn Speicherplatz bereitgestellt wird, dann grundsätzlich an nicht vorhersehbarer Stelle im Hintergrundspeicher; d. h. eine etwaige Ordnung der Sätze muß mit Hilfe von Zeigern aufrechterhalten werden.

9.1.3 Die allgemeinste Repräsentation einer Menge von Sätzen ist direkte Verkettung. Dabei muß nicht auf eine spezielle Satzstruktur Rücksicht genommen werden, und die Sätze können sogar von unterschiedlicher Länge sein. Allerdings ist das Suchen in einer so organisierten Datei aufwendig. Wenn man Sätze mit einem bestimmten Schlüssel (oder einer bestimmten Kombination von Schlüsseln) sucht, muß man die ganze Datei durchsuchen. Das ist unpraktisch. Der Zeitaufwand für derartige Abfrageoperationen kann gedrückt werden, wenn man zusätzliche Strukturinformationen führt; das kostet zwar Speicherplatz, aber da ohnehin ein billiger Externspeicher verwendet wird, kann man den Speichermehraufwand in Kauf nehmen.

Eine Menge von Sätzen kann man als Boole'sche Matrix begreifen, wo die Spalten den Sätzen und die Zeilen den Schlüsseln zugeordnet sind. Ein Bit 1 an der Stelle i,k bedeutet, daß der Satz R_k den Schlüssel K_i enthält (siehe Abb. 9.1b).

	R_1	R_2	. . . .	R_n
K_1	1	1	. . . .	0
K_2	1	0	. . . .	0
K_3	0	1	. . . .	1
	.	.		.
	.	.		.
	.	.		.
	.	.		.
	.	.		.
K_m	1	0	. . . .	1

Abb. 9.1b Boole'sche Matrix als Modell einer Datei mit Sätzen R_k und Schlüsseln K_i

Man kann auch für jedes Attribut (statt für jeden Schlüssel) eine Zeile einrichten. Dann sind die Einträge keine Bits, sondern die Werte der Attribute.

9.1.4 Anstatt die Sätze einer Datei zu einer linearen Liste zu verketten, kann man sie beispielsweise als <u>Mehrfachliste</u> (engl. multi-list), als <u>invertierte Datei</u> (engl. inverted file) oder als <u>indexsequentielle Datei</u> (engl. indexed sequential file, auch index-sequential file) organisieren. Weitere Organisationsformen sind

Abwandlungen dieser drei Grundstrukturen. Die Organisationsformen unterscheiden sich in Speicheraufwand, Suchzeiten und Änderungszeiten. Welche Organisation man sinnvollerweise wählt, hängt vom Charakter der beabsichtigten Nutzung der Datei ab.

Bei einer reinen Mehrfachliste gibt es zu jedem Schlüssel eine verkettete lineare Liste von Sätzen, die diesen Schlüssel haben. Die Schlüssel selbst, zusammen mit einem Zeiger auf das jeweilige Listenelement, fungieren als Listenköpfe. Die Gesamtheit dieser Listenköpfe heißt Index (engl. directory) (siehe Abb. 9.1c). Die Liste des Schlüssels K_i $(i \in [1:m])$ enthält alle Sätze, die in Abb. 9.1b eine 1 in der i-ten Zeile haben. Insgesamt werden also so viele Zeiger benötigt, wie es Einsen in der Boole'schen Matrix gibt.

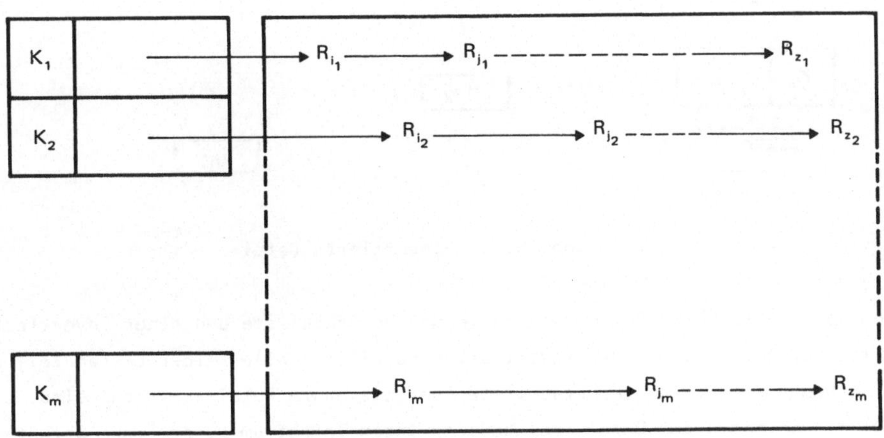

Abb. 9.1c Mehrfachliste

Eine invertierte Datei enthält für jeden Schlüssel eine Menge von Zeigern auf die zugehörigen Sätze (Abb. 9.1d). Die Gesamtheit aller Zeiger bildet den Index. Jedem Schlüssel entspricht ein gewisser Abschnitt innerhalb des Index. Der Speicheraufwand für die Zeiger ist der gleiche wie bei der Mehrfachliste.

Invertierte Dateien eignen sich gut für Abfragen, die sich auf bestimmte Schlüssel beziehen. Wenn Eintragungen und Löschungen von Sätzen selten sind, bietet sich für die Indexabschnitte eine lineare Repräsentation an. Damit kann man sehr schnell die Gesamtheit aller Sätze mit vorgegebenem Schlüssel erreichen. Das Wort "invertiert" spiegelt die Tatsache wider, daß die Schlüssel nicht über die Sätze, sondern die Sätze über die Schlüssel erreicht werden. Unter Bezugnahme auf Abb. 9.1b kann man sagen, daß die Boole'sche Matrix nicht entlang der Spalten, sondern entlang der Zeilen durchsucht wird.

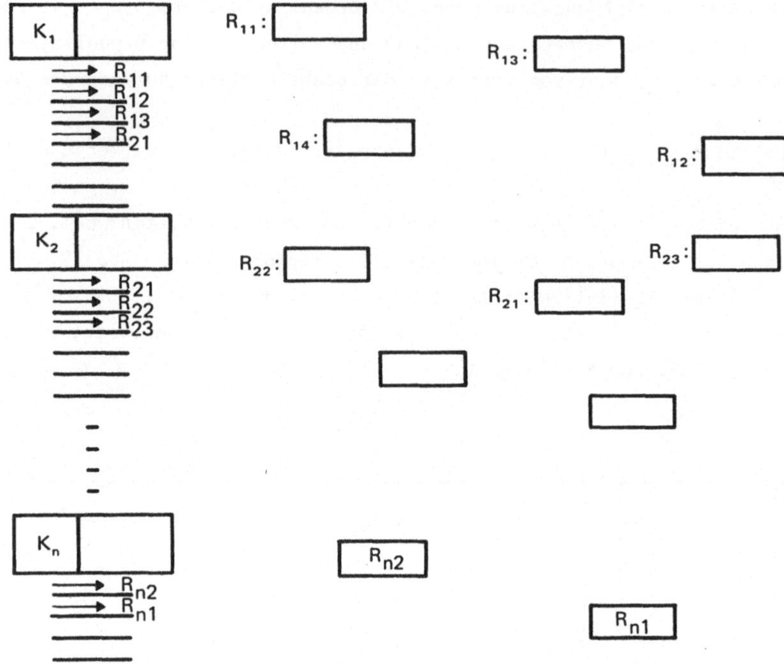

Abb. 9.1d Invertierte Datei

Der konzeptionelle Unterschied zwischen einer Mehrfachliste und einer invertierten Datei ist geringfügig. Bei der invertierten Datei sind alle Zeiger Bestandteil des Index, während sie bei der Mehrfachliste über die ganze Datei verstreut sind. Ein Vorteil der invertierten Datei ist, daß der Index leicht um zusätzliche Strukturinformationen erweitert werden kann, die eine Beschleunigung von Suchoperationen ermöglichen. Wenn wir beispielsweise in einer Personaldatei häufiger nach allen weiblichen Mitarbeitern suchen, die mehr als DM 3000.- verdienen, kann der Indexabschnitt für den Schlüssel 'Geschlecht: W' in zwei Unterabschnitte aufgeteilt werden, einen für 'Gehalt≤3000.00' und einen für 'Gehalt>3000.00'.

In einer <u>indexsequentiellen Datei</u> sind die Sätze im wesentlichen linear angeordnet (ohne Verkettung). Diese Repräsentation reicht aus, wenn die überwiegende Zahl der Suchoperationen sich an <u>einem</u> bestimmten Attribut orientiert, dessen Werte eine linear geordnete Menge bilden. Beispielsweise könnten die Sätze einer Datei, in der alle Schlagzeilen einer bestimmten Zeitung archiviert werden, nach dem Erscheinungsdatum geordnet sein. Eine solche Darstellung reicht aus, um beispielsweise Fragen, die sich auf einen bestimmten Erscheinungszeitraum beziehen, schnell zu beantworten. Sie ist ungeeignet, wenn man beispielsweise erfahren will, wie oft eine Schlagzeile das Wetter zum Gegenstand hatte.

Damit man ohne sequentielles Suchen schnell an bestimmte Teilbereiche der Datei herankommt, ist ein Index von "Einstiegspunkten" vorgesehen, der mit dem Index einer Mehrfachliste (Abb. 9.1c) vergleichbar ist. Ein Eintrag in diesem Index enthält einen Schlüsselwert und einen Zeiger auf den ersten Satz mit größerem oder gleichem Schlüsselwert. Für Platten als Datenträger wird im allgemeinen ein zweistufiges Verfahren verwendet: ein im "Primärindex" enthaltener Zeiger verweist auf einen bestimmten Zylinder; dort befindet sich ein "Sekundärindex", dessen Zeiger auf die verschiedenen Spuren des Zylinders verweisen. Damit erfährt man schnell, auf welcher Spur sich ein Satz mit vorgegebenem Schlüssel befindet. Die Spur muß dann sequentiell durchsucht werden.

Offensichtlich ist es stets möglich, eine Menge von Sätzen als indexsequentielle Datei zu organisieren. In der Boole'schen Matrix aus Abb. 9.1b kann der Inhalt einer Spalte als binäre Repräsentation eines Satzes begriffen werden. Die Sätze könnten nach der Größe der Repräsentation angeordnet werden. Eine solche Struktur ist aber nur dann sinnvoll, wenn zwischen den Schlüsseln entsprechende Inklusionsbeziehungen bestehen, z. B. wenn eine Suchfrage nach allen Sätzen, deren binäre Repräsentation einen bestimmten Wert nicht übersteigt, sinnvoll ist.

9.1.5 Suchoperationen in einer Datei erfordern eine Suche im Index, genannt Indexsuche, und im allgemeinen eine Suche im eigentlichen Datenbestand, genannt Datensuche. Die Indexsuche liefert einen Einstiegspunkt in den Datenbestand, die Datensuche durchsucht Schritt für Schritt einen kleinen Teil des gesamten Datenbestandes.

Für die Indexsuche brauchen wir eine Funktion

decodiere(s,z) ,

die zu einem vorgegebenen Schlüssel s und einem vorgegebenen Zeiger z einen neuen Zeiger als Ergebnis liefert. Die Einträge des Index sind Paare (s,z). z verweist auf eine Liste von Sätzen mit Schlüssel s. Bei einer Mehrfachliste gibt es nur einen Eintrag für jedes s, bei einer invertierten Datei gibt es zu vorgegebenem s mehrere Einträge. Das Ergebnis von 'docodiere(s,z)' hängt von z ab. Bei 'z=<u>nil</u>' wird ein Zeiger auf den ersten s-Eintrag geliefert. Zeigt z auf den letzten s-Eintrag, so wird <u>nil</u> geliefert. In allen anderen Fällen wird ein Zeiger auf den nächsten s-Eintrag geliefert (d. i. der Nachfolger des Eintrags, auf den z zeigt).

- Für eine Mehrfachliste reicht eine Funktion 'decodiere(s)', da es zu jedem Schlüssel nur einen Eintrag gibt.

Für die Datensuche wird eine Funktion

finde(e,r)

benutzt. Der Zeiger e verweist auf einen Eintrag im Index mit einem gewissen Schlüssel s. r ist ein Zeiger auf einen Satz mit Schlüssel s. 'finde' liefert als Ergebnis einen Zeiger auf einen Satz mit Schlüssel s oder nil, abhängig vom Wert des Parameters r. Für r=nil wird ein Zeiger auf den ersten Satz mit Schlüssel s geliefert. Zeigt r auf den letzten Satz mit Schlüssel s, so wird nil geliefert. In allen anderen Fällen wird ein Zeiger auf den nächsten Satz geliefert (d. i. der Nachfolger des Satzes, auf den r zeigt). - Für eine invertierte Datei reicht eine Funktion 'finde(e)', da es zu jedem Eintrag nur einen Satz gibt.

Die Funktionen 'decodiere' und 'suche' können für beliebige gemischte Organisationsformen aus Mehrfachlisten und invertierten Dateien eingesetzt werden. Um eine Liste aller Sätze mit einem bestimmten Schlüssel s zu erhalten, muß man die folgende Prozedur ausführen:

```
procedure suche(s) =
begin     local x := nil;
          repeat x := decodiere(s,x)
          until  x = nil
          do     local y := nil;
                 repeat y := finde(x,y) until y = nil do drucke(y) od od
end.
```

Diese Prozedur kann zu einer beliebigen Datei-Manipulationsprozedur abgewandelt werden, indem man 'drucke' durch eine andere Operation ersetzt, die man auf allen Sätzen mit Schlüssel s auszuführen wünscht. Man kann die Prozedur auch mit der gewünschten Operation parametrisieren und hat dann eine Prozedur

manipuliere(s,m) ,

die alle Sätze, die den Schlüssel s haben, mit m manipuliert.

Beachte, daß bei einer Mehrfachliste die äußere Schleife entbehrlich ist; bei einer invertierten Datei ist die innere Schleife entbehrlich. Bei einer indexsequentiellen Datei sind beide Schleifen entbehrlich; der Suchaufwand wird durch 'decodiere' bestimmt.

9.1.6 In der Praxis fragt man häufig nicht nur nach einem Schlüssel, sondern nach einer Kombination mehrerer Schlüssel. Eine allgemeine Suchfrage ist ein aussagenlogischer Ausdruck mit Schlüsseln oder Vergleichsausdrücken als Operanden. Eine typische Frage in einer Personaldatei wäre z. B. die nach allen männlichen Mitarbeitern, die in den Jahren 1970 bis 1975 eingestellt wurden.

Jede Aussage kann in einer klammerfreien "disjunktiven Normalform" dargestellt werden. Z. B. hat $(a \vee b) \wedge c$ die Normalform $a \wedge c \vee b \wedge c$. Im folgenden setzen wir voraus, daß jede Suchfrage ein Boole'scher Ausdruck in Normalform ist, also die Gestalt

$$T_1 \vee T_2 \vee \ldots . \vee T_p$$

hat. Jeder Boole'sche Term in dieser Disjunktion ist eine Konjunktion von Boole'schen Faktoren, hat also die Gestalt

$$F_1 \wedge F_2 \wedge \ldots . \wedge F_q \quad .$$

Die Faktoren eines Terms sind sämtlich voneinander verschieden, und es gibt keine zwei Terme, die aus den gleichen Faktoren bestehen. Ein Faktor ist ein Schlüssel wie 'Geschlecht: M' oder ein Vergleichsausdruck wie 'Gehalt>3000.00'.

Die Menge aller Sätze mit der durch die Suchfrage definierten Eigenschaft ist gleich der Vereinigung der durch die Terme bestimmten Mengen. Eine solche Menge wiederum ergibt sich als Schnitt der durch die Faktoren des Terms bestimmten Mengen. Somit erfolgt die Bestimmung der gesuchten Menge in zwei Phasen: 'Konjunktion' ermittelt die zu einem Term gehörige Menge, 'Disjunktion' vereinigt alle den Termen zugehörigen Mengen zur gesuchten Menge.

Wir beschränken uns auf Schlüssel als Faktoren; ein Term hat dann die Form

$$K_1 \wedge K_2 \ldots \wedge K_q \quad .$$

In 'Konjunktion' können wir auf zweierlei Weise vorgehen. Entweder wir ermitteln alle q Mengen, die wir für die Schlüssel $K_1, \ldots, K_q$ erhalten, und bilden deren Schnitt; oder wir durchlaufen eine dieser Mengen und prüfen für jeden Satz, ob er auch alle anderen Schlüssel besitzt. Wir entscheiden uns für die zweite Möglichkeit.

Als Hilfsvariable benutzen wir ein Feld A, in dem wir die Schlüssel $K_2,\ldots,K_q$ unterbringen. Eine Boole'sche Hilfsfunktion 'besitzt(y,A)' prüft, ob der Satz alle in A angegebenen Schlüssel enthält. Die Struktur der Prozedur 'Konjunktion' entspricht der Struktur der Prozedur 'suche' aus 9.1.5:

```
procedure Konjunktion(K1,K2,...,Kq) =
          if q = 1 then suche(K1)
          else local x := nil; local A := (K2,...,Kq);
               repeat x := decodiere(K1,x)
               until  x = nil
               do     local y := nil;
                      repeat y := finde(x,y) until y = nil do
                             if besitzt(y,A) then drucke(y) fi od od
          fi.
```

'Disjunktion' könnte einfach so implementiert werden, daß 'Konjunktion' auf jeden Term angewandt wird. Dabei würden jedoch Sätze, die mehr als einem Term genügen, mehrere Male ausgedruckt. Wir verwenden deshalb zur Implementierung von 'Disjunktion' eine Variante von 'Konjunktion', die die bereits erhaltenen Sätze in einer globalen Liste L notiert und neu ermittelte Sätze übergeht, wenn sie bereits in L vorkommen. Die folgende Boole'sche Funktion 'vorhanden' wird verwendet:

```
procedure vorhanden(y) =
begin     local i := Ø;
          repeat i :+ 1 until i = Länge(L) v y = L[i];
          vorhanden := y = L[i]
end.
```

'Disjunktion' wendet die modifizierte Prozedur 'Konjunktion' nacheinander auf alle Terme an:

```
procedure Disjunktion(T,p) =
begin     local i := Ø;
          lösche(L);
          repeat i :+ 1 until i > p do Konjunktion(T[i]) od
end.
```

Die Modifikation von 'Konjunktion' wirkt sich hauptsächlich auf die innere Schleife aus. Die am Anfang benutzte Prozedur 'suche' muß so modifiziert werden, daß im Fall 'vorhanden' die Ausgabe unterdrückt wird.

```
procedure Konjunktion(K1,K2,...,Kq) =
        if q = 1 then suche(K1)
        else local x := nil; local A := (K2,...,Kq);
             repeat x := decodiere(K1,x)
             until  x = nil
             do     local y := nil;
                    repeat y := finde(x,y) until y = nil do
                           if not vorhanden(y) then
                              if besitzt(y,A) then drucke(y) fi fi od od
        fi.
```

Ubungen

1. Der Index einer invertierten Datei kann sehr groß werden, enthält er doch für jeden Satz mindestens einen Zeiger. Wir gliedern ihn in zwei Schichten. Die erste Schicht ist ein Feld mit einem Eintrag je Schlüssel. Die zweite Schicht besteht aus Blöcken unterschiedlicher Größe. Ein Eintrag in der ersten Schicht verweist auf einen Block in der zweiten Schicht. Ein Eintrag in einem Block verweist auf einen Datensatz. Programmiere für diese Repräsentation des Index die Prozedur 'decodiere'!

2. Wenn zu einem Attribut ein großer Wertebereich gehört (Beispiel: Geburtsdatum), dann ist es nicht sinnvoll, alle zugehörigen Schlüssel im Index unterzubringen. Man begnügt sich mit der Angabe von Teilbereichen. Dies ist ein typischer Fall, wo sich eine gemischte Repräsentation aus Mehrfachliste und invertierter Datei anbietet. Die Sätze, deren Schlüssel in einem bestimmten Bereich liegen (beim Geburtsdatum könnte man beispielsweise Dekaden als Bereiche wählen), werden zu einer Liste verkettet, und für jede dieser Listen wird ein Eintrag im Index vorgesehen. Programmiere für einen solchen Index eine Prozedur 'suche', die alle Sätze ermittelt, bei denen die Werte eines bestimmten Attributs in einen bestimmten Bereich fallen! (Ein solcher Bereich muß nicht mit einem der oben genannten Bereiche zusammenfallen.)

3. Eine Prozedur, die eine aus einem einzelnen Term (mit mehreren Faktoren) bestehende Suchfrage behandelt, muß bei einer Mehrfachlisten-Repräsentation den Schnitt mehrerer Listen ermitteln. Verfasse eine solche Prozedur 'Schnitt' und

vergleiche ihren Zeitaufwand mit dem der Prozedur 'Konjunktion'!

4. 'Konjunktion' geht für einen beliebig gewählten Schlüssel aus K1∧K2∧... Kq die zugehörige Liste durch und untersucht jeden Satz auf das Vorhandensein aller übrigen Schlüssel. Man kann eventuell geschickter vorgehen, wenn man die Länge der einzelnen Listen kennt. Eine Funktion 'Länge(K)' liefere die Länge der zum Schlüssel K gehörigen Liste. Orientiere die Implementierung von 'Konjunktion' an der kleinsten Liste (anstatt an der Liste des ersten Schlüssels)! Wird dadurch die Anzahl der Elementaroperationen wie Zuweisungen und Vergleiche verringert?

   Ähnlich kann man bei der Funktion 'vorhanden' vorgehen, wenn die Sätze irgendwie numeriert und die Listen entsprechend geordnet sind. Man muß dann nicht jeden Satz einer Liste mit allen Sätzen in L vergleichen. Verfasse eine modifizierte Version von 'vorhanden', die von dieser Überlegung Gebrauch macht!

5. Die Vereinigung mehrerer Listen kann in einer pseudo-parallelen Weise ermittelt werden. Die Sätze seien numeriert, wie in Übung 4 erwähnt, und die Listen seien entsprechend geordnet. Der erste auszugebende Satz ist derjenige mit der kleinsten Nummer n in den beteiligten Listen. Der nächste ist der mit der kleinsten Nummer m>n usf. Implementiere dieses Verfahren und vergleiche seine Effizienz mit der Effizienz beim sequentiellen Listendurchlauf!

9.2 Indexorganisation

9.2.1 Der Index einer großen Datei kann sehr umfangreich werden. Damit das Suchen im Index nicht zu aufwendig wird, sollte man viel Mühe auf eine effiziente Indexorganisation verwenden.

Es kommt häufig vor, daß ein Attribut einen großen Wertebereich hat (z. B. das Attribut 'Geburtsdatum' in einer Personaldatei). Es gibt dann eine große Anzahl von Schlüsseln mit gleichem Attribut. Wie kann man einen vorgegebenen Schlüssel schnell finden?

Man kann das Problem nicht dadurch lösen, daß man im Index statt der Schlüssel die

Attribute einträgt. Damit wird die Schwierigkeit nur verlagert; die Durchsuchung des Index wird beschleunigt, aber das Durchsuchen der Daten nach dem Satz mit dem vorgegebenen Schlüssel wird entsprechend aufwendiger.

Es handelt sich hier um das allgemeine Problem der Tabellensuche, das uns auch in anderen Bereichen der Informatik begegnet. Ein Übersetzer etwa führt eine lexikalische Analyse durch, bei der Schlüsselwörter und Namen in Tabellen zu suchen bzw. einzutragen sind.

Es gibt keinen schlechthin optimalen Algorithmus für die Tabellensuche. Je nach der Größe der Tabelle, der Art der Einträge, den erwarteten Häufigkeiten der verschiedenen Zugriffe etc. sind unterschiedliche Algorithmen vorzuziehen. Wir betrachten im folgenden vier verschiedene Verfahren. In der Praxis werden auch häufig gemischte Verfahren benutzt, die wir hier nicht alle aufzählen können.

Das einfachste Verfahren ist das <u>lineare Suchen</u> (engl. sequential search). Man geht die Schlüssel der Reihe nach durch, bis man den gesuchten Schlüssel gefunden hat. Die mittlere Anzahl der Suchschritte bei diesem Verfahren ist gleich der halben Tabellenlänge.

Für lange Tabellen ist das lineare Suchen nicht zu empfehlen. Für kurze Tabellen schneidet es oft besser ab als raffiniertere Verfahren, die weniger - dafür aber komplexere - Schritte benötigen.

9.2.2 Ein weit verbreitetes Verfahren ist unter dem englischen Begriff <u>Hashing</u> bekannt ("to hash" heißt "zerhacken"). Der entsprechende deutsche Begriff ist <u>Streuspeicherverfahren</u> (der Sinn dieser Worte wird gleich deutlich werden). Der Zugriff auf eine nach dem Streuspeicherverfahren organisierte Tabelle hat Ähnlichkeit mit dem Zugriff auf einen Assoziativspeicher. Der Wert des Schlüssels bestimmt die Zelle, in der sich der Schlüssel und der Verweis auf die zugehörigen Daten befinden. Eine <u>Hashfunktion</u> ordnet jedem Schlüssel eine bestimmte Zelle in der Tabelle zu. Diese Zuordnung ist zunächst recht willkürlich, d. h. eine Reihe benachbarter Schlüssel (z. B. natürliche Zahlen) kann in sehr undurchsichtiger Weise über die ganze Tabelle verstreut werden (daher der Name des Verfahrens).

Im allgemeinen arbeitet eine Hashfunktion so, daß aus der binären Repräsentation des Schlüssels ein bestimmter Teil ausgeblendet und mit einer Konstanten oder einem anderen Teil des Schlüssels multipliziert wird; die durch das erhaltene Bitmuster repräsentierte Zahl modulo der Tabellenlänge identifiziert die gesuchte Zelle in der Tabelle.

Die Hashfunktion h muß so gewählt werden, daß die erhaltenen Funktionswerte möglichst gut streuen. Andernfalls bilden sich Klumpen (engl. clusters), d. h. die Einträge häufen sich in manchen Bereichen der Tabelle. Die Klumpenbildung kann zu einer Verschlechterung der Sucheffizienz führen. Dies hängt mit dem Phänomen der Kollisionen zusammen. Es kann stets vorkommen, daß zwei verschiedene Schlüssel durch die Hashfunktion auf den gleichen Funktionswert abgebildet werden:

$$h(K_1) = h(K_2) \quad \text{trotz} \quad K_1 \neq K_2 \ .$$

In der entsprechenden Zelle kann aber nur ein Eintrag untergebracht werden. Nimm an, die Zelle enthalte einen Eintrag mit Schlüssel K_1 und es soll ein weiterer Eintrag mit einem kollidierenden Schlüssel K_2, $h(K_2) = h(K_1)$, in der Tabelle untergebracht werden. Da die Adresse $h(K_1)$ schon besetzt ist, muß für diesen Eintrag notwendigerweise eine andere Zelle bereitgestellt werden. Beim Suchen kann es daher passieren, daß der Schlüssel erst nach mehreren Schritten gefunden wird.

Es gibt verschiedene Methoden, im Fall einer Kollision Ausweichadressen zu erzeugen. Entscheidend ist, daß die Methode einerseits einfach und schnell arbeitet und andererseits eine sekundäre Klumpenbildung vermieden wird; d. h. die Ausweichadressen müssen wiederum gut streuen. Je besser die Streuung ist, desto gleichmäßiger wird die Tabelle gefüllt und desto weniger Ausweichadressen müssen im Mittel besucht werden, um einen Eintrag zu vorgegebenem Schlüssel zu finden.

Wir bezeichnen die i-te Ausweichadresse beim Speichern bzw. Suchen eines Elementes mit dem Schlüssel K mit $h_i(K)$ und stellen die h_i wie folgt dar:

$$h_i(K) = (h_0(K) + d_i) \ \underline{\text{mod}} \ L \ , \quad i = 1,2,\ldots \quad .$$

h_0 ist die Hashfunktion h, L ist die Tabellenlänge, d_i ist die Distanz zwischen der Einstiegsadresse $h_0(K)$ und der i-ten Ausweichadresse.

Die naheliegendsten Ausweichadressen nach einer Kollision sind die auf h(K) unmittelbar folgenden, d. h. wir haben $d_i = i$. Das bedeutet, daß sich an eine Kollision eine lineare Suche anschließt. Dieses Verfahren (engl. linear probing genannt) ist nicht empfehlenswert, da es die Klumpenbildung fördert. Denn wegen

$$h_i(K_1) = h_j(K_2) \Rightarrow h_{i+k}(K_1) = h_{j+k}(K_2)$$

für k=1,2,... sind zwei Folgen von Ausweichadressen, die das gleiche erste Element haben, identisch. Daher kommt man beim Suchen eines Schlüssels oder einer freien

Zelle für einen neuen Schlüssel nicht mehr aus einem Klumpen, von dem man einmal "eingefangen" wurde, heraus, was sich negativ auf die Suchzeit auswirkt. Besser ist es, wenn man eine (feste) Menge $\{r_1,r_2,\dots,r_n\}$ von Zufallszahlen benutzt und $d_i=r_i$ wählt. In diesem Fall gilt die obige Implikation nur für i=j=0, d. h. es ist wesentlich unwahrscheinlicher, daß man mit zwei verschiedenen Schlüsseln in ein und dieselbe Folge von Ausweichadressen geraten kann. Der für die Verbesserung zu zahlende Preis ist nicht hoch: eine kleine Liste von Zufallszahlen muß gespeichert werden.

9.2.3 Eine erhebliche Verbesserung der Kollisionsbehandlung erreicht man mit dem "quadratischen Hashing". Hier ist $d_i=ci^2$, d. h.

$$h_i(K) = (h_0(K) + ci^2) \underline{\text{mod}}\ L \quad .$$

c ist eine Konstante (0<c<L); die Tabellenlänge L muß eine Primzahl sein.

Beim quadratischen Hashing können zwei Folgen von Ausweichadressen nur dann überlappen, wenn die Schlüssel kollidieren(!). Die Gültigkeit dieser Aussage sieht man wie folgt. Die i-te Ausweichadresse für K_1 und die j-te Ausweichadresse für K_2 mögen zusammenfallen, d. h.

$$h_i(K_1) = h_j(K_2) \qquad (K_1 \neq K_2,\ \text{o.B.d.A}\ i-j<L) \quad .$$

Die anschließenden Ausweichadressen sind

$$\begin{aligned} h_{i+k}(K_1) &= (h_0(K_1) + c(i+k)^2) \underline{\text{mod}}\ L \\ &= (h_i(K_1) + ck(2i+k)) \underline{\text{mod}}\ L \quad , \end{aligned}$$

$$\begin{aligned} h_{j+k}(K_2) &= (h_o(K_2) + c(j+k)^2) \underline{\text{mod}}\ L \\ &= (h_j(K_2) + ck(2j+k)) \underline{\text{mod}}\ L \quad . \end{aligned}$$

$h_{i+k}(K_1)$ und $h_{j+k}(K_2)$ sind gleich, wenn

$$2ck(i-j) = qL$$

mit ganzzahligem q gilt. Für alle k<L muß i=j, q=0 gelten; denn L war als Primzahl vorausgesetzt, und jeder der Faktoren auf der linken Seite ist kleiner als L. Aus i=j folgt aber

$$h_{i-l}(K_1) = h_{j-l}(K_2) \quad \text{für } l=1,\dots,i \quad ,$$

d. h. insbesondere $h_0(K_1) = h_0(K_2)$, was zu beweisen war.

Gegenüber dem Suchen mit Zufallszahlen hat das quadratische Suchen den weiteren Vorteil, daß keine Zufallszahlen-Tabelle benötigt wird. Als Konstante kann ohne weiteres c=1 gewählt werden. Wie es hier dargestellt wurde, hat das quadratische Suchen einen Nachteil: nach L/2 Schritten wird bereits wieder die Anfangsadresse erzeugt, d. h. es wird höchstens die halbe Tabelle durchsucht (siehe Übung 1). Dieser Schönheitsfehler läßt sich aber leicht beheben (siehe Übung 2).

9.2.4 In vielen Fällen ist auf dem Wertebereich eines Attributs eine lineare Ordnung definiert. Die Schlüssel können dann im Index entsprechend angeordnet werden. In diesem Fall ist ein Suchen durch Einschachteln (engl. binary search) möglich.

Die Folge der Schlüssel sei $K_0, K_1, K_2, \ldots, K_n$ (n>1). In Abb. 9.2a ist skizziert, wie nach einem vorgegebenen Schlüssel K gesucht wird. Der Schlüssel K wird mit dem Schlüssel in der Mitte von $K_0, \ldots, K_n$ verglichen. Sind beide gleich, so ist die Suche erfolgreich beendet. Ist K kleiner, so müssen wir in der linken Hälfte weitersuchen, ist K größer, suchen wir in der rechten Hälfte. In der jeweils betrachteten Hälfte wird wieder das mittlere Element geprüft. So wird der Vorgang des wiederholten Halbierens eines Intervalls fortgesetzt, bis man entweder den gesuchten Schlüssel findet oder das betrachtete Intervall auf die Länge 0 zusammengeschrumpft ist (in diesem Fall ist der Schlüssel nicht im Index enthalten).

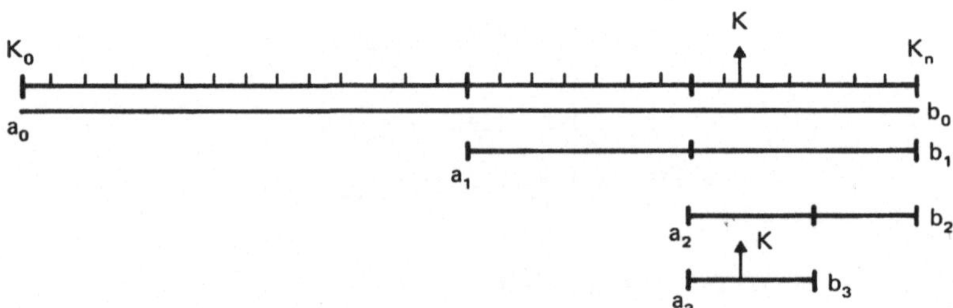

Abb. 9.2a Suchen durch Einschachteln

Das Einschachtelungsverfahren arbeitet wesentlich schneller als das lineare Suchen (außer im Fall sehr kleiner Tabellen). Das lineare Suchen benötigt bei einer Tabellenlänge n im Mittel n/2 Schritte. Das Einschachtelungsverfahren benötigt dagegen höchstens $\log_2 n+1$ Schritte, denn mit k Schritten kann eine Tabelle der Länge 2^k

durchsucht werden. Eine typische Implementierung des linearen Suchens braucht bei n=16 doppelt so viel Zeit wie eine Implementierung des Einschachtelungsverfahrens, bei n=1024 aber fünfzigmal so viel!

Die Gesamtheit der möglichen Suchpfade beim Einschachtelungsverfahren kann man als binären Baum darstellen. Die Wurzel repräsentiert die gesamte Tabelle. Jeder Knoten repräsentiert eine Hälfte des durch den Vorgänger-Knoten repräsentierten Intervalls. Ein konkreter Suchvorgang entspricht einem Weg von der Wurzel zu einem Knoten. Die Abfrage, ob der gesuchte Schlüssel kleiner oder größer als der mittlere Schlüssel im Intervall oder mit diesem identisch ist, bestimmt, wie der Weg im Baum fortzusetzen ist bzw. ob er zu beenden ist (siehe Abb. 9.2b). (Beachte, daß diese Veranschaulichung des Suchverfahrens nicht bedeutet, daß die Schlüssel im Index baumförmig angeordnet sind!)

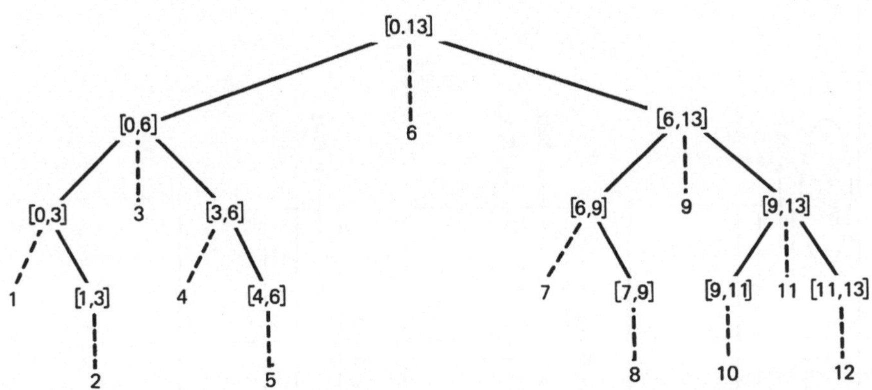

Abb. 9.2b Baumdarstellung des Einschachtelungsverfahrens für eine Tabelle, die die Schlüssel 1 bis 12 enthält

9.2.5 Eine lineare Anordnung ist nicht zu empfehlen, wenn die Schlüssel unterschiedlichen Speicherplatz benötigen oder wenn häufig Schlüssel hinzugefügt oder gelöscht werden. Das Prinzip des Einschachtelns kann aber auch in diesen Fällen beibehalten werden, wenn man eine explizite Baumrepräsentation in Anlehnung an Abb. 9.2b wählt. Das muß man natürlich mit einem erhöhten Speicheraufwand bezahlen. Entscheidet man sich etwa für eine verkettete Darstellung, so braucht man für die Zeiger noch einmal soviel Speicherplatz wie für die Schlüssel selbst.

Wir betrachten als abschließendes Beispiel für Indexorganisationen den Index einer Datei, die den Katalog einer Bibliothek enthält. Jeder Satz in der Datei entspricht

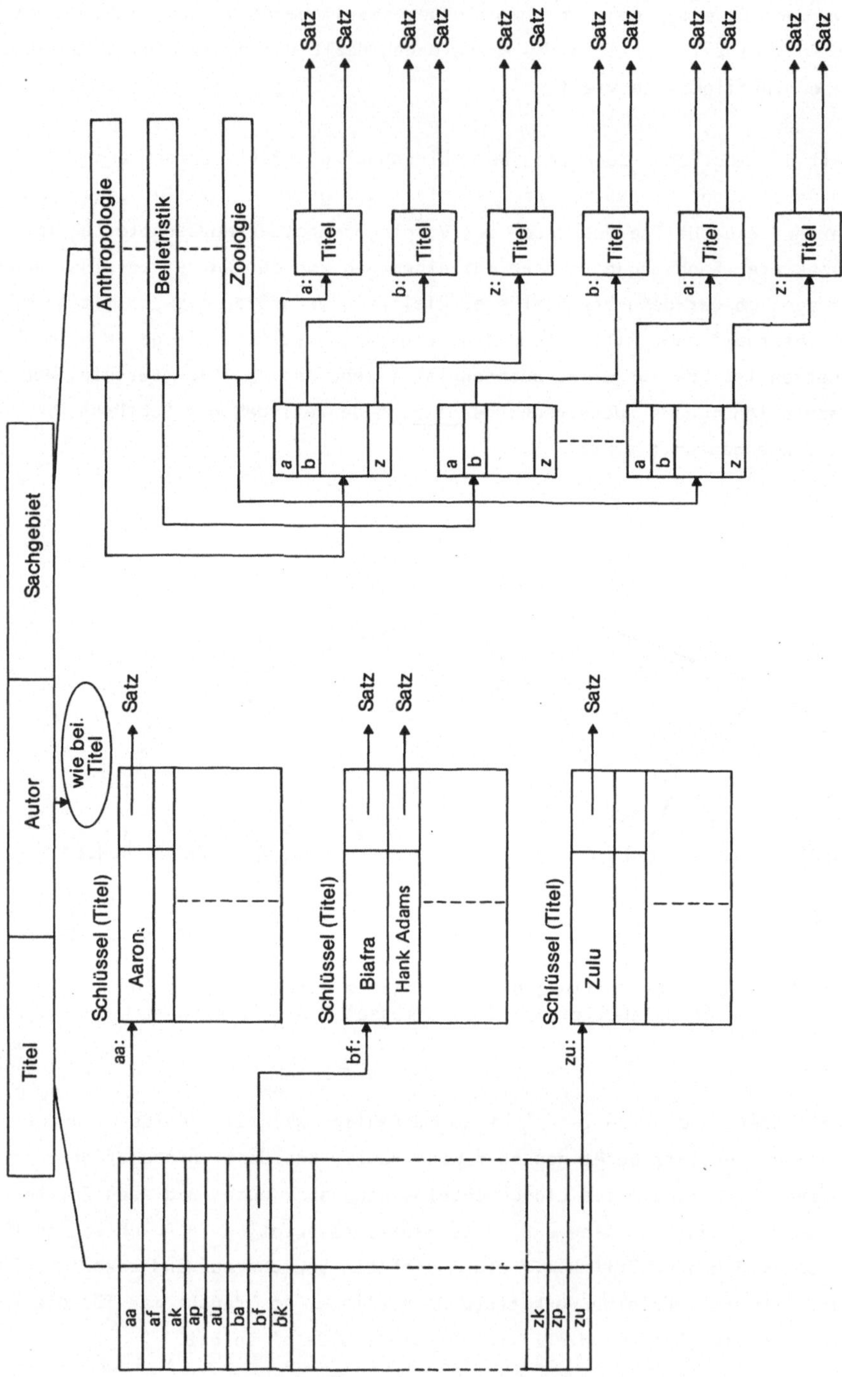

Abb. 9.2c   Baumstrukturierter Index einer Katalog-Datei

einem Buch. Der Buchbestand ist in Sachgebiete eingeteilt, und jedes Buch gehört zu genau einem Sachgebiet (z. B. Geographie, Politik, Belletristik usf.).

Eine Suchfrage enthält üblicherweise den Autor und den Titel eines Buchs, bisweilen auch Angaben wie das Sachgebiet oder den Verlag. Es sind Auskünfte erwünscht z. B. über den Standort des Buches, ob es ausleihbar ist, ob es ausgeliehen ist usf.

Ein Satz enthalte folgende acht Angaben: Autor, Titel, Sachgebiet, Verlag, Erscheinungsjahr, Ausleiher, Katalognummer, Standort. Wir betrachten es als unwahrscheinlich, daß eine Anfrage keine der ersten drei Angaben enthält. Daher organisieren wir den Katalog als invertierte Datei, deren Index auf den Attributen Autor, Titel und Sachgebiet aufgebaut ist. Außerdem werden alle Sätze nach aufsteigenden Katalognummern verkettet, damit auch ausgefallene Fragen, wenn auch vielleicht unter großem Aufwand, beantwortet werden können.

Um die Suchvorgänge zu beschleunigen, wird der Index mit einer Baumstruktur versehen. Die oberste Ebene des Baums besteht aus drei Knoten, je einem für die Attribute 'Autor', 'Titel' und 'Sachgebiet'. Die Schlüssel der Attribute 'Autor' und 'Titel' sind alphabetisch geordnet. Die Schlüssel des Attributs 'Sachgebiet' sind ebenfalls alphabetisch geordnet; jedem Sachgebiet ist eine zweistufige Liste aller zugehörigen Titel zugeordnet (auch hier sind die Titel alphabetisch geordnet). Die Struktur des Index ist in Abb. 9.2c skizziert.

Übungen

1. Aus der Zahlentheorie ist folgender Satz bekannt: wenn a und b nichtnegative ganze Zahlen sind und p eine Primzahl ist, dann folgt aus $ab \underline{\text{mod}}\ p = 0$ entweder $a \underline{\text{mod}}\ p = 0$ oder $b \underline{\text{mod}}\ p = 0$. Es sei

$$R_0 = \{0,1,2,\ldots,p-1\} \quad ,$$

$$R_1 = \{\ 1,2,\ldots,p-1\} \quad .$$

Zeige, daß für $p>2$ die Menge $U = \{i^2 \mid i \in R_0\}$ genau $(p+1)/2$ Elemente enthält! (Hinweis: Zeige, daß es genau zwei verschiedene Werte $i,j \in R_1$ mit $i^2 \underline{\text{mod}}\ p = j^2 \underline{\text{mod}}\ p$ gibt!) Hieraus folgt, daß beim quadratischen Hashing nach einer Kollision höchstens $(L+1)/2$ von L möglichen Adressen erzeugt werden.

2. (Vergleiche Übung 1.) Für zwei ganze Zahlen a,b ($a \neq 0$) und eine Primzahl p hat die Gleichung

$$ax \ \underline{\text{mod}}\ p = b \ \underline{\text{mod}}\ p$$

in R_0 genau eine Lösung. Sei $p>2$ und $a \in R_0 - U$, d. h. für alle $j \in R_0$ gelte $a \neq j^2 \ \underline{\text{mod}}\ p$.

Zeige, daß die Menge $V = \{ai^2 \mid i \in R_1\}$ genau $(p-1)/2$ Elemente enthält, und daß gilt:

$$U \cap V = \emptyset \quad , \qquad U \cup V = R_0 \quad .$$

Das quadratische Hashing wird wie folgt modifiziert. Man wähle ein beliebiges $a \in R_0 - U$ und verwende

$$\left.\begin{array}{lcl} h_{2i} & = & (h_0 + i^2)\ \underline{\text{mod}}\ p \\ h_{2i+1} & = & (h_0 + ai^2)\ \underline{\text{mod}}\ p \end{array}\right\} \text{ für } i \in R_0 \ .$$

Zeige, daß jede Adresse genau einmal erzeugt wird, wenn i die Menge $\{0,1,\ldots,(p-1)/2\}$ durchläuft!

Man kann zeigen, daß im Fall $p \ \underline{\text{mod}}\ 4 = -1 \ \underline{\text{mod}}\ 4$ für alle j $j^2 \ \underline{\text{mod}}\ p \neq -1 \ \underline{\text{mod}}\ p$ gilt. Für eine solche Tabellenlänge p kann auch $a = -1$ verwendet werden, d. h. wir haben

$$h_{2i+1} = (h_0 - i^2)\ \underline{\text{mod}}\ p \quad .$$

3. Wir betrachten die Hashfunktion

$$h(n) = (676 l_1 + 26 l_2 + l_3)\ \underline{\text{mod}}\ L \quad .$$

Hierbei sei $L=31$, und l_i sei die Ordinalzahl des i-ten Buchstabens des Namens n im Alphabet (Beispiel:

$$h(\text{BEGIN}) = (676 \cdot 2 + 26 \cdot 5 + 7)\ \underline{\text{mod}}\ 31 = 1 \quad).$$

Stelle eine Liste mit 31 Namen zusammen, z. B. die Schlüsselworte einer Programmiersprache und die Namen einiger Standardfunktionen wie SQRT, ABS etc., und trage diese Namen mittels Hashing in eine Tabelle der Länge 31 ein! Verwende dabei zur Auflösung von Kollisionen einmal das lineare Suchen und einmal das quadratische Suchen! Zähle für beide Verfahren die Gesamtanzahl der Kollisionen bzw. der erzeugten Ausweichadressen!

4. Die beim Einschachtelungsverfahren praktizierte Zweiteilung kann zu einer n-Teilung verallgemeinert werden. Das jeweils betrachtete Intervall wird in n Intervalle aufgeteilt, und der gesuchte Schlüssel wird mit den Schlüsselwerten an den n-1 Teilungspunkten verglichen. Die maximale Anzahl der bei einem Schleifendurchlauf durchgeführten Vergleiche wächst mit n, aber die Anzahl der Schleifendurchläufe ist ungefähr $\log_n L$ (wenn L die Tabellenlänge ist), nimmt also mit wachsendem n ab.

   a. Programmiere ein effizientes Einschachtelungsverfahren der Ordnung n=3!

   b. Der Aufwand bei einem Schleifendurchlauf ist proportional zu n-1. Zeige, daß der erwartete Gesamtaufwand für das Einschachtelungsverfahren der Ordnung n für n=2 am geringsten ausfällt! (Das bedeutet, daß der Übergang zu einer höheren Ordnung nichts bringt.)

5. Betrachte den Index des Bibliothekskatalogs in Abb. 9.2c! Auf der Suche nach einem bestimmten Schlüssel gelangt man durch Absteigen im Baum an eine Teilliste von Schlüsseln, in der man dann mittels eines Hashverfahrens weitersuchen kann. Entwickle einen Algorithmus, der auf eine Frage nach einem bestimmten Buchtitel mit dem Standort des Buches antwortet bzw. mitteilt, daß das Buch nicht in der Bibliothek vorhanden ist! Kann der Algorithmus von zusätzlicher Information, z. B. Autor oder Sachgebiet, vorteilhaft Gebrauch machen?

9.3 Das Dateisystem

9.3.1 Eine wichtige Aufgabe des Betriebssystems ist die Verwaltung der Dateien. Im einfachsten Fall sind die Informationen über alle im System vorhandenen Dateien in einem Dateiverzeichnis (auch Dateikatalog, engl. directory, catalogue) zusammengestellt. Das Dateiverzeichnis ist ebenfalls eine Datei; ihre Sätze beschreiben die Dateien.

Gegenstand dieses Abschnitts ist die Struktur des Dateiverzeichnisses einschließlich des Aufbaus seiner Sätze. Weiterhin gehen wir auf die Systemfunktionen ein, die für die Manipulation von Dateien (Erzeugen, Löschen, Lesen, Modifizieren) bereitgestellt werden.

Ein Großteil der Kommunikation des Benutzers mit dem System bezieht sich auf die Manipulation von Dateien. Wir nehmen dies zum Anlaß, auch das Thema Kommandosprachen anzuschneiden. Dabei beschränken wir uns auf einige wenige typische Kommandos (denn es gibt soviele Kommandosprachen wie Betriebssysteme).

9.3.2 Ein Benutzer ist dem Betriebssystem über ein Benutzerkennzeichen (engl. user identification, abgekürzt userid oder UID) bekannt. Dieses Kennzeichen wird im Stapelbetrieb auf der ersten Steuerkarte eines Auftrags eingetragen bzw. im Teilnehmerbetrieb als Parameter des LOGIN-Kommandos angegeben. Als UID kann beispielsweise ein Paar (g,b) von Zahlen oder Namen gewählt werden, wo g eine Gruppe und b einen einzelnen Benutzer, der der Gruppe angehört, bezeichnet. Eine Gruppe setzt sich aus mehreren Benutzern zusammen, die z. B. gemeinsam an einem Projekt arbeiten oder ihre Rechenzeit gemeinsam abrechnen.

Das Dateiverzeichnis ist nach Benutzerkennzeichen gegliedert, z. B. als Baum mit drei Ebenen (siehe Abb. 9.3a). Die Wurzel des Baums besteht aus einer Liste aller dem System bekannten Gruppen. Jeder Eintrag dieser Liste verweist auf eine Liste aller Benutzer, die zu der jeweiligen Gruppe gehören; diese Benutzerlisten bilden die zweite Ebene des Baums. Auf der dritten Ebene findet man für jeden Benutzer eine Liste seiner Dateien.

Auf der Grundlage eines solchen Dateiverzeichnisses kann schnell jede Datei im System angesprochen werden, indem man einen Gruppennamen g, einen Benutzernamen b und einen Dateinamen d angibt. Wenn ein Benutzer eine seiner eigenen Dateien ansprechen will, genügt die Angabe des Dateinamens d, denn das Benutzerkennzeichen (g,b) ist dem System bereits vom LOGIN-Kommando (bzw. von der Steuerkarte) bekannt. Solange eine Datei nicht benutzt wird, ruhen ihre Daten im Hintergrundspeicher. Den Dateispeicher nennt man oft Tertiärspeicher, um ihn vom Sekundärspeicher des virtuellen Speichers zu unterscheiden. Soll mit einer Datei gearbeitet werden, müssen ihre Daten in den Arbeitsspeicher geholt werden. Im allgemeinen verbietet der große Datenumfang ein Hereinholen der gesamten Datei in den Arbeitsspeicher. Üblicherweise werden nur einzelne Blöcke in den Speicher geholt (ein Block ist die durch einen

E/A-Transfer übertragene Datenmenge; vgl. 5.3.5). Das reicht auch völlig aus, da ein Programm ohnehin zu jedem Zeitpunkt nur einen bestimmten Teil des Datenbestandes bearbeiten kann. Und außerdem sollte es keinem Programm möglich sein, große Teile des kostbaren Primär- und Sekundärspeichers zu usurpieren.

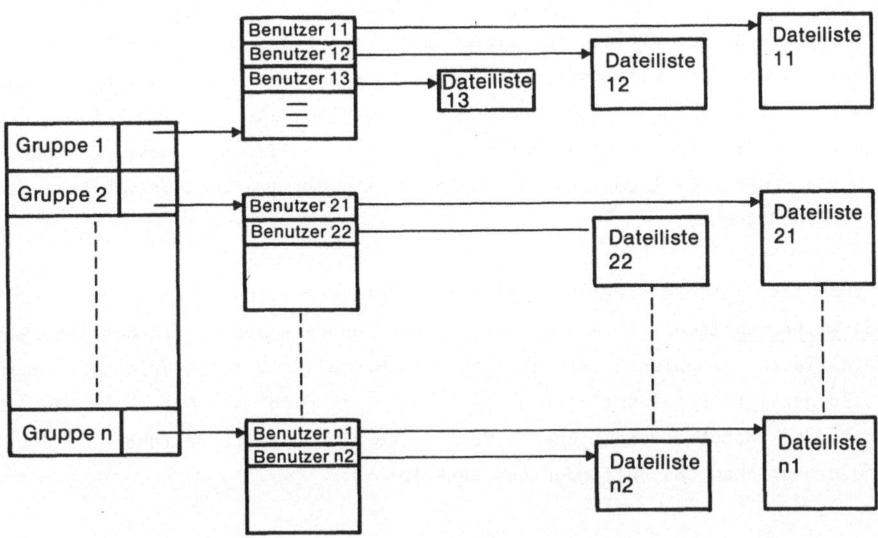

Abb. 9.3a Baumstrukturiertes Dateiverzeichnis

Die Blockgröße darf nicht zu klein gewählt werden, da sonst zu viel Verwaltungsaufwand für die Übertragungen anfällt. Die Situation ist ähnlich wie beim virtuellen Speicher, wo man ebenfalls kleine Seiten vermeidet, damit der Verwaltungsaufwand pro übertragener Informationseinheit gering bleibt. Das Gegenargument des mit höherer Blockgröße zunehmenden internen Speicherverschnitts kommt bei Dateien weniger zum Tragen, da die Datenbestände erstens umfangreich und zweitens auf einem billigen Speichermedium untergebracht sind. Blockgrößen zwischen 800 und 8000 Bytes sind üblich.

9.3.3 Oft haben bestimmte Dateien eines Benutzers gemeinsame Eigenschaften. Z. B. sind die Dateien, die FORTRAN-Quellenprogramme enthalten, die einzigen, die als Eingabe für einen FORTRAN-Übersetzer in Frage kommen. Die von einem Übersetzer erzeugten Ausgabedateien, die den Objektcode enthalten, haben ebenfalls eine gemeinsame Eigenschaft: ihre Inhalte sind ladbare und ablauffähige Programme. Ein weiteres Beispiel bilden Dateien, die Kopien der jeweils vorletzten Versionen von Quellenprogrammen - die ja bisweilen geändert werden - enthalten. Es ist daher weit verbreitet, daß eine Dateibezeichnung neben einem Dateinamen d eine weitere Komponente t enthält, die über den Typ der Datei Auskunft gibt. Oft wird für die Dateibezeichnung die Form d.t benutzt. Beispielsweise könnte SORT.FOR die Bezeichnung für eine Datei sein, die ein in FORTRAN geschriebenes Sortierprogramm enthält. Und nach einer Modifikation sowie einer Übersetzung dieses Programms gäbe es zwei weitere Dateien SORT.OLD und SORT.OBJ.

Für die eindeutige Identifizierung einer Datei reicht die Angabe des Namens also nicht aus; es muß der vollständige Dateibezeichner angegeben werden. Häufig ist es aber auch so, daß bestimmte Kommandos nur mit Dateien ganz bestimmter Typen arbeiten können, so daß sich die Typangabe erübrigt. Es ist beispielsweise denkbar, daß das Kommando LOAD SORT (zum Laden eines Objektprogramms) grundsätzlich nach der Datei SORT.OBJ sucht.

Die Datensätze, auf die der Index der Datei "Datenverzeichnis" verweist, sind die Dateideskriptoren (engl. file descriptors) der Benutzerdateien (in der Abb. 9.3a zu "Dateilisten" gruppiert). Ein typischer Aufbau eines Dateideskriptors ist in Abb. 9.3b gezeigt. Der Deskriptor enthält natürlich nicht die Attribute 'Dateibezeichner' und 'Benutzerkennzeichen', denn diese sind bereits Bestandteile des Index und ermöglichen das Auffinden des Deskriptors.

Paßwort	F 7412					
Zugriffsschlüssel	d	p	w	a	r	e
	0	0	1	0	1	1
Zustand	offen, Lesen					
Benutzer	g 12			b 4		
Modus	permanent					
Entstehungsdatum	74	12	30	16	35	39
Größe in Blöcken	3					
Block 1	Zyl. 21	Sp. 16	Bl. 2			
Block n	Zyl. 23	Sp. 7	Bl. 5			

Abb. 9.3b Dateideskriptor

Üblicherweise ist jedem Benutzer ein Paßwort (engl. password, d. h. Losungswort) zugeordnet, das nur ihm bekannt ist. Das Paßwort muß beim Einloggen angegeben werden. Wenn das System so konzipiert ist, daß jeder Benutzer nur auf die zu seinem

Benutzerkennzeichen gehörenden Dateien zugreifen kann, vermittelt das Paßwort einen indirekten Schutz vor dem unberechtigten Zugriff auf Dateien: arbeite ich nur unter meinem eigenen Benutzerkennzeichen, so darf ich nur auf meine eigene Datei zugreifen; gebe ich beim Einloggen vor, ein Anderer zu sein (durch Angabe von dessen Benutzerkennzeichen), so habe ich damit nur Erfolg, wenn ich auch dessen Paßwort ausspioniert habe.

Man kann auch andersartige Schutzmaßnahmen treffen. In Abb. 9.3b ist ein dateispezifisches Paßwort vorgesehen. Das System sei so konzipiert, daß prinzipiell jeder Benutzer auf jede Datei zugreifen kann, ein Zugriffsversuch auf eine fremde Datei aber nur dann erfolgreich ist, wenn das zugehörige Paßwort angegeben werden kann. In einem solchen System ist der Benutzer in der Lage, anderen Benutzern den Zugriff auf bestimmte Dateien zu gestatten, indem er ihm die jeweiligen Paßworte verrät.

Nicht jeder, der mit einer Datei arbeitet, manipuliert die Datei in ein und derselben Art. Es gibt eine ganze Reihe verschiedenartiger Zugriffe auf eine Datei, z. B.

delete:	Löschen	append:	Erweitern
protect:	Schützen	read:	Lesen
write:	Ändern	execute:	Ausführen

und es ist wünschenswert, einen differenzierten Zugriffsschutz zu haben, der verschiedenen Benutzern verschiedene Zugriffsrechte (engl. access rights) einräumt. Wir betrachten eine von vielen möglichen Vorgehensweisen. Der Eigentümer einer Datei, d. h. derjenige, der sich unter Angabe des entsprechenden Benutzerkennzeichens und des richtigen Paßworts einloggt, hat alle Rechte. Das Feld 'Zugriffsschlüssel' im Dateideskriptor gibt an, welche Manipulationen an der Datei anderen Benutzern erlaubt sind. Wir unterscheiden zwei Klassen von Zugriffsrechten, die Änderungsrechte d,p,w und die Nutzungsrechte a,r,e. Benutzer, die mit dem Dateieigentümer in derselben Gruppe sind, haben zwar alle Nutzungsrechte, aber nur die im Deskriptor angegebenen Änderungsrechte. Alle sonstigen Benutzer haben keinerlei Änderungsrechte, aber immerhin die im Deskriptor angegebenen Nutzungsrechte.

Der Inhalt des Feldes 'Zugriffsschlüssel' in Abb. 9.3b besagt, daß die Gruppenmitglieder weder die Datei löschen noch den Zugriffsschlüssel verändern können. Sie haben aber alle sonstigen Zugriffsrechte. Wer nicht zur Gruppe gehört, kann nur lesen oder ausführen (offenbar enthält die Datei ein ausführbares Programm). Da das Lesen erlaubt ist, kann jeder Benutzer, wenn er will, sich eine private Kopie der Datei anfertigen, auf die er dann nach Belieben zugreifen kann. Auf das Original hat er keinen Einfluß.

Die Bedeutung der übrigen Deskriptorfelder liegt auf der Hand. 'Zustand' gibt an, von welchem Zugriffsrecht der aktuelle Benutzer gerade Gebrauch macht; das nächste Feld, 'Benutzer', enthält dessen Benutzerkennzeichen. Diese Angaben können wichtig sein, um Konflikte bei gleichzeitiger Benutzung der Datei durch mehrere Benutzer zu vermeiden. So wird man etwa verhindern, daß ein Benutzer zum Schreiben zugelassen wird, wenn ein anderer gerade mit Lesen beschäftigt ist.

Das 'Modus'-Feld gibt an, ob die Datei permanent oder temporär ist. Eine temporäre Datei wird automatisch gelöscht, wenn der Eigentümer sich ausloggt. 'Entstehungsdatum' ist selbsterklärend, 'Größe in Blöcken' ebenfalls. Die anschließenden Einträge verweisen auf die Lage der Blöcke der Datei, z. B. (bei einer Platte) in der Form Zylindernummer, Spurnummer, Sektornummer.

9.3.4 Nach der Art, wie sie sich auf Dateien auswirken, können wir die Kommandos eines Systems in drei Gruppen einteilen: a) Erzeugen und Löschen, b) Laden und Ausführen, c) Manipulation des Inhalts. Typische Kommandos der Gruppe a) sind:

```
CREATE   Datei{<{Modus}{,Zugriffsschlüssel}>}
DELETE   Datei{[Benutzer]}
RENAME   Datei2{<{Modus}{,Zugriffsschlüssel}>}= Datei1{[Benutzer]}
COPY     Datei2{<{Modus}{,Zugriffsschlüssel}>}= Datei1{[Benutzer]}
```

Teile, die in geschweiften Klammern eingeschlossen sind, können weggelassen werden. 'Datei' ist eine Dateibezeichnung, 'Benutzer' das Benutzerkennzeichen des Eigentümers der Datei. Als 'Modus' wird 'permanent' oder 'temporär' angegeben, die Zugriffsrechte werden durch sechs Bits dargestellt. Wo kein Modus angegeben ist, wird als "default" 'temporär' angenommen. Der default-Wert für den Zugriffsschlüssel ist 111111 (ein "vorsichtiges" System könnte auch 000000 wählen). Ist kein Benutzerkennzeichen angegeben, so wird das Kennzeichen des das Kommando ausführenden Benutzers verwendet.

CREATE dient zum Erzeugen von Dateien. Das Kommando fragt zunächst zurück, ob die Datei ein Paßwort erhalten soll. Wenn ja, so wird das Paßwort eingegeben. CREATE richtet dann in der Dateiliste des Benutzers nach Maßgabe der Parameter einen neuen Deskriptor ein, sofern noch keine Datei mit gleicher Bezeichnung existiert (andernfalls erfolgt eine Fehlermeldung).

DELETE löscht die als Parameter angegebene Datei, sofern sie vorhanden ist und der aktuelle Benutzer das Recht zum Löschen hat (gegebenenfalls muß er auch das Paßwort präsentieren). Das Löschen besteht im Vernichten des Dateideskriptors und der Freigabe aller augenblicklich belegten Blöcke.

RENAME und COPY beziehen sich auf die rechts vom Gleichheitszeichen angegebenen Datei. Der Inhalt der Datei bleibt unverändert. RENAME modifiziert lediglich den Dateideskriptor, und zwar entsprechend den Angaben auf der linken Seite des Gleichheitszeichens. Ein etwa notwendiges Paßwort muß präsentiert werden.

Mit RENAME kann man beispielsweise den Zugriffsschlüssel ändern oder eine temporäre Datei in eine permanente umwandeln. RENAME scheitert, wenn das Paßwort nicht stimmt, wenn der Ausführende nicht das Zugriffsrecht d oder p hat, oder wenn die Datei nicht vorhanden ist.

COPY erzeugt eine Kopie der angegebenen Datei1 und richtet dafür einen Deskriptor nach Maßgabe der links vom Gleichheitszeichen stehenden Angaben ein; Teile des Deskriptors werden aus dem alten Deskriptor übernommen. COPY scheitert bei falschem Paßwort, wenn der Ausführende nicht das Zugriffsrecht r hat, oder wenn in seinem Dateiverzeichnis der neue Dateibezeichner bereits vorkommt.

Die Kommandos der zweiten Gruppe beziehen sich ausschließlich auf Dateien, die ausführbare Objektprogramme enthalten. Vier typische Kommandos sind:

GET Datei{[Benutzer]}
START
RUN Datei{[Benutzer]}
SAVE Datei{<{Modus}{,Zugriffsschlüssel}>}

GET lädt das in der angegebenen Datei enthaltene Programm. START veranlaßt die Ausführung des zuvor geladenen Programms. Wir setzen voraus, daß ein Benutzer zu jedem Zeitpunkt immer nur ein Programm geladen haben kann. Daher erübrigt sich die Angabe eines Parameters in START. Das Kommando RUN verbindet die Funktionen von GET und START. Ein gesondertes START-Kommando zu haben, ist dennoch angenehm, ermöglicht es doch einen Neustart des Programms ohne erneuten Ladevorgang.

GET und RUN scheitern, wenn der Ausführende nicht das benötigte Paßwort präsentieren kann oder nicht das Zugriffsrecht e hat. START scheitert, wenn kein Programm geladen ist.

SAVE erzeugt eine neue Datei und füllt sie mit dem augenblicklich geladenen Programm, sofern vorhanden. Der gewählte Dateibezeichner darf noch nicht im Dateiverzeichnis vorkommen. Ferner muß der Ausführende für diejenige Datei, aus der das Programm geladen wurde, das Zugriffsrecht r besitzen.

9.3.5 Bei der dritten Gruppe von Kommandos werden Dateiinhalte manipuliert. Typische Manipulationen sind das Editieren, das Übersetzen und Binden und der Datentransfer von/zu E/A-Geräten. Die dazugehörigen Kommandos sind z. B.

EDIT Datei{[Benutzer]}, INIT Datei{<{Modus}{,Zugriffsschlüssel}>}
COMP, LOAD, EX Datei{[Benutzer]}
TYPE, PRINT Datei{[Benutzer]}

Bei jedem dieser Kommandos außer bei INIT muß ein etwa verlangtes Paßwort richtig angegeben werden. EDIT aktiviert den Editor, ein Systemprogramm, das die interaktive Modifikation von Dateiinhalten unterstützt. EDIT löscht zunächst die Vorgängerversion (Typ OLD) der zu editierenden Datei und erklärt diese zur Vorgängerversion. Dann wird eine neue, leere Datei mit gleichem Deskriptor erzeugt und während des Editiervorgangs sukzessive mit der neuen Version gefüllt. INIT dient zum Erzeugen einer völlig neuen Datei mit Hilfe des Editors. Die Ausführung von EDIT setzt das Zugriffsrecht w voraus!

COMP übersetzt das in der angegebenen Datei enthaltene Quellenprogramm (bzw. alle in der Datei enthaltenen, unabhängig übersetzbaren Quellenmoduln). Der im Dateibezeichner angegebene Typ bestimmt den verwendeten Übersetzer. Z. B. ruft COMP SORT.FOR den FORTRAN-Compiler auf. Das kann man auch mit RUN FORTRAN erreichen; der Compiler fragt dann explizit nach dem Dateibezeichner für das Quellenprogramm (die Typangabe ist in diesem Fall entbehrlich). Das erzeugte Objektprogramm wird in einer neu geschaffenen Datei untergebracht, z. B. mit dem Bezeichner SORT.OBJ. Die erfolgreiche Ausführung von COMP setzt voraus, daß der Ausführende das Zugriffsrecht r auf die Quellendatei besitzt.

Die bei LOAD angegebene Datei muß ein oder mehrere Objektmoduln enthalten, die von einem Übersetzer in unabhängigen Übersetzungsgängen erzeugt wurden; es können aber auch Quellenmoduln sein. LOAD erstellt und lädt ein ablauffähiges Objektprogramm, das gegebenenfalls aus mehreren Objektmoduln zusammengebunden wird. LOAD aktiviert einen bindenden Lader, vorausgesetzt, die angegebene Objektdatei ist später erzeugt worden als die gleichnamige Quellendatei. Wenn nicht, entspricht der Inhalt der Objektdatei offenbar nicht dem Inhalt der Quellendatei. In diesem Fall wird eine Übersetzung vorgeschaltet, die die Objektdatei auf den neuesten Stand bringt; dann erst wird der bindende Lader aufgerufen.

Das geladene Programm erbt das Paßwort und die Zugriffsrechte der verwendeten Objekt- bzw. Quellendatei. Als nächstes Kommando kann nun entweder START oder SAVE ausgeführt werden. - Das Kommando EX (für engl. EXecute) ist eine Kombination von LOAD und START (wie RUN für GET und START).

TYPE und PRINT sind recht einfache Kommandos. TYPE bewirkt die Ausgabe der angegebenen Datei am Terminal, PRINT bewirkt die Ausgabe auf dem Drucker. Natürlich setzen beide Kommandos das Zugriffsrecht r voraus.

9.3.6 Die eben besprochenen Kommandos wenden sich direkt an das Betriebssystem. Es gibt andere Kommandos, z. B. die Editierkommandos, die sich an ein Programm richten, welches zuvor durch ein Betriebssystemkommando geladen wurde. Wie weiß das Betriebssystem, welcher dieser beiden Fälle jeweils vorliegt? Wir besprechen drei Möglichkeiten zur Lösung des Problems.

Am einfachsten ist es, zwischen einem "Systemmodus" (oder "-ebene") und einem "Programmodus" zu unterscheiden (ähnlich wie bei der Groß/Klein-Umschaltung auf der Schreibmaschine). Wenn der Benutzer sich im Systemmodus befindet, geht alles, was er eintippt, an das Betriebssystem. Im Programmodus dagegen wird die Eingabe im Eingabepuffer des laufenden Programms abgelegt. Nach dem Einloggen befindet sich der Benutzer zunächst im Systemmodus. Mit dem Beginn der Ausführung eines Kommandos wird in den Programmodus umgeschaltet, nach Beendigung der Ausführung wird wieder zum Systemmodus zurückgeschaltet. Viele Systeme helfen dem Benutzer, indem sie am Anfang jeder Zeile ein spezielles Zeichen (engl. prompt character), welches den aktuellen Modus anzeigt, ausgeben. Z. B. wird ein Punkt ausgegeben, wenn das System ein Systemkommando erwartet, und ein Stern, wenn es Eingabe für ein Programm erwartet.

Eine zusätzliche Möglichkeit ist die Verwendung eines sogenannten "Ausweichzeichens" (auch "Fluchtsymbol", engl. escape character) zum forcierten Verlassen des Programmodus. Das Auftreten des Ausweichzeichens in der Eingabezeile veranlaßt das System, das laufende Programm zu unterbrechen (oder abzubrechen) und in den Systemmodus umzuschalten. Durch Ausgabe des prompt character wird der Benutzer davon informiert, daß er nunmehr Systemkommandos einzugeben hat. Wurde das Programm nur unterbrochen, so kann es später (durch ein spezielles Systemkommando) fortgesetzt werden. Diese Techniken können erweitert oder ersetzt werden durch die Konvention, daß Systemkommandos ein ganz bestimmtes Format haben, z. B. mit einem Schrägstrich beginnen. Im Systemmodus wird der Schrägstrich als prompt character ausgegeben, so daß der Benutzer nur den Kommandonamen zu tippen braucht. Im Programmodus dagegen muß der Benutzer jedes Systemkommando mit einem Schrägstrich einleiten.

Ein Spezialfall dieser Konvention ist das häufig vorgesehene "rub-out"-Kommando ("ausradieren"). Als Systemkommando im Programmodus ausgeführt, bewirkt es das Löschen des zuletzt angegebenen Zeichens. Dabei wird der Programmodus nicht verlassen.

Die Gesamtheit aller Kommandos wird Kommandosprache genannt, bei Stapelsystemen spricht man auch von "Steuersprache" (engl. job control language, abgekürzt JCL). Die hier vorgestellten Kommandos rechtfertigen kaum den Begriff "Sprache". Es gibt aber tatsächlich sehr ausgefeilte Kommandosprachen, die in ihrer Reichhaltigkeit einer Programmiersprache nahekommen. Folgerichtig lassen sich in solchen Kommandosprachen komplexe Abläufe als Kommandofolgen vorformulieren, und es gibt Kommandos, die solche Kommandofolgen zur Ausführung bringen. Die damit verbundenen Probleme des Sprachentwurfs gehen über den Rahmen dieses Buches hinaus.

Übungen

1. Betrachte das Dateiverzeichnis aus Abb. 9.3a und entwickle ein Programm, das für alle Dateien eines vorgegebenen Benutzers die Dateibezeichungen, Modi, Zugriffsschlüssel und Entstehungsdaten auflistet!

2 a. Der Dateityp könnte im Deskriptor statt im Dateibezeichner untergebracht werden. Besteht zwischen den beiden Alternativen ein wesentlicher Unterschied?

b. Die meistbenutzten Dateien sind die allen Benutzern zur Verfügung stehenden Systemdateien (mit Systemprogrammen, Dokumentation etc.) und für jeden Benutzer dessen private Dateien. Wenn der Benutzer eine seiner eigenen Dateien einem Systemkommando als Parameter mitgibt, braucht er nicht sein Benutzerkennzeichen anzugeben. Es wäre angenehm, wenn auch für Systemdateien nur deren Dateibezeichner angegeben werden müßten (Beispiel: RUN FORTRAN). Das würde bedeuten, daß der default-Wert für das Benutzerkennzeichen nicht immer mit dem Kennzeichen des ausführenden Benutzers identisch ist. Konzipiere eine eindeutige Interpretation des in einem Kommando ohne Benutzerkennzeichen angegebenen Dateibezeichners!

3. Das RENAME-Kommando ist zwar praktisch, unentbehrlich scheint es aber nicht zu sein. Es sieht so aus, als könnte man den Effekt von RENAME mit COPY und DELETE

erreichen. Prüfe, ob das für alle möglichen Parameter von RENAME richtig ist!

4. Implementiere das SAVE-Kommando unter Benutzung von Programmen für die Kommandos der ersten Gruppe! Wenn bereits eine Datei mit dem in SAVE angegebenen Bezeichner existiert, muß sie gelöscht werden. SAVE muß wissen, wo das zu übertragende Programm liegt, wie lang es ist und welche Zugriffsschlüssel die Datei hat, aus der es stammt. Diese Angaben sind in einem dem Benutzer zugeordneten "Organisationsbereich" enthalten.

5. In diesem Abschnitt wurden 15 Kommandos besprochen. Erläutere, welche Modifikationen diese Kommandos in den Dateideskriptoren vornehmen, und zwar in den Feldern 'Paßwort', 'Zugriffsschlüssel', 'Modus' und 'Entstehungsdatum'!

6. Entwirf ein Programm LOOKUP, welches prüft, ob eine Datei mit vorgegebenem Dateibezeichner als Datei des ausführenden Benutzers existiert oder, wenn nicht, als allgemein benutzbare Systemdatei zur Verfügung steht!

9.4 Zugriffsschutz

9.4.1 Alle Mechanismen in einem Betriebssystem, die der Überwachung des Zugriffs von Programmen auf gemeinsame Objekte dienen, werden unter dem Sammelbegriff Zugriffsschutz (engl. protection) zusammengefaßt. In den ersten Systemen, die eine gemeinsame Benutzung von Betriebsmitteln im Mehrprogrammbetrieb vorsahen, ging es hauptsächlich um den Schutz vor den Auswirkungen von Programmfehlern und um die Verhinderung der Monopolisierung von Betriebsmitteln durch einen Benutzer. Zunächst muß sichergestellt sein, daß das Programm des Benutzers A nicht - zufällig oder absichtlich - auf den Speicherbereich des Benutzers B zugreifen kann. Ferner muß das Betriebssystem darauf achten, daß keine Verklemmungen auftreten oder der Ablauf mancher Prozesse unbillig verzögert wird. Schließlich muß verhindert werden, daß ein Programm (z. B. weil es in eine nicht abbrechende Schleife gerät) Betriebsmittel in großem Umfang belegt und nicht wieder freigibt, zum Schaden der anderen Programme.

Mit dem Aufkommen der Massendatenspeicherung im Rechner bekam die Schutzproblematik eine neue Dimension. Es ging nicht mehr nur um die Betriebssicherheit, sondern um die technischen Voraussetzungen für den Datenschutz (engl. data security) im heutigen Sinn. Jeder Benutzer sollte in der Lage sein, seine Daten vor fremdem Zugriff zu schützen. Das heißt, daß die Daten des Benutzers A nicht nur vor Zerstörung durch einen anderen Benutzer B, sondern auch vor unberechtigtem Lesen durch B geschützt sein sollen. Wünschenswert ist natürlich, daß der Benutzer A ausgewählten anderen Benutzern die Erlaubnis zum Lesen (oder zu andersartigen Zugriffen) einräumen kann, wenn er das für sinnvoll hält. Im Abschnitt 9.3 ist dieser Aspekt des Zugriffsschutzes bereits angesprochen worden.

Flexible Zugriffsschutzmechanismen sind unerläßlich für die praktische Umsetzung des Prinzips der Zugriffsminimierung (engl. minimum-privilege principle, need-to-know principle). Es besagt, daß ein Programm zu jedem Zeitpunkt nur diejenigen Zugriffsmöglichkeiten haben soll, die für die Durchführung seiner Aufgaben unverzichtbar sind. Die Zugriffsminimierung ist ein wichtiges Mittel zur Verringerung der Fehleranfälligkeit von Programmen. Die Zugriffsminimierung fordert z. B., daß eine Prozedur, die über Parameter mit ihrer Umgebung kommuniziert, im Keller nur auf diese Parameter, nicht aber auf Daten jenseits der Parameter zugreifen kann. Ein weiteres Beispiel: die Semaphoroperationen P und V greifen auf Warteschlangen zu. Es besteht keinerlei Notwendigkeit, den direkten Zugriff auf die Warteschlangen auch denjenigen Prozessen zuzugestehen, die von P/V Gebrauch machen. Im Gegenteil, dies könnte fatale Fehler zur Folge haben.

In diesem Abschnitt werden zunächst einige typische Schutzmechanismen in konventionellen Betriebssystemen erläutert. Anschließend behandeln wir das Thema Zugriffsschutz in einem allgemeinen Rahmen, wobei wir von den Besonderheiten der geschützten Objekte abstrahieren. Damit gelingt es, Gemeinsamkeiten zwischen zunächst beziehungslos nebeneinanderstehenden Schutzmechanismen festzustellen. Außerdem ermöglicht ein solcher Zugang verschiedene Verallgemeinerungen und Erweiterungen konventioneller Techniken. - Implementierungsfragen werden in Abschnitt 9.5 behandelt.

9.4.2 In den Betriebssystemen größerer Rechner findet man eine Fülle verschiedener Schutzmechanismen. Einige seien kurz angesprochen.

a. Privilegierter/nicht privilegierter Zustand: Der Prozessor kennt zwei oder mehr verschiedene Zustände (z. B. Systemmodus/Benutzermodus, engl. supervisor mode/ user mode), die sich durch die Zulässigkeit mehr oder minder gefährlicher Instruktionen unterscheiden. Eine privilegierte Instruktion (engl. privileged instruction) ist nur im privilegierten Zustand ausführbar. Im nichtprivilegierten

Zustand bedeutet der Ausführungsversuch einen Programmfehler. Typische privilegierte Instruktionen sind E/A-Instruktionen und Instruktionen zur Manipulation der Adreßumsetzung (vgl. d.). Für die Ein/Ausgabe muß der Benutzer (dessen Programm im nichtprivilegierten Zustand läuft) spezielle Systemaufrufe verwenden, oder die zur Programmunterbrechung führende privilegierte Instruktion wirkt wie ein Systemaufruf. In beiden Fällen wird das Betriebssystem aktiviert und der Prozessor in den privilegierten Zustand umgeschaltet. Das Betriebssystem kann prüfen, ob der E/A-Wunsch des Benutzers legitim ist, und kann, wenn das der Fall ist, mittels einer privilegierten Instruktion die Ein/Ausgabe einleiten. Durch diese Vorgehensweise ist ein Schutz vor unberechtigtem Zugriff auf Peripheriegeräte gewährleistet.

b. Hardwareunterstützte Schichtenstruktur: Eine Schicht S stellt den Schichten oberhalb von S gewisse Funktionen zur Verfügung. Die oberen Schichten können weder auf die Funktionen der unteren Schichten, noch auf die lokalen Daten von S zugreifen. Die Funktionen von S können zwar ausgeführt, nicht aber gelesen oder modifiziert werden. Die Schichtenstruktur kann als Verallgemeinerung der user/supervisor-Teilung begriffen werden: jede Schicht verhält sich zur jeweils unterliegenden Schicht wie ein "user" zum "supervisor".

c. Gerätezuteilung: Jeder Prozeß muß bei der Gerätezuteilung angemessen bedient werden. Ein Schutz vor unangemessener Bedienung ist dadurch gegeben, daß das Betriebssystem die Gerätezuteilung überwacht. Diese Überwachung schließt eine Ablaufsteuerung mit ein, die dafür sorgt, daß ein Prozeß ein Gerät nicht unbegrenzt lange für sich allein reserviert, und verhindert, daß ein Prozeß zu viele Geräte auf einmal reserviert.

d. Virtueller Speicher: Hier werden die Speicherzugriffe der Prozesse überwacht. Bei der Prozeßumlagerungstechnik lädt das Betriebssystem vor der Aktivierung eines Prozesses das Basisregister und das Längenregister mit der Anfangsadresse bzw. Länge des Programms. Ein verbotener Zugriff außerhalb des Programmbereichs wird bei der Adreßumsetzung erkannt und unterdrückt. Bei der Segmentierung und beim Seitenverfahren werden die Bereiche, auf die der Prozeß zugreifen darf, durch die Segmenttabelle bzw. Seitentabelle beschrieben. Auch hier gewährleistet die Adreßumsetzung den Speicherschutz.

e. Dateisystem: Mit seinen eigenen Dateien kann der Benutzer tun, was er will; mit den Dateien anderer kann er nur das tun, was ihm explizit erlaubt wurde (vgl. 9.3). Jeder Benutzer kann, wenn er will, seine Dateien vollständig geheimhalten. Eine Weitergabe von Zugriffsrechten ist zwar nicht an einzelne Benutzer, wohl aber an zwei Gruppen von Benutzern möglich ("seine Gruppe" und "alle"). Wenn dateispezifische Paßwörter vorgesehen sind, kann das Zugriffsrecht auf eine Datei auch an einzelne Personen weitergegeben werden (durch Weitergabe des Paßworts).

9.4.3 Alle genannten Beispiele haben gemein, daß ein Prozeß zu jedem Zeitpunkt in einer bestimmten "Umgebung" läuft, die ihm den Zugriff auf einige Objekte (z. B. Segmente, Geräte, Dateien etc.) gestattet und den Zugriff auf andere Objekte verbietet. Jedes Objekt ist über einen Namen ansprechbar (z. B. eine Segmentnummer, einen symbolischen Gerätenamen wie TAPE1, einen Datenbezeichner etc.). Wir setzen der Einfachheit halber voraus, daß jedes Objekt einen eindeutigen Namen besitzt, den kein anderes Objekt hat oder jemals hatte (im Fall von dynamisch erzeugten und gelöschten Objekten). Eine einfache Methode der eindeutigen Benennung ist, den Zeitpunkt der Objekterzeugung als Namen zu wählen.

Für jedes Objekt gibt es eine bestimmte Menge von Operationen, die auf dem Objekt ausgeführt werden können (z. B. lesen, schreiben, kellern, reservieren, löschen u. ä.). Die Gesamtheit aller Operationen für ein Objekt kann als "Typ" des Objekts begriffen werden; alle Objekte, die sich hinsichtlich der auf ihnen ausführbaren Operationen nicht unterscheiden, sind vom gleichen Typ. Der Typ 'Semaphor' beispielsweise ist durch die P/V-Operationen gegeben, der Typ 'Datei' durch die im Abschnitt 9.3.3 dargestellten Operationen Lesen, Ändern, Erweitern etc.

Ein Zugriffsrecht auf ein Objekt ist demnach ein Paar

(Objekt, Operation),

wobei 'Operation' eine der im Typ des Objekts vorgesehenen Operationen ist. Nach dem Prinzip der Zugriffsminimierung ist es durchaus sinnvoll, daß einem Programm, das auf ein Objekt zugreifen muß, nur ein gewisser Teil aller Zugriffsrechte auf das Objekt eingeräumt wird. Beispielsweise wird man einem normalen Benutzer zwar das Recht, einen Compiler aufzurufen, einräumen, nicht aber das Recht, ihn zu lesen oder gar zu modifizieren.

Unter Zugriffsschutzaspekten kann die "Umgebung", in der ein Programm abläuft, mit der Menge aller in seinem Besitz befindlichen Zugriffsrechte identifiziert werden. Man kann das Thema Zugriffsschutz auf einer von den konkreten Besonderheiten der Objekte abstrahierenden Ebene behandeln, wenn man nur die Begriffe "Objekt", "Operation", "Zugriffsrecht" und "Umgebung" verwendet. Ein bestimmter Schutzmechanismus wird dadurch definiert,

1. wie verbotene Zugriffe verhindert werden,
2. wie ein Umgebungswechsel durchgeführt wird,
3. wie die aktuelle Umgebung modifiziert wird.

Wir führen eine entsprechende Klassifikation der oben angegebenen Beispiele a. - e. durch.

a. Privilegierter/nicht privilegierter Zustand:

Geschützte Objekte: privilegierte Befehle (B).
Operationen: Ausführen.
Umgebungen: Benutzermodus: es fehlt die folgende Menge von Zugriffsrechten: $R = \{r \mid r = (b, \text{Ausführen}),\ b \in B\}$. Systemmodus: die Zugriffsrechte R sind vorhanden.

1. Zugriffsverhinderung: Trap 'Privilegierte Instruktion'.
2. Umgebungswechsel: Übergang von dem Benutzermodus in den Systemmodus (durch Unterbrechung) und umgekehrt (durch speziellen Maschinenbefehl).
3. Umgebungsmodifikation: nicht vorgesehen.

b. Schichtenstruktur:

ähnlich wie a.; siehe Übung 1.

c. Gerätezuteilung:

Geschützte Objekte: Geräte (G).
Operationen: Anfordern, Freigeben.
Umgebung: enthält für jedes $g \in G$ entweder (g,Anfordern) oder (g,Freigeben), nicht aber beide zugleich.

1. Zugriffsverhinderung: Fehlermeldung.
2. Umgebungswechsel: nicht vorgesehen.
3. Umgebungsmodifikation: Durch Wahrnehmung von (g,Anfordern) wird (g,Anfordern) entzogen und (g,Freigeben) verliehen - und umgekehrt.

d. Virtueller Speicher mit Seiten:

Geschätzte Objekte: Seiten (S).
Operationen: Lesen, Schreiben, Ausführen, Einlagern, Auslagern.
Umgebung: enthält im Benutzermodus für jedes $s \in S$ entweder kein Zugriffsrecht oder (s,Lesen), (s,Schreiben), (s,Ausführen) bzw. eine Kombination von diesen.

1. Zugriffsverhinderung: Trap 'Zugriffsfehler'.
2. Umgebungswechsel: durch Systemaufruf.
3. Umgebungsmodifikation: nicht vorgesehen.

e. Dateisystem wie in 9.3:

Geschützte Objekte: Dateien (F).

Operationen: Erzeugen (c), Löschen (d), Schützen (p), Ändern (w), Erweitern (a), Lesen (r), Ausführen (e).

Umgebung: Eigentümer der Datei f∈F: alle Zugriffsrechte auf f. Gruppenmitglied: für jedes f∈F eines Mitglieds die Zugriffsrechte (f,a), (f,r), (f,e), ferner nach Maßgabe des Zugriffsschlüssels Rechte aus (f,d), (f,p), (f,w). Nichtmitglieder: für jedes f∈F nach Maßgabe des Zugriffsschlüssels Rechte aus (f,a), (f,r), (f,e).

1. Zugriffsverhinderung: Fehlermeldung.
2. Umgebungswechsel: eventuell durch Aufruf eines Programms eines anderen Benutzers (in 9.3 nicht behandelt).
3. Umgebungsmodifikation: Eigentümer: nicht vorgesehen. Gruppenmitglied: Hinzufügen oder Wegnehmen der Rechte (f,d), (f,p), (f,w) durch einen Benutzer mit Zugriffsrecht (f,p). Nichtmitglieder: Hinzufügen oder Wegnehmen der Rechte (f,a), (f,r), (f,e) durch einen Benutzer mit Zugriffsrecht (f,p).

9.4.4 Nachdem wir nun an einigen Beispielen die Benutzung der Begriffe Objekt, Operation, Zugriffsrecht und Umgebung eingeübt haben, ist es leicht, einen Dateischutz zu entwerfen, der es dem Eigentümer einer Datei erlaubt, für jeden anderen Benutzer festzulegen, welche Zugriffsrechte er auf die Datei haben soll, und zwar ohne Verwendung von Paßworten.

Die Menge aller Dateien F setzt sich zusammen aus den Dateimengen F1, F2,...,Fn der Benutzer 1,2,...,n. Die folgenden Operationen auf Dateien sind vorgesehen: c,d,w,r,a,e (p fehlt, da wir ohne Zugriffsschlüssel arbeiten).

Die Umgebung des Benutzers i enthält alle Zugriffsrechte auf alle Dateien $f \in F_i$ und zusätzlich diejenigen Rechte (f,op) mit $f \in F_k$, $k \neq i$, die dem Benutzer i vom Benutzer k explizit eingeräumt wurden. Damit kann der Eigentümer einer Datei genau festlegen, welche Zugriffsrechte auf diese Datei jedem einzelnen Benutzer zustehen sollen. Das Spektrum reicht dabei von völlig privaten Dateien bis zu völlig frei verfügbaren Dateien. Wenn der Eigentümer einer Datei einem anderen Benutzer Zugriffsrechte einräumen will, ist dafür keine Übermittlung eines Paßworts nötig, und, anders als bei der Paßwort-Methode, können verschiedene Benutzer verschiedene Zugriffsrechte erhalten. Auf einen unerlaubten Zugriffsversuch reagiert das System mit einer Fehlermeldung.

Bei der Umgebungsmodifikation kann man unterschiedlich verfahren. Eine Möglichkeit für die Erweiterung der Umgebung ist: ein Benutzer kann anderen Benutzern nur zum Zeitpunkt der Erzeugung einer Datei Zugriffsrechte auf diese Datei einräumen. Damit wird beispielsweise verhindert, daß ein Benutzer j, der von Benutzer i ein Zugriffsrecht erhalten hat, dieses an einen anderen Benutzer k weitergibt. Bezüglich des Schrumpfens von Umgebungen kann man festlegen: ein Zugriffsrecht wird aus einer Umgebung entfernt, wenn das dort tätige Programm das Recht selbst aufgibt oder wenn sich beim Zugriffsversuch herausstellt, daß die Datei nicht mehr existiert. Diese Festlegung wäre übrigens sehr gefährlich, wenn nicht jede Datei einen eigenen, einmaligen Namen hätte! Würde nach dem Löschen einer Datei dessen Name für eine andere Datei wiederverwendet, so könnte ein Zugriffsrecht für die alte Datei zum Zugriff auf die neue Datei mißbraucht werden.

Man könnte auch anders vorgehen und festlegen: eine Umgebung kann jederzeit um Zugriffsrechte erweitert werden; ein Zugriffsrecht wird aus einer Umgebung entfernt, wenn die zugehörige Datei gelöscht wird. Auf dieser Basis kann jeder Benutzer jedes Zugriffsrecht, das er besitzt, an andere Benutzer weitergeben. Hier ist die Forderung nach einmaligen Namen entbehrlich, denn wenn eine Datei gelöscht wird, werden alle zugehörigen Zugriffsrechte vernichtet. (Mögliche Implementierungen werden in 9.5 behandelt.) - Noch andere Vorgehensweisen sind möglich (vgl. Übung 3).

Welche Möglichkeiten des Umgebungswechsels könnte man in dem skizzierten System vorsehen? Wenn ein Benutzer das Zugriffsrecht e auf eine Datei hat, kann er das dort vorliegende Programm aufrufen. Wenn dieses Programm über Zugriffsrechte verfügt, die in der Umgebung des Aufrufs nicht vorhanden sind, bedeutet der Aufruf einen Umgebungswechsel. Auch der Aufruf einer Systemroutine kann einen solchen Umgebungswechsel implizieren.

9.4.5 Zugriffsrechte und Umgebungen sind selbst wieder Objekte und müssen als solche geschützt werden. Die hierfür vorgesehenen Mechanismen bestimmen sehr wesentlich den Charakter eines Schutzsystems. Typische Operationen auf Zugriffsrechten sind Weitergeben, Abtreten, Verzichten. In einer Umgebung U werde ein Zugriffsrecht r manipuliert: 'Verzichten(r)' entfernt r aus U. 'Weitergeben(r,V)' erweitert die Umgebung V um r (sofern r nicht bereits in V enthalten ist). 'Abtreten(r,V)' übergibt r von U an V, d. h. stellt eine Kombination von 'Weitergeben (r,V)' und 'Verzichten(r)' dar.

Eine solche Manipulation eines Zugriffsrechts setzt voraus, daß die ausführende Umgebung das Recht dazu hat. Man kann sich vorstellen, daß jedem Zugriffsrecht 3 Bits beigefügt sind, die festlegen, welche der drei Operationen jeweils ausgeführt werden dürfen. Ein Zugriffsrecht wird erzeugt, wenn ein Objekt erzeugt wird (das selbst weder Zugriffsrecht noch Umgebung ist). Für jede Operation wird dabei ein entsprechendes Zugriffsrecht erzeugt, und in jedem erzeugten Zugriffsrecht sind alle 3 Bits gesetzt.

Die Operationen 'Weitergeben' und 'Abtreten' müssen über einen zusätzlichen 3-Bit-Parameter verfügen, der bestimmt, wie die Manipulationsrechte bei der Übergabe beschnitten werden sollen. Beachte, daß damit eine Einschränkung, nicht aber eine Erweiterung der Manipulationsmöglichkeiten für das Zugriffsrecht erreicht werden kann. Wenn V von U ein Zugriffsrecht erhält, kann V damit nicht mehr tun als U.

Durch unterschiedliche Regeln für das Beschneiden der Manipulationsrechte in den Zugriffsrechten kann man unterschiedliche Strategien für den Zugriff auf gemeinsame Objekte realisieren. Man betrachte etwa die Regelung, daß beim Weitergeben/Abtreten grundsätzlich die Rechte zum Weitergeben/Abtreten dem Empfänger vorenthalten werden. Das hat zur Folge, daß man ein Zugriffsrecht nur direkt vom Eigentümer des betroffenen Objekts erhalten kann. Der Eigentümer kann sicher sein, daß ein Zugriffsrecht, das er weitergegeben/abgetreten hat, nicht ohne sein Wissen an Dritte weitergegeben/abgetreten werden kann. Eine andere denkbare Regelung ist die, daß beim Weitergeben das Recht zum Weitergeben zurückgehalten wird. Das bedeutet, daß der Eigentümer zwar nicht verhindern kann, daß Zugriffsrechte abgetreten werden; er kann aber sicher sein, daß die Anzahl der Umgebungen, die ein bestimmtes Zugriffsrecht auf eines seiner Objekte besitzen, nie zunehmen kann (außer wenn er selbst eine Weitergabe ausführt).

In 9.4.4 war das Beispiel eines Dateisystems angesprochen worden, bei dem die Weitergabe von Zugriffsrechten nur zum Zeitpunkt der Objekterzeugung möglich ist. In diesem System ist sichergestellt, daß Zugriffsrechte nicht von Umgebung zu Umgebung weitergereicht werden können. Auf die zeitliche Festlegung können wir verzichten, wenn wir vorschreiben, daß beim Weitergeben eines Zugriffsrechts die Rechte zum Weitergeben und Abtreten zurückgehalten werden.

Die in diesem Abschnitt praktizierte Modellierung des Zugriffsschutzes erlaubt Vergleiche verschiedener Schutzmechanismen und bildet einen Rahmen für den Entwurf beliebiger Schutzsysteme. Ein Schutzsystem kann damit auf einer abstrakten Ebene entworfen werden, bevor man sich über seine Implementierung Gedanken macht.

Das abstrakte Modell eines Schutzsystems mag zwar bestimmte Implementierungsstrukturen nahelegen, jedoch sind im Einzelfall beträchtliche Abweichungen möglich. Wenn man z. B. ein Dateisystem schaffen will, in dem eine Datei grundsätzlich nur von ihrem Eigentümer gelöscht werden kann und sonstige Zugriffsrechte nur abgetreten, nicht aber weitergegeben werden können, dann braucht man die 3 Zusatzbits in den Zugriffsrechten nicht zu implementieren. Das System muß lediglich wissen, in welcher Umgebung die Datei erzeugt wurde. - Implementierungsfragen werden im nächsten Abschnitt behandelt.

Übungen

1. In einem System mit Schichtenstruktur stelle die Schicht S_i die Funktionen $F_{i1},\dots,F_{im_i}$ zur Verfügung. Alle Schichten S_j mit $j>1$ haben Zugriffsrechte für alle diese Funktionen. Wir bezeichnen die lokalen Daten von S_i mit D_i. S_i hat das Recht, D_i zu lesen, zu schreiben, zu löschen oder zu erweitern. Keine andere Schicht hat irgendein Zugriffsrecht auf D_i. Gib eine abstrakte Charakterisierung dieses Schutzsystems an: welche Objekte, Operationen, Zugriffsrechte und Umgebungen gibt es, und wie wird die Zugriffsverhinderung, der Umgebungswechsel und die Umgebungsmodifikation praktiziert?

2. Ein privates Semaphor s zeichnet sich dadurch aus, daß nur ein einziger Prozeß, C, P-Operationen auf s ausführt. Kein Prozeß außer C führt P(s) aus, V(s) dagegen kann von beliebigen Prozessen, einschließlich C selbst, ausgeführt werden. Entwirf und beschreibe ein Schutzsystem für private Semaphore!

3. Wenn in einer Umgebung U eine Datei erzeugt wird, enthält U alle Zugriffsrechte auf diese Datei sowie alle Manipulationsrechte für die Zugriffsrechte (Weitergeben, Abtreten, Verzichten). Bei der Übergabe eines Zugriffsrechts an eine andere Umgebung können die Manipulationsrechte beschnitten werden. Ein Dateisystem soll sich so verhalten, daß in jeder Umgebung Daten an jede beliebige Datei angehängt werden können (Operation a in 9.3.3), daß aber alle anderen Operationen auf einer Datei nur dem jeweiligen Eigentümer der Datei erlaubt sind. Außerdem soll es nicht möglich sein, daß zwei Umgebungen gleichzeitig das Recht zur Ausführung der Operation a auf einer Datei haben. Beschreibe ein Modell für ein solches Schutzsystem!

4. Die einfachsten denkbaren Operationen auf Umgebungen sind 'enthält(U,r)' und 'übernehmen(r,U)', wobei r ein Zugriffsrecht und U eine Umgebung ist. 'enthält(U,r)' ist eine Boole'sche Funktion, die $r \in U$ prüft. 'übernehmen(r,U)' ist

die Umkehrung von 'Abtreten(r,V)': r wird aus U entfernt, sofern dort vorhanden, und in die ausführende Umgebung V übernommen. Ist es erforderlich, auch eine Umkehrung von 'Weitergeben(r,V)' einzuführen, z. B. 'Kopieren(r,U)', oder ist diese Operation überflüssig, da 'Übernehmen(r,U)' und 'Weitergeben(r,U)' zur Verfügung stehen? Ist es möglich, auf die Operationen 'Abtreten' und 'Übernehmen' völlig zu verzichten und mit den Operationen 'Weitergeben', 'Verzichten', 'Kopieren' und 'enthält' auszukommen?

5. Eine Programmiersprache mit Blockstruktur ermöglicht einen gewissen Schutz der in den einzelnen Blöcken vereinbarten Objekte. B_{kj} sei der j-te Block der Blockschachtelungstiefe k (z. B. ist B_{13} von allen Blöcken, die einen umschließenden Block haben, der dritte). D_{kj} seien die in diesem Block vereinbarten Daten. Entwickle ein Modell für den durch die Blockstruktur bewirkten Zugriffsschutz!

   Interessant ist, was beim Aufruf einer parametrisierten Prozedur passiert. Gib an, welche Zugriffsrechte bei Prozedureintritt von der aufrufenden Umgebung an die Prozedur übergeben bzw. bei Prozeduraustritt zurückgegeben werden! Unterscheide dabei zwischen verschiedenen Parameterarten wie Wertparameter, Variablenparameter, Namenparameter u. a.! Inwieweit sind Zugriffsrechte und Umgebungen im Objektprogramm repräsentiert?

9.5 Implementierung von Schutzsystemen

9.5.1 Für die Implementierung eines Schutzsystems müssen spezielle Daten und Prozeduren bereitgestellt werden. Die Daten repräsentieren die Zugriffsrechte und Umgebungen. Die Prozeduren realisieren die Zugriffsverhinderung, den Umgebungswechsel und die Umgebungsmodifikationen. Zu beachten ist, daß die Implementierung häufig viel einfacher ausfällt, als das abstrakte Modell zunächst vermuten läßt. Bei dem Dateisystem aus 9.3 zum Beispiel ist es nicht erforderlich, für jeden Benutzer explizite Repräsentationen für alle in seinem Besitz befindlichen Zugriffsrechte zu führen. Es reicht, jede Datei mit einem Zugriffsschlüssel zu versehen, der Auskunft über die Rechte ganzer Benutzergruppen an der Datei gibt.

Wir behandeln im folgenden einige Alternativen für die Implementierung des Zugriffsschutzes. Zuerst befassen wir uns mit den Beziehungen zwischen der Repräsentation der Zugriffsrechte und den Möglichkeiten der Zugriffsverhinderung. Ein verbotener

Zugriff muß irgendwo auf dem Weg zwischen dem Objektnamen, den eine Umgebung benutzt, und dem Objekt selbst erkannt und verhindert werden. In manchen Fällen geht dies gleich am Anfang des Weges, in anderen Fällen muß der Weg bis zum Objekt verfolgt werden, bevor ein Zugriffsfehler erkannt wird.

Anschließend behandeln wir den Unterschied zwischen statischem und dynamischem Zugriffsschutz. Weiterhin befassen wir uns mit der Aktivierung von Umgebungen als Folge von Prozeduraufrufen. Eine Prozedur kann in einer ganz anderen Umgebung als der, in welcher sie aufgerufen wird, ausgeführt werden. Damit stellt sich die Frage, wie ein geschütztes Objekt als Parameter über Umgebungsgrenzen hinweg weitergereicht werden kann.

9.5.2 Ein Programm darf die Operation f auf ein geschütztes Objekt d genau dann anwenden, wenn es im Besitz des Zugriffsrechts (d,f) ist (d. h. wenn seine Umgebung (d,f) enthält). Dies nachzuprüfen ist die Aufgabe des Schutzmechanismus. Wie der Schutzmechanismus arbeitet, hängt von der Repräsentation der Zugriffsrechte und der Umgebungen ab.

Wenn ein Programm auf ein Objekt d zugreift, dann mit dem Namen, unter dem das Objekt in der Programmumgebung bekannt ist. Dieser Name muß durch das System geeignet interpretiert werden, damit das dahinterstehende Objekt identifiziert werden kann (vgl. 7.5.6). Solche Namensinterpretationen finden an vielen Stellen im System statt. Wir betrachten einige Beispiele. Ein Programm benutzt eine indizierte Adresse als Namen für eine Variable, etwa 3(R) mit Indexregister R. Die Interpretation besteht dann in der Addition von 3 auf den Inhalt des Registers R. Ein FORTRAN-Programm benutzt den Namen 'eps' für eine Variable. Der Compiler übersetzt 'eps' in eine Programmadresse, d. i. eine Distanz zum Programmanfang. In einem virtuellen Speicher bezieht sich ein Programm mittels eines "Namens" (p,d) auf eine Speicherzelle, wobei p eine Seitennummer und d eine Distanz ist. Die Adreßumsetzungs-Hardware interpretiert diesen Namen, indem sie ihn mit Hilfe des zugehörigen Seitendeskriptors auf eine Speicheradresse abbildet. In einem Teilnehmersystem verwenden die Benutzer in ihren Kommandos Dateibezeichner zur Identifikation von Dateien. Die Interpretation läuft in diesem Fall auf die Durchsuchung des Datenverzeichnisses hinaus.

Für die physische Unterbringung der Zugriffsrechte gibt es grundsätzlich zwei Alternativen: entweder man speichert sie beim Benutzer, oder man speichert sie beim geschützten Objekt (siehe Abb. 9.5a). Diese Alternativen seien am Beispiel des virtuellen Speichers und des Dateisystems erläutert. Die Seiten in einem virtuellen Speicher sind geschützte Objekte: ein Programm kann nicht auf beliebige Seiten zugreifen, und die Zugriffsart läßt sich durch spezielle Bits in den Deskriptoren auf 'Lesen' oder 'Ausführen' beschränken. Jeder Prozeß hat eine Seitentabelle, in der alle Seiten, auf die der Prozeß zugreifen kann, mit Deskriptoren verzeichnet sind. Gemeinsame Seiten sind in mehreren Seitentabellen durch Deskriptoren vertreten. Ein Deskriptor repräsentiert alle Zugriffsrechte, die der Prozeß für die betreffende Seite besitzt. Somit sind alle Zugriffsrechte beim Benutzer untergebracht. In diesem Fall nennt man die Zugriffsrechte Capabilities (zu deutsch etwa: Fähigkeiten). Die Gesamtheit aller Capabilities einer Umgebung heißt Capability-Liste (C-Liste).

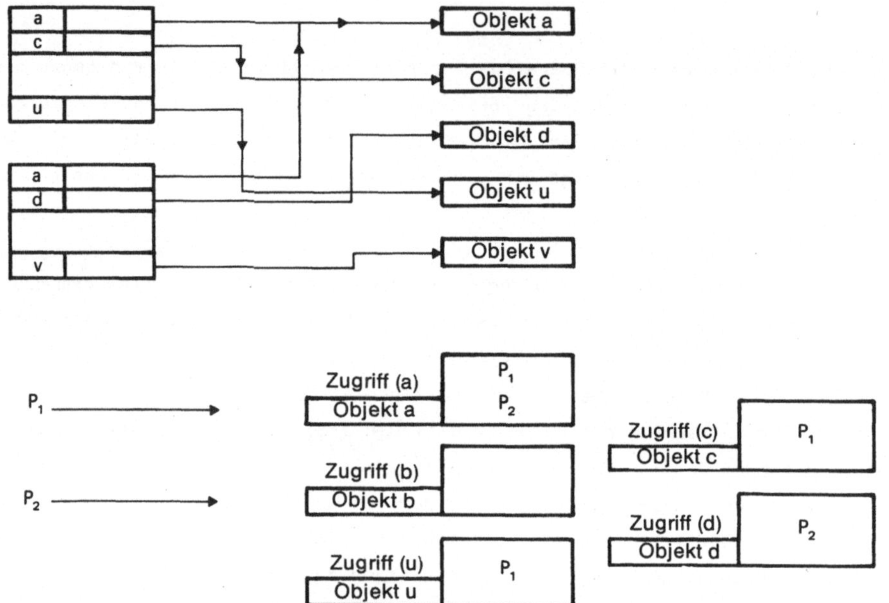

Abb. 9.5a Unterbringung der Zugriffsrechte bei den Benutzern bzw. bei den Objekten

Das Dateisystem aus 9.3 ist ein Beispiel für die Unterbringung der Zugriffsrechte bei den Objekten. Die Zugriffsmöglichkeiten werden durch den Zugriffsschlüssel bestimmt, der Teil des Dateideskriptors ist, und im Gegensatz zum eben erwähnten Seitenverfahren gibt es für jede Datei genau einen Deskriptor. Abhängig von der Beziehung zwischen Benutzer und Eigentümer der Datei hat eine Umgebung entweder alle Zugriffsrechte (Eigentümer), oder die Nutzungsrechte und einige Änderungsrechte (Gruppenmitglied), oder lediglich einige der Nutzungsrechte (Allgemeinheit). In diesem Fall der Unterbringung bei den Objekten nennt man die Zugriffsrechte allgemein - nicht nur bei Dateien - Zugriffsschlüssel (engl. access keys).

Ein weiteres Beispiel für die Unterbringung der Zugriffsrechte bei den Objekten finden wir bei einem Compiler für eine Sprache mit Blockstruktur. Die im Programm benutzten Objektnamen werden zusammen mit der Schachtelungstiefe und der Nummer des Blocks, in dem sie vereinbart sind, in der Symboltabelle gespeichert. Der Compiler selbst führt zwei Variable, in denen die Schachtelungstiefe und Nummer des jeweils bearbeiteten Blocks festgehalten wird. Der Inhalt dieser Variablen bestimmt die aktuelle Umgebung. Die beiden Zahlen in einem Eintrag der Symboltabelle bestimmen, ob der dazugehörige Objektname gerade sichtbar ist oder nicht, d. h. ob auf das Objekt zugegriffen werden kann oder nicht.

Die Zugriffsrechte als Capabilities zu realisieren hat zwei Vorteile. Erstens können verbotene Zugriffe an Ort und Stelle erkannt werden, bevor eine Interpretation des Namens durchgeführt wird. Zweitens können von vornherein nur solche Objekte benannt werden, für die es Capabilities in der C-Liste gibt. Beispiel: in einer Seitentabelle sind genau die von einem Prozeß ansprechbaren Seiten verzeichnet; der Prozeß hat keine Möglichkeit, andere Seiten auch nur zu benennen, geschweige denn auf sie zuzugreifen.

Capability-Listen haben andererseits den Nachteil eines hohen Speicherbedarfs, wenn viele Objekte von mehreren Umgebungen gemeinsam benutzt werden. In diesem Fall sind Zugriffsschlüssel günstiger. Zugriffsschlüssel haben außerdem den Vorteil, daß das Erteilen/Widerrufen eines Zugriffsrechts für eine ganze Gruppe einfacher ist, da nur an einer Stelle eine Modifikation vorgenommen werden muß. Bei der Verwendung von Capabilities sind mehrere C-Listen von einer solchen Modifikation betroffen (siehe Übung 4). - Ein Nachteil von Zugriffsschlüsseln ist die Tatsache, daß erst nach der Interpretation des Namens festgestellt werden kann, ob der Zugriff erlaubt ist oder verhindert werden muß.

9.5.3 Eine Zugriffsüberwachung zur Laufzeit kann aufwendig werden. Wenn es tatsächlich erforderlich ist, bei jeder Durchführung einer Operation auf einem geschützten Objekt die Zugriffslegitimation zu überprüfen, muß diese Überprüfung so effizient wie möglich gestaltet werden. Beim virtuellen Speicher beispielsweise wird die Überprüfung von der Adreßumsetzungs-Hardware vorgenommen. Man kann den Aufwand auch dadurch drücken, daß man für eine Folge gleichartiger Zugriffe die Überprüfung nur einmal, vor dem ersten Zugriff, vornimmt. Diese Technik wird gewöhnlich bei Dateien verwendet. Bevor ein Programm eine Datei lesen, verändern, erweitern kann, muß es die Datei _öffnen_ (engl. to open) und dabei die beabsichtigte Zugriffsart angeben. Beim Öffnen wird der Dateideskriptor im Dateiverzeichnis aufgesucht. Durch Prüfung des Zugriffsschlüssels wird festgestellt, ob der beabsichtigte Zugriff erlaubt ist. Wenn nicht, scheitert die Öffnung, und das Programm wird davon informiert. Ist der Zugriff erlaubt, wird dies im Dateideskriptor durch Eintragen des ausführenden Benutzers als 'Benutzer' und geeignetes Setzen von 'Zustand' vermerkt. Ferner wird die Adresse eines Blockpuffers für den Datentransfer zwischen Programm und Datei bereitgestellt.

Wenn eine Datei beispielsweise für den Zugriff 'Erweitern' geöffnet ist, bewirkt bereits das Füllen des Puffers mit einem Block die Ausführung der Operation 'Erweitern'. Der Block wird an die Datei angehängt, ohne daß eine Prüfung des Zugriffsrechts durchgeführt werden muß. Nach der Benutzung muß man die Datei wieder schließen (engl. to close). Will man von einer Zugriffsart auf eine andere übergehen (z. B. erst 'Erweitern', dann 'Lesen'), so muß man die Datei zunächst schließen, um sie dann für die neue Zugriffsart zu öffnen.

Bisweilen kann man die dynamische Zugriffsprüfung völlig vermeiden und sich mit einer Prüfung zur Übersetzungszeit ("statische Prüfung") begnügen. Dies gilt beispielsweise für die lokalen Daten bei blockstrukturierten Sprachen. Und wenn ein Betriebssystem in einer Sprache geschrieben wird, die die Formulierung von Schichtenstrukturen erlaubt, dann kann die Legitimität des Zugriffs einer Schicht auf eine andere Schicht ein für allemal vom Übersetzer geprüft werden. Im Interesse der Laufzeiteffizienz sollte man grundsätzlich versuchen, so viele Zugriffsprüfungen wie möglich zur Übersetzungszeit vorzunehmen (vgl. Abschnitt 10.2).

9.5.4 Ein Prozeduraufruf kann einen Umgebungswechsel implizieren. Typisches Beispiel ist der Aufruf einer Systemfunktion, etwa einer Semaphoroperation, durch ein Benutzerprogramm. Die Semaphoroperation wird in einer Umgebung ausgeführt, die Zugriffsrechte auf die Warteliste eines Semaphors und auf die Bereitliste enthält. Weitere Zugriffsrechte sind für die Semaphoroperation nicht erforderlich, und andererseits besitzt das Benutzerprogramm keinerlei Zugriffsrechte auf Wartelisten oder die Bereitliste. Die Systemfunktion zum Öffnen einer Datei benötigt von der aufrufenden Umgebung nur den Dateibezeichner und das Kennzeichen des ausführenden Benutzers. Die Systemfunktion zur Behandlung eines Seitenfehlers benötigt Informationen über die betreffende Seite; keines der Zugriffsrechte in der Umgebung der Seitenfehlerbehandlung ist in derjenigen Umgebung enthalten, die den Seitenfehler verursacht hat.

p(x) sei der Aufruf einer Prozedur, deren Umgebung von der aufrufenden Umgebung verschieden ist. Es ist durchaus nicht selbstverständlich, daß beide Umgebungen ein Zugriffsrecht auf das als Parameter übergebene Objekt x haben. Wir betrachten zunächst den Fall, daß die aufgerufene Umgebung P, nicht aber die aufrufende Umgebung Q ein solches Zugriffsrecht hat. In diesem Fall kann Q das Objekt x zwar benennen, aber nur "indirekt" - durch den Aufruf p(x) - manipulieren. Sei P etwa eine Umgebung, die Zugriffsrechte auf die Bereitliste sowie die Wartelisten aller Semaphoren hat. Zu den Prozeduren, die in dieser Umgebung arbeiten, gehören die Semaphoroperationen. Einfachheitshalber gebe es eine feste Anzahl von Semaphoren; sie seien als Feld s[1:n] realisiert. Die Umgebung Q ist dann in der Lage, ein Semaphor durch einen Index zu identifizieren, obwohl sie selbst nicht auf das Semaphor-Feld zugreifen kann. Mit anderen Worten, die Semaphore sind in Q unter den Namen 1,...,n bekannt, und ein solcher Name wird als Parameter einer Semaphoroperation verwendet.

Der Nachteil hierbei ist, daß die in P arbeitenden Semaphoroperationen auf <u>alle</u> Semaphore zugreifen können, nicht nur auf das eine Semaphor, dessen Index als Parameter übergeben wurde. Offenbar ist hier das Prinzip der Zugriffsminimierung verletzt, und wir sind auf die Zuverlässigkeit der Implementierung angewiesen: eine Operation darf nur auf das durch den Parameter bezeichnete Semaphor zugreifen. Das bedeutet, daß in der Umgebung P die Parameter korrekt interpretiert werden müssen. (Beachte, daß die Übergabe des richtigen Parameters, der tatsächlich das gewünschte Semaphor bezeichnet, in der Verantwortung von Q liegt und von P nicht nachgeprüft werden kann!)

Ideal wäre es, wenn die Semaphoroperationen jeweils nur auf ein Semaphor zugreifen könnten. Das läuft auf die Einrichtung von n verschiedenen Umgebungen $P_1,\dots,P_n$ hinaus. In welcher von diesen Umgebungen eine Semaphoroperation ausgeführt wird, hängt von ihrem Parameter ab. Man kann so vorgehen, muß aber natürlich einen Preis dafür bezahlen. Richten wir n permanente Umgebungen ein, müssen wir mit Speicherplatz bezahlen; sehen wir eine dynamische Erzeugung und Zerstörung einer Umgebung P_i bei jedem Aufruf einer Semaphoroperation vor, bezahlen wir mit Laufzeit.

Das Dateisystem ist ein Beispiel für eine Implementierung mit einer einzigen Umgebung P, der virtuelle Speicher arbeitet mit verschiedenen Umgebungen. Die Prozeduren des Dateisystems haben über das zentrale Dateiverzeichnis Zugriff auf alle Dateideskriptoren und alle Dateien, nicht nur auf die als Parameter angegebene Datei. Beim virtuellen Speicher kann der Adreßumsetzungsmechanismus nur auf diejenigen Deskriptoren zugreifen, die in der Seitentabelle des laufenden Prozesses enthalten sind.

Eine andere Situation liegt vor, wenn beim Aufruf p(x) die aufrufende Umgebung Q, nicht aber die aufgerufene Umgebung P ein Zugriffsrecht auf das Objekt x hat. Die Umgebung P kann nur dann mit x etwas anfangen, wenn sie ein Zugriffsrecht auf x hat. Daher wird im allgemeinen nicht einfach ein Objektname x, sondern ein Zugriffsrecht (x,f) übergeben. Diese Vorgehensweise scheitert in Situationen, wo P mehr Rechte an x benötigt als Q besitzt. Betrachte etwa ein System, bei dem jede Umgebung Q nach Belieben Semaphore erzeugen kann, die der Umgebung P, in der die Semaphoroperationen ablaufen, zunächst gar nicht bekannt sind. P muß auf die Warteliste eines als Parameter übergebenen Semaphors zugreifen können, kann jedoch das entsprechende Zugriffsrecht nicht von Q erhalten (da Q selbst nicht über dieses Recht verfügt). Die Lösung dieses Problems erfordert ein neues Konzept, Zugriffserweiterung (engl. amplification) genannt. Wenn ein Zugriffsrecht (x,f) als aktueller Parameter an eine Prozedur übergeben wird, werden in der durch den Prozeduraufruf aktivierten Umgebung nicht nur das Recht (x,f), sondern weitere Rechte (x,g), (x,h),... nach Maßgabe einer für die formalen Parameter vorgegebenen Spezifikation bereitgestellt.

Übungen

1. In einem System S gebe es insgesamt n verschiedene Zugriffsrechte. Wie viele unterschiedliche Umgebungen können in S maximal vorkommen?

   Es sei n>2, und für jedes Paar von Umgebungen U,V gebe es genau ein Zugriffsrecht $r \in U$ mit $r \notin V$ und genau ein Zugriffsrecht $s \in V$ mit $s \notin U$. Wie viele Umgebungen kann es höchstens bzw. mindestens geben, wenn jedes Zugriffsrecht in mindestens einer Umgebung enthalten ist? Wie könnte man in beiden Fällen die Umgebungen effizient implementieren?

2. Auf eine own-Variable in ALGOL 60 darf der Block, in dem sie vereinbart wurde, und alle inneren Blöcke zugreifen (soweit sie nicht durch ein anderes Objekt gleichen Namens verdeckt wird). Der Wert einer own-Variablen bleibt von einer Inkarnation des vereinbarenden Blocks bis zur nächsten erhalten. Man kann eine own-Variable nicht einfach durch eine in einem äußeren Block vereinbarte Variable ersetzen, denn dies würde eine unerwünschte Zugriffsmöglichkeit eröffnen (ganz abgesehen von den möglichen Namenskonflikten). Natürlich erstreckt sich der Gültigkeitsbereich einer auf der Blockschachtelungstiefe k vereinbarten own-Variablen nicht auf alle Blöcke mit Blockschachtelungstiefen, die größer oder gleich k sind. Entwickle das Modell eines Schutzsystems für own-Variable!

3. Die Systemfunktion 'eröffne Lesen(x)' prüft die Legitimität des Lesezugriffs auf die Datei x und öffnet im positiven Fall die Datei für das Lesen (x ist ein Da-

teibezeichner, eventuell mit beigefügtem Benutzerkennzeichen des Dateieigentümers). Gleichzeitig wird ein Zeiger auf den ersten Block der Datei in einer Zelle 'LDATEI' abgelegt. Implementiere die Systemfunktion im Kontext des Dateisystems aus Abschnitt 9.3!

4. Ein Austauschalgorithmus beim Seitenverfahren wähle, wenn Platz für die Einlagerung einer Seite eines Prozesses P geschaffen werden muß, eine Seite eben dieses Prozesses P zur Auslagerung aus. Das Opfer kann allerdings eine von mehreren Prozessen gemeinsam benutzte Seite sein. Welche der beiden folgenden Implementierungen gemeinsamer Seiten ist im Hinblick auf den Austausch vorzuziehen? (a) Jeder Prozeß besitzt in seiner Seitentabelle einen eigenen Deskriptor für jede gemeinsame Seite. (b) Die Deskriptoren aller gemeinsamen Seiten sind in einer zentralen Seitentabelle zusammengefaßt, und die Benutzer einer gemeinsamen Seite haben entsprechende Verweise in ihren Seitentabellen.

5. Zu 4(a), (b) gibt es eine weitere Alternative. Jeder Prozeß besitzt eine eigene Seitentabelle für private Seiten und greift für gemeinsame Seiten direkt auf die zentrale Seitentabelle zu. Damit spart man Platz in den privaten Seitentabellen. Wie verhält sich diese Methode, was den Zugriffsschutz auf die Deskriptoren betrifft, zu den beiden Methoden aus Übung 4? Wie wirkt sich die Methode auf den Austauschalgorithmus aus?

Literatur

Datenbanksysteme haben sich zu einem eigenständigen Gebiet der Informatik entwickelt. Wer sich hier genauer informieren will, kann etwa [1] und [2] lesen. Zugriffsschutz mit Capabilities wird in [4,6] behandelt. Der Unterschied zwischen Zugriffsschutz und Datenschutz wird in [3] erläutert. [6,7] behandeln die Implementierung von Zugriffsschutz. Ein System mit leistungsfähiger Kommandosprache und einem guten Dateisystem wird in [5] beschrieben.

1. CODASYL Systems Committee, "Introduction to 'Feature Analysis of Generalized Data Base Management Systems'", Comm. ACM 14,5 (Mai 1971).

2. Date, C. J., An Introduction to Database Systems, Addison-Wesley, 1975.

3. Conway, R. W., W. L. Maxwell und H. L. Morgan, "On the Implementation of Security Measures in Information Systems", Comm. ACM 15,4 (April 1972).

4. Fabry, R. S., "Capability-Based Addressing", Comm. ACM 17,7 (Juli 1974).

5. Ritchie, D. M., und K. Thompson, "The UNIX Time-Sharing-System", Comm. ACM 17,7 (Juli 1974).

6. Saltzer, J. H., "Protection and the Control of Information Sharing in MULTICS", Comm. ACM 17,7 (Juli 1974).

7. Wulf, W. A., et al., "HYDRA: The Kernel of A Multiprocessor Operating System", Comm. ACM 17,6 (Juni 1974).

10. Systemstruktur und -entwicklung

10.1 Vermeidung von Verklemmungen

10.1.1 Eine Verklemmung liegt vor, wenn Prozesse auf Betriebsmittel warten, die niemals freigegeben werden. Die einfachste Form einer Verklemmung besteht darin, daß ein Prozeß P_1 im Besitz eines Betriebsmittels a ist und auf die Zuteilung eines Betriebsmittels B wartet, während ein anderer Prozeß P_2 im Besitz von B ist und auf A wartet. Im Abschnitt 3.5 haben wir gesehen, wie zwei Prozesse in eine solche Situation geraten können: der eine Prozeß führt 'P(A); P(B)' aus, der andere 'P(B); P(A)', wobei die Semaphore A,B mit 1 initialisiert sind. Verallgemeinert: jeder Prozeß in einer Gruppe von Prozessen wartet auf ein Betriebsmittel, das gerade von einem anderen Prozeß der Gruppe benutzt wird.

Verklemmungen drohen hauptsächlich bei der Verwaltung nichtpräemptiver Betriebsmittel. Aber auch bei präemptiven Betriebsmitteln können Situationen eintreten, die in ihren Auswirkungen einer Verklemmung nahekommen. Ein präemptives Betriebsmittel hat die angenehme Eigenschaft, daß es, wenn notwendig, seinem Benutzer vorübergehend entzogen werden kann. Wenn dieses Entziehen aufwendig ist, können wir es uns nicht leisten, zu häufig zu entziehen. Das Betriebsmittel Arbeitsspeicher ist ein typisches Beispiel. Wenn einem Prozeß ein Arbeitsspeicherrahmen entzogen wird, läuft das auf die Verdrängung einer Seite hinaus, was häufig mit einer physischen Auslagerung verbunden ist. Für die Neuzuteilung des Rahmens muß eine Seite eingelagert werden. Wenn zu viele Prozesse sich um den Arbeitsspeicher bewerben, stehen jedem einzelnen Prozeß weniger Rahmen zur Verfügung als er für seine Lokalität benötigt. Es werden laufend Rahmen entzogen und neu zugeteilt. Das Resultat ist Seitenflattern (8.3.4), eine Situation, die praktisch ebenso fatal ist wie eine Verklemmung.

In diesem Abschnitt wird erläutert, wie man Verklemmungen vermeiden kann, wenn gewisse Informationen über den zukünftigen Betriebsmittelbedarf der Prozesse vorliegen. Wir behandeln den Fall mehrerer Exemplare eines einzigen Betriebsmitteltyps und den Fall mehrerer Betriebsmitteltypen. Es gibt Methoden, wie man Verklemmungen von vornherein ("statisch") ausschließen kann. Diese haben aber eine schlechte Betriebsmittelnutzung zur Folge. Hintergrund unserer Bemühungen um eine dynamische Verklemmungsvermeidung ist demnach der Wunsch nach sicherer und effizienter Betriebsmittelnutzung.

10.1.2 Es gebe m Benutzerprozesse $P_1,\ldots,P_m$, die sich um n gleichartige Betriebsmittel eines bestimmten Typs B bewerben. Wir fordern, daß von jedem Prozeß P_i bekannt ist, wie viele Exemplare von B er im Höchstfall gleichzeitig benötigt. Diese Größe bezeichnen wir als seinen "Anspruch". Man betrachte etwa einen Prozeß, der zunächst 3 Betriebsmittel benötigt, dann 2 dazuverlangt, später 3 freigibt und zum Schluß die restlichen 2 freigibt. Der Anspruch dieses Prozesses ist 5.

In manchen Fällen ist der Anspruch eines Prozesses im voraus exakt bekannt (beispielsweise bei der Benutzung von Peripheriegeräten). In anderen Fällen ist zumindest eine gute Abschätzung bekannt (z. B. die Anzahl der Seiten, die ein Prozeß für ein zügiges Arbeiten benötigt). Wir werden weiter unten sehen, daß eine etwas zu großzügige Abschätzung nicht viel schadet.

Der "Belegungszustand" der Betriebsmittel ist durch die Anzahlen der Exemplare, die den einzelnen Prozessen zugeteilt sind, und die Ansprüche der Prozesse bestimmt. In Abb. 10.1a sind für m=3, n=124 Belegungszustände dargestellt. In jedem der 4 Zustände sind insgesamt 10 der 12 Betriebsmittel belegt. Ein Pfeil symbolisiert einen Prozeß. Die Lage des Pfeilendes bezeichnet den Anspruch des Prozesses, die Lage der Pfeilspitze bezeichnet die Anzahl der (im Rahmen des Anspruchs) nicht zugeteilten Betriebsmittel. In jedem der 4 Zustände sind dem Prozeß P_1 4 Betriebsmittel zugeteilt, dem Prozeß P_2 2 Betriebsmittel und dem Prozeß P_3 4 Betriebsmittel.

Für die Betriebsmittelverwaltung setzen wir folgendes voraus: 1. ein Prozeß verlangt niemals Betriebsmittel über seinen Anspruch hinaus; 2. ein Prozeß gibt nach absehbarer Zeit alle ihm zugeteilten Betriebsmittel wieder frei. Ein "realisierbarer" Belegungszustand muß offenbar 3 Bedingungen erfüllen:

a. Kein Prozeß hat einen unerfüllbaren Anspruch angemeldet (der die Gesamtanzahl der vorhandenen Betriebsmittel übersteigt).

b. Kein Prozeß hat mehr Betriebsmittel belegt als durch seinen Anspruch festgelegt ist.

c. Die Gesamtanzahl der belegten Betriebsmittel übersteigt nicht die Anzahl n der vorhandenen Betriebsmittel.

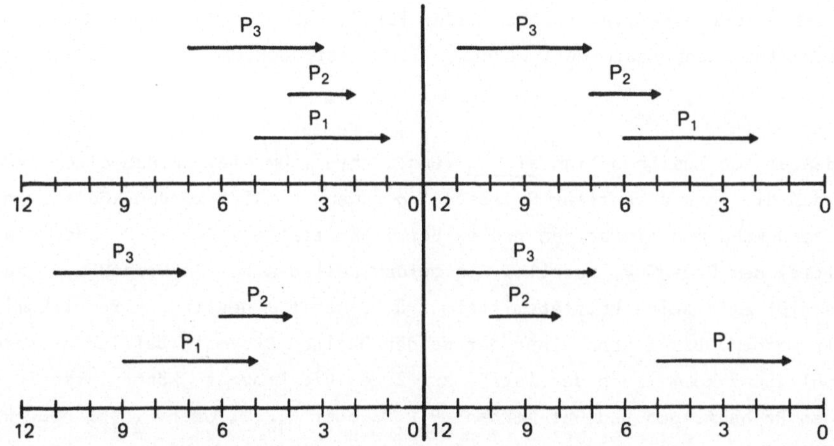

Abb. 10.1a 4 Belegungszustände mit 3 Prozessen und 12 Betriebsmitteln

Wir bezeichnen den Anspruch des Prozesses P_i mit a_i, die Anzahl der von ihm belegten Betriebsmittel mit b_i und die Anzahl der noch verfügbaren, nicht belegten Betriebsmittel mit v. Ein realisierbarer Belegungszustand ist dann durch

$$(a,b) \quad 0 \leq b_i \leq a_i \leq n \qquad \text{für } i = 1,\ldots,m \quad ,$$

$$(c) \quad \sum_{i=1}^{m} b_i \leq n \qquad \text{bzw.} \quad v = n - \sum_{i=1}^{m} b_i \geq 0$$

charakterisiert.

10.1.3 Alle 4 Zustände in Abb. 10.1a sind realisierbar. Die beiden letzteren Zustände könnten allerdings zu einer Verklemmung führen, während bei den beiden ersteren keine Verklemmung droht. Man sieht sofort, was im dritten Zustand schiefgehen kann. Wenn beide noch nicht belegten Betriebsmittel auch noch belegt werden, sind alle Betriebsmittel vergeben, ohne daß ein Prozeß seinen Anspruch befriedigt hat.

Es kann nun passieren, daß jeder Prozeß ein weiteres Betriebsmittel anfordert, bevor wieder Betriebsmittel freigegeben werden. Damit wären die 3 Prozesse verklemmt. Man sieht, daß die Verklemmung nicht eintreten muß, aber eintreten kann. Deshalb wird der Ausgangszustand unsicher (engl. unsafe) genannt.

Der vierte Zustand ist schwerer zu durchschauen. Der Anspruch von P_1 kann voll befriedigt werden. Nach unserer obigen Voraussetzung gibt P_1 irgendwann alle in seinem Besitz befindlichen Betriebsmittel zurück. Es gibt dann 6 freie Betriebsmittel. Aber: diese 6 Betriebsmittel reichen weder für P_2 noch für P_3 aus (8 bzw. 7 könnten von diesen Prozessen angefordert werden). Somit ist auch der vierte Zustand unsicher.

Die beiden ersten Zustände sind sicher (engl. safe). Um dies nachzuweisen, muß man zeigen, daß die Ansprüche aller Prozesse irgendwann erfüllt werden können. Im ersten Zustand kann man die beiden freien Betriebsmittel dem Prozeß P_2 oder ein Betriebsmittel dem Prozeß P_1 zuteilen. In beiden Fällen wird ein Prozeß voll befriedigt und gibt alle seine Betriebsmittel zurück, womit mindestens 4 Betriebsmittel verfügbar werden. Damit kann einer der beiden übrigen Prozesse befriedigt werden, und anschließend kommt auch der letzte zum Zuge. Die Prozesse können also in verschiedenen Reihenfolgen bedient werden: $P_1P_2P_3$ oder $P_1P_3P_2$ oder $P_2P_1P_3$ oder $P_2P_3P_1$. Man sieht leicht, daß auch der zweite Zustand sicher ist: die Prozesse können in der Reihenfolge $P_1P_2P_3$ bedient werden (in keiner anderen!).

Wenn man Verklemmungen vermeiden will, muß man sichere von unsicheren Zuständen unterscheiden und unsichere Zustände grundsätzlich umgehen. Wie kann man einen vorgegebenen, realisierbaren Belegungszustand auf Sicherheit prüfen? Wir charakterisieren einen sicheren Zustand zunächst unter Bezugnahme auf die graphische Darstellung in Abb. 10.1a. Eine zusätzlich in die Graphik eingetragene Vertikale durch die Koordinate x bezeichnen wir mit V_x. Offenbar liegen im allgemeinen Fall einige der Pfeile links von V_x, andere rechts von V_x, und wieder andere werden durch V_x geschnitten (siehe Abb. 10.1b).

Ein realisierbarer Zustand ist dadurch charakterisiert, daß die Pfeile nicht über die Grundlinie hinausreichen und daß die Summe der Pfeillängen die Länge der Grundlinie nicht übersteigt. Ein Zustand ist genau dann sicher, wenn zusätzlich gilt:

> Für alle $x \in \{0,1,\ldots,n\}$ ist die Summe der Längen der Pfeilteile links von V_x höchstens so groß wie die Länge des Grundlinienteils links von V_x (d.i. n-x).

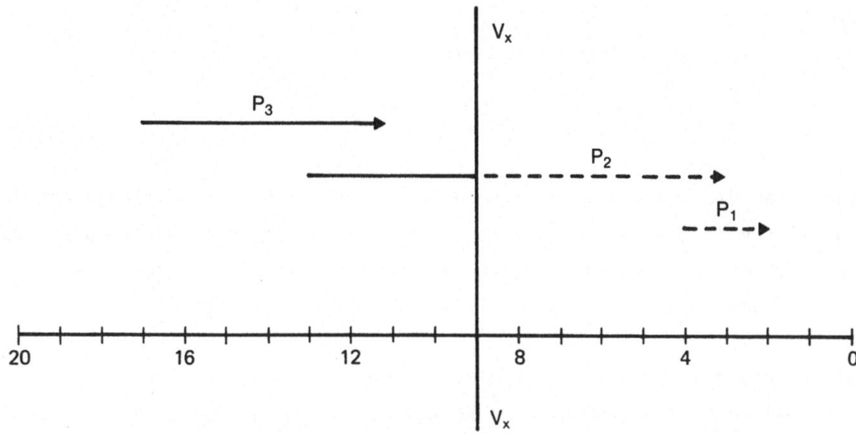

Abb. 10.1b Zur Charakterisierung eines sicheren Zustandes

Zur Prüfung der Sicherheit ist also eine Reihe von "Sicherheitstests" - für x=0,1,...,n - durchzuführen. Es ist klar, daß der Test für x=0 und x=n stets positiv ausfällt (sofern es sich um einen realisierbaren Zustand handelt).

Der Zustand aus Abb. 10.1b erweist sich als sicher. Der kritische Punkt ist offenbar x=3, wo die Summe der Längen der Pfeilteile links von V_x gleich 17 = n-x ist. Es sind noch 3 Betriebsmittel verfügbar. Die Prozesse dürfen nur in der Reihenfolge $P_1P_2P_3$ bedient werden.

In den beiden sicheren Zuständen aus Abb. 10.1a sind die kritischen Punkte x=2 bzw. x=5. Bei den unsicheren Zuständen scheitert der Sicherheitstest bei x=7 (und an anderen Punkten).

Wir zeigen, daß die oben angegebene Bedingung tatsächlich notwendig und hinreichend für Sicherheit ist. Die Summe der Längen der Pfeilteile links von V_x sei L(x), die Summe auf der rechten Seite sei R(x). Der Sicherheitstext lautet "$L(x) \leq n-x$".

Zuerst zeigen wir die Notwendigkeit der Bedingung. Es existiere ein $x \in \{0,1,\dots,n\}$ mit

$$L(x) > n-x \quad .$$

Für alle x muß gelten

$$L(x) + R(x) + v = n \quad .$$

Somit folgt

$$n - (R(x) + v) > n-x \quad ,$$

d. h. $$R(x) + v < x \quad .$$

Dies besagt, daß die Summe der rechten Teile, selbst nach einer Verlängerung durch Zuteilung aller verfügbaren Betriebsmittel, kleiner als x ist; das bedeutet, daß keiner der rechten Teile durch Zuteilung von Betriebsmitteln bis zum Ende der Grundlinie verlängert werden kann. Somit ist der Zustand unsicher.

Um zu zeigen, daß die Bedingung auch hinreichend ist, nehmen wir an, daß in einem unsicheren Zustand $L(x) \leqq n-x$ für alle $x \in \{0,1,...,n\}$ gelte. Da der Zustand unsicher ist, kann eine Verklemmung nicht ausgeschlossen werden, d. h. es gibt Pfeile, die eventuell nie bis zum Ende der Grundlinie verlängert werden können. Wir wählen von diesen einen Pfeil mit am weitesten rechts liegender Spitze; die Lage der Spitze sei s. Wegen $L(s) \leqq n-s$ ist $R(s)+v \geqq s$, und es muß $R(s)>0$ gelten. Daher gibt es rechts von s weitere Pfeilspitzen, welche zu Pfeilen gehören, die garantiert bis zum Ende der Grundlinie verlängert werden können. Somit können zu gegebener Zeit mindestens $R(s)+v$ Betriebsmittel verfügbar gemacht werden, d. h. der betrachtete Pfeil kann garantiert bis ans Ende der Grundlinie verlängert werden, im Widerspruch zur obigen Annahme. Somit muß ein Zustand, in dem für alle $x \in \{0,1,...,n\}$ $L(x) \leqq n-x$ gilt, sicher sein.

10.1.4 Wenn es ans Implementieren geht, muß man sich eine geschickte Repräsentation der beim Sicherheitstest verwendeten Größen überlegen. Wegen der einfachen Realisierbarkeit einer Abfrage auf negatives Vorzeichen arbeiten wir mit den Positionen der Pfeilspitzen, $p_i = a_i - b_i$, und mit den Differenzen $d(x) = n-x-L(x)$. Die Zahlen d(x) halten wir in einem Feld D[0:n-1] fest, in dem D[k] mit n-k initialisiert wird. Wenn ein Prozeß P_i durch Aneignung eines Betriebsmittels seine Position von p+1 auf p verschiebt, muß D[k] für alle k in [0:p] um 1 verringert werden. Entsprechend müssen bei einer Freigabe alle D[k] mit k in [0:p] um 1 erhöht werden.

Bei dieser Repräsentation wird ein sicherer Zustand dadurch charakterisiert, daß für alle k $D[k] \geqq 0$ gilt. In der Praxis reicht die Prüfung eines Teils der Feldelemente D[k]. Die Sicherheitsprüfung wird ja jeweils bei Anforderung eines Betriebsmittels durchgeführt und soll auf die Frage Antwort geben, ob durch eine Zuteilung das System (von einem sicheren) in einen unsicheren Zustand übergehen würde. Wenn die Zuteilung den anfordernden Prozeß in die Position p bringt, werden die mit k=0,...,p indizierten Elemente verringert, die anderen nicht. Also reicht es aus, die Elemente D[0],...,D[p] zu prüfen.

Wenn n nicht zu klein ist (n>5), kann man die Prüfung weiter vereinfachen bzw. zu einer approximativen Prüfung abkürzen, bei der man nicht viel an Nutzungseffizienz vergibt (vgl. Übung 4). Wir führen die Funktion M(x) ein, die das Maximum aller L(x) bei variierenden Positionen der Prozesse angibt (siehe Abb. 10.1c). M(x) hängt von x und den Ansprüchen der Prozesse ab. Es zählen von vornherein nur solche Prozesse, deren Ansprüche oberhalb von x liegen, denn nur sie tragen zu L(x) bei. Der Beitrag eines Prozesses P_i mit $a_i>x$ zu M(x) ist a_i-x; somit ist

$$M(x) = \sum_{\substack{i=1 \\ a_i>x}}^{m} (a_i-x) \quad ,$$

und es gilt $L(x) \leq M(x)$.

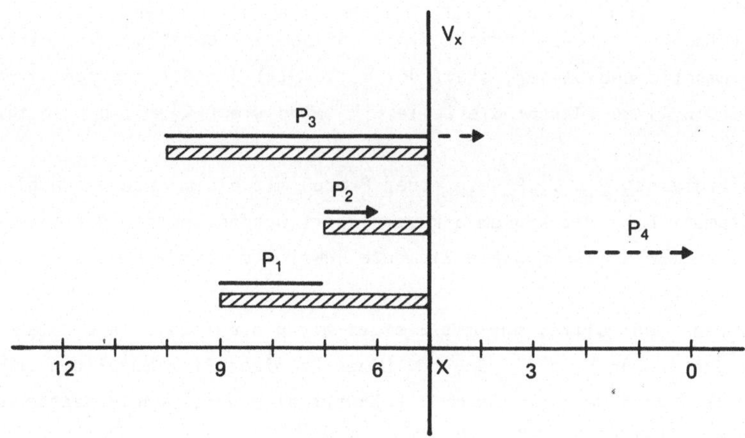

Abb. 10.1c M(x) = Summe der Längen der schraffierten Gebiete

Wenn es für einen vorgegebenen Belegungszustand eine Koordinate y in [0:n] mit $M(y) \leq n-y$ gibt, dann folgt für alle x in [y:n] $M(x) \leq n-x$. Dies beweist man mittels vollständiger Induktion. Die Voraussetzung fungiert als Induktionsverankerung. Der Induktionsschluß gestaltet sich wie folgt. Es gelte $M(z) \leq n-z$ für $y \leq z < n$. Die Anzahl der Pfeile, die von einem Punkt links von V_z ausgehen (d.i. die Anzahl der Ansprüche a_i, die größer als z sind), sei q. Es gilt stets $M(z+1) = M(z)-q$. Wir unterscheiden die zwei Fälle q=0 und q>0. Für q=0 ist

$$M(z+1) = M(z) = 0$$

und damit wegen $y<n$

$$M(z+1) \leqq n - (z+1) \quad ,$$

womit für $q=0$ der Induktionsschluß vollzogen ist. Für $q>0$ gilt

$$M(z+1) = M(z)-q \leqq M(z)-1 \leqq n-z-1 = n - (z+1) \quad ,$$

womit ebenfalls der Induktionsschluß vollzogen ist.

Wenn man ein y in [0:n] mit $M(y) \leqq n-y$ kennt, erlaubt die eben bewiesene Aussage in Verbindung mit der Beziehung $L(x) \leqq M(x)$ den interessanten Schluß, daß

$$L(x) \leqq M(x) \leqq n-x \quad \text{für alle } x \text{ in } [y:n]$$

gilt. Das bedeutet, daß man die Elemente D[y] bis D[n] nicht nachzuprüfen braucht, da sie nicht negativ sein können (denn D[k] = n-k-L(k))!

Wegen der einfachen Realisierbarkeit einer Abfrage auf negatives Vorzeichen ist es für die Implementierung besser, statt der Werte M(x) die Differenzen n-x-M(x) in einem Feld E[0:n-1] zu führen; die Zelle E[k] wird wie D[k] mit n-k initialisiert.

Wenn zu den Prozessen $P_1,\dots,P_m$ ein neuer Prozeß mit einem Anspruch a hinzukommt, muß jedes Element E[k] mit $k \leqq a$ um a-k verringert werden. Wenn ein Prozeß mit Anspruch a ausscheidet, müssen diese Elemente jeweils um a-k erhöht werden.

Man könnte, wenn man wollte, nur mit E statt mit D arbeiten. Die Benutzung von E statt D hat den großen Vorteil, daß bei einer Betriebsmittelzuteilung oder -freigabe in E nichts verändert werden muß. E ändert sich nur, wenn Prozesse neu hinzukommen oder ausscheiden.

Bei der Implementierung einer Verklemmungsvermeidung sollten beide Felder, D und E, benutzt werden. E wird modifiziert, wenn ein Prozeß neu hinzukommt oder ausscheidet, D wird modifiziert, wenn ein Betriebsmittel zugeteilt oder freigegeben wird. Wir merken uns jeweils den kleinsten Index k, für den $E[k] \geqq 0$ gilt; k kann größer werden, wenn ein Prozeß hinzukommt, und kleiner, wenn ein Prozeß ausscheidet. k bestimmt, wie viele Elemente von D geprüft werden müssen. Wenn die Zuteilung eines angeforderten Betriebsmittels den anfordernden Prozeß in die Position p bringen würde, brauchen nur die Elemente D[0],..., D[j], mit j=min(p,k-1), geprüftzu werden. Die Zuteilung kann erfolgen, wenn alle geprüften Elemente größer als Null sind, denn dann kann durch die Subtraktion von 1 kein Element negativ werden, d. h. der Folgezustand ist sicher.

Die Prozedur, mit der ein neuer Prozeß P_i seinen Anspruch anmeldet, benutzt die globale Variable 'minindex', die jeweils das kleinste k mit E[k]≧0 enthält:

```
procedure Anmeldung(Anspruch,i) =
begin     local k;
          a[i] := p[i] := Anspruch;
          for k reverse [Ø:a[i]] do              {k = a[i],...,1,Ø}
              E[k] :- (a[i]-k);
              if E[k] ≧ Ø then minindex := k fi od
end       Anmeldung.
```

Die Prozedur für die Anforderung eines Betriebsmittels durch einen Prozeß P_i macht von einer Prozedur 'Zuteilung' Gebrauch, die die Sicherheitsprüfung vornimmt. Für die Feststellung, wie viele Elemente von D geprüft werden müssen, wird 'minindex' benutzt. Das angeforderte Betriebsmittel wird nur dann zugeteilt, wenn der dadurch entstehende Zustand sicher ist.

```
procedure Zuteilung(i,ok) =
begin     local j := min(p[i], minindex) - 1; local k;
          if some k in [Ø:1] sat D[k] = Ø then ok := false
          else ok := true;
               p[i] :- 1;
               for k in [Ø:p[i]] do D[k] :- 1 od fi
end       Zuteilung.
```

10.1.5 Wenn es mehrere Betriebsmitteltypen gibt, wird die Situation komplizierter. An einem einfachen Beispiel kann man sehen, daß es jedenfalls nicht ausreicht, ein Verfahren zur Verklemmungsvermeidung für jeden Typ getrennt anzuwenden. Es gebe 3 Betriebsmittel vom Typ T_1 und 3 Betriebsmittel vom Typ T_2. Ein Prozeß P_1 benötige maximal 3 Betriebsmittel vom Typ T_1 und 2 Betriebsmittel vom Typ T_2, ein Prozeß P_2 benötige maximal 2 Betriebsmittel vom Typ T_1 und 3 Betriebsmittel vom Typ T_2. Betrachte einen Belegungszustand, in dem jeder Prozeß von jedem Betriebsmitteltyp je 1 Exemplar besitzt! Der Zustand ist in Abb. 10.1d wiedergegeben.

In diesem Zustand kann P_1 zwei weitere Exemplare und P_2 ein weiteres Exemplar vom Typ T_1 anfordern. Hinsichtlich T_1 ist der Zustand sicher, die Prozesse könnten in der Reihenfolge P_2P_1 bedient werden. Entsprechendes gilt für T_2. Insgesamt ist der Zustand jedoch nicht sicher; wenn 2 Betriebsmittel vom Typ T_1 und 2 Betriebsmittel vom Typ T_2 angefordert werden, dann liegt eine Verklemmung vor!

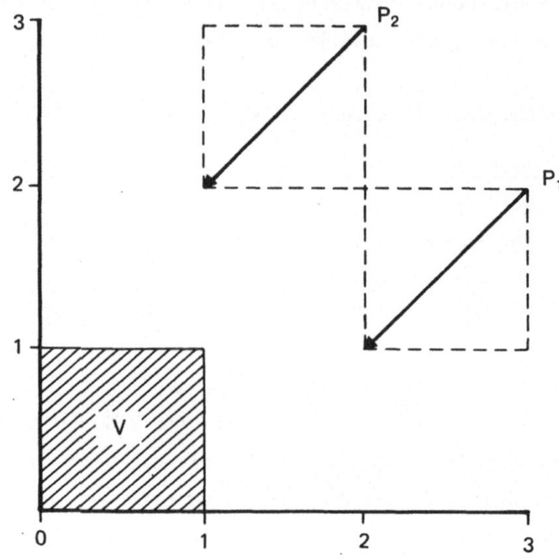

Abb. 10.1d Belegungszustand bei zwei Betriebsmitteltypen

Wie im Fall eines einzigen Betriebsmitteltyps nennen wir einen Belegungszustand sicher, wenn es von diesem Zustand aus stets möglich ist, die Ansprüche der Prozesse in irgendeiner Reihenfolge zu erfüllen. Der Anspruch eines Prozesses P_1 ist hier ein t-Tupel

$$A_i = (a_{i1}, a_{i2}, \ldots, a_{it}) \quad ,$$

wenn t die Anzahl der Betriebsmitteltypen ist. Auch die von einem Prozeß belegten Betriebsmittel werden durch ein t-Tupel

$$B_i = (b_{i1}, b_{i2}, \ldots, b_{it})$$

dargestellt. Hier verändert sich ein b_{ij}, wenn der Prozeß ein Betriebsmittel belegt oder zurückgibt.

Eine notwendige Bedingung für einen sicheren Zustand ist, daß es unter den beteiligten Prozessen zu jedem Zeitpunkt mindestens einen Prozeß gibt, dessen Anspruch sofort erfüllbar ist. In der Abb. 10.1d muß es mindestens einen Prozeß geben, dessen Rechteck dasjenige Rechteck, das die noch verfügbaren Betriebsmittel repräsentiert, schneidet oder mindestens berührt. Ist dies nicht der Fall, so gibt es für jeden Prozeß mindestens einen Betriebsmitteltyp, von dem der Prozeß mehr

Exemplare anfordern könnte als verfügbar sind; würden alle Prozesse dies tun, so läge eine Verklemmung vor.

Das t-Tupel V gibt die augenblicklich verfügbaren Betriebsmittel an, und der "Rang" $R_k=A_k-B_k$ gibt an, wie viele Betriebsmittel der Prozeß P_k noch anfordern kann. Wenn P_1 ein Prozeß ist, dessen Anspruch unverzüglich erfüllt werden könnte, wenn der Prozeß eine entsprechende Anforderung stellte, dann gilt

$$R_1 \leq V \quad .$$

Wenn man mit weiteren Zuteilungen wartet, bis P_1 alle Betriebsmittel freigegeben hat, so werden $V'=V+B_1$ Betriebsmittel verfügbar. Zu diesem Zeitpunkt muß, wenn der Ausgangszustand sicher war, ein weiterer Prozeß P_2 gefunden werden können, dessen Anspruch direkt erfüllbar ist, d. h.

$$R_2 \leq V+B_1 \quad ,$$

und entsprechend kann man für $P_3,\ldots,P_m$ argumentieren. Mit anderen Worten: die Prozesse müssen sich so anordnen (d. h. durchnumerieren) lassen, daß

$$R_i \leq V + \sum_{k<i} B_k \qquad \text{für } i = 1,2,\ldots,m$$

gilt. Es liegt auf der Hand, daß diese notwendige Bedingung für die Sicherheit auch hinreichend ist, denn die Prozesse können ja tatsächlich in dieser Reihenfolge bedient werden, ohne daß eine Verklemmung eintritt. - Die Verklemmungsvermeidung erfolgt nach dem gleichen Prinzip wie im Fall eines einzigen Betriebsmitteltyps: eine Anforderung wird nur dann erfüllt, wenn der Folgezustand sicher ist.

Bei flüchtiger Betrachtung hat es den Anschein, als müßte für die Sicherheitsprüfung ein Backtracking-Verfahren eingesetzt werden, das bis zu m! verschiedene Prozeßanordnungen untersucht (denn es gibt m! Permutationen der Zahlen 1,...,m). Wir nehmen an, wir hätten k Prozesse gefunden (k<m), die den ersten k Ungleichungen genügen. Es kann passieren, daß sich unter den übrigen m-k Prozessen keiner finden läßt, für den die (k+1)-te Ungleichung gilt. In diesem Fall liegt eine Backtracking-Aktion nahe: man ersetzt den zuvor gewählten k-ten Prozeß durch einen anderen und versucht erneut, einen passenden (k+1)-ten Prozeß zu finden. Glücklicherweise kann man zeigen, daß kein Backtracking notwendig ist: wir beweisen, daß ein unsicherer Zustand vorliegt, wenn es nicht gelingt, einen (k+1)-ten Prozeß, der die (k+1)-te Ungleichung erfüllt, zu finden.

K sei eine beliebige Menge von k Prozessen, die die ersten k Ungleichungen erfüllen. Es lasse sich kein (k+1)-ter Prozeß, der die (k+1)-te Ungleichung erfüllt, finden. Die Annahme, daß dennoch ein sicherer Zustand vorliege, impliziert die Existenz einer Anordnung aller m Prozesse derart, daß alle m Ungleichungen erfüllt sind. Wir kennen zwar diese Anordnung nicht, aber die Prozesse aus K kommen in ihr vor (siehe Abb. 10.1e).

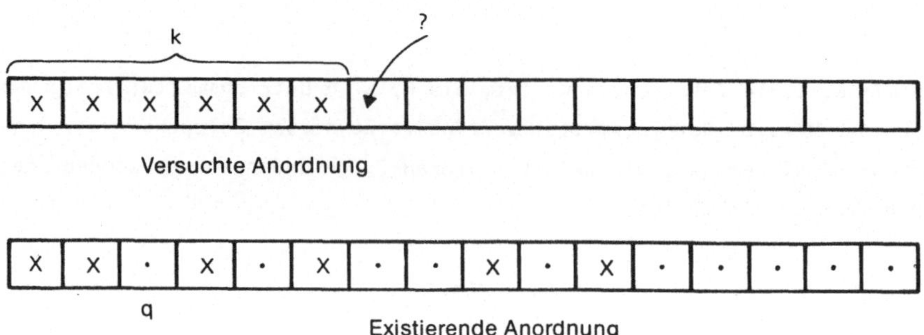

Abb. 10.1e Ein Versuch, die Prozesse so anzuordnen, daß alle Ungleichungen erfüllt sind.

P_q sei der erste Prozeß in der Anordnung $P_1P_2...P_m$, der nicht in K enthalten ist. (Wegen k<m existiert ein solcher Prozeß.) Für P_q gilt

$$R_q \leqq V + \sum_{i<q} B_i \quad .$$

Wenn man K mit der Menge der Indizes - gemäß der obigen Anordnung - der enthaltenen Prozesse identifiziert, gilt erst recht

$$R_q \leqq V + \sum_{i \in K} B_i \quad ,$$

da die i=1,...,q-1 in K enthalten sind. Das bedeutet aber, daß P_q als (k+1)-ter Prozeß verwendet werden kann, im Widerspruch zur anfänglichen Voraussetzung. Damit kann im Gegensatz zur obigen Annahme kein sicherer Zustand vorliegen.

Der Algorithmus zur Sicherheitsprüfung versucht eine Anordnung der m Prozesse zu finden, für die alle m Ungleichungen erfüllt sind. Er wird als Boole'sche Funktion 'sicher' realisiert. Wir verwenden ein Feld P[1:m], das in den Zellen P[1],...,P[q] jeweils die Indizes der noch nicht ausgewählten Prozesse enthält. Anfangs ist q=m. Jedesmal, wenn ein Prozeß gefunden wird, der die geforderte Ungleichung erfüllt, wird sein Index aus der Indexliste entfernt und q um 1 verringert.

```
procedure sicher result boolean =
begin     local P[1:m] := [1:m];
          local q := m; local Y := V;
          local i,k;
          repeat k := Ø;
                 for i in [1:q] do
                     if R[P[i]] ≤ Y then Y :+ B[P[i]]
                     else k :+ 1; P[k] := P[i] fi od
          until  q = k or k = Ø
          do     q := k od;
          sicher := k = Ø
end       sicher.
```

Wenn bei einer Durchsuchung der P[1],...,P[q] kein geeigneter Prozeß gefunden werden kann, wird $q=k\neq\emptyset$. Der Zustand ist dann unsicher. Wenn bei jeder Durchsuchung der jeweils verbleibenden P[1],...,P[q] mindestens ein geeigneter Prozeß gefunden wird, schrumpft q kontinuierlich, bis schließlich die äußere Schleife mit $k=\emptyset$ abbricht. Der Zustand ist dann sicher.

Dieser Algorithmus für die Sicherheitsprüfung arbeitet nicht sonderlich schnell. Die Anzahl der Schleifendurchläufe ist sowohl bei der äußeren wie auch bei der inneren Schleife proportional zu m, d. h. wir müssen mit einem Aufwand der Größenordnung $O(m^2)$ rechnen. Es gibt Algorithmen, die den Aufwand auf $O(m \log m)$ drücken, indem die Prozesse in einer geschickteren Reihenfolge durchsucht werden (siehe Literaturangaben).

Übungen

1. Einen Prozeß, der sämtliche vorhandenen Betriebsmittel beansprucht, nennen wir einen Q-Prozeß. Ein Belegungszustand, in dem zwei oder mehr Q-Prozesse Betriebsmittel besitzen, ist stets unsicher. Q_1 und Q_2 seien zwei Q-Prozesse, d. h. im Fall eines einzigen Betriebsmitteltyps mit n Exemplaren gilt $a_1 = a_2 = n$. Beide Prozesse mögen je 1 Betriebsmittel in ihrem Besitz haben. Die Sicherheitsbedingung besagt, daß $L(x) \leq n-x$ für alle $x \in [0:n]$ gelten muß. In der hier betrachteten Situation ist $L(n-1) = 2$, und dieser Wert ist größer als $n-(n-1) = 1$. So-

mit liegt ein unsicherer Zustand vor. Beweise die Gültigkeit der folgenden verallgemeinerten Aussage: ein Zustand ist unsicher, wenn Betriebsmittel an mehr als k Prozesse, die einen höheren Anspruch als n-k haben, vergeben sind. (Diese Aussage bedeutet, daß in einem sicheren System viele Prozesse mit kleinen Ansprüchen, aber nur wenige Prozesse mit großen Ansprüchen bedient werden können.)

2. Ein System mit einem Betriebsmitteltyp befinde sich in einem sicheren Zustand. Zeige, daß es mindestens einen Prozeß gibt, dessen Anspruch sofort befriedigt werden kann! Zeige ferner, daß die Zuteilung eines Betriebsmittels an einen solchen Prozeß die Sicherheit nicht beeinträchtigt!

3. Im Fall eines einzigen Betriebsmitteltyps müssen für die Sicherheitsüberprüfung die Bedingungen D[k]≧0 überprüft werden, wobei D[k] = n-k-L(k) ist. Die Prüfung kann eventuell früher als bei k=p abgebrochen werden, wenn man die in einem Feld E[0:n-1] geführten größtmöglichen Werte von L(x) beachtet (10.1.4). Wenn x der kleinste Index mit E[x]≧0 ist, kann die Prüfung bei x-1 abgebrochen werden. Schreibe eine Prozedur, die das Feld D auf den neuesten Stand bringt, wenn ein Betriebsmittel zurückgegeben wird, und eine Prozedur, die das Feld E auf den neuesten Stand bringt, wenn ein Prozeß ausscheidet! Zeige, daß die Sicherheit durch eine Betriebsmittelfreigabe nicht beeinträchtigt wird!

4. Der kleinste Index k, für den E[k]≧0 gilt, variiert mit der Menge der beteiligten Prozesse. Man könnte stattdessen auch einen bestimmten k-Wert festhalten und dafür jeden neu hinzukommenden Prozeß einem "Zulassungstest" unterwerfen: der Prozeß wird abgelehnt, wenn die Zulassung E[k]<0 zur Folge haben würde. Kann man bei dieser Vorgehensweise auf die E[0],...,E[k] verzichten? Wenn ja, brächte eine Beibehaltung der E[0],...,E[k] vielleicht Vorteile?

   Der Vorteil bei der Fixierung von k ist, daß die Elemente E[k+1],..., E[n] und D[k],...,D[n] völlig überflüssig werden. Offensichtlich ist es verlockend, k=0 zu wählen, aber das geht zu weit: zeige, daß in diesem Fall die Summe der Ansprüche aller zugelassenen Prozesse nicht größer als n werden kann! Das bedeutet, daß jede Verklemmung a priori ausgeschlossen ist.

5. Die allgemeine Sicherheitsprüfung für einen vorgegebenen Belegungszustand ist vorwiegend von theoretischem Interesse. Von praktischer Bedeutung ist die Prüfung, ob durch eine Zuweisung von Betriebsmitteln ein sicherer Zustand wieder in

einen sicheren Zustand übergeht. Ein System mit verschiedenen Betriebsmitteltypen befinde sich in einem sicheren Zustand. Der Prozeß P_i fordere einige Betriebsmittel an (höchstens ein Exemplar von jedem Typ). Beweise, daß die Sicherheitsprüfung für den Folgezustand erfolgreich abgebrochen werden kann, sobald P_i in der Folge der ausgewählten Prozesse erscheint! Baue diese Abkürzung in die Funktion 'sicher' ein!

10.2 Modularität

10.2.1 Modularität ist eines jener Worte, die häufig ohne genaue Begriffsbestimmung benutzt werden. Auf eine allgemeine Formel gebracht, ist Modularität die Eigenschaft eines Systems, aus gut abgegrenzten Komponenten zusammengesetzt zu sein. Die Aufteilung in Komponenten erlaubt dem Systementwickler, sich jeweils auf bestimmte Teilaspekte zu konzentrieren und von unwichtigen Details zu abstrahieren. Eine gute Modularisierung erleichtert die Verifikation und die Fehlersuche. Außerdem ist ein System mit guter Modularisierung leichter modifizierbar, weil man Teile des Systems für sich verstehen kann, ohne das ganze System überschauen zu müssen.

Die Bedeutung des Begriffs Modularität ist darum nicht festgelegt, weil es viele verschiedene Kriterien gibt, nach denen ein System in Teile zerlegt werden kann. Welche Modularisierungsprinzipien jeweils zur Anwendung kommen sollen, legt der Systemkonstrukteur fest. In den 50er und frühen 60er Jahren waren die Betriebssystementwickler in dieser Frage noch nicht sehr sensibilisiert. Man ging davon aus, daß eine sehr primitive Aufteilung ausreichend sei. Aus der Beobachtung, daß einige Maschineninstruktionen - die privilegierten Instruktionen - vertrauenswürdigen Programmen vorbehalten sein müssen, schloß man, daß ein System aus zwei Teilen bestehen müsse, von denen der eine den privilegierten, der andere den nichtprivilegierten Modus zu benutzen habe. Bald erkannte man die Unzulänglichkeit einer solchen Zweiteilung. Ein monolithischer Block von Betriebsprogrammen im privilegierten Modus hilft dem Systementwickler nicht weiter. Die Fehlersuche ist schwierig und wenig ergiebig, und Änderungen sind mühsam und gefährlich, weil man nie weiß, welche Konsequenzen sie für möglicherweise weit entfernte Systemteile haben.

Ein schichtenstrukturierter Entwurf ist mehr als eine bloße Erweiterung der Zweiteilung "privilegiert/nicht privilegiert". Bei einer Schichtenstruktur ist jede Schicht, was den Entwurfsaufwand und den Codeumfang betrifft, erheblich kleiner als das System als Ganzes. Wenn die Schichten gut konzipiert sind, dann ist jede

Schicht gegen Defekte anderer Schichten weitgehend abgesichert. Die Interaktion zwischen Schichten beschränkt sich auf wohldefinierte Schnittstellen. Damit wird es auch einfacher, eine Schicht zu testen bzw. zu verifizieren. Und Änderungen beschränken sich - sofern der Entwurf der Schichtenstruktur keine Mängel aufweist - jeweils auf eine einzelne Schicht.

Der Hauptgegenstand dieses Abschnitts ist ein spezielles Modularisierungsprinzip, welches vielversprechend nicht nur für Betriebssysteme ist, sondern in der Softwaretechnik allgemein zunehmende Beachtung findet. Seine grundlegenden Ideen entstammen dem Programmiersprachenbereich, und es genügt den Kriterien, die ein gutes Modularisierungsprinzip auszeichnen. Um welche Kriterien handelt es sich?

10.2.2 Die Leistungsfähigkeit eines Modularisierungsprinzips ist an zwei Kriterien zu messen:

1. Wird der Konstrukteur bei der Trennung von logischer Struktur und Implementierung unterstützt?

2. Kann die Anzahl der Verbindungen zwischen den Systemkomponenten gering gehalten werden?

Abhängigkeiten zwischen Systemkomponenten sind üblicherweise von der Art, daß eine Komponente Dienstleistungen einer anderen Komponente in Anspruch nimmt. Wenn K_1 für K_2 die Dienstleistung d zur Verfügung stellt, muß K_2 wissen, wie von d Gebrauch zu machen ist. Beispielsweise hat ein Benutzer das Recht, eine Datei zu öffnen oder zu schließen. Um dieses Recht wahrzunehmen, muß er wissen, welchen Namen, welche Parameter und welchen Effekt die gewünschte Operation hat. Er braucht nicht zu wissen, wie die Operation das Dateiverzeichnis durchsucht, nicht einmal, wie das Dateiverzeichnis strukturiert ist. Allgemein bedeutet das: die Komponente K_2, die von der Dienstleistung d einer Komponente K_1 Gebrauch macht, muß eine erschöpfende <u>Spezifikation</u> von d kennen; dagegen sollte die in K_1 enthaltene <u>Implementierung</u> von d vor K_2 verborgen bleiben.

Eine präzise Spezifikation ist von großer Bedeutung auch für die Systemdokumentation. Es ist insbesondere schlechte Praxis, die Erläuterung der Funktionen eines Programms oder Programmsystems mit einem Hinweis auf die Implementierung abzuhandeln. Wer kann beispielsweise die Logik eines Demand-Paging-Systems verstehen, indem er die Programme für die Seitenfehlerbehandlung und den Seitentransfer studiert? Eine verbale Erläuterung unter Verwendung von Begriffen wie Rahmen, Deskriptor, Seitentabelle, Verdrängung etc. ist unverzichtbar.

Wenn man Spezifikation und Implementierung einer Systemkomponente streng auseinanderhält, wirkt sich eine Änderung der Implementierung (d. h. der Codierung einer Prozedur oder gar der Repräsentation von Datenobjekten) nicht auf andere Komponenten aus - solange die Spezifikation gleich bleibt. (Eine Änderung der Spezifikation hat natürlich Auswirkungen auf alle Komponenten, die als Benutzer der geänderten Komponente auftreten.) Beispielsweise könnte eine verkettete Repräsentation von Wartelisten bei Semaphoren in eine Feldrepräsentation umgeändert werden. Eine solche Änderung hat beträchtliche Auswirkungen auf die Implementierung der P/V-Operationen. Die Benutzer sind jedoch nicht betroffen. Die Operationen werden wie vorher benutzt, und ihre erkennbare Wirkung ist unverändert.

Manche Bezüge zwischen Komponenten sind "implizit" gegeben. Dazu gehören diverse Konventionen, z. B. für die Parameterübergabe. Eine verbreitete Technik besteht darin, die Parameterbeschreibungen hinter den Aufrufstellen im Code unterzubringen. Von dieser Tatsache wird bei der Paramterübernahme an der Eintrittsstelle der Prozedur Gebrauch gemacht. Eine Änderung dieser Konvention hat weitreichende Konsequenzen: sämtliche Aufruf- und Eintrittssequenzen müssen geändert werden. Wenn ein Compiler verwendet wird, ist die Situation natürlich einfach. Da der Compiler die Sequenzen erzeugt, muß man lediglich die Codeerzeugung des Compilers an zwei Stellen modifizieren, dort, wo die Aufrufsequenz erzeugt wird, und dort, wo die Eintrittssequenz erzeugt wird.

Grundsätzlich abzuraten ist von solchen Bezügen zwischen Komponenten, die auf einen direkten Zugriff auf das Innere einer anderen Komponente hinauslaufen. Das sind Bezüge folgender Art: Komponente K_1 kennt (woher auch immer) die Bedeutung des Bits b im Wort w der Seite s der Komponente K_2 und nutzt diese Kenntnis in bestimmter Weise aus. Derartige Bezüge können schwer zu entdeckende Fehler verursachen und machen es nahezu unmöglich, alle Stellen im System zu finden, die von einer Änderung der Implementierung von K_2 betroffen sind.

Bezüge, die auf Kenntnissen über die innere Struktur anderer Komponenten beruhen, sind also zu meiden. Dieses Prinzip sollte bei jeder Modularisierung beachtet werden. Eine Komponente, deren Benützung keine solchen Kenntnisse voraussetzt, wird allgemein Modul (engl. module) genannt. Konsequent, wenn auch nicht immer realisierbar, ist eine mit Mitteln des Zugriffsschutzes realisierte Verhinderung von Zugriffen auf das Modulinnere. D. L. Parnas hat darauf hingewiesen, daß hier letztlich auch das Prinzip der Zugriffsminimierung zugrunde liegt. Ein Modul muß wissen, wie ein anderer Modul benutzt wird; daher muß er die Spezifikation dieses Moduls kennen. Er muß nicht wissen, wie der benutzte Modul arbeitet; somit sollte er auch nicht dessen Implementierung kennen. Parnas hat hierfür den Begriff information hiding principle (deutsch: Geheimnisprinzip) geprägt: der Modul verbirgt seine lokalen Informationen vor der Außenwelt.

10.2.3 Die Trennung von Spezifikation und Implementierung wird von Programmiersprachen schon lange unterstützt, nämlich durch das Prozedurkonzept. An der Aufrufstelle einer Prozedur muß der Programmierer die richtige Parametrisierung beachten, und er muß wissen, welchen Effekt (und welche Seiteneffekte) die Prozedur hat. All dies macht die Spezifikation der Prozedur aus. Ihre Implementierung dagegen ist für die Benutzung irrelevant. Änderungen in der Implementierung, die die Spezifikation nicht berühren, berühren auch nicht die Prozeduraufrufe. Das Prozedurkonzept genügt somit den in 10.2.2 genannten Modularisierungskriterien.

Wie eine Prozedurvereinbarung die Zusammenfassung und Benennung einer Gruppe von Anweisungen erlaubt, so erlaubt eine Datentypdefinition die Zusammenfassung und Benennung einer Gruppe von Datenkomponenten, d. h. die Einführung einer Strukturbeschreibung für zusammengesetzte Datenobjekte. In PASCAL beispielsweise gibt es den type, in ALGOL 68 den mode, in SIMULA die class.

Dieses Typkonzept wird erst richtig leistungsfähig, wenn der Programmierer die Möglichkeit hat, Operationen für die Objekte der von ihm definierten Typen zu vereinbaren. Diese Möglichkeit ist in gewissem Maße in ALGOL 68, vor allem aber in SIMULA gegeben. Eine Klasse (class) in SIMULA ist ein Verbund, der nicht nur Daten- sondern auch Prozedurkomponenten haben kann. Die Prozeduren fungieren als Operationen auf dem Verbund.

In leichter Abwandlung des Klassenkonzepts könnten wir etwa einen Datentyp 'complex' wie folgt definieren:

```
type complex =
     fields re, im = real;
     let x, y = real, u, v = complex in
         proc com(x,y) = complex;
              begin com.re := x; com.im := y end;
         proc inprod(u,v) = real;
              inprod := u.re*v.re + u.im*v.im;
         proc cadd(u,v) = complex;
              begin cadd.re := u.re + v.re;
                    cadd.im := u.im + v.im end;
         proc cmul(u,v) = complex;
              begin cmul.re := u.re*v.re - u.im*v.im;
                    cmul.im := u.re*v.im + u.im*v.re end
end.
```

Diese Typdefinition besagt, daß Objekte des Typs 'complex' aus zwei real-Komponenten aufgebaut sind und mit den Operationen 'com', 'inprod', 'cadd' und 'cmul' manipuliert werden können. Beispielsweise könnte in einem Programm, in dem eine complex-Variable z und zwei real-Variable p,q vereinbart sind, die Zuweisung 'z := com(p,q)' stehen. Alle angegebenen Operationen liefern ein Ergebnis; sein Typ steht auf der rechten Seite des Gleichheitszeichens im jeweiligen Prozedurkopf. Wie üblich wird für die Selektion einer Komponente die Punktnotation verwendet.

Die Programmiersprache kann einen Zugriffsschutz vorsehen, der bewirkt, daß die innere Struktur von Datenobjekten, deren Typ wie 'complex' eingeführt wurde, außerhalb der Typdefinition nicht sichtbar ist, d. h. daß die Selektion einzelner Komponenten den in der Typdefinition vereinbarten Operationen vorbehalten bleibt. In diesem Fall spricht man von Datenabstraktion (engl. data abstraction); ein Typ wie 'complex' wird dann abstrakter Datentyp (engl. abstract data type) genannt.

Die Verwandtschaft zwischen den Begriffen "abstrakter Datentyp" und "Modul" liegt auf der Hand. Die Datenabstraktion "abstrahiert" von der inneren Struktur zusammengesetzter Datenobjekte und bewirkt damit eine strikte Trennung von Spezifikation und Implementierung. Die Implementierung eines Objektes vom Typ 'complex' bleibt für den Benutzer unsichtbar. Das einzige, was der Benutzer mit complex-Objekten machen kann, ist, die vorgesehenen Operationen darauf anzuwenden. Wie dies zu tun ist und was die Operationen bewirken, erfährt der Benutzer aus der Spezifikation des Typs 'complex'. Eine Änderung der Implementierung, etwa der Übergang von kartesischen Koordinaten zu Polarkoordinaten, beeinflußt in keiner Weise das restliche Programm! Die Änderungen bleiben auf die Typdefinition beschränkt.

Beachte, daß die Datenabstraktion den Programmierer vor der Versuchung bewahrt, unter Ausnutzung etwa vorhandener Kenntnisse von der Repräsentation der Datenobjekte die Operationen zu umgehen und gewisse Tricks zu versuchen. Abgesehen von der Gefährlichkeit solcher Aktionen würde dadurch die Möglichkeit verbaut werden, zu einem späteren Zeitpunkt die Repräsentation zu verändern (etwa um die Effizienz zu verbessern).

Ein abstraktes Datenobjekt stellt sich - außer im Kontext der zugehörigen Typdefinition - grundsätzlich als unteilbare Einheit dar. Für die Standardtypen wie integer und real gilt dies übrigens auch: wir können mit integer- und real-Objekten arbeiten, indem wir die vorgesehenen Operationen auf sie anwenden; auf ihre innere Struktur haben wir keinen direkten Einfluß - wenn wir sie überhaupt kennen. (Niemand komplementiert ein Bit im Exponententeil einer Gleitpunktzahl!)

Wir beschließen diesen Abschnitt mit einer Fallstudie, die zeigen soll, wie abstrakte Datentypen und Moduln eingesetzt werden können. Wir weisen einem Modul die Aufgabe zu, eine Reihe abstrakter Datenobjekte zu verwalten. Es soll ein Teil eines Seitenverwaltungssystems für eine hypothetische Maschine HM beschrieben werden. Es handelt sich um eine 16-Bit-Maschine, die eine gewisse Ähnlichkeit mit einer PDP-11 hat.

Die Seiten haben eine Länge von 512 Worten. Der Prozessor der HM verfügt über einen Satz von 8 Deskriptorregistern, DR[Ø:7]. Ein Deskriptor verweist auf einen Arbeitsspeicherrahmen von 512 Worten (d. i. ein Adressenbereich [512*m:512*m+511] mit m∈{Ø,1,2,...}). Er enthält ferner ein 2-Bit-Feld für die benutzt- und beschrieben-Bits sowie ein 2-Bit-Feld für den Zugriffsschutz; der Zugriffsschlüssel kann 4 verschiedene Werte annehmen.

Jeder Arbeitsspeicherzugriff erfolgt über eines der Deskriptorregister. Die Programmadressen haben die Form (b,d) (für "Basis" und "Distanz"), wobei b die Nummer eines Deskriptorregisters und d die relative Adresse eines Wortes in dem Rahmen ist, auf den DR[b] verweist. Abb. 10.2a zeigt das Instruktionsformat und das Format der Deskriptoren in den Deskriptorregistern.

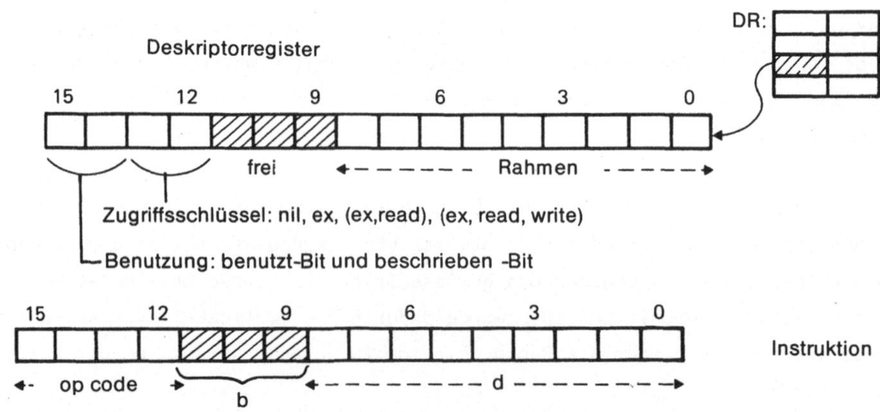

Abb. 10.2a Deskriptorregister und Maschineninstruktion in der HM

Beachte, daß die HM mit einem Adreßfeld (in den Instruktionen) von nur 12 Bits auskommt! Ungewöhnlich ist weiterhin, daß bei der Adreßumsetzung kein Seitenfehler auftreten kann; daß die Seite tatsächlich präsent ist, muß beim Laden des Deskriptorregisters sichergestellt werden (vergleiche dies mit der vorgezogenen Zugriffsprüfung beim Öffnen einer Datei!).

Der Zugriffsschlüssel bestimmt, welche Zugriffe auf die Seite erlaubt sind. Nicht erlaubte Zugriffe werden unterdrückt und als Zugriffsfehler gemeldet. Es gibt 3 Zugriffsrechte: Ausführen (Ø1); Ausführen und Lesen (1Ø); Ausführen, Lesen und Schreiben (11). Außerdem ist totale Zugriffsunterdrückung möglich (ØØ).

Die benutzt- und beschrieben-Bits haben die übliche Funktion: bei einem Zugriff wird das benutzt-Bit gesetzt, bei einem Schreibzugriff zusätzlich das beschrieben-Bit.

Die HM verfügt über Instruktionen zur Manipulation der Deskriptorregister. Ein Register kann gelöscht, geladen und kopiert werden. Beim Löschen wird der Zugriffsschlüssel auf ØØ gesetzt, was zur Folge hat, daß das Register für eine Adreßumsetzung nicht benutzbar ist. Die Kopierinstruktion erlaubt das Auslesen eines Registers in ein Mehrzweckregister oder eine Speicherzelle, wodurch man insbesondere Auskunft über die benutzt- und beschrieben-Bits erhält. Die Ladeinstruktion lädt das Register mit dem Inhalt eines Mehrzweckregisters oder einer Speicherzelle.

Damit ist das Notwendige über die Hardware der HM gesagt. Wir beschreiben jetzt eine Seitenverwaltung für die HM, die sowohl private Seiten schützt als auch gemeinsame Seiten zuläßt. Zunächst definieren wir in Anlehnung an Abb. 10.2a einen Datentyp 'descriptor', und anschließend entwickeln wir ein Seitenverwaltungsmodul, der von 'descriptor' Gebrauch macht.

```
type descriptor = word;          {d.i. ein 16-Bit-Feld}
    field Benutzung = descriptor[14:15];
    field Zugriffsschlüssel = descriptor[12:13];
    field Rahmen = descriptor[Ø:11];
    let x = descriptor, y = word in
        proc clear(x); x.Zugriffsschlüssel := (Ø,Ø);
        proc reset(x); x.Benutzung := (Ø,Ø);
        proc state(x) = integer; state := x div 2**14;
        proc protection(x) = integer; protection := (x div 2**12) mod 4;
        proc frame(x) = integer; frame := x mod 2**12;
        proc load(x,y); x := y;
end.
```

Diese Typdefinition enthält Operationen, die mit den verfügbaren Maschineninstruktionen leicht implementiert werden können. Der Seitenverwaltungsmodul muß die 8 Deskriptorregister als Feld

DR: <u>array</u> [Ø:7] <u>of</u> descriptor

vereinbaren und dafür sorgen, daß nur er selbst auf dieses Feld zugreifen kann. Außerdem müssen im Modul vereinbart werden:

```
Seite:    array [0:4095] of descriptor;
Rahmen:   array [0:511] of integer;
HRahmen:  array [0:511] of integer.
```

Es gibt eine zentrale Seitentabelle 'Seite', in der alle im System vorhandenen Seiten durch Deskriptoren repräsentiert sind. In dieser Tabelle wird das Feld 'Benutzung' in den Deskriptoren "zweckentfremdet": es gibt an, ob die Seite leer (00), ausgelagert (01) oder eingelagert ist (10; 11, wenn im Sekundärspeicher eine exakte Kopie vorhanden ist). Die Rahmentabelle 'Rahmen' repräsentiert die Abbildung der Arbeitsspeicherrahmen auf Seiten. Ihre Einträge sind Indizes für die Seitentabelle. 'Rahmen[r]=s' bedeutet, daß der Rahmen r die Seite s enthält. (Über die Rahmentabelle kann man erfahren, zu welcher Seite der Inhalt eines Deskriptorregisters gehört!) Die Tabelle 'HRahmen' enthält die Nummern der Hintergrundspeicherrahmen, denen die eingelagerten Seiten entstammen. Wenn 'Rahmen[r]=s' und 'HRahmen[r]=h' ist, dann findet man im Rahmen h des Hintergrundspeichers eine (eventuell nicht mehr aktuelle) Kopie der Seite s. - Ein nicht benutzter Tabelleneintrag wird durch den Wert 0 kenntlich gemacht.

Die gesamte Seitentabelle befindet sich permanent im Arbeitsspeicher. (Diese Vereinfachung erspart uns Komplikationen, die das Beispiel unnötig belasten würden.) Sie ist in 16 Abschnitte zu je 256 Deskriptoren unterteilt (die Zahl 16 ist willkürlich). Zu jedem Zeitpunkt ist ein Abschnitt i≠0 "aktiv". Der Wert i wird in einer Variablen 'aktiv' geführt. Die im aktiven Abschnitt beschriebenen Seiten stellen die aktuelle Umgebung U_i für das laufende Programm dar. Außerdem kann das Programm die im Abschnitt 0 beschriebenen Seiten benutzen. Eine vom Programm benutzte Seitennummer s wird wie folgt in einen Index für die Seitentabelle umgewandelt:

```
Index := if s<256 then s else s + (aktiv-1)*256 fi .
```

Die erste der 15 Umgebungen, U_1, ist dem Seitenverwaltungsmodul selbst vorbehalten. Die ersten 8 Seiten in U_1 enthalten die Seitentabelle, die neunte Stelle enthält die Rahmentabelle, und die zehnte enthält die HRahmentabelle. Die ersten zehn Einträge in der Rahmentabelle verweisen auf die Deskriptoren für die genannten ersten zehn Seiten von U_1. Die ersten zehn Einträge in der HRahmentabelle bleiben ungenutzt, weil die Tabellen nicht ausgelagert werden. Die Deskriptoren von U_1 beginnen in der Zelle 256 der Seitentabelle. Die ersten zehn Deskriptoren werden wie folgt initialisiert: Benutzung = 10 (eingelagert), Zugriffsschlüssel = 11 (Schreibrecht), Rahmen = 0,1,...,9.

Die Tabellen und die Variable 'aktiv' sind Bestandteile des Seitenverwaltungsmoduls und als solche nur dem Modul bekannt. Der Modul stellt aber der Außenwelt gewisse Operationen zur Verfügung, mit denen man seine Dienstleistungen in Anspruch nehmen kann. Diese Operationen werden in der folgenden Modulbeschreibung aufgezählt.

Seitenverwaltungsmodul:

```
let local DR: array [Ø:7] of descriptor;
    local Seite: array [Ø:4Ø95] of descriptor;
    local Rahmen, HRahmen: array [Ø:511] of integer;
    local aktiv: oneof [1:15];
    local frei: array [Ø:4Ø95] of boolean;
              {gibt die freien Rahmen im Hintergrundspeicher an}
          constant leer = Ø, ausgelagert = 1, eingelagert = 2, Kopie = 3;
          s, b, r, z, i = integer
in
    proc Zustand(s) = integer;
        begin if s ≧ 256 then s :+ (aktiv -1)*256 fi;
              Zustand := state(Seite[s]) end;
    proc aktiviere(s,b); {lade DR[b] mit dem Deskriptor der Seite s};
    proc deaktiviere(b); {entlade und lösche DR[b]};
    proc aktiviere gemeinsame Seite(s,b);
                            {lade DR[b] mit Seite [s mod 256]};
    proc neue Seite(z) = integer;
        {suche eine freie Zelle x im aktiven Abschnitt der Seitentabelle;
         suche einen freien Rahmen h im Hintergrundspeicher;
         belege den Rahmen h und initialisiere Seite[x], wobei das Feld 'Rahmen'
         auf h und der Zugriffsschlüssel auf z gesetzt wird; liefere 256+x mod 256
         als Ergebnis ab};
    proc lösche Seite(s);
        {gib den von der Seite s belegten Hintergrundspeicherrahmen frei;
         lösche den Eintrag in der Rahmentabelle, sofern die Seite eingelagert ist;
         lösche gegebenenfalls das Deskriptorregister;
         lösche den Deskriptor in der Seitentabelle};
    proc Umgebungswechsel(i); aktiv := i;
    proc Deskriptor(b) = integer; Deskriptor := DR[b];
    proc Arbeitsspeicherrahmen(s) = integer;
        {liefere Nummer des Arbeitsspeicherrahmens der Seite s, sofern sie einge-
         lagert ist};
    proc Hintergrundspeicherrahmen(s) = integer;
        {liefere Nummer des Hintergrundspeicherrahmens der Seite s};
```

```
proc veröffentliche(s,z) = oneof [Ø:255];
     {suche eine freie Zelle x im Abschnitt Ø der Seitentabelle; kopiere den
      Deskriptor der Seite s nach Seite[x] und setze den Zugriffsschlüssel auf
      z; lösche das Original des Deskriptors; liefere x als Ergebnis ab};
proc belege(r,s) =
     {fülle Rahmen[r] mit dem Index des Deskriptors der Seite s;
      fülle HRahmen[r] mit dem im Deskriptor der Seite s angegebenen 'Rahmen';
      setze 'Rahmen' im Deskriptor auf r};
proc verdränge(s) =
     {lösche den zur Seite s gehörigen Eintrag in der Rahmentabelle;
      fülle 'Rahmen' im Deskriptor mit dem zur Seite s gehörigen Eintrag in
      der HRahmentabelle; lösche gegebenenfalls das Deskriptorregister, das
      eine Kopie des Deskriptors der Seite s enthält}
end.
```

Wir wollen vier der hier vorgesehenen Operationen ausprogrammieren, damit deutlich wird, wie der Datentyp 'descriptor' und die lokalen Variablen des Moduls benutzt werden.

```
proc aktiviere(s,b) =
begin if s ≥ 256 then s :+ (aktiv-1)*256 fi;
      load (DR[b], protection(Seite[s])*2**12 + frame(Seite[s]))
end   aktiviere.
```

(Beachte, daß diese Operation voraussetzt, daß die Seite eingelagert ist! Das System muß einen weiteren Modul enthalten, der für die Ein/Auslagerung von Seiten zuständig ist.)

```
proc neue Seite(z) = integer;
begin local Basis := aktiv*256; local x,h;
      neue Seite := Ø;
      if some x in [Basis:Basis+255] sat protection(Seite[x]) = Ø then
         if some h in [Ø:4Ø95] sat frei[h] then
            frei[h] := false;
            neue Seite := 256 + x mod 256;
            load(Seite[x], leer*2**14 + (z mod 4)*2**12 + h) fi fi
end   neue Seite;
```

```
proc belege(r,s) =
begin if s ≧ 256 then s :+ (aktiv-1)*256 fi;
      Rahmen[r] := s;
      HRahmen[r] := frame(Seite[s]);
      load(Seite[s], Seite[s] - frame(Seite[s]) + r + 2**15);
         {2**15 verändert den Zustand in 'eingelagert' bzw. 'Kopie'}
end   belege;

proc verdränge(s) =
begin local r,b;
      if s ≧ 256 then s :+ (aktiv-1)*256 fi;
      r := frame(Seite[s]);
      Rahmen[r] := Ø;
      if some b in [Ø:7] sat frame(DR[b]) = r then
         if state(DR[b]) = 3 then {Seite wurde beschrieben}
            load(Seite[s], Seite[s] mod 2**14 + 2**15) fi;
         clear(DR[b]) fi;
      load(Seite[s], Seite[s] - r + HRahmen[r] - 2**15)
         {durch Substraktion von 2**15 wird 'eingelagert' in 'leer' und
          'Kopie' in 'ausgelagert' umgewandelt}
end   verdränge.
```

Der Seitenverwaltungsmodul verbirgt alle Implementierungsdetails vor seinen Benutzern. Ein Benutzer hat keinen Zugriff zur Seitentabelle, und er weiß nichts von der Existenz einer Rahmentabelle. Er weiß lediglich, daß er über 512 Seiten verfügen kann, von denen er die ersten 256 mit anderen Benutzern teilt. Allerdings wissen die Benutzer von der Existenz der 8 Deskriptorregister und müssen diese Register mit den Operationen 'aktiviere', 'deaktiviere' und 'aktiviere gemeinsame Seite' manipulieren.

Der wesentliche Unterschied zwischen der obigen Beschreibung der Seitenverwaltung und einer Beschreibung wie in den Kapiteln 7 und 8 ist, daß dort das Augenmerk auf den Steuerfluß gerichtet war, während hier die Aggregation der Daten im Vordergrund steht. Sich allein am Steuerfluß zu orientieren erlaubt keine gute Modularisierung, weil das Geheimnisprinzip nicht voll zur Geltung kommen kann. - Beachte, daß die Konzipierung eines Systems als Ensemble von Moduln eine frühzeitige Entwurfsentscheidung ist, die nicht im Nachhinein einem rein prozeduralen Entwurf aufgepfropft werden kann!

Einen wichtigen Aspekt haben wir in unserer Modulbeschreibung völlig außer acht gelassen. Es werden zwar alle Operationen angegeben, es wird aber nichts über Synchronisation gesagt. Da der Modul von mehreren Prozessen benutzt wird, sind zweifellos gewisse Ausschlußmaßnahmen notwendig. Beispielsweise dürfen sich nicht zwei Inkarnationen von 'veröffentliche' überlappen. Das Problem läßt sich durch Einbau geeigneter P/V-Operationen lösen (die verwendeten Semaphore gehören zu den lokalen Objekten des Moduls!) oder dadurch, daß man den Modul in einen Verwalterprozeß umwandelt, dessen Dienste durch Nachrichten statt durch Aktivierung von Operationen angefordert werden. Wir kommen auf das Synchronisationsproblem bei Moduln im nächsten Abschnitt zurück.

Übungen

1. Die Anzahl der Komponenten eines Vektors ist seine "Dimension". Für Vektoren sind die folgenden Operationen vorgesehen: Addition, Subtraktion, Multiplikation (mit einer skalaren Größe), Bildung des inneren Produkts, Berechnung der Länge eines Vektors (d. i. die Wurzel aus der Quadratsumme der Komponenten). Schreibe eine Typdefinition für Vektoren mit real-Komponenten, die mit der Dimension parametrisiert ist:

   <u>type</u> real vector (n:integer) = ...

2. Eine Maschine M habe einen aus 12 Registern bestehenden Assoziativspeicher. Ein Assoziativregister enthält eine Segmentnummer und den zugehörigen Segmentdeskriptor, der aus einer Basisadresse, der Segmentlänge L und einem Zugriffsschlüssel besteht. Eine virtuelle Adresse ist ein Paar(s,w), wobei s eine Segmentnummer im Bereich [0:255] und w eine relative Adresse im Bereich [Ø:L-1] ist. Die Adreßumsetzung wird mit Hilfe des Assoziativspeichers durchgeführt. Wenn der benötigte Deskriptor sich nicht im Assoziativspeicher befindet, muß er aus der Segmenttabelle nachgeladen werden (siehe Kapitel 7). Entwirf einen Modul, der eine feste Menge von segmentierten Umgebungen verwaltet! Die Umlagerung von Segmenten gehört <u>nicht</u> zu den Aufgaben dieses Moduls.

3. Unter Benutzung des Seitenverwaltungsmoduls der HM soll eine Systemschicht implementiert werden, die für die Verwaltung von Prozessen und Semaphoren zuständig ist. Die Anzahl der Prozesse und Semaphore sei fest. Unter den Semaphoren gibt es für jeden Prozeß ein privates Semaphor. Entwirf einen Semaphormodul, der

die Operationen P und V zur Verfügung stellt! Welche Operationen auf Prozessen werden von diesem Modul benutzt? (Beachte, daß der Semaphormodul nur die Spezifikationen dieser Operationen kennt!)

4. Implementiere einige Operationen des Seitenverwaltungsmoduls der HM, z. B. 'deaktiviere', 'lösche Seite' und 'veröffentliche'!

10.3 Verifikation

10.3.1 In den 50er und frühen 60er Jahren galt Effizienz als wichtigster Bestandteil der Programmierkunst. Der Stolz eines jeden Programmierers waren gedrängte Programme, die mit einem Minimum an Laufzeit und Speicherplatz auskamen. Später setzte sich die Einsicht durch, daß Programmeffizienz, die auf Kosten von struktureller Klarheit geht, mehr schadet als nützt. Die heutige Situation ist einerseits durch die Tatsache gekennzeichnet, daß die Hardware ungleich leistungsfähiger und zugleich billiger als früher ist, so daß die Effizienzproblematik etwas in den Hintergrund gerückt ist. Andererseits haben wir es heute mit riesigen Softwaresystemen zu tun, bei denen eine gute Strukturierung angebracht, ja lebenswichtig ist. Niemand kann ein großes System als monolithisches Objekt begreifen. Erst ein sauberer, modularer Entwurf ermöglicht die Bewältigung der Implementierung, erlaubt ein systematisches Testen und erleichtert nicht zuletzt die Modifikation.

Es gilt also in erster Linie eine übersichtliche Struktur zu erzielen; Effizienz ist demgegenüber von zweitrangiger Bedeutung. Das heißt nicht, daß Effizienz irrelevant ist - gerade der Erfolg eines Betriebssystems wird durch sein Leistungsverhalten wesentlich mitbestimmt. Es soll nur davor gewarnt werden, auf strukturelle Klarheit zugunsten eines ersparten Bits oder einer um eine Mikrosekunde verkürzten Laufzeit zu verzichten. Natürlich soll ein wohldurchdachter, sauberer Entwurf so effizient wie möglich implementiert werden.

Beachte auch, daß strukturelle Klarheit insofern zur Effizienz beiträgt, als viel Aufwand bei der Fehlersuche gespart wird und die Systemausfallzeiten minimiert werden! Eine übersichtliche Struktur erhöht die Verifizierbarkeit (engl. verifiability), d. h. erleichtert den Nachweis der Korrektheit. Für diesen Korrektheitsnachweis, Verifikation (engl. verification) genannt, gibt es unterschiedliche Verfahren. Häufig beschränkt man sich auf das Testen, womit aber kein erschöpfender Korrektheitsnachweis erbracht werden kann. Es gibt Beweismethoden (auch mit Rechnerunterstützung) für die "formale" Verifikation von Prozeduren und Datentypen. Man kann untersuchen, wie der Verifikationsaufwand von den verwendeten Programmiersprachenkonstrukten abhängt. Auch kann man argumentieren, daß Korrektheit konstruktiv, also schritthaltend mit der Programmentwicklung gewährleistet werden sollte. Dieser konstruktive Zugang ist insbesondere für nichtsequentielle Systeme vielversprechend.

In diesem Abschnitt behandeln wir einige Beispiele für den konstruktiven Zugang zur Verifikation. Es wird ein Sprachkonstrukt namens <u>Steuerausdruck</u> (engl. path expression) eingeführt, welches Korrektheitsbeweise für Synchronisationsmaßnahmen erleichtert.

10.3.2 Eine gute Entwurfssprache (wenn nicht gleich eine Implementierungssprache verwendet wird) kann den Nachweis einzelner Eigenschaften eines Systems beträchtlich erleichtern. Wenn die Sprache beispielsweise über die <u>while</u>-Schleife verfügt, ist über die Anweisungsfolge

<u>while</u> B <u>do</u> A1 <u>od</u>; A2

sofort die folgende Aussage möglich: wenn mit der Ausführung von A2 begonnen wird, gilt nicht B. In ähnlicher Weise erleichtert die Blockstruktur und der Prozedurmechanismus Aussagen über Programme. Ein wichtiges Beispiel ist auch die Typdefinition, die wir im vorigen Abschnitt kennengelernt haben: es steht a priori fest, daß die innere Struktur der Objekte für die Benutzer unzugänglich ist.

Sprachkonstrukte können auch mithelfen, gewisse Eigenheiten des Systemverhaltens zu erzwingen. Betrachten wir etwa die Menge aller Prozeßlisten. Wir wollen sicherstellen, daß ein Prozeß sich zu jedem Zeitpunkt in höchstens einer Liste befinden kann. Wenn jeder Prozeß nur einen einzigen Verweis auf einen anderen Prozeß enthält, genügt es zu zeigen, daß es auf <u>einen</u> Prozeß niemals mehr als <u>einen</u> Verweis gibt. Ohne die Unterstützung spezieller Sprachkonstrukte müßten wir jede Zuweisung eines Verweises überprüfen. Durch die Einführung der folgenden Typdefinition für Prozesse können wir uns die Arbeit beträchtlich erleichtern:

```
type process =
    field Priorität = integer;
    field Zustand = oneof(blocked, ready, running);
    field privSem = semaphore;
    field Nachfolger = ref process;
    field Kellerzeiger = address;
    .
    .
    .
    let p,q = process in
        .
        .
        .
        proc tausche Nachfolger(p,q) =
            begin local x := p.Nachfolger;
                  p.Nachfolger := q.Nachfolger;
                  q.Nachfolger := x end;
        .
        .
        .
end.
```

Ein neu geschaffener Prozeß wird so initialisiert, daß er mit 'Nachfolger' auf sich selbst verweist. 'tausche Nachfolger' sei die einzige Operation, die das 'Nachfolger'-Feld manipuliert. Sie vertauscht die Verweise auf die Nachfolger der Prozesse p und q miteinander. Somit gibt es nur drei Maßnahmen, die eine Änderung der Verkettung der Prozesse zur Folge haben können: die Erzeugung eines Prozesses, die Ausführung von 'tausche Nachfolger' und die Löschung eines Prozesses. Wenn p und q der gleichen Ringliste angehören, wird diese durch 'tausche Nachfolger(p,q)' in zwei Ringlisten zerlegt. Liegen p und q in verschiedenen Listen, so werden diese durch 'tausche Nachfolger(p,q)' zu einer Liste verknüpft (siehe Abb. 10.3a).

Wenn ein Prozeß erzeugt wird, wird eine neue Ringliste geschaffen (bestehend aus dem auf sich selbst verweisenden Prozeß). Wir legen fest, daß vor der Löschung eines Prozesses 'tausche Nachfolger' auf ihn und alle Prozesse, die auf ihn verweisen, ausgeführt wird. Unter diesen Bedingungen kann man leicht zeigen, daß ein Prozeß sich nie in mehr als einer Liste befinden kann. Ein Zustand z_1 werde durch 'tausche Nachfolger' in den Zustand z_2, durch Erzeugung eines Prozesses in den Zustand z_2' und durch Löschung eines Prozesses in den Zustand z_2'' überführt. Wir setzen voraus, daß z_1 die geforderte Eigenschaft hat. z_2 hat sie dann ebenfalls, denn 'tausche Nachfolger' bewirkt entweder, daß eine Liste zerlegt wird, oder, daß zwei Listen zusammengefügt werden. z_2' hat die Eigenschaft trivialerweise auch. Auch z_2'' hat die geforderte Eigenschaft: die Anwendung von 'tausche Nachfolger'

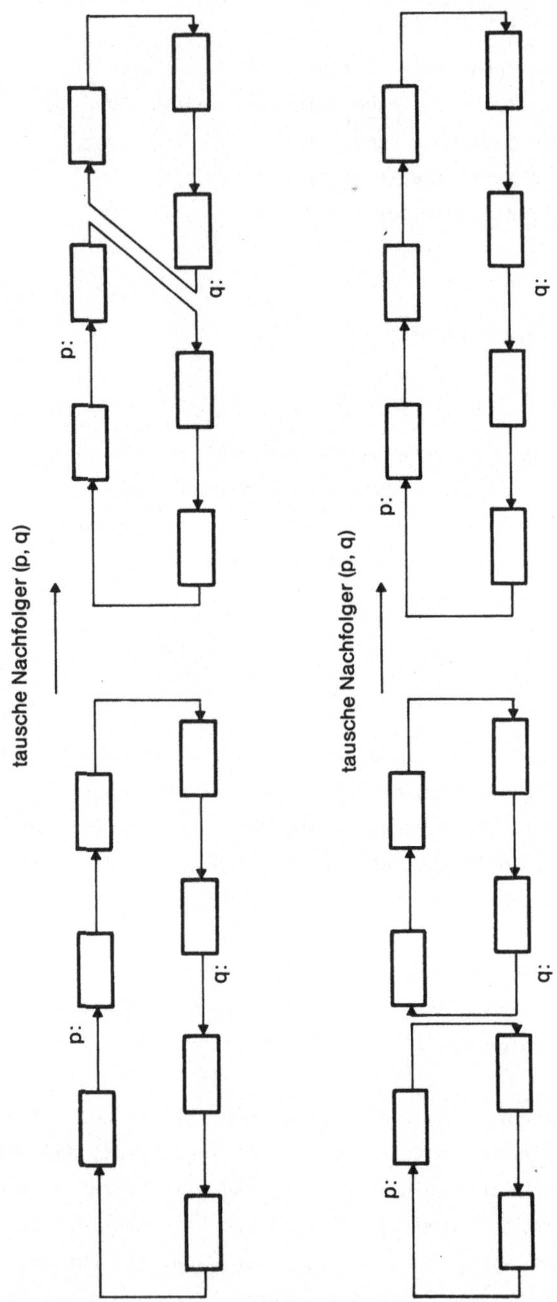

Abb. 10.3a Zerlegung und Verschmelzung von Ringlisten durch Zeigertausch

gemäß obiger Festlegung zerlegt die Liste, in welcher der zu löschende Prozeß sich befindet, derart, daß eine der entstehenden Listen nur aus diesem Prozeß besteht; seine Löschung tangiert nicht die übrigen Listen. Aus alledem folgt, daß die geforderte Bedingung stets gilt, wenn sie nur für den Anfangszustand gilt.

Oft bedeutet die Einführung einer Pseudovariablen (engl. auch auxiliary variable, history variable) eine Erleichterung für die Verifikation. Eine Pseudovariable ist eine Variable, die für den Effekt eines Programms ohne Bedeutung ist. Sie wird nur zu Verifikationszwecken hinzugefügt und kann später, wenn das Programm laufen soll, wieder entfernt werden.

In Abschnitt 5.1 ist die Kommunikation einer Gruppe von "Sendern" mit einer Gruppe von "Empfängern" über einen Nachrichtenpuffer mit beschränkter Kapazität n behandelt worden. Wir wollen einen solchen Puffer als Ringpuffer implementieren: es wird ein Feld 'Puffer[Ø:n-1]' verwendet, und seine Zellen werden zyklisch (mod n) genutzt. Der Anfang und das Ende der Nachrichtenschlange in dem Feld wird durch die Indizes 'vorn' und 'hinten' markiert (siehe Abb. 10.3b).

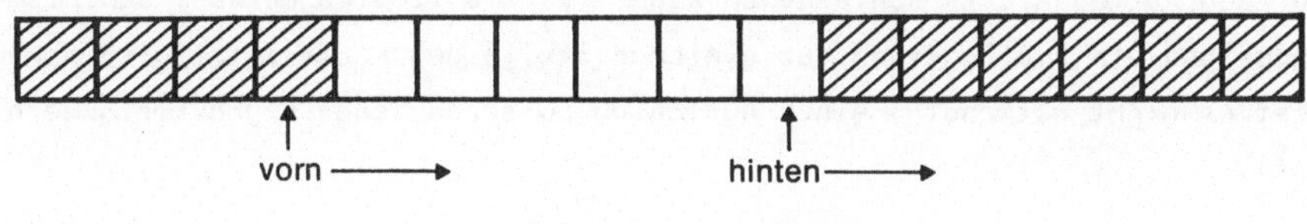

Abb. 10.3b Ringpuffer

Die letzten Varianten der Pufferoperationen 'senden' / 'empfangen' aus 5.1 sind für die Ringpuffer-Repräsentation wie folgt zu konkretisieren:

```
procedure senden(Mitteilung) =
begin     P(Platz);
           P(s);
              S: hinten := (hinten+1) mod n;
                 Puffer[hinten] := Mitteilung;
           V(s);
          V(Daten)
end       senden;
```

```
procedure empfangen(Mitteilung) =
begin     P(Daten);
           P(e);
              E: vorn := (vorn+1) mod n;
                 Mitteilung := Puffer[vorn];
           V(e);
          V(Platz)
end       empfangen.
```

Die Semaphore s und e bewirken einen wechselseitigen Ausschluß der Sender bzw. Empfänger beim Zugriff auf den Puffer. Sie sind mit 1 zu initialisieren. 'Platz' registriert, wie viele Positionen im Puffer frei sind, 'Daten' registriert, wie viele Nachrichten im Puffer vorhanden sind. 'Platz' wird mit n, 'Daten' wird mit Ø initialisiert. Die Indizes 'vorn' und 'hinten' werden beide mit Ø initialisiert.

Wenn wir die Korrektheit der angegebenen Implementierung beweisen wollen, müssen wir unter anderem zeigen, daß der Puffer nie überläuft bzw. unterläuft, d. h. daß der Index 'hinten' den Index 'vorn' nicht überholen kann und umgekehrt. Außerdem muß gezeigt werden, daß bei gleichzeitigem Zugriff eines Senders und eines Empfängers auf den Puffer nichts schiefgehen kann. (Es stellt sich heraus, daß niemals ein Sender und ein Empfänger an der gleichen Stelle des Puffers tätig sein können; daher ist es nicht notwendig, einen Ausschluß zwischen Sendern und Empfängern vorzusehen!)

Für den Beweis müssen wir zunächst die Eigenschaften der P/V-Operationen studieren. Wir setzen voraus, daß die verwendeten Semaphore an keiner anderen Stelle im Programm benutzt werden. Wir führen zwei Pseudovariable v und h ein und fügen hinter der Anweisung S die Zuweisung h:+1 und hinter der Anweisung E die Zuweisung v:+1 ein. Beide Variablen werden mit Ø initialisiert. Sie zählen, wie oft eine Nachricht in einer Zelle des Puffers abgelegt bzw. aus einer Zelle entnommen wird.

Für jedes Semaphor gilt, daß die Anzahl der Verringerungen seines Wertes durch eine P-Operation, SUB(sem), niemals größer sein kann als die Anzahl der Erhöhungen durch eine V-Operation, ADD(sem), zuzüglich des Initialisierungswerts. Mit anderen Worten: die Ausführung von P/V-Operationen auf einem Semaphor 'sem' läßt die Beziehung

$$SUB(sem) \leq INIT(sem) + ADD(sem)$$

invariant.

Aus dem Aufbau der Prozedur 'senden', erweitert um h:+1, kann man unmittelbar ablesen, daß

$$SUB(Platz) \geqq h > ADD(Daten)$$

gilt, wenn ein Sender sich anschickt, eine Nachricht in der Zelle 'Puffer[hinten]' abzulegen. Ebenso gilt

$$SUB(Daten) \geqq v > ADD(Platz) \quad ,$$

wenn ein Empfänger sich anschickt, eine Nachricht aus der Zelle 'Puffer[vorn]' zu entnehmen. Unter Verwendung der oben angegebenen Invarianz erhalten wir

$$\begin{array}{lllll} h \leqq SUB(Platz) & \leqq n + & ADD(Platz) & < n + & v \quad , \\ v \leqq SUB(Daten) & \leqq & ADD(Daten) & < & h \quad . \end{array}$$

Daraus folgt, daß in einem Augenblick, da ein Sender und ein Empfänger zugleich auf den Puffer zugreifen, gilt:

$$0 < h - v < n \quad .$$

Diese Beziehung besagt aber (wegen 'vorn = v <u>mod</u> n' und 'hinten = h <u>mod</u> n'), daß 'vorn' und 'hinten' nicht auf dieselbe Zelle zeigen.

10.3.3 Die zuverlässige Beherrschung der Nichtsequentialität ist wesentliche Voraussetzung für einen erfolgreichen Betriebssystementwurf. Die notwendigen Synchronisationsmaßnahmen haben wir bisher mit P/V-Operationen durchgeführt. Diese Art der Synchronisation ist durchaus angreifbar. Sie ist vergleichbar mit einer Programmiertechnik, die einen Schleifenrumpf in Sprunganweisungen statt in <u>while</u> <u>do</u> <u>od</u> einrahmt.

Wir kommen auf die Typdefinition aus Abschnitt 10.2 zurück. Eine Typdefinition beschreibt den inneren Aufbau von Datenobjekten und stellt Operationen für die Manipulation der Objekte zur Verfügung. Eine Typdefinition ist zunächst für eine sequentielle Umgebung gedacht. Wird ein Objekt in einer nichtsequentiellen Umgebung von mehreren Prozessen nebenläufig benutzt, so sind zusätzliche Überlegungen erforderlich: es müssen geeignete Ausschlußmaßnahmen vorgesehen werden, und es kann sein, daß nicht zu jedem Zeitpunkt jede Operation ausgeführt werden kann; bei der oben behandelten Prozeßkommunikation kann 'empfangen' bei leerem Puffer nicht ausgeführt werden. Ein Mittel zur Synchronisation von Zugriffen auf abstrakte Datenobjekte ohne Verwendung von P/V-Operationen ist der Steuerausdruck (engl. path expression).

Der Steuerausdruck ist ein leistungsfähiges Sprachkonstrukt, das die Synchronisation vereinfacht und den Beweis ihrer Korrektheit erleichtert. Wir erläutern die Verwendung des Steuerausdrucks am Beispiel des Nachrichtenpuffers. Es zeigt sich, daß der Beweis, daß kein Pufferüberlauf bzw. -unterlauf auftreten kann, trivial wird.

Zunächst definieren wir einen Typ 'Einfachpuffer' (der nur eine Nachricht aufnehmen kann), dann einen Typ 'Ringpuffer'.

```
type Einfachpuffer =
    field Platz = Nachricht;
    path  schreiben; lesen end;
    let x = Nachricht, p = Einfachpuffer in
        proc schreiben(x,p); p.Platz := x;
        proc lesen(x,p); x := p.Platz
end.
```

Der Steuerausdruck 'path schreiben; lesen end' besagt, daß auf einem Objekt vom Typ 'Einfachpuffer' die Operationen 'schreiben' und 'lesen' stets in dieser Reihenfolge auszuführen sind. Mit anderen Worten: zwischen zwei Schreiboperationen muß genau eine Leseoperation ausgeführt werden und umgekehrt; die erste Operation muß eine Schreiboperation sein. (Der Steuerausdruck kann als Äquivalent des regulären Ausdrucks (schreiben lesen)* betrachtet werden.)

Beachte, daß der Steuerausdruck Bestandteil der Implementierung von 'Einfachpuffer' ist! Jedes 'Einfachpuffer'-Objekt verfügt über ein eigenes Exemplar des Steuerausdrucks, und zwischen den Operationen auf verschiedenen Objekten gibt es keine Restriktionen.

Der obige Steuerausdruck wirkt sich im einzelnen wie folgt aus. Wenn zwei Prozesse P_1 und P_2 in einen Puffer schreiben wollen, gelingt dies nur einem (sagen wir P_1), der andere muß warten. Während P_1 schreibt, muß ein etwa lesewilliger Prozeß P_3 ebenfalls warten. Wenn P_1 fertig ist, kann zunächst weder P_2 schreiben, noch kann P_1 ein weiteres Mal schreiben. Aber P_3 kann jetzt lesen, und anschließend kann P_2 schreiben.

Der Ringpuffer mit n Plätzen kann unter Verwendung von Steuerausdrücken wie folgt implementiert werden:

```
type Ringpuffer(n: integer) =
    field Puffer = array[Ø:n-1] of Einfachpuffer;
    fields vorn, hinten = integer(Ø);
    path  erweitern; ablegen end;
    path  abbauen; entnehmen end;
    let x = Nachricht, p = Ringpuffer in
        hidden proc erweitern(p); p.hinten := (p.hinten+1) mod n;
        hidden proc abbauen(p);  p.vorn := (p.vorn+1) mod n;
        hidden proc ablegen(p) = integer; ablegen := p.hinten;
        hidden proc entnehmen(p) = integer; entnehmen := p.vorn;
        proc senden(x,p) =
             begin erweitern(p); schreiben(x,p.Puffer[ablegen(p)]) end;
        proc empfangen(x,p) =
             begin abbauen(p); lesen(x,p.Puffer[entnehmen(p)]) end
end.
```

(hidden bedeutet, daß die Prozedur lokal verwendet wird, also nicht der Umwelt als Operation zur Verfügung steht.) Der Steuerausdruck 'path erweitern; ablegen end' gewährleistet, daß der Index 'hinten' unmittelbar vor seiner Benutzung zum Ablegen einer Nachricht weitergerückt wird. Es sieht zunächst so aus, als könnte der Puffer überlaufen, denn der Index 'hinten' kann den Index 'vorn' einholen. In diesem Moment kommt aber der Steuerausdruck der Pufferzelle, auf die 'vorn' und 'hinten' zeigen, zum Zuge; geschrieben werden kann erst, wenn gelesen wurde! Genauso folgt, daß kein Unterlauf stattfinden kann.

Steuerausdrücke können komplizierter aussehen als in den obigen Beispielen. Die möglichen Operatoren sind nicht auf ';' beschränkt. Der Operator '+' symbolisiert ein exklusives Oder und kann für Ausschlußmaßnahmen verwendet werden. Z. B. bedeutet der Ausdruck

path a; b+c; d end ,

daß erst die Operation a auszuführen ist, dann entweder b oder c, und schließlich d; danach kann wieder mit a begonnen werden. Eine Wiederholung kann auch im Innern eines Ausdrucks vorgesehen werden, und zwar durch den Operator '*' (der hier analog zum Kleene-Stern bei regulären Ausdrücken eingesetzt wird). Beispielsweise bezeichnet der Ausdruck

path öffnen; (lesen+schreiben)*; schließen end

die Reihenfolge der Operationen auf einer Direktzugriffsdatei: die Datei muß erst geöffnet werden, dann ist eine beliebige Anzahl (auch Ø) von Lese/Schreiboperationen erlaubt, und schließlich muß die Datei wieder geschlossen werden. Zu jedem Zeitpunkt kann nur eine Lese/Schreiboperation ausgeführt werden. Will man zulassen, daß mehrere Leseoperationen gleichzeitig stattfinden können, so kann man sich der Klammern {} bedienen:

path {lesen}+schreiben end

bedeutet, daß zu jedem Zeitpunkt entweder eine Schreiboperation oder beliebig viele Leseoperationen ausgeführt werden können.

Steuerausdrücke, die nur die Operatoren ; + * enthalten, in denen jeder Operationsname höchstens einmal auftritt und jeder Wiederholungsterm einen nicht wiederholten Term als Vorgänger und Nachfolger hat, heißen "einfache Steuerausdrücke". Sie zeichnen sich dadurch aus, daß sie leicht mittels P/V-Operationen implementiert werden können (vgl. Übung 4).

Die Ausdruckskraft einfacher Steuerausdrücke ist bereits erheblich größer als die von P/V. Von daher ist es fraglich, ob man überhaupt allgemeinere Steuerausdrücke mit vielleicht zusätzlichen Operatoren zulassen soll. Wie dem auch sei - die Steuerausdrücke zeigen jedenfalls, wie man mit leistungsfähigen Sprachkonstrukten die Fehleranfälligkeit reduzieren und die Verifikation erleichtern kann. Unverzichtbar für die Verifizierbarkeit eines Systems ist eine gute Modularisierung. Diese sollte aber ergänzt werden durch die Verwendung einer Entwurfs- oder Implementierungssprache, deren Ausdruckskraft die Programmkorrektheit a priori fördert.

Übungen

1. Diese Übungsaufgabe soll zeigen, wie ein Sprachmittel die Verifikation vereinfachen kann. Es soll ein Programm geschrieben werden, das für einen in Infix-Notation geschriebenen Ausdruck, bestehend aus Operanden, Klammern und dem Operator +, die Postfix-Notation bestimmt. Die Infix-Auswertung erfolge von links nach rechts, sofern die Klammerung nichts anderes bestimmt. Beispielsweise ist der Ausdruck

   a + b + (c + d + (e + f)) + g

in den Ausdruck

ab + cd + ef + + + g +

umzuwandeln. Wir setzen voraus, daß der umzuwandelnde Ausdruck syntaktisch korrekt ist und durch ein spezielles Endezeichen EOF begrenzt wird.

Schreibe zunächst ein iteratives Programm und anschließend ein Programm, das mit verschränkter Rekursion arbeitet! Bei der rekursiven Version sei eine Prozedur für die Behandlung des Operators + und eine Prozedur für die Behandlung der Klammern () zuständig. Die +-Prozedur ruft die ()-Prozedur auf, wenn sie auf eine öffnende Klammer stößt; die ()-Prozedur ruft die +-Prozedur auf, wenn sie auf + stößt. Welche der beiden Programmversionen ist leichter zu verifizieren, und warum?

2. Ein Prozeß, der die Prozedur 'senden' aus 10.3.2 ausführt, rückt den Zeiger 'hinten' weiter und legt dann seine Nachricht ab, bevor ein anderer Prozeß eine Nachricht ablegen kann. Für die Prozedur 'empfangen' gilt Entsprechendes. Ändere die Prozeduren derart, daß zwischen der Belegung eines Platzes durch einen Sender und der tatsächlichen Ablage der Nachricht ein anderer Sender einen Platz belegen kann (entsprechend für die Empfänger)! Bei dieser Vorgehensweise werden die Pufferplätze nicht reihum benutzt.

3. Der einfache Steuerausdruck

<u>path</u> a; b + c; d <u>end</u>

kann mit P/V-Operationen auf 3 Semaphoren s1,s2,s3 implementiert werden. Wir definieren:

A = P(s1); a; V(s2) .
B = P(s2); b; V(s3) .
C = P(s2); c; V(s3) .
D = P(s3); d; V(s1) .

Wenn s1 mit 1 und s2,s3 mit Ø initialisiert werden, verhalten sich die Operationen A,B,C und D so, wie durch den obigen Steuerausdruck für a,b,c,d vorgeschrieben. Anfangs kann nur A ausgeführt werden. Wenn A beendet ist, kann entweder B oder C ausgeführt werden, und danach D. Nach der Beendigung von D liegt wieder der Anfangszustand vor. Entwickle einen Algorithmus, der einen einfachen Steuerausdruck (ohne {}, aber mit () und *) "übersetzt"! Der Algorithmus kann Semaphore in beliebiger Anzahl einsetzen. Als Ausgabe sollen Programmstücke der obigen Art, die jeweils mit einer P-Operation beginnen und mit einer V-Operation enden, erzeugt werden.

4. Eine durch {a} erlaubte nebenläufige Ausführung mehrerer Inkarnationen von a gilt erst dann als beendet, wenn kein Prozeß mehr a ausführen will. Daher bewirkt der Ausdruck

path {lesen} + schreiben end ,

daß mit dem Schreiben erst dann begonnen werden kann, wenn kein lesewilliger Prozeß mehr vorhanden ist, d. h. die lesenden Prozesse werden gegenüber den schreibenden Prozessen bevorzugt. Zeige, daß diese Priorisierung umgekehrt werden kann, indem man statt 'lesen' und 'schreiben' die Prozeduren

```
procedure LESEN     = begin Leseanforderung; lesen end;
procedure SCHREIBEN = begin Anfang Schreiben; schreiben; Ende Schreiben end
```

benutzt und die folgenden Steuerausdrücke verwendet:

```
path {lesen} + schreiben end;
path Leseanforderung + {Anfang Schreiben; Ende Schreiben} end.
```

Versuche eine Steuerung zu entwickeln, die keine Gruppe (weder Leser noch Schreiber) bevorzugt, aber einen Wechsel zur anderen Gruppe grundsätzlich nur dann vornimmt, wenn sich in der bislang aktiven Gruppe kein Prozeß mehr interessiert zeigt!

10.4 Dokumentation

10.4.1 Die Entwicklung eines Betriebssystems umfaßt im wesentlichen drei Aufgaben:

1. Entwurf und Implementierung.
2. Leistungsprüfung und Fehlersuche.
3. Beschreibung und Dokumentation.

Diese Aktivitäten werden oft als zeitlich aufeinanderfolgende Phasen begriffen und häufig auch von verschiedenen Personen durchgeführt. Der Einsatz verschiedener Teams für die verschiedenen Aufgaben wird damit begründet, daß die Systemkonstrukteure zu befangen sind, um ihr eigenes Produkt kritisch analysieren und für den Außenstehenden verständlich beschreiben zu können. Und da man auch den Testteams eine am Benutzer orientierte Systembeschreibung nicht zutraut, sind mindestens drei verschiedene Personengruppen an der Systementwicklung beteiligt. So kann man hoffen, daß jede Gruppe auf ihrem Spezialgebiet gute Arbeit leistet. - Leider hat die Erfahrung gezeigt, daß Mängel in der Arbeitsteilung, Mißverständnisse und Frustrationen bei allen Beteiligten nicht ausbleiben.

Im vorangegangenen Abschnitt hatten wir dafür plädiert, die Systemkorrektheit bereits im Entwurf zu verankern, d. h. die Verifizierbarkeit als ein wesentliches Entwurfsziel zu beachten. In ähnlicher Weise greifen die drei Aufgaben Entwurf, Analyse und Dokumentation ineinander. Sie sollten als verschiedene Aspekte des Entwicklungsprozesses gesehen werden, nicht als getrennte Phasen. Wie gestaltet sich ein solcher integrierter Entwicklungsprozeß?

10.4.2 Unter APL-Programmierern sind die Ein-Zeilen-Programme beliebt, die in geheimnisvoller Weise die kompliziertesten Algorithmen realsieren. Wer sieht, daß

```
[1] → y ≠ x + y ← 0 - (x ← x ⌈ y) - z ← x ⌊ y
```

in z den größten gemeinsamen Teiler von x und y bereitstellt? Programme, die in einer so dichten Notation geschrieben sind, sind kaum verständlich, wenn der Leser nicht weiß, was das Programm tun soll. Das Fehlen von angemessenen Ablaufstrukturen macht es sehr schwierig, Programme, besonders wenn sie umfangreich sind, zu analysieren. Jeder kennt dieses Problem aus der Assembler-Programmierung.

Aber auch bei höheren Programmiersprachen sollte man bezüglich der Verständlichkeit selbst gut geschriebener Programme nicht zu euphorisch sein. Der Hauptzweck einer Programmiersprache ist nun mal die Umsetzung abstrakter Algorithmen in eine vom Rechner ausführbare Form. Dafür muß sie Randbedingungen erfüllen, die ihre Verwendbarkeit als Entwurfssprache einschränken.

Es ist unfair, jemanden nach der Bedeutung eines vorgelegten Programms zu fragen. (Das ist fast so, als würde man einen Tatverdächtigen auffordern, seine Unschuld zu beweisen.) Ein Programm gibt nicht wieder, was es bewirkt, sondern wie es das bewirkt. Es zeigt, welche Ablaufstrukturen und welche Datenstrukturen für die Implementierung verwendet wurden. Man kann in modernen Programmiersprachen zwar ziemlich ausgetüftelte Datenstrukturen aufbauen; was aber jeweils das Ziel der Bemühungen ist - und wie gut dieses Ziel erreicht (oder nicht erreicht!) wird - kann das Programm selbst nicht vermitteln. Ein Programm ist nicht mehr als ein Teilprodukt - wenn auch von zentraler Bedeutung - eines Entwicklungsprojekts. Alleinstehend, ohne Hinweise, Erläuterungen und Erklärungen ist es ohne Nutzen.

Diese Erkenntnis besagt nichts anderes, als daß eine gute Dokumentation unverzichtbar ist und daß die Qualität eines Softwareprodukts nicht zuletzt von der Qualität der Dokumentation abhängt. Die Dokumentation umfaßt allerdings nicht nur die Erläuterung der Implementierung. Der Einsatzbereich des Systems ist darzustellen, die bestimmenden Entwurfsentscheidungen sind zu erläutern und zu begründen, die Grobstruktur sollte skizziert werden, und nicht zu vergessen sind Angaben über die maximale Anzahl von Benutzern, die benötigte Hardware, Leistungsdaten etc. Wir beschränken uns in diesem Abschnitt auf denjenigen Teil der Dokumentation, der den Systementwurf zum Gegenstand hat.

Zwei Mißverständnissen begegnet man häufig in Zusammenhang mit dem Begriff der Dokumentation. Den Programmcode mit Kommentaren zu spicken ist als "Dokumentations"-Stil weit verbreitet. Das führt oft zu Pleonasmen wie

```
ADDI  R,1   ;    erhöhe Register R um 1  .
```

Derartige Kommentare können allenfalls Implementierungsdetails erläutern, sie sind nicht geeignet, etwas über Entwurf und Grobstruktur auszusagen. Verbreitet ist ferner die irrige Auffassung, man müsse nur sicherstellen, daß für die gesamte Systemdokumentation ein einheitlicher, angemessener Detailliertheitsgrad verwendet wird. Das Ergebnis ist eine "Vollständige Systembeschreibung", die dem Benutzer wenig hilft: häufig findet er wegen des Überangebots an Informationen gerade das nicht, was er sucht. Solche Fehler kann man vermeiden, wenn man die Dokumentation zu strukturieren versucht, ähnlich wie man das System selbst strukturiert. Darauf wollen wir nun näher eingehen.

10.4.3 Wir zerlegen die Dokumentation in "Segmente", die jeweils aus 4 "Abschnitten" bestehen. Der erste Abschnitt enthält eine Einführung in das Segment, die segmentspezifische Terminologie und die Querverbindungen zu anderen Segmenten.

Der zweite Abschnitt enthält die Spezifikation des Segments. Die Semantik wird beschrieben und erläutert, aber ohne Verwendung einer bestimmten Programmiersprache. Wir benutzen elementare Steueranweisungen und Datenstrukturen sowie umgangssprachliche Formulierungen. Die Beschreibung kann sich auf Objekte beziehen, die in anderen Segmenten genauer erklärt werden.

Im dritten Abschnitt werden die wichtigen Entwurfsentscheidungen, deren sich der Systemkonstrukteur bewußt ist, festgehalten. Es ist oftschwierig und zeitraubend, die Entwurfsentscheidungen und die dahinterstehenden Motive aus den Programmen zu rekonstruieren. Das gilt besonders für das Wartungspersonal, das ja häufig nicht am Entwurf beteiligt war. Natürlich kann der Konstrukteur nicht immer sofort sagen, was eine bedeutsame Entwurfsentscheidung ist. Somit hat der dritte Abschnitt notwendigerweise einen vorläufigen Charakter. Neue Angaben können hinzugefügt werden und vorhandene Angaben können gestrichen oder geändert werden.

Der vierte Abschnitt dient der kritischen Analyse des Entwurfs und der Leistungsdaten des Segments. Er enthält Angaben über Verifikationshilfsmittel, Testverfahren und Testergebnisse. Auch Verbesserungsvorschläge sollte man hier unterbringen. Offenbar muß auch dieser Abschnitt laufend geändert und ergänzt werden.

Der Leser mag einen fünften Abschnitt vermissen, der das eigentliche Programm enthält. Ein solcher Abschnitt ist überflüssig. Die Dokumentation enthält in abgestufter Detaillierung die notwendigen Aussagen über alle wichtigen Aspekte des Systems. Die einzelnen Segmente sind von unterschiedlichem Detailliertheitsgrad. Zu jedem Segment, welches ein nichtcodiertes Objekt enthält, gibt es ein anderes Segment, welches detailliertere Auskunft über das Objekt gibt - bis man schließlich auf ein Segment trifft, welches den Code des Objekts enthält.

Wir ordnen die Segmente nach ihrem Detailliertheitsgrad an. Wenn die Segmente S_2 und S_3 Objekte des Segments S_1 detaillierter beschreiben, dann sagen wir, daß S_1 "vor" S_2 und S_3 liegt. Liegt S_2 vor S_4, dann liege auch S_1 vor S_4. Die Segmente sollen so konzipiert werden, daß, wenn S_i vor S_j liegt, S_j nicht vor S_i liegt (d. h. die Relation "vor" soll transitiv, irreflexiv und asymmetrisch sein).

Zwei Segmente müssen bezüglich der Relation "vor" nicht notwendig vergleichbar sein. Die Segmente müssen nicht einmal eine Baumstruktur bilden. Im allgemeinen ist die Struktur die eines zyklenfreien gerichteten Graphen, dessen Endknoten von den Programmsegmenten gebildet werden.

Diese Vorgehensweise bei der Dokumentation setzt keinen strengen top-down-Entwurf voraus. Häufig zwar, aber nicht immer wird ein Segment S_i, welches vor einem Segment S_j liegt, auch vor diesem entwickelt. Es kommt vor, daß man einige Stufen der Detailliertheit hinabsteigt, um dann wieder zurückzugehen und sich einem anderen Zweig zu widmen. Insbesondere durch die Art der Entstehung des dritten und vierten Abschnitts eines Segments erhält der Entwurfsprozeß einen mehr iterativen als top-down-artigen Charakter. Die wiederholten Modifikationen dieser Abschnitte machen es schwierig, das Dokumentationsverfahren im einzelnen vorzuführen. Der evolutionäre Charakter des Entwurfsprozesses kann auf dem Papier schlecht dargestellt werden, nicht zuletzt wegen des Umfangs jedes halbwegs realistischen Systems. Wir beschränken uns auf ein kurz gehaltenes Beispiel dafür, wie die ersten Schritte einer Dokumentation aussehen könnten.

10.4.4 Es folgt die Skizze des Beginns einer Dokumentation für ein schichtenstrukturiertes Teilnehmersystem.

<u>Segment 0. Kurzbeschreibung des Systems</u>

Vorgänger: keiner; Nachfolger: 1,...

<u>Spezifikation:</u>

{An dieser Stelle sind Angaben über die benötigten Geräte und ihre technischen Details einzufügen.}

Das System besteht aus 8 Schichten:

1. Adreßräume mit Seiten
2. Prozesse
3. Demand Paging
4. Dateisystem
5. E/A-Peripherie
6. Operateurkonsole
7. Übersetzer, Lader
8. Benutzerterminals

Diese Ordnung impliziert, daß Daten und Code der Schichten 1,2,3 arbeitsspeicherresident sind.

Entwurfsentscheidungen:

1. Das Dateisystem ist in der funktionellen Hierarchie so tief wie möglich angesiedelt, damit das Dateikonzept auch für die Ein/Ausgabe zur Verfügung steht.
2. Übersetzer etc. sind oberhalb von Schicht 6 angesiedelt, damit der Operateur als Adressat für Fehlermeldungen zur Verfügung steht.

Analyse:

1. Sollte man vielleicht die Schichten 4 und 5 vertauschen? Wenn die Datenbestände auf E/A-Medien als Dateien behandelt werden sollen, muß man Dateien variabler Länge zulassen.
2. Wie viele Benutzer können gleichzeitig arbeiten? (Diagramm "Antwortzeit in Abhängigkeit von der Benutzeranzahl" erforderlich!)
3. Reicht der Hintergrundspeicher für einen großzügig bemessenen Datenbestand aus? (Wieviel Platz kann jedem Benutzer zur Verfügung gestellt werden? Wie häufig ist ein Plattenüberlauf zu erwarten?)

Segment 1. Adreßräume
Vorgänger: 0; Nachfolger: ...

Spezifikation:

{An dieser Stelle muß die Adreßumsetzungs-Hardware beschrieben werden.}

{Hier könnte die Spezifikation aus 10.2 (für die HM) übernommen werden. Erst wird eine Typdefinition für den Seitendeskriptor angegeben, dann werden die Operationen für die Seiten und Adreßräume ("Umgebungen") aufgelistet. Der Detailliertheitsgrad ist wie in 10.2.}

Entwurfsentscheidungen:

1. Eine Behandlung von Seitenfehlern ist auf dieser Ebene noch nicht möglich. Der Seitentransfer erfordert Synchronisationsmaßnahmen. Da aber unterhalb der Schicht 'Prozesse' noch keine Prozesse bekannt sind, kann es auch noch keine P/V-Operationen geben. ("busy waiting" wird abgelehnt.)
2. Die Seitenzustände 'ausgelagert' und 'Kopie' sind zwar erst für die Schicht 3 relevant, werden aber aus Effizienzgründen schon hier eingeführt.

Analyse:

1. Die Seitentabelle ist in 16 Abschnitte aufgeteilt. Wären zahlreichere und kleinere Abschnitte besser?

2. Sollte man vielleicht die Schichten 1 und 2 vertauschen? Im vorliegenden Entwurf müssen wir in bestimmten Operationen auf Deskriptoren (z. B. 'veröffentliche') Sperroperationen wie LOCK/UNLOCK anwenden. Vertauscht man die Schichten, so müssen für die Prozeßumschaltung spezielle Operationen, welche die Deskriptorregister umladen, zur Verfügung gestellt werden.

3. Wie kann der Zugriff auf das Innere der Deskriptorobjekte und des Moduls verhindert werden? Man muß erzwingen, daß jeder Benutzer mit einem Übersetzer arbeitet, der verbotene Zugriffe verhindert. Der Übergang zwischen Adreßräumen kann durch eine Unterbrechung eingeleitet werden, für deren Behandlung die Operation 'Umgebungswechsel' zuständig ist.

Das nächste Segment der Dokumentation könnte die Deskriptoroperationen genauer beschreiben, etwa bereits als fertige Prozeduren in einer Implementierungssprache. Andererseits könnte man auch mit der Dokumentation der Prozeßschicht beginnen. Über die Reihenfolge der Segmente ist nichts vorgeschrieben. - Überflüssig zu sagen, daß jedes Segment erweiterbar sein muß, denn mit dem Fortschreiten des Entwicklungsprozesses können jederzeit Modifikationen erforderlich werden.

Wir setzen die Dokumentation hier nicht weiter fort. Nicht ein Betriebssystem, sondern die Dokumentationstechnik sollte beschrieben werden. Außerdem ist das, was oben steht, nicht statisch zu verstehen; eine Fortsetzung würde Änderungen im bereits Bestehenden zur Folge haben. Dokumentation ist eine hochgradig dynamische Angelegenheit, die als integraler Bestandteil der Systementwicklung zu betrachten ist. Gar nicht zu dokumentieren ist natürlich das Schlechteste, was wir tun können. Aber nicht viel besser ist eine Dokumentation, die gleichsam als nachgeborenes Kind entsteht, ohne Verbindung mit der Entwurfsaktivität und zu Papier gebracht von Personen, die am Entwurf nicht beteiligt waren.

Übungen

1. Die vorgeschlagene Dokumentationstechnik hat gewisse Ähnlichkeiten mit der schrittweisen Verfeinerung beim Programmieren. Die Dokumentationssegmente entsprechen verschiedenen Abstraktionen, die der Programmierer getrennt von ande-

ren verstehen und bearbeiten will. Wende das Dokumentations/Verfeinerungsprinzip auf das folgende Problem an!

Jeder Benutzer verfügt über eine feste Menge von Seitendeskriptoren. Er kann Seiten erzeugen und löschen. Ein Zeiger verweist jeweils auf den zuletzt eingerichteten Deskriptor. Wenn eine Seite erzeugt wird, wird der Zeiger bis zum nächsten freien Deskriptor weiterbewegt, und dieser Deskriptor wird für die Seite eingerichtet. (Wenn der Zeiger hinten anstößt, wird er nach vorn zurückgesetzt.) Wenn eine Seite gelöscht wird, wird der Deskriptor als frei markiert. Verfasse eine Dokumentation über die Entwicklung eines Programms für die Erzeugung einer Seite!

2. Eine etwas umfangreichere Übung im Bereich Systemdokumentation ist die Anwendung der erläuterten Methode auf die Entwicklung eines einfachen Stapelsystems wie in Abschnitt 2.2 beschrieben. Das System ist jedenfalls einfach genug, die Dokumentation in einigen Tagen fertigstellen zu können. (Die Implementierungsdetails kann man sich sparen; man stelle sich etwa eine FORTRAN- oder ALGOL-ähnliche Sprache als Implementierungssprache vor.)

3. Eine weitere Dokumentationsübung ist die Beschreibung des Dateisystems aus Kapitel 9. Man sieht dabei, daß man nicht notwendig eine strikte top-down-Entwicklung praktizieren muß. An Stellen, wo man Annahmen über andernorts bereitgestellte Systemdienste machen muß, sollte man ein Segment (oder mehrere) vorsehen, in dem diese Annahmen zusammengestellt sind.

4. Das in 10.4.4 in Ansätzen dokumentierte Teilnehmersystem enthält eine eigene Schicht für die Verwaltung der Operateurkonsole. Untersuche, warum es nicht sinnvoll ist, die Operateurkonsole in der gleichen Schicht wie die Benutzerterminals zu verwalten! Untersuche weiterhin die Konsequenzen einer Vertauschung der Schichten 4 und 6! Erläutere im Detail die durch den Schichtenaufbau bedingte funktionelle Hierarchie! Schlägt sich diese Hierarchie in der Dokumentation nieder?

Literatur

Zwei neuere Zugänge zum Betriebssystementwurf werden in [1,4] behandelt. Ein empfehlenswertes Übersichtspapier über die verschiedensten Aspekte von Verklemmungen ist [2]. Über Verklemmungsvermeidung bei bekannten Maximalansprüchen der Prozesse berichten [3,5]. Ein interessantes Problem des Zugriffsschutzes wird in [6] erörtert: wie kann man aus gewissen Beobachtungen Schlüsse über verborgene Sachverhalte ziehen? [7,8,9] behandeln fundamentale Prinzipien der Entwurfsmethodik.

1. Campbell, R., und A. N. Habermann, "Specification of Process Synchronization by Path Expressions", Lecture Notes in Computer Science, Springer, 1974.

2. Coffman, E. G., Jr., M. J. Elphick und A. Shoshani, "System Deadlocks", Computing Surveys 3,2 (Juni 1971).

3. Habermann, A. N., "Prevention of System Deadlocks", Comm. ACM 12,7 (Juli 1969).

4. Hoare, C. A. R., "Monitors: An Operating System Structuring Concept", Comm. ACM 17,10 (Oktober 1974); siehe auch Erratum: Comm. ACM 18,2 (Februar 1975).

5. Holt, R. C., "Some Deadlock Properties of Computer Systems", Computing Surveys, 4,3 (September 1972).

6. Lampson, B. W., "A Note on the Confinement Problem", Comm. ACM 16,10 (Oktober 1973).

7. Liskov, B. H., "A Design Methodology for Reliable Software Systems", Proc. AFIPS FJCC 41 (Dezember 1972).

8. Parnas, D. L., "A Technique for Software Module Specification with Examples", Comm. ACM 15,5 (Mai 1972).

9. Parnas, D. L., "On the Criteria to Be Used in Decomposing Systems into Modules", Comm. ACM 15,12 (Dezember 1972).

Sachverzeichnis

Operating Systems

An Advanced Course

Editors: R. Bayer, R. M. Graham, G. Seegmüller

Springer Study Edition
Reprint. 1979. 100 figures, 14 tables. X, 593 pages
DM 36,–
ISBN 3-540-09812-7
(Originally published in the series Lecture Notes in Computer Science, Volume 60)

Contents:

From the reviews of the original 'Lecture Notes' edition:

"Despite its description as 'An Advanced Course' this book is much more akin to a set of conference proceedings; the 'course', given in July 1977 and again in April 1978, takes the form of a series of presentations bordering on, or even consisting of, research topics in a number of areas connected with the entire spectrum of operating systems... The course organisers, the editors of this book and its several contributors are to be congratulated. There is a minimum of the repetition which so often mars such a product, and yet the internal linkages between the various facets are present. I found much that was new, and appealing, in terms of new techniques, new results and especially valuable, new ways of looking at familiar situations. The main emphasis is on the abstract modelling of three aspects of current advances in operating systems: the invocation, allocation and control of resources; improvements in reliability by co-operation between software and specific functions of the hardware; and the provision of efficient and secure interprocess communications, especially where the communication processes are under distinct local managements..." *The Computer Journal*

Springer-Verlag
Berlin
Heidelberg
New York